진짜 한 권으로 끝내는 JLPT N3

나루미
시원스쿨어학연구소 지음

2023년 7월
최신 기출 유형
완벽 반영

S 시원스쿨닷컴

진짜 한 권으로 끝내는 JLPT N3

초판 1쇄 발행 2019년 7월 16일
6쇄 발행 2023년 11월 10일

지은이 나루미 · 시원스쿨어학연구소
펴낸곳 (주)에스제이더블유인터내셔널
펴낸이 양홍걸 이시원

홈페이지 www.siwonschool.com
주소 서울시 영등포구 국회대로74길 12 시원스쿨
교재 구입 문의 02)2014-8151
고객센터 02)6409-0878

ISBN 979-11-6150-251-9
Number 1-311314-18181800-02

머리말

'진짜 한 권으로 끝내는 JLPT N3'를 집필하며…

처음 일본어능력시험에 도전해 보겠다고 분야별로 책을 사서 문제와 답을 무작정 달달 외웠던 적이 있습니다. 지금 와서 보면 참 무모한 방법이었다는 생각이 듭니다.

10년이라는 시간 동안 온라인, 그리고 오프라인에서 많은 학생들에게 일본어능력시험을 가르치면서 학습자에게 실제 기출 유형과 유사한 문제를 많이 접할 수 있도록 해주는 것이 가장 필요하다는 것을 중요하게 여기게 되었습니다. 따라서 학습자가 구체적으로 학습 계획을 세운 후, 각 분야별 문제를 풀어 보고, 해석과 풀이 방법, 그리고 보너스로 담긴 추가 지식까지 차곡차곡 습득하여 자신만의 페이스에 맞추어 공부해 나갈 수 있도록 이 책을 구성하였습니다.

일본어능력시험은 그동안 읽기, 쓰기, 말하기, 듣기 등과 같은 일본어 학습을 최종적으로 평가하기 위한 도구입니다. 그렇기에 처음 공부를 시작하는 학습자는 어디서부터 어떻게 시작을 해야 할지, 문제는 어떻게 풀어야 할지, 그리고 지금 공부하고 있는 것이 올바른 방법인지 여러모로 막막해지기 마련입니다.

만약 길을 걷고 있을 때 「止(と)まれ(멈추시오)」라고 쓰인 표지판이 있다면 표지판에서 명령하는 대로 그 자리에 멈춰 서야만 합니다. 또는 표지판에 「右(みぎ)に曲(ま)がれ(오른쪽으로 도시오)」라고 쓰여 있다면 오른쪽으로 돌아야 합니다. 즉, 표지판의 글을 제대로 파악하지 못한다면 내가 가고 싶은 길로 갈 수 없을 것입니다. 이렇듯 일본어능력시험 역시 기출 유형을 제대로 파악해야만 문제를 정확하게 풀 수 있고, 고득점을 취할 수 있습니다.

어떻게 공부를 시작해야 할지 앞이 캄캄할 때, 그리고 일본어능력시험이 말하고자 하는 명령을 정확하게 이해하지 못해서 우물쭈물하게 될 때, 이 책이 합격을 위한 목표까지 정확한 길을 갈 수 있도록 학습자 여러분들의 안내 표지판이 되어 줄 것이라고 확신합니다.

마지막으로 이 책을 출간하면서 너무나도 고생 많으셨던 시원스쿨 관계자 여러분께 이 기회를 빌려 진심으로 감사 인사를 드립니다.

저자 나루미

JLPT 개요

■ JLPT(日本語能力試験 일본어능력시험)란?

일본 국내 및 해외에서 일본어를 모국어로 하지 않는 사람을 대상으로 일본어 능력을 객관적으로 측정하고 인정하는 것을 목적으로 하는 시험입니다. 급수가 없는 JPT와는 달리 JLPT는 N1부터 N5까지 총 다섯 가지 레벨로 나뉘어 있으며 N1이 가장 난이도가 높은 레벨입니다. 시험에 합격하기 위해서는 '득점 구분 별 득점'과 '종합 득점' 두 가지의 점수가 필요합니다. 즉, 과락 제도가 있으며 '득점 등화'라고 하는 상대 평가의 방식으로 채점이 시행됩니다. 시험은 7월과 12월, 총 연 2회 실시되며, 접수는 각각 4월, 9월부터 진행됩니다.

■ 출제유형과 시간 및 득점표

레벨	유형	교시	시간		득점 범위	종합 득점
N1	언어지식(문자·어휘·문법)	1교시	110분	165분	0~60	180
	독해				0~60	
	청해	2교시	55분		0~60	
N2	언어지식(문자·어휘·문법)	1교시	105분	155분	0~60	180
	독해				0~60	
	청해	2교시	50분		0~60	
N3	언어지식(문자·어휘)	1교시	100분	140분	0~60	180
	언어지식(문법) / 독해				0~60	
	청해	2교시	40분		0~60	
N4	언어지식(문자·어휘)	1교시	80분	115분	0~120	180
	언어지식(문법) / 독해					
	청해	2교시	35분		0~60	
N5	언어지식(문자·어휘)	1교시	60분	90분	0~120	180
	언어지식(문법) / 독해					
	청해	2교시	30분		0~60	

※ N3, N4, N5의 경우, 1교시에 언어지식(문자·어휘)과 언어지식(문법)/독해가 연결 실시됩니다.
※ 1교시 결시자는 2교시(청해) 시험에 응시가 불가합니다.

■ 레벨별 인정 기준

레벨	유형	인정 기준
N1	언어지식(문자·어휘·문법) 독해	논리적으로 약간 복잡하고 추상도가 높은 문장을 읽고 문장의 구성과 내용을 이해할 수 있으며, 다양한 화제의 글을 읽고 이야기의 흐름이나 상세한 표현 의도 또한 이해할 수 있음
	청해	자연스러운 속도로 읽어 주는 체계적인 내용의 회화나 뉴스, 강의를 듣고 내용의 흐름 및 등장인물의 관계나 내용의 논리구성 등을 상세히 이해하거나 요지를 파악할 수 있음
N2	언어지식(문자·어휘·문법) 독해	신문이나 잡지의 기사나 해설, 평이한 평론 등 논지가 명쾌한 문장을 읽고 문장의 내용을 이해할 수 있으며, 일반적인 화제에 관한 글을 읽고 이야기의 흐름이나 표현 의도를 이해할 수 있음
	청해	자연스러운 속도로 읽어 주는 체계적인 내용의 회화나 뉴스를 듣고 내용의 흐름 및 등장인물의 관계를 이해하거나 요지를 파악할 수 있음
N3	언어지식(문자·어휘·문법) 독해	일상적인 화제의 구체적인 내용을 나타내는 문장을 읽고 이해할 수 있으며 신문의 기사제목 등에서 정보의 개요를 파악할 수 있음. 일상적인 장면에서 난이도가 약간 높은 문장을 바꿔 제시하며 요지를 이해할 수 있음
	청해	자연스러운 속도로 읽어 주는 체계적인 내용의 회화를 듣고 등장인물의 관계 등 이야기의 구체적인 내용을 거의 이해할 수 있음
N4	언어지식(문자·어휘·문법) 독해	일상생활에서 흔하게 일어나는 화제를 기본적인 어휘나 한자로 쓴 문장을 읽고 이해할 수 있음
	청해	다소 느린 속도로 읽어 주는 일상적인 장면에서의 회화를 통해 거의 내용을 이해할 수 있음
N5	언어지식(문자·어휘·문법) 독해	히라가나나 가타카나, 일상생활에서 사용되는 기본적인 한자로 쓰여진 정형화된 어구나 문장을 읽고 이해할 수 있음
	청해	느리고 짧은 속도로 읽어 주는 일상생활에서 자주 접하는 장면에서의 회화로부터 필요한 정보를 얻어낼 수 있음

■ 시험 당일 필수 준비물

①신분증(주민등록증, 여권, 운전면허증, 주민등록발급 신청 확인서 등), ②수험표, ③필기도구(연필, 지우개)

이 책의 구성

■ 집중공략 시작하기

각 문제 유형 PART를 시작하기에 앞서 간단한 '공략 TIP'과 '미리 확인하는 시험 영역'을 통해 해당 영역에 대한 개요를 한눈에 살펴볼 수 있도록 정리했습니다.

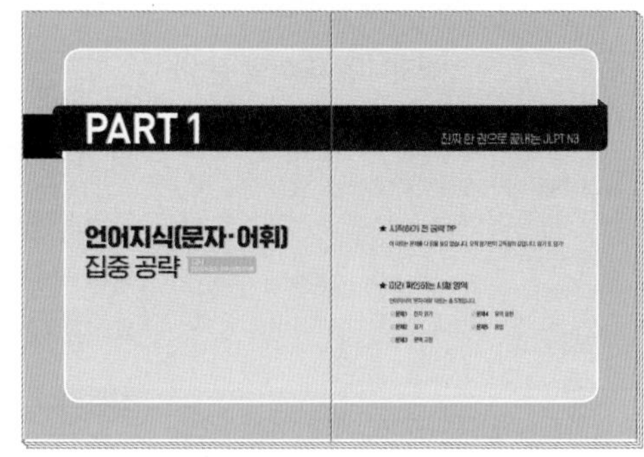

■ 이해하고 공략하기

'문제 프로필'을 통해 문제의 기본 정보와 풀이 방법, 공부 방법 등을 제시했습니다. 또한 '문제 미리보기'를 통해 예제 문제를 살펴보고 풀이 요령을 미리 파악할 수 있도록 구성했습니다. 그리고 시험에 자주 출제되는 어휘나 문형, 표현 등을 수록했습니다.

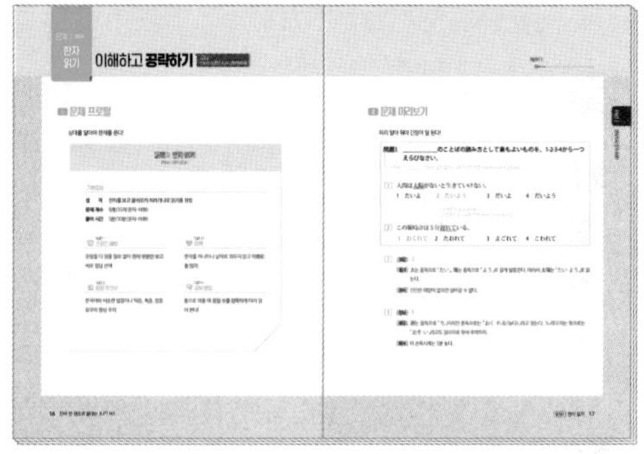

■ 실전문제 풀어보기

마치 실제 시험을 보는 것처럼 문제를 풀어보며 실전 감각을 키울 수 있도록 최다 횟수 최다 문제로 구성했습니다. 실전 연습을 위해 풀이 제한 시간을 제시하였으며, 채점 후 자신의 실력을 체크할 수 있도록 점수표를 마련해 두었습니다.

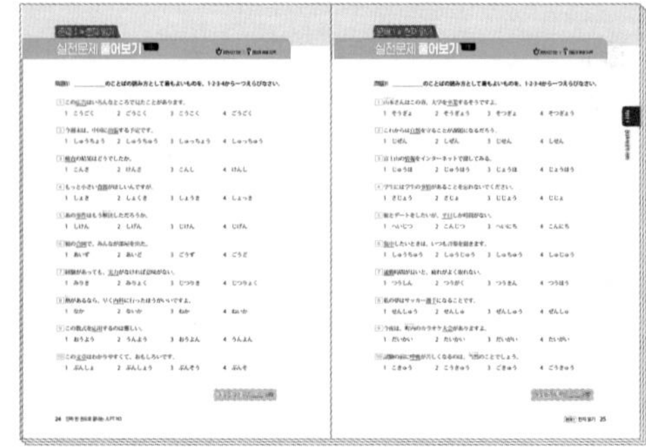

■ 정답 및 해설 확인하기

앞에서 풀었던 실전 문제를 바로 채점하고 풀이를 확인할 수 있도록 정답과 해설을 문제별로 상세히 기술했습니다. 본 해설을 통해 틀린 문제를 점검하고 BONUS에 수록된 어휘를 암기할 수 있습니다.

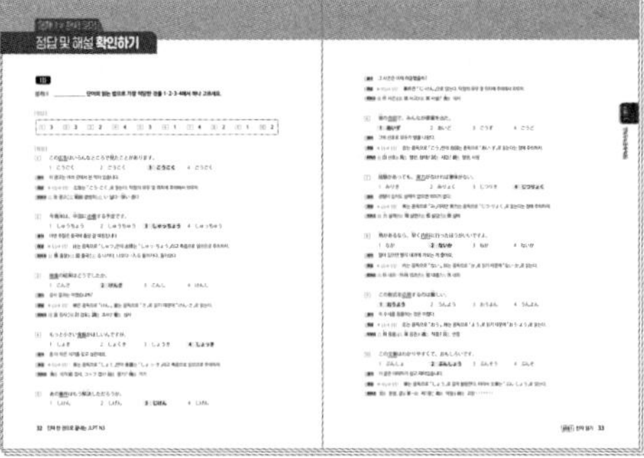

특별 부록

❶ 실전 모의테스트 2회분 + 온라인 모의테스트 1회분

별책에 실제 시험과 동일한 모의테스트를 총 2회분 수록했습니다. 뒷장에 수록된 OMR 답안지를 활용하면 효과적입니다. 또한 완벽한 실전 대비를 위해 온라인 모의테스트 1회분을 시원스쿨 일본어 홈페이지(http://japan.siwonschool.com)의 수강신청>교재/MP3에서 PDF로 추가 제공합니다.

❷ 저자 직강 전략 해설 강의

PDF로 제공되는 온라인 모의테스트 1회분의 문제 풀이를 나루미 선생님이 직접 해설해 줍니다. 내 강의실의 내 쿠폰함에서 쿠폰번호를 등록하신 뒤 이용할 수 있습니다.

❸ MP3 무료 다운로드

청해 시험을 위한 MP3를 녹음했습니다. MP3는 시원스쿨 일본어 홈페이지(http://japan.siwonschool.com)의 수강신청>교재/MP3에서 무료로 다운받을 수 있습니다.

❹ 진짜 한 장으로 끝내는 JLPT N3

시험에 무조건 출제되는 어휘와 문형을 딱 한 장으로 정리했습니다. 잘 뜯은 후 시험장에 가져가 속성으로 암기하면 합격률을 높일 수 있습니다.

목차

PART 2 언어지식(문법) 집중 공략

PART 3 독해 집중 공략

PART 4 청해 집중 공략

별책 부록

이 책의 활용법

이 책은 新일본어능력시험 N3를 철저하게 대비할 수 있도록 기획된 종합서입니다. 각 문제 유형별로 자세한 소개와 풀이 요령을 이해하기 쉽게 설명하였으며, 최신 출제 경향을 분석하여 집필한 실전 문제를 풍부하게 풀어볼 수 있도록 고안되었습니다. 또 한 문제 한 문제 자세하게 풀이해 주는 해설을 통해 합격에 더욱더 가까워질 수 있도록 구성하였습니다.

STEP 1

시험 내용은 간결하게 정리하세요.

시험 유형의 설명, 풀이 요령을 줄줄이 읽고 문제를 풀기도 전에 진이 빠지는 것은 의미가 없습니다. 핵심만 콕 집어 놓은 내용을 한눈에 파악하고 실전 문제로 넘어가면 됩니다. 그전에 시험에 자주 출제되는 합격 어휘, 문형, 그리고 표현을 미리 암기해 두어도 좋습니다.

STEP 2

실전 문제는 많이, 그리고 반복하세요.

언어지식과 독해는 총 8회, 청해는 총 4회씩 실전 문제를 수록했습니다. 문제는 기출 어휘를 최대한 활용하였기 때문에 집중하여 푸는 것이 좋습니다. 제한 시간에 맞춰 풀어볼 수 있는 연습을 해 보고 틀린 문제는 다시 한번 체크할 수 있도록 반복하며 복습하세요.

STEP 3

해설은 꼼꼼히 검토하세요.

맞힌 문제라고 해도 그냥 넘기지 말고 해답의 포인트를 잘 습득하세요. 틀린 문제는 해설을 보며 나만의 오답 노트를 만들고 다시 한번 익히도록 해야 합니다. 그리고 BONUS로 수록한 팁과 어휘까지 정리해 두면 더욱더 고득점에 가까워질 수 있습니다.

STEP 4

실전 모의테스트로 실전에 대비하세요.

시험을 앞두기 전에 실전 모의테스트 2회분과 온라인 모의테스트를 풀어보세요. 최신 기출문제를 토대로 한 문제들을 통해 나의 최종 실력을 점검하고 실전 감각을 익힐 수 있습니다. 시험장에는 한 장으로 제공되는 어휘와 문형 자료를 가져가 최종 정리할 수 있도록 합니다.

짧은 시간동안 효율적인 공부, 시원스쿨과 함께라면 합격에 다가갈 수 있습니다!

학습 플랜

■ 30일 속성 합격 플랜

Day 1	Day 2	Day 3	Day 4	Day 5	Day 6	Day 7
PART 1 문제 1	PART 1 문제 2	PART 1 문제 3	PART 1 문제 1~3 복습	PART 1 문제 4	PART 1 문제 5	PART 1 문제 4~5 복습
Day 8	**Day 9**	**Day 10**	**Day 11**	**Day 12**	**Day 13**	**Day 14**
PART 2 문제 1	PART 2 문제 2	PART 2 문제 3	PART 2 문제 1~3 복습	PART 3 문제 4	PART 3 문제 5	PART 3 문제 4~5 복습
Day 15	**Day 16**	**Day 17**	**Day 18**	**Day 19**	**Day 20**	**Day 21**
PART 3 문제 6	PART 3 문제 7	PART 3 문제 6~7 복습	PART 4 문제 1	PART 4 문제 2	PART 4 문제 3	PART 4 문제 1~3 복습
Day 22	**Day 23**	**Day 24**	**Day 25**	**Day 26**	**Day 27**	**Day 28**
PART 4 문제 4	PART 4 문제 5	PART 4 문제 4~5 복습	실전 모의테스트 1회	실전 모의테스트 1회 복습	실전 모의테스트 2회	실전 모의테스트 2회 복습
Day 29	**Day 30**					
온라인 모의테스트	온라인 모의테스트 복습					

■ 60일 탄탄 합격 플랜

Day 1	Day 2	Day 3	Day 4	Day 5	Day 6	Day 7
PART 1 문제 1 이해 공략	PART 1 문제 1 실전 풀이	PART 1 문제 1 해설 확인	PART 1 문제 2 이해 공략	PART 1 문제 2 실전 풀이	PART 1 문제 2 해설 확인	PART 1 문제 3 이해 공략
Day 8	**Day 9**	**Day 10**	**Day 11**	**Day 12**	**Day 13**	**Day 14**
PART 1 문제 3 실전 풀이	PART 1 문제 3 해설 확인	PART 1 문제 4 이해 공략	PART 1 문제 4 실전 풀이	PART 1 문제 4 해설 확인	PART 1 문제 5 이해 공략	PART 1 문제 5 실전 풀이
Day 15	**Day 16**	**Day 17**	**Day 18**	**Day 19**	**Day 20**	**Day 21**
PART 1 문제 5 해설 확인	PART 2 문제 1 이해 공략	PART 2 문제 1 실전 풀이	PART 2 문제 1 해설 확인	PART 2 문제 2 이해 공략	PART 2 문제 2 실전 풀이	PART 2 문제 2 해설 확인
Day 22	**Day 23**	**Day 24**	**Day 25**	**Day 26**	**Day 27**	**Day 28**
PART 2 문제 3 이해 공략	PART 2 문제 3 실전 풀이	PART 2 문제 3 해설 확인	PART 3 문제 4 이해 공략	PART 3 문제 4 실전 풀이	PART 3 문제 4 해설 확인	PART 3 문제 5 이해 공략
Day 29	**Day 30**	**Day 31**	**Day 32**	**Day 33**	**Day 34**	**Day 35**
PART 3 문제 5 실전 풀이	PART 3 문제 5 해설 확인	PART 3 문제 6 이해 공략	PART 3 문제 6 실전 풀이	PART 3 문제 6 해설 확인	PART 3 문제 7 이해 공략	PART 3 문제 7 실전 풀이
Day 36	**Day 37**	**Day 38**	**Day 39**	**Day 40**	**Day 41**	**Day 42**
PART 3 문제 7 해설 확인	PART 4 문제 1 이해 공략	PART 4 문제 1 실전 풀이	PART 4 문제 1 해설 확인	PART 4 문제 2 이해 공략	PART 4 문제 2 실전 풀이	PART 4 문제 2 해설 확인
Day 43	**Day 44**	**Day 45**	**Day 46**	**Day 47**	**Day 48**	**Day 49**
PART 4 문제 3 이해 공략	PART 4 문제 3 실전 풀이	PART 4 문제 3 해설 확인	PART 4 문제 4 이해 공략	PART 4 문제 4 실전 풀이	PART 4 문제 4 해설 확인	PART 4 문제 5 이해 공략
Day 50	**Day 51**	**Day 52**	**Day 53**	**Day 54**	**Day 55**	**Day 56**
PART 4 문제 5 실전 풀이	PART 4 문제 5 해설 확인	PART 1, 2 복습	PART 3, 4 복습	실전 모의테스트 1회	실전 모의테스트 1회 복습	실전 모의테스트 2회
Day 57	**Day 58**	**Day 59**	**Day 60**			
실전 모의테스트 2회 복습	온라인 모의테스트	온라인 모의테스트 복습	최종 복습			

PART 1

언어지식(문자·어휘) 집중 공략

1교시
언어지식(문자·어휘+문법)X독해

진짜 한 권으로 끝내는 JLPT N3

★ 시작하기 전 공략 TIP

이 파트는 문제를 다 읽을 필요 없습니다. 오직 암기만이 고득점의 길입니다. 암기 또 암기!

★ 미리 확인하는 시험 영역

언어지식의 '문자·어휘' 파트는 총 5개입니다.

- **문제1** 한자 읽기
- **문제2** 표기
- **문제3** 문맥 규정
- **문제4** 유의 표현
- **문제5** 용법

문제 1 »»»
한자 읽기

이해하고 공략하기

1교시
언어지식(문자·어휘+문법)X독해

1 문제 프로필

상대를 알아야 문제를 푼다!

문제 1 한자 읽기
問題 1 漢字読み

기본정보

성 격 한자를 보고 올바르게 히라가나로 읽기를 원함
문제 개수 8개/35개(문자·어휘)
풀이 시간 5분/30분(문자·어휘)

STEP 1
스피드 해법

문장을 다 읽을 필요 없이 한자 부분만 보고 바로 정답 선택

STEP 2
함정 주의보

한국어와 비슷한 발음이나 탁음, 촉음, 장음 유무에 항상 주의

STEP 3
대책

한자를 하나하나 낱자로 외우지 않고 어휘로 통 암기

STEP 4
공부 방법

통으로 외울 때 음절 수를 정확하게 따라 읽어 본다!

2 문제 미리보기

미리 알아 둬야 긴장이 덜 된다!

問題1 ＿＿＿＿＿のことばの読み方として最もよいものを、1·2·3·4から一つえらびなさい。

문제 1 ＿＿＿＿ 단어의 읽는 법으로 가장 적당한 것을 1·2·3·4에서 하나 고르세요.

1 人間は太陽がないと生きていけない。

1 たいよ　2 たいよう　3 だいよ　4 だいよう

다른 건 읽지 마세요!
밑줄만 보고 바로 선택지에서 찾아내 보세요!

2 この腕時計は５分遅れている。

1 おくれて　2 たおれて　3 よごれて　4 こわれて

1 정답 2

풀이 太는 음독으로「たい」, 陽는 음독으로「よう」로 길게 발음한다. 따라서 太陽는「たい·よう」로 읽는다.

해석 인간은 태양이 없으면 살아갈 수 없다.

1 정답 1

풀이 遅는 음독으로「ち」이지만 훈독으로는「おく·れる(늦다)」라고 읽는다. '느리다'라는 뜻으로는「おそ·い」라고도 읽으므로 뜻에 주의하자.

해석 이 손목시계는 5분 늦다.

적중 어휘 300

자주 출제되는 합격 어휘를 미리 외워 둔다!

	어휘	의미
あ	相変わらず(あいかわらず)	부 변함없이, 여전히
	相性(あいしょう)	명 궁합
	合図(あいず)	명 신호
	相手(あいて)	명 상대
	浅い(あさい)	い형 얕다, 옅다
	表す(あらわす)	동 나타내다
	泡(あわ)	명 거품
	案(あん)	명 안(아이디어)
	暗記(あんき)	명 암기
	息(いき)	명 숨
	意見(いけん)	명 의견
	異常(いじょう)	명 이상
	痛がる(いたがる)	동 아파하다
	一般(いっぱん)	명 일반
	一方(いっぽう)	명 한쪽, 한편
	嫌がる(いやがる)	동 싫어하다
	岩(いわ)	명 바위
	薄い(うすい)	い형 얇다, 연하다
	美しい(うつくしい)	い형 아름답다
	恨む(うらむ)	동 원망하다
	影響(えいきょう)	명 영향
	笑顔(えがお)	명 웃는 얼굴
	選ぶ(えらぶ)	동 고르다
	延長(えんちょう)	명 연장
	応援(おうえん)	명 응원

	어휘	의미
	応募(おうぼ)	명 응모
	応用(おうよう)	명 응용
	遅れる(おくれる)	동 늦다
	お札(おさつ)	명 지폐
	恐ろしい(おそろしい)	い형 두렵다
	お互い(おたがい)	명 서로
	覚える(おぼえる)	동 기억하다, 외우다
	降りる(おりる)	동 (교통수단에서) 내리다
	折る(おる)	동 부러뜨리다, 접다
	音響(おんきょう)	명 음향
か	解決(かいけつ)	명 해결
	改札(かいさつ)	명 개찰(구)
	解散(かいさん)	명 해산
	外出(がいしゅつ)	명 외출
	外食(がいしょく)	명 외식
	返す(かえす)	동 돌려주다, 갚다
	替える(かえる)	동 바꾸다, 교환하다
	価格(かかく)	명 가격
	係員(かかりいん)	명 담당자
	係長(かかりちょう)	명 계장
	各自(かくじ)	명 각자
	各地(かくち)	명 각지
	隠れる(かくれる)	동 숨다
	欠ける(かける)	동 빠지다, 부족하다
	過去(かこ)	명 과거

	단어	뜻
□	下降(かこう)	명 하강
□	貸す(か)	동 빌려주다
□	固い(かた)	い형 딱딱하다
□	各国(かっこく)	명 각국
□	悲しい(かな)	い형 슬프다
□	辛い(から)	い형 맵다
□	交す(かわ)	동 교환하다
□	関係(かんけい)	명 관계
□	完成(かんせい)	명 완성
□	消える(き)	동 꺼지다, 사라지다
□	機器(きき)	명 기기
□	記事(きじ)	명 기사
□	汚い(きたな)	い형 더럽다
□	記念(きねん)	명 기념
□	疑念(ぎねん)	명 의심
□	疑問(ぎもん)	명 의문
□	吸収(きゅうしゅう)	명 흡수
□	協力(きょうりょく)	명 협력
□	去年(きょねん)	명 작년
□	嫌う(きら)	동 싫어하다
□	記録(きろく)	명 기록
□	勤務(きんむ)	명 근무
□	具合(ぐあい)	명 형편, 상태
□	空港(くうこう)	명 공항
□	空席(くうせき)	명 공석
□	空想(くうそう)	명 공상
□	空中(くうちゅう)	명 공중
□	苦情(くじょう)	명 불평, 불만
□	配る(くば)	동 나누어 주다
□	工夫(くふう)	명 궁리, 연구
□	組む(く)	동 짜다, 조직하다
□	苦しい(くる)	い형 힘들다, 괴롭다
□	詳しい(くわ)	い형 자세하다, 환하다(정통하다)
□	敬意(けいい)	명 경의
□	傾向(けいこう)	명 경향
□	外科(げか)	명 외과
□	結局(けっきょく)	부 결국
□	決勝戦(けっしょうせん)	명 결승전
□	決心(けっしん)	명 결심
□	欠席(けっせき)	명 결석
□	件(けん)	명 건
□	原因(げんいん)	명 원인
□	原価(げんか)	명 원가
□	検査(けんさ)	명 검사
□	原産地(げんさんち)	명 원산지
□	検討(けんとう)	명 검토
□	原料(げんりょう)	명 원료
□	合格(ごうかく)	명 합격
□	広告(こうこく)	명 광고
□	向上(こうじょう)	명 향상

□ 広範囲(こうはんい) 명 광범위
□ 交流(こうりゅう) 명 교류
□ 超(こ)える 동 넘다, 초월하다
□ 呼応(こおう) 명 호응
□ 呼吸(こきゅう) 명 호흡
□ 故郷(こきょう) 명 고향
□ 故障(こしょう) 명 고장
□ 擦(こす)れる 동 스치다, 비벼지다
□ 混(こ)む 동 붐비다, 혼잡하다
□ 壊(こわ)れる 동 깨지다, 부서지다

□ 避(さ)ける 동 피하다
□ 寒(さむ)がる 동 추워하다
□ 残業(ざんぎょう) 명 잔업
□ 賛成(さんせい) 명 찬성
□ 残留(ざんりゅう) 명 잔류
□ 試合(しあい) 명 시합
□ 茂(しげ)る 동 우거지다
□ 事件(じけん) 명 사건
□ 事故(じこ) 명 사고
□ 事実(じじつ) 명 사실
□ 事情(じじょう) 명 사정
□ 自信(じしん) 명 자신
□ 自然(しぜん) 명 자연
□ 実感(じっかん) 명 실감
□ 失業(しつぎょう) 명 실업
□ 実現(じつげん) 명 실현
□ 実際(じっさい) 명 실제
□ 実力(じつりょく) 명 실력
□ 失礼(しつれい) 명 실례
□ 自動(じどう) 명 자동
□ 支配(しはい) 명 지배
□ 示(しめ)す 동 가리키다, 보이다
□ 地面(じめん) 명 지면
□ 自由(じゆう) 명 자유
□ 集合(しゅうごう) 명 집합
□ 重視(じゅうし) 명 중시
□ 重大(じゅうだい) 명 중대
□ 集中(しゅうちゅう) 명 집중
□ 重要(じゅうよう) 명 중요
□ 祝日(しゅくじつ) 명 경축일
□ 首相(しゅしょう) 명 수상
□ 出勤(しゅっきん) 명 출근
□ 出国(しゅっこく) 명 출국
□ 出席(しゅっせき) 명 출석
□ 出張(しゅっちょう) 명 출장
□ 出発(しゅっぱつ) 명 출발
□ 首都(しゅと) 명 수도
□ 順序(じゅんじょ) 명 순서
□ 順調(じゅんちょう) 명 순조
□ 順番(じゅんばん) 명 차례, 순서

	단어	뜻
□	商業（しょうぎょう）	명 상업
□	情況（じょうきょう）	명 정황
□	常識（じょうしき）	명 상식
□	消失（しょうしつ）	명 소실
□	情報（じょうほう）	명 정보
□	正面（しょうめん）	명 정면
□	除去（じょきょ）	명 제거
□	植物（しょくぶつ）	명 식물
□	食物（しょくもつ）	명 음식물
□	食器（しょっき）	명 식기
□	身長（しんちょう）	명 신장
□	心配（しんぱい）	명 걱정
□	優（すぐ）れる	동 우수하다
□	素晴（すば）らしい	い형 훌륭하다
□	座（すわ）る	동 앉다
□	正解（せいかい）	명 정답
□	性格（せいかく）	명 성격
□	成功（せいこう）	명 성공
□	正常（せいじょう）	명 정상
□	成長（せいちょう）	명 성장
□	性別（せいべつ）	명 성별
□	接（せっ）する	동 접하다
□	説得（せっとく）	명 설득
□	狭（せま）い	い형 좁다
□	世話（せわ）	명 신세, 돌봄

	단어	뜻
□	選手（せんしゅ）	명 선수
□	相互（そうご）	명 상호
□	想像（そうぞう）	명 상상
□	相談（そうだん）	명 상담
□	早朝（そうちょう）	명 조조(이른 아침)
□	育（そだ）つ	동 자라다
□	卒業（そつぎょう）	명 졸업
□	損（そん）	명 손해
□	尊重（そんちょう）	명 존중

た

	단어	뜻
□	大会（たいかい）	명 대회
□	大小（だいしょう）	명 대소
□	大量（たいりょう）	명 대량
□	倒（たお）れる	동 쓰러지다, 넘어지다
□	託（たく）する	동 부탁하다
□	長（た）ける	동 뛰어나다
□	立（た）て札（ふだ）	명 팻말
□	他人（たにん）	명 타인
□	試（ため）す	동 시험하다
□	単位（たんい）	명 단위
□	単語（たんご）	명 단어
□	単純（たんじゅん）	명 단순
□	単独（たんどく）	명 단독
□	地球（ちきゅう）	명 지구
□	着実（ちゃくじつ）	명 착실
□	朝刊（ちょうかん）	명 조간

	단어	읽기	뜻
□	調査	ちょうさ	명 조사
□	長所	ちょうしょ	명 장점
□	朝食	ちょうしょく	명 아침 식사, 조식
□	通過	つうか	명 통과
□	通学	つうがく	명 통학
□	通勤	つうきん	명 통근
□	通信	つうしん	명 통신
□	通知	つうち	명 통지
□	通路	つうろ	명 통로
□	都合	つごう	명 (시간 상의) 형편, 사정
□	辛い	つら	い형 괴롭다
□	提案	ていあん	명 제안
□	提供	ていきょう	명 제공
□	提出	ていしゅつ	명 제출
□	電球	でんきゅう	명 전구
□	登場	とうじょう	명 등장
□	到着	とうちゃく	명 도착
□	動物	どうぶつ	명 동물
□	登録	とうろく	명 등록
□	得意だ	とくい	な형 잘하다, 능숙하다
□	特殊	とくしゅ	명 특수
□	登山	とざん	명 등산
□	飛ぶ	と	동 날다
□	努力	どりょく	명 노력
な □	内科	ないか	명 내과
□	内外	ないがい	명 내외
□	内容	ないよう	명 내용
□	並ぶ	なら	동 줄을 서다
□	苦い	にが	い형 쓰다
□	日常	にちじょう	명 일상
□	日課	にっか	명 일과
□	日勤	にっきん	명 매일 출근
□	日給	にっきゅう	명 일당
□	荷物	にもつ	명 짐
□	能力	のうりょく	명 능력
は □	配達	はいたつ	명 배달
□	生える	は	동 자라나다
□	発見	はっけん	명 발견
□	発行	はっこう	명 발행
□	発展	はってん	명 발전
□	発熱	はつねつ	명 발열
□	発表	はっぴょう	명 발표
□	発明	はつめい	명 발명
□	離れる	はな	동 (사이가) 떨어지다, 멀어지다
□	場面	ばめん	명 장면
□	払う	はら	동 지불하다
□	晴れる	は	동 맑다, 화창하다
□	反応	はんのう	명 반응
□	表情	ひょうじょう	명 표정
□	表面	ひょうめん	명 표면

- □ 広(ひろ)い　い형 넓다
- □ 拾(ひろ)う　동 줍다
- □ 夫婦(ふうふ)　명 부부
- □ 深(ふか)い　い형 깊다
- □ 膨(ふく)らむ　동 부풀어 오르다
- □ 夫妻(ふさい)　명 부부
- □ 降(ふ)る　동 (눈, 비가) 내리다
- □ 分解(ぶんかい)　명 분해
- □ 文章(ぶんしょう)　명 문장, 글
- □ 分別(ふんべつ)　명 분별(구별하여 판단)
- □ 分別(ぶんべつ)　명 분별(종류에 따라 나눔)
- □ 分野(ぶんや)　명 분야
- □ 平素(へいそ)　명 평소
- □ 平和(へいわ)　명 평화
- □ 減(へ)る　동 줄다
- □ 方向(ほうこう)　명 방향
- □ 報告(ほうこく)　명 보고
- □ 欲(ほ)しがる　동 갖고 싶어하다
- □ 募集(ぼしゅう)　명 모집
- □ 細(ほそ)い　い형 가늘다, 좁다
- □ ほほ笑(え)み　명 미소
- □ 保留(ほりゅう)　명 보류
- □ 本人(ほんにん)　명 본인

ま

- □ 巻(まき)　명 (둘둘) 감은 것
- □ 負(ま)ける　동 지다
- □ 待(ま)つ　동 기다리다
- □ 眩(まぶ)しい　い형 눈부시다
- □ 短(みじか)い　い형 짧다
- □ 蒸(む)す　동 찌다, 무덥다
- □ 難(むずか)しい　い형 어렵다
- □ 戻(もど)す　동 되돌리다

や

- □ 野球(やきゅう)　명 야구
- □ 友人(ゆうじん)　명 친구
- □ 輸出(ゆしゅつ)　명 수출
- □ 容器(ようき)　명 용기(그릇)
- □ 汚(よご)す　동 더럽히다
- □ 汚(よご)れる　동 더러워지다
- □ 予選(よせん)　명 예선
- □ 予想(よそう)　명 예상
- □ 予報(よほう)　명 예보

ら

- □ 理解(りかい)　명 이해
- □ 理想(りそう)　명 이상
- □ 留学(りゅうがく)　명 유학
- □ 流行(りゅうこう)　명 유행
- □ 流入(りゅうにゅう)　명 유입
- □ 留守(るす)　명 부재중
- □ 連係(れんけい)　명 연계

わ

- □ 渡(わた)る　동 건너다
- □ 笑(わら)う　동 웃다
- □ 割(わ)れる　동 깨지다

문제 1 » 한자 읽기

실전문제 풀어보기 1회

제한시간 5분 | 정답과 해설 32쪽

問題1 ＿＿＿＿＿のことばの読み方として最もよいものを、1·2·3·4から一つえらびなさい。

1 この広告はいろんなところで見たことがあります。

1 こうごく　2 ごうこく　3 こうこく　4 ごうごく

2 今週末は、中国に出張する予定です。

1 しゅうちょう　2 しゅうちゅう　3 しゅっちょう　4 しゅっちゅう

3 検査の結果はどうでしたか。

1 こんさ　2 けんさ　3 こんし　4 けんし

4 もっと小さい食器がほしいんですが。

1 しょき　2 しょくき　3 しょうき　4 しょっき

5 あの事件はもう解決（かいけつ）しただろうか。

1 しけん　2 しげん　3 じけん　4 じげん

6 彼の合図で、みんなが部屋を出た。

1 あいず　2 あいど　3 ごうず　4 ごうど

7 経験があっても、実力がなければ意味がない。

1 みりき　2 みりょく　3 じつりき　4 じつりょく

8 熱（ねつ）があるなら、早く内科に行ったほうがいいですよ。

1 なか　2 ないか　3 ねか　4 ねいか

9 この数式を応用するのは難しい。

1 おうよう　2 うんよう　3 おうよん　4 うんよん

10 この文章はわかりやすくて、おもしろいです。

1 ぶんしょ　2 ぶんしょう　3 ぶんそう　4 ぶんそ

▷맞힌 개수 확인 ＿＿＿ / 10

실전문제 풀어보기 2회

제한시간 5분 | 정답과 해설 34쪽

問題1 ＿＿＿＿＿＿のことばの読み方として最もよいものを、1·2·3·4から一つえらびなさい。

1 山本(やまもと)さんはこの春、大学を<u>卒業</u>するそうですよ。

1 そうぎょ　2 そうぎょう　3 そつぎょ　4 そつぎょう

2 これからは<u>自然</u>を守ることが課題になるだろう。

1 じぜん　2 しぜん　3 じせん　4 しせん

3 富士山の<u>情報</u>をインターネットで探してみる。

1 じゅうほ　2 じゅうほう　3 じょうほ　4 じょうほう

4 学生には学生の<u>事情</u>があることを忘れないでください。

1 さじょう　2 さじょ　3 じじょう　4 じじょ

5 彼とデートをしたいが、<u>平日</u>しか時間がない。

1 へいじつ　2 こんじつ　3 へいにち　4 こんにち

6 <u>集中</u>したいときは、いつも音楽を聞きます。

1 しゅうちゅう　2 しゅうじゅう　3 しゅちゅう　4 しゅじゅう

7 <u>通勤</u>時間が長いと、疲れがよく取れない。

1 つうしん　2 つうがく　3 つうきん　4 つうほう

8 私の夢はサッカー<u>選手</u>になることです。

1 せんしゅう　2 せんしゅ　3 ぜんしゅう　4 ぜんしゅ

9 今夜は、町内(ちょうない)のカラオケ<u>大会</u>がありますよ。

1 だいかい　2 たいかい　3 だいがい　4 たいがい

10 試験の前に<u>呼吸</u>が苦しくなるのは、当然(とうぜん)のことでしょう。

1 こきゅう　2 こうきゅう　3 ごきゅう　4 ごうきゅう

▷ 맞힌 개수 확인 ＿＿＿ / 10

PART 1 언어지식(문자·어휘)

실전문제 풀어보기 3회

제한시간 5분 | 정답과 해설 36쪽

問題1 ＿＿＿＿＿のことばの読み方として最もよいものを、1·2·3·4から一つえらびなさい。

1 愛するあなたのために作った曲(きょく)がもうすぐ完成します。

1 かんぞん　2 かんそん　3 かんぜい　4 かんせい

2 わたしの得意な科目は国語と英語です。

1 どうい　2 とうい　3 どくい　4 とくい

3 受け取りは明日以降でお願いします。

1 いこう　2 いごう　3 いこ　4 いご

4 レポートは水曜日までに提出しなければならない。

1 ていしゅ　2 ていじゅ　3 ていしゅつ　4 ていじゅつ

5 こちらへの入場は本人確認が必要です。

1 ぼんにん　2 ほんにん　3 ぼんいん　4 ほんいん

6 この問題の正解はたぶん5番だと思う。

1 しょうかい　2 せいか　3 しょうか　4 せいかい

7 最近、兄に全く相手にされない。

1 あいしゅ　2 あいて　3 そうしゅ　4 そうて

8 改札の前でずっと待っていた。

1 かいさつ　2 かいせつ　3 けいさつ　4 けいせつ

9 私たちは結局今回はやめることにしました。

1 けいさく　2 けいきょく　3 けっさく　4 けっきょく

10 卒業の記念に撮(と)った写真を引っ越しでなくした。

1 きもん　2 ぎもん　3 きねん　4 ぎねん

맞힌 개수 확인 ＿＿＿ / 10

실전문제 풀어보기 4회

⏱ 제한시간 5분 | 정답과 해설 38쪽

問題1 ＿＿＿＿＿のことばの読み方として最もよいものを、1·2·3·4から一つえらびなさい。

1 いろいろ価格を比べて買ったほうがいいですよ。

1 かく　2 がく　3 かがく　4 かかく

2 生活が苦しいときは何より節約(せつやく)が大切です。

1 くるしい　2 かなしい　3 こいしい　4 むずかしい

3 荷物を先に送ろうと思う。

1 かもつ　2 かぶつ　3 にもつ　4 にぶつ

4 先生が笑っているのを一度も見たことがない。

1 うたって　2 きらって　3 わらって　4 はらって

5 佐藤(さとう)さんが病気になったのは、会社でストレスを受けたのが原因だ。

1 けんにん　2 げんにん　3 けんいん　4 げんいん

6 ここから先はガラスが割れているので危険です。

1 われて　2 はれて　3 こわれて　4 よごれて

7 今年の夏の暑さは異常ですね。

1 いじょう　2 いしょう　3 いつじょう　4 いっしょう

8 この作品は日本文化の影響を受けている。

1 えいきょ　2 えいきょう　3 けいきょ　4 けいきょう

9 思いやりに欠ける人は好きじゃありません。

1 さける　2 まける　3 たける　4 かける

10 彼はアメリカの経済にも政治にも詳しい。

1 すばらしい　2 あたらしい　3 くわしい　4 まぶしい

▷맞힌 개수 확인 ＿＿＿ / 10

실전문제 풀어보기 5회

問題1 ＿＿＿＿＿のことばの読み方として最もよいものを、1·2·3·4から一つえらびなさい。

1 形式を重視することはそんなに大切なことですか。

1 ちょうし　2 ちょうじ　3 じゅうし　4 じゅうじ

2 若者たちは自分の意見を言わない傾向がある。

1 けいご　2 けいこ　3 けいごう　4 けいこう

3 入場料はこちらの窓口で払ってください。

1 ならって　2 もらって　3 はらって　4 わらって

4 国際社会では相互理解が必要になってくる。

1 そうこ　2 そうご　3 あいこ　4 あいご

5 辛いときはいつでも声をかけてください。

1 つらい　2 きらい　3 いたい　4 あつい

6 最近、両親の健康状態が少し心配だ。

1 しんぱい　2 しんばい　3 しっぱい　4 しつばい

7 子供が宿題をするのを嫌がって困る。

1 ほしがって　2 さむがって　3 いたがって　4 いやがって

8 今こそ地球の環境問題を考えるときだ。

1 じくう　2 ちくう　3 じきゅう　4 ちきゅう

9 私の朝の日課はジョギングです。

1 にっし　2 にちし　3 にっか　4 にちか

10 安村(やすむら)さんはとにかく明るい性格だ。

1 しょうかく　2 せいかく　3 しょうこう　4 せいこう

맞힌 개수 확인 ＿＿＿ / 10

실전문제 풀어보기 6회

⏱ 제한시간 5분 | 정답과 해설 42쪽

問題1 ＿＿＿＿＿のことばの読み方として最もよいものを、1·2·3·4から一つえらびなさい。

1 彼女の<u>笑顔</u>はとても魅力的(みりょくてき)だ。

1 えがお　2 ねがお　3 えかお　4 ねかお

2 火事のときは<u>係員</u>の指示に従(したが)ってください。

1 けいいん　2 かかりいん　3 けいじん　4 かかりじん

3 私と木村(きむら)さんは研究<u>分野</u>が同じです。

1 ふんの　2 ぶんの　3 ふんや　4 ぶんや

4 ここにはたくさんの野菜や花が<u>育って</u>います。

1 そだって　2 しげって　3 わたって　4 ひろって

5 紹介してもらった彼は<u>想像</u>していた人と違っていた。

1 そうそう　2 しょうそう　3 そうぞう　4 しょうぞう

6 この店のステーキは<u>厚くて</u>おいしいです。

1 かたくて　2 ふかくて　3 あつくて　4 やすくて

7 弟は<u>流行</u>にあまり興味がない。

1 りょこう　2 りゅこう　3 りょうこう　4 りゅうこう

8 この新商品には<u>工夫</u>の跡(あと)がなくて残念だ。

1 くふう　2 くほう　3 こうふう　4 こほう

9 今日の会議には必ず<u>出席</u>してください。

1 しゅせき　2 しゅっせき　3 しゅしょ　4 しゅっしょ

10 前髪(まえがみ)が<u>短すぎて</u>子供みたいだ。

1 ふかすぎて　2 みじかすぎて　3 おおすぎて　4 ほそすぎて

> 맞힌 개수 확인 ＿＿＿ / 10

실전문제 풀어보기 7회

問題1 ＿＿＿＿＿＿のことばの読み方として最もよいものを、1·2·3·4から一つえらびなさい。

1 来週、会社の人と登山に行く。

1 とうさん　2 とうざん　3 とさん　4 とざん

2 昔に比べると、彼女は成長したと思う。

1 せいじょう　2 せいちょう　3 そうじょう　4 そうちょう

3 この言い方は一般的でしょうか。

1 いちはんてき　2 いちほんてき　3 いっぱんてき　4 いっぽんてき

4 チケットを買うのに人がたくさん並んでいる。

1 ならんで　2 ふくらんで　3 えらんで　4 うらんで

5 飛行機の到着が遅れるそうだ。

1 とうちゃく　2 とちゃく　3 とうちょく　4 とちょく

6 この国には美しい湖(みずうみ)がたくさんあります。

1 まぶしい　2 おそろしい　3 すばらしい　4 うつくしい

7 いつか夫婦で世界旅行に行ってみたい。

1 ふうふ　2 ふうぶ　3 ふふ　4 ふぶ

8 先週、事故で骨(ほね)を折ってしまった。

1 まって　2 おって　3 かって　4 へって

9 もしもし。先日の件で電話しました。

1 あん　2 けん　3 ほん　4 そん

10 汚れた服はきちんと洗濯してください。

1 かくれた　2 こわれた　3 よごれた　4 こすれた

＿＿＿ / 10

실전문제 풀어보기 8회

제한시간 5분 | 정답과 해설 46쪽

問題1 ＿＿＿＿＿のことばの読み方として最もよいものを、1·2·3·4から一つえらびなさい。

1 私の母の専門は外科です。

1 けか　2 かいが　3 げか　4 がいか

2 通勤にはバスと電車を使っている。

1 とうこん　2 とうきん　3 つうこん　4 つうきん

3 この言葉は主人公の気持ちを表しています。

1 ためして　2 しめして　3 あらわして　4 かわして

4 外国の本を読むと、いつも発見があって楽しい。

1 はっけん　2 はつげん　3 はけん　4 はげん

5 連休なのに、列車の中は空席が目立ちました。

1 くうせき　2 くうぜき　3 こうせき　4 こうぜき

6 結婚後の失業は思ったよりストレスが大きい。

1 じつぎょう　2 しつぎょう　3 じつごう　4 しつごう

7 授業に遅れて、先生に怒られてしまった。

1 たおれて　2 すぐれて　3 はなれて　4 おくれて

8 トイレの順番がなかなか来なくて危(あぶ)なかった。

1 じゅんしょ　2 じゅんはん　3 じゅんじょ　4 じゅんばん

9 母が留守の間に、ゲームで遊びました。

1 るしゅ　2 るす　3 りゅうしゅ　4 りゅうす

10 反省(はんせい)しているなら、行動で示してよ。

1 しめして　2 よごして　3 せっして　4 たくして

＿＿＿ / 10

정답 및 해설 확인하기

1회

문제 1 ________ 단어의 읽는 법으로 가장 적당한 것을 1·2·3·4에서 하나 고르세요.

|정답|

1	2	3	4	5	6	7	8	9	10
3	3	2	4	3	1	4	2	1	2

|해설|

1 この広告はいろんなところで見(み)たことがあります。

1 こうごく　2 ごうこく　**3 こうこく**　4 ごうごく

해석 이 광고는 여러 곳에서 본 적이 있습니다.

해설 ✻ 청음에 주목! 広告는 「こう·こく」로 읽는다. 탁점의 유무 및 위치에 주의해서 외우자.

BONUS 広告(こうこく) 광고 | 広範囲(こうはんい) 광범위 | 広(ひろ)い 넓다⇔狭(せま)い 좁다

2 今週末(こんしゅうまつ)は、中国(ちゅうごく)に出張する予定(よてい)です。

1 しゅうちょう　2 しゅうちゅう　**3 しゅっちょう**　4 しゅっちゅう

해석 이번 주말은 중국에 출장 갈 예정입니다.

해설 ✻ 촉음에 주목! 出는 음독으로 「しゅつ」인데 出張는 「しゅっ·ちょう」라고 촉음으로 읽으므로 주의하자.

BONUS 出張(しゅっちょう) 출장 | 出国(しゅっこく) 출국 | 出(で)る 나가다, 나오다⇔入(はい)る 들어가다, 들어오다

3 検査の結果(けっか)はどうでしたか。

1 こんさ　**2 けんさ**　3 こんし　4 けんし

해석 검사 결과는 어땠습니까?

해설 ✻ 음독에 주목! 検은 음독으로 「けん」, 査는 음독으로 「さ」로 읽기 때문에 「けん·さ」로 읽는다.

BONUS 検査(けんさ) 검사 | 検討(けんとう) 검토 | 調査(ちょうさ) 조사 | 審査(しんさ) 심사

4 もっと小(ち)さい食器がほしいんですが。

1 しょき　2 しょくき　3 しょうき　**4 しょっき**

해석 좀 더 작은 식기를 갖고 싶은데요.

해설 ✻ 촉음에 주목! 食는 음독으로 「しょく」인데 食器는 「しょっ·き」라고 촉음으로 읽으므로 주의하자.

BONUS 食器(しょっき) 식기(皿(さら) 접시, コップ 컵) | 容器(ようき) 용기 | 機器(きき) 기기

5 あの事件はもう解決(かいけつ)しただろうか。

1 しけん　2 しげん　**3 じけん**　4 じげん

해석 그 사건은 이제 해결했을까?

해설 ✱ 탁음에 주목! 事件은「じ·けん」으로 읽는다. 탁점의 유무 및 위치에 주의해서 외우자.

BONUS 事件(じけん) 사건 | 事故(じこ) 사고 | 事実(じじつ) 사실 | 食事(しょくじ) 식사

6 彼(かれ)の合図で、みんなが部屋(へや)を出(で)た。

1 あいず 2 あいど 3 ごうず 4 ごうど

해석 그의 신호로 모두가 방을 나왔다.

해설 ✱ 훈독에 주목! 合는 음독으로「ごう」인데 合図는 훈독으로「あい·ず」로 읽는다는 점에 주의하자.

BONUS 合図(あいず) 신호 | 具合(ぐあい) 형편, 상태 | 試合(しあい) 시합 | 都合(つごう) 형편, 사정

7 経験(けいけん)があっても、実力がなければ意味(いみ)がない。

1 みりき 2 みりょく 3 じつりき **4 じつりょく**

해석 경험이 있어도 실력이 없으면 의미가 없다.

해설 ✱ 음독에 주목! 実는 훈독으로「み」이지만 実力는 음독으로「じつ·りょく」로 읽는다는 점에 주의하자.

BONUS 実力(じつりょく) 실력 | 実現(じつげん) 실현 | 実感(じっかん) 실감 | 実際(じっさい) 실제

8 熱(ねつ)があるなら、早(はや)く内科に行(い)ったほうがいいですよ。

1 なか **2 ないか** 3 ねか 4 ねいか

해석 열이 있으면 빨리 내과에 가보는 게 좋아요.

해설 ✱ 음독에 주목! 内는 음독으로「ない」, 科는 음독으로「か」로 읽기 때문에「ない·か」로 읽는다.

BONUS 内科(ないか) 내과⇔外科(げか) 외과 | 内容(ないよう) 내용 | 内外(ないがい) 내외

9 この数式(すうしき)を応用するのは難(むずか)しい。

1 おうよう 2 うんよう 3 おうよん 4 うんよん

해석 이 수식을 응용하는 것은 어렵다.

해설 ✱ 음독에 주목! 応는 음독으로「おう」, 用는 음독으로「よう」로 읽기 때문에「おう·よう」로 읽는다.

BONUS 応用(おうよう) 응용 | 応援(おうえん) 응원 | 適応(てきおう) 적응 | 反応(はんのう) 반응

10 この文章はわかりやすくて、おもしろいです。

1 ぶんしょ **2 ぶんしょう** 3 ぶんそう 4 ぶんそ

해석 이 글은 이해하기 쉽고 재미있습니다.

해설 ✱ 장음에 주목! 章는 음독으로「しょう」로 길게 발음한다. 따라서 文章는「ぶん·しょう」로 읽는다.

BONUS 文章(ぶんしょう) 문장, 글 | 第一章(だいいっしょう) 제1장 | 楽章(がくしょう) 악장 | 故障(こしょう) 고장 ✱표기 문제에 주의

2회

문제 1 ______________ 단어의 읽는 법으로 가장 적당한 것을 1·2·3·4에서 하나 고르세요.

|정답|

1	4	2	2	3	4	4	3	5	1	6	1	7	3	8	2	9	2	10	1

|해설|

1 山本さんはこの春、大学を卒業するそうですよ。

1 そうぎょ　2 そうぎょう　3 そつぎょ　**4 そつぎょう**

해석 야마모토 씨는 이번 봄에 대학을 졸업한다고 해요.

해설 * 장음에 주목! 業는 음독으로 「ぎょう」로 길게 발음한다. 따라서 卒業는 「そつ·ぎょう」로 읽는다.

BONUS 卒業 졸업 | 失業 실업 | 残業 잔업 | 商業 상업

2 これからは自然を守ることが課題になるだろう。

1 じぜん　**2 しぜん**　3 じせん　4 しせん

해석 앞으로는 자연을 지키는 것이 과제가 될 것이다.

해설 * 음독에 주목! 自는 음독으로 「し」, 「じ」로 읽는데 自然은 「し·ぜん」이라고 읽는다는 점에 주의하자.

BONUS 自然 자연 | 自動 자동 | 自信 자신 | 自由 자유

3 富士山の情報をインターネットで探してみる。

1 じゅうほ　2 じゅうほう　3 じょうほ　**4 じょうほう**

해석 후지산의 정보를 인터넷에서 찾아본다.

해설 * 장음에 주목! 報는 음독으로 「ほう」로 길게 발음한다. 따라서 情報는 「じょう·ほう」로 읽는다.

BONUS 情報 정보 | 予報 예보 | 報告 보고 | 報道 보도

4 学生には学生の事情があることを忘れないでください。

1 さじょう　2 さじょ　**3 じじょう**　4 じじょ

해석 학생에게는 학생의 사정이 있다는 것을 잊지 마세요.

해설 * 음독에 주목! 事는 음독으로 「じ」, 情는 음독으로 「じょう」로 읽기 때문에 「じ·じょう」로 읽는다.

BONUS 情熱 정열 | 人情 인정 | 苦情 불평, 불만 | 実情 실정

5 彼とデートをしたいが、平日しか時間がない。

1 へいじつ　2 こんじつ　3 へいにち　4 こんにち

해석 그와 데이트를 하고 싶지만, 평일밖에 시간이 없다.

해설 * 음독에 주목! 日는 음독으로 「じつ」, 「にち」로 읽는데 平日는 「へい·じつ」라고 읽는다는 점에 주의하자.

BONUS 平和 평화 | 平等 평등 | 祝日 경축일 | 連日 연일

6 集中したいときは、いつも音楽を聞きます。

1 しゅうちゅう 2 しゅうじゅう 3 しゅちゅう 4 しゅじゅう

해석 집중하고 싶을 때는 항상 음악을 듣습니다.

해설 * 장음에 주목! 集는 음독으로 「しゅう」로 길게 발음한다. 따라서 集中는 「しゅう·ちゅう」로 읽는다.

BONUS 集中 집중 | 集合 집합 | 募集 모집 | 収集 수집

7 通勤時間が長いと、疲れがよく取れない。

1 つうしん 2 つうがく **3 つうきん** 4 つうほう

해석 통근 시간이 길면 피로가 잘 풀리지 않는다.

해설 * 음독에 주목! 通는 음독으로 「つう」, 勤는 음독으로 「きん」으로 읽기 때문에 「つう·きん」으로 읽는다.

BONUS 通勤 통근 | 通学 통학 | 通過 통과 | 通路 통로

8 私の夢はサッカー選手になることです。

1 せんしゅう **2 せんしゅ** 3 ぜんしゅう 4 ぜんしゅ

해석 제 꿈은 축구 선수가 되는 것입니다.

해설 * 장음에 주목! 手는 음독으로 「しゅ」로 짧게 발음한다. 따라서 選手는 「せん·しゅ」로 읽는다.

BONUS 選手 선수 | 選考 전형(입시) | 予選 예선⇔決勝戦 결승전

9 今夜は、町内のカラオケ大会がありますよ。

1 だいかい **2 たいかい** 3 だいがい 4 たいがい

해석 오늘 밤은 마을 안에서 노래 대회가 있어요.

해설 * 음독에 주목! 大는 음독으로 「たい」, 「だい」로 읽는데 大会는 「たい·かい」라고 읽는다는 점에 주의하자.

BONUS 大会 대회 | 大量 대량 | 大小 대소 | 重大 중대

10 試験の前に呼吸が苦しくなるのは、当然のことでしょう。

1 こきゅう 2 こうきゅう 3 ごきゅう 4 ごうきゅう

해석 시험 전에 호흡이 답답해지는 것은 당연한 일이겠지요.

해설 * 장음에 주목! 呼는 음독으로 「こ」로 짧게 발음한다. 따라서 呼吸는 「こ·きゅう」로 읽는다.

BONUS 呼吸 호흡 | 呼応 호응 | 吸収 흡수 | 吸引 흡인

3회

문제 1 ＿＿＿＿＿＿ 단어의 읽는 법으로 가장 적당한 것을 1·2·3·4에서 하나 고르세요.

| 정답 |

1	4	2	4	3	1	4	3	5	2	6	4	7	2	8	1	9	4	10	3

| 해설 |

1 愛するあなたのために作った曲がもうすぐ完成します。

1 かんぞん　2 かんそん　3 かんぜい　**4 かんせい**

해석 사랑하는 당신을 위해 만든 곡이 이제 곧 완성됩니다.

해설 ※ 음독에 주목! 完은 음독으로 「かん」, 成는 음독으로 「せい」로 읽기 때문에 「かん·せい」로 읽는다.

BONUS 完成 완성 | 成功 성공 | 賛成 찬성 | 達成 달성

2 わたしの得意な科目は国語と英語です。

1 どうい　2 とうい　3 どくい　**4 とくい**

해석 제가 잘하는 과목은 국어와 영어입니다.

해설 ※ 음독에 주목! 得는 음독으로 「とく」, 意는 음독으로 「い」로 읽기 때문에 「とく·い」로 읽는다.

BONUS 得意だ 잘하다, 능숙하다 | 説得 설득 | 意見 의견 | 敬意 경의

3 受け取りは明日以降でお願いします。

1 いこう　2 いごう　3 いこ　4 いご

해석 수취는 내일 이후로 부탁합니다.

해설 ※ 장음에 주목! 降는 음독으로 「こう」로 길게 발음한다. 따라서 以降는 「い·こう」로 읽는다.

BONUS 以降 이후 | 下降 하강 | 降りる (교통수단에서) 내리다 | 降る (눈, 비가) 내리다

4 レポートは水曜日までに提出しなければならない。

1 ていしゅ　2 ていじゅ　**3 ていしゅつ**　4 ていじゅつ

해석 리포트는 수요일까지 제출해야 한다.

해설 ※ 음독에 주목! 提는 음독으로 「てい」, 出는 음독으로 「しゅつ」로 읽기 때문에 「てい·しゅつ」로 읽는다.

BONUS 提出 제출 | 提案 제안 | 提供 제공 | 輸出 수출

5 こちらへの入場は本人確認が必要です。

1 ぼんにん　**2 ほんにん**　3 ぼんいん　4 ほんいん

해석 이쪽으로 하는 입장은 본인 확인이 필요합니다.

해설 ★ 음독에 주목! 人은 음독으로「じん」,「にん」으로 읽는데 本人은「ほん·にん」이라고 읽는다는 점에 주의하자.

BONUS 本人 본인 | 他人 타인 | 友人 친구 | 知人 지인

6 この問題の正解はたぶん5番だと思う。

1 しょうかい　2 せいか　3 しょうか　**4 せいかい**

해석 이 문제의 정답은 아마도 5번이라고 생각한다.

해설 ★ 음독에 주목! 正는 음독으로「しょう」,「せい」로 읽는데 正解는「せい·かい」이라고 읽는다는 점에 주의하자.

BONUS 正解 정답 | 解決 해결 | 解散 해산 | 理解 이해

7 最近、兄に全く相手にされない。

1 あいしゅ　**2 あいて**　3 そうしゅ　4 そうて

해석 최근에 형이 전혀 상대를 해 주지 않는다.

해설 ★ 훈독에 주목! 相는 음독으로「そう」인데 相手는 훈독으로「あい·て」로 읽는다는 점에 주의하자.

BONUS 相手 상대 | 相性 궁합 | 相変わらず 변함없이, 여전히 | 相談 상담

8 改札の前でずっと待っていた。

1 かいさつ　2 かいせつ　3 けいさつ　4 けいせつ

해석 개찰구 앞에서 계속 기다리고 있었다.

해설 ★ 음독에 주목! 改는 음독으로「かい」, 札는 음독으로「さつ」로 읽기 때문에「かい·さつ」로 읽는다.

BONUS 改札 개찰(구) | お札 지폐 | 名札 명찰 | 立て札 팻말

9 私たちは結局今回はやめることにしました。

1 けいさく　2 けいきょく　3 けっさく　**4 けっきょく**

해석 우리들은 결국 이번에는 그만두기로 했습니다.

해설 ★ 촉음에 주목! 結는 음독으로「けつ」인데 結局는「けっ·きょく」라고 촉음으로 읽으므로 주의하자.

BONUS 結局 결국 | 決心 결심 | 決断 결단 | 決意 결의

10 卒業の記念に撮った写真を引っ越しでなくした。

1 きもん　2 ぎもん　**3 きねん**　4 ぎねん

해석 졸업 기념으로 찍은 사진을 이사하면서 잃어버렸다.

해설 ★ 음독에 주목! 記는 음독으로「き」, 念은 음독으로「ねん」으로 읽기 때문에「き·ねん」으로 읽는다.

BONUS 記念 기념 | 記事 기사 | 記録 기록 | 暗記 암기

4회

문제 1 ＿＿＿＿＿＿ 단어의 읽는 법으로 가장 적당한 것을 1·2·3·4에서 하나 고르세요.

| 정답 |

1	4	2	1	3	3	4	3	5	4	6	1	7	1	8	2	9	4	10	3

| 해설 |

1 いろいろ価格を比べて買ったほうがいいですよ。

1 かく　2 がく　3 かがく　**4 かかく**

해석 여러 가격을 비교해서 사는 게 좋아요.

해설 * 음독에 주목! 価는 음독으로「か」, 格는 음독으로「かく」로 읽기 때문에「か·かく」로 읽는다.

BONUS 価格 가격 | 格別 각별 | 合格 합격 | 資格 자격

2 生活が苦しいときは何より節約が大切です。

1 くるしい　2 かなしい　3 こいしい　4 むずかしい

해석 생활이 힘들 때는 무엇보다 절약이 중요합니다.

해설 * 훈독에 주목! 苦는 음독으로「く」인데 훈독으로는「くる·しい」라고 읽는다. '쓰다'라는 뜻으로「にが·い」라고도 읽으므로 뜻에 주의하자.

BONUS 苦しい 힘들다, 괴롭다 | 悲しい 슬프다 | 恋しい 그립다 | 難しい 어렵다

3 荷物を先に送ろうと思う。

1 かもつ　2 かぶつ　**3 にもつ**　4 にぶつ

해석 짐을 먼저 보내려고 생각한다.

해설 * 음독에 주목! 物는 훈독으로「もの」인데 荷物는 음독으로「に·もつ」로 읽는다는 점에 주의하자.

BONUS 荷物 짐 | 食物 음식물(=食べ物) | 植物 식물 | 動物 동물

4 先生が笑っているのを一度も見たことがない。

1 うたって　2 きらって　**3 わらって**　4 はらって

해석 선생님이 웃고 있는 것을 한번도 본적이 없다.

해설 * 훈독에 주목! 笑는 음독으로「しょう」인데 훈독으로는「わら·う」라고 읽는다.

BONUS 笑う 웃다 | 歌う (노래) 부르다 | 嫌う 싫어하다 | 払う 지불하다

5 佐藤さんが病気になったのは、会社でストレスを受けたのが原因だ。

1 けんにん　2 げんにん　3 けんいん　**4 げんいん**

해석 사토 씨가 아프게 된 것은 회사에서 스트레스를 받은 것이 원인이다.

해설 ★ 탁음에 주목! 原因은「げん·いん」으로 읽는다. 탁점의 유무 및 위치에 주의해서 외우자.

BONUS 原因 원인 | 原料 원료 | 原価 원가 | 原産地 원산지

6 ここから先はガラスが割れているので危険です。

1 われて 2 はれて 3 こわれて 4 よごれて

해석 여기서부터 앞은 유리가 깨져 있기 때문에 위험합니다.

해설 ★ 훈독에 주목! 割는 음독으로「かつ」인데 훈독으로는「わ·れる」라고 읽는다.

BONUS 割れる 깨지다 | 晴れる 맑다, 화창하다 | 壊れる 깨지다, 부서지다 | 汚れる 더러워지다

7 今年の夏の暑さは異常ですね。

1 いじょう 2 いしょう 3 いつじょう 4 いっしょう

해석 올해 여름의 더위는 이상하네요.

해설 ★ 음독에 주목! 異는 음독으로「い」, 常는 음독으로「じょう」로 읽기 때문에「い·じょう」로 읽는다.

BONUS 異常 이상 | 常識 상식 | 正常 정상 | 日常 일상

8 この作品は日本文化の影響を受けている。

1 えいきょ **2 えいきょう** 3 けいきょ 4 けいきょう

해석 이 작품은 일본 문화의 영향을 받고 있다.

해설 ★ 장음에 주목! 響는 음독으로「きょう」로 길게 발음한다. 따라서 影響는「えい·きょう」로 읽는다.

BONUS 影響 영향 | 反響 반향 | 音響 음향 | 故郷 고향 *표기 문제에 주의

9 思いやりに欠ける人は好きじゃありません。

1 さける 2 まける 3 たける **4 かける**

해석 배려가 부족한 사람은 좋아하지 않습니다.

해설 ★ 훈독에 주목! 欠는 음독으로「けつ」인데 훈독으로는「か·ける」라고 읽는다.

BONUS 欠ける 빠지다, 부족하다 | 避ける 피하다 | 負ける 지다 | 長ける 뛰어나다

10 彼はアメリカの経済にも政治にも詳しい。

1 すばらしい 2 あたらしい **3 くわしい** 4 まぶしい

해석 그는 미국의 경제에도 정치에도 환하다.

해설 ★ 훈독에 주목! 詳는 음독으로「しょう」인데 훈독으로는「くわ·しい」라고 읽는다.

BONUS 詳しい 자세하다, 환하다(정통하다) | 素晴らしい 훌륭하다 | 新しい 새롭다 | 眩しい 눈부시다

5회

문제 1 ＿＿＿＿＿＿ 단어의 읽는 법으로 가장 적당한 것을 1·2·3·4에서 하나 고르세요.

| 정답 |

1	2	3	4	5	6	7	8	9	10
3	4	3	2	1	1	4	4	3	2

| 해설 |

1 形式を重視することはそんなに大切なことですか。

1 ちょうし　　2 ちょうじ　　**3 じゅうし**　　4 じゅうじ

해석 형식을 중시하는 것은 그렇게 중요한 것입니까?

해설 * 음독에 주목! 重는 음독으로「じゅう」,「ちょう」로 읽는데 重視는「じゅう·し」라고 읽는다는 점에 주의하자.

BONUS 重視 중시 | 重要 중요 | 重複 중복 | 尊重 존중

2 若者たちは自分の意見を言わない傾向がある。

1 けいご　　2 けいこ　　3 けいごう　　**4 けいこう**

해석 젊은 사람들은 자신의 의견을 말하지 않는 경향이 있다.

해설 * 장음에 주목! 向는 음독으로「こう」로 길게 발음한다. 따라서 傾向는「けい·こう」로 읽는다.

BONUS 傾向 경향 | 向上 향상 | 方向 방향 | 意向 의향

3 入場料はこちらの窓口で払ってください。

1 ならって　　2 もらって　　**3 はらって**　　4 わらって

해석 입장료는 이쪽 창구에서 지불해 주세요.

해설 * 훈독에 주목! 払っては '지불하다'의 의미인「払う」의 활용형으로「はらって」라고 읽는다.

BONUS 払う 지불하다 | 習う 배우다 | もらう 받다⇔あげる 주다, くれる 주다

4 国際社会では相互理解が必要になってくる。

1 そうこ　　**2 そうご**　　3 あいこ　　4 あいご

해석 국제 사회에서는 상호 이해가 필요하게 된다.

해설 * 음독에 주목! 相는 음독으로「そう」, 互은 음독으로「ご」로 읽기 때문에「そう·ご」로 읽는다.

BONUS 相互 상호 | 相互いに 서로 | お互い 서로 | お互い様 피차일반

5 辛いときはいつでも声をかけてください。

1 つらい　　2 きらい　　3 いたい　　4 あつい

해석 괴로울 때는 언제든지 말을 걸어 주세요.

해설 ★ 훈독에 주목! 辛은 「しん」인데 훈독으로는 「つら·い」라고 읽는다. '맵다'라는 뜻으로 「から·い」라고도 읽으므로 뜻에 주의하자.

BONUS 辛(つら)い 괴롭다 | 嫌(きら)い 싫다 | 痛(いた)い 아프다 | 厚(あつ)い 두껍다

6 最近(さいきん)、両親(りょうしん)の健康状態(けんこうじょうたい)が少(すこ)し心配だ。

1 しんぱい 2 しんばい 3 しっぱい 4 しつばい

해석 최근 부모님의 건강 상태가 조금 걱정이다.

해설 ★ 반탁음에 주목! 配는 음독으로 「はい」인데 心配는 「しん·ぱい」라고 반탁음으로 읽으므로 주의하자.

BONUS 心配(しんぱい) 걱정 | 配達(はいたつ) 배달 | 支配(しはい) 지배 | 分配(ぶんぱい) 분배

7 子供(こども)が宿題(しゅくだい)をするのを嫌がって困(こま)る。

1 ほしがって 2 さむがって 3 いたがって **4 いやがって**

해석 아이가 숙제를 하는 것을 싫어해서 곤란하다.

해설 ★ 훈독에 주목! 嫌는 훈독으로 「いや·がる」라고 읽는다. 「きら·う(싫어하다)」라고도 읽으므로 음에 주의하자.

BONUS 嫌(いや)がる 싫어하다 | 欲(ほ)しがる 갖고 싶어하다 | 寒(さむ)がる 추워하다 | 痛(いた)がる 아파하다

8 今(いま)こそ地球の環境問題(かんきょうもんだい)を考(かんが)えるときだ。

1 じくう 2 ちくう 3 じきゅう **4 ちきゅう**

해석 지금이야말로 지구의 환경 문제를 생각할 때다.

해설 ★ 음독에 주목! 地는 음독으로 「ち」, 球는 음독으로 「きゅう」로 읽기 때문에 「ち·きゅう」로 읽는다.

BONUS 地球(ちきゅう) 지구 | 球技(きゅうぎ) 구기 | 野球(やきゅう) 야구 | 電球(でんきゅう) 전구

9 私(わたし)の朝(あさ)の日課はジョギングです。

1 にっし 2 にちし **3 にっか** 4 にちか

해석 제 아침 일과는 조깅입니다.

해설 ★ 촉음에 주목! 日는 음독으로 「にち」인데 日課는 「にっ·か」라고 촉음으로 읽으므로 주의하자.

BONUS 日課(にっか) 일과 | 日記(にっき) 일기 | 日勤(にっきん) 매일 출근 | 日給(にっきゅう) 일당

10 安村(やすむら)さんはとにかく明(あか)るい性格だ。

1 しょうかく **2 せいかく** 3 しょうこう 4 せいこう

해석 야스무라 씨는 어쨌든 밝은 성격이다.

해설 ★ 음독에 주목! 性는 음독으로 「せい」, 格는 음독으로 「かく」로 읽기 때문에 「せい·かく」로 읽는다.

BONUS 性格(せいかく) 성격 | 性別(せいべつ) 성별 | 異性(いせい) 이성 | 相性(あいしょう) 궁합

6회

문제 1 ＿＿＿＿＿＿ 단어의 읽는 법으로 가장 적당한 것을 1·2·3·4에서 하나 고르세요.

| 정답 |

1	1	2	2	3	4	4	1	5	3	6	3	7	4	8	1	9	2	10	2

| 해설 |

1 彼女の<u>笑顔</u>はとても魅力的だ。

1 えがお 2 ねがお 3 えかお 4 ねかお

해석 그녀의 웃는 얼굴은 매우 매력적이다.

해설 ✽ 훈독에 주목! 笑는 음독으로「しょう」인데 笑顔는 훈독으로「え·がお」로 읽는다는 점에 주의하자.

BONUS 笑顔 웃는 얼굴 | ほほ笑み 미소(=微笑) | 笑う 웃다

2 火事のときは<u>係員</u>の指示に従ってください。

1 けいいん **2 かかりいん** 3 けいじん 4 かかりじん

해석 불이 났을 때는 담당자의 지시에 따라 주세요.

해설 ✽ 훈독에 주목! 係는 음독으로「けい」인데 係員은 훈독으로「かかり·いん」으로 읽는다는 점에 주의하자.

BONUS 係員 담당자 | 係長 계장 | 関係 관계 | 連係 연계

3 私と木村さんは研究<u>分野</u>が同じです。

1 ふんの 2 ぶんの 3 ふんや **4 ぶんや**

해석 나와 기무라 씨는 연구 분야가 같습니다.

해설 ✽ 음독에 주목! 分은 음독으로「ぶん」, 野는 음독으로「や」로 읽기 때문에「ぶん·や」로 읽는다.

BONUS 分野 분야 | 分解 분해 | 分別 분별(구별) | 分別 분별(변별)

4 ここにはたくさんの野菜や花が<u>育って</u>います。

1 そだって 2 しげって 3 わたって 4 ひろって

해석 여기에는 많은 채소와 꽃이 자라고 있습니다.

해설 ✽ 훈독에 주목! 育는 음독으로「いく」인데 훈독으로는「そだ·つ」라고 읽는다.

BONUS 育つ 자라다 | 茂る 우거지다 | 渡る 건너다 | 拾う 줍다

5 紹介してもらった彼は<u>想像</u>していた人と違っていた。

1 そうそう 2 しょうそう **3 そうぞう** 4 しょうぞう

해석 소개받은 그는 상상하고 있던 사람과 달랐다.

해설 ✱ 음독에 주목! 想는 음독으로 「そう」, 像는 음독으로 「ぞう」로 읽기 때문에 「そう·ぞう」로 읽는다.

BONUS 想像(そうぞう) 상상 | 空想(くうそう) 공상 | 理想(りそう) 이상 | 予想(よそう) 예상

6 この店(みせ)のステーキは厚くておいしいです。

1 かたくて　2 ふかくて　**3 あつくて**　4 やすくて

해석 이 가게의 스테이크는 두툼하고 맛있습니다.

해설 ✱ 훈독에 주목! 厚는 음독으로 「こう」인데 훈독으로는 「あつ·い」라고 읽는다.

BONUS 厚(あつ)い 두껍다 | 固(かた)い 딱딱하다 | 深(ふか)い 깊다 | 安(やす)い 싸다

7 弟(おとうと)は流行にあまり興味(きょうみ)がない。

1 りょこう　2 りゅこう　3 りょうこう　**4 りゅうこう**

해석 남동생은 유행에 별로 흥미가 없다.

해설 ✱ 장음에 주목! 流는 음독으로 「りゅう」로 길게 발음한다. 따라서 流行는 「りゅう·こう」로 읽는다.

BONUS 流行(りゅうこう) 유행 | 流入(りゅうにゅう) 유입 | 交流(こうりゅう) 교류 | 海流(かいりゅう) 해류

8 この新商品(しんしょうひん)には工夫の跡(あと)がなくて残念(ざんねん)だ。

1 くふう　2 くほう　3 こうふう　4 こほう

해석 이 신제품에는 궁리한 흔적이 없어서 유감이다.

해설 ✱ 음독에 주목! 工는 음독으로 「く」, 夫는 음독으로 「ふう」로 읽기 때문에 「く·ふう」로 읽는다.

BONUS 工夫(くふう) 궁리, 연구 | 細工(さいく) 세공 | 夫婦(ふうふ) 부부 | 丈夫(じょうぶ)だ 튼튼하다

9 今日(きょう)の会議(かいぎ)には必(かなら)ず出席してください。

1 しゅせき　**2 しゅっせき**　3 しゅしょ　4 しゅっしょ

해석 오늘 회의에는 꼭 출석해 주세요.

해설 ✱ 촉음에 주목! 出는 음독으로 「しゅつ」인데 出席는 「しゅっ·せき」라고 촉음으로 읽으므로 주의하자.

BONUS 出席(しゅっせき) 출석⇔欠席(けっせき) 결석 | 出勤(しゅっきん) 출근 | 出発(しゅっぱつ) 출발

10 前髪(まえがみ)が短すぎて子供(こども)みたいだ。

1 ふかすぎて　**2 みじかすぎて**　3 おおすぎて　4 ほそすぎて

해석 앞머리가 너무 짧아서 아이 같다.

해설 ✱ 훈독에 주목! 短은 음독으로 「たん」인데 훈독으로는 「みじか·い」라고 읽는다.

BONUS 短(みじか)い 짧다 | 深(ふか)い 깊다 | 多(おお)い 많다 | 細(ほそ)い 가늘다, 좁다

7회

문제 1 ＿＿＿＿＿＿ 단어의 읽는 법으로 가장 적당한 것을 1·2·3·4에서 하나 고르세요.

|정답|

1	4	2	2	3	3	4	1	5	1	6	4	7	1	8	2	9	2	10	3

|해설|

1 来週(らいしゅう)、会社(かいしゃ)の人(ひと)と登山に行(い)く。

1 とうさん　2 とうざん　3 とさん　**4 とざん**

해석 다음 주에 회사 사람과 등산을 갈 것이다.

해설 ※음독에 주목! 登는 음독으로「とう」, 山은 음독으로「さん」으로 읽는데 登山은「と·ざん」이라고 읽는다는 점에 주의하자.

BONUS 登山(とざん) 등산 | 登校(とうこう) 등교 | 登場(とうじょう) 등장 | 登録(とうろく) 등록

2 昔(むかし)に比(くら)べると、彼女(かのじょ)は成長したと思(おも)う。

1 せいじょう　**2 せいちょう**　3 そうじょう　4 そうちょう

해석 옛날에 비하면 그녀는 성장했다고 생각한다.

해설 ※음독에 주목! 成는 음독으로「せい」, 長는 음독으로「ちょう」로 읽기 때문에「せい·ちょう」로 읽는다.

BONUS 成長(せいちょう) 성장 | 長所(ちょうしょ) 장점 | 延長(えんちょう) 연장 | 身長(しんちょう) 신장

3 この言(い)い方(かた)は一般的でしょうか。

1 いちはんてき　2 いちほんてき　**3 いっぱんてき**　4 いっぽんてき

해석 이 표현은 일반적일까요?

해설 ※촉음에 주목! 一는 음독으로「いつ」인데 一般的는「いっ·ぱん·てき」라고 촉음으로 읽으므로 주의하자.

BONUS 一般(いっぱん) 일반⇔特殊(とくしゅ) 특수 | 一方(いっぽう) 한쪽, 한편(=片方(かたほう) 한쪽)

4 チケットを買(か)うのに人(ひと)がたくさん並んでいる。

1 ならんで　2 ふくらんで　3 えらんで　4 うらんで

해석 티켓을 사는 데 사람이 많이 줄 서 있다.

해설 ※훈독에 주목! 並는 음독으로「へい」인데 훈독으로는「なら·ぶ」라고 읽는다.

BONUS 並(なら)ぶ 줄을 서다 | 膨(ふく)らむ 부풀어오르다 | 選(えら)ぶ 고르다 | 恨(うら)む 원망하다

5 飛行機(ひこうき)の到着が遅(おく)れるそうだ。

1 とうちゃく　2 とちゃく　3 とうちょく　4 とちょく

해석 비행기 도착이 늦어진다고 한다.

해설 ✻ 장음에 주목! 到는 음독으로 「とう」로 길게 발음한다. 따라서 到着는 「とう·ちゃく」로 읽는다.

BONUS 到着(とうちゃく) 도착 | 到達(とうたつ) 도달 | 着実(ちゃくじつ) 착실 | 先着(せんちゃく) 선착

6 この国(くに)には美しい湖(みずうみ)がたくさんあります。

1 まぶしい　　2 おそろしい　　3 すばらしい　　**4 うつくしい**

해석 이 나라에는 아름다운 호수가 많이 있습니다.

해설 ✻ 훈독에 주목! 美는 음독으로 「び」, 「み」인데 훈독으로는 「うつく·しい」라고 읽는다.

BONUS 美(うつく)しい 아름답다 | 眩(まぶ)しい 눈부시다 | 恐(おそ)ろしい 두렵다 | 素晴(すば)らしい 훌륭하다

7 いつか夫婦で世界旅行(せかいりょこう)に行(い)ってみたい。

1 ふうふ　　2 ふうぶ　　3 ふふ　　4 ふぶ

해석 언젠가 부부끼리 세계 여행을 가 보고 싶다.

해설 ✻ 음독에 주목! 夫는 음독으로 「ふう」, 婦는 음독으로 「ふ」로 읽기 때문에 「ふう·ふ」로 읽는다.

BONUS 夫婦(ふうふ) 부부(夫(おっと) 남편, 妻(つま) 아내) | 夫妻(ふさい) 부부

8 先週(せんしゅう)、事故(じこ)で骨(ほね)を折ってしまった。

1 まって　　**2 おって**　　3 かって　　4 へって

해석 지난주에 사고로 골절되어 버렸다.

해설 ✻ 훈독에 주목! 折는 음독으로 「せつ」인데 훈독으로는 「お·る」라고 읽는다.

BONUS 折(お)る 부러뜨리다, 접다 | 待(ま)つ 기다리다 | 買(か)う 사다 | 減(へ)る 줄다

9 もしもし。先日(せんじつ)の件で電話(でんわ)しました。

1 あん　　**2 けん**　　3 ほん　　4 そん

해석 여보세요. 전번 건으로 전화했습니다.

해설 ✻ 음독에 주목! 件는 음독으로 「けん」이라고 읽는다.

BONUS 件(けん) 건 | 案(あん) 안(아이디어) | 本(ほん) 책 | 損(そん) 손해

10 汚れた服(ふく)はきちんと洗濯(せんたく)してください。

1 かくれた　　2 こわれた　　**3 よごれた**　　4 こすれた

해석 더러워진 옷은 제대로 세탁해 주세요.

해설 ✻ 훈독에 주목! 汚는 음독으로 「お」로 읽지만, 훈독으로는 「よご·れる, きた·ない」라고 읽는다. '더럽다'라는 의미일 경우 「きたな·い」라고 읽으므로 음과 뜻에 주의하자.

BONUS 汚(よご)れる 더러워지다 | 隠(かく)れる 숨다 | 壊(こわ)れる 깨지다, 부서지다 | 擦(こす)れる 스치다, 비벼지다

8회

문제 1 ＿＿＿＿＿ 단어의 읽는 법으로 가장 적당한 것을 1·2·3·4에서 하나 고르세요.

|정답|

1	3	2	4	3	3	4	1	5	1	6	2	7	4	8	4	9	2	10	1

|해설|

1 私の母の専門は外科です。

1 けか　2 かいが　**3 げか**　4 がいか

해석 저희 어머니의 전문은 외과입니다.

해설 * 음독에 주목! 外는 음독으로「がい」,「げ」로 읽는데 外科는「げ·か」라고 읽는다는 점에 주의하자.

BONUS 外科 외과 | 外出 외출 | 外食 외식 | 内外 내외

2 通勤にはバスと電車を使っている。

1 とうこん　2 とうきん　3 つうこん　**4 つうきん**

해석 통근에는 버스와 전철을 사용하고 있다.

해설 * 음독에 주목! 通는 음독으로「つう」, 勤은 음독으로「きん」으로 읽기 때문에「つう·きん」으로 읽는다.

BONUS 通勤 통근 | 通学 통학 | 勤務 근무 | 出勤 출근

3 この言葉は主人公の気持ちを表しています。

1 ためして　2 しめして　**3 あらわして**　4 かわして

해석 이 말은 주인공의 마음을 나타내고 있습니다.

해설 * 훈독에 주목! 表는 음독으로「ひょう」인데 훈독으로는「あらわ·す」라고 읽는다.

BONUS 表す 나타내다 | 試す 시험하다 | 示す 가리키다, 보이다 | 交す 교환하다

4 外国の本を読むと、いつも発見があって楽しい。

1 はっけん　2 はつげん　3 はけん　4 はげん

해석 외국 책을 읽으면 항상 발견이 있어서 즐겁다.

해설 * 촉음에 주목! 発는 음독으로「はつ」인데 発見은「はっ·けん」이라고 촉음으로 읽으므로 주의하자.

BONUS 発見 발견 | 発展 발전 | 発明 발명 | 発熱 발열

5 連休なのに、列車の中は空席が目立ちました。

1 くうせき　2 くうぜき　3 こうせき　4 こうぜき

해석 연휴인데 열차 안은 빈자리가 눈에 띄었습니다.

해설 ※ 음독에 주목! 空는 음독으로 「くう」, 席는 음독으로 「せき」로 읽기 때문에 「くう·せき」로 읽는다.

BONUS 空席 공석 | 空港 공항 | 空中 공중 | 空間 공간

6 結婚後の失業は思ったよりストレスが大きい。

1 じつぎょう　2 **しつぎょう**　3 じつごう　4 しつごう

해석 결혼 후의 실업은 생각한 것보다 스트레스가 크다.

해설 ※ 음독에 주목! 失는 음독으로 「しつ」, 業는 음독으로 「ぎょう」로 읽기 때문에 「しつ·ぎょう」로 읽는다.

BONUS 失業 실업 | 失礼 실례 | 消失 소실 | 紛失 분실

7 授業に遅れて、先生に怒られてしまった。

1 たおれて　2 すぐれて　3 はなれて　4 **おくれて**

해석 수업에 늦어서 선생님에게 혼나고 말았다.

해설 ※ 훈독에 주목! 遅는 음독으로 「ち」인데 훈독으로는 「おく·れる」라고 읽는다.

BONUS 遅れる 늦다 | 倒れる 쓰러지다, 넘어지다 | 優れる 우수하다 | 離れる 떨어지다

8 トイレの順番がなかなか来なくて危なかった。

1 じゅんしょ　2 じゅんはん　3 じゅんじょ　4 **じゅんばん**

해석 화장실에서 차례가 좀처럼 오지 않아서 위험했다.

해설 ※ 음독에 주목! 順은 음독으로 「じゅん」, 番은 음독으로 「ばん」으로 읽기 때문에 「じゅん·ばん」으로 읽는다.

BONUS 順番 차례, 순서 | 順序 순서 | 順調 순조 | 手順 수순

9 母が留守の間に、ゲームで遊びました。

1 るしゅ　2 **るす**　3 りゅうしゅ　4 りゅうす

해석 어머니가 부재중인 사이에 게임을 하며 놀았습니다.

해설 ※ 음독에 주목! 留는 음독으로 「りゅう」, 守는 음독으로 「しゅ」로 읽는데 留守는 「る·す」라고 읽는다는 점에 주의하자.

BONUS 留守 부재중 | 留学 유학 | 保留 보류 | 残留 잔류

10 反省しているなら、行動で示してよ。

1 **しめして**　2 よごして　3 せっして　4 たくして

해석 반성하고 있다면 행동으로 보여줘.

해설 ※ 훈독에 주목! 示는 음독으로 「し」, 「じ」인데 훈독으로는 「しめ·す」라고 읽는다.

BONUS 示す 가리키다, 보이다 | 汚す 더럽히다 | 接する 접하다 | 託する 부탁하다

이해하고 **공략하기**

1교시
언어지식(문자·어휘+문법)X독해

1 문제 프로필

상대를 알아야 문제를 푼다!

문제 2 표기
問題 2 表記

기본정보

성　　격 히라가나를 보고 올바르게 한자로 쓰기를 원함
문제 개수 6개/35개(문자·어휘)
풀이 시간 4분/30분(문자·어휘)

STEP 1
스피드 해법

먼저 히라가나만 보고 오답을 소거하고, 같은 음독의 한자가 있을 경우 밑줄의 앞뒤 문맥 살펴보기

STEP 2
함정 주의보

같은 음이지만 다른 의미의 한자가 있을 수 있으니 주의

STEP 3
대책

동음 한자, 유사 한자에 유의하여 암기

STEP 4
공부 방법

동음 한자, 유사 한자를 분류해서 외워 둔다!

2 문제 미리보기

미리 알아 둬야 긴장이 덜 된다!

問題2 ＿＿＿＿＿のことばを漢字で書くとき、最もよいものを、1·2·3·4から一つえらびなさい。

문제 2 ＿＿＿＿ 단어를 한자로 쓸 때 가장 적당한 것을 1·2·3·4에서 하나 고르세요.

1 母はけんこうのために毎日運動をしています。

1 健康　2 建康　3 建庫　4 健庫

히라가나만 보고서 한자로 파악해 보세요!
혹시 같은 음으로 읽는 한자가 있다면 앞뒤 문맥을 빠르게 살펴보세요!

2 今日、山田さんにちょくせつ話そうとしている。

1 真接　2 直切　3 直接　4 親切

1 정답 1

풀이 「健·建」은 둘 다 「けん」이라고 읽지만 '건강'은 「健康」라고 표기한다.

해석 엄마는 건강을 위해서 매일 운동을 하고 있습니다.

2 정답 3

풀이 「直·真」는 비슷하게 생겼지만 '직접'이라는 뜻의 「ちょくせつ」는 「直接」라고 표기한다.

해석 오늘 야마다 씨에게 직접 이야기하려고 한다.

적중 어휘 300

자주 출제되는 합격 어휘를 미리 외워 둔다!

	어휘	의미
あ		
☐	合図(あいず)	(명) 신호
☐	合間(あいま)	(명) 짬, 여유
☐	あき缶(かん)	(명) 빈 깡통
☐	憧(あこが)れる	(동) 동경하다
☐	汗(あせ)	(명) 땀
☐	与(あた)える	(동) 주다, (영향, 인상을) 미치다
☐	悪化(あっか)	(명) 악화
☐	編(あ)む	(동) 엮다, 뜨다
☐	荒(あら)い	(い형) 거칠다
☐	表(あらわ)す	(동) (표정, 감정을) 나타내다
☐	暗記(あんき)	(명) 암기
☐	案件(あんけん)	(명) 안건
☐	安全(あんぜん)だ	(な형) 안전하다
☐	安楽(あんらく)	(명) 안락
☐	いい加減(かげん)だ	(な형) 적당하다(무책임, 대충)
☐	育成(いくせい)	(명) 육성
☐	意見(いけん)	(명) 의견
☐	移転(いてん)	(명) 이전
☐	祈(いの)る	(동) 빌다, 기원하다
☐	居(い)る	(동) 있다
☐	引用(いんよう)	(명) 인용
☐	宇宙(うちゅう)	(명) 우주
☐	占(うらな)う	(동) 점치다
☐	延期(えんき)	(명) 연기
☐	縁(えん)を結(むす)ぶ	(동) 인연을 맺다
☐	負(お)う	(동) 짊어지다
☐	追(お)う	(동) 뒤쫓다
☐	往復(おうふく)	(명) 왕복
☐	沖(おき)	(명) 먼 바다
☐	折(お)る	(동) 접다, 꺾다
☐	終(お)わる	(동) 끝나다
☐	音節(おんせつ)	(명) 음절
☐	温度(おんど)	(명) 온도
か		
☐	会計(かいけい)	(명) 회계, 계산
☐	回収(かいしゅう)	(명) 회수
☐	改正(かいせい)	(명) 개정
☐	解説(かいせつ)	(명) 해설
☐	外側(そとがわ)	(명) 바깥쪽
☐	階段(かいだん)	(명) 계단
☐	会談(かいだん)	(명) 회담
☐	回復(かいふく)	(명) 회복
☐	開閉(かいへい)	(명) 개폐
☐	帰(かえ)る	(동) 돌아가다, 돌아오다
☐	価格(かかく)	(명) 가격
☐	価額(かがく)	(명) 가격
☐	各自(かくじ)	(명) 각자
☐	学識(がくしき)	(명) 학식
☐	学問(がくもん)	(명) 학문
☐	仮説(かせつ)	(명) 가설
☐	仮想(かそう)	(명) 가상

□	加増(かぞう)	명 가증(증가)
□	価値(かち)	명 가치
□	学科(がっか)	명 학과
□	加入(かにゅう)	명 가입
□	可能(かのう)	명 가능
□	河(かわ)	명 하천, 강
□	関係(かんけい)	명 관계
□	歓迎(かんげい)	명 환영
□	観察(かんさつ)	명 관찰
□	感情(かんじょう)	명 감정
□	完成(かんせい)	명 완성
□	感性(かんせい)	명 감성
□	官庁(かんちょう)	명 관청
□	機会(きかい)	명 기회
□	機械(きかい)	명 기계
□	機関(きかん)	명 기관
□	期間(きかん)	명 기간
□	期限(きげん)	명 기한
□	起源(きげん)	명 기원
□	気象(きしょう)	명 기상
□	規制(きせい)	명 규제
□	季節(きせつ)	명 계절
□	期待(きたい)	명 기대
□	起動(きどう)	명 기동
□	記入(きにゅう)	명 기입
□	機能(きのう)	명 기능
□	決(き)める	동 결정하다
□	客観(きゃっかん)	명 객관
□	休日(きゅうじつ)	명 휴일
□	急増(きゅうぞう)	명 급증
□	業績(ぎょうせき)	명 업적
□	共存(きょうぞん)	명 공존
□	共同(きょうどう)	명 공동
□	協同(きょうどう)	명 협동
□	許可(きょか)	명 허가
□	起立(きりつ)	명 기립
□	金額(きんがく)	명 금액
□	禁止(きんし)	명 금지
□	組(く)む	동 (그룹을) 짜다
□	苦(くる)しい	い형 힘들다, 괴롭다
□	暮(く)れる	동 (날이) 저물다
□	軍人(ぐんじん)	명 군인
□	景気(けいき)	명 경기
□	経験(けいけん)	명 경험
□	警察(けいさつ)	명 경찰
□	契約(けいやく)	명 계약
□	欠陥(けっかん)	명 결함
□	欠席(けっせき)	명 결석
□	決定(けってい)	명 결정
□	減員(げんいん)	명 감원

	단어	뜻
□	権益(けんえき)	명 권익
□	見解(けんかい)	명 견해
□	現在(げんざい)	명 현재
□	減少(げんしょう)	명 감소
□	建設(けんせつ)	명 건설
□	現存(げんそん)	명 현존
□	現代(げんだい)	명 현대
□	建築(けんちく)	명 건축
□	現場(げんじょう)	명 현장
□	権利(けんり)	명 권리
□	源流(げんりゅう)	명 원류
□	高価(こうか)	명 고가
□	合格(ごうかく)	명 합격
□	交換(こうかん)	명 교환
□	公共(こうきょう)	명 공공
□	孝行(こうこう)	명 효도
□	広告(こうこく)	명 광고
□	交際(こうさい)	명 교제
□	公正(こうせい)	명 공정
□	幸福(こうふく)	명 행복
□	交流(こうりゅう)	명 교류
□	語学(ごがく)	명 어학
□	国籍(こくせき)	명 국적
□	好(この)み	명 선호, 좋아하는 것
□	細(こま)かい	い형 잘다, 미세하다

	단어	뜻
□	米(こめ)	명 쌀
□	困難(こんなん)	명 곤란
□	～才(さい)	명 ~세(살)
□	～際(さい)	명 ~때
□	最近(さいきん)	명 최근
□	最新(さいしん)	명 최신
□	探(さが)す	동 찾다
□	指(さ)す	동 가리키다
□	賛成(さんせい)	명 찬성
□	試合(しあい)	명 시합
□	四季(しき)	명 사계
□	時期(じき)	명 시기
□	事業(じぎょう)	명 사업
□	資源(しげん)	명 자원
□	支持(しじ)	명 지지
□	自身(じしん)	명 자신
□	自然(しぜん)	명 자연
□	自発(じはつ)	명 자발
□	占(し)める	동 (비율, 자리를) 차지하다
□	閉(し)める	동 (문을) 닫다
□	写真(しゃしん)	명 사진
□	シャワーを浴(あ)びる	동 샤워를 하다
□	習慣(しゅうかん)	명 습관
□	集団(しゅうだん)	명 집단
□	重要(じゅうよう)	명 중요

	단어	읽기	뜻
☐	主人公	しゅじんこう	명 주인공
☐	主体	しゅたい	명 주체
☐	使用	しよう	명 사용
☐	正午	しょうご	명 정오
☐	症状	しょうじょう	명 증상
☐	上達	じょうたつ	명 숙달(실력향상)
☐	情報	じょうほう	명 정보
☐	将来	しょうらい	명 장래
☐	所持	しょじ	명 소지
☐	食器	しょっき	명 식기
☐	身体	しんたい	명 신체
☐	信頼	しんらい	명 신뢰
☐	真理	しんり	명 진리
☐	図形	ずけい	명 도형
☐	住む	す	동 살다
☐	制限	せいげん	명 제한
☐	成功	せいこう	명 성공
☐	製造	せいぞう	명 제조
☐	制度	せいど	명 제도
☐	正当	せいとう	명 정당
☐	製品	せいひん	명 제품
☐	制服	せいふく	명 제복
☐	正門	せいもん	명 정문
☐	責任	せきにん	명 책임
☐	説得	せっとく	명 설득
☐	背中	せなか	명 등
☐	是非	ぜひ	부 꼭
☐	狭い	せま	い형 좁다
☐	前後	ぜんご	명 전후
☐	増加	ぞうか	명 증가
☐	相互	そうご	명 상호
☐	想像	そうぞう	명 상상
☐	相談	そうだん	명 상담
☐	測量	そくりょう	명 측량
☐	組織	そしき	명 조직
☐	率直だ	そっちょく	な형 솔직하다
☐	～側	がわ	명 ~측(쪽)
☐	存立	そんりつ	명 존립
☐	対応	たいおう	명 대응
☐	体験	たいけん	명 체험
☐	大使	たいし	명 대사
☐	多数	たすう	명 다수
☐	絶つ	た	동 (하던 것을) 끊다
☐	達成	たっせい	명 달성
☐	頼む	たの	동 부탁하다
☐	多分	たぶん	부 아마도
☐	単語	たんご	명 단어
☐	担当	たんとう	명 담당
☐	担任	たんにん	명 담임
☐	地球	ちきゅう	명 지구

- ☐ 地図(ちず) 명 지도
- ☐ 注意(ちゅうい) 명 주의
- ☐ 注目(ちゅうもく) 명 주목
- ☐ 注文(ちゅうもん) 명 주문
- ☐ 直立(ちょくりつ) 명 직립
- ☐ 地理(ちり) 명 지리
- ☐ 散(ち)る 동 (꽃이) 지다
- ☐ 追加(ついか) 명 추가
- ☐ 次(つぎ)の日(ひ) 명 다음 날
- ☐ 頭痛(ずつう) 명 두통
- ☐ 努(つと)める 동 힘쓰다, 노력하다
- ☐ 務(つと)める 동 (역할을) 맡다, 임하다
- ☐ 提案(ていあん) 명 제안
- ☐ 定価(ていか) 명 정가
- ☐ 定期(ていき) 명 정기
- ☐ 停止(ていし) 명 정지
- ☐ 低電圧(ていでんあつ) 명 저전압
- ☐ 決意(けつい) 명 결의
- ☐ 電気(でんき)を消(け)す 동 전깃불을 끄다
- ☐ 天才(てんさい) 명 천재
- ☐ 天井(てんじょう) 명 천장
- ☐ ~度(ど) 명 ~번
- ☐ 統一(とういつ) 명 통일
- ☐ 動機(どうき) 명 동기
- ☐ 登校(とうこう) 명 등교

- ☐ 堂々(どうどう) 명 당당
- ☐ 得意(とくい)だ な형 잘하다, 능숙하다
- ☐ 得点(とくてん) 명 득점
- ☐ 独特(どくとく) 명 독특
- ☐ 特別(とくべつ) 명 특별
- ☐ 閉(と)じる 동 (눈을) 감다, (책을) 덮다
- ☐ 隣(となり) 명 옆

な

- ☐ 内容(ないよう) 명 내용
- ☐ 無(な)くす 동 없애다, 잃다
- ☐ 亡(な)くなる 동 돌아가시다
- ☐ 苦(にが)い い형 쓰다
- ☐ 日課(にっか) 명 일과
- ☐ 日誌(にっし) 명 일지
- ☐ 荷物(にもつ) 명 짐
- ☐ 年配(ねんぱい) 명 연배
- ☐ 望(のぞ)む 동 바라다
- ☐ 伸(の)ばす 동 (길이, 성적, 매출을) 늘리다
- ☐ 延(の)ばす 동 (기간을) 미루다

は

- ☐ 葉(は) 명 잎
- ☐ 配達(はいたつ) 명 배달
- ☐ 配置(はいち) 명 배치
- ☐ 売店(ばいてん) 명 매점
- ☐ 測(はか)る 동 (깊이, 넓이를) 재다
- ☐ 激(はげ)しい い형 심하다, 격하다
- ☐ 歯磨(はみが)き 명 양치질

- □ 引く(ひ) 동 끌다
- □ 非難(ひなん) 명 비난
- □ 病気(びょうき)にかかる 동 병에 걸리다
- □ 貧困(ひんこん) 명 빈곤
- □ 風景(ふうけい) 명 풍경
- □ 夫婦(ふうふ) 명 부부
- □ 複雑(ふくざつ) 명 복잡
- □ 副作用(ふくさよう) 명 부작용
- □ 無事(ぶじ) 명 무사
- □ 婦人(ふじん) 명 부인
- □ 復活(ふっかつ) 명 부활
- □ 復帰(ふっき) 명 복귀
- □ 文化(ぶんか) 명 문화
- □ 分割(ぶんかつ) 명 분할
- □ 文芸(ぶんげい) 명 문예
- □ 分配(ぶんぱい) 명 분배
- □ 変化(へんか) 명 변화
- □ 変身(へんしん) 명 변신
- □ 法規(ほうき) 명 법규
- □ 訪問(ほうもん) 명 방문
- □ 募集(ぼしゅう) 명 모집
- □ 歩道(ほどう) 명 보도
- □ 骨(ほね) 명 뼈

ま

- □ 毎度(まいど) 명 매번
- □ 巻(ま)く 동 말다, 감다
- □ 昔話(むかしばなし) 명 옛날이야기
- □ 結(むす)ぶ 동 (매듭을) 묶다
- □ 迷惑(めいわく) 명 민폐
- □ 目次(もくじ) 명 목차
- □ 模様(もよう) 명 모양

や

- □ 野菜(やさい) 명 채소
- □ 家賃(やちん) 명 집세(월세)
- □ 床(ゆか) 명 마루
- □ 愉快(ゆかい)だ な형 유쾌하다
- □ 容器(ようき) 명 용기
- □ 用紙(ようし) 명 용지
- □ 用事(ようじ) 명 용무
- □ 浴室(よくしつ) 명 욕실
- □ 翌日(よくじつ) 명 다음날
- □ 予想(よそう) 명 예상
- □ 欲求(よっきゅう) 명 욕구
- □ 嫁(よめ) 명 며느리, 새댁

ら

- □ 楽観(らっかん) 명 낙관
- □ 利益(りえき) 명 이익
- □ 理性(りせい) 명 이성
- □ 寮(りょう) 명 기숙사
- □ 連休(れんきゅう) 명 연휴
- □ 連続(れんぞく) 명 연속

わ

- □ 話題(わだい) 명 화제
- □ 割(わ)れる 동 깨지다

실전문제 풀어보기 1회

제한시간 5분 | 정답과 해설 64쪽

問題2 ＿＿＿＿＿のことばを漢字で書くとき、最もよいものを、1·2·3·4から一つえらびなさい。

1 げんざい、付き合っている恋人はいません。

1 現在　2 現存　3 元在　4 元存

2 一人の生活は案外じゆうでいいと思います。

1 自用　2 自由　3 事用　4 事由

3 つとめている会社に満足している。

1 努めて　2 勤めて　3 務めて　4 勉めて

4 猫と一緒にくらす生活にも慣れた。

1 莫らす　2 墓らす　3 暮らす　4 募らす

5 両親のけんこうを考えて、野菜を中心に食事を作る。

1 健康　2 健病　3 建康　4 建病

6 家族と週末、おんせん旅行に出かけます。

1 温水　2 温氷　3 温源　4 温泉

7 せいせきが上(あ)がらないのは、予習と復習が足りないからです。

1 成積　2 成績　3 大積　4 大績

8 来年の目標は収入を今年の二ばいにすることだ。

1 倍　2 培　3 僧　4 増

9 先週、階段から落ちてこっせつしてしまった。

1 骨切　2 骨折　3 足切　4 足折

10 今日勉強したところはふくしゅうしてください。

1 複集　2 複習　3 復集　4 復習

맞힌 개수 체크 ＿＿＿ / 10

문제 2» 표기

실전문제 **풀어보기** 2회

제한시간 5분 | 정답과 해설 66쪽

問題2 ＿＿＿＿＿のことばを漢字で書くとき、最もよいものを、1·2·3·4から一つえらびなさい。

1 雷が落ちてすぐていでんになりました。

1 消電　2 低電　3 停電　4 止電

2 会議室まで係の者がごあんないします。

1 案中　2 案内　3 安中　4 安内

3 いつもみんなの幸せをねがっている。

1 願って　2 源って　3 頼って　4 祈って

4 毎日、夜おそくまで働いています。

1 遅く　2 達く　3 後く　4 修く

5 やることをこまかく分けたので、仕事が増えた。

1 練かく　2 結かく　3 細かく　4 組かく

6 会社を辞めるかどうか姉にそうだんしました。

1 担段　2 担談　3 相段　4 相談

7 今日は上司（じょうし）とちょくせつ話そうと思います。

1 直折　2 直接　3 真折　4 真接

8 努力は目標をじつげんさせるために必要なことだ。

1 実験　2 実減　3 実現　4 実源

9 来年はいろんながっきを習ってみたい。

1 学機　2 学器　3 楽機　4 楽器

10 せんもんかにレッスンを受けようと思っています。

1 専門家　2 専門科　3 専文家　4 専文科

맞힌 개수 확인 ＿＿＿ / 10

실전문제 풀어보기 3회

제한시간 5분 | 정답과 해설 68쪽

問題2 ＿＿＿＿＿のことばを漢字で書くとき、最もよいものを、1·2·3·4から一つえらびなさい。

1 わかいときに、いろんな経験をしたほうがいい。

1 荷い　　2 苦い　　3 草い　　4 若い

2 まずは、かんしんのあることから始めてみます。

1 感心　　2 関心　　3 歓心　　4 完心

3 人生にせいかいはあるのだろうか。

1 正触　　2 正解　　3 成触　　4 成解

4 最近、こうえんで遊ぶ子供が減ってきている。

1 公園　　2 公演　　3 会園　　4 会演

5 毎日、残業でいそがしいが、仕事は楽しい。

1 競しい　　2 激しい　　3 忙しい　　4 苦しい

6 私が通っている大学はこうつうが不便なところにあります。

1 校通　　2 公通　　3 交通　　4 高通

7 私は買い物が好きだが、けいさんがあまり得意じゃない。

1 係算　　2 軽算　　3 形算　　4 計算

8 デパートの屋上から見たけしきが忘れられない。

1 景色　　2 景式　　3 見色　　4 見式

9 ここはだんたいの旅行客に人気があるようです。

1 単体　　2 軍体　　3 図体　　4 団体

10 社会はお互いささえ合って生きていくものだ。

1 友え　　2 丈え　　3 支え　　4 度え

맞힌 개수 확인 ＿＿＿ / 10

실전문제 풀어보기 4회

제한시간 5분 | 정답과 해설 70쪽

問題2 ＿＿＿＿＿＿のことばを漢字で書くとき、最もよいものを、1·2·3·4から一つえらびなさい。

1 背中がいたいなら、早く病院に行ったほうがいい。

1 痛い　2 病い　3 症い　4 床い

2 プレゼントをつつむ紙がほしい。

1 包む　2 全む　3 缶む　4 巻む

3 二人が別れたげんいんは誰にも分からない。

1 原困　2 原因　3 元困　4 元因

4 人口のげんしょうは解決しなければならない問題だ。

1 源少　2 源小　3 減少　4 減小

5 ぐたいてきな計画はまだ発表されていません。

1 貝休的　2 貝体的　3 具休的　4 具体的

6 彼女の絵のさいのうはすでに認められています。

1 最能　2 才能　3 最脳　4 才脳

7 ついにあの問題の雑誌がはつばいされます。

1 販倍　2 発倍　3 販売　4 発売

8 私のむすめは今、あのアイドルに夢中だ。

1 娘　2 婦　3 好　4 嫁

9 彼の夢はこくさい社会でいろんな国の人と働くことだ。

1 国察　2 国陽　3 国際　4 国祭

10 この動物は夜、山から森にいどうします。

1 移動　2 移働　3 利動　4 利働

▷맞힌 개수 확인 ＿＿＿ /10

실전문제 풀어보기 5회

⏱ 제한시간 5분 | 정답과 해설 72쪽

問題2 ＿＿＿＿＿のことばを漢字で書くとき、最もよいものを、1·2·3·4から一つえらびなさい。

1 老人の人口ぞうかはどの国でも社会問題です。

1 増可　2 増化　3 増加　4 増価

2 食べ物の中でほぞんができるものは便利だ。

1 保孝　2 保存　3 保在　4 保占

3 この店は学生わりびきがあって安くなります。

1 割弘　2 割引　3 節弘　4 節引

4 ここは出入り口なので車のちゅうしゃはできません。

1 注射　2 注車　3 駐射　4 駐車

5 実はものがたりの最後に主人公(しゅじんこう)が死んでしまう。

1 物語　2 物説　3 物話　4 物談

6 寒い日がつづくと、水道の栓が凍り付くことがあります。

1 続く　2 結く　3 編く　4 縁く

7 今日かぎりで先生が学校を辞めるそうだ。

1 相り　2 期り　3 隣り　4 限り

8 どんなに性格がよくても、けってんがあるはずだ。

1 決点　2 欠点　3 短点　4 単点

9 人気ざっしを駅で買いました。

1 顔誌　2 顔紙　3 雑誌　4 雑紙

10 試験に落ちてしまって、彼女は笑顔をうしなった。

1 失った　2 亡った　3 無った　4 絶った

» 맞힌 개수 확인 ＿＿＿ /10

실전문제 풀어보기 6회

⏱ 제한시간 5분 | 정답과 해설 74쪽

問題2 ＿＿＿＿＿のことばを漢字で書くとき、最もよいものを、1·2·3·4から一つえらびなさい。

1 最近、きたくする時間が遅いので、親が怒っている。

1 帰家　　2 来家　　3 帰宅　　4 来宅

2 反省しているなら、態度でしめしてください。

1 占して　　2 指して　　3 表して　　4 示して

3 毎年、若者の文化は少しずつへんかしています。

1 変化　　2 変科　　3 変可　　4 変加

4 海外での暮らしになれるのは思ったより大変だ。

1 快れる　　2 慣れる　　3 憧れる　　4 情れる

5 公園ではきそくを守って遊びましょう。

1 起則　　2 起律　　3 規則　　4 規律

6 斉藤（さいとう）さんにランチ代を少しかしてあげた。

1 描して　　2 借して　　3 貸して　　4 賃して

7 今朝からパソコンがせいじょうに動くようになった。

1 正状　　2 正常　　3 制状　　4 制常

8 会社をやめて、また大学で勉強しようと思います。

1 辞めて　　2 終めて　　3 閉めて　　4 決めて

9 都市のぶっかはさらに高くなってきています。

1 物値　　2 物価　　3 物貨　　4 物課

10 毎日の暑さとストレスでしょくよくがありません。

1 飲浴　　2 食浴　　3 飲欲　　4 食欲

맞힌 개수 확인 ＿＿＿ /10

실전문제 풀어보기 7회

제한시간 5분 | 정답과 해설 76쪽

問題2 ＿＿＿＿＿のことばを漢字で書くとき、最もよいものを、1·2·3·4から一つえらびなさい。

1 この書類は会議にひつようなので、忘れないでください。

1 必要　　2 必用　　3 必様　　4 必容

2 長時間、話し合ったが、問題はかいけつできなかった。

1 快決　　2 開決　　3 回決　　4 解決

3 子供をそだてることは大変だ。

1 資てる　　2 背てる　　3 育てる　　4 責てる

4 子供がきちんとペットの世話ができるかしんぱいです。

1 心杯　　2 心配　　3 真杯　　4 真配

5 彼に理由を説明できるきかいがなかなかない。

1 機会　　2 期会　　3 機回　　4 期回

6 彼女は僕がどうじに二人と付き合っていると思っている。

1 同時　　2 同自　　3 堂時　　4 堂自

7 別れた彼氏がこいしいと思ったことはありません。

1 想しい　　2 愛しい　　3 恋しい　　4 変しい

8 二人はおたがいに誤解していると気づいていないようだ。

1 お交いに　　2 お相いに　　3 お互いに　　4 お与いに

9 僕と佐藤(さとう)さんの話を彼女がドアのうちがわで聞いていました。

1 中側　　2 内側　　3 中測　　4 内測

10 そのときは挑戦する勇気とじしんがありませんでした。

1 持身　　2 持信　　3 自身　　4 自信

＿＿＿ / 10

실전문제 풀어보기 8회

제한시간 5분 | 정답과 해설 78쪽

問題2 ＿＿＿＿＿のことばを漢字で書くとき、最もよいものを、1·2·3·4から一つえらびなさい。

1 彼は絵も料理も上手で、手先がきようだ。

1 器用　2 起用　3 器容　4 起容

2 何でもできる彼がまだどくしんなのが信じられない。

1 特身　2 特親　3 独身　4 独親

3 貯金のために、ガスや電気代をせつやくしている。

1 説役　2 説約　3 節役　4 節約

4 このほそい道は車が通れないと思います。

1 挟い　2 粗い　3 細い　4 狭い

5 毎日家のふきんでしばらく散歩をしている。

1 歩近　2 付近　3 歩辺　4 付辺

6 けいきが悪いので、卒業しても仕事が決まらない。

1 景気　2 契気　3 景期　4 契期

7 ここはむかし、学校だったが、今は何も残っていない。

1 昔　2 共　3 甘　4 井

8 ちょうどそのいちから写真を撮ると一番きれいに撮れます。

1 位地　2 居地　3 位置　4 居置

9 田中さんがあいてでも、木村さんが試合に勝つでしょう。

1 合手　2 相手　3 向手　4 対手

10 今日は昨日よりきおんが上がって、家の中も暑い。

1 記温　2 期温　3 季温　4 気温

맞힌 개수 확인 ＿＿＿ /10

문제 2» 표기

정답 및 해설 확인하기

1회

문제 2 ＿＿＿＿＿＿＿ 단어를 한자로 쓸 때 가장 적당한 것을 1·2·3·4에서 하나 고르세요.

|정답|

1	2	3	4	5	6	7	8	9	10
1	2	2	3	1	4	2	1	2	4

|해설|

1 げんざい、付き合っている恋人はいません。

1 現在　2 現存　3 元在　4 元存

해석 현재 사귀고 있는 사람은 없습니다.

해설 ※ 동음 한자에 주목! 「現·元」은 둘 다 「げん」이라고 읽지만 '현재'는 「現在」라고 표기한다.

BONUS 【現】現代 현대 | 現場 현장 | 【元】元素 원소 | 根元 근원

2 一人の生活は案外じゆうでいいと思います。

1 自用　**2 自由**　3 事用　4 事由

해석 독신 생활은 의외로 자유로워 좋다고 생각합니다.

해설 ※ 동음 한자에 주목! 「自·事」는 둘 다 「じ」라고 읽지만 '자유'는 「自由」라고 표기한다.

BONUS 【自】各自 각자 | 自然 자연 | 【事】無事 무사 | 事業 사업

3 つとめている会社に満足している。

1 努めて　**2 勤めて**　3 務めて　4 勉めて

해석 근무하고 있는 회사에 만족하고 있다.

해설 ※ 한자의 음/뜻에 주목! 「つとめる」는 '(회사 등에) 근무하다'의 의미로 「勤める」라고 표기한다.

BONUS 【つとめる】努める 힘쓰다, 노력하다 | 務める 역할을 맡다, 임하다

4 猫と一緒にくらす生活にも慣れた。

1 莫らす　2 墓らす　**3 暮らす**　4 募らす

해석 고양이와 함께 사는 생활에도 익숙해졌다.

해설 ※ 유사 한자에 주목! 「暮·莫·墓·募」는 비슷하게 생겼지만 '살다'라는 뜻의 「くらす」는 「暮らす」라고 표기한다.

BONUS 【暮】暮れる (날이) 저물다 | 【莫】莫大だ 막대하다 | 【墓】墓参り 성묘 | 【募】募集 모집

5 両親のけんこうを考えて、野菜を中心に食事を作る。

1 健康　2 健病　3 建康　4 建病

해석 부모님의 건강을 생각해서, 채소를 중심으로 식사를 만든다.

해설 ※ 동음 한자에 주목! 「健·建」은 둘 다 「けん」이라고 읽지만 '건강'은 「健康」라고 표기한다.

BONUS 【健】健全 건전 | 穏健 온건 | 【建】建築 건축 | 建設 건설

6 家族と週末、おんせん旅行に出かけます。

1 温水 2 温氷 3 温源 **4 温泉**

해석 가족과 주말에 온천여행을 갑니다.

해설 ※ 한자의 음/뜻에 주목! 「おんせん」은 '온천'이라는 의미로 「温泉」이라고 표기한다.

BONUS 【源】資源 자원 | 財源 재원 | 源泉 원천 | 源流 원류

7 せいせきが上がらないのは、予習と復習が足りないからです。

1 成積 **2 成績** 3 大積 4 大績

해석 성적이 오르지 않는 것은 예습과 복습이 부족하기 때문입니다.

해설 ※ 동음 한자에 주목! 「績·積」는 둘 다 「せき」라고 읽지만 '성적'은 「成績」라고 표기한다.

BONUS 【せき】業績 업적 | 面積 면적 | 国籍 국적 | 責任 책임

8 来年の目標は収入を今年の二ばいにすることだ。

1 倍 2 培 3 僧 4 増

해석 내년 목표는 수입을 올해의 두 배로 하는 것이다.

해설 ※ 한자 음/뜻에 주목! 「ばい」는 '배'라는 의미로 「倍」라고 표기한다.

BONUS 【増】増加 증가 | 倍増 배증 | 加増 가증 | 急増 급증

9 先週、階段から落ちてこっせつしてしまった。

1 骨切 **2 骨折** 3 足切 4 足折

해석 지난주, 계단에서 떨어져서 골절되어 버렸다.

해설 ※ 동음 한자에 주목! 「折·切」는 둘 다 「せつ」라고 읽지만 '골절'은 「骨折」라고 표기한다.

BONUS 骨 뼈 | 足 발, 다리 | 折る 접다, 꺾다 | 切る 자르다

10 今日勉強したところはふくしゅうしてください。

1 複集 2 複習 3 復集 **4 復習**

해석 오늘 공부한 곳은 복습해 주세요.

해설 ※ 동음 한자에 주목! 「復·複」는 둘 다 「ふく」라고 읽지만 '복습'은 「復習」라고 표기한다.

BONUS 【復】往復 왕복 | 回復 회복 | 【複】重複 중복 | 複数 복수

2회

문제 2 ＿＿＿＿＿＿ 단어를 한자로 쓸 때 가장 적당한 것을 1·2·3·4에서 하나 고르세요.

|정답|

1	3	2	2	3	1	4	1	5	3	6	4	7	2	8	3	9	4	10	1

|해설|

1 雷が落ちてすぐていでんになりました。

1 消電　　2 低電　　**3 停電**　　4 止電

해석 벼락이 떨어져 바로 정전이 되었습니다.

해설 * 한자의 음/뜻에 주목! 「ていでん」은 '정전'의 의미로 「停電」이라고 표기한다.

BONUS 【消】電気を消す 전깃불을 끄다 | 【低】低電圧 저전압 | 【止】停止 정지 | 禁止 금지

2 会議室まで係の者がごあんないします。

1 案中　　**2 案内**　　3 安中　　4 安内

해석 회의실까지 담당자가 안내하겠습니다.

해설 * 동음 한자에 주목! 「案·安」은 둘 다 「あん」으로 읽지만 '안내'는 「案内」라고 표기한다.

BONUS 【案】提案 제안 | 案件 안건 | 【安】安全だ 안전하다 | 安い 싸다

3 いつもみんなの幸せをねがっている。

1 願って　　2 源って　　3 頼って　　4 祈って

해석 언제나 모두의 행복을 바라고 있다.

해설 * 한자의 음/뜻에 주목! 「ねがう」는 '원하다, 바라다'의 의미로 「願う」라고 표기한다.

BONUS 源 근원 | 頼む 부탁하다 | 祈る 빌다, 기원하다

4 毎日、夜おそくまで働いています。

1 遅く　　2 達く　　3 後く　　4 修く

해석 매일 밤늦게까지 일하고 있습니다.

해설 * 한자의 음/뜻에 주목! 「おそい」는 '늦다'의 의미로 「遅い」라고 표기한다.

BONUS 【達】達成 달성 | 上達 숙달(실력향상) | 配達 배달 | 前後 전후

5 やることをこまかく分けたので、仕事が増えた。

1 練かく　　2 結かく　　**3 細かく**　　4 組かく

해석 할 것을 세세하게 나눴기 때문에 일이 늘었다.

해설 ※ 한자의 음/뜻에 주목! 「こまかい」는 '자세하다, 세세하다, 자잘하다'의 의미로 「細かい」라고 표기한다.

BONUS 練る(계획을) 짜다, (문장을) 다듬다 | 結ぶ (매듭을) 묶다 | 組む (그룹을) 짜다

6 会社を辞めるかどうか姉にそうだんしました。

1 担段 2 担談 3 相段 **4 相談**

해석 회사를 그만둘지 어쩔지 누나에게 상담했습니다.

해설 ※ 동음 한자에 주목! 「談·段」은 둘 다 「だん」으로 읽지만 '상담'은 「相談」이라고 표기한다.

BONUS 【担】担当 담당 | 担任 담임 | 【段】階段 계단 | 段落 단락

7 今日は上司とちょくせつ話そうと思います。

1 直折 **2 直接** 3 真折 4 真接

해석 오늘은 상사와 직접 이야기하려고 합니다.

해설 ※ 유사 한자에 주목! 「直·真」는 비슷하게 생겼지만 '직접'이라는 뜻의 「ちょくせつ」는 「直接」라고 표기한다.

BONUS 【直】直立 직립 | 率直だ 솔직하다 | 【真】真理 진리 | 写真 사진

8 努力は目標をじつげんさせるために必要なことだ。

1 実験 2 実減 **3 実現** 4 実源

해석 노력은 목표를 실현시키기 위해서 필요한 것이다.

해설 ※ 한자 음/뜻에 주목! 「じつげん」는 '실현'이라는 의미로 「実現」이라고 표기한다.

BONUS 【げん】減少 감소 | 資源 자원 | 【けん】経験 경험 | 権利 권리

9 来年はいろんながっきを習ってみたい。

1 学機 2 学器 3 楽機 **4 楽器**

해석 내년에는 여러 악기를 배워 보고 싶다.

해설 ※ 동음 한자에 주목! 「学·楽」는 둘 다 「がく」라고 읽지만 '악기'는 「楽器」라고 표기한다.

BONUS 【学】学問 학문 | 学識 학식 | 【楽】音楽 음악 | 楽観 낙관

10 せんもんかにレッスンを受けようと思っています。

1 専門家 2 専門科 3 専文家 4 専文科

해석 전문가에게 레슨을 받으려고 생각하고 있습니다.

해설 ※ 동음 한자에 주목! 「門·文」은 둘 다 「もん」이라고 읽지만 '전문가'는 「専門家」라고 표기한다.

BONUS 【門】正門 정문 | 訪問 방문 | 【文】注文 주문 | 文芸 문예

3회

문제 2 ＿＿＿＿＿＿ 단어를 한자로 쓸 때 가장 적당한 것을 1·2·3·4에서 하나 고르세요.

|정답|

1	4	2	2	3	2	4	1	5	3	6	3	7	4	8	1	9	4	10	3

|해설|

1 わかいときに、いろんな経験(けいけん)をしたほうがいい。

1 荷い　2 苦い　3 草い　**4 若い**

해석 젊을 때 여러 경험을 하는 것이 좋다.

해설 ＊한자의 음/뜻에 주목! 「わかい」는 '젊다'의 의미로 「若い」라고 표기한다.

BONUS 荷物(にもつ) 짐 | 苦(にが)い 쓰다 | 草(くさ) 풀, 잡초

2 まずは、かんしんのあることから始(はじ)めてみます。

1 感心　**2 関心**　3 歓心　4 完心

해석 먼저 관심이 있는 것부터 시작해 봅니다.

해설 ＊동음 한자에 주목! 「関·感·歓·完」은 모두 「かん」이라고 읽지만 '관심'은 「関心」이라고 표기한다.

BONUS 【かん】 関係(かんけい) 관계 | 感情(かんじょう) 감정 | 歓迎(かんげい) 환영 | 完成(かんせい) 완성

3 人生(じんせい)にせいかいはあるのだろうか。

1 正触　**2 正解**　3 成触　4 成解

해석 인생에 정답은 있는 것일까?

해설 ＊동음 한자에 주목! 「正·成」는 둘 다 「せい」라고 읽지만 '정답'은 「正解」라고 표기한다.

BONUS 【正】 正当(せいとう) 정당 | 正午(しょうご) 정오 | 【成】 成功(せいこう) 성공 | 達成(たっせい) 달성

4 最近(さいきん)、こうえんで遊(あそ)ぶ子供(こども)が減(へ)ってきている。

1 公園　2 公演　3 会園　4 会演

해석 최근에 공원에서 노는 아이가 줄어들고 있다.

해설 ＊유사 한자에 주목! 「公·会」는 비슷하게 생겼지만 '공원'이라는 뜻의 「こうえん」은 「公園」이라고 표기한다.

BONUS 【会】 会計(かいけい) 회계, 계산 | 機会(きかい) 기회 | 【公】 主人公(しゅじんこう) 주인공 | 公衆(こうしゅう) 공중

5 毎日(まいにち)、残業(ざんぎょう)でいそがしいが、仕事(しごと)は楽(たの)しい。

1 競しい　2 激しい　**3 忙しい**　4 苦しい

해석 매일 야근으로 바쁘지만, 일은 즐겁다.

해설 ※ 한자의 음/뜻에 주목! 「いそがしい」는 '바쁘다, 분주하다'의 의미로 「忙しい」라고 표기한다.

BONUS 競う (실력을) 겨루다 | 激しい 심하다, 격하다 | 苦しい 힘들다, 괴롭다

6 私が通っている大学はこうつうが不便なところにあります。

1 校通　　2 公通　　**3 交通**　　4 高通

해석 제가 다니고 있는 대학교는 교통이 불편한 곳에 있습니다.

해설 ※ 동음 한자에 주목! 「交·校·公·高」는 모두 「こう」라고 읽지만 '교통'은 「交通」라고 표기한다.

BONUS 【こう】交流 교류 | 登校 등교 | 公共 공공 | 高価 고가

7 私は買い物が好きだが、けいさんがあまり得意じゃない。

1 係算　　2 軽算　　3 形算　　**4 計算**

해석 나는 쇼핑을 좋아하지만, 계산을 그다지 잘 하지 못한다.

해설 ※ 동음 한자에 주목! 「計·係·軽·形」는 모두 「けい」라고 읽지만 '계산'은 「計算」이라고 표기한다.

BONUS 【けい】関係 관계(係員 담당자 ※촉음에 주의) | 軽率 경솔 | 図形 도형

8 デパートの屋上から見たけしきが忘れられない。

1 景色　　2 景式　　3 見色　　4 見式

해석 백화점의 옥상에서 본 경치가 잊혀지지 않는다.

해설 ※ 유사 한자에 주목! 「景·見」은 비슷하게 생겼지만 '경치'라는 뜻의 「けしき」는 「景色」라고 표기한다.

BONUS 【景】景気 경기 | 遠景 원경 | 【見】見解 견해 | 意見 의견

9 ここはだんたいの旅行客に人気があるようです。

1 単体　　2 軍体　　3 図体　　**4 団体**

해석 여기는 단체 여행객에게 인기가 있는 것 같습니다.

해설 ※ 한자의 음/뜻에 주목! 「だんたい」는 '단체'의 의미로 「団体」라고 표기한다.

BONUS 集団 집단 | 単語 단어 | 軍人 군인 | 地図 지도

10 社会はお互いささえ合って生きていくものだ。

1 友え　　2 丈え　　**3 支え**　　4 度え

해석 사회는 서로 지탱하며 살아가는 것이다.

해설 ※ 한자의 음/뜻에 주목! 「ささえる」는 '지지하다, 지탱하다'의 의미로 「支える」라고 표기한다.

BONUS 【度】今度 이번 | 毎度 매번 | ~度 ~번 | 温度 온도

4회

문제 2 ＿＿＿＿＿＿ 단어를 한자로 쓸 때 가장 적당한 것을 1·2·3·4에서 하나 고르세요.

| 정답 |

1	2	3	4	5	6	7	8	9	10
1	1	2	3	4	2	4	1	3	1

| 해설 |

1 背中(せなか)がいたいなら、早(はや)く病院(びょういん)に行(い)ったほうがいい。

1 痛い 2 病い 3 症い 4 床い

해석 등이 아프면 빨리 병원에 가는 것이 좋다.

해설 * 한자의 음/뜻에 주목! 「いたい」는 '아프다'의 의미로 「痛い」라고 표기한다.

BONUS 頭痛(ずつう) 두통 | 病気(びょうき)にかかる 병에 걸리다 | 症状(しょうじょう) 증상 | 床(ゆか) 나무바닥

2 プレゼントをつつむ紙(かみ)がほしい。

1 包む 2 全む 3 缶む 4 巻む

해석 선물을 포장할 종이가 필요하다.

해설 * 한자의 음/뜻에 주목! 「つつむ」는 '포장하다, 감싸다'의 의미로 「包む」라고 표기한다.

BONUS 内包(ないほう) 내포 | 全額(ぜんがく) 전액 | あき缶(かん) 빈 깡통 | 巻(ま)く 말다, 감다

3 二人(ふたり)が別(わか)れたげんいんは誰(だれ)にも分(わ)からない。

1 原困 **2 原因** 3 元困 4 元因

해석 두 사람이 헤어진 원인은 아무도 모른다.

해설 * 동음 한자에 주목! 「原·元」은 둘 다 「げん」이라고 읽지만 '원인'은 「原因」이라고 표기한다.

BONUS 【困】困難(こんなん) 곤란 | 貧困(ひんこん) 빈곤 | 【元】還元(かんげん) 환원

4 人口(じんこう)のげんしょうは解決(かいけつ)しなければならない問題(もんだい)だ。

1 源少 2 源小 **3 減少** 4 減小

해석 인구의 감소는 해결하지 않으면 안 되는 문제다.

해설 * 동음 한자에 주목! 「減·源」은 둘 다 「げん」이라고 읽지만 '감소'는 「減少」라고 표기한다.

BONUS 【減】いい加減(かげん)だ 적당하다(무책임, 대충) | 減員(げんいん) 감원 | 【源】起源(きげん) 기원 | 源流(げんりゅう) 원류

5 ぐたいてきな計画(けいかく)はまだ発表(はっぴょう)されていません。

1 貝休的 2 貝体的 3 具休的 **4 具体的**

해석 구체적인 계획은 아직 발표되고 있지 않습니다.

해설 ✻ 유사 한자에 주목! 「体·休」는 비슷하게 생겼지만 '구체적'이라는 뜻의 「ぐたいてき」는 「具体的」라고 표기한다.

BONUS 【体】主体 주체 | 体験 체험 | 【休】連休 연휴 | 休日 휴일

6 彼女の絵のさいのうはすでに認められています。

1 最能　　**2 才能**　　3 最脳　　4 才脳

해석 그녀의 그림의 재능은 이미 인정받고 있습니다.

해설 ✻ 동음 한자에 주목! 「最·才」는 둘 다 「さい」라고 읽지만 '재능'은 「才能」라고 표기한다.

BONUS 【最】最新 최신 | 最近 최근 | 【才】~才 ~세(살) | 天才 천재

7 ついにあの問題の雑誌がはつばいされます。

1 販倍　　2 発倍　　3 販売　　**4 発売**

해석 드디어 그 문제의 잡지가 발매됩니다.

해설 ✻ 동음 한자에 주목! 「売·倍」는 둘 다 「ばい」라고 읽지만 '발매'는 「発売」라고 표기한다.

BONUS 【売】売店 매점 | 競売 경매 | 【倍】~倍 ~배 | 倍額 배액

8 私のむすめは今、あのアイドルに夢中だ。

1 娘　　2 婦　　3 好　　4 嫁

해석 내 딸은 지금 그 아이돌에 푹 빠져 있다.

해설 ✻ 한자의 음/뜻에 주목! 「むすめ」는 '딸'의 의미로 「娘」라고 표기한다.

BONUS 夫婦 부부 | 婦人 부인 | 好み 선호, 좋아하는 것 | 嫁 며느리, 새댁

9 彼の夢はこくさい社会でいろんな国の人と働くことだ。

1 国察　　2 国陽　　**3 国際**　　4 国祭

해석 그의 꿈은 국제사회에서 여러 나라의 사람들과 일하는 것이다.

해설 ✻ 유사 한자에 주목! 「際·察」는 비슷하게 생겼지만 '국제'라는 뜻의 「こくさい」는 「国際」라고 표기한다.

BONUS 【際】交際 교제 | ~際 ~때 | 【察】警察 경찰 | 観察 관찰

10 この動物は夜、山から森にいどうします。

1 移動　　2 移働　　3 利動　　4 利働

해석 이 동물은 밤에 산에서 숲으로 이동합니다.

해설 ✻ 유사 한자에 주목! 「移·利」는 비슷하게 생겼지만 '이동'이라는 뜻의 「いどう」는 「移動」라고 표기한다.

BONUS 【移】移民 이민 | 移転 이전 | 【利】利益 이익 | 便利だ 편리하다

5회

문제 2 ＿＿＿＿＿＿ **단어를 한자로 쓸 때 가장 적당한 것을 1·2·3·4에서 하나 고르세요.**

| 정답 |

1	2	3	4	5	6	7	8	9	10
3	2	2	4	1	1	4	2	3	1

| 해설 |

1 老人の人口ぞうかはどの国でも社会問題です。

1 増可　2 増化　**3 増加**　4 増価

해석 노인의 인구 증가는 어느 나라에서나 사회문제입니다.

해설 ※동음 한자에 주목! 「加·可·化·価」는 모두 「か」라고 읽지만 '증가'는 「増加」라고 표기한다.

BONUS 【か】追加 추가 | 許可 허가 | 文化 문화 | 価格 가격(=価額 가격)

2 食べ物の中でほぞんができるものは便利だ。

1 保孝　**2 保存**　3 保在　4 保占

해석 음식물 중에 보존할 수 있는 것은 편리하다.

해설 ※유사 한자에 주목! 「存·在·孝」는 비슷하게 생겼지만 '보존'이라는 뜻의 「ほぞん」은 「保存」이라고 표기한다.

BONUS 存立 존립 | 現在 현재 | 孝行 효도 | 占う 점치다

3 この店は学生わりびきがあって安くなります。

1 割弘　**2 割引**　3 節弘　4 節引

해석 이 가게는 학생 할인이 있어 쌉니다.

해설 ※한자의 음/뜻에 주목! 「わりびき」는 '할인'의 의미로 「割引」라고 표기한다.

BONUS 【割】分割 분할 | 割れる (유리) 깨지다, 갈라지다 | 【引】引用 인용 | 引く 끌다

4 ここは出入り口なので車のちゅうしゃはできません。

1 注射　2 注車　3 駐射　**4 駐車**

해석 여기는 출입구이므로 차의 주차는 안 됩니다.

해설 ※동음 한자에 주목! 「駐·注」는 둘 다 「ちゅう」라고 읽지만 '주차'는 「駐車」라고 표기한다.

BONUS 【駐】駐在 주재 | 常駐 상주 | 【注】注意 주의 | 注目 주목

5 実はものがたりの最後に主人公が死んでしまう。

1 物語　2 物説　3 物話　4 物談

해석 사실은 이야기 마지막에 주인공이 죽어버린다.

해설 * 유사 한자에 주목! 「語·説·話·談」는 비슷하게 생겼지만 '이야기'라는 뜻의 「ものがたり」는 「物語」라고 표기한다.

BONUS 語学 어학 | 説明 설명 | 話題 화제 | 会談 회담

6 寒い日がつづくと、水道の栓が凍り付くことがあります。

1 続く 2 結く 3 編く 4 縁く

해석 추운 날이 계속되면, 수도꼭지가 얼어붙는 경우가 있습니다.

해설 * 한자의 음/뜻에 주목! 「つづく」는 '계속되다'의 의미로 「続く」라고 표기한다.

BONUS 連続 연속 | 結ぶ (매듭을) 묶다 | 編む 짜다 | 縁を結ぶ 인연을 맺다

7 今日かぎりで先生が学校を辞めるそうだ。

1 相り 2 期り 3 隣り **4 限り**

해석 오늘로써 선생님이 학교를 그만둔다고 한다.

해설 * 한자의 음/뜻에 주목! 「かぎり」는 '한정하다'의 의미로 「限り」라고 표기한다.

BONUS 相談 상담 | 期限 기한 | 隣 옆 | 制限 제한

8 どんなに性格がよくても、けってんがあるはずだ。

1 決点 **2 欠点** 3 短点 4 単点

해석 아무리 성격이 좋아도, 결점이 있기 마련이다.

해설 * 동음 한자에 주목! 「欠·決」는 둘 다 「けつ」라고 읽지만 '결점'은 「欠点」이라고 표기한다.

BONUS 【欠】欠陥 결함 | 欠席 결석 | 【決】決定 결정 | 決意 결의

9 人気ざっしを駅で買いました。

1 顔誌 2 顔紙 **3 雑誌** 4 雑紙

해석 인기 잡지를 역에서 샀습니다.

해설 * 유사 한자에 주목! 「誌·紙」는 비슷하게 생겼지만 '잡지'라는 뜻의 「ざっし」는 「雑誌」라고 표기한다.

BONUS 【誌】誌面 지면 | 週刊誌 주간지 | 【紙】紙 종이 | 用紙 용지

10 試験に落ちてしまって、彼女は笑顔をうしなった。

1 失った 2 亡った 3 無った 4 絶った

해석 시험에 떨어져 버려서 그녀는 웃는 얼굴을 잃었다.

해설 * 한자의 음/뜻에 주목! 「うしなう」는 '잃다'의 의미로 「失う」라고 표기한다.

BONUS 無くす 없애다, 잃다 | 亡くなる 돌아가시다 | 絶つ (하던 것을) 끊다

6회

문제 2 ＿＿＿＿＿＿ 단어를 한자로 쓸 때 가장 적당한 것을 1·2·3·4에서 하나 고르세요.

|정답|

1	2	3	4	5	6	7	8	9	10
3	4	1	2	3	3	2	1	2	4

|해설|

1 最近、<u>きたく</u>する時間が遅いので、親が怒っている。

1 帰家　　2 来家　　**3 帰宅**　　4 来宅

해석 최근에 귀가하는 시간이 늦어서 부모님이 화나 있다.

해설 ※ 동음 한자에 주목! 「帰·来」는 둘 다 「き」라고 읽지만 '귀가'는 「帰宅」라고 표기한다.

BONUS 【帰】帰る 돌아가다, 돌아오다 | 復帰 복귀 | 【来】来る 오다 | 将来 장래

2 反省しているなら、態度で<u>しめして</u>ください。

1 占して　　2 指して　　3 表して　　**4 示して**

해석 반성하고 있다면 태도로 보여주세요.

해설 ※ 한자의 음/뜻에 주목! 「しめす」는 '나타내다'의 의미로 「示す」라고 표기한다.

BONUS 占める (비율, 자리를) 차지하다 | 指す 가리키다 | 表す (표정, 감정을) 나타내다

3 毎年、若者の文化は少しずつ<u>へんか</u>しています。

1 変化　　2 変科　　3 変可　　4 変加

해석 매년, 젊은이의 문화는 조금씩 변화하고 있습니다.

해설 ※ 동음 한자에 주목! 「化·科·可·加」는 모두 「か」라고 읽지만 '변화'는 「変化」라고 표기한다.

BONUS 【か】悪化 악화 | 学科 학과 | 可能 가능 | 加入 가입

4 海外での暮らしに<u>なれる</u>のは思ったより大変だ。

1 快れる　　**2 慣れる**　　3 憧れる　　4 情れる

해석 해외에서의 생활에 익숙해지는 것은 생각보다 힘들다.

해설 ※ 한자의 음/뜻에 주목! 「なれる」는 '익숙해지다'의 의미로 「慣れる」라고 표기한다.

BONUS 愉快だ 유쾌하다 | 慣習 관습 | 憧れる 동경하다 | 情報 정보

5 公園では<u>きそく</u>を守って遊びましょう。

1 起則　　2 起律　　**3 規則**　　4 規律

해석 공원에서는 규칙을 지키고 놉시다.

해설 ※ 동음 한자에 주목! 「規·起」는 둘 다 「き」라고 읽지만 '규칙'은 「規則」라고 표기한다.

BONUS 【規】 法規 법규 | 規制 규제 | 【起】 起立 기립 | 起動 기동

6 斉藤さんにランチ代を少しかしてあげた。

1 描して　　2 借して　　**3 貸して**　　4 賃して

해석 사이토 씨에게 점심값을 조금 빌려주었다.

해설 ※ 한자의 음/뜻에 주목! 「かす」는 '빌려주다'의 의미로 「貸す」라고 표기한다.

BONUS 描写 묘사 | 借金 빚 | 貸与 대여 | 家賃 집세(월세)

7 今朝からパソコンがせいじょうに動くようになった。

1 正状　　**2 正常**　　3 制状　　4 制常

해석 오늘 아침부터 컴퓨터가 정상적으로 작동하게 되었다.

해설 ※ 동음 한자에 주목! 「正·制」는 둘 다 「せい」라고 읽지만 '정상'은 「正常」라고 표기한다.

BONUS 【正】 正当 정당 | 改正 개정 | 【制】 制服 제복 | 制度 제도

8 会社をやめて、また大学で勉強しようと思います。

1 辞めて　　2 終めて　　3 閉めて　　4 決めて

해석 회사를 그만두고, 다시 대학교에서 공부할까 생각합니다.

해설 ※ 한자의 음/뜻에 주목! 「やめる」는 '(다니던 곳을) 그만두다'의 의미로 「辞める」라고 표기한다.

BONUS 終わる 끝나다 | 閉める(문을) 닫다 | 閉じる (눈을) 감다 | 決める 결정하다

9 都市のぶっかはさらに高くなってきています。

1 物値　　**2 物価**　　3 物貨　　4 物課

해석 도시의 물가는 더욱 더 높아지고 있습니다.

해설 ※ 한자의 음/뜻에 주목! 「ぶっか」는 '물가'의 의미로 「物価」라고 표기한다.

BONUS 【か】 貨物 화물 | 日課 일과 | 価値 가치 | 定価 정가

10 毎日の暑さとストレスでしょくよくがありません。

1 飲浴　　2 食浴　　3 飲欲　　**4 食欲**

해석 매일 더위와 스트레스로 식욕이 없습니다.

해설 ※ 유사 한자에 주목! 「欲·浴」는 비슷하게 생겼지만 '식욕'이라는 뜻의 「しょくよく」는 「食欲」라고 표기한다.

BONUS 【欲】 欲望 욕망 | 欲求 욕구 | 【浴】 浴室 욕실 | シャワーを浴びる 샤워를 하다

7회

문제 2 ＿＿＿＿＿＿ 단어를 한자로 쓸 때 가장 적당한 것을 1·2·3·4에서 하나 고르세요.

|정답|

1	1	2	4	3	3	4	2	5	1	6	1	7	3	8	3	9	2	10	4

|해설|

1 この書類は会議にひつようなので、忘れないでください。

1 必要　2 必用　3 必様　4 必容

해석 이 서류는 회의에 필요하니까 잊지 마세요.

해설 * 동음 한자에 주목! 「要·用·様·容」는 모두「よう」라고 읽지만 '필요'는「必要」라고 표기한다.

BONUS【よう】重要 중요 | 用事 용무 | 模様 모양 | 容器 용기

2 長時間、話し合ったが、問題はかいけつできなかった。

1 快決　2 開決　3 回決　**4 解決**

해석 긴 시간 동안 이야기했지만, 문제는 해결할 수 없었다.

해설 * 동음 한자에 주목! 「解·快·開·回」는 모두「かい」라고 읽지만 '해결'은「解決」라고 표기한다.

BONUS【かい】解説 해설 | 愉快だ 유쾌하다 | 開閉 개폐 | 回収 회수

3 子供をそだてることは大変だ。

1 資てる　2 背てる　**3 育てる**　4 責てる

해석 아이를 키우는 것은 힘들다.

해설 * 한자의 음/뜻에 주목! 「そだてる」는 '키우다'의 의미로「育てる」라고 표기한다.

BONUS 育成 육성 | 資源 자원 | 背中 등 | 責任 책임

4 子供がきちんとペットの世話ができるかしんぱいです。

1 心杯　**2 心配**　3 真杯　4 真配

해석 아이가 제대로 애완동물을 보살필 수 있을지 걱정입니다.

해설 * 한자의 음/뜻에 주목! 「しんぱい」는 '걱정'의 의미로「心配」라고 표기한다.

BONUS【配】配達 배달 | 配置 배치 | 年配 연배 | 分配 분배

5 彼に理由を説明できるきかいがなかなかない。

1 機会　2 期会　3 機回　4 期回

해석 그에게 이유를 설명할 수 있는 기회가 좀처럼 없다.

해설 ※동음 한자에 주목! 「機·期」는 둘 다 「き」라고 읽지만 '기회'는 「機会」라고 표기한다.

BONUS 【機】 機械 기계 | 機関 기관 | 【期】 期間 기간 | 期待 기대

6 彼女は僕がどうじに二人と付き合っていると思っている。

1 同時 2 同自 3 堂時 4 堂自

해석 그녀는 내가 동시에 두 명과 사귀고 있다고 생각하고 있다.

해설 ※동음 한자에 주목! 「同·堂」는 둘 다 「どう」라고 읽지만 '동시'는 「同時」라고 표기한다.

BONUS 【同】 共同 공동 | 協同 협동 | 【堂】 講堂 강당 | 堂々 당당

7 別れた彼氏がこいしいと思ったことはありません。

1 想しい 2 愛しい **3 恋しい** 4 変しい

해석 헤어진 남자친구가 그립다고 생각한 적은 없습니다.

해설 ※한자의 음/뜻에 주목! 「こいしい」는 '(사람, 물건 등이) 그립다'의 의미로 「恋しい」라고 표기한다.

BONUS 【想】 想像 상상 | 予想 예상 | 【変】 変化 변화 | 変身 변신

8 二人はおたがいに誤解していると気づいていないようだ。

1 お交いに 2 お相いに **3 お互いに** 4 お与いに

해석 두 사람은 서로 오해하고 있다고 눈치 채지 못하고 있는 것 같다.

해설 ※한자의 음/뜻에 주목! 「おたがい」는 '서로, 상호'의 의미로 「お互い」라고 표기한다.

BONUS 相互 상호 | 交換 교환 | 相談 상담 | 与える (영향, 인상을) 미치다

9 僕と佐藤さんの話を彼女がドアのうちがわで聞いていました。

1 中側 **2 内側** 3 中測 4 内測

해석 나와 사토 씨의 이야기를 그녀가 문 안쪽에서 듣고 있었습니다.

해설 ※유사 한자에 주목! 「側·測」는 비슷하게 생겼지만 '안쪽'이라는 뜻의 「うちがわ」는 「内側」라고 표기한다.

BONUS 【側】 側 곁 | 外側 바깥쪽 | 【測】 測量 측량 | 測る (깊이, 넓이를) 재다

10 そのときは挑戦する勇気とじしんがありませんでした。

1 持身 2 持信 3 自身 **4 自信**

해석 그때는 도전할 용기와 자신이 없었습니다.

해설 ※동음 한자에 주목! 「自·持」는 둘 다 「じ」라고 읽지만 '자신'은 「自信」이라고 표기한다.

BONUS 【自】 各自 각자 | 自発 자발 | 【持】 所持 소지 | 支持 지지

8회

문제 2 ＿＿＿＿＿＿ 단어를 한자로 쓸 때 가장 적당한 것을 1·2·3·4에서 하나 고르세요.

|정답|

1 1	2 3	3 4	4 3	5 2	6 1	7 1	8 3	9 2	10 4

|해설|

1 彼は絵も料理も上手で、手先がきようだ。

1 器用　2 起用　3 器容　4 起容

해석 그는 그림도 요리도 잘하고 손끝이 여물다.

해설 * 동음 한자에 주목! 「器·起」는 둘 다 「き」라고 읽지만 '재주가 있다'는 「器用」라고 표기한다.

BONUS 【器】容器 용기 | 食器 식기 | 【起】起床 기상 | 起立 기립

2 何でもできる彼がまだどくしんなのが信じられない。

1 特身　2 特親　**3 独身**　4 独親

해석 무엇이든 잘하는 그가 아직 독신인 것이 믿기지 않는다.

해설 * 한자의 음/뜻에 주목! 「どくしん」은 '독신'의 의미로 「独身」이라고 표기한다.

BONUS 【特】特別 특별 | 独特 독특 | 【得】得意だ 잘하다, 능숙하다 | 得点 득점

3 貯金のために、ガスや電気代をせつやくしている。

1 説役　2 説約　3 節役　**4 節約**

해석 저금하기 위해서 가스와 전기료를 절약하고 있다.

해설 * 동음 한자에 주목! 「節·説」는 둘 다 「せつ」라고 읽지만 '절약'은 「節約」라고 표기한다.

BONUS 【節】季節 기계 | 音節 음절 | 【説】説明 설명 | 説得 설득

4 このほそい道は車が通れないと思います。

1 挟い　2 粗い　**3 細い**　4 狭い

해석 이 좁은 길은 차가 지나다니지 못할 것이라고 생각합니다.

해설 * 한자의 음/뜻에 주목! 「ほそい」는 '(두께가) 가늘다, 좁다'의 의미로 「細い」라고 표기한다.

BONUS 細かい 잘다, 미세하다 | 粗い 거칠다 | 狭い 좁다

5 毎日家のふきんでしばらく散歩をしている。

1 歩近　**2 付近**　3 歩辺　4 付辺

해석 매일 집 근처에서 한동안 산책을 하고 있다.

해설 ★ 한자의 음/뜻에 주목! 「ふきん」은 '부근, 근처'의 의미로 「付近」이라고 표기한다.

BONUS 歩道 보도 | 近辺 근처

6 けいきが悪いので、卒業しても仕事が決まらない。

1 景気 2 契気 3 景期 4 契期

해석 경기가 나빠서 졸업해도 일이 정해지지 않는다.

해설 ★ 동음 한자에 주목! 「景·契」는 둘 다 「けい」라고 읽지만 '경기'는 「景気」라고 표기한다.

BONUS 【景】風景 풍경 | 絶景 절경 | 【契】契約 계약 | 契機 계기

7 ここはむかし、学校だったが、今は何も残っていない。

1 昔 2 共 3 甘 4 井

해석 여기는 옛날에 학교였지만 지금은 아무것도 남아있지 않다.

해설 ★ 한자의 음/뜻에 주목! 「むかし」는 '옛날'의 의미로 「昔」라고 표기한다.

BONUS 昔話 옛날이야기 | 共同 공동 | 甘い 달다 | 天井 천장

8 ちょうどそのいちから写真を撮ると一番きれいに撮れます。

1 位地 2 居地 **3 位置** 4 居置

해석 딱 그 위치에서 사진을 찍으면 제일 예쁘게 찍을 수 있습니다.

해설 ★ 동음 한자에 주목! 「地·置」는 둘 다 「ち」라고 읽지만 '위치'는 「位置」라고 표기한다.

BONUS 【地】地理 지리 | 地球 지구 | 【置】配置 배치 | 放置 방치

9 田中さんがあいてでも、木村さんが試合に勝つでしょう。

1 合手 **2 相手** 3 向手 4 対手

해석 다나카 씨가 상대라도 기무라 씨가 시합에서 이기겠지요.

해설 ★ 한자의 음/뜻에 주목! 「あいて」는 '상대'의 의미로 「相手」라고 표기한다.

BONUS 【合】合格 합격 | 試合 시합 | 合図 신호 | 合間 짬, 여유

10 今日は昨日よりきおんが上がって、家の中も暑い。

1 記温 2 期温 3 季温 **4 気温**

해석 오늘은 어제보다 기온이 올라서 집안도 덥다.

해설 ★ 동음 한자에 주목! 「気·記·期·季」는 모두 「き」라고 읽지만 '기온'은 「気温」이라고 표기한다.

BONUS 【き】気象 기상 | 日記 일기 | 時期 시기 | 四季 사계

문제 3 »»»

문맥 규정 이해하고 공략하기

1교시 언어지식(문자·어휘+문법)X독해

1 문제 프로필

상대를 알아야 문제를 푼다!

문제 3 문맥 규정

問題 3 文脈規定

기본정보

성 격 괄호 안에 들어갈 적절한 어휘를 찾기를 원함

문제 개수 11개/35개(문자·어휘)

풀이 시간 11분/30분(문자·어휘)

STEP 1
스피드 해법

선택지 먼저 체크 후 괄호의 앞, 뒤를 확인해 표현을 캐치

STEP 2
함정 주의보

어휘의 여러 품사 중 동사와 부사에 특히 주의

STEP 3
대책

괄호 안에 어휘를 넣고 문장이 매끄러운지 다시 한번 확인

STEP 4
공부 방법

조사를 포함한 관용구나 표현 위주로 암기한다!

2 문제 미리보기

미리 알아 둬야 긴장이 덜 된다!

問題3 (　　　　)に入れるのに最もよいものを、1·2·3·4から一つ選びなさい。

문제 3 (　　　　)에 들어갈 것으로 가장 적당한 것을 1·2·3·4에서 하나 고르세요.

1 このスマホは使いにくいという(　　　　)を持つ人もいる。

1 賛成　　2 目的　　3 不満　　4 満足

괄호 앞 뒤의 문맥으로 표현을 캐치!
조사 등에 주의해서 적절한 어휘를 찾으세요!

2 部屋で(　　　　)していたら、友だちからの電話がかかってきた。

1 びゅうびゅう　　2 ごろごろ　　3 しくしく　　4 からから

1 정답 3

풀이 공란 앞에 「使(つか)いにくい(사용하기 어렵다)」, 공란 뒤에 「~を持(も)つ(~을/를 가지다)」라는 표현이 있기 때문에 정답은 「不満(ふまん)(불만)」이다.

해석 이 스마트폰은 사용하기 어렵다는 불만을 가진 사람도 있다.

2 정답 2

풀이 공란 앞에 「部屋(へや)で」라는 표현이 있기 때문에 정답은 가만히 있는 모양인 「ごろごろ(빈둥빈둥)」이다.

해석 방에서 빈둥빈둥거리고 있는데 친구에게서 전화가 걸려왔다.

적중 어휘 300

자주 출제되는 합격 어휘를 미리 외워 둔다!

		어휘	의미
あ	☐	愛(あい)する	(동) 사랑하다
	☐	空(あ)き	(명) 빔
	☐	汗(あせ)	(명) 땀
	☐	アタック	(명) 공격
	☐	集(あつ)める	(동) 모으다
	☐	怪(あや)しい	(い형) 수상하다, 의심스럽다
	☐	泡(あわ)	(명) 거품
	☐	淡(あわ)い	(い형) 연하다
	☐	合(あ)わせる	(동) 합치다, 모으다
	☐	言(い)いつける	(동) 명령하다, 고자질하다
	☐	意志(いし)	(명) 의지
	☐	意識(いしき)	(명) 의식
	☐	苛(いじ)める	(동) 괴롭히다
	☐	異常(いじょう)だ	(な형) 이상하다
	☐	一方(いっぽう)	(명) 한쪽, 한편
	☐	威張(いば)る	(동) 으스대다, 거만하게 굴다
	☐	嘘(うそ)	(명) 거짓말
	☐	うっかり	(부) 무심코, 깜빡
	☐	羨(うらや)ましい	(い형) 부럽다
	☐	嬉(うれ)しい	(い형) 기쁘다
	☐	うろうろ	(부) 허둥지둥
	☐	噂(うわさ)	(명) 소문
	☐	運休(うんきゅう)	(명) 운휴(운행을 쉼)
	☐	運賃(うんちん)	(명) 운임
	☐	営業(えいぎょう)	(명) 영업

		어휘	의미
	☐	栄養(えいよう)	(명) 영양
	☐	選(えら)ぶ	(동) 고르다, 선택하다
	☐	お祝(いわ)い	(명) 축하, 축하 선물
	☐	応援(おうえん)	(명) 응원
	☐	オーバー	(명) 오버
	☐	おかしい	(い형) 이상하다
	☐	お皿(さら)	(명) 접시
	☐	恐(おそ)ろしい	(い형) 무섭다, 두렵다
	☐	溺(おぼ)れる	(동) 빠지다
	☐	お祭(まつ)り	(명) 축제
	☐	お見舞(みま)い	(명) 병문안
	☐	主(おも)に	(부) 주로
	☐	お礼(れい)	(명) 답례, 감사 인사
か	☐	カーブ	(명) 커브, 모퉁이
	☐	外出(がいしゅつ)	(명) 외출
	☐	外食(がいしょく)	(명) 외식
	☐	会費(かいひ)	(명) 회비
	☐	変(か)える	(동) 바꾸다
	☐	香(かお)り	(명) 향기
	☐	価格(かかく)	(명) 가격
	☐	確実(かくじつ)	(명) 확실
	☐	隠(かく)す	(동) 숨기다
	☐	拡大(かくだい)	(명) 확대
	☐	確認(かくにん)	(명) 확인
	☐	学費(がくひ)	(명) 학비

	단어	읽기	뜻
☐	囲む	かこ	동 둘러싸다
☐	重ねる	かさ	동 거듭하다
☐	片方	かたほう	명 한 짝, 한쪽
☐	価値	かち	명 가치
☐	がっかり		부 실망하는 모양
☐	カット		명 커트, 삭감
☐	悲しい	かな	い형 슬프다
☐	必ず	かなら	부 꼭
☐	かなり		부 상당히
☐	カバー		명 커버
☐	我慢	がまん	명 참음
☐	殻	から	명 껍질
☐	からから		부 (목이) 마른 모양
☐	枯れる	か	동 시들다
☐	代わる	か	동 대신하다
☐	変わる	か	동 변하다
☐	感覚	かんかく	명 감각
☐	歓迎	かんげい	명 환영
☐	完成	かんせい	명 완성
☐	感動	かんどう	명 감동
☐	完了	かんりょう	명 완료
☐	記憶	きおく	명 기억
☐	企業	きぎょう	명 기업
☐	効く	き	동 듣다, 효과가 있다
☐	期限	きげん	명 기한

	단어	읽기	뜻
☐	記事	きじ	명 기사
☐	期待	きたい	명 기대
☐	貴重だ	きちょう	な형 귀중하다
☐	キック		명 발차기
☐	記入	きにゅう	명 기입
☐	記念	きねん	명 기념
☐	希望	きぼう	명 희망
☐	気持ち	きも	명 기분
☐	客観的だ	きゃっかんてき	な형 객관적이다
☐	キャンセル		명 취소
☐	切る	き	동 자르다
☐	記録	きろく	명 기록
☐	緊張	きんちょう	명 긴장
☐	苦情	くじょう	명 불평
☐	くたびれる		동 녹초가 되다
☐	苦痛	くつう	명 고통
☐	悔しい	くや	い형 분하다
☐	暮す	くら	동 살다, 지내다
☐	比べる	くら	동 겨루다
☐	クレーム		명 불만
☐	苦労	くろう	명 고생
☐	加える	くわ	동 가하다
☐	詳しい	くわ	い형 자세하다
☐	ゲーム		명 게임
☐	結果	けっか	명 결과

	読み	단어	뜻
□	けつろん	結論	명 결론
□	けわ	険しい	い형 험하다
□	けんこう	健康	명 건강
□	げんりょう	原料	명 원료
□	こい	恋しい	い형 그립다
□	こうかん	交換	명 교환
□	ごうけい	合計	명 합계
□	こうげき	攻撃	명 공격
□	こうたい	交替	명 교대
□	こうていてき	肯定的だ	な형 긍정적이다
□	ごうどう	合同	명 합동
□		こぼれる	동 흘러내리다
□	こわ	怖い	い형 무섭다
□	さいかい	再会	명 재회
□	さいきん	最近	명 최근
□	さいご	最後	명 최후
□	さいしん	最新	명 최신
□	さいだい	最大	명 최대
□	さいちゅう	最中	명 한창 ~때
□	ざいりょう	材料	명 재료
□	さぎょう	作業	명 작업
□		さっそく	부 신속히, 즉시
□	さ	覚める	동 (눈이) 떠지다
□		シーズン	명 시즌
□	しげん	資源	명 자원
□	じこ	事故	명 사고
□	しじ	指示	명 지시
□	しだい	次第に	부 점차
□		しっかり	부 제대로, 확실히
□		しつこい	い형 끈질기다, (맛이) 짙다
□	しどう	指導	명 지도
□	じどうてき	自動的だ	な형 자동적이다
□		しばらく	부 당분간
□	しば	縛る	동 묶다
□	じまん	自慢	명 잘난 체, 자랑
□	しき	締め切り	명 마감
□	じゅうたい	渋滞	명 정체
□	じゅうだい	重大だ	な형 중대하다
□	しゅうちゅう	集中	명 집중
□	じゅうぶん	十分だ	な형 충분하다
□	じゅぎょう	授業	명 수업
□	しゅちょう	主張	명 주장
□	しゅっちょう	出張	명 출장
□	じゅんじゅん	順々	부 차례차례, 차차
□	じゅんちょう	順調	명 순조
□	じゅんばん	順番	명 차례, 순서
□	しよう	使用	명 사용
□	しょうぎょう	商業	명 상업
□	じょうげん	上限	명 상한
□	しら	調べる	동 알아보다

	단어	뜻
☐	シリーズ	명 시리즈
☐	心配(しんぱい)だ	な형 걱정되다
☐	ずいぶん	부 꽤
☐	透(す)き	명 틈
☐	スケジュール	명 스케줄
☐	スタート	명 스타트, 출발
☐	スタイル	명 스타일
☐	捨(す)てる	동 버리다
☐	すなわち	접 즉
☐	鋭(するど)い	い형 날카롭다
☐	制限(せいげん)	명 제한
☐	正常(せいじょう)	명 정상
☐	整理(せいり)	명 정리
☐	セール	명 세일
☐	積極的(せっきょくてき)だ	な형 적극적이다
☐	絶対的(ぜったいてき)だ	な형 절대적이다
☐	セット	명 세트
☐	節約(せつやく)	명 절약
☐	セミナー	명 세미나
☐	宣伝(せんでん)	명 선전
☐	想像(そうぞう)	명 상상
☐	続々(ぞくぞく)	부 속속, 잇따라
☐	そっくりだ	な형 꼭 빼닮다
☐	それでは	접 그러면
☐	それなら	접 그렇다면

た

	단어	뜻
☐	代金(だいきん)	명 대금, 물건의 값
☐	代表的(だいひょうてき)だ	な형 대표적이다
☐	体力(たいりょく)	명 체력
☐	訪(たず)ねる	동 방문하다
☐	ただちに	부 바로
☐	たちまち	부 금세
☐	経(た)つ	동 지나다, 경과하다
☐	貯(た)める	동 (돈, 포인트를) 모으다
☐	チーム	명 팀
☐	チェック	명 체크
☐	近々(ちかぢか)	부 머지않아, 바싹
☐	着々(ちゃくちゃく)	부 착착
☐	ちゃんと	부 제대로
☐	注意(ちゅうい)	명 주의
☐	注文(ちゅうもん)	명 주문
☐	調査(ちょうさ)	명 조사
☐	調子(ちょうし)	명 상태
☐	調理(ちょうり)	명 조리
☐	疲(つか)れる	동 피곤하다, 지치다
☐	次々(つぎつぎ)	부 차례차례, 잇따라
☐	つける	동 붙이다, 익히다
☐	包(つつ)む	동 포장하다
☐	つまり	부 결국, 요컨대
☐	定期的(ていきてき)だ	な형 정기적이다
☐	テーマ	명 테마

	단어	뜻
□	できるだけ	부 가능한 한
□	伝染(でんせん)	명 전염
□	点々と(てんてんと)	부 점점이 흩어져 얼룩진 모양
□	動作(どうさ)	명 동작
□	銅像(どうぞう)	명 동상
□	通る(とおる)	동 지나다, 통과하다
□	どきどき	부 두근두근
□	得意だ(とくいだ)	な형 잘하다, 능숙하다
□	溶ける(とける)	동 녹다
□	閉じる(とじる)	동 (눈을) 감다, (책을) 덮다
□	届く(とどく)	동 도착하다
□	泊まる(とまる)	동 묵다
□	止める(とめる)	동 참다, 멈추다, 세우다
□	取る(とる)	동 섭취하다, 잡다, 따다
な □	内容(ないよう)	명 내용
□	治る(なおる)	동 낫다, 치료되다
□	なかなか	부 좀처럼, 꽤
□	仲間(なかま)	명 동료
□	眺め(ながめ)	명 전망, 풍경
□	眺める(ながめる)	동 조망하다
□	流れ(ながれ)	명 흐름
□	流れる(ながれる)	동 흐르다
□	懐かしい(なつかしい)	い형 그립다
□	涙(なみだ)	명 눈물
□	なるべく	부 되도록

	단어	뜻
□	苦手だ(にがてだ)	な형 잘 못하다, 서투르다
□	握る(にぎる)	동 잡다
□	望み(のぞみ)	명 소망
□	ノック	명 노크
□	延ばす(のばす)	동 연기하다
□	のんびり	부 유유히, 한가로이
は □	配達(はいたつ)	명 배달
□	掃く(はく)	동 쓸다
□	外す(はずす)	동 (자리를) 뜨다, 떼다
□	パターン	명 패턴
□	はっきり	부 확실히, 뚜렷히
□	発見(はっけん)	명 발견
□	発行(はっこう)	명 발행
□	発達(はったつ)	명 발달
□	ばったり	부 (갑자기) 푹, (우연히) 딱
□	発売(はつばい)	명 발매
□	発表(はっぴょう)	명 발표
□	発明(はつめい)	명 발명
□	話し合う(はなしあう)	동 의논하다
□	話しかける(はなしかける)	동 말을 걸다
□	話し出す(はなしだす)	동 말을 꺼내다
□	離す(はなす)	동 떼다
□	離れる(はなれる)	동 떨어지다
□	費用(ひよう)	명 비용
□	不安だ(ふあんだ)	な형 불안하다

□	フィルム	명 필름
□	普及(ふきゅう)	명 보급
□	複雑(ふくざつ)だ	な형 복잡하다
□	再(ふたた)び	부 다시, 또
□	ぶつける	동 부딪히다
□	踏(ふ)み切(き)り	명 건널목
□	ふらふら	부 비틀비틀
□	ぶらぶら	부 어슬렁어슬렁
□	分解(ぶんかい)	명 분해
□	平気(へいき)だ	な형 아무렇지 않다
□	平和(へいわ)だ	な형 평화롭다
□	別々(べつべつ)	부 따로따로
□	減(へ)らす	동 줄이다
□	変化(へんか)	명 변화
□	変更(へんこう)	명 변경
□	ポイント	명 포인트
□	方向(ほうこう)	명 방향
□	方法(ほうほう)	명 방법
ま □	貧(まず)しい	い형 가난하다
□	まもなく	부 머지않아, 이제 곧
□	迷(まよ)う	동 망설이다
□	味方(みかた)	명 자기 편
□	見出(みだ)し	명 표제
□	命令(めいれい)	명 명령
□	メリット	명 메리트, 장점
□	面会(めんかい)	명 면회
□	面接(めんせつ)	명 면접
□	メンバー	명 멤버
□	もうすぐ	부 이제 곧
□	目的(もくてき)	명 목적
□	目標(もくひょう)	명 목표
□	文句(もんく)	명 불평
や □	家賃(やちん)	명 집세
□	止(や)める	동 끊다, 그만두다
□	緩(ゆる)い	い형 완만하다, 헐렁하다
□	予習(よしゅう)	명 예습
□	予想(よそう)	명 예상
□	予約(よやく)	명 예약
ら □	理想(りそう)	명 이상
□	流行(りゅうこう)	명 유행
□	両替(りょうがえ)	명 환전
□	両側(りょうがわ)	명 양쪽
□	料金(りょうきん)	명 요금
□	両方(りょうほう)	명 양쪽, 둘 다
□	両面(りょうめん)	명 양면
□	レシート	명 영수증
□	レポート	명 리포트
□	連絡(れんらく)	명 연락
わ □	分(わ)ける	동 나누다
□	割引(わりびき)	명 할인

실전문제 풀어보기 1회

제한시간 10분 | 정답과 해설 96쪽

問題3 (　　　　)に入れるのに最もよいものを、1·2·3·4から一つ選びなさい。

1 二人が付き合っているという(　　　　)は信じたくない。

1 文句　　2 宣伝　　3 うそ　　4 うわさ

2 くやしくて目から(　　　　)がこぼれました。

1 なみだ　　2 きもち　　3 あせ　　4 あわ

3 彼女はいつも自分のことを(　　　　)してばかりいるから、嫌われています。

1 自慢（じまん）　　2 期待（きたい）　　3 応援（おうえん）　　4 連絡（れんらく）

4 週末、母とデパートに行こうか(　　　　)いるところだ。

1 かわって　　2 まよって　　3 つかれて　　4 はなれて

5 私と姉は(　　　　)で、よく双子（ふたご）かと聞かれます。

1 しっかり　　2 はっきり　　3 そっくり　　4 がっかり

6 先生が近くに来たので食べていた弁当を急いで(　　　　)。

1 はなした　　2 くらした　　3 かくした　　4 のばした

7 24時間(　　　　)の店が増えて、この辺りは便利になった。

1 作業（さぎょう）　　2 営業（えいぎょう）　　3 商業（しょうぎょう）　　4 企業（きぎょう）

8 この日のために練習してきたのに、試合で(　　　　)が出せなくて残念（ざんねん）だ。

1 結果（けっか）　　2 結論（けつろん）　　3 完了（かんりょう）　　4 完成（かんせい）

9 この山からの(　　　　)は言葉にならないくらいすばらしい。

1 ながめ　　2 のぞみ　　3 みどり　　4 かおり

10 ドアを(　　　　)して、中に人がいるか確認してください。

1 キック　　2 ノック　　3 チェック　　4 アタック

_____ / 10

실전문제 풀어보기 2회

제한시간 10분 | 정답과 해설 98쪽

問題3 (　　　　)に入れるのに最もよいものを、1·2·3·4から一つ選びなさい。

1 先輩からメールが来たので(　　　　)返事を出そうと思う。

1 さっそく　2 ようやく　3 まもなく　4 ずいぶん

2 みんなで力を(　　　　)、試合に勝ちたいと思います。

1 ながれて　2 ながめて　3 あわせて　4 あつめて

3 けんかした彼女とは(　　　　)会っていない。

1 ただちに　2 たちまち　3 それなら　4 しばらく

4 毎日夜遅くまで残業をして(　　　　)いる。

1 かわって　2 とおって　3 つかれて　4 うまれて

5 この映画はストーリーがすばらしくて(　　　　)しました。

1 希望(きぼう)　2 期待(きたい)　3 感動(かんどう)　4 歓迎(かんげい)

6 幼い頃から(　　　　) 生活をしていたが、心はゆたかな人に育った。

1 かなしい　2 けわしい　3 あやしい　4 まずしい

7 合格者発表の前日は(　　　　)して眠れませんでした。

1 どきどき　2 うろうろ　3 からから　4 ぶらぶら

8 面接で緊張しない(　　　　)がありますか。

1 方向　2 方法　3 予習　4 予約

9 この商品の(　　　　)は私が支払っておきます。

1 代金　2 賃金　3 学費　4 会費

10 後輩のミスを(　　　　)するのが、先輩の仕事だ。

1 ホーム　2 チーム　3 カバー　4 オーバー

맞힌 개수 확인 ______ / 10

실전문제 풀어보기 3회

제한시간 10분 | 정답과 해설 100쪽

問題3 (　　　)に入れるのに最もよいものを、1·2·3·4から一つ選びなさい。

1 運転するときは(　　　)カーブでもスピードを落としてください。

1 あわい　2 せまい　3 ゆるい　4 かるい

2 数人のグループに(　　　)から、話し合います。

1 わけて　2 だして　3 すてて　4 はずして

3 これを新しい商品と(　　　)したい。

1 交換　2 交替　3 変更　4 変化

4 海外旅行に行くにはお金を(　　　)する必要がある。

1 両面　2 両方　3 両側　4 両替

5 最近、若者の間でこのスマホが(　　　)している。

1 伝染(でんせん)　2 普及(ふきゅう)　3 流行(りゅうこう)　4 拡大(かくだい)

6 トイレに人が多いのに(　　　)を守らない人がいます。

1 順調(じゅんちょう)　2 調子(ちょうし)　3 順番(じゅんばん)　4 番号(ばんごう)

7 いつかみんなで戦争のない(　　　)な世界を作りたい。

1 平気(へいき)　2 平和(へいわ)　3 不安(ふあん)　4 心配(しんぱい)

8 暑い夏の日、汗(あせ)が顔を(　　　)いった。

1 ながれて　2 こぼれて　3 かかって　4 とまって

9 仕事を(　　　)する人でなければ、この任務は任せられない。

1 がっかり　2 しっかり　3 ゆっくり　4 のんびり

10 ごみを(　　　)すれば、地球環境は守ることができます。

1 チェンジ　2 カット　3 キャンセル　4 リサイクル

맞은 개수 확인 ____ / 10

실전문제 풀어보기 4회

⏱ 제한시간 10분 | 정답과 해설 102쪽

問題3 (　　　　)に入れるのに最もよいものを、1·2·3·4から一つ選びなさい。

1 簡単なレシピと安い (　　　　)でおいしく作れます。

1 調理　2 料理　3 原料　4 材料

2 現実にはない物語の世界を(　　　　)してみてください。

1 理想　2 予想　3 想像　4 銅像

3 私の(　　　　)がとおって、グループに分かれることになった。

1 主張　2 緊張　3 注文　4 注意

4 このゲームは日本(　　　　)で、人気がある。

1 品(ひん)　2 産(さん)　3 製(せい)　4 源(げん)

5 わからない問題は先生が(　　　　)説明してくれた。

1 あかるく　2 くわしく　3 けわしく　4 するどく

6 (　　　　)して育てた娘が今日ついに結婚します。

1 苦痛(くつう)　2 苦労(くろう)　3 苦情(くじょう)　4 苦学(くがく)

7 目を(　　　　)父の笑顔(えがお)を思い浮かべた。

1 とじて　2 しめて　3 とめて　4 さめて

8 気に入ったものがあったら、どれでも(　　　　)ください。

1 えらんで　2 しらべて　3 たずねて　4 くらべて

9 飲んだあとの(　　　　)瓶はリサイクルしてください。

1 すき　2 あき　3 さら　4 から

10 お金を支払ったあとにかならず(　　　　)をもらいます。

1 レポート　2 レシート　3 セール　4 ポイント

▷ 맞힌 개수 확인 ______ / 10

실전문제 **풀어보기** 5회

제한시간 10분 | 정답과 해설 104쪽

問題3 (　　　)に入れるのに最も良いものを、1·2·3·4から一つ選びなさい。

1 シンデレラは階段で靴の(　　　)をなくしてしまった。
　1 一方　　2 片方　　3 他方　　4 相方

2 わざと声をかけたのは彼と親しくなるのが(　　　)だった。
　1 期待　　2 予想　　3 希望　　4 目的

3 あれこれ買っていると(　　　)1万円になった。
　1 上限　　2 制限　　3 合同　　4 合計

4 この会社は男女が半分ずつの(　　　)で働いています。
　1 分配　　2 分解　　3 割合　　4 割引

5 働いて5年(　　　)から、後輩が新しく入ってきた。
　1 たって　　2 まって　　3 とおって　　4 かわって

6 わけあって、留学を来年に(　　　)ことになりました。
　1 のばす　　2 はなす　　3 かわす　　4 くらす

7 卒業の(　　　)にスポーツカーを買ってもらった。
　1 おれい　　2 おみまい　　3 おまつり　　4 おいわい

8 この学科では(　　　)日本文化を研究している。
　1 かならず　　2 じゅうぶん　　3 なかなか　　4 おもに

9 昨日から熱が高くて(　　　)している。
　1 ぶらぶら　　2 ふらふら　　3 どきどき　　4 ぐらぐら

10 コンサート当日は予約を(　　　)しても、料金を払い戻すことができない。
　1 チェック　　2 カット　　3 キャンセル　　4 オーダー

_____ / 10

문제 3» 문맥 규정

실전문제 풀어보기 6회

제한시간 10분 | 정답과 해설 106쪽

問題3 (　　　　)に入れるのに最もよいものを、1·2·3·4から一つ選びなさい。

1 今朝飲んだ薬(くすり)が(　　　　)、熱が下がってきた。

1 なおって　　2 とどいて　　3 はいて　　4 きいて

2 入院(　　　　)が思ったより高くて驚いた。

1 費用(ひよう)　　2 使用(しよう)　　3 価格(かかく)　　4 価値(かち)

3 数学(すうがく)と化学(かがく)は(　　　　)でいつも点数がよくありません。

1 上手(じょうず)　　2 下手(へた)　　3 得意(とくい)　　4 苦手(にがて)

4 のどの(　　　　)が悪くて、うまく歌えなかった。

1 調査(ちょうさ)　　2 調子(ちょうし)　　3 感覚(かんかく)　　4 感動(かんどう)

5 来週から1週間、福岡(ふくおか)に(　　　　)する予定です。

1 出張　　2 主張　　3 命令　　4 注文

6 仕事が夜遅く終わるので、夜はいつも(　　　　)ですませる。

1 外出　　2 外食　　3 通常　　4 正常

7 いつも外でばかり食べていると(　　　　)栄養のバランスがとれない。

1 うっかり　　2 ふたたび　　3 すなわち　　4 ちゃんと

8 先週注文した商品の(　　　　)が遅れているみたいです。

1 配達(はいたつ)　　2 発達(はったつ)　　3 伝達(でんたつ)　　4 通達(つうたつ)

9 今学期のレポートの(　　　　)は来週までだそうだ。

1 つめきり　　2 しめきり　　3 ふみきり　　4 かみきり

10 恋愛(れんあい)を(　　　　)にした韓国ドラマが海外で人気がある。

1 テーマ　　2 フィルム　　3 セミナー　　4 メリット

맞힌 개수 확인 ______ / 10

실전문제 풀어보기 7회

⏱ 제한시간 10분 | 정답과 해설 108쪽

問題3 (　　　　)に入れるのに最もよいものを、1·2·3·4から一つ選びなさい。

1 会社で毎年(　　　　)に健康診断(けんこうしんだん)を受けている。

1 絶対的　　2 積極的　　3 代表的　　4 定期的

2 高校時代は遊びたいのを(　　　　)して、試験勉強をがんばってきた。

1 我慢　　2 自慢　　3 意識　　4 意志

3 毎日外食ばかりでは体の(　　　　)によくないです。

1 節約　　2 栄養　　3 料理　　4 健康

4 この川で大人も(　　　　)ことがあるので、近づいてはいけない。

1 おぼれる　　2 ぶつける　　3 とれる　　4 かれる

5 アパートの(　　　　)は給料の3分の1ぐらいだ。

1 料金(りょうきん)　　2 代金(だいきん)　　3 家賃(やちん)　　4 運賃(うんちん)

6 卒業後の進路(しんろ)が(　　　　)どおりになってよかった。

1 期待(きたい)　　2 理想(りそう)　　3 希望(きぼう)　　4 目的(もくてき)

7 お金を(　　　　)いつか世界一周旅行をしてみたいです。

1 とめて　　2 ためて　　3 かさねて　　4 くわえて

8 男の子は好きな女の子を(　　　　)泣かすことがある。

1 いばって　　2 あいして　　3 かくして　　4 いじめて

9 けんかばかりしていた彼と彼女の仲(なか)は(　　　　)近づいていった。

1 しだいに　　2 なかなか　　3 ちかぢか　　4 ばったり

10 この競技(きょうぎ)は男女二人ずつが(　　　　)になって行(おこな)います。

1 メンバー　　2 チーム　　3 ゲーム　　4 シリーズ

_____ /10

실전문제 **풀어보기** 8회

제한시간 10분 | 정답과 해설 110쪽

問題3 (　　　　)に入れるのに最も よいものを、1·2·3·4から一つ選びなさい。

1 この国にどんな地下(　　　　)があるか調査している。

1 資源(しげん)　　2 期限(きげん)　　3 貴重(きちょう)　　4 原料(げんりょう)

2 女子大生は(　　　　)ファッションに関心があります。

1 最近　　2 最新　　3 最中　　4 最大

3 息を(　　　　)、水の中に3分間もぐってください。

1 とじて　　2 とめて　　3 きって　　4 やめて

4 セールの日に買いたい服が買えなくて(　　　　)思いをしたことがある。

1 うらやましい　　2 こいしい　　3 くやしい　　4 うれしい

5 連休明(れんきゅうあ)けの月曜日から彼女の様子がどうも(　　　　)。

1 おかしい　　2 しつこい　　3 まずしい　　4 けわしい

6 仕事では会議の話の(　　　　)を理解することも大切だ。

1 なかま　　2 ながれ　　3 みだし　　4 みかた

7 上司(じょうし)の話を聞くときはメモする習慣を(　　　　)ほうがいい。

1 とけた　　2 つけた　　3 とった　　4 した

8 新商品の(　　　　)は来週にのびたそうです。

1 発売(はつばい)　　2 発明(はつめい)　　3 発達(はったつ)　　4 発行(はっこう)

9 これとこれはプレゼントなので(　　　　)につつんでもらった。

1 次々(つぎつぎ)　　2 続々(ぞくぞく)　　3 順々(じゅんじゅん)　　4 別々(べつべつ)

10 この問題は難しいので(　　　　)をください。

1 セット　　2 カット　　3 カーブ　　4 ヒント

_____ / 10

문제 3» 문맥 규정

정답 및 해설 **확인하기**

1회

문제 3 (　　　　)에 들어갈 것으로 가장 적당한 것을 1·2·3·4에서 하나 고르세요.

|정답|

1	4	2	1	3	1	4	2	5	3	6	3	7	2	8	1	9	1	10	2

|해설|

1　二人が付き合っているという(　　　　)は信じたくない。

1　文句　　2　宣伝　　3　うそ　　**4　うわさ**

해석　두 사람이 사귀고 있다는 소문은 믿고 싶지 않다.

해설　※ 명사에 주목!　공란 뒤에「信じたくない(믿고 싶지 않다)」라는 표현이 있기 때문에 정답은「噂(소문)」이다.

BONUS　文句を言う 불평을 말하다 | 宣伝をする 선전을 하다 | 嘘をつく 거짓말을 하다

2　くやしくて目から(　　　　)がこぼれました。

1　なみだ　　2　きもち　　3　あせ　　4　あわ

해석　분해서 눈에서 눈물이 흘러내렸습니다.

해설　※ 명사에 주목!　「目(눈)」에서「こぼれる(흘러내리다)」가 올 수 있는 명사는「涙(눈물)」이다.

BONUS　気持ちが悪い 기분이 나쁘다, 컨디션이 좋지 않다 | 汗をかく 땀을 흘리다 | 泡を作る 거품을 만들다

3　彼女はいつも自分のことを(　　　　)してばかりいるから、嫌われています。

1　自慢　　2　期待　　3　応援　　4　連絡

해석　그녀는 언제나 자기 잘난 체만 하고 있기 때문에 미움받고 있습니다.

해설　※ 동사에 주목!　공란 앞에「自分のこと(자기에 관한 것)」라는 표현이 있기 때문에 정답은「自慢する(잘난 체하다, 자랑하다)」이다.

BONUS　合格を期待する 합격을 기대하다 | チームを応援する 팀을 응원하다 | 急いで連絡する 서둘러 연락하다

4　週末、母とデパートに行こうか(　　　　)いるところだ。

1　かわって　　**2　まよって**　　3　つかれて　　4　はなれて

해석　주말에 어머니와 백화점에 갈까 망설이고 있는 중이다.

해설　※ 동사에 주목!　공란 앞에「行こうか(갈까?)」라는 불확실함을 나타내는 표현이 있기 때문에 정답은「迷う(망설이다)」이다.

BONUS　運転を代わる 운전을 교대하다 | 疲れる 피곤하다, 지치다(=くたびれる 녹초가 되다) | ~から離れる ~에서 떨어지다

5　私と姉は(　　　　)で、よく双子かと聞かれます。

1　しっかり　　2　はっきり　　**3　そっくり**　　4　がっかり

해석 저와 언니는 꼭 빼닮아서 자주 쌍둥이이냐고 질문을 받습니다.

해설 ※ 부사에 주목! 뒤 문장에 「双子(쌍둥이)」가 있기 때문에 정답은 「そっくり(꼭 빼닮음)」이다.

BONUS しっかり握る 제대로 잡다 | はっきり言う 확실히 말하다 | がっかりする 실망하다(=落ち込む 실망하다, 침울해지다)

6 先生が近くに来たので食べていた弁当を急いで(　　　　)。

1 はなした　2 くらした　**3 かくした**　4 のばした

해석 선생님이 근처에 왔기 때문에 먹고 있던 도시락을 서둘러 숨겼다.

해설 ※ 동사에 주목! 「食べていた弁当(먹고 있던 도시락)」에 활용할 수 있는 동사는 「隠す(숨기다)」이다.

BONUS 手を離す 손을 놓다 | 事務所で暮らす 사무실에서 지내다 | 締め切りを延ばす 마감을 연기하다

7 24時間(　　　　)の店が増えて、この辺りは便利になった。

1 作業　**2 営業**　3 商業　4 企業

해석 24시간 영업하는 가게가 늘어서 이 근처는 편리해졌다.

해설 ※ 명사에 주목! 공란 뒤에 있는 「店(가게)」와 어울려 올 수 있는 명사는 「営業(영업)」이다.

BONUS 機械で作業する 기계로 작업하다 | 盛んな商業 왕성한 상업 | 大きな企業 큰 기업

8 この日のために練習してきたのに、試合で(　　　　)が出せなくて残念だ。

1 結果　2 結論　3 完了　4 完成

해석 이 날을 위해 연습해 왔는데 시합에서 결과가 나오지 않아 아쉽다.

해설 ※ 명사에 주목! 공란 앞에 있는 「試合(시합)」와 어울려 올 수 있는 명사는 「結果(결과)」이다.

BONUS 結論を出す 결론을 내다 | 工事を完了する 공사를 완료하다 | いよいよ完成する 드디어 완성하다

9 この山からの(　　　　)は言葉にならないくらいすばらしい。

1 ながめ　2 のぞみ　3 みどり　4 かおり

해석 이 산에서 보는 풍경은 말로 표현하기 힘들 정도로 멋지다.

해설 ※ 명사에 주목! 공란 앞에 있는 「山からの(산에서의, 산으로부터의)」와 어울려 올 수 있는 명사는 「眺め(전망, 풍경)」이다.

BONUS 望みがある 소망이 있다 | 緑が深い 녹음이 짙다 | 香りがする 향기가 나다

10 ドアを(　　　　)して、中に人がいるか確認してください。

1 キック　**2 ノック**　3 チェック　4 アタック

해석 문을 노크해서 안에 사람이 있는지 확인해 주세요.

해설 ※ 외래어에 주목! 공란 앞에 「ドア(문)」가 있기 때문에 「ノック(노크)」가 정답이다.

BONUS キックを練習する 발차기를 연습하다 | チェックする 체크하다(=確認する 확인하다) | アタックする 공격하다(=攻撃する 공격하다)

2회

문제 3 (　　　)에 들어갈 것으로 가장 적당한 것을 1·2·3·4에서 하나 고르세요.

|정답|

1 1	2 3	3 4	4 3	5 3	6 4	7 1	8 2	9 1	10 3

|해설|

1 先輩からメールが来たので(　　　)返事を出そうと思う。

1 さっそく　　2 ようやく　　3 まもなく　　4 ずいぶん

해석 선배로부터 메일이 와서 신속히 답장을 하려고 생각한다.

해설 ＊부사에 주목! 공란 뒤에「~(よ)うと思う(~하려고 생각한다)」라는 의지 표현이 있기 때문에 정답은「さっそく(신속히, 즉시)」이다.

BONUS ようやく 겨우(=やっと 간신히) | まもなく 머지않아(=もうすぐ 이제 곧) | ずいぶん 꽤(=かなり 상당히)

2 みんなで力を(　　　)、試合に勝ちたいと思います。

1 ながれて　　2 ながめて　　**3 あわせて**　　4 あつめて

해석 모두 함께 힘을 모아 시합에서 이기고 싶다고 생각합니다.

해설 ＊동사에 주목! 「力(힘)」에 활용할 수 있는 동사는「合わせる(합치다)」이다.「集める(모으다)」는 사람, 물건, 관심, 흥미 등을 모을 때 사용한다.

BONUS 涙が流れる 눈물이 흐르다 | 町を眺める 마을을 조망하다 | 切手を集める 우표를 모으다

3 けんかした彼女とは(　　　)会っていない。

1 ただちに　　2 たちまち　　3 それなら　　**4 しばらく**

해석 싸운 여자친구와는 당분간 만나지 않고 있다.

해설 ＊부사에 주목! 공란 뒤에「～ていない(~하고 있지 않다)」라는 표현이 있기 때문에 정답은 잠시 동안의 기간을 의미하는「しばらく(당분간)」이다.

BONUS ただちに 바로(=すぐ 곧) | たちまち 금세 | それなら 그렇다면(=それでは 그러면)

4 毎日夜遅くまで残業をして(　　　)いる。

1 かわって　　2 とおって　　**3 つかれて**　　4 うまれて

해석 매일 밤늦게까지 야근을 해서 피곤하다.

해설 ＊동사에 주목! 공란 앞에「夜遅くまで残業をして(밤늦게까지 야근을 해서)」라는 표현이 있기 때문에 정답은「疲れる(피곤하다)」이다.

BONUS 変わる 변하다 | 通る 지나다, 통과하다 | 産まれる 태어나다

5 この映画はストーリーがすばらしくて(　　　)しました。

1 希望　　2 期待　　**3 感動**　　4 歓迎

해석 이 영화는 스토리가 훌륭해서 감동했습니다.

해설 ✻ 동사에 주목! 공란 앞에 「映画はストーリーがすばらしくて」라는 표현이 있기 때문에 정답은 「感動(감동)」이다.

BONUS 希望する 희망하다(=~たいと思う ~하고 싶다고 생각한다) | 期待する 기대하다(=当てにする 기대하다) | 歓迎する 환영하다

6 幼い頃から(　　　　)生活をしていたが、心はゆたかな人に育った。

1 かなしい　　2 けわしい　　3 あやしい　　**4 まずしい**

해석 어릴 적부터 가난한 생활을 했지만 마음은 관대한 사람으로 컸다.

해설 ✻ 형용사에 주목! 「生活(생활)」를 수식할 수 있는 형용사는 「貧しい(가난하다)」이다.

BONUS 悲しいストーリー 슬픈 스토리 | 険しい山道 험한 산길 | 怪しい人 의심스러운 사람

7 合格者発表の前日は(　　　　)して眠れませんでした。

1 どきどき　　2 うろうろ　　3 からから　　4 ぶらぶら

해석 합격자 발표 전날은 두근두근해서 잠들 수 없었습니다.

해설 ✻ 부사에 주목! 공란 뒤에 「眠れませんでした(잠들 수 없었습니다)」라는 표현이 있기 때문에 정답은 「どきどき(두근두근)」이다.

BONUS 慌ててうろうろする 당황해서 허둥지둥하다 | 喉がからからだ 목이 칼칼하다 | 町をぶらぶらする 마을을 어슬렁어슬렁 거리다

8 面接で緊張しない(　　　　)がありますか。

1 方向　　**2 方法**　　3 予習　　4 予約

해석 면접에서 긴장하지 않는 방법이 있습니까?

해설 ✻ 명사에 주목! 공란 앞에 있는 「緊張しない(긴장하지 않는)」와 어울려 올 수 있는 명사는 「方法(방법)」이다.

BONUS 3時方向に進む 3시 방향으로 나아가다 | 予習は忘れずに 예습은 잊지 말고 | 予約を取り消す 예약을 취소하다

9 この商品の(　　　　)は私が支払っておきます。

1 代金　　2 賃金　　3 学費　　4 会費

해석 이 상품의 대금은 제가 지불해 두겠습니다.

해설 ✻ 명사에 주목! 공란 앞에 있는 「商品(상품)」, 공란 뒤에 있는 「支払って(지불해)」와 어울려 올 수 있는 명사는 「代金(대금, 물건의 값)」이다.

BONUS 賃金を支払う 임금을 지급하다 | 学費を納める 학비를 납입하다 | 会費を出す 회비를 내다

10 後輩のミスを(　　　　)するのが、先輩の仕事だ。

1 ホーム　　2 チーム　　**3 カバー**　　4 オーバー

해석 후배의 실수를 커버하는 것이 선배의 일이다.

해설 ✻ 외래어에 주목! 공란 앞에 「ミス(실수)」가 있기 때문에 「カバーする(커버하다, 감싸주다)」가 정답이다.

BONUS ホームが混雑する 플랫폼이 혼잡하다 | チームを分ける 팀을 나누다 | 予算をオーバーする 예산을 초과하다

3회

문제 3 (　　　)에 들어갈 것으로 가장 적당한 것을 1·2·3·4에서 하나 고르세요.

| 정답 |

1	3	2	1	3	1	4	4	5	3	6	3	7	2	8	1	9	2	10	4

| 해설 |

1 運転するときは(　　　)カーブでもスピードを落としてください。

1 あわい　2 せまい　**3 ゆるい**　4 かるい

해석 운전할 때에는 완만한 커브라도 속도를 낮추세요.

해설 ✻ 형용사에 주목! 「カーブ(커브)」를 수식할 수 있는 형용사는 「緩い(완만하다)」이다.

BONUS 淡い色 연한 색 | 狭い部屋 좁은 방 | 軽い荷物 가벼운 짐

2 数人のグループに(　　　)から、話し合います。

1 わけて　2 だして　3 すてて　4 はずして

해석 여러 명의 그룹으로 나누고 나서 논의합니다.

해설 ✻ 동사에 주목! 공란 앞에 있는 「グループ(그룹)」와 어울려 올 수 있는 동사는 「分ける(나누다)」이다.

BONUS 答えを出す 답을 내다 | ごみを捨てる 쓰레기를 버리다 | 席を外す 자리를 뜨다

3 これを新しい商品と(　　　)したい。

1 交換　2 交替　3 変更　4 変化

해석 이것을 새 상품과 교환하고 싶다.

해설 ✻ 동사에 주목! 공란 앞에 「新しい商品(새 상품)」가 있기 때문에 「交換する(교환하다)」가 정답이다.

BONUS 新人に交替する 신인으로 교체하다 | 日程を変更する 일정을 변경하다 | 環境が変化する 환경이 변화하다

4 海外旅行に行くにはお金を(　　　)する必要がある。

1 両面　2 両方　3 両側　**4 両替**

해석 해외여행을 가려면 돈을 환전할 필요가 있다.

해설 ✻ 동사에 주목! 공란 앞에 「お金(돈)」라는 표현이 있기 때문에 정답은 「両替する(환전하다)」이다.

BONUS 両面をコピーする 양면을 복사하다 | 両方を買う 양쪽 다 사다 | ポケットが両側についている 주머니가 양쪽에 달려있다

5 最近、若者の間でこのスマホが(　　　)している。

1 伝染　2 普及　**3 流行**　4 拡大

해석 최근 젊은이들 사이에서 이 스마트폰이 유행하고 있다.

해설 ※ 동사에 주목! 공란 앞에 「スマホ(스마트폰)」라는 표현이 있기 때문에 정답은 「流行する(유행하다)」이다.

BONUS 病気に伝染される 병에 전염되다 | 教育を普及させる 교육을 보급시키다 | 写真を拡大する 사진을 확대하다

6 トイレに人が多いのに(　　　　)を守らない人がいます。

1 順調　　2 調子　　**3 順番**　　4 番号

해석 화장실에 사람이 많은데도 차례를 지키지 않는 사람이 있습니다.

해설 ※ 명사에 주목! 공란 뒤에 「守らない(지키지 않다)」라는 표현이 있기 때문에 정답은 「順番(차례, 순서)」이다.

BONUS 順調にする 순조롭게 진행되다 | 調子がいい 상태가 좋다 | 番号をつける 번호를 매기다

7 いつかみんなで戦争のない(　　　　)な世界を作りたい。

1 平気　　**2 平和**　　3 不安　　4 心配

해석 언젠가 모두 함께 전쟁이 없는 평화로운 세계를 만들고 싶다.

해설 ※ 형용사에 주목! 공란 뒤에 「世界を作りたい(세계를 만들고 싶다)」라는 희망 표현이 있기 때문에 수식할 수 있는 형용사는 「平和だ(평화롭다)」이다.

BONUS 平気に話す 아무렇지 않게 말하다 | 不安になる 불안해지다 | 心配させる 걱정 끼치다

8 暑い夏の日、汗が顔を(　　　　)いった。

1 ながれて　　2 こぼれて　　3 かかって　　4 とまって

해석 더운 여름날, 땀이 얼굴을 흘러갔다.

해설 ※ 동사에 주목! 공란 앞에 「汗(땀)」가 있기 때문에 정답은 「流れる(흐르다)」이다.

BONUS 涙がこぼれる 눈물이 흘러내리다 | 手間がかかる 품(수고)이 들다 | ホテルに泊まる 호텔에 묵다

9 仕事を(　　　　)する人でなければ、この任務は任せられない。

1 がっかり　　**2 しっかり**　　3 ゆっくり　　4 のんびり

해석 일을 제대로 하는 사람이 아니면 이 임무는 맡길 수 없다.

해설 ※ 부사에 주목! 공란 앞에 있는 「仕事(일)」, 뒤 문장에 「任務は任せられない(임무는 맡길 수 없다)」와 어울려 올 수 있는 부사는 「しっかり(제대로, 확실히)」이다.

BONUS がっかりする 실망하다 | ゆっくり休む 푹 쉬다 | のんびりする 느긋하게 지내다

10 ごみを(　　　　)すれば、地球環境は守ることができます。

1 チェンジ　　2 カット　　3 キャンセル　　**4 リサイクル**

해석 쓰레기를 재활용하면 지구 환경은 지킬 수 있습니다.

해설 ※ 외래어에 주목! 공란 앞에 「ごみ(쓰레기)」가 있기 때문에 「リサイクルする(재활용하다)」가 정답이다.

BONUS チェンジする 바꾸다(=変える 바꾸다) | 人数をカットする 인원수를 줄이다(＝減らす 줄이다) | 契約をキャンセルする 계약을 취소하다(=取り消す 취소하다)

4회

문제 3 (　　　　)에 들어갈 것으로 가장 적당한 것을 1·2·3·4에서 하나 고르세요.

|정답|

1 4	2 3	3 1	4 3	5 2	6 2	7 1	8 1	9 2	10 2

|해설|

1 簡単(かんたん)なレシピと安(やす)い(　　　　)でおいしく作(つく)れます。

1 調理　　2 料理　　3 原料　　**4 材料**

해석 간단한 레시피와 싼 재료로 맛있게 만들 수 있습니다.

해설 ※ 명사에 주목! 공란 앞에 있는「レシピ(레시피)」와「安(やす)い(싼)」과 어울려 올 수 있는 명사는「材料(ざいりょう)(재료)」이다.

BONUS 甘(あま)く 調理(ちょうり)する 달게 조리하다 | まずい 料理(りょうり) 맛없는 요리 | 新鮮(しんせん)な 原料(げんりょう) 신선한 원료

2 現実(げんじつ)にはない物語(ものがたり)の世界(せかい)を(　　　　)してみてください。

1 理想　　2 予想　　**3 想像**　　4 銅像

해석 현실에는 없는 이야기의 세계를 상상해 보세요.

해설 ※ 동사에 주목! 공란 앞에 있는「現実(げんじつ)にはない物語(ものがたり)の世界(せかい)(현실에는 없는 이야기의 세계)」와 어울려 올 수 있는 동사는「想像(そうぞう)する(상상하다)」이다.

BONUS 理想(りそう)を話(はな)す 이상을 말하다 | 反対(はんたい)を予想(よそう)する 반대를 예상하다 | 銅像(どうぞう)を建(た)てる 동상을 세우다

3 私(わたし)の(　　　　)がとおって、グループに分(わ)かれることになった。

1 主張　　2 緊張　　3 注文　　4 注意

해석 나의 주장이 통해서 그룹으로 나뉘게 되었다.

해설 ※ 명사에 주목! 공란 뒤에「～が通(とお)って(~이/가 통해서)」가 있기 때문에「主張(しゅちょう)(주장)」가 정답이다.

BONUS 緊張(きんちょう)する 긴장하다(=どきどきする 두근두근하다) | 注文(ちゅうもん)する 주문하다 | 注意(ちゅうい)する 주의하다(=気(き)を付(つ)ける 조심하다)

4 このゲームは日本(にほん)(　　　　)で、人気(にんき)がある。

1 品(ひん)　　2 産(さん)　　**3 製(せい)**　　4 源(げん)

해석 이 게임은 일본 제품으로 인기가 있다.

해설 ※ 명사에 주목! 공란 앞에 있는「ゲーム(게임)」과「日本(にほん)(일본)」과 어울려 올 수 있는 명사는「製(せい)(~제, 제품)」이다.

BONUS 食料品(しょくりょうひん) 식료품 | アメリカ産(さん) 미국산 | 給源(きゅうげん) 공급원

5 わからない問題(もんだい)は先生(せんせい)が(　　　　)説明(せつめい)してくれた。

1 あかるく　　**2 くわしく**　　3 けわしく　　4 するどく

해석 모르는 문제는 선생님이 자세하게 설명해 주었다.

해설 ✻ 형용사에 주목! 공란 뒤에 「説明して(설명해)」라는 표현이 있기 때문에 정답은 「詳しい(자세하다)」이다.

BONUS 明るい部屋 밝은 방 | 険しい山 험한 산 | 鋭い質問 날카로운 질문

6 (　　　)して育てた娘が今日ついに結婚します。

1 苦痛　　**2 苦労**　　3 苦情　　4 苦学

해석 고생해서 키운 딸이 오늘 마침내 결혼합니다.

해설 ✻ 동사에 주목! 공란 뒤에 「育てた(키웠다)」라는 표현이 있기 때문에 정답은 「苦労する(고생하다)」이다.

BONUS 苦痛を感じる 고통을 느끼다 | 苦情を言う 불평을 하다(=クレームを言う 불만을 말하다) | 苦学して大学を卒業する 고학하여 대학을 졸업하다

7 目を(　　　)父の笑顔を思い浮かべた。

1 とじて　　2 しめて　　3 とめて　　4 さめて

해석 눈을 감고 아버지의 웃는 얼굴을 떠올렸다.

해설 ✻ 동사에 주목! 공란 앞에 「目(눈)」와 공란 뒤에 「思い浮かべた(떠올렸다)」라는 표현이 있기 때문에 정답은 「閉じる(감다)」이다.

BONUS ドアを閉める 문을 닫다 | 車を止める 차를 세우다 | 目が覚める 눈이 떠지다

8 気に入ったものがあったら、どれでも(　　　)ください。

1 えらんで　　2 しらべて　　3 たずねて　　4 くらべて

해석 마음에 든 것이 있다면 아무거나 고르세요.

해설 ✻ 동사에 주목! 앞 문장에 「気に入ったものがあったら(마음에 든 것이 있다면)」라는 표현이 있기 때문에 정답은 「選ぶ(고르다, 선택하다)」이다.

BONUS 自分で調べる 스스로 알아보다 | 名所を訪ねる 명소를 방문하다 | 力を比べる 힘을 겨루다

9 飲んだあとの(　　　)瓶はリサイクルしてください。

1 すき　　**2 あき**　　3 さら　　4 から

해석 마시고 난 빈 병은 재활용해 주세요.

해설 ✻ 명사에 주목! 공란 앞에 「飲んだあと(마신 뒤)」라는 표현이 있기 때문에 정답은 음료를 다 비운 것인 「空き(빔)」이다.

BONUS 窓の透き 창문 틈 | お皿 접시 | 卵の殻 달걀 껍질

10 お金を支払ったあとにかならず(　　　)をもらいます。

1 レポート　　**2 レシート**　　3 セール　　4 ポイント

해석 돈을 지불한 후에 꼭 영수증을 받습니다.

해설 ✻ 외래어에 주목! 공란 앞에 「お金を支払ったあとに(돈을 지불한 후에)」가 있기 때문에 「レシート(영수증)」가 정답이다.

BONUS レポートを書く 리포트를 쓰다 | セールが始まる 세일이 시작되다 | ポイントを押える 포인트를 파악하다

5회

문제 3 (　　　　)에 들어갈 것으로 가장 적당한 것을 1·2·3·4에서 하나 고르세요.

|정답|

1	2	3	4	5	6	7	8	9	10
2	4	4	3	1	1	4	4	2	3

|해설|

1　シンデレラは階段で靴の(　　　　)をなくしてしまった。

1　一方　　**2　片方**　　3　他方　　4　相方

해석　신데렐라는 계단에서 신발 한 짝을 잃어버렸다.

해설　* 명사에 주목!　공란 앞에 있는 「靴(신발)」와 어울려 올 수 있는 명사는 「片方(한 짝, 한쪽)」이다.

BONUS　一方 한쪽, 한편 | 他方 한편, 다른 방향 | 相方 상대자

2　わざと声をかけたのは彼と親しくなるのが(　　　　)だった。

1　期待　　2　予想　　3　希望　　**4　目的**

해석　일부러 말을 건 것은 그와 친해지는 것이 목적이었다.

해설　* 명사에 주목!　공란 앞에 「わざと(일부러)」라는 의도적인 표현이 있기 때문에 정답은 「目的(목적)」이다.

BONUS　期待した以上 기대한 것 이상 | 予想もしなかった 예상도 못했다 | 希望どおり 희망대로

3　あれこれ買っていると(　　　　)1万円になった。

1　上限　　2　制限　　3　合同　　**4　合計**

해석　이것저것 사고 있자 합계 1만 엔이 되었다.

해설　* 명사에 주목!　공란 뒤에 있는 「1万円(1만 엔)」과 어울려 올 수 있는 명사는 「合計 (합계)」이다.

BONUS　上限を決める 상한을 정하다 | 人数を制限する 인원수를 제한하다 | 合同で行う 합동으로 실시하다

4　この会社は男女が半分ずつの(　　　　)で働いています。

1　分配　　2　分解　　**3　割合**　　4　割引

해석　이 회사는 남녀가 반반씩인 비율로 일하고 있습니다.

해설　* 명사에 주목!　공란 앞에 「半分ずつ(반반씩)」라는 비율 표현이 있기 때문에 정답은 「割合(비율)」이다.

BONUS　分配される 분배되다 | 時計を分解する 시계를 분해하다 | 割引してもらう 할인 받다

5　働いて5年(　　　　)から、後輩が新しく入ってきた。

1　たって　　2　まって　　3　とおって　　4　かわって

해석　일한 지 5년이 지나고 나서야 후배가 새로 들어왔다.

해설　* 동사에 주목!　공란 앞에 「働いて5年(일한 지 5년)」이라는 경과한 시간이 있기 때문에 정답은 「経つ(지나다)」이다.

BONUS 駅で待つ 역에서 기다리다 | 学校の前を通る 학교 앞을 지나다 | 声が変わる 목소리가 변하다

6 わけあって、留学を来年に(　　　　)ことになりました。

1 のばす　　2 はなす　　3 かわす　　4 くらす

해석 이유가 있어서 유학을 내년으로 연기하게 되었습니다.

해설 ※동사에 주목! 공란 앞에 「わけあって(이유가 있어서)」라는 표현과 「来年に(내년으로)」라는 시간이 있기 때문에 정답은 「延ばす(연기하다)」이다.

BONUS 目を離す 한눈을 팔다 | 挨拶を交す 인사를 나누다 | 田舎で暮らす 시골에서 살다(=生活する 생활하다)

7 卒業の(　　　　)にスポーツカーを買ってもらった。

1 おれい　　2 おみまい　　3 おまつり　　**4 おいわい**

해석 졸업 축하 선물로 스포츠카를 받았다.

해설 ※명사에 주목! 공란 앞에 있는 「卒業(졸업)」와 어울려 올 수 있는 명사는 「お祝い(축하)」이다.

BONUS お礼をする 답례를 하다 | お見舞いに行く 병문안을 가다 | お祭りに行く 축제에 가다

8 この学科では(　　　　)日本文化を研究している。

1 かならず　　2 じゅうぶん　　3 なかなか　　**4 おもに**

해석 이 학과에서는 주로 일본 문화를 연구하고 있다.

해설 ※부사에 주목! 공란 앞에 「学科(학과)」와 공란 뒤에 「日本文化を研究している(일본 문화를 연구하고 있다)」라는 표현이 있기 때문에 정답은 「主に(주로)」이다.

BONUS 必ずしてほしい 꼭 해 줬으면 좋겠다 | 十分考えていない 충분히 생각하지 않았다 | なかなか来ない 좀처럼 오지 않다

9 昨日から熱が高くて(　　　　)している。

1 ぶらぶら　　**2 ふらふら**　　3 どきどき　　4 ぐらぐら

해석 어제부터 열이 높아서 비틀비틀하고 있다.

해설 ※부사에 주목! 공란 앞에 「熱が高くて(열이 높아서)」라는 표현이 있기 때문에 정답은 비틀비틀 걷는다는 「ふらふら(비틀비틀)」이다.

BONUS ぶらぶらとする 어슬렁어슬렁 거리다 | どきどきする 두근두근하다 | ぐらぐらと揺れる 흔들흔들 흔들리다

10 コンサート当日は予約を(　　　　)しても、料金を払い戻すことができない。

1 チェック　　2 カット　　**3 キャンセル**　　4 オーダー

해석 콘서트 당일에는 예약을 취소해도 요금을 환불할 수 없다.

해설 ※외래어에 주목! 공란 앞에 「予約(예약)」, 뒤 문장에 「料金を払い戻す(요금을 환불하다)」가 있기 때문에 정답은 「キャンセルする(취소하다)」이다.

BONUS 入口をチェックする 입구를 체크하다 | 賃金をカットする 임금을 삭감하다 | メニューをオーダーする 메뉴를 주문하다(=注文する 주문하다)

6회

문제 3 (　　　)에 들어갈 것으로 가장 적당한 것을 1·2·3·4에서 하나 고르세요.

|정답|

1	4	2	1	3	4	4	2	5	1	6	2	7	4	8	1	9	2	10	1

|해설|

1　今朝飲んだ薬が(　　　)、熱が下がってきた。

1 なおって　2 とどいて　3 はいて　**4 きいて**

해석 오늘 아침에 먹은 약이 들어서 열이 내려갔다.

해설 ✱ 동사에 주목! 「薬(약)」에 활용할 수 있는 동사는 「効く(듣다, 효과가 있다)」이다.

BONUS 病気が治る 병이 낫다 | 荷物が届く 짐이 도착하다 | 店の前を掃く 가게 앞을 쓸다

2　入院(　　　)が思ったより高くて驚いた。

1 費用　2 使用　3 価格　4 価値

해석 입원 비용이 생각한 것보다 비싸서 놀랐다.

해설 ✱ 명사에 주목! 공란 앞에 「入院(입원)」, 뒤 문장에 「高くて(비싸서)」라는 표현이 있기 때문에 정답은 「費用(비용)」이다.

BONUS 使用を禁止する 사용을 금지하다 | 価格を上げる 가격을 올리다 | 価値がある 가치가 있다

3　数学と化学は(　　　)でいつも点数がよくありません。

1 上手　2 下手　3 得意　**4 苦手**

해석 수학과 화학은 잘 못해서 항상 점수가 좋지 않습니다.

해설 ✱ 형용사에 주목! 공란 뒤에 「点数がよくありません(점수가 좋지 않습니다)」라는 표현이 있기 때문에 정답은 「苦手だ(잘 못하다, 서투르다)」이다. 「下手だ(잘 못하다)」는 요리 등의 기술이 부족할 때 사용한다.

BONUS 歌が上手だ 노래를 잘하다 | 料理が下手だ 요리를 잘 못하다 | 数学が得意だ 수학을 잘하다

4　のどの(　　　)が悪くて、うまく歌えなかった。

1 調査　**2 調子**　3 感覚　4 感動

해석 목 상태가 나빠서 잘 부를 수 없었다.

해설 ✱ 명사에 주목! 공란 뒤에 있는 「~が悪くて(~이/가 나빠서)」라는 표현과 어울려 올 수 있는 명사는 「調子(상태)」이다.

BONUS 調査を行う 조사를 실시하다 | 感覚が無くなる 감각이 없어지다 | 感動を受ける 감동을 받다

5　来週から1週間、福岡に(　　　)する予定です。

1 出張　2 主張　3 命令　4 注文

해석 다음 주부터 일주일간 후쿠오카에 출장 갈 예정입니다.

해설 ✻동사에 주목! 공란 앞에 「福岡に(후쿠오카에)」라는 표현이 있기 때문에 정답은 「出張する(출장 가다)」이다.

BONUS 強く主張する 강하게 주장하다 | 部下に命令する 부하에게 명령하다(=言いつける 명령하다) | メニューを注文する 메뉴를 주문하다

6 仕事が夜遅く終わるので、夜はいつも(　　　　)ですませる。

1 外出　　**2 外食**　　3 通常　　4 正常

해석 일이 밤늦게 끝나기 때문에 밤에는 항상 외식으로 때운다.

해설 ✻명사에 주목! 공란 뒤에 있는 「～で済ませる(~으로 때우다, 해결하다)」라는 표현과 어울려 올 수 있는 명사는 「外食(외식)」이다.

BONUS 外出する 외출하다(=出かける 나가다) | 通常～時まで 통상(보통) ~시까지 | 正常勤務 정상근무

7 いつも外でばかり食べていると(　　　　)栄養のバランスがとれない。

1 うっかり　　2 ふたたび　　3 すなわち　　**4 ちゃんと**

해석 언제나 밖에서만 먹고 있으면 제대로 영양의 밸런스가 잡히지 않는다.

해설 ✻부사에 주목! 공란 뒤에 「栄養のバランスが取れない(영양의 밸런스가 잡히지 않다)」라는 표현이 있기 때문에 정답은 「ちゃんと(제대로)」이다.

BONUS うっかり 무심코, 깜빡 | 再び 다시, 또(=また 또) | すなわち 즉(=つまり 결국, 요컨대)

8 先週注文した商品の(　　　　)が遅れているみたいです。

1 配達　　2 発達　　3 伝達　　4 通達

해석 지난주에 주문한 상품의 배달이 늦어지고 있는 것 같습니다.

해설 ✻명사에 주목! 공란 앞에 「注文した商品(주문한 상품)」과 공란 뒤에 「遅れている (늦어지고 있다)」라는 표현이 있기 때문에 정답은 「配達(배달)」이다.

BONUS 産業の発達 산업의 발달 | 情報の伝達 정보의 전달 | 法律に通達する 법률에 통달하다

9 今学期のレポートの(　　　　)は来週までだそうだ。

1 つめきり　　**2 しめきり**　　3 ふみきり　　4 かみきり

해석 이번 학기의 리포트 마감은 다음 주까지라고 한다.

해설 ✻명사에 주목! 공란 앞에 「レポート(리포트)」와 공란 뒤에 「来週まで(다음 주까지)」라는 표현이 있기 때문에 정답은 「締め切り(마감)」이다.

BONUS 爪切り 손톱깎이 | 踏み切り 건널목 | 紙切り 종이칼

10 恋愛を(　　　　)にした韓国ドラマが海外で人気がある。

1 テーマ　　2 フィルム　　3 セミナー　　4 メリット

해석 연애를 테마로 한 한국 드라마가 해외에서 인기가 있다.

해설 ✻외래어에 주목! 공란 앞에 「恋愛(연애)」, 공란 뒤에 「ドラマ(드라마)」가 있기 때문에 정답은 「テーマ(테마)」이다.

BONUS フィルムを現像する 필름을 현상하다 | セミナーに参加する 세미나에 참가하다 | メリットを活かす 장점을 살리다

7회

문제 3 (　　　　)에 들어갈 것으로 가장 적당한 것을 1·2·3·4에서 하나 고르세요.

| 정답 |

1	4	2	1	3	4	4	1	5	3	6	3	7	2	8	4	9	1	10	2

| 해설 |

1 会社で毎年(　　　　)に健康診断を受けている。

1 絶対的　　2 積極的　　3 代表的　　**4 定期的**

해석 회사에서 매년 정기적으로 건강검진을 받고 있다.

해설 ※부사에 주목! 공란 앞에 「毎年(매년)」, 공란 뒤에 「健康診断を受けている(건강검진을 받고 있다)」라는 표현이 있기 때문에 정답은 「定期的(정기적)」이다.

BONUS 絶対的な存在 절대적인 존재 | 積極的な性格 적극적인 성격 | 代表的な作品 대표적인 작품

2 高校時代は遊びたいのを(　　　　)して、試験勉強をがんばってきた。

1 我慢　　2 自慢　　3 意識　　4 意志

해석 고등학교 시절은 놀고 싶은 것을 참고 시험 공부를 열심히 해 왔다.

해설 ※동사에 주목! 공란 앞에 「遊びたい(놀고 싶다)」, 뒤 문장에 「勉強を頑張ってきた(공부를 열심히 해 왔다)」라는 표현이 있기 때문에 정답은 「我慢する(참다)」이다.

BONUS 自分のことを自慢する 잘난 체하다, 자랑하다 | 人を意識する 남을 의식하다 | 意志が強い 의지가 강하다

3 毎日外食ばかりでは体の(　　　　)によくないです。

1 節約　　2 栄養　　3 料理　　**4 健康**

해석 매일 외식만 해서는 몸 건강에 좋지 않습니다.

해설 ※명사에 주목! 공란 앞에 「体(몸)」, 공란 뒤에 「~によくない(~에 좋지 않다)」라는 표현이 있기 때문에 정답은 「健康(건강)」이다.

BONUS 費用を節約する 비용을 절약하다 | 栄養を取る 영양을 섭취하다 | 魚を料理する 생선을 요리하다

4 この川で大人も(　　　　)ことがあるので、近づいてはいけない。

1 おぼれる　　2 ぶつける　　3 とれる　　4 かれる

해석 이 강에서 어른도 물에 빠지는 경우가 있기 때문에 가까이 가서는 안 된다.

해설 ※동사에 주목! 공란 앞에 있는 「川で(강에서)」라는 표현과 어울려 올 수 있는 동사는 「溺れる(빠지다)」이다.

BONUS 壁に頭をぶつける 벽에 머리를 부딪히다 | ボタンが取れる 단추가 떨어지다 | 花が枯れる 꽃이 시들다

5 アパートの(　　　　)は給料の3分の1ぐらいだ。

1 料金　　2 代金　　**3 家賃**　　4 運賃

해석 아파트 집세는 월급의 3분의 1정도이다.

해설 ✻명사에 주목! 공란 앞에 있는 「アパート(아파트)」와 어울려 올 수 있는 명사는 「家賃(집세)」이다.

BONUS 低い料金で利用する 낮은 요금으로 이용하다 | 商品の代金を払う 상품의 대금을 지불하다 | バスの運賃を払う 버스 운임을 지불하다

6 卒業後の進路が(　　　)どおりになってよかった。

1 期待　2 理想　**3 希望**　4 目的

해석 졸업 후의 진로가 희망대로 되어서 다행이다.

해설 ✻명사에 주목! 공란 앞에 「進路(진로)」, 공란 뒤에 「~どおりになってよかった(~대로 되어서 다행이다)」라는 표현과 어울려 올 수 있는 명사는 「希望(희망)」이다.

BONUS 成果を期待する 성과를 기대하다 | 理想が高い 이상이 높다 | 目的を果たす 목적을 달성하다

7 お金を(　　　)いつか世界一周旅行をしてみたいです。

1 とめて　**2 ためて**　3 かさねて　4 くわえて

해석 돈을 모아서 언젠가 세계 일주 여행을 해 보고 싶습니다.

해설 ✻동사에 주목! 공란 앞에 「お金(돈)」와 어울려 올 수 있는 동사는 「貯める(모으다)」이다.

BONUS 車を止める 차를 세우다 | 日を重ねる 날을 거듭하다 | 熱を加える 열을 가하다

8 男の子は好きな女の子を(　　　)泣かすことがある。

1 いばって　2 あいして　3 かくして　**4 いじめて**

해석 남자아이는 좋아하는 여자아이를 괴롭혀서 울리는 경우가 있다.

해설 ✻동사에 주목! 공란 앞에 「女の子を(여자아이를)」과 공란 뒤에 「泣かす(울리다)」라는 표현이 있기 때문에 정답은 「苛める(괴롭히다)」이다.

BONUS 威張る 으스대다, 거만하게 굴다 | 愛する 사랑하다 | 隠す 숨기다

9 けんかばかりしていた彼と彼女の仲は(　　　)近づいていった。

1 しだいに　2 なかなか　3 ちかぢか　4 ばったり

해석 싸움만 했던 그와 그녀의 사이는 점차 가까워져 갔다.

해설 ✻부사에 주목! 공란 뒤에 「近づいていった(가까워져 갔다)」라는 표현이 있기 때문에 정답은 「次第に(점차)」이다.

BONUS なかなか 좀처럼, 꽤 | 近々 머지않아, 바싹 | ばったり 푹, 딱, 뚝

10 この競技は男女二人ずつが(　　　)になって行います。

1 メンバー　**2 チーム**　3 ゲーム　4 シリーズ

해석 이 경기는 남녀 두 명씩 팀이 되어 실시합니다.

해설 ✻외래어에 주목! 공란 앞에 「二人ずつ(두 명씩)」가 있기 때문에 정답은 「チーム(팀)」이다.

BONUS メンバーを募集する 멤버를 모집하다 | ゲームで勝つ 게임에서 이기다 | シリーズが完結する 시리즈가 완결되다

8회

문제 3 (　　　)에 들어갈 것으로 가장 적당한 것을 1·2·3·4에서 하나 고르세요.

|정답|

1	1	2	2	3	2	4	3	5	1	6	2	7	2	8	1	9	4	10	4

|해설|

1　この国にどんな地下(　　　)があるか調査している。

1 資源　　2 期限　　3 貴重　　4 原料

해석 이 나라에 어떤 지하 자원이 있는지 조사하고 있다.

해설 ★ 명사에 주목! 공란 앞에 있는 「地下(지하)」와 어울려 올 수 있는 명사는 「資源(자원)」이다.

BONUS 期限が過ぎる 기한이 지나다 | 貴重に扱う 귀중하게 다루다 | 原料が高い 원료가 비싸다

2　女子大生は(　　　)ファッションに関心があります。

1 最近　　**2 最新**　　3 最中　　4 最大

해석 여대생은 최신 패션에 관심이 있습니다.

해설 ★ 명사에 주목! 공란 뒤에 있는 「ファッション(패션)」과 어울려 올 수 있는 명사는 「最新(최신)」이다.

BONUS 最近 최근(시간) | 最中 한창 ~때(진행 중) | 最大 최대(범위)

3　息を(　　　)、水の中に3分間もぐってください。

1 とじて　　**2 とめて**　　3 きって　　4 やめて

해석 숨을 참고 물속에 3분간 잠수해 주세요.

해설 ★ 동사에 주목! 공란 앞에 있는 「息(숨)」와 어울려 올 수 있는 동사는 「止める(참다, 멈추다)」이다.

BONUS 目を閉じる 눈을 감다 | 爪を切る 손톱을 깎다 | たばこを止める 담배를 끊다

4　セールの日に買いたい服が買えなくて(　　　)思いをしたことがある。

1 うらやましい　　2 こいしい　　**3 くやしい**　　4 うれしい

해석 세일하는 날에 사고 싶은 옷을 사지 못해서 분한 기분이 들었던 적이 있다.

해설 ★ 형용사에 주목! 공란 앞에 「買いたい服が買えなくて(사고 싶은 옷을 사지 못해서)」라는 표현이 있기 때문에 정답은 아쉬운 감정을 나타내는 「悔しい(분하다)」이다.

BONUS 羨ましい 부럽다 | 恋しい 그립다 | 嬉しい 기쁘다

5　連休明けの月曜日から彼女の様子がどうも(　　　)。

1 おかしい　　2 しつこい　　3 まずしい　　4 けわしい

해석 연휴가 지난 월요일부터 그녀의 상태가 아무래도 이상하다.

해설 ✱ 형용사에 주목! 공란 앞에 있는 「様子(상태, 모습)」와 어울려 올 수 있는 형용사는 「おかしい(이상하다)」이다.

BONUS しつこい 끈질기다, 짙다 | 貧しい 가난하다 | 険しい 험하다

6 仕事では会議の話の(　　　　)を理解することも大切だ。

1 なかま　　**2 ながれ**　　3 みだし　　4 みかた

해석 일에서는 회의의 이야기의 흐름을 이해하는 것도 중요하다.

해설 ✱ 명사에 주목! 공란 앞에 있는 「会議の話(회의의 이야기)」, 공란 뒤에 있는 「理解する(이해하다)」라는 표현과 어울려 올 수 있는 명사는 「流れ(흐름)」이다.

BONUS 仲間と協同する 동료와 협동하다 | 見出しを設定する 표제를 설정하다 | 味方に引き込む 자기 편에 끌어들이다

7 上司の話を聞くときはメモする習慣を(　　　　)ほうがいい。

1 とけた　　**2 つけた**　　3 とった　　4 した

해석 상사의 이야기를 들을 때에는 메모하는 습관을 들이는 게 좋다.

해설 ✱ 동사에 주목! 공란 앞에 있는 「習慣(습관)」과 어울려 올 수 있는 동사는 「つける(들이다, 붙이다)」이다.

BONUS 氷が溶ける 얼음이 녹다 | 栄養を取る 영양을 섭취하다 | 約束をする 약속을 하다

8 新商品の(　　　　)は来週にのびたそうです。

1 発売　　2 発明　　3 発達　　4 発行

해석 신상품의 발매는 다음 주로 연기되었다고 합니다.

해설 ✱ 명사에 주목! 공란 앞에 있는 「新商品(신상품)」, 공란 뒤에 있는 「来週に延びた(다음 주로 연기되었다)」라는 표현과 어울려 올 수 있는 명사는 「発売(발매)」이다.

BONUS 電話が発明される 전화가 발명되다 | 科学が発達される 과학이 발달되다 | 切手が発行される 우표가 발행되다

9 これとこれはプレゼントなので(　　　　)につつんでもらった。

1 次々　　2 続々　　3 順々　　**4 別々**

해석 이것과 이것은 선물이어서 따로따로 포장 받았다.

해설 ✱ 부사에 주목! 공란 앞에 「これとこれ(이것과 이것)」라는 표현이 있기 때문에 정답은 개별을 나타내는 「別々(따로따로)」이다.

BONUS 次々 차례차례, 잇따라 | 続々 속속, 잇따라 | 順々 차례차례, 차차

10 この問題は難しいので(　　　　)をください。

1 セット　　2 カット　　3 カーブ　　**4 ヒント**

해석 이 문제는 어려우니까 힌트를 주세요.

해설 ✱ 외래어에 주목! 공란 앞에 「この問題は難しいので(이 문제는 어려우니까)」가 있기 때문에 정답은 「ヒント(힌트)」이다.

BONUS タイマーをセットする 타이머를 맞추다 | 髪をカットする 머리를 커트하다 | カーブを曲がる 커브를 돌다

문제 4 »»»

유의 표현

이해하고 **공략하기**

1교시
언어지식(문자·어휘+문법)X독해

1 문제 프로필

상대를 알아야 문제를 푼다!

문제 4 유의 표현

問題 4 言い換え類義

기본정보

성 격 밑줄 표현과 대체할 수 있는 표현을 찾기를 원함

문제 개수 5개/35개(문자·어휘)

풀이 시간 1분/30분(문자·어휘)

STEP 1
스피드 해법

보기만 보고 밑줄 표현과 동일하거나 비슷한 표현이 있는지 확인

STEP 2
함정 주의보

문제를 푼 후 그 표현과 대체했을 때 어색하지 않은지 주의

STEP 3
대책

단어나 표현의 동의어와 유의어를 세세하게 암기

STEP 4
공부 방법

단어장에 대표 단어와 동의어, 유의어를 함께 적어 외워 본다!

2 문제 미리보기

미리 알아 둬야 긴장이 덜 된다!

問題4 ＿＿＿＿＿に意味が最も近いものを、1·2·3·4から一つえらびなさい。

문제 4 ＿＿＿＿＿에 의미가 가장 가까운 것을 1·2·3·4에서 하나 고르세요.

1 先生にわけを聞いてみました。

1 理由(りゆう)　2 ルール　3 秘密(ひみつ)　4 アイディア

밑줄만 보고 동의어가 있는지 먼저 확인!
동의어가 없다면 유의어가 있는지 확인하세요!

2 最近、この森の木がへった気がする。

1 多くなった　2 きれいになった

3 きたなくなった　4 少なくなった

1 **정답** 1

풀이 「わけ」는 '의미, 원인, 이유'라는 뜻이기 때문에 정답은 「理由(りゆう)(이유)」이다.

해석 선생님에게 이유를 물어보았습니다.

2 **정답** 4

풀이 「へる」는 '줄다'라는 뜻으로 문맥상 '나무가 적어졌다'라는 뜻이기 때문에 정답은 「少(すく)なくなった」이다.

해석 최근, 이 숲의 나무가 줄어든 느낌이 든다.

적중 어휘 300

자주 출제되는 합격 어휘를 미리 외워 둔다!

	어휘	의미
あ	□ 合図(あいず)	명 신호
	□ 諦(あきら)める	동 포기하다
	□ 与(あた)える	동 주다
	□ 熱(あつ)い	い형 뜨겁다, 열심이다
	□ 集(あつ)める	동 모으다
	□ あまり	부 너무, 그다지
	□ 怪(あや)しい	い형 수상하다
	□ 荒(あら)い	い형 거칠다, 사납다
	□ 新(あたら)しい	い형 새롭다
	□ 新(あら)ただ	な형 새롭다
	□ 歩(ある)く	동 걷다
	□ あれこれ	부 이것저것
	□ 安全(あんぜん)	명 안전
	□ いきなり	부 갑자기
	□ いくらかの	부 얼마간, 얼마 안 되는
	□ 維持(いじ)	명 유지
	□ 忙(いそが)しい	い형 바쁘다
	□ 一度(いちど)に	부 한번에
	□ 一番(いちばん)	부 가장, 제일
	□ 一気(いっき)に	부 한번에
	□ 一緒(いっしょ)に	부 함께
	□ いとこ	명 사촌
	□ 意図的(いとてき)に	부 의도적으로
	□ いよいよ	부 드디어
	□ 入(い)れる	동 넣다

	어휘	의미
	□ 伺(うかが)う	동 듣다, 묻다
	□ 受(う)け入(い)れる	동 받아들이다
	□ 動(うご)かす	동 옮기다
	□ うっかり	부 무심코, 깜빡
	□ 売(う)り上(あ)げ	명 매상
	□ 売(う)り始(はじ)める	동 팔기 시작하다
	□ うるさい	い형 시끄럽다
	□ 売(う)れ行(ゆ)き	명 매상, 매출
	□ 選(えら)ぶ	동 고르다
	□ エリア	명 구역, 범위
	□ おい	명 남자 조카
	□ 大(おお)きさ	명 크기
	□ 怒(おこ)る	동 화내다
	□ 恐(おそ)らく	부 아마도
	□ 落(お)ち込(こ)む	동 빠지다, 침울해지다
	□ 驚(おどろ)く	동 놀라다
	□ おもしろい	い형 재미있다
	□ 思(おも)わず	부 엉겁결에, 무의식중에
か	□ 開始(かいし)する	동 개시하다
	□ 返(かえ)す	동 되돌려주다
	□ 価格(かかく)	명 가격
	□ かかる	동 (시간, 비용이) 걸리다, 들다
	□ 係(かか)わり	명 관계
	□ 駆(か)ける	동 달리다, 뛰다
	□ 確(たし)かに	부 분명히

	단어	읽기	뜻
□	数える	かぞ	동 (수를) 세다
□	片付ける	かたづ	동 정리하다
□	固まる	かた	동 굳어지다
□	価値	かち	명 가치
□	がっかりする		동 실망하다
□	カット		명 커트, 잘라냄
□	悲しい	かな	い형 슬프다
□	かなり		부 상당히, 꽤
□	我慢する	がまん	동 참다
□	借りる	か	동 빌리다
□	関係	かんけい	명 관계
□	関心	かんしん	명 관심
□	間接	かんせつ	명 간접
□	完全	かんぜん	명 완전
□	簡単に	かんたん	부 간단하게
□	感動する	かんどう	동 감동하다
□	勧誘する	かんゆう	동 권유하다
□	管理する	かんり	동 관리하다
□	キープ		명 (상태를) 유지
□	機会	きかい	명 기회
□	気が長い	き なが	い형 성미가 느긋하다
□	気が早い	き はや	い형 성미가 급하다
□	危険	きけん	명 위험
□	帰宅	きたく	명 귀가
□	きちんと		부 정확히, 제대로
□	キックする		동 차다
□	気になる	き	동 신경이 쓰이다
□	記入	きにゅう	명 기입
□	決まる	き	동 결정되다
□	疑問	ぎもん	명 의문
□	休憩する	きゅうけい	동 휴식하다
□	急に	きゅう	부 돌연, 갑자기
□	強度	きょうど	명 강도
□	興味	きょうみ	명 흥미
□	キレる		동 화내다
□	金額	きんがく	명 금액
□	偶然	ぐうぜん	명 우연
□	くたびれる		동 지치다
□	比べる	くら	동 비교하다
□	繰り返す	く かえ	동 되풀이하다
□	継続する	けいぞく	동 계속하다
□	消す	け	동 끄다, 지우다
□	結果	けっか	명 결과
□	決定する	けってい	동 결정하다
□	ける		동 차다
□	険しい	けわ	い형 험하다, 험난하다
□	玄関	げんかん	명 현관
□	検査する	けんさ	동 검사하다
□	建築する	けんちく	동 건축하다
□	限定	げんてい	명 한정

	단어	뜻
☐	コイン	명 코인, 동전
☐	購入(こうにゅう)する	동 구입하다
☐	このごろ	명 요즘, 최근
☐	困(こま)る	동 곤란하다
☐	混(こ)む	동 혼잡하다, 붐비다
☐	転(ころ)がる	동 구르다
☐	混雑(こんざつ)	명 혼잡
☐	コントロールする	동 컨트롤하다, 조절하다
☐	困難(こんなん)だ	な형 곤란하다
☐	サービス	명 서비스
☐	最近(さいきん)	명 최근
☐	最新(さいしん)	명 최신
☐	サイズ	명 사이즈
☐	最長(さいちょう)	명 최장
☐	探(さが)す	동 조사하다, 찾다
☐	削除(さくじょ)する	동 삭제하다
☐	支(ささ)える	동 지지하다
☐	誘(さそ)う	동 권유하다
☐	さっき	부 아까, 조금 전
☐	早速(さっそく)	부 즉시
☐	サポートする	동 서포트하다, 지원하다
☐	騒(さわ)ぐ	동 떠들다, 시끄러워지다
☐	残念(ざんねん)だ	な형 유감이다
☐	自由(じゆう)だ	な형 자유롭다
☐	静(しず)かだ	な형 조용하다
☐	次第(しだい)に	부 점차, 점점
☐	指導(しどう)する	동 지도하다
☐	しばらく	부 잠시동안
☐	じゃっかん	명 약간
☐	十分(じゅうぶん)だ	な형 충분하다
☐	重要(じゅうよう)だ	な형 중요하다
☐	修理(しゅうり)する	동 수리하다
☐	丈夫(じょうぶ)だ	な형 튼튼하다
☐	情報(じょうほう)	명 정보
☐	調(しら)べる	동 찾아보다, 연구하다
☐	信号(しんごう)	명 신호
☐	すぐに	부 즉시, 곧
☐	スケジュール	명 스케줄
☐	少(すこ)しだけ	부 조금만
☐	少(すこ)しでも	부 조금이라도
☐	少(すこ)し前(まえ)	부 조금 전
☐	スタートする	동 시작하다
☐	すっかり	부 완전히, 깨끗이
☐	ずっと	부 쭉, 훨씬
☐	すでに	부 이미, 벌써
☐	捨(す)てる	동 버리다
☐	すみやかに	부 신속하게
☐	済(す)む	동 끝나다
☐	正確(せいかく)に	부 정확히
☐	清潔(せいけつ)だ	な형 청결하다

	단어	뜻
□	製作(せいさく)する	동 제작하다
□	誠実(せいじつ)に	부 성실하게
□	製造(せいぞう)する	동 제조하다
□	整理(せいり)する	동 정리하다
□	説明(せつめい)	명 설명
□	接近(せっきん)する	동 접근하다
□	前進(ぜんしん)する	동 전진하다
□	選択(せんたく)する	동 선택하다
□	全部(ぜんぶ)	명 전부
□	全面(ぜんめん)	명 전면
□	相違(そうい)	명 상이
□	続々(ぞくぞく)	부 잇달아, 계속
□	そっと	부 살짝, 몰래
□	それほど	부 그 정도, 그다지
た □	代金(だいきん)	명 대금
□	大事(だいじ)だ	な형 중요하다
□	だいたい	부 대체로
□	たいてい	부 대개
□	だいぶ前(まえ)に	부 훨씬 전에
□	たえる	동 참다, 견디다
□	確(たし)かに	부 분명히
□	叩(たた)く	동 치다, 두드리다
□	建(た)てる	동 세우다, 짓다
□	頼(たの)もしい	い형 믿음직스럽다
□	たびたび	부 여러 번

	단어	뜻
□	たぶん	부 아마도
□	たまたま	부 가끔, 이따금
□	ターンする	동 턴하다, 돌다
□	だんだん	부 점점
□	地位(ちい)	명 지위
□	近(ちか)づく	동 접근하다
□	チャンス	명 찬스, 기회
□	ちゃんと	부 정확하게, 확실히
□	調査(ちょうさ)する	동 조사하다
□	ちょうど	부 정확히, 마침
□	直接(ちょくせつ)	명 직접
□	ツアー	명 투어
□	ついに	부 드디어, 마침내
□	通学(つうがく)	명 통학
□	疲(つか)れる	동 피곤하다
□	次々(つぎつぎ)	부 잇달아, 계속
□	次(つぎ)の週(しゅう)	명 다음 주
□	続(つづ)ける	동 계속하다
□	つなぐ	동 잇다
□	常(つね)に	부 항상
□	強(つよ)さ	명 강도
□	丁寧(ていねい)だ	な형 정중하다, 신중하다
□	できるだけ	부 가능한 한, 되도록이면
□	テストする	동 테스트하다
□	伝達(でんたつ)する	동 전달하다

	단어	뜻
☐	とうとう	(부) 드디어, 마침내
☐	トークする	(동) 이야기하다
☐	遠(とお)くなる	(동) 멀어지다
☐	ときどき	(부) 가끔, 때때로
☐	特徴(とくちょう)	(명) 특징
☐	途中(とちゅう)で	(부) 도중에
☐	とっくに	(부) 훨씬 전에, 벌써
☐	突然(とつぜん)	(명) 돌연, 갑자기
☐	ドリル	(명) 드릴, 반복 연습
☐	どんどん	(부) 자꾸자꾸, 척척
☐	どんなに	(부) 아무리

な

	단어	뜻
☐	内緒(ないしょ)	(명) 비밀
☐	直(なお)す	(동) 고치다
☐	流(なが)す	(동) 흘리다
☐	なかなか	(부) 좀처럼, 꽤, 상당히
☐	泣(な)く	(동) 울다
☐	悩(なや)む	(동) 고민하다
☐	習(なら)う	(동) 배우다
☐	なるべく	(부) 되도록
☐	苦手(にがて)だ	(な형) 서투르다
☐	熱心(ねっしん)だ	(な형) 열심이다
☐	眠(ねむ)る	(동) 잠들다
☐	ノックする	(동) 노크하다

は

	단어	뜻
☐	パーフェクト	(명) 퍼펙트, 완전
☐	激(はげ)しい	(い형) 심하다, 격하다
☐	運(はこ)ぶ	(동) 운반하다
☐	走(はし)る	(동) 달리다
☐	バス	(명) 버스
☐	恥(は)ずかしい	(い형) 창피하다
☐	発売(はつばい)	(명) 발매
☐	話(はな)し出(だ)す	(동) 말을 꺼내다
☐	話(はな)す	(동) 이야기하다
☐	離(はな)れる	(동) 떨어지다
☐	早(はや)く	(부) 빨리
☐	腹(はら)が立(た)つ	(동) 화가 나다
☐	範囲(はんい)	(명) 범위
☐	比較(ひかく)する	(동) 비교하다
☐	低(ひく)さ	(명) 낮음, 낮은 정도
☐	ひそかに	(부) 몰래
☐	筆記(ひっき)する	(동) 필기하다
☐	びっくりする	(동) 놀라다
☐	秘密(ひみつ)	(명) 비밀
☐	拾(ひろ)う	(동) 줍다
☐	増(ふ)える	(동) 늘다
☐	深(ふか)まる	(동) 깊어지다
☐	複雑(ふくざつ)だ	(な형) 복잡하다
☐	プライス	(명) 가격
☐	風呂(ふろ)	(명) 욕조
☐	下手(へた)だ	(な형) 못하다
☐	別(べつ)に	(부) 별로

	단어	뜻
☐	部屋(へや)	명 방
☐	ポイント	명 포인트
☐	方法(ほうほう)	명 방법
☐	募集(ぼしゅう)する	동 모집하다
☐	ほとんど	부 대부분, 거의
ま ☐	前(まえ)から離(はな)れる	동 앞에서 떨어지다
☐	前(まえ)と違(ちが)う	동 전과 다르다
☐	前(まえ)に向(む)かう	동 앞을 향하다
☐	まじめに	부 성실하게
☐	貧(まず)しい	い형 가난하다
☐	まだ	부 아직
☐	待(ま)ち合(あ)わせ	명 약속
☐	待(ま)つ	동 기다리다
☐	迷(まよ)う	동 헤매다, 망설이다
☐	回(まわ)る	동 회전하다
☐	満足(まんぞく)だ	な형 만족하다
☐	見事(みごと)だ	な형 훌륭하다
☐	見込(みこ)み	명 예상, 전망
☐	見(み)つける	동 찾다
☐	認(みと)める	동 인정하다
☐	ミドル	명 중간, 중급
☐	身(み)につける	동 몸에 걸치다, 익히다
☐	ムカつく	동 화나다
☐	無限(むげん)だ	な형 무한하다
☐	結(むす)ぶ	동 잇다, 맺다

	단어	뜻
☐	もう	부 이미, 벌써
☐	問題(もんだい)	명 문제
や ☐	約束(やくそく)	명 약속
☐	優(やさ)しい	い형 상냥하다
☐	悩(なや)み	명 고민
☐	休(やす)む	동 쉬다
☐	やっと	부 간신히
☐	やり方(かた)	명 방법
☐	有名(ゆうめい)だ	な형 유명하다
☐	ユーモアがある	동 유머가 있다
☐	ようやく	부 겨우
☐	翌日(よくじつ)	명 다음 날
☐	汚(よご)れる	동 더러워지다
☐	予想(よそう)	명 예상
☐	予定(よてい)	명 예정
☐	予防(よぼう)する	동 예방하다
☐	嫁(よめ)	명 며느리, 새댁
☐	喜(よろこ)ぶ	동 기뻐하다
ら ☐	リピートする	동 반복하다
☐	ルーム	명 룸
☐	レンタルする	동 빌리다
わ ☐	わけ	명 의미, 원인, 이유
☐	わざと	부 일부러
☐	渡(わた)す	동 건네주다, 넘겨주다
☐	渡(わた)る	동 건너다

실전문제 풀어보기 1회

제한시간 10분 | 정답과 해설 128쪽

問題4　＿＿＿＿に意味が最も近いものを、1・2・3・4から一つえらびなさい。

1 問題用紙を後ろから回収してください。
　1 集めて　2 捨てて　3 渡して　4 返して

2 さっき買ったばかりのおもちゃがもう壊れた。
　1 やっと　2 秘密で　3 少し前に　4 だいぶ前に

3 彼のことはあきらめて、新しい人を探します。
　1 けして　2 おわって　3 やめて　4 しまって

4 彼は昔から短気だから、友達が少ない。
　1 すぐ寝る　2 すぐ泣く　3 すぐ帰る　4 すぐ怒る

5 この店は年中開いていて、休みがない。
　1 たいてい　2 いつも　3 よく　4 ときどき

6 私にとって、交通事故はおそろしい経験でした。
　1 あらい　2 こわい　3 はずかしい　4 たのもしい

7 これ以上話し合っても、いい案は出ないと思う。
　1 アイディア　2 ポイント　3 サービス　4 スケジュール

8 この映画は私がもっとも感動した作品の一つです。
　1 たぶん　2 いつも　3 完全　4 一番

9 気に入った靴は高くて買えなかった。
　1 かわいかった　2 すきになった　3 きになった　4 きまった

10 この仕事はきついですが、給料が高いです。
　1 簡単　2 大変　3 見事　4 清潔

＿＿＿ / 10

실전문제 풀어보기 2회

제한시간 10분 | 정답과 해설 130쪽

問題4 ＿＿＿＿＿＿に意味が最も近いものを、1·2·3·4から一つえらびなさい。

1 彼と待ち合わせをした公園の<u>位置</u>がわからない。

1 範囲（はんい）　2 価値（かち）　3 場所（ばしょ）　4 地位（ちい）

2 彼女の指輪の<u>サイズ</u>を聞くのを忘れてしまった。

1 ひろさ　2 おおきさ　3 つよさ　4 たかさ

3 <u>翌年</u>（よくねん）、選手は大会で金メダルを取った。

1 前の年　2 前の前の年　3 次の年　4 次の次の年

4 会社の経営が<u>あぶない</u>みたいです。

1 はげしい　2 あやうい　3 かなしい　4 まずしい

5 上司の机の上にコーヒーを<u>そっと</u>置いてきました。

1 きれいに　2 かんたんに　3 まじめに　4 しずかに

6 社長はお金もうけの<u>手段</u>を選ばない。

1 まけ方　2 うち方　3 やり方　4 とり方

7 明日の演奏会の約束を<u>取り消して</u>、家で休みたい。

1 キャンセルして　2 スタートして　3 コントロールして　4 リピートして

8 連休が<u>明けた</u>月曜日はいつも疲れます。

1 おわった　2 はじまった　3 まわった　4 ちかづいた

9 この住所にピザを<u>配達して</u>ください。

1 つないで　2 とどけて　3 かたづけて　4 あつめて

10 あの子は<u>おしゃべりで</u>、秘密（ひみつ）を守れません。

1 よく怒（おこ）って　2 よく寝（ね）て　3 よく話（はな）して　4 よく泣（な）いて

＿＿＿ / 10

실전문제 풀어보기 3회

⏱ 제한시간 10분 | 정답과 해설 132쪽

問題4 ＿＿＿＿＿に意味が最も近いものを、1･2･3･4から一つえらびなさい。

1 彼女の欠点は短気なことです。

1 見かけ　2 わるいところ　3 姿勢　4 くらいところ

2 芸術には単純（たんじゅん）さが必要なときもある。

1 かわいさ　2 おおきさ　3 つよさ　4 わかりやすさ

3 レポートの提出は明日でも問題ない。

1 かんけいない　2 かまわない　3 かぎりない　4 つまらない

4 自転車のチェーンにあぶらをさしたほうがいい。

1 ベル　2 オイル　3 ドリル　4 ミドル

5 部屋をすっきり整理（せいり）して、新しい気持ちになりたい。

1 しらべて　2 くらべて　3 つくって　4 かたづけて

6 彼のすべてを忘れることができません。

1 全部　2 全面　3 完全　4 安全

7 自転車で通勤していたのは、昔のことです。

1 駅に行った　2 家に行った　3 仕事に行った　4 学校に行った

8 彼の気持ちをもう一度確かめる。

1 チェックする　2 ノックする　3 トークする　4 キックする

9 残業が多いので毎日くたびれる。

1 かたまる　2 はなれる　3 つかれる　4 ふかまる

10 このごろは仕事ばかりで電話もできません。

1 最高（さいこう）　2 最近（さいきん）　3 最新（さいしん）　4 最長（さいちょう）

▷맞힌 개수 확인 ＿＿＿ / 10

실전문제 풀어보기 4회

제한시간 10분 | 정답과 해설 134쪽

問題4 ＿＿＿＿＿に意味が最も近いものを、1·2·3·4から一つえらびなさい。

1 弟はそそっかしいですが、長所もあります。

1 やさしいところ　2 かわいいところ　3 いいところ　4 わるいところ

2 彼が会社を辞めないのはわけがある。

1 秘密(ひみつ)　2 予想(よそう)　3 理由(りゆう)　4 関係(かんけい)

3 庭の花が見事(みごと)で、感動しました。

1 すばらしくて　2 おもしろくて　3 自由(じゆう)で　4 大事(だいじ)で

4 彼女は料理が上手で、やさしい。

1 十分(じゅうぶん)で　2 大好(だいす)きで　3 簡単(かんたん)で　4 得意(とくい)で

5 いつも待ち合わせに遅れてすまない。

1 はげしい　2 もうしわけない　3 かなしい　4 まずしい

6 サイズがわからないのでオーダーに悩む。

1 注文(ちゅうもん)　2 製作(せいさく)　3 方法(ほうほう)　4 売上(うりあげ)

7 彼女のことはできるだけ秘密にしたいです。

1 なるべく　2 はやく　3 きちんと　4 しばらく

8 私たちの出会(であ)いのはじまりは大学の図書館です。

1 きっかけ　2 やくそく　3 あいず　4 けっか

9 病院から連絡をもらってすぐタクシーに乗った。

1 やっと　2 そっと　3 ただちに　4 いっしょに

10 手術(しゅじゅつ)をするのに、ずいぶん時間がかかった。

1 たぶん　2 いくら　3 あまり　4 かなり

▷맞힌 개수 확인 ＿＿＿ /10

PART 1 언어지식(문자·어휘)

실전문제 풀어보기 5회

제한시간 10분 | 정답과 해설 136쪽

問題4 ＿＿＿＿＿＿に意味が最も近いものを、1·2·3·4から一つえらびなさい。

1 この世に楽な仕事はありません。
1 丈夫な　2 丁寧な　3 上手な　4 簡単な

2 光がまぶしくて、目を閉じた。
1 きれいすぎて　2 明るすぎて　3 大きすぎて　4 熱すぎて

3 私は今でも彼と彼女の関係をうたがっています。
1 疑問ではないかと思って　2 本当ではないかと思って
3 疑問ではないと思って　4 本当ではないと思って

4 この商品のサンプルは午後届く予定だ。
1 説明　2 見本　3 価格　4 代金

5 単語より電話番号を覚えるのが早いです。
1 暗記する　2 筆記する　3 整理する　4 調理する

6 先生は選手を厳しく指導した。
1 みとめた　2 ささえた　3 おしえた　4 あいした

7 指輪を受け取った彼女のほおが次第に赤くなった。
1 少しずつ　2 少しだけ　3 少しでも　4 少しまえ

8 二人は付き合ってそれほどたっていません。
1 あって　2 すぎて　3 ながして　4 つづけて

9 おそらく一週間後に別れるでしょう。
1 たぶん　2 とっくに　3 確かに　4 やっと

10 夜の道は危ないので、気をつけてください。
1 感動して　2 予防して　3 我慢して　4 注意して

＿＿＿ /10

문제 4» 유의 표현

실전문제 풀어보기 6회

제한시간 10분 | 정답과 해설 138쪽

問題4 ＿＿＿＿＿に意味が最も近いものを、1·2·3·4から一つえらびなさい。

1 面接の結果は後日郵送で通知します。

1 知らせます　2 送ります　3 助けます　4 訪ねます

2 今日は好きなものを注文(ちゅうもん)してください。

1 かって　2 きて　3 たのんで　4 やすんで

3 時間の約束は絶対(ぜったい)に守ります。

1 すでに　2 かならず　3 ほとんど　4 なるべく

4 卒業式撮影のために約3キロやせました。

1 なかなか　2 だいたい　3 たまたま　4 いよいよ

5 まもなく着物に着替(きが)えた新婦が登場する。

1 もうすぐ　2 いきなり　3 すっかり　4 たしか

6 私はいつかチャンスを自分のものにするために頑張っている。

1 満足(まんぞく)　2 期待(きたい)　3 興味(きょうみ)　4 機会(きかい)

7 彼はだまって、昔の写真を見ていた。

1 何も言わずに　2 何も決めずに　3 何か言って　4 何か決めて

8 猫を飼っていることは内緒(ないしょ)にして暮らしている。

1 だれにも聞かないで　2 だれかに聞いて
3 だれにも話さないで　4 だれかに話して

9 私にとってまごはどの子よりもかわいい。

1 むすこのむすこ　2 子どものよめ　3 むすこのおい　4 子どものいとこ

10 鈴木さんが提案してくれたトレーニングを行うことにしました。

1 準備　2 競争　3 質問　4 練習

맞힌 개수 확인 ＿＿＿ / 10

PART 1 언어지식(문자·어휘)

문제 4» 유의 표현

실전문제 풀어보기 7회

제한시간 10분 | 정답과 해설 140쪽

問題4 ＿＿＿＿＿に意味が最も近いものを、1・2・3・4から一つえらびなさい。

1 家の中でキッチンが私の好きな場所だ。

1 部屋(へや)　2 台所(だいどころ)　3 風呂(ふろ)　4 玄関(げんかん)

2 学校生活はきまりが多くて疲れる。

1 疑問(ぎもん)　2 規則(きそく)　3 問題(もんだい)　4 興味(きょうみ)

3 彼と私はお互い共通点(きょうつうてん)があります。

1 嫌いなところ　2 好きなところ　3 違うところ　4 同じところ

4 言葉ができるので海外生活に差(さ)し支(つか)えがない。

1 不安(ふあん)　2 体力(たいりょく)　3 問題(もんだい)　4 病気(びょうき)

5 駅のホームはいつも混雑(こんざつ)してあぶないです。

1 客がたくさんいて　2 道がひろすぎて
3 客がまよっていて　4 道がわかりにくくて

6 連休(れんきゅう)のスケジュールを立てようと思います。

1 旅行(りょこう)　2 予定(よてい)　3 機会(きかい)　4 内容(ないよう)

7 最近、おかしな事件がたくさん起きている。

1 嫌な　2 変な　3 複雑な　4 苦手な

8 夏休みの宿題がたくさんたまっている。

1 終(お)わっている　2 数(かぞ)えている　3 残(のこ)っている　4 増(ふ)えている

9 人生をやりなおして、もっとちゃんとした社会人になりたいです。

1 確かにやって　2 すでにやって　3 わざとやって　4 もう一度やって

10 疲(つか)れた体には赤ちゃんの笑顔が最高の薬です。

1 ころがった　2 おちこんだ　3 くたびれた　4 よごれた

＿＿＿＿ / 10

실전문제 풀어보기 8회

⏱ 제한시간 10분 | 정답과 해설 142쪽

問題4 ＿＿＿＿＿に意味が最も近いものを、1·2·3·4から一つえらびなさい。

1 新しいスマホが私の心をうばった。

1 捨(す)てた　2 選(えら)んだ　3 取(と)った　4 消(け)した

2 私たちのうわさはほうぼうに広まった。

1 だんだん　2 だいたい　3 あれこれ　4 あちこち

3 昔に比べて店の客数がへったと思う。

1 おおくなった　2 すくなくなった　3 あやしくなった　4 まずしくなった

4 山本(やまもと)さんと娘さんは誰が見てもそっくりだ。

1 生きている　2 合っている　3 喜んでいる　4 似ている

5 恋も仕事も相変(あいか)わらず忙しいです。

1 前(まえ)と同(おな)じで　2 前(まえ)と違(ちが)って　3 前(まえ)に向(む)かって　4 前(まえ)から離(はな)れて

6 曲がった道を速度を落として通過した。

1 トークした　2 キープした　3 カーブした　4 カールした

7 この限定CDは昨日売(う)り切(き)れた。

1 売(う)りたかった　2 売(う)り始(はじ)めた　3 全部(ぜんぶ)売(う)れた　4 全部(ぜんぶ)売(う)れなかった

8 あらゆる方法を使って、UFOに呼びかけた。

1 いくらかの　2 なにかの　3 すこしの　4 すべての

9 私たちはたがいに助け合いながら働いています。

1 相互(そうご)　2 交互(こうご)　3 直接(ちょくせつ)　4 間接(かんせつ)

10 火事になってもあわてないで逃げてください。

1 騒がないで　2 急がないで　3 あきらめないで　4 はしらないで

맞힌 개수 확인 ＿＿＿ / 10

PART 1 언어지식(문자·어휘)

문제 4» 유의 표현

정답 및 해설 **확인하기**

1회

문제 4 ＿＿＿＿＿＿ 에 의미가 가장 가까운 것을 1·2·3·4에서 하나 고르세요.

|정답|

1 1	2 3	3 3	4 4	5 2	6 2	7 1	8 4	9 2	10 2

|해설|

1 問題用紙を後ろから回収してください。

1 集めて 2 捨てて 3 渡して 4 返して

해석 문제지를 뒤에서부터 회수해 주세요.

해설 ✻동사에 주목! 「回収する」는 '회수하다', 즉 '다시 거두어들이다'라는 뜻이기 때문에 정답은 「集める(모으다)」이다.

BONUS 捨てる 버리다⇔拾う 줍다 | 渡す 건네다(=伝達する 전달하다) | 返す 되돌려주다

2 さっき買ったばかりのおもちゃがもう壊れた。

1 やっと 2 秘密で **3 少し前に** 4 だいぶ前に

해석 아까 막 산 장난감이 벌써 고장났다.

해설 ✻부사에 주목! 「さっき」는 '아까'라는 뜻이기 때문에 정답은 「少し前に(조금 전에)」이다.

BONUS やっと 간신히, 겨우(=ようやく 겨우) | 秘密で 비밀로(=内緒で 비밀로) | だいぶ前に 훨씬 전에 (=ずっと前に 훨씬 전에)

3 彼のことはあきらめて、新しい人を探します。

1 けして 2 おわって **3 やめて** 4 しまって

해석 그는 단념하고 새로운 사람을 찾겠습니다.

해설 ✻동사에 주목! 「諦める」는 '단념하다'라는 뜻으로, 문맥상 그만둔다는 뜻으로 사용하고 있기 때문에 정답은 「やめる(그만두다)」이다.

BONUS 消す 끄다, 지우다 | 終わる 끝나다(=済む 끝나다) | しまう 치우다, 안에 넣다(=入れる 넣다)

4 彼は昔から短気だから、友達が少ない。

1 すぐ寝る 2 すぐ泣く 3 すぐ帰る **4 すぐ怒る**

해석 그는 예전부터 성질이 급해서 친구가 적다.

해설 ✻관용 표현에 주목! 「短気」는 '급한 성질'을 나타내는 표현이기 때문에 정답은 「すぐ怒る(곧장 화를 내다)」이다.

BONUS 気が早い 성미가 급하다⇔気が長い 성미가 느긋하다

5 この店は年中開いていて、休みがない。

1 たいてい **2 いつも** 3 よく 4 ときどき

해석 이 가게는 연중 열려 있어 휴일이 없다.

해설 ✽ 부사에 주목! 「年中(ねんじゅう)」는 '연중', 즉 '일년 내내'라는 뜻이기 때문에 정답은 「いつも(항상)」이다.

BONUS たいてい 대개(=だいたい 대체로, 대략) | よく 자주(=たびたび 여러 번) | ときどき 가끔, 때때로

6 私(わたし)にとって、交通事故(こうつうじこ)は<u>おそろしい</u>経験(けいけん)でした。

1 あらい **2 こわい** 3 はずかしい 4 たのもしい

해석 나에게 있어서 교통사고는 무서운 경험이었습니다.

해설 ✽ 형용사에 주목! 「恐(おそ)ろしい」는 '두려워하다'라는 뜻이기 때문에 정답은 「怖(こわ)い(무섭다)」이다.

BONUS 荒(あら)い 거칠다, 사납다 | 恥(は)ずかしい 창피하다 | 頼(たの)もしい 믿음직스럽다

7 これ以上話(いじょうはな)し合(あ)っても、いい<u>案(あん)</u>は出(で)ないと思(おも)う。

1 アイディア 2 ポイント 3 サービス 4 スケジュール

해석 이 이상 논의해도 좋은 안은 나오지 않을 거라고 생각한다.

해설 ✽ 외래어에 주목! 「案(あん)」은 '안', 즉 '생각'이라는 뜻이기 때문에 정답은 「アイディア(아이디어)」이다.

BONUS ポイント 포인트 | サービス 서비스 | スケジュール 스케줄(=予定(よてい) 예정)

8 この映画(えいが)は私(わたし)が<u>もっとも</u>感動(かんどう)した作品(さくひん)の一(ひと)つです。

1 たぶん 2 いつも 3 完全(かんぜん) **4 一番(いちばん)**

해석 이 영화는 내가 제일 감동한 작품 중 하나입니다.

해설 ✽ 부사에 주목! 「もっとも」는 '(무엇보다) 가장'이라는 뜻이기 때문에 정답은 「一番(いちばん)(가장, 제일)」이다.

BONUS たぶん 아마도(=恐(おそ)らく 아마) | いつも 항상(=常(つね)に 항상) | 完全(かんぜん)に 완전히(=すっかり 완전히, 깨끗이)

9 <u>気(き)に入(い)った</u>靴(くつ)は高(たか)くて買(か)えなかった。

1 かわいかった **2 すきになった** 3 きになった 4 きまった

해석 마음에 든 신발은 비싸서 사지 못했다.

해설 ✽ 관용 표현에 주목! 「気(き)に入(い)る」는 '마음에 들다'라는 뜻으로, 문맥상 좋아한다는 뜻으로 사용하고 있기 때문에 정답은 「好(す)きになる(좋아지다)」이다.

BONUS かわいい 귀엽다 | 気(き)になる 신경이 쓰이다 | 決(き)まる 결정되다(=選(えら)ばれる 선택되다)

10 この仕事(しごと)は<u>きつい</u>ですが、給料(きゅうりょう)が高(たか)いです。

1 簡単(かんたん) **2 大変(たいへん)** 3 見事(みごと) 4 清潔(せいけつ)

해석 이 일은 힘들지만 급여가 높습니다.

해설 ✽ 형용사에 주목! 「きつい」는 '(정도가) 힘들다, 굳건하다, 꽉 끼다'라는 뜻으로, 문맥상 힘들다는 뜻으로 사용하고 있기 때문에 정답은 「大変(たいへん)だ(힘들다)」이다.

BONUS 簡単(かんたん)だ 간단하다(=楽(らく)だ 편하다) | 見事(みごと)だ 훌륭하다(=すばらしい 대단하다) | 清潔(せいけつ)だ 청결하다(=きれいだ 깨끗하다)

2회

문제 4 ＿＿＿＿＿ 에 의미가 가장 가까운 것을 1·2·3·4에서 하나 고르세요.

|정답|

1	2	3	4	5	6	7	8	9	10
3	2	3	2	4	3	1	1	2	3

|해설|

1 彼(かれ)と待(ま)ち合(あ)わせをした公園(こうえん)の位置(いち)がわからない。

1 範囲(はんい)　2 価値(かち)　**3 場所(ばしょ)**　4 地位(ちい)

해석 그와 만나기로 했던 공원의 위치를 모르겠다.

해설 ✻ 명사에 주목! 「位置(いち)」는 '위치', 즉 '물건이 있는 장소'라는 뜻이기 때문에 정답은 「場所(ばしょ)(장소)」이다.

BONUS 範囲(はんい) 범위(=エリア 구역, 범위) | 価値(かち) 가치 | 地位(ちい) 지위(사람의 사회적 위치)

2 彼女(かのじょ)の指輪(ゆびわ)のサイズを聞(き)くのを忘(わす)れてしまった。

1 ひろさ　**2 おおきさ**　3 つよさ　4 たかさ

해석 그녀의 반지 사이즈를 묻는 것을 잊어버렸다.

해설 ✻ 명사에 주목! 「サイズ」는 '크기'라는 뜻이기 때문에 정답은 「大(おお)きさ(크기)」이다.

BONUS 広(ひろ)さ 넓이 | 強(つよ)さ 강도(=強度(きょうど) 강도) | 高(たか)さ 높이(⇔低(ひく)さ 낮음, 낮은 정도)

3 翌年(よくねん)、選手(せんしゅ)は大会(たいかい)で金(きん)メダルを取(と)った。

1 前の年　2 前の前の年　**3 次の年**　4 次の次の年

해석 다음 해, 선수는 대회에서 금메달을 땄다.

해설 ✻ 부사에 주목! 「翌年(よくねん)」은 '다음 해'라는 뜻이기 때문에 정답은 「次(つぎ)の年(ねん)(다음 해)」이다.

BONUS 翌年(よくねん) 다음 해(=次(つぎ)の年(とし) 다음 해) | 翌週(よくしゅう) 다음 주(=次(つぎ)の週(しゅう) 다음 주) | 翌日(よくじつ) 다음 날(=次(つぎ)の日(ひ) 다음 날)

4 会社(かいしゃ)の経営(けいえい)があぶないみたいです。

1 はげしい　**2 あやうい**　3 かなしい　4 まずしい

해석 회사의 경영이 위험한 것 같습니다.

해설 ✻ 형용사에 주목! 「危(あぶ)ない」는 '위험하다'라는 뜻이기 때문에 정답은 「危(あや)うい(위험하다)」이다.

BONUS 激(はげ)しい 심하다, 격하다(=ひどい 심하다) | 悲(かな)しい 슬프다 | 貧(まず)しい 가난하다

5 上司(じょうし)の机(つくえ)の上(うえ)にコーヒーをそっと置(お)いてきました。

1 きれいに　2 かんたんに　3 まじめに　**4 しずかに**

해석 상사의 책상 위에 커피를 조용히 놓고 왔습니다.

해설 ✻ 부사에 주목! 「そっと」는 '살짝'이라는 뜻으로 문맥상 조용히라는 뜻으로 사용하고 있기 때문에 정답은 「静(しず)かに(조용히)」이다.

BONUS きれいに 깨끗이(=きちんと 정확히, 제대로) | 簡単に 간단하게 | まじめに 성실하게(=誠実に 성실하게)

6 社長はお金もうけの手段を選ばない。

1 まけ方　　2 うち方　　**3 やり方**　　4 とり方

해석 사장은 돈을 버는 수단을 가리지 않는다.

해설 ※ 명사에 주목! 「手段」은 '수단', 즉 '어떠한 일을 실현하기 위한 방법'이라는 뜻이기 때문에 정답은 「やり方(방법)」이다.

BONUS 負け方 싸움에 지는 과정 | 打ち方 사격 | 取り方 잡는 법, 솜씨

7 明日の演奏会の約束を取り消して、家で休みたい。

1 キャンセルして　　2 スタートして

3 コントロールして　　4 リピートして

해석 내일 연주회 약속을 취소하고 집에서 쉬고 싶다.

해설 ※ 외래어에 주목! 「取り消す」은 '취소하다'라는 뜻이기 때문에 정답은 「キャンセルする(취소하다)」이다.

BONUS スタートする 시작하다(=開始する 개시하다) | コントロールする 컨트롤하다(=管理する 관리하다) | リピートする 반복하다(=繰り返す 되풀이하다)

8 連休が明けた月曜日はいつも疲れます。

1 おわった　　2 はじまった　　3 まわった　　4 ちかづいた

해석 연휴가 지난 월요일은 언제나 피곤합니다.

해설 ※ 동사에 주목! 「明ける」는 '날이 밝다'라는 뜻으로, 문맥상 기간이 끝난다는 뜻으로 사용하고 있기 때문에 정답은 「終わる(끝나다)」이다.

BONUS 始まる 시작하다(=開始する 개시하다) | 回る 회전하다(=ターンする 턴하다) | 近づく 접근하다(=接近する 접근하다)

9 この住所にピザを配達してください。

1 つないで　　**2 とどけて**　　3 かたづけて　　4 あつめて

해석 이 주소로 피자를 배달해 주세요.

해설 ※ 동사에 주목! 「配達する」는 '배달하다'라는 뜻으로, 문맥상 물건 등을 보낸다는 뜻으로 사용하고 있기 때문에 정답은 「届ける(보내다)」이다.

BONUS つなぐ 잇다(=結ぶ 맺다) | 片付ける 정리하다(=整理する 정리하다) | 集める 모으다

10 あの子はおしゃべりで、秘密を守れません。

1 よく怒って　　2 よく寝て　　**3 よく話して**　　4 よく泣いて

해석 그 아이는 수다쟁이라서 비밀을 지킬 수 없습니다.

해설 ※ 관용 표현에 주목! 「おしゃべり」는 '수다'라는 뜻으로, 문맥상 사람한테 사용하여 수다쟁이라는 뜻으로 사용하고 있기 때문에 정답은 「よく話す(말을 잘하다)」이다.

BONUS 怒る 화내다(=腹を立てる 화를 내다, キレる 화내다) | 寝る 자다(=眠る 잠들다) | 泣く 울다

3회

문제 4 ________ 에 의미가 가장 가까운 것을 1·2·3·4에서 하나 고르세요.

| 정답 |

1	2	3	4	5	6	7	8	9	10
2	4	2	2	4	1	3	1	3	2

| 해설 |

1 彼女の欠点は短気なことです。

1 見かけ　**2 わるいところ**　3 姿勢　4 くらいところ

해석 그녀의 단점은 성질이 급한 것입니다.

해설 * 명사에 주목! 「欠点」은 '결점', 즉 '단점'이라는 뜻이기 때문에 정답은 「悪いところ(나쁜 점)」이다.

BONUS 見かけ 외관, 겉보기 | 姿勢 자세 | 暗い 어둡다

2 芸術には単純さが必要なときもある。

1 かわいさ　2 おおきさ　3 つよさ　**4 わかりやすさ**

해석 예술에는 단순함이 필요할 때도 있다.

해설 * 명사에 주목! 「単純さ」는 '단순함', 즉 '간단하고 알기 쉬움'이라는 뜻이기 때문에 정답은 「わかりやすさ(알기 쉬움)」이다.

BONUS かわいさ 귀여움 | 大きさ 크기(=サイズ 사이즈) | 強さ 강도

3 レポートの提出は明日でも問題ない。

1 かんけいない　**2 かまわない**　3 かぎりない　4 つまらない

해석 리포트의 제출은 내일이어도 문제없다.

해설 * 관용 표현에 주목! 「問題ない」는 '문제없다'라는 뜻으로, 문맥상 상관없다는 뜻으로 사용하고 있기 때문에 정답은 「かまわない(상관없다)」이다.

BONUS 関係ない 관계없다 | 限りない 무한하다(＝無限だ 무한하다) | つまらない 하찮다, 소용없다

4 自転車のチェーンにあぶらをさしたほうがいい。

1 ベル　**2 オイル**　3 ドリル　4 ミドル

해석 자전거의 체인에 기름을 바르는 편이 좋다.

해설 * 외래어에 주목! 「あぶら」는 '기름'이라는 뜻이기 때문에 정답은 「オイル(오일, 기름)」이다.

BONUS ベル 벨 | ドリル 드릴 | ミドル 중간, 중급

5 部屋をすっきり整理して、新しい気持ちになりたい。

1 しらべて　2 くらべて　3 つくって　**4 かたづけて**

해석 방을 깨끗이 정리해서 새로운 기분이 되고 싶다.

해설 ✲ 동사에 주목! 「整理(せいり)する」는 '정리하다'라는 뜻이기 때문에 정답은 「片付(かたづ)ける(정리하다)」이다.

BONUS 調(しら)べる 찾아보다, 연구하다(=調査(ちょうさ)する 조사하다) | 比(くら)べる 비교하다(=比較(ひかく)する 비교하다) | 作(つく)る 만들다(=制作(せいさく)する 제작하다)

6 彼(かれ)のすべてを忘(わす)れることができません。

1 全部 2 全面 3 完全 4 安全

해석 그의 모든 것을 잊을 수 없습니다.

해설 ✲ 명사에 주목! 「すべて」는 '전부, 모두'라는 뜻이기 때문에 정답은 「全部(ぜんぶ)(전부)」이다.

BONUS 全面(ぜんめん) 전면 | 完全(かんぜん) 완전(=パーフェクト 퍼펙트) | 安全(あんぜん) 안전(⇔危険(きけん) 위험)

7 自転車(じてんしゃ)で通勤(つうきん)していたのは、昔(むかし)のことです。

1 駅に行った 2 家に行った **3 仕事に行った** 4 学校に行った

해석 자동차로 출근했던 것은 예전 일입니다.

해설 ✲ 동사에 주목! 「通勤(つうきん)する」은 '출근하다' 즉, '회사에 가다'라는 뜻이기 때문에 정답은 「仕事(しごと)に行(い)く(일하러 가다)」이다.

BONUS 駅(えき)に行(い)く 역에 가다 | 家(いえ)に行(い)く 집에 가다(=帰宅(きたく) 귀가) | 学校(がっこう)に行(い)く 학교에 가다(=通学(つうがく) 통학)

8 彼(かれ)の気持(きも)ちをもう一度(いちど)確(たし)かめる。

1 チェックする 2 ノックする 3 トークする 4 キックする

해석 그의 마음을 다시 한 번 확인한다.

해설 ✲ 외래어에 주목! 「確(たし)かめる」는 '확인하다'라는 뜻이기 때문에 정답은 「チェックする(체크하다)」이다.

BONUS ノックする 노크하다 | トークする 이야기하다(=話(はな)す 이야기하다) | キックする 차다(=ける 차다)

9 残業(ざんぎょう)が多(おお)いので毎日(まいにち)くたびれる。

1 かたまる 2 はなれる **3 つかれる** 4 ふかまる

해석 잔업이 많아서 매일 지친다.

해설 ✲ 동사에 주목! 「くたびれる」는 '녹초가 되다'라는 뜻으로, 문맥상 지쳐서 피곤하다는 뜻으로 사용하고 있기 때문에 정답은 「疲(つか)れる(피곤하다)」이다.

BONUS 固(かた)まる 굳어지다 | 離(はな)れる 떨어지다(=遠(とお)くなる 멀어지다) | 深(ふか)まる 깊어지다

10 このごろは仕事(しごと)ばかりで電話(でんわ)もできません。

1 最高(さいこう) **2 最近(さいきん)** 3 最新(さいしん) 4 最長(さいちょう)

해석 요즘은 일만 해서 전화도 못합니다.

해설 ✲ 명사에 주목! 「このごろ」는 '요즘'이라는 뜻이기 때문에 정답은 「最近(さいきん)(최근)」이다.

BONUS 最高(さいこう) 최고(=一番(いちばん) 제일) | 最新(さいしん) 최신(=一番新(いちばんあたら)しい 제일 새롭다) | 最長(さいちょう) 최장(=一番長(いちばんなが)い 제일 길다)

4회

문제 4 ＿＿＿＿＿＿ 에 의미가 가장 가까운 것을 1·2·3·4에서 하나 고르세요.

|정답|

1	2	3	4	5	6	7	8	9	10
3	3	1	4	2	1	1	1	3	4

|해설|

1 弟(おとうと)はそそっかしいですが、長所(ちょうしょ)もあります。

1 やさしいところ　　2 かわいいところ

3 いいところ　　4 わるいところ

해석 남동생은 덜렁대지만 장점도 있습니다.

해설 ※ 명사에 주목! 「長所(ちょうしょ)」는 '장점'이라는 뜻이기 때문에 정답은 「いいところ(좋은 점)」이다.

BONUS 優(やさ)しい 상냥하다(=親切(しんせつ)だ 친절하다) | かわいい 귀엽다 | 悪(わる)い 나쁘다

2 彼(かれ)が会社(かいしゃ)を辞(や)めないのはわけがある。

1 秘密(ひみつ)　　2 予想(よそう)　　**3 理由(りゆう)**　　4 関係(かんけい)

해석 그가 회사를 그만두지 않는 것은 이유가 있다.

해설 ※ 명사에 주목! 「わけ」는 '원인'이라는 뜻으로 문맥상 '이유'라는 뜻이기 때문에 정답은 「理由(りゆう)(이유)」이다.

BONUS 秘密(ひみつ) 비밀(=内緒(ないしょ) 비밀) | 予想(よそう) 예상(=見込(みこ)み 예상, 전망) | 関係(かんけい) 관계(=係(かか)わり 관계)

3 庭(にわ)の花(はな)が見事(みごと)で、感動(かんどう)しました。

1 すばらしくて　　2 おもしろくて　　3 自由(じゆう)で　　4 大事(だいじ)で

해석 정원의 꽃이 훌륭해서 감동했습니다.

해설 ※ 형용사에 주목! 「見事(みごと)だ」는 '훌륭하다'라는 뜻이기 때문에 정답은 「素晴(すば)らしい(훌륭하다)」이다.

BONUS 面白(おもしろ)い 재미있다(=ユーモアがある 유머가 있다) | 自由(じゆう)だ 자유롭다 | 大事(だいじ)だ 중요하다(=重要(じゅうよう)だ 중요하다)

4 彼女(かのじょ)は料理(りょうり)が上手(じょうず)で、やさしい。

1 十分(じゅうぶん)で　　2 大好(だいす)きで　　3 簡単(かんたん)で　　**4 得意(とくい)で**

해석 그녀는 요리를 잘하고 상냥하다.

해설 ※ 형용사에 주목! 「上手(じょうず)だ」는 '잘하다'라는 뜻이기 때문에 정답은 「得意(とくい)だ(능숙하다)」이다.

BONUS 十分(じゅうぶん)だ 충분하다(=足(た)りている 족하다) | 大好(だいす)きだ 매우 좋아하다 | 簡単(かんたん)だ 간단하다(=やさしい 쉽다)

5 いつも待(ま)ち合(あ)わせに遅(おく)れてすまない。

1 はげしい　　**2 もうしわけない**

3 かなしい　　4 まずしい

해석 항상 약속에 늦어서 미안하다.

해설 ✻ 형용사에 주목! 「すまない」는 '미안하다'라는 뜻이기 때문에 정답은 정중표현인 「申し訳ない(죄송하다)」이다.

BONUS 激しい 격하다, 심하다(=ひどい 심하다) | 悲しい 슬프다 | 貧しい 가난하다

6 サイズがわからないのでオーダーに悩む。

1 注文 2 製作 3 方法 4 売上

해석 사이즈를 모르기 때문에 주문하는 데 고민한다.

해설 ✻ 명사에 주목! 「オーダー」는 '오더, 주문'이라는 뜻이기 때문에 정답은 「注文(주문)」이다.

BONUS 製作する 제작하다(=作る 만들다) | 方法 방법(=やり方 방법) | 売上 매출(=売れ行き 매상, 매출)

7 彼女のことはできるだけ秘密にしたいです。

1 なるべく 2 はやく 3 きちんと 4 しばらく

해석 그녀의 일은 가능한 한 비밀로 하고 싶습니다.

해설 ✻ 부사에 주목! 「できるだけ」는 '가능한 한'이라는 뜻이기 때문에 정답은 「なるべく(되도록이면)」이다.

BONUS 早く 빨리(=すみやかに 신속하게) | きちんと 정확히, 제대로(=ちゃんと 정확하게, 확실히) | しばらく 잠시동안, 한동안(=長い間 오랫동안)

8 私たちの出会いのはじまりは大学の図書館です。

1 きっかけ 2 やくそく 3 あいず 4 けっか

해석 우리들의 만남의 시작은 대학교 도서관입니다.

해설 ✻ 명사에 주목! 「はじまり」는 '시작'이라는 뜻으로 문맥상 '시작하게 된 계기'의 뜻으로 사용하고 있기 때문에 정답은 「きっかけ(계기)」이다.

BONUS 約束 약속(=待ち合わせ 약속) | 合図 신호(=信号 신호) | 結果 결과

9 病院から連絡をもらってすぐタクシーに乗った。

1 やっと 2 そっと **3 ただちに** 4 いっしょに

해석 병원으로부터 연락을 받고 곧장 택시를 탔다.

해설 ✻ 부사에 주목! 「すぐ」는 '곧장'이라는 뜻이기 때문에 정답은 「ただちに(곧, 즉각)」이다.

BONUS やっと 간신히, 겨우 (=ようやく 겨우) | そっと 살짝(=静かに 살짝, 조용히) | 一緒に 함께(=~と共に ~와/과 함께)

10 手術をするのに、ずいぶん時間がかかった。

1 たぶん 2 いくら 3 あまり **4 かなり**

해석 수술을 하는 데 꽤 시간이 걸렸다.

해설 ✻ 부사에 주목! 「ずいぶん」은 '대단히'라는 뜻이기 때문에 정답은 「かなり(상당히, 꽤)」이다.

BONUS たぶん 아마도(=おそらく 아마도) | いくら ~でも 아무리 ~일지라도(=どんなに 아무리) | あまり 그다지(=それほど 그다지)

5회

문제 4 ＿＿＿＿＿＿ 에 의미가 가장 가까운 것을 1·2·3·4에서 하나 고르세요.

|정답|

1	2	3	4	5	6	7	8	9	10
4	2	2	2	1	3	1	2	1	4

|해설|

1 この世に楽な仕事はありません。

1 丈夫な　2 丁寧な　3 上手な　**4 簡単な**

해석 이 세상에 편한 일은 없습니다.

해설 ※ 형용사에 주목! 「楽だ」는 '편하다'라는 뜻으로 문맥상 간단하다는 뜻으로 사용하고 있기 때문에 정답은 「簡単だ(간단하다)」이다.

BONUS 丈夫だ 튼튼하다 | 丁寧だ 정중하다, 신중하다 | 上手だ 능숙하다, 잘하다

2 光がまぶしくて、目を閉じた。

1 きれいすぎて　**2 明るすぎて**　3 大きすぎて　4 熱すぎて

해석 빛이 눈부셔서 눈을 감았다.

해설 ※ 형용사에 주목! 「まぶしい」는 '눈부시다'라는 뜻으로 문맥상 빛이 너무 밝다는 뜻으로 사용하고 있기 때문에 정답은 「明るすぎる(지나치게 밝다)」이다.

BONUS きれいだ 깨끗하다(=清潔だ 청결하다) | 大きい 크다 | 熱い 뜨겁다, 열심이다(=熱心だ 열심이다)

3 私は今でも彼と彼女の関係をうたがっています。

1 疑問ではないかと思って　**2 本当ではないかと思って**

3 疑問ではないと思って　4 本当ではないと思って

해석 나는 지금도 그와 그녀의 관계를 의심하고 있습니다.

해설 ※ 동사에 주목! 「疑う」는 '의심하다'라는 뜻이기 때문에 정답은 「本当ではないかと思う(진짜가 아닌가 하고 생각한다)」이다.

BONUS 疑問 의문(=答えを知りたい 답을 알고 싶다)

4 この商品のサンプルは午後届く予定だ。

1 説明　**2 見本**　3 価格　4 代金

해석 이 상품의 샘플은 오후에 도착할 예정이다.

해설 ※ 명사에 주목! 「サンプル」는 '샘플'이라는 뜻이기 때문에 정답은 「見本(견본)」이다.

BONUS 説明 설명(=詳しく述べる 자세하게 말하다) | 価格 가격(=プライス 가격, 金額 금액) | 代金 대금

5 単語より電話番号を覚えるのが早いです。

1 暗記する　2 筆記する　3 整理する　4 調理する

해석 단어보다 전화번호를 외우는 것이 빠릅니다.

해설 ※ 동사에 주목! 「覚える」는 '외우다, 익히다'라는 뜻이기 때문에 정답은 「暗記する(암기하다)」이다.

BONUS 筆記する 필기하다(=書く 쓰다) | 整理する 정리하다(=片付ける 정돈하다, 정리하다) | 調理する 조리하다(=作る 만들다)

6 先生は選手を厳しく<u>指導した</u>。

1 みとめた　2 ささえた　**3 おしえた**　4 あいした

해석 선생님은 선수를 엄격하게 지도했다.

해설 ※ 동사에 주목! 「指導する」는 '지도하다'라는 뜻이기 때문에 정답은 「教える(가르치다)」이다.

BONUS 認める 인정하다(=受け入れる 받아들이다) | 支える 지지하다 (=サポートする 서포트하다) | 愛する 사랑하다

7 指輪を受け取った彼女のほおが<u>次第に</u>赤くなった。

1 少しずつ　2 少しだけ　3 少しでも　4 少しまえ

해석 반지를 받은 그녀의 뺨이 점차 붉어졌다.

해설 ※ 부사에 주목! 「次第に」는 '점차'라는 뜻이기 때문에 정답은 「少しずつ(조금씩)」이다.

BONUS 少しだけ 조금만 | 少しでも 조금이라도 | 少し前 조금 전(=さっき 아까, 조금 전)

8 二人は付き合ってそれほど<u>たって</u>いません。

1 あって　**2 すぎて**　3 ながして　4 つづけて

해석 두 사람은 사귄 지 그다지 되지 않았습니다.

해설 ※ 동사에 주목! 「経つ」는 '(시간이) 흐르다, 경과하다'라는 뜻으로 문맥상 시간이 지난다는 뜻으로 사용하고 있기 때문에 정답은 「すぎる(지나다)」이다.

BONUS (涙·水·血)+流す (눈물·물·피)+흘리다 | (交際·研究·旅)+続ける (교제·연구·여행)+계속하다

9 <u>おそらく</u>一週間後に別れるでしょう。

1 たぶん　2 とっくに　3 確かに　4 やっと

해석 아마도 일주일 후에 헤어지겠지요.

해설 ※ 부사에 주목! 「おそらく」는 '아마도'라는 뜻이기 때문에 정답은 「たぶん(아마도)」이다.

BONUS とっくに 훨씬 전(=ずっと前 아주 전) | 確かに 분명히 | やっと 간신히, 겨우

10 夜の道は危ないので、<u>気をつけて</u>ください。

1 感動して　2 予防して　3 我慢して　**4 注意して**

해석 밤길은 위험하기 때문에 조심하세요.

해설 ※ 관용 표현에 주목! 「気をつける」는 '조심하다'라는 뜻이기 때문에 정답은 「注意する(주의하다)」이다.

BONUS 感動する 감동하다(= 胸がいっぱいになる 가슴이 벅차다) | 予防する 예방하다 | 我慢する 참다(=たえる 참다, 견디다)

6회

문제 4 ＿＿＿＿＿＿＿ 에 의미가 가장 가까운 것을 1·2·3·4에서 하나 고르세요.

|정답|

1	1	2	3	3	2	4	2	5	1	6	4	7	1	8	3	9	1	10	4

|해설|

1 面接の結果は後日郵送で通知します。

1 知らせます 2 送ります 3 助けます 4 訪ねます

해석 면접 결과는 나중에 우편으로 통지하겠습니다.

해설 ※동사에 주목! 「通知する」는 '기별을 하여 알리다'라는 뜻이기 때문에 정답은 「知らせる(알리다)」이다.

BONUS 送る 보내다(=届ける 부치다) | 助ける 돕다(=手伝う 도와주다) | 訪ねる 방문하다(=訪問する 방문하다)

2 今日は好きなものを注文してください。

1 かって 2 きて **3 たのんで** 4 やすんで

해석 오늘은 좋아하는 것을 주문해 주세요.

해설 ※동사에 주목! 「注文する」는 '주문하다'라는 뜻으로 문맥상 부탁한다는 뜻이기 때문에 정답은 「頼む(부탁하다)」이다.

BONUS 買う 사다(=購入する 구입하다) | 着る 입다(=身につける 몸에 걸치다) | 休む 쉬다(=休憩する 휴식하다)

3 時間の約束は絶対に守ります。

1 すでに **2 かならず** 3 ほとんど 4 なるべく

해석 시간 약속은 꼭 지키겠습니다.

해설 ※부사에 주목! 「絶対に」는 '절대, 꼭'이라는 뜻이기 때문에 정답은 「必ず(반드시, 꼭)」이다.

BONUS すでに 이미, 벌써(=もう 이미) | ほとんど 대부분, 거의(=だいたい 대체로, 대강) | なるべく 되도록(=できるだけ 가능한 한)

4 卒業式撮影のために約3キロやせました。

1 なかなか **2 だいたい** 3 たまたま 4 いよいよ

해석 졸업식 촬영 때문에 약 3킬로그램 살이 빠졌습니다.

해설 ※부사에 주목! 「約」는 '대략, 약'이라는 뜻이기 때문에 정답은 「だいたい(대체로, 대략)」이다.

BONUS なかなか 좀처럼, 꽤, 상당히(=かなり 꽤) | たまたま 가끔, 이따금(=偶然に 우연히) | いよいよ 드디어, 결국(=とうとう 드디어, ついに 마침내)

5 まもなく着物に着替えた新婦が登場する。

1 もうすぐ 2 いきなり 3 すっかり 4 たしか

해석 이제 곧 기모노로 갈아 입은 신부가 등장한다.

해설 ✻ 부사에 주목! 「まもなく」는 '곧, 금방'이라는 뜻이기 때문에 정답은 「もうすぐ(이제 곧)」이다.

BONUS いきなり 갑자기(=突然 돌연, 急に 갑자기) | すっかり 완전히, 깨끗이(=全部 전부) | 確か 분명히, 틀림없이

6 私はいつかチャンスを自分のものにするために頑張っている。

1 満足　2 期待　3 興味　**4 機会**

해석 나는 언젠가 찬스를 나의 것으로 하기 위해 노력하고 있다.

해설 ✻ 명사에 주목! 「チャンス」는 '찬스', 즉 '기회'라는 뜻이기 때문에 정답은 「機会(기회)」이다.

BONUS 満足している 만족하고 있다(=不満がない 불만이 없다) | 期待している 기대하고 있다(=望んでいる 바라고 있다) | 興味がある 흥미가 있다(=関心がある 관심이 있다)

7 彼はだまって、昔の写真を見ていた。

1 何も言わずに　2 何も決めずに　3 何か言って　4 何か決めて

해석 그는 묵묵히 옛날 사진을 보고 있었다.

해설 ✻ 동사에 주목! 「黙る」는 '말하지 않다, 가만히 있다'라는 뜻이기 때문에 정답은 「何も言わずに(아무 말도 하지 않고)」이다.

BONUS 何かを言う 무언가를 말하다(=話し出す 말을 꺼내다) | 何かを決める 무언가를 정하다(=決定する 결정하다)

8 猫を飼っていることは内緒にして暮らしている。

1 だれにも聞かないで　2 だれかに聞いて

3 だれにも話さないで　4 だれかに話して

해석 고양이를 기르고 있는 것은 비밀로 하고 생활하고 있다.

해설 ✻ 동사에 주목! 「内緒にする」는 '비밀로 하다'라는 뜻으로 문맥상 누구에게도 말하지 않는다는 뜻으로 사용하고 있기 때문에 정답은 「誰にも話さないで(누구에게도 이야기하지 않고)」이다.

BONUS 秘密 비밀 | 内緒 비밀 | 内密 내밀, 은밀 | ひそかに 몰래

9 私にとってまごはどの子よりもかわいい。

1 むすこのむすこ　2 子どものよめ　3 むすこのおい　4 子どものいとこ

해석 나에게 있어서 손자는 어느 아이보다도 귀엽다.

해설 ✻ 명사에 주목! 「まご」는 '손자'라는 뜻이기 때문에 정답은 「息子の息子(아들의 아들)」이다.

BONUS 嫁 며느리, 새댁 | おい 남자 조카 | いとこ 사촌

10 鈴木さんが提案してくれたトレーニングを行うことにしました。

1 準備　2 競争　3 質問　**4 練習**

해석 스즈키 씨가 제안해 준 트레이닝을 실시하기로 했습니다.

해설 ✻ 명사에 주목! 「トレーニング」는 '훈련, 연습'이라는 뜻이기 때문에 정답은 「練習(연습)」이다.

BONUS 準備 준비(=用意 준비) | 競争 경쟁(=競う 겨루다) | 質問 질문(=尋ねる 묻다)

7회

문제 4 ____________ 에 의미가 가장 가까운 것을 1·2·3·4에서 하나 고르세요.

|정답|

1	2	2	2	3	4	4	3	5	1	6	2	7	2	8	3	9	4	10	3

|해설|

1 家の中でキッチンが私の好きな場所だ。

1 部屋　**2 台所**　3 風呂　4 玄関

해석 집 안에서 부엌이 내가 좋아하는 장소이다.

해설 ★ 명사에 주목! 「キッチン」은 '부엌'이라는 뜻이기 때문에 정답은 「台所(부엌)」이다.

BONUS 部屋 방(=ルーム 룸) | 風呂 목욕, 욕조(=バス 목욕, 욕조) | 玄関 현관(=家の入口 집의 입구)

2 学校生活はきまりが多くて疲れる。

1 疑問　**2 規則**　3 問題　4 興味

해석 학교 생활은 규칙이 많아서 피곤하다.

해설 ★ 명사에 주목! 「決まり」는 '정해진 바, 규칙'이라는 뜻으로 문맥상 학교의 규칙이라는 뜻이기 때문에 정답은 「規則(규칙)」이다.

BONUS 疑問 의문 | 問題 문제(=悩み 고민) | 興味 흥미(=関心 관심)

3 彼と私はお互い共通点があります。

1 嫌いなところ　2 好きなところ　3 違うところ　**4 同じところ**

해석 그와 나는 서로 공통점이 있습니다.

해설 ★ 명사에 주목! 「共通点」은 '공통점'이라는 뜻이기 때문에 정답은 「同じところ(같은 점)」이다.

BONUS 嫌いなところ 싫어하는 점 | 好きなところ 좋아하는 점(=気に入った点 맘에 든 점) | 違うところ 다른 점(=相違点 상이점)

4 言葉ができるので海外生活に差し支えがない。

1 不安　2 体力　**3 問題**　4 病気

해석 말을 할 수 있기 때문에 해외 생활에 지장이 없다.

해설 ★ 관용 표현에 주목! 「差し支えがない」는 '지장이 없다'라는 뜻으로 문맥상 아무런 문제나 장애가 없다는 뜻이기 때문에 정답은 「問題(문제)」이다.

BONUS 不安がない 불안이 없다(=安定する 안정되다) | 体力がない 체력이 없다(=軟弱だ 연약하다) | 病気 병

5 駅のホームはいつも混雑してあぶないです。

1 客がたくさんいて　2 道がひろすぎて

3 客がまよっていて　4 道がわかりにくくて

해석 역 플랫폼은 항상 혼잡해서 위험합니다.

해설 ※ 명사에 주목! 「混雑」는 '혼잡'이라는 뜻으로 '사람, 물건 등이 무질서하게 얽혀있다'라는 뜻이기 때문에 정답은 「客がたくさんいる(이용객이 많이 있다)」이다.

BONUS 広い 넓다 | 迷う 망설이다(=悩む 고민하다) | ~にくい ~하기 어렵다, ~하기 힘들다

6 連休のスケジュールを立てようと思います。

1 旅行 **2 予定** 3 機会 4 内容

해석 연휴 스케줄을 세우려고 생각합니다.

해설 ※ 명사에 주목! 「スケジュール」는 '일정, 예정'이라는 뜻이기 때문에 정답은 「予定(예정)」이다.

BONUS 旅行 여행(=ツアー 투어) | 機会 기회(=チャンス 찬스, 기회) | 内容 내용

7 最近、おかしな事件がたくさん起きている。

1 嫌な **2 変な** 3 複雑な 4 苦手な

해석 최근에는 이상한 사건이 많이 일어나고 있다.

해설 ※ 형용사에 주목! 「おかしな」는 '이상한'이라는 뜻이기 때문에 정답은 「変な(이상한)」이다.

BONUS 嫌だ 싫다 | 複雑だ 복잡하다(=混雑だ 혼잡하다) | 苦手だ 서투르다(=下手だ 못 하다)

8 夏休みの宿題がたくさんたまっている。

1 終わっている 2 数えている

3 残っている 4 増えている

해석 여름방학 숙제가 많이 쌓여 있다.

해설 ※ 동사에 주목! 「溜まる」는 '(한곳에) 모이다, 정체되다'라는 뜻으로 문맥상 숙제가 남아 쌓여있다는 뜻이기 때문에 정답은 「残っている(남아있다)」이다.

BONUS 終わる 끝나다(=済む 끝나다) | 数える (수를) 세다 | 増える 늘어나다(=多くなる 많아지다)

9 人生をやりなおして、もっとちゃんとした社会人になりたいです。

1 確かにやって 2 すでにやって 3 わざとやって **4 もう一度やって**

해석 인생을 다시 살아 더욱 제대로 된 사회인이 되고 싶습니다.

해설 ※ 동사에 주목! 「やり直す」는 '다시 하다'라는 뜻이기 때문에 정답은 「もう一度やる(한 번 더 하다)」이다.

BONUS 確かに 분명히 | すでに 이미, 벌써(=もう 이미) | わざと 일부러(=意図的に 의도적으로)

10 疲れた体には赤ちゃんの笑顔が最高の薬です。

1 ころがった 2 おちこんだ **3 くたびれた** 4 よごれた

해석 피곤한 몸에는 아기의 웃는 얼굴이 최고의 약입니다.

해설 ※ 동사에 주목! 「疲れる」는 '피곤하다'라는 뜻이기 때문에 정답은 「くたびれる(녹초가 되다)」이다.

BONUS 転がる 구르다 | 落ち込む 실망하다(=がっかりする 실망하다) | 汚れる 더러워지다

8회

문제 4 ＿＿＿＿＿＿ 에 의미가 가장 가까운 것을 1·2·3·4에서 하나 고르세요.

|정답|

1 3	2 4	3 2	4 4	5 1	6 3	7 3	8 4	9 1	10 2

|해설|

1 新しいスマホが私の心を<u>うばった</u>。

1 捨てた　2 選んだ　**3 取った**　4 消した

해석 새로운 스마트폰이 나의 마음을 빼앗았다.

해설 ✻동사에 주목! 「奪う」는 '빼앗다'라는 뜻으로 문맥상 마음을 빼앗아 취한다는 뜻이기 때문에 정답은 「取る(취하다, 갖다)」이다.

BONUS 捨てる 버리다 | 選ぶ 고르다(=選択する 선택하다) | 消す 지우다(=削除する 삭제하다)

2 私たちのうわさは<u>ほうぼう</u>に広まった。

1 だんだん　2 だいたい　3 あれこれ　**4 あちこち**

해석 우리들의 소문은 여기저기에 퍼졌다.

해설 ✻부사에 주목! 「ほうぼう」는 '여기저기'라는 뜻이기 때문에 정답은 「あちこち(여기저기)」이다.

BONUS だんだん 점점(＝どんどん 잇따라) | だいたい 대체로, 대략 | あれこれ 이것저것

3 昔に比べて店の客数が<u>へった</u>と思う。

1 おおくなった　**2 すくなくなった**

3 あやしくなった　4 まずしくなった

해석 옛날과 비교해서 가게의 고객 수가 줄었다고 생각한다.

해설 ✻동사에 주목! 「減る」는 '줄다'라는 뜻이기 때문에 정답은 「少なくなる(적어지다)」이다.

BONUS 多い 많다 | 怪しい 수상하다 | 貧しい 가난하다

4 山本さんと娘さんは誰が見ても<u>そっくりだ</u>。

1 生きている　2 合っている　3 喜んでいる　**4 似ている**

해석 야마모토 씨와 따님은 누가 봐도 꼭 빼닮았다.

해설 ✻관용 표현에 주목! 「そっくりだ」는 '꼭 빼닮다'라는 뜻이기 때문에 정답은 「似ている(닮다)」이다.

BONUS 生きる 살다 | 合う 합쳐지다, 맞다 | 喜ぶ 기뻐하다(=嬉しがる 기뻐하다)

5 恋も仕事も<u>相変わらず</u>忙しいです。

1 前と同じで　2 前と違って　3 前に向かって　4 前から離れて

해석 연애도 일도 변함없이 바쁩니다.

해설 ★ 부사에 주목! 「相変わらず」는 '변함없이'라는 뜻으로 '이전과 같다'는 의미이기 때문에 정답은 「前と同じで(전과 같이)」이다.

BONUS 前と違う 전과 다르다(=相違 상이) | 前に向かう 앞을 향하다 | 前から離れる 앞에서 떨어지다

6 曲がった道を速度を落として通過した。

1 トークした　　2 キープした　　**3 カーブした**　　4 カールした

해석 굽은 길을 속도를 줄여서 통과했다.

해설 ★ 동사에 주목! 「曲がる」는 '구부러지다, 굽다'라는 뜻이기 때문에 정답은 「カーブする(굽다)」이다.

BONUS トーク 이야기(=話 이야기) | キープ 유지(=維持 유지) | カール 컬

7 この限定CDは昨日売り切れた。

1 売りたかった　　2 売り始めた　　**3 全部売れた**　　4 全部売れなかった

해석 이 한정 CD는 어제 매진되었다.

해설 ★ 동사에 주목! 「売り切れる」는 '매진되다'라는 뜻이기 때문에 정답은 「全部売れる(전부 팔리다)」이다.

BONUS 限定 한정 | 売り始める 팔기 시작하다(=発売する 발매하다)

8 あらゆる方法を使って、UFOに呼びかけた。

1 いくらかの　　2 なにかの　　3 すこしの　　**4 すべての**

해석 모든 방법을 사용해서 UFO에 소리 쳤다.

해설 ★ 부사에 주목! 「あらゆる」는 '모든, 일체의'라는 뜻이기 때문에 정답은 「全ての(모든)」이다.

BONUS いくらかの 얼마간(=じゃっかん 약간) | 何かの 무슨 | 少しの 잠시, 조금(=しばらく 잠시 동안, 한동안)

9 私たちはたがいに助け合いながら働いています。

1 相互　　2 交互　　3 直接　　4 間接

해석 우리들은 서로 협력하면서 일하고 있습니다.

해설 ★ 명사에 주목! 「互い」는 '서로, 교대로'라는 뜻이기 때문에 정답은 「相互(상호, 서로)」이다.

BONUS 交互 번갈아 | 直接 직접 | 間接 간접

10 火事になってもあわてないで逃げてください。

1 騒がないで　　**2 急がないで**

3 あきらめないで　　4 はしらないで

해석 화재가 나도 허둥대지 말고 도망치세요.

해설 ★ 동사에 주목! 「慌てる」는 '허둥대다'라는 뜻으로 문맥상 '허둥대지 말고, 서두르지 말고'라는 뜻이기 때문에 정답은 「急がないで(서두르지 말고)」이다.

BONUS 騒ぐ 떠들다(=うるさい 시끄럽다) | 諦める 포기하다 | 走る 달리다

이해하고 공략하기

1교시
언어지식(문자·어휘+문법)X독해

1 문제 프로필

상대를 알아야 문제를 푼다!

문제 5 용법
問題 5 用法

기본정보

성　격 주어진 어휘로 만들어진 올바른 문장을 고르기를 원함
문제 개수 5개/35개(문자·어휘)
풀이 시간 5분/30분(문자·어휘)

STEP 1
스피드 해법

밑줄 부분의 앞, 뒤 문맥을 보고 제시된 어휘의 뜻을 대입하여 오답을 소거

STEP 2
함정 주의보

유사한 의미의 어휘들로 인해 답안 선택을 혼동할 수 있으니 항상 주의

STEP 3
대책

어휘의 의미를 암기할 뿐만 아니라 문장 속에서 어떻게 쓰이는지 파악

STEP 4
공부 방법

어휘의 대표적 용례를 충분히 파악하고, 다양한 문제를 접하여 의미를 변별해내는 훈련을 한다!

2 문제 미리보기

미리 알아 둬야 긴장이 덜 된다!

問題5 つぎのことばの使い方として最もよいものを、1·2·3·4から一つえらびなさい。

문제 5 다음 단어의 사용법으로 가장 적당한 것을 1·2·3·4에서 하나 고르세요.

1 感謝

1 子供なのにお母さんを手伝っているところを見て感謝してしまった。

2 彼は自分の不正行為について感謝していない。

3 よかったら映画を見た感謝を教えてください。

4 先生のおかげで無事に卒業ができた事、本当に感謝しています。

의미가 적합하지 않은 선택지를 빠르게 소거하세요!
문제에 제시된 단어의 의미를 정확하게 파악하는 것이 무엇보다 중요해요!

1 정답 4

풀이 「感謝(かんしゃ)」는 '감사', 즉 '고마움을 나타내는 인사나 그런 마음'이라는 뜻이기 때문에 정답은 「~無事(ぶじ)に卒業(そつぎょう)ができた事(こと)、本当(ほんとう)に感謝(かんしゃ)しています」이다. 1은 아이가 어머니를 돕는 모습에 '감탄'하는 의미의 「感心(かんしん)」, 2는 부정행위에 대한 '사죄'인 「謝罪(しゃざい)」, 3은 영화에 대한 '감상'인 「感想(かんそう)」가 적절하다.

해석 선생님 덕분에 무사히 졸업할 수 있었던 것에 정말 감사드립니다.

적중 어휘 200

자주 출제되는 합격 어휘를 미리 외워 둔다!

	어휘	의미
あ	□ 預(あず)ける	(동) 맡기다
	□ 新(あたら)しい	(い형) 새롭다
	□ 当(あ)たる	(동) 들어맞다, 명중하다
	□ 集(あつ)まる	(동) 모이다
	□ 溢(あふ)れる	(동) 넘치다
	□ 余(あま)る	(동) 남다
	□ 怪(あや)しい	(い형) 수상하다, 의심스럽다
	□ 暗記(あんき)	(명) 암기
	□ 行(い)き方(かた)	(명) 가는 법
	□ 位置(いち)	(명) 위치
	□ いちいち	(부) 하나하나, 빠짐없이
	□ 移転(いてん)	(명) 이전
	□ 移動(いどう)	(명) 이동
	□ 今(いま)にも	(부) 이제 곧, 막
	□ 引退(いんたい)	(명) 은퇴
	□ 受(う)け入(い)れる	(동) 받아들이다
	□ 受(う)け付(つ)ける	(동) 접수하다
	□ 受(う)け取(と)る	(동) 수취하다
	□ 失(うしな)う	(동) 잃어버리다
	□ 売(う)る	(동) 팔다
	□ うろうろ	(부) 우왕좌왕
	□ 運動(うんどう)	(명) 운동
	□ 教(おし)える	(동) 가르치다
	□ 同(おな)じだ	(な형) 똑같다
	□ 降(お)りる	(동) (탈 것에서) 내리다

	어휘	의미
	□ 応募(おうぼ)	(명) 응모
か	□ 回収(かいしゅう)	(명) 회수
	□ 外出(がいしゅつ)	(명) 외출
	□ 回転(かいてん)	(명) 회전
	□ 回答(かいとう)	(명) 회답
	□ 開発(かいはつ)	(명) 개발
	□ 確実(かくじつ)だ	(な형) 확실하다
	□ 隠(かく)す	(동) 숨기다
	□ 拡張(かくちょう)	(명) 확장
	□ 確認(かくにん)	(명) 확인
	□ 囲(かこ)む	(동) 둘러싸다
	□ 課題(かだい)	(명) 과제
	□ 片付(かたづ)ける	(동) 정리하다
	□ 語(かた)る	(동) 이야기하다
	□ 活気(かっき)	(명) 활기
	□ 活動(かつどう)	(명) 활동
	□ 活力(かつりょく)	(명) 활력
	□ 必(かなら)ずしも	(부) 반드시 (~인 것은 아니다)
	□ 考(かんが)える	(동) 생각하다
	□ 関係(かんけい)	(명) 관계
	□ 関心(かんしん)	(명) 관심
	□ 感心(かんしん)	(명) 감탄
	□ 感動(かんどう)	(명) 감동
	□ 管理(かんり)	(명) 관리
	□ 機械(きかい)	(명) 기계

	단어	뜻
□	期間(きかん)	명 기간
□	期限(きげん)	명 기한
□	期待(きたい)	명 기대
□	帰宅(きたく)	명 귀가
□	きちんと	부 정확히
□	吸収(きゅうしゅう)	명 흡수
□	記録(きろく)	명 기록
□	緊張(きんちょう)	명 긴장
□	臭(くさ)い	い형 냄새가 고약하다
□	区別(くべつ)	명 구별
□	詳(くわ)しい	い형 자세하다
□	経験(けいけん)	명 경험
□	計算(けいさん)	명 계산
□	経由(けいゆ)	명 경유
□	限界(げんかい)	명 한계
□	建設(けんせつ)	명 건설
□	交換(こうかん)	명 교환
□	交替(こうたい)	명 교체(교대)
□	異(こと)なる	동 다르다
□	断(ことわ)る	동 거절하다
□	困(こま)る	동 곤란하다
□	婚約(こんやく)	명 약혼
さ □	最低(さいてい)	명 최저
□	才能(さいのう)	명 재능
□	作成(さくせい)	명 작성

	단어	뜻
□	誘(さそ)う	동 권하다
□	さっぱり	부 산뜻한 모양
□	差別(さべつ)	명 차별
□	指示(しじ)	명 지시
□	次第(しだい)に	부 점차
□	質問(しつもん)	명 질문
□	支払(しはら)う	동 지불하다
□	自由(じゆう)	명 자유
□	集会(しゅうかい)	명 집회
□	集中(しゅうちゅう)	명 집중
□	修理(しゅうり)	명 수리
□	縮小(しゅくしょう)	명 축소
□	主張(しゅちょう)	명 주장
□	出張(しゅっちょう)	명 출장
□	正直(しょうじき)	명 정직
□	将来(しょうらい)	명 장래
□	省略(しょうりゃく)	명 생략
□	処理(しょり)	명 처리
□	申請(しんせい)	명 신청
□	新鮮(しんせん)だ	な형 신선하다
□	捨(す)てる	동 버리다
□	性格(せいかく)	명 성격
□	清潔(せいけつ)だ	な형 청결하다
□	制限(せいげん)	명 제한
□	製造(せいぞう)	명 제조

	단어	뜻
☐	制度(せいど)	명 제도
☐	成分(せいぶん)	명 성분
☐	整理(せいり)	명 정리
☐	切断(せつだん)	명 절단
☐	迫る(せまる)	동 다가오다
☐	せめて	부 적어도, 최소한
☐	早退(そうたい)	명 조퇴
☐	卒業(そつぎょう)	명 졸업
☐	そっくりだ	な형 꼭 닮다
☐	そろそろ	부 슬슬
た ☐	高まる(たかまる)	동 높아지다
☐	助ける(たすける)	동 돕다
☐	たちまち	부 금세
☐	達する(たっする)	동 도달하다
☐	たとえ	부 비록, 설령
☐	溜る(たまる)	동 모이다, 쌓이다
☐	怠い(だるい)	い형 나른하다
☐	短縮(たんしゅく)	명 단축
☐	単純だ(たんじゅんだ)	な형 단순하다
☐	だんだん	부 점점
☐	注文(ちゅうもん)	명 주문
☐	通学(つうがく)	명 통학
☐	伝わる(つたわる)	동 전해지다
☐	包む(つつむ)	동 싸다
☐	勤め先(つとめさき)	명 근무처

	단어	뜻
☐	辛い(つらい)	い형 힘들다
☐	伝記(でんき)	명 전기
☐	通りすぎる(とおりすぎる)	동 통과해서 지나가다
☐	通る(とおる)	동 통과하다
☐	途中(とちゅう)	명 도중
☐	怒鳴る(どなる)	동 고함치다
☐	どんどん	부 자꾸자꾸, 척척
な ☐	内容(ないよう)	명 내용
☐	流す(ながす)	동 흘리다
☐	投げる(なげる)	동 던지다
☐	日記(にっき)	명 일기
☐	入力(にゅうりょく)	명 입력
☐	抜ける(ぬける)	동 빠지다
☐	眠る(ねむる)	동 잠들다
☐	残る(のこる)	동 남다
☐	載せる(のせる)	동 얹다, 싣다
☐	述べる(のべる)	동 진술하다, 기술하다
は ☐	量る(はかる)	동 재다
☐	激しい(はげしい)	い형 세차다, 격하다
☐	運ぶ(はこぶ)	동 옮기다, 나르다
☐	場所(ばしょ)	명 장소
☐	走る(はしる)	동 달리다
☐	発射(はっしゃ)	명 발사
☐	発達(はったつ)	명 발달
☐	発展(はってん)	명 발전

	단어	뜻
☐	発売(はつばい)	명 발매
☐	発明(はつめい)	명 발명
☐	派手(はで)だ	な형 화려하다
☐	立派(りっぱ)だ	な형 훌륭하다
☐	話(はな)し合(あ)う	동 의논하다
☐	話(はな)しかける	동 말을 걸다
☐	離(はな)す	동 (사이를) 떼다, 풀다
☐	離(はな)れる	동 떨어지다, 멀어지다
☐	筆記(ひっき)	명 필기
☐	ぴったり	부 꼭, 딱
☐	引(ひ)っ張(ぱ)る	동 잡아끌다
☐	表示(ひょうじ)	명 표시
☐	不安(ふあん)	명 불안
☐	増(ふ)える	동 증가하다
☐	塞(ふさ)ぐ	동 막다
☐	ぶつかる	동 부딪치다
☐	不満(ふまん)	명 불만
☐	振(ふ)り返(かえ)る	동 뒤돌아보다
☐	分解(ぶんかい)	명 분해
☐	平気(へいき)だ	な형 아무렇지 않다
☐	返事(へんじ)	명 대답
☐	編集(へんしゅう)	명 편집
☐	方面(ほうめん)	명 방면
☐	訪問(ほうもん)	명 방문
☐	募集(ぼしゅう)	명 모집

		단어	뜻
	☐	翻訳(ほんやく)	명 번역
ま	☐	毎日(まいにち)	명 매일
	☐	負(ま)け	명 패배
	☐	貧(まず)しい	い형 가난하다
	☐	混(ま)ぜる	동 섞다
	☐	迷(まよ)う	동 헤매다
	☐	見送(みおく)る	동 배웅하다
	☐	見(み)つめる	동 바라보다
	☐	認(みと)める	동 인정하다
	☐	未来(みらい)	명 미래
	☐	夢中(むちゅう)だ	な형 열중하다, 몰두하다
	☐	迷惑(めいわく)だ	な형 귀찮다, 민폐이다
	☐	もし	부 만약
や	☐	約束(やくそく)	명 약속
	☐	辞(や)める	동 그만두다
	☐	行(ゆ)き先(さき)	명 행선지, 목적지
	☐	行方(ゆくえ)	명 행방, 장래
	☐	豊(ゆたか)だ	な형 풍족하다
ら	☐	来年(らいねん)	명 내년
	☐	流行(りゅうこう)	명 유행
	☐	連絡先(れんらくさき)	명 연락처
わ	☐	別(わか)れる	동 헤어지다, 갈라서다
	☐	分(わ)かれる	동 갈라지다
	☐	分(わ)ける	동 나누다
	☐	悪(わる)い	い형 나쁘다

실전문제 풀어보기 1회

제한시간 5분 | 정답과 해설 158쪽

問題5　つぎのことばの使い方として最もよいものを、1·2·3·4から一つえらびなさい。

1 暗記
1 エジソンの暗記を読んで感動した。
2 日本語で作文を書く暗記試験は難しい。
3 漢字の読み方を暗記するのが苦手だ。
4 毎日短くても暗記を書き続けることが大切だ。

2 発展
1 宇宙ロケットの発展はここで行われます。
2 心と体が発展して、大人になります。
3 この商品の発展は来月末です。
4 経済が発展すれば、あの国も豊かになります。

3 内容
1 さっきから話の内容がわからない。
2 早く先生からの内容をもらいたい。
3 彼はこの事件とは 全く内容がない。
4 彼女は内容がいいので、人気がある。

4 たまる
1 家から学校にはこの道を必ずたまる。
2 仕事が多くてストレスがたまっている。
3 早くたまらないと、水があふれてくる。
4 思い出がたまったものは、捨てられない。

5 あまる
1 時間があまったので、近くを散歩した。
2 ついに彼女をデートにあまった。
3 レポートの締め切りが来週にあまった。
4 外国では食べ物にあまって、苦労した。

▷맞힌 개수 확인 ______ /5

실전문제 풀어보기 2회

⏱제한시간 5분 | 정답과 해설 159쪽

問題5 つぎのことばの使い方として最もよいものを、1·2·3·4から一つえらびなさい。

1 緊張(きんちょう)
1 彼は最後まで自分の緊張(きんちょう)を変えなかった。
2 明日は面接なので、緊張(きんちょう)して眠れない。
3 道路を緊張(きんちょう)する工事が始まった。
4 週末から部長と大阪に緊張(きんちょう)する予定だ。

2 回収(かいしゅう)
1 アンケート用紙はお昼までに回収(かいしゅう)してください。
2 このタオルは汗(あせ)をよく回収(かいしゅう)します。
3 彼の一方的な要求には回収(かいしゅう)できません。
4 月は地球の周りを回収(かいしゅう)しています。

3 期限
1 彼女の期限を取ることは大変だ。
2 最近、能力の期限を感じることがある。
3 彼女の新しい作品に期限が高まっている。
4 提出期限が過ぎた書類は受け付けられない。

4 まずしい
1 その話をもっとまずしく聞きたい。
2 彼の言葉には少しまずしいところがある。
3 まずしい環境でも、夢を持って働いている。
4 強い風で家がまずしく燃えていった。

5 ことわる
1 10年間飼っていた犬とことわった。
2 彼とことわって生きていく自信がない。
3 木村(きむら)さんが遊びの誘いをことわるわけがない。
4 お互い性格がことわるのは当たり前のことだ。

▷맞힌 개수 확인 ____ /5

PART 1 언어지식(문자·어휘)

문제 5» 용법

실전문제 풀어보기 3회

⏱ 제한시간 5분 | 정답과 해설 161쪽

問題5　つぎのことばの使い方として最もよいものを、1・2・3・4から一つえらびなさい。

1 正直だ

1　彼女が結婚するのは正直な情報です。
2　正直な服は私に全く似合いません。
3　彼は彼女と離れても正直だそうです。
4　正直に話しても、周りは相手にしてくれません。

2 指示

1　彼女は彼にレポートの期限を指示した。
2　部長は私に会議の準備を指示した。
3　私は店員にトイレの場所を指示した。
4　友だちは学校に利用許可を指示した。

3 修理

1　パソコンが壊れたので修理に出した。
2　お金と時間の修理は案外難しい。
3　この問題の修理を急いでほしい。
4　ごみを捨ててから、本の修理をしよう。

4 たとえ

1　たとえ彼がこの会社でずっと働くとは限らない。
2　たとえ彼女がそこに行くなら、私も行きます。
3　たとえ離れていても、僕の愛は変わらない。
4　たとえ二人の距離は広がっていった。

5 あずける

1　毎日のストレスで髪の毛はあずけることがある。
2　彼女は両親をあずけるためにアルバイトをしている。
3　私と夫が働いている間、子供をあずける所を探している。
4　急なお金が必要になって家をあずけることにした。

_____ /5

실전문제 풀어보기 4회

제한시간 5분 | 정답과 해설 162쪽

問題5　つぎのことばの使い方として最もよいものを、1·2·3·4から一つえらびなさい。

1　性格

1　この薬の<u>性格</u>を調べなければならない。
2　ラベルのどこにも値段の<u>性格</u>がない。
3　人は見かけより<u>性格</u>が重要だと思う。
4　彼は昔から音楽の<u>性格</u>がある。

2　感心

1　恋人を助けた彼の行動に誰もが<u>感心</u>した。
2　社長は社員から<u>感心</u>されています。
3　政治や経済に若者の<u>感心</u>が高くない。
4　みんなが<u>感心</u>する恋愛映画を作りたい。

3　訪問

1　毎日学校には自転車で<u>訪問</u>している。
2　彼が<u>訪問</u>した機械は科学の発展につながる。
3　レストランでランチセットを<u>訪問</u>する。
4　夜中に人の家を<u>訪問</u>するのはよくない。

4　まぜる

1　ボールを遠くに<u>まぜたら</u>、窓ガラスが割れた。
2　どちらの靴を買おうか、ずっと<u>まぜて</u>いる。
3　この部分の色はこれとこれを<u>まぜて</u>作った。
4　残りの荷物は全部トラックに<u>まぜた</u>。

5　見送る

1　引越しの時、彼が重いものを<u>見送って</u>くれた。
2　彼は彼女を駅まで<u>見送って</u>から、家に帰った。
3　店員にプレゼントをきれいに<u>見送って</u>もらった。
4　手紙を<u>見送った</u>夜、私は返事を書くことにした。

맞힌 개수 확인 ______ /5

실전문제 풀어보기 5회

제한시간 5분 | 정답과 해설 164쪽

問題5　つぎのことばの使い方として最もよいものを、1·2·3·4から一つえらびなさい。

1　分解(ぶんかい)する
1　解答は分解してから、求まるようになった。
2　クラスを半分に分解して、話し合おう。
3　森の中で道が分解して、何時間も迷った。
4　自転車を分解して、修理(しゅうり)してみた。

2　夢中(むちゅう)
1　この時間は夢中して本を読んでいる。
2　世界中の男性が彼女の美しさに夢中になった。
3　大学入試を準備する夢中で、あきらめた。
4　最近学生の間で夢中の映画はこれだ。

3　活動
1　この町は老人が多いが、元気で活動がある。
2　彼女の存在が私の活動になっている。
3　健康のためにもっと活動したほうがいい。
4　ボランティア活動をしている人が少ない。

4　つたわる
1　私たちの目の前で車とバイクがつたわった。
2　私の気持ちが本当に彼につたわったか心配だ。
3　全力で投げたボールが先生の頭につたわった。
4　日本語の実力がようやく目標につたわった。

5　通りすぎる
1　週末は人気の店の前はいつも人が通りすぎて迷惑(めいわく)だ。
2　バスを通りすぎてから、財布(さいふ)がないことに気づいた。
3　お年寄りが倒れているのに彼は平気で通りすぎた。
4　食べた後すぐ通りすぎるのは体によくない。

> 맞힌 개수 확인 ____ /5

실전문제 풀어보기 6회

제한시간 5분 | 정답과 해설 165쪽

問題5 つぎのことばの使い方として最も よいものを、1·2·3·4から一つえらびなさい。

1 未来(みらい)

1 地球の自然は未来(みらい)に残さなければならない。
2 未来(みらい)の春、私はついに彼と結婚する。
3 私の未来(みらい)の目標は、学校の先生になることだ。
4 未来(みらい)の習慣で、コーヒーをよく飲む。

2 縮小(しゅくしょう)

1 地図の大きさを縮小(しゅくしょう)して10枚コピーした。
2 営業時間の縮小(しゅくしょう)で働く環境がよくなった。
3 台風で木が倒れて、電線が縮小(しゅくしょう)された。
4 「スマホ」は「スマートフォン」を縮小(しゅくしょう)した言葉だ。

3 そっくりだ

1 今の気分にそっくりな曲が聞こえてきた。
2 さっき駅で彼女にそっくりな人を見かけた。
3 私と父と弟は血液型がそっくりだ。
4 計算と英語は学生の頃からそっくりだ。

4 はかる

1 集まったメンバーの数をはかって、確認する。
2 値段を全部はかったら、お金が足りなかった。
3 毎晩、体重をはかって、メモをしている。
4 この問題はみんなではかる必要があると思う。

5 受け入れる

1 彼女は毎日ファンからの手紙を受け入れている。
2 応募が少ないので、申請をまだ受け入れている。
3 世の中の誰もが彼の実力を受け入れている。
4 この町は 観光客を積極的(せっきょくてき)に受け入れている。

▷맞힌 개수 확인 ______ /5

실전문제 풀어보기 7회

⏱ 제한시간 5분 | 정답과 해설 167쪽

問題5　つぎのことばの使い方として最もよいものを、1·2·3·4から一つえらびなさい。

1　行き先

1　今年から行き先では課長(かちょう)として働いている。

2　行き先もわからないので、彼女を探す方法がない。

3　お互いに行き先を教えて、電話しようと思う。

4　5時に行き先を訪ねたが、誰もいなかった。

2　不安(ふあん)

1　彼はプレゼントが全部気に入らないと不安(ふあん)ばかり言う。

2　私が勝ったのに、彼は不安(ふあん)を認めたくないようだ。

3　電車の中で化粧をしたり、食べたりする人は不安(ふあん)だ。

4　一人暮(ひとりぐ)らしは不安(ふあん)だが、新生活を楽しもうと思う。

3　移動

1　このパソコンを移動してもらいたい。

2　会社が移動して、駅にもっと近くなった。

3　母は朝から移動していて、まだ戻っていない。

4　安全のために4時間ごとに移動して運転する。

4　そろそろ

1　時間も遅いので、そろそろ家に帰ろう。

2　道に迷って、同じ所をそろそろする。

3　風邪がそろそろよくなってきている。

4　忙しいのでそろそろ教える時間はない。

5　せめて

1　せめて別れても、僕は彼女だけを愛するだろう。

2　せめて10歳ぐらい若かったら、挑戦してみるのに。

3　彼女はせめて泣きそうな顔をしていた。

4　入学にはせめて100万円支払わなければならない。

_____ /5

실전문제 풀어보기 8회

제한시간 5분 | 정답과 해설 168쪽

PART 1 언어지식(문자·어휘)

問題5　つぎのことばの使い方として最もよいものを、1·2·3·4から一つえらびなさい。

1 経由（けいゆ）
1 羽田経由（はねだけいゆ）へのバスに乗って出かける。
2 成田経由（なりたけいゆ）でソウルに行くことになった。
3 大学を卒業すればいつでも経由（けいゆ）になれる。
4 会社に入っていろいろな経由（けいゆ）をしてみたい。

2 制限
1 飛行機に載せる荷物の重さには制限がある。
2 知っておくと便利な制限がいろいろある。
3 レポートの提出制限は来週の水曜日までだ。
4 ここは制限のごみ袋を使わなければならない。

3 翻訳（ほんやく）
1 携帯電話に田中さんの番号を翻訳（ほんやく）した。
2 二人は両親の前で翻訳（ほんやく）したのに別れた。
3 毎日何を買ったか手帳（てちょう）に翻訳（ほんやく）している。
4 論文を英語に翻訳（ほんやく）したものを学校に送った。

4 話しかける
1 友だちと朝まで寝ずに夢について話しかけた。
2 みんなの前で自分の意見を詳しく話しかけた。
3 いきなり英語で話しかけられてびっくりした。
4 会議ではこれからの課題についで話しかけられた。

5 いちいち
1 くばったお菓子はいちいちなくなった。
2 店の中は客がいちいち増えてきた。
3 先生は学生の荷物をいちいち調べた。
4 私の質問にいちいち答えてほしい。

맞힌 개수 확인 ______ /5

문제 5» 용법

정답 및 해설 **확인하기**

1회

문제 5 다음 단어의 사용법으로 가장 적당한 것을 1·2·3·4에서 하나 고르세요.

| 정답 |

1 3	2 4	3 1	4 2	5 1

| 해설 |

1 暗記(あんき)

1 エジソンの暗記を読んで感動した。
2 日本語で作文を書く暗記試験は難しい。
3 漢字の読み方を暗記するのが苦手だ。
4 毎日短くても暗記を書き続けることが大切だ。

해석 한자의 읽는 방법을 암기하는 것이 서투르다.

해설 ✽ 명사의 의미에 주목! 「暗記」는 '암기', 즉 '쓰여 있는 것을 보지 않고 말할 수 있도록 외운다'는 뜻이기 때문에 정답은 「漢字の読み方を暗記するの~(한자의 읽는 방법을 암기하는 것~)」이다.

BONUS 1 伝記(전기): 개인의 일생의 행적을 적은 기록 | 2 筆記(필기): 내용을 받아 적음 | 4 日記(일기): 날마다 적는 개인의 기록

2 発展(はってん)

1 宇宙ロケットの発展はここで行われます。
2 心と体が発展して、大人になります。
3 この商品の発展は来月末です。
4 経済が発展すれば、あの国も豊かになります。

해석 경제가 발전하면 그 나라도 풍요로워집니다.

해설 ✽ 명사의 의미에 주목! 「発展」은 '발전', 즉 '현 상태보다 더 나아가서 좋아진다'는 뜻이기 때문에 정답은 「経済が発展すれば、あの国も豊かに~(경제가 발전하면 그 나라도 풍요로워~)」이다.

BONUS 1 発射(발사): 활이나 총, 로켓 등을 쏨 | 2 発達(발달): 신체, 언어, 행동 등이 성장함 | 3 発売(발매): 팔기 시작함

3 内容(ないよう)

1 さっきから話の内容がわからない。
2 早く先生からの内容をもらいたい。
3 彼はこの事件とは全く内容がない。
4 彼女は内容がいいので、人気がある。

해석 조금 전부터 이야기의 내용을 모르겠다.

해설 ✽ 명사의 의미에 주목! 「内容」는 '내용', 즉 '말이나 글, 물건, 일 등에 들어있는 것'이란 뜻이기 때문에 정답은 「~話の内容がわからない(~이야기의 내용을 모르겠다)」이다.

BONUS 2 返事(답변, 답장): 물음에 대해 밝혀 대답함 | 3 関係(관계): 둘 이상의 것이 서로 관련을 맺음 | 4 性格(성격): 개인이 가지고 있는 성질

4 たまる

1 家から学校にはこの道を必ずたまる。
2 仕事が多くてストレスがたまっている。
3 早くたまらないと、水があふれてくる。
4 思い出がたまったものは、捨てられない。

해석 일이 많아서 스트레스가 쌓여 있다.

해설 ※동사의 의미에 주목! 「溜まる」는 '(한곳에) 모이다', 즉 '물건이 한곳에 조금씩 쌓이고 모여서 많아진다'는 뜻이기 때문에 정답은 「~ストレスが溜まっている(~스트레스가 쌓여 있다)」이다.

BONUS 1 通る(통과하다): 통로, 지점을 경유해서 사람, 물건, 탈것이 이동함 | 3 塞ぐ(막다): 비어 있는 것을 막거나 덮어서 구멍을 없앰 | 4 残る(남다): 뒤에 여분이 생김

5 あまる

1 時間があまったので、近くを散歩した。

2 ついに彼女をデートにあまった。

3 レポートの締め切りが来週にあまった。

4 外国では食べ物にあまって、苦労した。

해석 시간이 남아서 근처를 산책했다.

해설 ※동사의 의미에 주목! 「余る」는 '남다', 즉 '일정량 이상이 되어 남는다'는 뜻이기 때문에 정답은 「時間が余ったので~(시간이 남아서~)」이다.

BONUS 2 誘う(권하다): 함께 행동할 것을 추천함 | 3 迫る(다가오다): 압박하듯이 좁혀옴 | 4 困る(곤란하다): 판단, 처리, 취급에 관해서 고민하고 괴로워함

2회

문제 5 다음 단어의 사용법으로 가장 적당한 것을 1·2·3·4에서 하나 고르세요.

|정답|

1 2	2 1	3 4	4 3	5 3

|해설|

1 緊張

1 彼は最後まで自分の緊張を変えなかった。

2 明日は面接なので、緊張して眠れない。

3 道路を緊張する工事が始まった。

4 週末から部長と大阪に緊張する予定だ。

해석 내일은 면접이라서 긴장해서 잠이 안 온다.

해설 ※명사의 의미에 주목! 「緊張」는 '긴장', 즉 '마음을 조이고 정신을 바짝 차린다'는 뜻이기 때문에 정답은 「~緊張して眠れない(~긴장해서 잠이 안 온다)」이다.

BONUS 1 主張(주장): 자신의 의견, 생각, 욕구를 다른 사람에게 전하려고 함 | 3 拡張(확장): 범위, 규모, 세력 따위를 늘려서 넓힘 | 4 出張(출장): 용무를 위하여 임시로 다른 곳으로 나감

2 回収

1 アンケート用紙はお昼までに回収してください。 2 このタオルは汗をよく回収します。
3 彼の一方的な要求には回収できません。 4 月は地球の周りを回収しています。

해석 설문 용지는 낮까지 회수해 주세요.

해설 ※ 명사의 의미에 주목! 「回収」는 '회수', 즉 '도로 거두어 들인다'는 뜻이기 때문에 정답은 「アンケート用紙は~回収してください(설문 용지는 ~회수해 주세요)」이다.

BONUS 2 吸収(흡수): 빨아서 거두어 들임 | 3 回答(회답): 물음이나 편지에 대한 반응 | 4 回転(회전): 어떤 것을 축으로 물체 자체가 빙빙 돎

3 期限

1 彼女の期限を取ることは大変だ。 2 最近、能力の期限を感じることがある。
3 彼女の新しい作品に期限が高まっている。 **4 提出期限が過ぎた書類は受け付けられない。**

해석 제출기한이 지난 서류는 접수할 수 없다.

해설 ※ 명사의 의미에 주목! 「期限」은 '기한', 즉 '사전에 그때까지 하도록 정해진 시기'라는 뜻이기 때문에 정답은 「提出期限が過ぎた~(제출기한이 지난~)」이다.

BONUS 1 機嫌(기분, 비위): 어떤 것을 좋아하거나 싫어하는 성미 | 2 限界(한계): 사물이나 능력, 책임 따위가 실제 작용할 수 있는 범위 | 3 期待(기대): 어떤 일이 원하는 대로 이루어지길 바라는 마음

4 まずしい

1 その話をもっとまずしく聞きたい。 2 彼の言葉には少しまずしいところがある。
3 まずしい環境でも、夢を持って働いている。 4 強い風で家がまずしく燃えていった。

해석 힘든 환경이라도 꿈을 가지고 일하고 있다.

해설 ※ 형용사의 의미에 주목! 「貧しい」는 '가난하다', 즉 '재산, 금전 등이 부족해서 생활이 힘들다'는 뜻이기 때문에 정답은 「貧しい環境でも、夢を持って~(힘든 환경이라도 꿈을 가지고~)」이다.

BONUS 1 詳しい(상세하다): 낱낱이 자세함 | 2 怪しい(수상하다): 보통과는 달리 이상하여 의심스러움 | 4 激しい(세차다, 격하다): 기세나 감정 따위가 급하고 거셈

5 ことわる

1 10年間飼っていた犬とことわった。 2 彼とことわって生きていく自信がない。
3 木村さんが遊びの誘いをことわるわけがない。 4 お互い性格がことわるのは当たり前のことだ。

해석 기무라 씨가 놀자는 권유를 거절할 리가 없다.

해설 ※ 동사의 의미에 주목! 「断る」는 '거절하다', 즉 '상대방의 제안, 권유에 따를 수 없음을 알린다'는 뜻이기 때문에 정답은 「遊びの誘いを断る~(놀자는 권유를 거절할~)」이다.

BONUS 1 別れる(헤어지다): 따로따로 흩어지거나 떨어짐 | 2 離れる(멀어지다): 거리가 많이 떨어지게 됨 | 4 異なる(다르다): 비교가 되는 두 대상이 서로 같지 아니함

3회

문제 5 다음 단어의 사용법으로 가장 적당한 것을 1·2·3·4에서 하나 고르세요.

|정답|

1 4　2 2　3 1　4 3　5 3

|해설|

1 正直だ

1 彼女が結婚するのは正直な情報です。　2 正直な服は私に全く似合いません。
3 彼は彼女と離れても正直だそうです。　**4 正直に話しても、周りは相手にしてくれません。**

해석 정직하게 얘기해도 주변에서는 상대해 주지 않습니다.

해설 ※ 형용사의 의미에 주목! 「正直」는 '정직', 즉 '마음에 거짓이나 꾸밈이 없이 바르고 곧다'는 뜻이기 때문에 정답은 「正直に話しても~(정직하게 얘기해도~)」이다.

BONUS 1 確実だ(확실하다): 틀림없이 그러함 | 2 派手だ(화려하다): 환하게 빛나며 곱고 아름다움 | 3 平気だ(아무렇지 않다): 아무런 변동 없이 먼저 모양 그대로 있음

2 指示

1 彼女は彼にレポートの期限を指示した。　**2 部長は私に会議の準備を指示した。**
3 私は店員にトイレの場所を指示した。　4 友だちは学校に利用許可を指示した。

해석 부장님은 나에게 회의 준비를 지시했다.

해설 ※ 명사의 의미에 주목! 「指示」는 '지시', 즉 '어떤 대상을 가리키거나 어떤 일을 일러서 시킨다'는 뜻이기 때문에 정답은 「~会議の準備を指示した(~회의 준비를 지시했다)」이다.

BONUS 1 確認(확인): 틀림없이 그러한가를 알아봄 | 3 質問(질문): 알고자 하는 바를 얻기 위해 물음 | 4 申請(신청): 단체나 기관에 일이나 물건을 알려 청구함

3 修理

1 パソコンが壊れたので修理に出した。　2 お金と時間の修理は案外難しい。
3 この問題の修理を急いでほしい。　4 ごみを捨ててから、本の修理をしよう。

해석 컴퓨터가 고장나서 수리를 맡겼다.

해설 ※ 명사의 의미에 주목! 「修理」는 '수리', 즉 '고장나거나 허름한 데를 손보아 고친다'는 뜻이기 때문에 정답은 「パソコンが壊れたので修理に出した(컴퓨터가 고장나서 수리를 맡겼다)」이다.

BONUS 2 管理(관리): 시설이나 물건의 유지, 개량 등의 일을 맡아 함 | 3 処理(처리): 사무나 사건을 절차에 따라 정리하여 마무리를 지음 | 4 整理(정리): 흐트러진 상태에 있는 것을 한데 모으거나 치워서 질서 있는 상태가 되게 함

4 たとえ

1 たとえ彼がこの会社でずっと働くとは限らない。 2 たとえ彼女がそこに行くなら、私も行きます。

3 たとえ離れていても、僕の愛は変わらない。 4 たとえ二人の距離は広がっていった。

해석 비록 떨어져 있더라도 나의 사랑은 변하지 않을 것이다.

해설 ※ 부사의 의미에 주목! 「たとえ」는 '비록, 설령'의 의미로 「たとえ~ても(비록 ~일지라도)」의 문형으로 사용되므로 정답은 「たとえ離れていても~(비록 떨어져 있더라도~)」이다.

BONUS 1 必ずしも~とは限らない: 반드시 ~라고는 할 수 없다, 必ずしも~というわけではない: 반드시 ~라고는 할 수 없다 | 2 もし~とすると: 만약 ~라면, もし~としても: 만약 ~일지라도 | 4 次第に~なっていく: 점차 ~되어가다

5 あずける

1 毎日のストレスで髪の毛はあずけることがある。

2 彼女は両親をあずけるためにアルバイトをしている。

3 私と夫が働いている間、子供をあずける所を探している。

4 急なお金が必要になって家をあずけることにした。

해석 나와 남편이 일하고 있는 동안 아이를 맡길 곳을 찾고 있다.

해설 ※ 동사의 의미에 주목! 「預ける」는 '맡기다', 즉 '어떤 일에 대한 책임을 지고 담당하게 한다'는 뜻이기 때문에 정답은 「子供を預ける~(아이를 맡길~)」이다.

BONUS 1 抜ける(빠지다): 박힌 물건이 제자리에서 나옴 | 2 助ける(돕다): 남의 하는 일이 잘되도록 거들거나 힘을 보탬 | 4 売る(팔다): 값을 받고 물건이나 권리를 남에게 넘기거나 제공함

4회

문제 5 다음 단어의 사용법으로 가장 적당한 것을 1·2·3·4에서 하나 고르세요.

| 정답 |

1 3 2 1 3 4 4 3 5 2

| 해설 |

1 性格

1 この薬の性格を調べなければならない。 2 ラベルのどこにも値段の性格がない。

3 人は見かけより性格が重要だと思う。 4 彼は昔から音楽の性格がある。

해석 사람은 겉모습보다 성격이 중요하다고 생각한다.

해설 ※ 명사의 의미에 주목! 「性格」는 '성격', 즉 '개인이 가지고 있는 고유의 성질이나 품성'이라는 뜻이기 때문에 정답은 「人は見かけより性格が重要だ~(사람은 겉모습보다 성격이 중요하다~)」이다.

BONUS 1 成分(성분): 유기적인 통일체를 이루고 있는 것의 한 부분 | 2 表示(표시): 겉으로 드러내 보임 | 4 才能(재능): 어떤 일을 하는 데 필요한 재주와 능력

2 感心(かんしん)

1 恋人(こいびと)を助(たす)けた彼(かれ)の行動(こうどう)に誰(だれ)もが感心した。
2 社長(しゃちょう)は社員(しゃいん)から感心されています。
3 政治(せいじ)や経済(けいざい)に若者(わかもの)の感心が高(たか)くない。
4 みんなが感心する恋愛映画(れんあいえいが)を作(つく)りたい。

해석 연인을 도운 그의 행동에 모두가 감동했다.

해설 ✻ 명사의 의미에 주목! 「感心(かんしん)する」는 '감탄하다', 즉 '마음속 깊이 느끼어 탄복한다'는 뜻이기 때문에 정답은 「恋人(こいびと)を助(たす)けた彼(かれ)の行動(こうどう)に~(연인을 도운 그의 행동에~)」이다.

BONUS 2 尊敬(そんけい)(존경): 남의 인격, 사상, 행위 따위를 받들어 공경함 | 3 関心(かんしん)(관심): 어떤 것에 마음이 끌려 주의를 기울임 | 4 感動(かんどう)(감동): 크게 느껴 마음이 움직임

3 訪問(ほうもん)

1 毎日学校(まいにちがっこう)には自転車(じてんしゃ)で訪問している。
2 彼(かれ)が訪問した機械(きかい)は科学(かがく)の発展(はってん)につながる。
3 レストランでランチセットを訪問する。
4 夜中(よなか)に人(ひと)の家(いえ)を訪問するのはよくない。

해석 한밤중에 남의 집을 방문하는 것은 좋지 않다.

해설 ✻ 명사의 의미에 주목! 「訪問(ほうもん)」은 '방문', 즉 '남을 찾아가 본다'는 뜻이기 때문에 정답은 「夜中(よなか)に人(ひと)の家(いえ)を訪問(ほうもん)するの~(한밤중에 남의 집을 방문하는 것~)」이다.

BONUS 1 通学(つうがく)(통학): 집에서 학교까지 다님 | 2 発明(はつめい)(발명): 아직까지 없던 기술이나 물건을 새로 만듦 | 3 注文(ちゅうもん)(주문): 다른 사람에게 어떤 일을 요구하거나 부탁함

4 まぜる

1 ボールを遠(とお)くにまぜたら、窓(まど)ガラスが割(わ)れた。
2 どちらの靴(くつ)を買(か)おうか、ずっとまぜている。
3 この部分(ぶぶん)の色(いろ)はこれとこれをまぜて作(つく)った。
4 残(のこ)りの荷物(にもつ)は全部(ぜんぶ)トラックにまぜた。

해석 이 부분의 색은 이것과 이것을 섞어서 만들었다.

해설 ✻ 동사의 의미에 주목! 「混(ま)ぜる」는 '섞다', 즉 '두 가지 이상의 것을 한데 합친다'는 뜻이기 때문에 정답은 「~これとこれを混(ま)ぜて作(つく)った(~이것과 이것을 섞어서 만들었다)」이다.

BONUS 1 投(な)げる(던지다): 손을 잡아서 멀리 날림 | 2 迷(まよ)う(망설이다, 헤매다): 이리저리 생각만 하고 태도를 결정하지 못함 | 4 載(の)せる(얹다, 싣다): 물체나 사람을 탈것, 수레 등에 올림

5 見送(みおく)る

1 引越(ひっこ)しの時(とき)、彼(かれ)が重(おも)いものを見送ってくれた。
2 彼(かれ)は彼女(かのじょ)を駅(えき)まで見送ってから、家(いえ)に帰(かえ)った。
3 店員(てんいん)にプレゼントをきれいに見送ってもらった。
4 手紙(てがみ)を見送った夜(よる)、私(わたし)は返事(へんじ)を書(か)くことにした。

해석 그는 그녀를 역까지 배웅하고 나서 집에 돌아갔다.

해설 ✻ 동사의 의미에 주목! 「見送(みおく)る」는 '배웅하다', 즉 '떠나가는 손님을 일정한 곳까지 따라 나가서 작별해 보낸다'는 뜻이기 때문에 정답은 「彼(かれ)は彼女(かのじょ)を駅(えき)まで見送(みおく)ってから~(그는 그녀를 역까지 배웅하고 나서~)」이다.

BONUS 1 運(はこ)ぶ(나르다, 운반하다): 물건을 옮겨 나름 | 3 包(つつ)む(싸다): 물건을 안에 넣고 보이지 않게 씌워 가림 | 4 受(う)け取(と)る(수취하다): 다른 사람이 주거나 보내오는 물건 등을 받아서 가짐

5회

문제 5 다음 단어의 사용법으로 가장 적당한 것을 1·2·3·4에서 하나 고르세요.

|정답|

1 4	2 2	3 4	4 2	5 3

|해설|

1 分解する

1 解答は分解してから、求まるようになった。
2 クラスを半分に分解して、話し合おう。
3 森の中で道が分解して、何時間も迷った。
4 自転車を分解して、修理してみた。

해석 자전거를 분해해서 수리해 보았다.

해설 ★ 동사의 의미에 주목! 「分解する」는 '분해하다', 즉 '여러 부분이 결합되어 이루어진 것을 낱낱으로 나눈다'는 뜻이기 때문에 정답은 「自転車を分解して、修理して~(자전거를 분해해서 수리해~)」이다.

BONUS 1 分析する(분석하다): 개념을 속성이나 요소로 갈라내어 알아냄 | 2 分ける(나누다, 분배하다): 여러 가지가 섞인 것을 구분하여 분류함 | 3 分かれる(갈라지다): 둘 이상으로 나누어짐

2 夢中

1 この時間は夢中して本を読んでいる。
2 世界中の男性が彼女の美しさに夢中になった。
3 大学入試を準備する夢中で、あきらめた。
4 最近学生の間で夢中の映画はこれだ。

해석 전세계의 남성이 그녀의 아름다움에 푹 빠져 있다.

해설 ★ 명사의 의미에 주목! 「夢中」는 '열중함, 몰두함', 즉 '너무 열중한 나머지 자신을 잊어 버린다'는 뜻이기 때문에 정답은 「~彼女の美しさに夢中になった(~그녀의 아름다움에 푹 빠져 있다)」이다.

BONUS 1 集中(집중): 한 가지 일에 모든 힘을 쏟아 부음 | 3 途中(도중): 일이 계속되고 있는 과정이나 중간 | 4 流行(유행): 특정한 행동양식, 사상 등이 널리 퍼짐

3 活動

1 この町は老人が多いが、元気で活動がある。
2 彼女の存在が私の活動になっている。
3 健康のためにもっと活動したほうがいい。
4 ボランティア活動をしている人が少ない。

해석 봉사활동을 하고 있는 사람이 적다.

해설 ★ 명사의 의미에 주목! 「活動」는 '활동', 즉 '무언가 성과를 얻기 위해 하는 움직인다'는 뜻이기 때문에 정답은 「ボランティア活動をしている~(봉사활동을 하고 있는~)」이다.

BONUS 1 活気(활기): 활동력 있거나 활발한 기운 | 2 活力(활력): 살아 움직이는 힘 | 3 運動(운동): 몸을 단련하기 위해 몸을 움직이거나 목적을 이루기 위해 힘쓰는 일

4 つたわる

1 私たちの目の前で車とバイクがつたわった。
2 **私の気持ちが本当に彼につたわったか心配だ。**
3 全力で投げたボールが先生の頭につたわった。
4 日本語の実力がようやく目標につたわった。

해석 나의 마음이 정말 그에게 전해졌을까 걱정이다.

해설 ★ 동사의 의미에 주목! 「伝わる」는 '말', 즉 '정보가 전해진다'는 뜻이기 때문에 정답은 「私の気持ちが本当に彼に伝わったか~(나의 마음이 정말 그에게 전해졌을까~)」이다.

BONUS 1 ぶつかる(부딪히다): 움직이는 두 물체가 접촉하여 단시간에 서로 힘을 미침 | 3 当たる(명중하다, 들어맞다): 말이나 사실 등이 틀림이 없음 | 4 達する(도달하다, 이르다): 목적한 곳이나 수준에 다다름

5 通りすぎる

1 週末は人気の店の前はいつも人が通りすぎて迷惑だ。
2 バスを通りすぎてから、財布がないことに気づいた。
3 **お年寄りが倒れているのに彼は平気で通りすぎた。**
4 食べた後すぐ通りすぎるのは体によくない。

해석 노인이 넘어져 있는데도 그는 태연하게 지나쳐 갔다.

해설 ★ 동사의 의미에 주목! 「通りすぎる」는 '지나가다', 즉 '어느 장소를 통과해서 지나간다'는 뜻이기 때문에 정답은 「~彼は平気で通りすぎた(~그는 태연하게 지나쳐 갔다)」이다.

BONUS 1 集まる(모이다): 어떤 대상을 한데 합치도록 함 | 2 降りる(내리다): 탈것에서 밖이나 땅으로 이동함 | 4 走る(달리다): 달음질쳐 빨리 가거나 옴

6회

문제 5 다음 단어의 사용법으로 가장 적당한 것을 1·2·3·4에서 하나 고르세요.

|정답|

1 1 2 1 3 2 4 3 5 4

|해설|

1 未来

1 **地球の自然は未来に残さなければならない。**
2 未来の春、私はついに彼と結婚する。
3 私の未来の目標は、学校の先生になることだ。
4 未来の習慣で、コーヒーをよく飲む。

해석 지구의 자연은 미래에 남겨 놓아야 한다.

해설 ★ 명사의 의미에 주목! 「未来」는 '미래', 즉 '앞으로 올 때'라는 뜻이기 때문에 정답은 「地球の自然は未来に残さなければならない(지구의 자연은 미래에 남겨 놓아야 한다)」이다.

BONUS 2 来年(내년): 올해의 바로 다음 해 | 3 将来(장래): 앞으로의 가능성이나 전망 | 4 毎日(매일): 각각의 개별적인 나날

2 縮小

1 地図の大きさを縮小して10枚コピーした。
2 営業時間の縮小で働く環境がよくなった。
3 台風で木が倒れて、電線が縮小された。
4 「スマホ」は「スマートフォン」を縮小した言葉だ。

해석 지도의 크기를 축소해서 10장 복사했다.

해설 ※ 명사의 의미에 주목! 「縮小」는 '축소', 즉 '모양이나 규모 따위를 줄여서 작게 한다'는 뜻이기 때문에 정답은 「地図の大きさを縮小して~(지도의 크기를 축소해서~)」이다.

BONUS 2 短縮(단축): 시간이나 거리가 짧게 줄어듦 | 3 切断(절단): 자르거나 베어서 끊음 | 4 省略(생략): 전체에서 일부를 줄이거나 뺌

3 そっくりだ

1 今の気分にそっくりな曲が聞こえてきた。
2 さっき駅で彼女にそっくりな人を見かけた。
3 私と父と弟は血液型がそっくりだ。
4 計算と英語は学生の頃からそっくりだ。

해석 조금 전 역에서 그녀와 쏙 닮은 사람을 봤다.

해설 ※ 형용사의 의미에 주목! 「そっくりだ」는 '꼭 닮다', 즉 '사람 또는 사물이 서로 비슷한 생김새나 성질을 지닌다'는 뜻이기 때문에 정답은 「~彼女にそっくりな人を見かけた(~그녀와 쏙 닮은 사람을 봤다)」이다.

BONUS 1 ぴったり(꼭, 딱): 틈이 없이 맞는 모양 | 3 同じだ(똑같다): 모양, 성질, 분량이 조금도 다른 데가 없음 | 4 さっぱりだ(형편없다): 전혀 안됨, 아주 말이 아님

4 はかる

1 集まったメンバーの数をはかって、確認する。
2 値段を全部はかったら、お金が足りなかった。
3 毎晩、体重をはかって、メモをしている。
4 この問題はみんなではかる必要があると思う。

해석 매일 밤, 체중을 재서 메모를 하고 있다.

해설 ※ 동사의 의미에 주목! 「量る」는 '재다', 즉 '자, 저울 등의 계기를 이용하여 길이, 너비, 깊이, 무게, 온도, 속도 등의 정도를 알아본다'는 뜻이기 때문에 정답은 「体重を量って~(체중을 재서~)」이다.

BONUS 1 教える(가르치다): 지식이나 기능, 이치 따위를 깨닫게 하거나 익히게 함 | 2 計算する(계산하다): 수를 헤아림 | 4 考える(생각하다): 사물을 헤아리고 판단함

5 受け入れる

1 彼女は毎日ファンからの手紙を受け入れている。
2 応募が少ないので、申請をまだ受け入れている。
3 世の中の誰もが彼の実力を受け入れている。
4 この町は観光客を積極的に受け入れている。

해석 이 마을은 관광객을 적극적으로 받아들이고 있다.

해설 ※ 동사의 의미에 주목! 「受け入れる」는 '받아들이다, 용인하다', 즉 '사람이나 물건을 받아들이거나 사람의 의견, 요구를 인정한다'는 뜻이기 때문에 정답은 「~観光客を積極的に受け入れている(~관광객을 적극적으로 받아들이고 있다)」이다.

BONUS 1 受け取る(수취하다): 다른 사람이 주거나 보내오는 물건 등을 받아서 가짐 | 2 受け付ける(접수하다): 신청이나 신고를 구두나 문서로 받음 | 3 認める(인정하다): 확실히 그렇다고 여김

7회

문제 5 다음 단어의 사용법으로 가장 적당한 것을 1·2·3·4에서 하나 고르세요.

|정답|

1 2　2 4　3 1　4 1　5 2

|해설|

1 行き先

1 今年から行き先では課長として働いている。
2 行き先もわからないので、彼女を探す方法がない。
3 お互いに行き先を教えて、電話しようと思う。
4 5時に行き先を訪ねたが、誰もいなかった。

해석 행선지도 몰라서 그녀를 찾을 방법이 없다.

해설 ※ 명사의 의미에 주목! 「行き先」는 '행선지' 즉, '가려고 하는 장소'라는 뜻이기 때문에 정답은 「行き先もわからないので、彼女を探す方法がない(행선지도 몰라서 그녀를 찾을 방법이 없다)」이다.

BONUS 1 勤め先(근무처): 근무하는 일정한 기관이나 부서 | 3 連絡先(연락처): 연락을 하기 위하여 정해 둔 곳 | 4 約束の場所(약속 장소): 다른 사람과 만나기로 한 곳

2 不安

1 彼はプレゼントが全部気に入らないと不安ばかり言う。
2 私が勝ったのに、彼は不安を認めたくないようだ。
3 電車の中で化粧をしたり、食べたりする人は不安だ。
4 一人暮らしは不安だが、新生活を楽しもうと思う。

해석 혼자 사는 것은 불안하지만 새로운 생활을 즐기려고 생각한다.

해설 ※ 명사의 의미에 주목! 「不安」은 '마음이 편하지 아니하고 조마조마함'이라는 뜻이기 때문에 정답은 「一人暮らしは不安だが~(혼자 사는 것은 불안하지만~)」이다.

BONUS 1 不満(불만): 마음에 흡족하지 않음 | 2 負け(패배): 겨루어서 짐 | 3 迷惑(귀찮음, 폐): 남에게 끼치는 신세나 괴로움

3 移動

1 このパソコンを移動してもらいたい。
2 会社が移動して、駅にもっと近くなった。
3 母は朝から移動していて、まだ戻っていない。
4 安全のために4時間ごとに移動して運転する。

해석 이 컴퓨터를 이동해 주면 좋겠다.

해설 ※ 명사의 의미에 주목! 「移動」는 '이동', 즉 '움직여 옮긴다'는 뜻이기 때문에 정답은 「このパソコンを移動して~(이 컴퓨터를 이동해 ~)」이다.

BONUS 2 移転(이전): 장소나 주소를 다른 데로 옮김 | 3 外出(외출): 잠시 밖으로 나감 | 4 交替(교체): 역할이나 위치를 바꿈

4 そろそろ

1 時間も遅いので、そろそろ家に帰ろう。
2 道に迷って、同じ所をそろそろする。
3 風邪がそろそろよくなってきている。
4 忙しいのでそろそろ教える時間はない。

해석 시간도 늦었으니 슬슬 집에 돌아가자.

해설 ※ 부사의 의미에 주목! 「そろそろ」는 '슬슬', 즉 '조용히, 서서히 걷거나 진행시키는 모양'이라는 뜻이기 때문에 정답은 「~そろそろ家に帰ろう(~슬슬 집에 돌아가자)」이다.

BONUS 2 うろうろ(우왕좌왕하는 모양): 이리저리 왔다 갔다 하며 일이나 나아가는 방향을 종잡지 못함 | 3 だんだん(점점): 조금씩 더하거나 덜해지는 모양 | 4 いちいち(빠짐없이): 하나도 빠뜨리지 않고 모두 다 있도록 함

5 せめて

1 せめて別れても、僕は彼女だけを愛するだろう。
2 せめて10歳ぐらい若かったら、挑戦してみるのに。
3 彼女はせめて泣きそうな顔をしていた。
4 入学にはせめて100万円支払わなければならない。

해석 적어도 10살 정도 어렸다면 도전해 볼 텐데.

해설 ※ 부사의 의미에 주목! 「せめて」는 '적어도, 최소한의', 즉 '충분하다고는 할 수 없으나 그 정도로나마 참을 수 있는 모양'이라는 뜻이기 때문에 정답은 「せめて10歳ぐらい若かったら~(적어도 10살 정도 어렸다면~)」이다.

BONUS 1 例え(비록, 설령): 가정해서 말함 | 3 今にも(지금이라도, 당장): 현재 시점과 같은 때에 ~할 듯한 모양 | 4 最低(최저): 가장 낮음

8회

문제 5 다음 단어의 사용법으로 가장 적당한 것을 1·2·3·4에서 하나 고르세요.

| 정답 |

1 2 2 1 3 4 4 3 5 3

| 해설 |

1 経由

1 羽田経由へのバスに乗って出かける。
2 成田経由でソウルに行くことになった。
3 大学を卒業すればいつでも経由になれる。
4 会社に入っていろいろな経由をしてみたい。

해석 나리타 경유로 서울에 가게 되었다.

해설 ※ 명사의 의미에 주목! 「経由」는 '경유', 즉 '목적지를 가기 위해 거쳐 간다'는 뜻이기 때문에 정답은 「成田経由でソウルに行く~(나리타 경유로 서울에 가게~)」이다.

BONUS 1 方面(방면): 어느 장소나 지역이 있는 방향 | 3 自由(자유): 얽매이지 아니하고 자기 마음대로 할 수 있는 상태 | 4 経験(경험): 자신이 실제로 해 보거나 겪어 봄

2 制限

1 飛行機に載せる荷物の重さには制限がある。

2 知っておくと便利な制限がいろいろある。

3 レポートの提出制限は来週の水曜日までだ。

4 ここは制限のごみ袋を使わなければならない。

해석 비행기에 싣는 짐의 무게에는 제한이 있다.

해설 ※ 명사의 의미에 주목! 「制限」은 '제한', 즉 '어떠한 일에 한계를 둔다'는 뜻이기 때문에 정답은 「~荷物の重さには制限がある(~짐의 무게에는 제한이 있다)」이다.

BONUS 2 制度(제도): 관습, 도덕, 법률 등의 규범 및 사회구조의 체계 | 3 期限(기한): 미리 한정하여 놓은 시기 | 4 指定(지정): 가리키어 확실하게 정함

3 翻訳

1 携帯電話に田中さんの番号を翻訳した。

2 二人は両親の前で翻訳したのに別れた。

3 毎日何を買ったか手帳に翻訳している。

4 論文を英語に翻訳したものを学校に送った。

해석 논문을 영어로 번역한 것을 학교에 보냈다.

해설 ※ 명사의 의미에 주목! 「翻訳」는 '번역', 즉 '어떤 언어로 된 글을 다른 언어의 글로 옮긴다'는 뜻이기 때문에 정답은 「論文を英語に翻訳したものを~(논문을 영어로 번역한 것을~)」이다.

BONUS 1 入力(입력): 기계, 전기 등의 신호로 정보를 넣음 | 2 婚約(약혼): 혼인한다는 약속 | 3 記録(기록): 후일에 남길 목적으로 어떤 사실을 적음

4 話しかける

1 友だちと朝まで寝ずに夢について話しかけた。

2 みんなの前で自分の意見を詳しく話しかけた。

3 いきなり英語で話しかけられてびっくりした。

4 会議ではこれからの課題について話しかけられた。

해석 갑자기 영어로 말을 걸어와서 깜짝 놀랐다.

해설 ※ 동사의 의미에 주목! 「話しかける」는 '상대방에게 말을 건다'는 뜻이기 때문에 정답은 「いきなり英語で話しかけられて~(갑자기 영어로 말을 걸어와서~)」이다.

BONUS 1 語る(이야기하다): 자신이 경험한 지난 일이나 마음속에 있는 생각을 남에게 일러줌 | 2 述べる(진술하다, 기술하다): 대상이나 과정의 내용과 특징을 있는 그대로 열거하거나 기록하여 서술함 | 4 話し合う(의논하다, 논의하다): 어떤 일에 대하여 서로 의견을 주고받음

5 いちいち

1 くばったお菓子はいちいちなくなった。

2 店の中は客がいちいち増えてきた。

3 先生は学生の荷物をいちいち調べた。

4 私の質問にいちいち答えてほしい。

해석 선생님은 학생의 짐을 일일이 조사했다.

해설 ※ 부사의 의미에 주목! 「いちいち」는 '일일이, 빠짐없이' 즉, '하나도 빠뜨리지 않고 모두 다 있게'라는 뜻이기 때문에 정답은 「~荷物をいちいち調べた(~짐을 일일이 조사했다)」이다.

BONUS 1 たちまち(금세, 갑자기): 지금 바로, 미처 생각할 겨를도 없이 순식간에 | 2 どんどん(자꾸자꾸, 척척): 잇따르는 모양 | 4 きちんと(정확히, 깔끔히): 바르고 확실하게, 야물고 깔끔하게

PART 2

언어지식(문법) 집중 공략

1교시
언어지식(문자·어휘+문법)X독해

★ 시작하기 전 공략 TIP

이 파트는 문법 포인트를 빠르게 캐치하고 반드시 전체 문맥의 흐름까지 파악해야 합니다!

★ 미리 확인하는 시험 영역

언어지식의 '문법' 파트는 총 3개입니다.

- **문제1** 문장의 문법 1 (문법형식 판단)
- **문제2** 문장의 문법 2 (문장 만들기)
- **문제3** 글의 문법

문제 1 »»»

문장의 문법 1

이해하고 **공략하기**

1교시
언어지식(문자·어휘+문법)X독해

1 문제 프로필

상대를 알아야 문제를 푼다!

문제 1 문장의 문법 1 (문법형식 판단)

問題 1 文の文法 1(文法形式の判断)

기본정보

성 격 괄호 안에 들어갈 올바른 문법을 찾기를 원함

문제 개수 13개/23개(문법)

풀이 시간 10분/20분(문법)

STEP 1
스피드 해법

괄호의 앞, 뒤부터 먼저 확인해서 접속 조사와 시제를 캐치

STEP 2
함정 주의보

선택지를 먼저 보고 답을 고르되 시제와 접속에 주의

STEP 3
대책

문장의 흐름이 어색하지 않은 지 마지막에 꼭 한번 읽어보고 확인

STEP 4
공부 방법

수동과 사역 문장, 조건과 추측 표현 위주로 익혀 둔다. 그리고 경어까지 꼼꼼히 암기한다!

2 문제 미리보기

미리 알아 둬야 긴장이 덜 된다!

問題1　つぎの文の(　　　　)に入れるのに最もよいものを、1·2·3·4から一つえらびなさい。

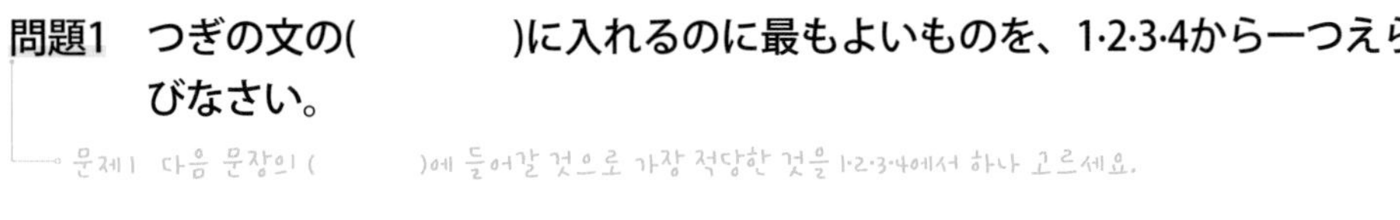

문제1 다음 문장의 (　　　)에 들어갈 것으로 가장 적당한 것을 1·2·3·4에서 하나 고르세요.

1　今度の試験に受かれる(　　　　)もっと頑張ります。

1　ために　　2　ように　　3　ことに　　4　みたいに

괄호 앞 뒤로 조사와 품사의 형태, 시제를 체크!
선택지에서 답을 고른 뒤 꼭 한번 읽어 보세요!

2　最近、田中さんは将来の(　　　　)悩んでいるらしい。

1　ほうに　　2　場合に　　3　ほかで　　4　ことで

1　정답 2

풀이 공란 앞에「試験(しけん)に受(う)かれる」라는 희망을 서술하고 있기 때문에 정답은「동사가능형+ように(~할 수 있도록)」이다.

해석 이번 시험에 합격할 수 있도록 더욱 더 노력하겠습니다.

2　정답 4

풀이 공란 앞에「将来(しょうらい)」라는 사유가 있기 때문에 정답은 용건을 나타내는「~のことで(~의 일로)」이다.

해석 요즘 다나카 씨는 장래의 일로 고민하고 있는 것 같다.

적중 문형 200

자주 출제되는 합격 문형을 미리 외워 둔다!

	문형	의미
☐	~間[に]	~하는 동안[에]
☐	当たり前だ	당연하다
☐	~以上	~하는 이상
☐	いつから	언제부터
☐	いつだって	언제든지
☐	いつの間にか	어느 새인가
☐	~一方[で]	~하는 한편[으로]
☐	いつまで	언제까지
☐	いつまでに	(적어도) 언제까지
☐	今にも~동사ます형+そうだ	지금이라도 ~할 것 같다
☐	~上に	~위에
☐	~うち[に]	~하는 동안[에]
☐	~おかげだ	~덕분이다
☐	동사ます형+がたい	~하기 힘들다
☐	동사ます형+がちだ	자주 ~하다
☐	必ず~동사て형+ください	반드시 ~해 주세요
☐	かなり	꽤, 상당히
☐	동사ます형+かねない	~할 지도 모른다
☐	~がほしい	~을/를 갖고 싶다
☐	~かもしれない	~일지도 모른다
☐	~から	~때문에, ~한 지(시간), ~부터(기점)
☐	~からには	~하는 이상
☐	~代わりに	~대신에
☐	동사ます형+きれない	다 ~할 수 없다
☐	~くらい	~정도

□ ～ぐらいしか	~정도밖에
□ 決して～ない	결코 ~아니다
□ ～けど	~이지만
□ ～こそ	~야 말로
□ ～こと	~할 것
□ ～ことだ	~해야 한다
□ ～ごとに	~마다
□ ～ことに	~하게도
□ ～ことになっている	~하기로 되어 있다
□ ～ことになる	~하게 되다(결정)
□ ～ことはない	~할 필요는 없다
□ ～こともある	~하는 경우도 있다
□ ～さえ	~조차
□ ～さえ～ば	~만 ~하다면
□ ～しかない	~하는 수밖에 없다
□ 동사ます형+次第	~하는 대로
□ ～末に	~한 끝에
□ 동사ます형+過ぎる	너무 ~하다
□ 동사ない형+ずにはいられない	~하지 않고서는 있을 수 없다
□ ～すら	~조차
□ ～せいか	~탓인지
□ ～せいだ	~탓이다, ~때문이다
□ ～せいで	~탓으로, ~때문에
□ 동사た형+あと	~한 후
□ 동사た형+以上	~한 이상

□	동사た형+上(うえ)で	~한 후에
□	동사ます형+たくて仕様(しよう)がない	~하고 싶어서 못 견디겠다
□	~だけ	~만, ~뿐
□	~だけでなく	~뿐만 아니라
□	~だけでよければ	~라도 좋다면
□	~だけに	~인 만큼
□	동사た형+ことがある	~한 적이 있다(경험)
□	동사た형+ことがない	~한 적이 없다(경험)
□	동사た형+ことにする	~한 것으로 하다
□	ただ~だけでなく~も	그저 ~뿐만 아니라 ~도
□	~だって	~일지라도, ~이라도
□	たとえ~동사て형+も	비록 ~할지라도
□	동사た형+ところ	~했더니
□	동사た형+ところだ	막 ~한 참이다
□	동사た형+ところで	~해 봤자, ~한다 해도
□	동사た형+とたん	~하자 마자
□	~だの~だの	~라든가 ~라든가
□	동사た형+ばかりだ	막 ~한 참이다
□	~たびに	~할 때마다
□	동사た형+まま	~한 채로
□	~ため	~때문에
□	~ために[も]	~하기 위해서[라도]
□	~だらけ	~투성이
□	동사ます형+つつ	~하면서도
□	동사ます형+つつある	~하고 있다

☐	동사ます형+つづける	계속 ~하다
☐	동사ます형+つつも	~하면서도, ~함에도 불구하고
☐	~って	~라는 것은, ~라고 하는
☐	동사て형+以来(いらい)	~한 이래
☐	동사て형+いられない	~하고 있을 수 없다
☐	동사て형+いる	~하고 있다, ~해져 있다
☐	동사て형+いるところだ	막 ~하고 있는 중이다
☐	동사て형+かまわない	~해도 상관없다
☐	동사て형+から	~하고 나서
☐	동사て형+からでないと~ない	~하지 않으면 ~할 수 없다
☐	~でしか	~으로밖에
☐	동사て형+しようがない	~해서 어쩔 수 없다
☐	동사て형+たまらない	~해서 참을 수 없다
☐	~でないと	~이/가 아니면
☐	~では	~으로는
☐	동사て형+はいけない	~하면 안 된다
☐	동사て형+ほしい	~했으면 좋겠다
☐	~でも	~이라도
☐	동사て형+もいい	~해도 된다
☐	동사て형+もかまわない	~해도 상관없다
☐	동사て형+も~동사ます형+ようがない	~해도 ~할 수 없다
☐	동사て형+もらいたい	~해 주길 바라다
☐	~という	~라고 하는
☐	~ということだ	~인 것이다
☐	~というのは	~라는 것은

~とおり	~대로
~どころか	~하기는 커녕
~どころか~も	~하기는 커녕 ~도
~ところだ	막 ~하려던 참이다
~ところに	~하는 때에
~としたら	~라고 한다면
~として[も]	~으로서[도]
~としても	~라고 해도
~と共に	~와/과 함께
隣に	옆에
~となると	~그렇게 되면
~とは限らない	~라고는 할 수 없다
~とまで	~라고까지
~とみえて	~한지, ~한 모양으로
동사ない형+ではいられない	~하지 않고서는 있을 수 없다
동사ます형+直す	다시 ~하다
동사ます형+ながら	~하면서
동사ない형+なくちゃ	~하지 않으면 안 된다
동사ない형+なくてはいけない	~하지 않으면 안 된다
동사ない형+なくてはならない	~하지 않으면 안 된다
~なんか	~따위
~において	~에 있어서
~に限って	~에 한해서
~に関して	~에 관해서(주제)
~に決まっている	~임에 틀림없다

□ 동사ます형+にくい	~하기 어렵다, ~하기 힘들다
□ ~に比(くら)べて	~에 비해서, ~와/과 비교해서
□ ~に応(こた)えて	~에 부응해서
□ ~に際(さい)して	~에 즈음해서, ~할 때
□ ~に先立(さきだ)ち	~에 앞서
□ ~に従(したが)って	~에 따라서
□ ~にして	~이면서
□ ~に過(す)ぎない	~에 지나지 않다
□ ~にする	~로 하다(선택)
□ ~に相違(そうい)ない	~임에 틀림없다
□ ~に対(たい)して	~에 대해서(대상)
□ ~に違(ちが)いない	~임에 틀림없다
□ ~について	~에 대해서(주제)
□ ~につき	~에 대해(주제), ~당(수량)
□ ~にとって	~에게 있어서(대상)
□ ~になるまで	~이/가 될 때까지
□ ~に反(はん)して	~에 반해서
□ ~にまで	~에게까지
□ ~にも	~에도, ~이라도
□ ~にもかかわらず	~하면서도, ~함에도 불구하고
□ ~に基(もと)づき	~에 입각하여, ~에 의거하여(자료, 근거)
□ ~によって	~에 따라서
□ ~によらない	~와는 다르다
□ ~により	~에 의해
□ ~によると	~에 의하면

□	~にわたり	~에 걸쳐서(기간, 횟수)
□	~のことで	~의 일로
□	~ので	~때문에
□	~のに	~인데도
□	~場合(ばあい)	~하는 경우
□	~ばかり	~만, ~뿐(반복)
□	~ばかりか	~뿐만 아니라
□	~ばかりか~も	~뿐만 아니라 ~도
□	~ばかりで	~할 뿐
□	~ばかりに	~바람에, ~탓에
□	~はずがない	~일 리가 없다
□	~はずだ	~일 것이다
□	~はずではない	~인 것은 아니다
□	~はずはない	~일 리는 없다
□	~は別(べつ)として	~은/는 제외하고
□	~ば~ほど	~하면 ~할수록
□	~はもちろん~も	~은/는 물론 ~도
□	~べきではない	~하면 안 된다
□	~ほか	~밖에
□	~ほかない	~하는 수밖에 없다
□	~ほど	~만큼, ~정도
□	~ほどに	~에 따라, ~이므로
□	~ほどはない	~만큼은 아니다
□	~前(まえ)に	~전에
□	まだ~に過(す)ぎない	아직 ~에 지나지 않다

□	全く~ない	전혀 ~아니다
□	~まで	~까지
□	~までに	~까지
□	~ものだ	~해야 한다(윤리, 사회적인 인식)
□	동사ます형+やすい	~하기 쉽다, ~하기 편하다
□	~ようなら	~하는 것 같다면
□	~ように	~하도록
□	~ようにする	~하도록 하다(의지)
□	~ようになる	~하게 되다
□	~ようにも~ない	~하려고 해도 ~할 수 없다
□	ようやく	겨우, 간신히
□	~より	~보다
□	~よりほかない	~하는 수밖에 없다
□	~わけがない	~할 리가 없다
□	~わけだ	~한 셈이다, 당연히 ~하다
□	~わけで	~한 까닭으로
□	~わけではない	(항상) ~인 것은 아니다
□	~わけはない	~할 리는 없다
□	~をきっかけに	~을/를 계기로
□	~を最後に	~을/를 마지막으로
□	~を頼りに	~을/를 의지해서
□	~を中心に	~을/를 중심으로
□	~を通して	~을/를 통해서
□	~をもとで	~을/를 바탕으로
□	~をもとに	~을/를 바탕으로

경어 동사 30

존경이나 겸양의 뜻을 가지는 동사를 미리 외워 둔다!

겸양 표현	기본	존경 표현
おる 있다	いる 있다	いらっしゃる 계시다
ござる 있다	ある 있다	
まいる 가다	行(い)く 가다	いらっしゃる おいでになる 가시다
まいる 오다	来(く)る 오다	いらっしゃる おいでになる お見(み)えになる お越(こ)しになる 오시다
いたす 하다	する 하다	なさる 하시다
拝見(はいけん)する 뵈다	見(み)る 보다	ご覧(らん)になる 보시다
申(もう)す 申(もう)し上(あ)げる 말씀드리다	言(い)う 말하다	おっしゃる 말씀하시다
いただく 먹다	食(た)べる 먹다	召(め)し上(あ)がる 드시다
いただく 마시다	飲(の)む 마시다	召(め)し上(あ)がる 드시다

겸양 표현	기본	존경 표현
伺う 여쭈다	聞く 듣다, 묻다	お聞きになる 들으시다
	寝る 자다	お休みになる 주무시다
	座る 앉다	おかけになる 앉으시다
お目にかかる 만나 뵈다	会う 만나다	お会いになる 만나시다
伺う 찾아뵈다	訪ねる 방문하다	お訪ねになる 방문하시다
存じ上げる 알다	知る 알다	ご存知だ 아시다
承知する かしこまる 알다, 이해하다	分かる 알다, 이해하다	お分かりになる 아시다, 이해하시다
存じ上げる 생각하다	思う 생각하다	お思いになる 생각하시다
さしあげる 드리다	あげる 주다	
	くれる (나에게) 주다	くださる 주시다
いただく 받다	もらう 받다	

실전문제 풀어보기 1회

제한시간 10분 | 정답과 해설 192쪽

問題1　つぎの文の(　　　　)に入れるのに最もよいものを、1·2·3·4から一つえらびなさい。

1 この川は昔(　　　　)ずいぶんきれいになった。

1 において　　2 にたいして　　3 にくらべて　　4 にかんして

2 卒業後の進路(　　　　)真面目に考えたことがない。

1 によって　　2 について　　3 にわたって　　4 にしたがって

3 先生のおかげで、日本語がかなり話せる(　　　　)。

1 ようにした　　2 ようになった　　3 ことがあった　　4 ことになった

4 彼(　　　　)彼女は人生の大切な人だ。

1 までに　　2 だけに　　3 によって　　4 にとって

5 田中さんはただかわいい(　　　　)、勉強もできます。

1 けど　　2 のに　　3 だけでなく　　4 ばかりで

6 大人になった後も両親(　　　　)暮らすのは簡単じゃない。

1 とともに　　2 としても　　3 にさきだち　　4 にもとづき

7 ここでは携帯電話を使ってもいい(　　　　)なっています。

1 とおり　　2 ばかり　　3 ことに　　4 ことも

8 先輩たちには最後の試合に絶対(　　　　)ほしい。

1 勝つのが　　2 勝つのを　　3 勝って　　4 勝っても

9 もうこんな時間。早く家を(　　　　)くちゃ。

1 出て　　2 出な　　3 出れ　　4 出る

10 A「チリソース(　　　　)、これだよね?」
B「違う、違う。それはケチャップだよ。」

1 って　　2 と　　3 こそ　　4 だって

_____ /10

실전문제 풀어보기 2회

제한시간 10분 | 정답과 해설 194쪽

問題1　つぎの文の(　　　)に入れるのに最もよいものを、1·2·3·4から一つえらびなさい。

1　いつか彼に(　　　)カリスマ性を感じたことがある。

1　おいて　　2　とって　　3　関して　　4　対して

2　地震(　　　)、多くの人が家をなくした。

1　によって　　2　において　　3　にこたえて　　4　にさいして

3　試験に合格(ごうかく)するまで、ずっと頑張る(　　　)。

1　いけない　　2　しれない　　3　しかない　　4　ことない

4　私が妹の宿題を手伝う(　　　)妹に掃除をしてもらった。

1　あいだに　　2　ところに　　3　かわりに　　4　となりに

5　たとえ今は(　　　)いつかまた会える。

1　離れていて　　2　離れていても　　3　離れたので　　4　離れたのに

6　目によくないことと(　　　)電車の中でスマホを使ってしまう。

1　知ったまま　　2　知ったところで　　3　知りがちで　　4　知りつつも

7　彼は一人でいるとお酒をたくさん飲み(　　　)。

1　しれない　　2　きれない　　3　かねない　　4　しかない

8　弟は釣り(　　　)は専門家レベルだ。

1　に関して　　2　に際して　　3　に決まって　　4　に比べて

9　この顔はポスターの犯人に(　　　)。

1　すぎない　　2　かけない　　3　かまわない　　4　そういない

10　A「やせたいな。」
B「やせるにはまず運動する(　　　)よ。」

1　ときだ　　2　ことだ　　3　わけだ　　4　ものだ

맞힌 개수 확인 ______ / 10

실전문제 **풀어보기** 3회

問題1　つぎの文の(　　　　)に入れるのに最もよいものを、1·2·3·4から一つえらびなさい。

1 彼の実力はまだ初心者(しょしんしゃ)に(　　　　)。

1　すぎない　　2　きけない　　3　しれない　　4　よらない

2 このクラスは60分(　　　　)、3,000円です。

1　により　　2　によって　　3　につき　　4　について

3 腐(くさ)っているものは頑張っても食べ(　　　　)。

1　しかない　　2　ほかない　　3　きれない　　4　ようがない

4 空港に着き(　　　　)ホテルに電話してください。

1　以上　　2　次第　　3　のほど　　4　のうち

5 彼女のひどい言葉で心が傷(　　　　)になった。

1　だらけ　　2　より　　3　のほど　　4　のすえに

6 彼はファンの期待(　　　　)もう一曲歌ってくれた。

1　にくらべて　　2　にわたって　　3　にこたえて　　4　にかなって

7 長男だからといってすべての責任を負う(　　　　)から心配しなくてもいいですよ。

1　はずはない　　2　ことはない　　3　ときはない　　4　わけはない

8 この歌は30代の女性(　　　　)人気がある。

1　をもとに　　2　をたよりに　　3　をきっかけに　　4　を中心に

9 あの人はもう結婚して子供もいるに(　　　　)。

1　かぎらない　　2　しようがない　　3　ちがいない　　4　かまわない

10 A「え～、デートしているところ見られたんだ。」
B「実はそうなんだ。でも大丈夫。最初から見なかった(　　　　)するから。」

1　ように　　2　ときに　　3　もとに　　4　ことに

맞힌 개수 확인 ______ / 10

실전문제 풀어보기 4회

제한시간 10분 | 정답과 해설 198쪽

問題1　つぎの文の(　　　)に入れるのに最もよいものを、1·2·3·4から一つえらびなさい。

1 先輩に会える(　　　)ずっと部室の前で待っている。

1　ときに　　2　ように　　3　ために　　4　もとに

2 留学している(　　　)いつも頑張るようにしている。

1　ほどは　　2　ばかりは　　3　ところは　　4　あいだは

3 私が助かったのは本田(ほんだ)さんの(　　　)。

1　おかげだ　　2　わけだ　　3　せいだ　　4　ためだ

4 人(　　　)この事件に対する思いは違うだろう。

1　によって　　2　にわたり　　3　にもとづき　　4　に対して

5 高校を卒業して(　　　)一度も連絡をしていない。

1　さきは　　2　あとは　　3　以上　　4　以来

6 今回の旅行に(　　　)たくさんの人にお世話になった。

1　通(とお)して　　2　際(さい)して　　3　従(したが)って　　4　応(こた)えて

7 このマカロンは食べず(　　　)いられません。

1　にも　　2　ても　　3　には　　4　ては

8 次は、塩を入れて色が茶色(　　　)まぜてください。

1　になるまで　　2　にしたくなって　　3　になっていって　　4　にするより

9 今朝は、寝坊した(　　　)会社に遅刻してしまった。

1　はずで　　2　一方で　　3　せいで　　4　場合

10 A「うわ！山田(やまだ)さん、目を開けた(　　　)寝ているよ。」
B「疲れているんでしょ。」

1　ほど　　2　こと　　3　まま　　4　とき

맞힌 개수 확인 ______ /10

실전문제 **풀어보기** 5회

제한시간 10분 | 정답과 해설 200쪽

問題1　つぎの文の(　　　　)に入れるのに最もよいものを、1·2·3·4から一つえらびなさい。

1　この写真を見る(　　　　)中原(なかはら)さんを思い出します。

1　わけで　　2　せいで　　3　たびに　　4　とこに

2　二人はよく話し合った(　　　　)決めることにした。

1　もとで　　2　うえで　　3　だけで　　4　ことで

3　そんなことで諦める(　　　　)。

1　べきではない　　2　はずではない　　3　わけではない　　4　ほかはない

4　さきほど木村(きむら)(　　　　)人から連絡がありました。

1　と　　2　って　　3　だって　　4　なんか

5　本人が帰ってからでないと、確認が(　　　　)。

1　取れる　　2　取れない　　3　ある　　4　ない

6　昨日給料をもらったばかりなのに、全部使ってしまい、今1万円(　　　　)残っていない。

1　では　　2　でしか　　3　ぐらいは　　4　ぐらいしか

7　結局、お金がなければ何もできないという(　　　　)ですね。

1　ため　　2　ほか　　3　はず　　4　こと

8　親だ(　　　　)こそ子供の才能を伸ばすために頑張らなければならない。

1　すら　　2　から　　3　ため　　4　たび

9　1時間(　　　　)メールが来たか確認してみます。

1　ごとに　　2　ほどに　　3　から　　4　だけ

10　両親の(　　　　)勉強をもっと頑張って医者になろうと思っています。

1　ためにも　　2　ようにも　　3　おかげでも　　4　ときでも

_____ / 10

실전문제 풀어보기 6회

제한시간 10분 | 정답과 해설 202쪽

問題1　つぎの文の(　　　　)に入れるのに最もよいものを、1·2·3·4から一つえらびなさい。

1 そのゲームの販売が中止になると(　　　　)記事を読んだ。

1 なる　　2 ある　　3 する　　4 いう

2 留学すると決めた(　　　　)、準備をきちんとしておかなければならない。

1 ことは　　2 わけは　　3 以上は　　4 一方は

3 彼女のそのとんでもない話は、嘘に(　　　　)。

1 決めている　　2 決まっている　　3 決めてある　　4 決まってある

4 姉は勉強は(　　　　)料理も得意で、うらやましい。

1 そうでも　　2 べつとして　　3 もちろん　　4 あたりまえ

5 私の実力(　　　　)まだ兄に勝つことができない。

1 にも　　2 では　　3 だけ　　4 ほど

6 息子は成長するに(　　　　)だんだん私に似てきた。

1 わたって　　2 かぎって　　3 たいして　　4 したがって

7 いつも仲のいい二人がまさかけんかをする(　　　　)。

1 わけがない　　2 ものがない　　3 ことがない　　4 ころがない

8 薬のおかげで病気の体が少しずつよくなり(　　　　)。

1 やすい　　2 すぎる　　3 つつある　　4 つづける

9 学校でも会社でも言葉づかいには気をつける(　　　　)。

1 には　　2 こと　　3 はず　　4 うえ

10 A「このモニター、最近故障が多いんです。」
B「ああ、今にも壊れ(　　　　)ですね。」

1 にくい　　2 みたい　　3 よう　　4 そう

▷맞힌 개수 확인 ＿＿＿ / 10

실전문제 **풀어보기** 7회

제한시간 10분 | 정답과 해설 204쪽

問題1　つぎの文の(　　　　)に入れるのに最もよいものを、1·2·3·4から一つえらびなさい。

1 入社した(　　　　)のころは、毎日残業ばかりしていた。
　1 ばかり　　2 とたん　　3 まま　　4 とき

2 恋人ができた(　　　　)、鈴木さんが一緒に遊んでくれない。
　1 はずで　　2 せいか　　3 たびに　　4 一方で

3 合格の知らせに泣きたい(　　　　)うれしかった。
　1 ながら　　2 かわりに　　3 くらい　　4 いじょう

4 山崎さんとは趣味(　　　　)、好きな食べ物もまったく一緒だ。
　1 ばかりと　　2 ばかりか　　3 ばかりに　　4 ばかりも

5 彼は家(　　　　)自分の車も持っていない。
　1 だの　　2 さえ　　3 ばかり　　4 どころか

6 先生が来るまで、日本語の先生(　　　　)友達に教えていました。
　1 として　　2 にして　　3 とまで　　4 にまで

7 相手が謝ったからといって、許してあげる(　　　　)。
　1 わけだ　　2 わけではない　　3 わけばかりだ　　4 わけでもある

8 今すぐニューヨークに行きたくて(　　　　)。
　1 しようがない　　2 かぎらない　　3 ちがいない　　4 かもしれない

9 あの捨て犬がまたここに現れるよう(　　　　)センターに電話してください。
　1 に　　2 が　　3 でも　　4 なら

10 A「最近、怖い事件が多いですね。」
　B「家に一人でいるときは(　　　　)鍵を閉めてください。」
　1 全く　　2 決して　　3 かならず　　4 かなり

맞은 개수 확인 _____ / 10

실전문제 **풀어보기** 8회

제한시간 10분 | 정답과 해설 206쪽

問題1　つぎの文の(　　　　)に入れるのに最もよいものを、1·2·3·4から一つえらびなさい。

1 学校の先生に卒業後の(　　　　)相談をした。

1　ことに　　2　ことで　　3　ことなら　　4　ことほど

2 テストの結果が悪かった(　　　　)両親にしかられた。

1　ように　　2　かわりに　　3　どころか　　4　せいで

3 若い(　　　　)、いろんな経験をした方がいい。

1　うえに　　2　まえに　　3　までに　　4　うちに

4 英語は(　　　　)どんどん上手になります。

1　話せば話すほど　　2　話すためにも　　3　話すばかりか　　4　話すどころか

5 時間とお金がある(　　　　)今一番何がしたいですか。

1　とみえて　　2　としても　　3　としたら　　4　とともに

6 駅の工事は半年(　　　　)行われることが決定した。

1　によると　　2　にわたり　　3　にはんして　　4　にたいして

7 彼女は嘘ばかりつくので、この話も(　　　　)。

1　信じがたい　　2　信じやすい　　3　信じるほかない　　4　信じかねない

8 明日から夏休みだと思うと、今からうれしくて(　　　　)。

1　いられない　　2　たまらない　　3　かまわない　　4　かぎりない

9 午後は打ち合わせがありますので、午前中(　　　　)でよければ大丈夫です。

1　ばかり　　2　すら　　3　だけ　　4　こそ

10 A「直子ちゃん、今度のテストも満点ですってね。」
B「うちの娘はひま(　　　　)あれば勉強をしていますから。」

1　さえ　　2　だけ　　3　より　　4　まで

맞힌 개수 확인 ______ /10

정답 및 해설 **확인하기**

1회

문제 1 다음 문장의 (　　　)에 들어갈 것으로 가장 적당한 것을 1·2·3·4에서 하나 고르세요.

|정답|

1	2	3	4	5	6	7	8	9	10
3	2	2	4	3	1	3	3	2	1

|해설|

1 この川は昔(　　　)ずいぶんきれいになった。

1 において　　2 にたいして　　**3 にくらべて**　　4 にかんして

해석 이 강은 예전에 비해 꽤나 깨끗해졌다.

해설 공란 앞에 「昔」라는 비교 대상이 있기 때문에 정답은 「~に比べて(~에 비해서, ~와/과 비교해서)」이다.

BONUS ~において ~에 있어서(시간, 장소) | ~に対して ~에 대해서(대상) | ~に関して ~에 관해서(주제)

2 卒業後の進路(　　　)真面目に考えたことがない。

1 によって　　**2 について**　　3 にわたって　　4 にしたがって

해석 졸업 후의 진로에 대해서 진지하게 생각한 적이 없다.

해설 공란 앞에 「進路」라는 주제가 있기 때문에 정답은 「~について(~에 대해서)」이다.

BONUS ~によって ~에 의해서 | ~にわたって ~에 걸쳐서(기간, 횟수) | ~に従って ~에 따라서

3 先生のおかげで、日本語がかなり話せる(　　　)。

1 ようにした　　**2 ようになった**　　3 ことがあった　　4 ことになった

해석 선생님 덕분에 일본어를 꽤 말할 수 있게 되었다.

해설 공란 앞에 「話せる」라는 변화가 있기 때문에 정답은 「~ようになる(~하게 되다)」이다.

BONUS ~ようにする ~하도록 하다(의지) | 동사た형+ことがある ~한 적이 있다(경험) | ~ことになる ~하게 되다(결정)

4 彼(　　　)彼女は人生の大切な人だ。

1 までに　　2 だけに　　3 によって　　**4 にとって**

해석 그에게 있어서 그녀는 인생의 소중한 사람이다.

해설 공란 앞에 「彼」라는 대상, 공란 뒤에 그에 대한 입장이 서술되기 때문에 정답은 「~にとって(~에게 있어서)」이다.

BONUS ~までに ~까지 | ~だけに ~인 만큼 | ~によって ~에 의해서

5 田中さんはただかわいい(　　　)、勉強もできます。

1 けど　　2 のに　　**3 だけでなく**　　4 ばかりで

해석 다나카 씨는 그저 귀여운 것뿐만 아니라 공부도 잘합니다.

해설 「ただ~だけでなく~も(그저 ~뿐만 아니라 ~도)」의 문형은 자주 출제된다.

BONUS ~けど ~이지만 | ~のに ~인데도 | ~ばかりで ~할 뿐

6 大人になった後も両親(　　　　)暮らすのは簡単じゃない。

1 とともに　　2 としても　　3 にさきだち　　4 にもとづき

해석 성인이 된 후에도 부모님과 함께 사는 것은 간단하지 않다.

해설 공란 앞에 「両親」이라는 대상, 공란 뒤에 동거에 대한 내용이 서술되기 때문에 정답은 「~と共に(~와/과 함께)」이다.

BONUS ~としても ~로서도 | ~に先立ち ~에 앞서 | ~に基づき ~에 입각하여, ~에 의거하여(자료, 근거)

7 ここでは携帯電話を使ってもいい(　　　　)なっています。

1 とおり　　2 ばかり　　**3 ことに**　　4 ことも

해석 여기에서는 휴대전화를 사용해도 괜찮은 것으로 되어있습니다.

해설 공란 뒤에 「なっている」라는 상황 설명이 있기 때문에 정답은 사회 등에서 정한 예정, 규칙 표현인 「~ことになっている(~하기로 되어 있다)」이다.

BONUS ~とおり ~대로 | 동사た형+ばかりだ 막 ~한 참이다 | ~こともある ~하는 경우도 있다

8 先輩たちには最後の試合に絶対(　　　　)ほしい。

1 勝つのが　　2 勝つのを　　**3 勝って**　　4 勝っても

해석 선배들이 마지막 시합에서 꼭 이겼으면 좋겠다.

해설 희망 표현 「~に동사て형+ほしい(~이/가 ~했으면 좋겠다)」의 문형은 자주 출제된다.

BONUS ~がほしい ~을/를 갖고 싶다 | 동사て형+もらいたい ~해 주길 바라다 | 동사て형+もいい ~해도 된다

9 もうこんな時間。早く家を(　　　　)くちゃ。

1 出て　　**2 出な**　　3 出れ　　4 出る

해석 벌써 이런 시간이 됐네. 얼른 집을 나가지 않으면 안 돼.

해설 「동사ない형+なくちゃ」는 「동사ない형+なくてはいけない/ならない(~하지 않으면 안 된다)」의 축약 표현이다.

BONUS 동사て형+はいけない ~하면 안 된다

10 A「チリソース(　　　　)、これだよね？」

B「違う、違う。それはケチャップだよ。」

1 って　　2 と　　3 こそ　　4 だって

해석 A "칠리 소스는 이거지?"　B "아냐, 아냐. 그건 케첩이야."

해설 「~って」는 「~というのは(~라는 것은)」의 축약 표현이다.

BONUS ~と ~와/과 | ~こそ ~야 말로 | ~だって ~일지라도, ~이라도(=~でも ~이라도)

2회

문제 1 다음 문장의 (　　　　)에 들어갈 것으로 가장 적당한 것을 1·2·3·4에서 하나 고르세요.

|정답|

1	2	3	4	5	6	7	8	9	10
4	1	3	3	2	4	3	1	4	2

|해설|

1 いつか彼に(　　　　)カリスマ性を感じたことがある。

1 おいて　　2 とって　　3 関して　　**4 対して**

해석 언젠가 그에게 카리스마를 느낀 적이 있다.

해설 공란 앞에 「彼」라는 대상이 있기 때문에 정답은 「~に対して(~에 대해서)」이다.

BONUS ~において ~에 있어서(시간, 장소) | ~にとって ~에게 있어서(대상) | ~に関して ~에 관해서(주제)

2 地震(　　　　)、多くの人が家をなくした。

1 によって　　2 において　　3 にこたえて　　4 にさいして

해석 지진에 의해서 많은 사람들이 집을 잃었다.

해설 공란 앞에 「地震」이라는 요인이 있기 때문에 정답은 「~によって(~에 의해서)」이다.

BONUS ~において ~에 있어서(시간, 장소) | ~に応えて ~에 부응해서 | ~に際して ~에 즈음해서

3 試験に合格するまで、ずっと頑張る(　　　　)。

1 いけない　　2 しれない　　**3 しかない**　　4 ことない

해석 시험에 합격할 때까지 계속 열심히 하는 수밖에 없다.

해설 공란 앞에 「試験に合格するまで」라는 목적이 있기 때문에 정답은 불가피한 선택 표현인 「~しかない(~하는 수밖에 없다)」이다.

BONUS 동사て형+はいけない ~하면 안 된다 | ~かもしれない ~할 지도 모른다 | ~ことはない ~할 필요는 없다

4 私が妹の宿題を手伝う(　　　　)妹に掃除をしてもらった。

1 あいだに　　2 ところに　　**3 かわりに**　　4 となりに

해석 내가 여동생의 숙제를 도와주는 대신에 여동생이 청소를 해 주었다.

해설 공란 앞에 「私が」, 공란 뒤에 「妹に」라는 대상이 있기 때문에 정답은 「~代わりに(~대신에)」이다.

BONUS ~間に ~하는 동안에 | ~ところに ~하는 때에 | 隣に 옆에

5 たとえ今は(　　　　)いつかまた会える。

1 離れていて　　**2 離れていても**　　3 離れたので　　4 離れたのに

해석 비록 지금은 떨어져 있을지라도 언젠가 다시 만날 수 있다.

해설 「たとえ~동사て형+も(비록 ~할지라도)」의 문형은 자주 출제된다.

BONUS 동사て형+いる ~하고 있다, ~해져 있다 | ~ので ~때문에 | ~のに ~인데도

6 目によくないことと(　　　　)電車の中でスマホを使ってしまう。

1 知ったまま　　2 知ったところで　　3 知りがちで　　**4 知りつつも**

해석 눈에 좋지 않다는 걸 알면서도 전철 안에서 스마트폰을 사용해 버린다.

해설 「동사ます형+つつも(~하면서도, ~함에도 불구하고)」의 문형은 자주 출제된다. 「~にもかかわらず」도 비슷한 표현이다.

BONUS 동사た형+まま ~한 채로 | 동사た형+ところで ~해 봤자, ~한다 해도 | 동사ます형+がちだ 자주 ~하다

7 彼は一人でいるとお酒をたくさん飲み(　　　　)。

1 しれない　　2 きれない　　**3 かねない**　　4 しかない

해석 그는 혼자 있으면 술을 많이 마실지도 모른다.

해설 공란 앞에 「一人でいると」라는 가정이 있기 때문에 정답은 불확실하고 부정적인 추측 표현인 「동사ます형+かねない(~할 지도 모른다)」이다.

BONUS ~かもしれない ~일지도 모른다 | 동사ます형+きれない 다 ~할 수 없다 | ~しかない ~하는 수밖에 없다

8 弟は釣り(　　　　)は専門家レベルだ。

1 に関して　　2 に際して　　3 に決まって　　4 にくらべて

해석 남동생은 낚시에 관해서는 전문가 레벨이다.

해설 공란 앞에 「釣り」라는 주제가 있기 때문에 정답은 「~に関して(~에 관해서)」이다.

BONUS ~に際して ~에 즈음해서 | ~に決まっている ~임에 틀림없다 | ~に比べて ~에 비해서, ~와/과 비교해서

9 この顔はポスターの犯人に(　　　　)。

1 すぎない　　2 かけない　　3 かまわない　　**4 そういない**

해석 이 얼굴은 포스터의 범인임에 틀림없다.

해설 공란 앞에 「犯人」이라는 확신의 대상이 있기 때문에 정답은 「~に相違ない(~임에 틀림없다)」이다.

BONUS ~に過ぎない ~에 지나지 않다 | 동사て형+もかまわない ~해도 상관없다

10 A「やせたいな。」

B「やせるにはまず運動する(　　　　)よ。」

1 ときだ　　**2 ことだ**　　3 わけだ　　4 ものだ

해석 A "살 빼고 싶다."　　B "살 빼려면 일단 운동해야 해."

해설 상대방의 이야기를 듣고 말하고 있기 때문에 정답은 개인적인 충고 표현인 「~ことだ(~해야 한다)」이다.

BONUS ~わけだ ~인 셈이다, 당연히 ~이다 | ~ものだ ~해야 한다(윤리, 사회적인 인식)

3회

문제 1 다음 문장의 (　　　)에 들어갈 것으로 가장 적당한 것을 1·2·3·4에서 하나 고르세요.

|정답|

1	2	3	4	5	6	7	8	9	10
1	3	4	2	1	3	2	4	3	4

|해설|

1　彼(かれ)の実力(じつりょく)はまだ初心者(しょしんしゃ)に(　　　)。

1 すぎない　　2 きけない　　3 しれない　　4 よらない

해석 그의 실력은 아직 초심자에 지나지 않는다.

해설 「まだ～に過(す)ぎない(아직 ~에 지나지 않다)」의 문형은 자주 출제된다.

BONUS ～かもしれない ~일지도 모른다 | ～によらない ~와는 다르다

2　このクラスは60分(ぷん)(　　　)、3,000円(えん)です。

1 により　　2 によって　　**3 につき**　　4 について

해석 이 클래스는 60분에 3,000엔입니다.

해설 공란 앞에 「60分(ぷん)」이라는 시간, 공란 뒤에 「3,000円(えん)」이라는 금액이 있기 때문에 정답은 「～につき(~에 대해)」이다.

BONUS ～により ~에 의해 | ～によって ~에 의해서 | ～について ~에 대해서(주제)

3　腐(くさ)っているものは頑張(がんば)っても食(た)べ(　　　)。

1 しかない　　2 ほかない　　3 きれない　　**4 ようがない**

해석 썩어 있는 것은 노력해도 먹을 방법이 없다.

해설 「동사て형+も～동사ます형+ようがない(~해도 ~할 수 없다)」의 문형은 자주 출제된다.

BONUS ～しかない ~하는 수밖에 없다 | ～ほかない ~하는 수밖에 없다 | 동사ます형+きれない 다 ~할 수 없다

4　空港(くうこう)に着(つ)き(　　　)ホテルに電話(でんわ)してください。

1 以上　　**2 次第**　　3 のほど　　4 のうち

해석 공항에 도착하는 대로 호텔에 전화해 주세요.

해설 공란 앞에 「空港(くうこう)に着(つ)く」, 공란 뒤에 「ホテルに電話(でんわ)する」라는 순서가 있기 때문에 정답은 「동사ます형+次第(しだい)(~하는 대로)」이다.

BONUS ～以上(いじょう) ~하는 이상 | ～ほど ~만큼 | ～うち ~하는 동안

5　彼女(かのじょ)のひどい言葉(ことば)で心(こころ)が傷(きず)(　　　)になった。

1 だらけ　　2 より　　3 のほど　　4 のすえに

해석 그녀의 심한 말에 마음이 상처투성이가 되었다.

해설 공란 앞에「傷」라는 더럽거나 바람직하지 않은 것이 있기 때문에 정답은「~だらけ(~투성이)」이다.

BONUS ~より ~보다 | ~ほど ~만큼 | ~末に ~한 끝에

6 彼はファンの期待(　　　　)もう一曲歌ってくれた。

1 にくらべて　　2 にわたって　　**3 にこたえて**　　4 にかなって

해석 그는 팬의 기대에 부응하여 한 곡 더 불러 주었다.

해설 공란 앞에「ファンの期待」라는 상대방의 상황이 있기 때문에 정답은 그에 걸맞게 행동한다는「~に応えて(~에 부응해서)」이다.

BONUS ~に比べて ~에 비해서, ~와/과 비교해서 | ~にわたって ~에 걸쳐서(기간, 횟수)

7 長男だからといってすべての責任を負う(　　　　)から心配しなくてもいいですよ。

1 はずはない　　**2 ことはない**　　3 ときはない　　4 わけはない

해석 장남이라고 해서 모든 책임을 질 필요는 없으니 걱정하지 않아도 돼요.

해설 공란 앞에「長男だからといって」라는 조건이 있기 때문에 정답은 그와 반대되는 충고 표현인「~ことはない(~할 필요는 없다)」이다.

BONUS ~はずはない ~일 리는 없다 | ~わけはない ~할 리는 없다

8 この歌は30代の女性(　　　　)人気がある。

1 をもとに　　2 をたよりに　　3 をきっかけに　　**4 を中心に**

해석 이 노래는 30대 여성을 중심으로 인기가 있다.

해설 공란 앞에「30代の女性」라는 구체적인 대상이 있기 때문에 정답은「~を中心に(~을/를 중심으로)」이다.

BONUS ~をもとに ~을/를 바탕으로 | ~を頼りに ~을/를 의지해서 | ~をきっかけに ~을/를 계기로

9 あの人はもう結婚して子供もいるに(　　　　)。

1 かぎらない　　2 しようがない　　**3 ちがいない**　　4 かまわない

해석 저 사람은 이미 결혼해서 아이도 있음에 틀림없다.

해설 공란 앞에 확신의 대상이 있기 때문에 정답은「~に違いない(~임에 틀림없다)」이다.

BONUS ~とは限らない ~라고는 할 수 없다 | ~동사て형+仕様がない ~해서 어쩔 수 없다 | ~てもかまわない ~해도 상관없다

10 A「え~、デートしているところ見られたんだ。」
B「実はそうなんだ。でも大丈夫。最初から見なかった(　　　　)するから。」

1 ように　　2 ときに　　3 もとに　　**4 ことに**

해석 A "어? 데이트하고 있는 거 봤구나."　B "실은 그래. 그래도 괜찮아. 처음부터 안 본 걸로 할 테니까."

해설 이미 벌어진 상황을 없던 것으로 간주하기 때문에 정답은「동사た형+ことにする(~한 것으로 하다)」이다.

BONUS ~ようにする ~하도록 하다(의지)

4회

문제 1　다음 문장의 (　　　　)에 들어갈 것으로 가장 적당한 것을 1·2·3·4에서 하나 고르세요.

|정답|

1	2	3	4	5	6	7	8	9	10
2	4	1	1	4	2	3	1	3	3

|해설|

1　先輩に会える(　　　　)ずっと部室の前で待っている。

1　ときに　　**2　ように**　　3　ために　　4　もとに

해석　선배를 만날 수 있도록 계속 동아리방 앞에서 기다리고 있다.

해설　공란 앞에 「先輩に会える」라는 희망을 서술하고 있기 때문에 정답은 「동사가능형+ように(~할 수 있도록)」이다.

BONUS　~ために ~하기 위해(목적)

2　留学している(　　　　)いつも頑張るようにしている。

1　ほどは　　2　ばかりは　　3　ところは　　**4　あいだは**

해석　유학하고 있는 동안엔 항상 열심히 하려고 하고 있다.

해설　공란 앞에 「留学している」라는 기간이 있기 때문에 정답은 「~間(~하는 동안)」이다.

BONUS　~ほどはない ~만큼은 아니다 ‖ 동사て형+いるところだ 막 ~하고 있는 중이다

3　私が助かったのは本田さんの(　　　　)。

1　おかげだ　　2　わけだ　　3　せいだ　　4　ためだ

해석　내가 살아난 것은 혼다 씨 덕분이다.

해설　공란 앞에 「本田さん」이라는 은혜의 대상이 있기 때문에 정답은 「~おかげだ(~덕분이다)」이다.

BONUS　~わけだ ~인 셈이다, 당연히 ~이다 ‖ ~せいだ ~탓이다, ~때문이다

4　人(　　　　)この事件に対する思いは違うだろう。

1　によって　　2　にわたり　　3　にもとづき　　4　に対して

해석　사람에 따라서 이 사건에 대한 생각은 다르겠지.

해설　공란 앞에 「人」라는 기준, 공란 뒤에 차이에 대한 내용이 서술되기 때문에 정답은 「~によって(~에 따라서)」이다.

BONUS　~にわたり ~에 걸쳐서(기간, 횟수) ‖ ~に基づき ~에 입각하여, ~에 의거하여(자료, 근거) ‖ ~に対して ~에 대해서(대상)

5　高校を卒業して(　　　　)一度も連絡をしていない。

1　さきは　　2　あとは　　3　以上　　**4　以来**

해석　고등학교를 졸업한 이래 한 번도 연락을 하지 않았다.

해설 공란 앞에 「卒業する」라는 시점이 있기 때문에 정답은 「동사て형+以来(~한 이래)」이다.

BONUS 동사た형+あと ~한 후 | 동사た형+以上 ~한 이상

6 今回の旅行に(　　　　)たくさんの人にお世話になった。

1 通して　　**2 際して**　　3 従って　　4 応えて

해석 이번 여행할 때 많은 사람들에게 신세를 졌다.

해설 공란 앞에 「今回の旅行」라는 시기가 있기 때문에 정답은 「~に際して(~에 즈음해서, ~할 때)」이다.

BONUS ~を通して ~을/를 통해서 | ~に従って ~에 따라서 | ~に応えて ~에 부응해서

7 このマカロンは食べず(　　　　)いられません。

1 にも　　2 ても　　**3 には**　　4 ては

해석 이 마카롱은 먹지 않고서는 있을 수 없습니다.

해설 「동사ない형+ずにはいられない(~하지 않고서는 있을 수 없다)」의 문형은 자주 출제된다. 「동사ない형+ではいられない」도 비슷한 표현이다.

BONUS 동사て형+いられない ~하고 있을 수 없다

8 次は、塩を入れて色が茶色(　　　　)まぜてください。

1 になるまで　　2 にしたくなって　　3 になっていって　　4 にするより

해석 다음은 소금을 넣고 색깔이 갈색이 될 때까지 저으세요.

해설 공란 앞에 「茶色」라는 상태가 있기 때문에 정답은 변화 표현인 「~になるまで(~이/가 될 때까지)」이다.

BONUS ~にする ~로 하다(선택)

9 今朝は、寝坊した(　　　　)会社に遅刻してしまった。

1 はずで　　2 一方で　　**3 せいで**　　4 場合

해석 오늘 아침에는 늦잠을 잔 탓에 회사에 지각해 버렸다.

해설 공란 앞에 「寝坊した」라는 원인이 있기 때문에 정답은 「~せいで(~탓으로, ~때문에)」이다.

BONUS ~はずだ ~일 것이다 | ~一方で ~하는 한편 | ~場合 ~하는 경우

10 A「うわ！山田さん、目を開けた(　　　　)寝ているよ。」
B「疲れているんでしょ。」

1 ほど　　2 こと　　**3 まま**　　4 とき

해석 A "우와! 야마다 씨, 눈을 뜬 채로 자고 있어."　　B "피곤한가 보지."

해설 공란 앞에 「目を開けた」라는 상태가 있기 때문에 정답은 행위나 상태의 유지 표현인 「동사た형+まま(~한 채로)」이다.

BONUS ~ほど ~만큼 | 동사た형+ことがある ~한 적이 있다(경험)

5회

문제 1 다음 문장의 (　　　)에 들어갈 것으로 가장 적당한 것을 1·2·3·4에서 하나 고르세요.

|정답|

1	2	3	4	5	6	7	8	9	10
3	2	1	2	2	4	4	2	1	1

|해설|

1　この写真を見る(　　　)中原さんを思い出します。

1　わけで　　2　せいで　　**3　たびに**　　4　とこに

해석　이 사진을 볼 때마다 나카하라 씨가 생각납니다.

해설　공란 앞에 「写真を見る」, 공란 뒤에 「中原さんを思い出す」라는 연상 행위가 있기 때문에 정답은 「～たびに(~할 때마다)」이다.

BONUS　～わけで ~한 까닭으로 | ～せいで ~탓으로, ~때문에

2　二人はよく話し合った(　　　)決めることにした。

1　もとで　　**2　うえで**　　3　だけで　　4　ことで

해석　두 사람은 잘 상의한 후에 결정하기로 했다.

해설　공란 앞에 「話し合う」, 공란 뒤에 「決める」라는 순서가 있기 때문에 정답은 시간적 전후 관계 및 의지 표현인 「동사た형+上で(~한 후에)」이다.

BONUS　～をもとで ~을/를 바탕으로

3　そんなことで諦める(　　　)。

1　べきではない　　2　はずではない　　3　わけではない　　4　ほかはない

해석　그런 일로 포기하면 안 된다.

해설　당위성을 나타내고 있기 때문에 정답은 「～べきではない(~하면 안 된다)」이다.

BONUS　～わけではない (항상) ~인 것은 아니다 | ～ほかはない ~하는 수밖에 없다(=～しかない ~하는 수밖에 없다)

4　さきほど木村(　　　)人から連絡がありました。

1　と　　**2　って**　　3　だって　　4　なんか

해석　조금 전에 기무라라는 사람에게 연락이 있었습니다.

해설　「～って」는 「～という(~라고 하는)」의 축약 표현이다.

BONUS　～だって ~일지라도, ~이라도(=～でも ~이라도) | ～なんか ~따위

5　本人が帰ってからでないと、確認が(　　　)。

1　取れる　　**2　取れない**　　3　ある　　4　ない

해석 본인이 돌아오지 않으면 확인을 할 수 없다.

해설 「동사て형+からでないと~불가능 표현(~하지 않으면 ~할 수 없다)」, 「동사て형+からでないと~부정 표현(~하지 않으면 ~하지 않다)」의 문형은 자주 출제된다.

BONUS ~でないと ~이/가 아니면

6 昨日給料をもらったばかりなのに、全部使ってしまい、今1万円(　　　　)残っていない。

1 では　　2 でしか　　3 ぐらいは　　**4 ぐらいしか**

해석 어제 월급을 막 받은 참이었는데 전부 써 버려서 지금 1만 엔 정도밖에 남아 있지 않다.

해설 공란 뒤에 「残っていない」라는 부정의 내용이 있기 때문에 정답은 최소한의 정도 표현인 「~ぐらいしか(~정도밖에)」이다.

BONUS ~では ~으로는 | ~でしか ~으로밖에

7 結局、お金がなければ何もできないという(　　　　)ですね。

1 ため　　2 ほか　　3 はず　　**4 こと**

해석 결국 돈이 없으면 아무것도 할 수 없다는 것이군요.

해설 상대방의 이야기를 듣고 확인하고 있기 때문에 정답은 「~ということだ(~인 것이다)」이다.

BONUS ~ため ~때문에 | ~ほか ~밖에 | ~はずだ ~일 것이다

8 親だ(　　　　)こそ子供の才能を伸ばすために頑張らなければならない。

1 すら　　**2 から**　　3 ため　　4 たび

해석 부모이기에 아이의 재능을 펼치기 위해 노력해야 한다.

해설 공란 뒤에 「こそ」라는 강조한 말이 있기 때문에 정답은 원인과 이유 표현인 「~から(~때문에)」이다.

BONUS ~すら ~조차(=~さえ ~마저) | ~ため ~때문에 | ~たびに ~할 때마다

9 1時間(　　　　)メールが来たか確認してみます。

1 ごとに　　2 ほどに　　3 から　　4 だけ

해석 1시간마다 메일이 왔는지 확인해 보겠습니다.

해설 공란 앞에 「1時間」이라는 시간 혹은 기간이 있기 때문에 정답은 「~ごとに(~마다)」이다.

BONUS ~ほどに ~에 따라, ~이므로

10 両親の(　　　　)勉強をもっと頑張って医者になろうと思っています。

1 ためにも　　2 ようにも　　3 おかげでも　　4 ときでも

해석 부모님을 위해서라도 공부를 더욱 열심히 해서 의사가 되려고 생각하고 있습니다.

해설 공란 앞에 「両親」이라는 목적과 이유가 있기 때문에 정답은 「~ためにも(~위해서라도)」이다.

BONUS ~ようにも~ない ~하려고 해도 ~할 수 없다

6회

문제 1 다음 문장의 (　　　　)에 들어갈 것으로 가장 적당한 것을 1·2·3·4에서 하나 고르세요.

|정답|

1	2	3	4	5	6	7	8	9	10
4	3	2	3	2	4	1	3	2	4

|해설|

1　そのゲームの販売(はんばい)が中止(ちゅうし)になると(　　　　)記事(きじ)を読(よ)んだ。

1　なる　　2　ある　　3　する　　**4　いう**

해석 그 게임의 판매가 중지된다고 하는 기사를 읽었다.

해설 공란 뒤에 「記事(きじ)」라는 대상이 있기 때문에 정답은 내용을 설명하는 「～という(~라고 하는)」이다.

BONUS ～となると ~그렇게 되면

2　留学(りゅうがく)すると決(き)めた(　　　　)、準備(じゅんび)をきちんとしておかなければならない。

1　ことは　　2　わけは　　**3　以上は**　　4　一方は

해석 유학하기로 결정한 이상, 준비를 제대로 해 둬야 한다.

해설 공란 뒤에 「しておかなければならない」라는 의무가 있기 때문에 정답은 「동사た형+以上(いじょう)(~한 이상)」이다.

BONUS わけ 이유(=理由(りゆう) 이유) | ～一方(いっぽう) ~하는 한편

3　彼女(かのじょ)のそのとんでもない話(はなし)は、嘘(うそ)に(　　　　)。

1　決めている　　**2　決まっている**　　3　決めてある　　4　決まってある

해석 그녀의 그 말도 안되는 이야기는 거짓말임에 틀림없다.

해설 「～に決(き)まっている(~임에 틀림없다)」의 문형은 자주 출제된다.

BONUS ～に相違(そうい)ない ~임에 틀림없다 | ～に違(ちが)いない ~임에 틀림없다

4　姉(あね)は勉強(べんきょう)は(　　　　)料理(りょうり)も得意(とくい)で、うらやましい。

1　そうでも　　2　べつとして　　**3　もちろん**　　4　あたりまえ

해석 언니는 공부는 물론 요리도 잘해서 부럽다.

해설 「～はもちろん～も(~은/는 물론 ~도)」의 문형은 자주 출제된다.

BONUS ～は別(べつ)として ~은/는 제외하고 | 当(あ)たり前(まえ)だ 당연하다

5　私(わたし)の実力(じつりょく)(　　　　)まだ兄(あに)に勝(か)つことができない。

1　にも　　**2　では**　　3　だけ　　4　ほど

해석 나의 실력으로는 아직 형에게 이길 수 없다.

해설 공란 앞에 「私の実力」, 공란 뒤에 견줄 수 없다는 내용이 서술되기 때문에 정답은 「~では(~으로는)」이다.

BONUS ~にも ~에도, ~이라도 | ~だけ ~만, ~뿐 | ~ほど ~만큼

6 息子は成長するに(　　　　)だんだん私に似てきた。

1 わたって　2 かぎって　3 たいして　**4 したがって**

해석 아들은 자라면서(성장함에 따라) 점점 더 나를 닮기 시작했다.

해설 공란 앞에 「成長する」라는 변화가 있기 때문에 정답은 「~に従って(~에 따라서)」이다.

BONUS ~にわたって ~에 걸쳐서(기간, 횟수) | ~に限って ~에 한해서 | ~に対して ~에 대해서(대상)

7 いつも仲のいい二人がまさかけんかをする(　　　　)。

1 わけがない　2 ものがない　3 ことがない　4 ころがない

해석 항상 사이가 좋은 두 사람이 설마 싸움을 할 리가 없다.

해설 근거를 들어 단정하며 추측하고 있기 때문에 정답은 「~わけがない(~할 리가 없다)」이다.

BONUS 동사た형+ことがない ~한 적이 없다(경험)

8 薬のおかげで病気の体が少しずつよくなり(　　　　)。

1 やすい　2 すぎる　**3 つつある**　4 つづける

해석 약 덕분에 아팠던 몸이 조금씩 좋아지고 있다.

해설 변화를 나타내는 내용이 서술되기 때문에 정답은 계속적인 진행 표현인 「동사ます형+つつある(~하고 있다)」이다.

BONUS 동사ます형+やすい ~하기 쉽다, ~하기 편하다 | 동사ます형+過ぎる 너무 ~하다 | 동사ます형+つづける 계속 ~하다

9 学校でも会社でも言葉づかいには気をつける(　　　　)。

1 には　**2 こと**　3 はず　4 うえ

해석 학교에서도 회사에서도 말투에 주의할 것.

해설 규칙에 대한 내용이 서술되기 때문에 정답은 단호한 명령 표현인 「~こと(~할 것)」이다.

BONUS ~はずだ ~일 것이다

10 A「このモニター、最近故障が多いんです。」

B「ああ、今にも壊れ(　　　　)ですね。」

1 にくい　2 みたい　3 よう　**4 そう**

해석 A "이 모니터 요즘 고장이 잦아요."　B "아, 지금이라도 망가질 것 같네요."

해설 「今にも~동사ます형+そうだ(지금이라도 ~할 것 같다)」의 문형은 자주 출제된다.

BONUS 동사ます형+にくい ~하기 어렵다, ~하기 힘들다

7회

문제 1 다음 문장의 (　　　)에 들어갈 것으로 가장 적당한 것을 1·2·3·4에서 하나 고르세요.

|정답|

1	2	3	4	5	6	7	8	9	10
1	2	3	2	4	1	2	1	4	3

|해설|

1 入社(にゅうしゃ)した(　　　)のころは、毎日残業(まいにちざんぎょう)ばかりしていた。

1 ばかり　2 とたん　3 まま　4 とき

해석 막 입사한 무렵에는 매일 야근만 했었다.

해설 공란 앞에 「入社(にゅうしゃ)した」라는 시점이 있기 때문에 정답은 「동사た형+ばかりだ(막 ~한 참이다)」이다.

BONUS 동사た형+とたん ~하자 마자 | 동사た형+まま ~한 채로

2 恋人(こいびと)ができた(　　　)、鈴木(すずき)さんが一緒(いっしょ)に遊(あそ)んでくれない。

1 はずで　**2 せいか**　3 たびに　4 一方で

해석 애인이 생긴 탓인지 스즈키 씨가 함께 놀아주지 않는다.

해설 공란 앞에 「恋人(こいびと)ができた」라는 원인이 있기 때문에 정답은 「~せいか(~탓인지)」이다.

BONUS ~たびに ~할 때마다 | ~一方(いっぽう)で ~하는 한편

3 合格(ごうかく)の知(し)らせに泣(な)きたい(　　　)うれしかった。

1 ながら　2 かわりに　**3 くらい**　4 いじょう

해석 합격 소식에 울고 싶어질 정도로 기뻤다.

해설 공란 앞에 「泣(な)きたい」, 공란 뒤에 「うれしい」라는 감정을 나타내는 표현이 있기 때문에 정답은 정도를 나타내는 「~くらい(~정도)」이다.

BONUS 동사ます형+ながら ~하면서 | ~代(か)わりに ~대신에 | ~以上(いじょう) ~하는 이상(=~からには ~하는 이상)

4 山崎(やまざき)さんとは趣味(しゅみ)(　　　)、好(す)きな食(た)べ物(もの)もまったく一緒(いっしょ)だ。

1 ばかりと　**2 ばかりか**　3 ばかりに　4 ばかりも

해석 야마자키 씨와는 취미뿐만 아니라 좋아하는 음식도 완전히 같다.

해설 「~ばかりか~も(~뿐만 아니라 ~도)」의 문형은 자주 출제된다.

BONUS ~ばかりに ~바람에, ~탓에

5 彼(かれ)は家(いえ)(　　　)自分(じぶん)の車(くるま)も持(も)っていない。

1 だの　2 さえ　3 ばかり　**4 どころか**

해석 그는 집은커녕 자기 차도 가지고 있지 않다.

해설 「~どころか~も(~은/는커녕 ~도)」의 문형은 자주 출제된다.

BONUS ~だの~だの ~라든가 ~라든가 | ~さえ ~마저 | ~ばかり ~만, ~뿐

6 先生が来るまで、日本語の先生(　　　)友達に教えていました。

1 として　2 にして　3 とまで　4 にまで

해석 선생님이 올 때까지 일본어 선생으로서 친구에게 가르쳐 주고 있었습니다.

해설 공란 앞에 「日本語の先生」라는 자격이 있기 때문에 정답은 「~として(~으로서)」이다.

BONUS ~にして ~이면서 | ~とまで ~라고까지 | ~にまで ~에게까지

7 相手が謝ったからといって、許してあげる(　　　)。

1 わけだ　**2 わけではない**　3 わけばかりだ　4 わけでもある

해석 상대방이 사과했다고 해서 용서해 줘야 하는 것은 아니다.

해설 공란 앞에 「謝ったからといって」라는 조건이 있기 때문에 정답은 그와 반대되는 단정 표현인 「~わけではない(~하는 것은 아니다)」이다.

BONUS ~わけがない ~할 리가 없다

8 今すぐニューヨークに行きたくて(　　　)。

1 しようがない　2 かぎらない　3 ちがいない　4 かもしれない

해석 지금 당장 뉴욕에 가고 싶어 못 견디겠다.

해설 「동사ます형+たくて仕様がない(~하고 싶어서 못 견디겠다)」의 문형은 자주 출제된다.

BONUS ~とは限らない ~라고는 할 수 없다 | ~に違いない ~임에 틀림없다 | ~かもしれない ~일지도 모른다

9 あの捨て犬がまたここに現れるよう(　　　)センターに電話してください。

1 に　2 が　3 でも　**4 なら**

해석 그 유기견이 다시 여기에 나타나는 것 같다면 센터로 전화해 주세요.

해설 공란 앞에 「またここに現れる」라는 조건이 있기 때문에 정답은 가정 표현인 「~ようなら(~하는 것 같다면)」이다.

BONUS ~ように ~하도록

10 A「最近、怖い事件が多いですね。」
B「家に一人でいるときは(　　　)鍵を閉めてください。」

1 全く　2 決して　**3 かならず**　4 かなり

해석 A "최근 무서운 사건이 많네요."　B "집에 혼자 있을 때에는 반드시 열쇠를 잠그세요."

해설 「必ず~동사て형+ください(반드시 ~해 주세요)」의 문형은 자주 출제된다.

BONUS 全く~ない 전혀 ~아니다 | 決して~ない 결코 ~아니다 | かなり 꽤, 상당히

8회

문제 1 다음 문장의 ( )에 들어갈 것으로 가장 적당한 것을 1·2·3·4에서 하나 고르세요.

|정답|

1	2	3	4	5	6	7	8	9	10
2	4	4	1	3	2	1	2	3	1

|해설|

1 学校の先生に卒業後の( )相談をした。

1 ことに **2 ことで** 3 ことなら 4 ことほど

해석 학교 선생님께 졸업 후의 일로 상담을 했다.

해설 공란 앞에 「卒業後」라는 사유가 있기 때문에 정답은 용건을 나타내는 「~のことで(~의 일로)」이다.

BONUS ~ことに ~하게도

2 テストの結果が悪かった( )両親にしかられた。

1 ように 2 かわりに 3 どころか **4 せいで**

해석 테스트 결과가 나빴던 탓에 부모님에게 혼났다.

해설 공란 앞에 「結果が悪かった」라는 원인이 있기 때문에 정답은 「~せいで(~탓으로, ~때문에)」이다.

BONUS ~ように ~하도록 | ~代わりに ~대신에 | ~どころか ~하기는 커녕

3 若い( )、いろんな経験をした方がいい。

1 うえに 2 まえに 3 までに **4 うちに**

해석 젊을 동안에 다양한 경험을 하는 게 좋다.

해설 공란 앞에 「若い」라는 때가 있기 때문에 정답은 「~うちに(~하는 동안에)」이다.

BONUS ~上に ~위에 | ~前に ~전에 | ~までに ~까지

4 英語は( )どんどん上手になります。

1 話せば話すほど 2 話すためにも 3 話すばかりか 4 話すどころか

해석 영어는 말하면 말할수록 점점 능숙해집니다.

해설 공란 뒤에 「どんどん上手になる」라는 변화가 있기 때문에 정답은 「~ば~ほど(~하면 ~할수록)」이다.

BONUS ~ためにも ~위해서라도 | ~ばかりか ~뿐만 아니라 | ~どころか ~하기는 커녕

5 時間とお金がある( )今一番何がしたいですか。

1 とみえて 2 としても **3 としたら** 4 とともに

해석 시간과 돈이 있다고 한다면 지금 가장 무엇을 하고 싶습니까?

해설 공란 앞에 「時間とお金がある」라는 조건이 있기 때문에 정답은 가정 표현인 「~としたら(~라고 한다면)」이다.

BONUS ~とみえて ~한지, ~한 모양으로 | ~としても ~라고 해도 | ~と共に ~와/과 함께

6 駅の工事は半年(　　　　)行われることが決定した。

1 によると　　**2 にわたり**　　3 にはんして　　4 にたいして

해석 역의 공사는 반년에 걸쳐서 시행되는 것이 결정되었다.

해설 공란 앞에 「半年」라는 기간이 있기 때문에 정답은 「~にわたり(~에 걸쳐서)」이다.

BONUS ~によると ~에 의하면 | ~に反して ~에 반해서 | ~に対して ~에 대해서(대상)

7 彼女は嘘ばかりつくので、この話も(　　　　)。

1 信じがたい　　2 信じやすい　　3 信じるほかない　　4 信じかねない

해석 그녀는 거짓말만 하기 때문에 이 이야기도 믿기 힘들다.

해설 거짓말만 하고 있다는 근거를 들고 있기 때문에 정답은 「동사ます형+がたい(~하기 힘들다)」이다.

BONUS 동사ます형+やすい ~하기 쉽다, ~하기 편하다 | ~ほかない ~하는 수밖에 없다 | 동사ます형+かねない ~할 지도 모른다

8 明日から夏休みだと思うと、今からうれしくて(　　　　)。

1 いられない　　**2 たまらない**　　3 かまわない　　4 かぎりない

해석 내일부터 여름방학이라고 생각하니 지금부터 기뻐서 참을 수 없다.

해설 공란 앞에 「うれしい」라는 감정 표현이 있기 때문에 정답은 「동사て형+たまらない(~해서 참을 수 없다)」이다.

BONUS 동사て형+いられない ~하고 있을 수 없다 | 동사て형+もかまわない ~해도 상관없다 | ~かぎりない 무한하다, 한없다

9 午後は打ち合わせがありますので、午前中(　　　　)でよければ大丈夫です。

1 ばかり　　2 すら　　**3 だけ**　　4 こそ

해석 오후에는 미팅이 있기 때문에 오전만으로 좋다면 괜찮습니다.

해설 공란 앞에 「午前中」라는 한정적인 시간의 조건이 있기 때문에 정답은 「~だけ(~만, ~뿐)」이다.

BONUS ~ばかり ~만, ~뿐(반복) | ~すら ~조차 | ~こそ ~야 말로

10 A「直子ちゃん、今度のテストも満点ですってね。」
B「うちの娘はひま(　　　　)あれば勉強をしていますから。」

1 さえ　　2 だけ　　3 より　　4 まで

해석 A "나오코는 이번 시험도 만점이라면서요?"　　B "우리 딸은 틈만 나면 공부를 하고 있으니까요."

해설 「~さえ~ば(~만 ~하다면)」의 문형은 자주 출제된다.

BONUS ~だけ ~만, ~뿐 | ~より ~보다 | ~まで ~까지

문제 2 »»»

문장의 문법 2

이해하고 공략하기

1교시
언어지식(문자·어휘+문법)X독해

1 문제 프로필

상대를 알아야 문제를 푼다!

문제 2 문장의 문법 2 (문장 만들기)

問題２文の文法２(文の組み立て)

기본정보

성　　격 선택지를 올바르게 배열해서 문장을 만들기를 원함

문제 개수 5개/23개(문법)

풀이 시간 5분/20분(문법)

STEP 1
스피드 해법

밑줄 친 빈칸의 앞뒤를 보고 빈칸에 선택지 번호를 쓰면서 작문

STEP 2
함정 주의보

별 표시가 되어있는 곳에 알맞게 배열을 잘 했는지 선택지 번호 확인

STEP 3
대책

문형에 조사나 각 품사별 접속 방법에 맞는 어미를 먼저 조합

STEP 4
공부 방법

한국어와 어순이 비슷하다는 강점을 살려 문장 순서에 집중한다!

2 문제 미리보기

미리 알아 둬야 긴장이 덜 된다!

問題2 つぎの文の＿★＿に入る最もよいものを、1·2·3·4から一つえらびなさい。

문제 2 다음 문장의 ＿★＿에 들어갈 가장 적당한 것을 1·2·3·4에서 하나 고르세요.

1 庭に植えたスイカは、これまでなかなか＿＿ ＿＿ ＿★＿ ＿＿今年になっておいしいのができた。

(3 1 4 2)

문장을 한번 쭉 읽어보고 빈칸 위에 바로 번호를 적어두세요!

1 あきらめないで　　2 ようやく
3 うまく育たなかったが　　4 毎年チャレンジしていたら

1 정답 4

庭(にわ)に植(う)えたスイカは、これまでなかなか うまく育(そだ)たなかったが あきらめないで 毎年(まいとし)チャレンジしていたら ようやく 今年(ことし)になっておいしいのができた。

풀이 공란 바로 앞의「なかなか」는 부정 표현이 뒤에 오면 '좀처럼 ~하지 않다'라는 부정문으로 자주 쓰인다. 따라서「なかなかうまく育(そだ)たなかったが」라는 문장이 연결되는데 마지막 조사「が」는 역접의 기능을 하기 때문에 그 뒤에는 포기하지 않고 도전을 계속했다는 내용이 이어진다.

해석 정원에 심은 수박은 여태까지 좀처럼 잘 자라지 못했는데 포기하지 않고 매년 도전했더니 겨우 올해가 되어 맛있는 것이 생겼다.

적중 문형 150

자주 출제되는 합격 문형을 미리 외워 둔다!

	문형	의미
☐	~一方(いっぽう)だ	계속 ~하기만 하다
☐	お/ご+명사+いただく	~해 주시다
☐	お+동사ます형+ください	~해 주십시오(존경)
☐	お+동사ます형+する	~하다(겸양)
☐	お/ご+명사+なさる	~하시다(존경)
☐	お+동사ます형+になる	~하시다(존경)
☐	동사ます형+かける	~하다가 (말다)
☐	동사ます형+がちだ	~하기 십상이다
☐	~かと思(おも)ったら	~라고 생각했는데
☐	~から	~때문에, ~한 지(시간), ~부터(기점)
☐	~から聞(き)こえる	~에서 들리다
☐	~からこそ	~때문에, ~이므로
☐	~から~にかけて	~부터 ~에 걸쳐서
☐	~からには	~한 이상, ~한 바에는
☐	~代(か)わりに	~대신에
☐	~くなる	~하게 되다
☐	~くらいで~できない	~인 정도로는 못 ~하다
☐	~けれども	~지만
☐	~ことから	~하기 때문에, ~것에서
☐	~ことになっている	~하기로 되어있다
☐	~ことになる	~하게 되다(결정)
☐	~ことにより	~에 따라, ~것으로 인해
☐	~際(さい)には	~할 때에는
☐	~さえ	~조차
☐	~さえ~ば	~만 ~하다면

□ ~しかない	~하는 수밖에 없다
□ 동사ます형+次第	~하는 대로
□ 동사ない형+ずに	~하지 않고
□ 동사ない형+ずにはいられない	~하지 않고서는 있을 수 없다
□ ~せいか	~탓인지
□ ~せいで	~탓으로, ~때문에
□ 全然+부정표현	전혀 ~하지 않다
□ ~そうだ	~라고 한다(전문)
□ 동사ます형+そうだ	~한 것 같다(양태)
□ 동사ます형+たい	~하고 싶다
□ 동사た형+上に	~한 데다가
□ 동사た형+が	~했지만
□ ~だから	~이니까
□ 동사ます형+たくても~동사ます형+ようがない	~하고 싶어도 ~할 방법이 없다
□ ~だけ	~뿐, ~만
□ ~だけでなく	~뿐만 아니라
□ 동사た형+ことがある	~한 적이 있다(경험)
□ 동사た형+ことがない	~한 적이 없다(경험)
□ 동사ます형+出す	~하기 시작하다
□ 동사ます형+たそうだ	~하고 싶은 듯하다(양태)
□ 동사た형+だろうに	~했을 텐데
□ たったの~だけ	겨우 ~뿐
□ 동사た형+とたん	~하자 마자
□ 동사た형+ばかりで	막 ~한 참으로
□ ~たびに	~할 때마다

□ 동사た형+方がいい	~하는 편이 좋다
□ ~だらけ	~투성이
□ 동사た형+り 동사た형+り	~하거나 ~하거나(나열)
□ ~だろうが	~하겠지만
□ ~中	~하는 중(도중)
□ ちょうど	마침, 딱
□ ~ついでに	~하는 김에
□ ~っけ	~였지?, ~였던가?(확인)
□ 동사て형+いただく	~해 받다(겸양)
□ 동사て형+いたよりも	~하고 있던 것 보다도
□ 동사て형+いる	~하고 있다, ~해져 있다
□ 동사て형+いるより	~하고 있는 것 보다
□ 동사て형+ください	~해 주세요
□ 동사て형+しまう	~해 버리다
□ 동사て형+はじめて	~하고 나서 비로소
□ 동사て형+ほしい	~했으면 좋겠다, ~하길 바란다
□ 동사て형+みなければ~ない	~해 보지 않으면 ~하지 않다
□ 동사て형+みる	~해 보다
□ 동사て형+やる	~해 주다
□ ~と	~하면
□ ~ということを	~라는 것을
□ ~と言うので	~라고 하기 때문에
□ ~といっても	~라고 해도
□ どうしてかというと	왜인가 하면
□ ~と思う	~라고 생각한다

☐ ~通(とお)り	~대로
☐ ~とか~とか	~든가 ~든가(나열)
☐ ~ところだ	막 ~하려던 참이다
☐ ~としたら	~라고 한다면
☐ ~として	~로서(자격)
☐ ~とすれば	~라고 한다면
☐ ~と共(とも)に	~와/과 함께
☐ ~とは限(かぎ)らない	~라고는 할 수 없다
☐ どんなに~ことか	얼마나 ~한 일인지
☐ どんなに 동사た형+って	아무리 ~할지라도
☐ どんなに 동사て형+も	아무리 ~해도
☐ なかなか+부정표현	좀처럼 ~하지 않다
☐ 동사ます형+ながら	~하면서
☐ 동사ない형+うちに	~하기 전에
☐ 동사ない형+なくちゃ	~하지 않으면 안 된다
☐ 동사ない형+なくてはいけない	~하지 않으면 안 된다
☐ 동사ない형+なくてはならない	~하지 않으면 안 된다
☐ 何(なに)も+동사ない형+ずにいる	아무것도 ~하지 못하고 있다
☐ ~なら	~한다면
☐ 何(なん)でも	무엇이라도
☐ ~に伺(うかが)う	~에게 여쭈다, ~을/를 찾아 뵈다
☐ ~において	~에 있어서
☐ ~に関(かか)わりなく	~에 상관없이
☐ ~に限(かぎ)り	~에 한해
☐ ~にかけては	~에 있어서는

☐ ~に代(か)わって	~을/를 대신에
☐ ~に関(かん)して	~에 관해서(주제)
☐ ~に決(き)まっている	~임에 틀림없다
☐ 동사ます형+にくい	~하기 어렵다, ~하기 힘들다
☐ ~に比(くら)べて	~에 비해서, ~와/과 비교해서
☐ ~に従(したが)って	~에 따라서
☐ ~に対(たい)して	~에 대해서(대상)
☐ ~に違(ちが)いない	~임에 틀림없다
☐ ~について	~에 대해서(주제)
☐ ~につき	~에 대해(주제), ~당(수량)
☐ ~にとっても	~에게 있어서도(대상)
☐ ~になる	~이/가 되다
☐ ~に基(もと)づいて	~을 바탕으로, ~에 기반하여
☐ ~によって	~에 의해서
☐ ~によって+수동표현	~에 의해서 ~해지다/하게 되다
☐ ~によって変(か)わる	~에 따라서 바뀌다
☐ ~によって異(こと)なる	~에 따라서 다르다
☐ ~によって違(ちが)う	~에 따라서 틀리다
☐ ~によっては	~에 따라서는
☐ ~に際(さい)して	~에 즈음해서, ~할 때
☐ ~のおかげだ	~의 덕분이다
☐ ~の最中(さいちゅう)	한창 ~중인
☐ ~ばかりでなく	~뿐만 아니라
☐ 동사ます형+はじめる	~하기 시작하다
☐ ~はずがない	~일 리가 없다

□ ~は別として	~은/는 제외하고
□ ~ば~ほど	~하면 ~할 수록
□ ~はもちろん	~은/는 물론, ~은/는 말할 것도 없이
□ ~反面	~한 반면
□ ~べきではない	~하면 안 된다
□ 別に+부정표현	별로 ~하지 않다
□ ~ほかない	~하는 수밖에 없다
□ ~ほど	~만큼, ~정도
□ ~ほど~はない	~만큼 ~은/는 없다
□ ~向き	~하는 경향
□ ~向けに	~용(用)으로
□ もう+부정표현	이제 ~하지 않다
□ 동사ます형+やすい	~하기 쉽다, ~하기 편하다
□ ~ように	~하도록
□ 동사가능형+ように	~할 수 있도록
□ ~ようにしている	~하도록 하고 있다
□ ~ようになる	~하게 되다
□ ~予定だ	~할 예정이다
□ ~より~方が	~보다 ~쪽이
□ ~わけがない	~할 리가 없다
□ ~わけにはいかない	~할 수는 없다
□ ~わりには	~에 비해서는
□ ~をきっかけに	~을/를 계기로
□ ~を通じて	~을/를 통해서
□ ~を通して	~을/를 통해서

실전문제 풀어보기 1회

제한시간 10분 | 정답과 해설 224쪽

問題2　つぎの文の＿＿★＿＿に入る最もよいものを、1·2·3·4から一つえらびなさい。

1　友達に＿＿＿＿ ＿＿＿＿ ＿＿★＿＿ ＿＿＿＿誕生日を知らない。

1　1年になる　　2　なって　　3　まだ　　4　のに

2　明日の会議＿＿＿＿ ＿＿＿＿ ＿＿★＿＿ ＿＿＿＿あります。

1　課長に　　2　ことが　　3　伺いたい　　4　のことで

3　デパートより＿＿＿＿ ＿＿＿＿ ＿＿★＿＿ ＿＿＿＿いる。

1　安いに　　2　買った方が　　3　決まって　　4　インターネットで

4　旅行のスケジュールが＿＿＿＿ ＿＿＿＿ ＿＿★＿＿ ＿＿＿＿ください。

1　しだい　　2　知らせて　　3　メールで　　4　決まり

5　彼は私より＿＿＿＿ ＿＿＿＿ ＿＿★＿＿ ＿＿＿＿上手だ。

1　ずっと　　2　でなく　　3　料理だけ　　4　掃除も

6　この作家の作品が大好きで＿＿＿＿ ＿＿＿＿ ＿＿★＿＿ ＿＿＿＿いられない。

1　読まずには　　2　読み　　3　最後まで　　4　始めたら

7　このレストランは週末は＿＿＿＿ ＿＿＿＿ ＿＿★＿＿ ＿＿＿＿入れない。

1　平日も　　2　多くて　　3　人が　　4　もちろん

8　時間が＿＿＿＿ ＿＿＿＿ ＿＿★＿＿ ＿＿＿＿やってしまおう。

1　なりそう　　2　今から　　3　だから　　4　足りなく

9　返事を＿＿＿＿ ＿＿＿＿ ＿＿★＿＿ ＿＿＿＿忘れていました。

1　ならない　　2　しなくては　　3　ことを　　4　すっかり

10　A「あと半月で＿＿＿＿ ＿＿＿＿ ＿＿★＿＿ ＿＿＿＿別れるって言い出したんだって。」
B「ドラマみたいな話が本当にあるんだね。」

1　二人が　　2　結婚する　　3　急に　　4　予定だった

맞힌 개수 확인 ＿＿＿ /10

실전문제 풀어보기 2회

제한시간 10분 | 정답과 해설 226쪽

問題2　つぎの文の＿＿★＿＿に入る最もよいものを、1·2·3·4から一つえらびなさい。

1　突然、＿＿＿＿ ＿＿＿＿ ＿★＿ ＿＿＿＿笑い声が聞こえて怖かった。

1　女性の　　2　部屋から　　3　いない　　4　誰も

2　旅行中に、財布(さいふ)を＿＿＿＿ ＿＿＿＿ ＿★＿ ＿＿＿＿しまった。

1　なくして　　2　上に　　3　盗まれた　　4　携帯電話も

3　今年は休みが＿＿＿＿ ＿＿＿＿ ＿★＿ ＿＿＿＿残念だった。

1　せいで　　2　行けなくて　　3　旅行に　　4　少なかった

4　実際に＿＿＿＿ ＿＿＿＿ ＿★＿ ＿＿＿＿好みは分からない。

1　お互いの　　2　性格や　　3　みなければ　　4　付き合って

5　子供を守りたい＿＿＿＿ ＿＿＿＿ ＿★＿ ＿＿＿＿負けない自信がある。

1　気持ちに　　2　誰にも　　3　かけては　　4　という

6　最近は、世界の＿＿＿＿ ＿＿＿＿ ＿★＿ ＿＿＿＿人気があるそうだ。

1　書かれた　　2　基(もと)づいて　　3　小説が　　4　歴史に

7　このビルからの風景は夕日が＿＿＿＿ ＿＿＿＿ ＿★＿ ＿＿＿＿美しいです。

1　この　　2　沈みはじめる　　3　最も　　4　時間が

8　クラスの中＿＿＿＿ ＿＿＿＿ ＿★＿ ＿＿＿＿だ。

1　だけ　　2　女性は　　3　彼女　　4　で

9　両親は私と＿＿＿＿ ＿＿＿＿ ＿★＿ ＿＿＿＿だろうが、私たちは結婚した。

1　すぐ　　2　思った　　3　彼が　　4　別れると

10　A「こっちのはどう？」
B「そのかばんはあの子も＿＿＿＿ ＿＿＿＿ ＿★＿ ＿＿＿＿するね。」

1　に　　2　ほかの　　3　から　　4　持っている

맞힌 개수 확인 ＿＿＿ / 10

실전문제 풀어보기 3회

제한시간 10분 | 정답과 해설 228쪽

問題2 つぎの文の＿＿★＿＿に入る最もよいものを、1·2·3·4から一つえらびなさい。

1 私の＿＿＿ ＿＿＿ ＿★＿ ＿＿＿作品はありません。

1 この曲　2 感動した　3 ほど　4 人生で

2 イギリスの＿＿＿ ＿＿＿ ＿★＿ ＿＿＿が、思ったより難しかった。

1 について　2 マナー　3 食事の　4 学んだ

3 学校と違って会社は＿＿＿ ＿＿＿ ＿★＿ ＿＿＿できない。

1 休んだり　2 くらいで　3 少し　4 熱がある

4 今から＿＿＿ ＿＿＿ ＿★＿ ＿＿＿大学にはきっと入れない。

1 って　2 どんなに　3 あの　4 勉強した

5 先生の話では、＿＿＿ ＿＿＿ ＿★＿ ＿＿＿いいそうです。

1 早ければ　2 レポートを　3 早いほど　4 出すのは

6 海外で出会った＿＿＿ ＿＿＿ ＿★＿ ＿＿＿留学することを決めた。

1 日本に　2 きっかけに　3 友達を　4 日本人の

7 人生の大切な出会いは＿＿＿ ＿＿＿ ＿★＿ ＿＿＿多い。

1 別れて　2 知る　3 ことも　4 はじめて

8 ホテルに着いてみると、＿＿＿ ＿＿＿ ＿★＿ ＿＿＿新しかった。

1 広くて　2 よりも　3 予想していた　4 部屋が

9 テーブルに＿＿＿ ＿＿＿ ＿★＿ ＿＿＿犯人が近くにいることがわかった。

1 ことから　2 温かい　3 コーヒーが　4 残されていた

10 A「中山(なかやま)さんのこと、好きなんでしょう？」
B「ええ。でも告白したい半面、＿＿＿ ＿＿＿ ＿★＿ ＿＿＿いるんです。」

1 できずに　2 怖くて　3 答えが　4 何も

맞힌 개수 확인 ＿＿ / 10

실전문제 풀어보기 4회

⏱제한시간 10분 | 정답과 해설 230쪽

問題2　つぎの文の＿★＿に入る最もよいものを、1·2·3·4から一つえらびなさい。

1 いつでも＿＿ ＿＿ ＿★＿ ＿＿ペンは必ず持ち歩くようにしている。

1 ように　2 アイデアが　3 紙と　4 書ける

2 ここは＿＿ ＿＿ ＿★＿ ＿＿だけです。

1 といっても　2 たったの　3 家賃が高い　4 5万円

3 僕がここまで成長できた＿＿ ＿＿ ＿★＿ ＿＿と思います。

1 おかげだ　2 全て　3 のは　4 彼女の

4 あの温泉は季節や＿＿ ＿＿ ＿★＿ ＿＿変わります。

1 色が　2 お湯の　3 よって　4 天気に

5 彼女が電話に出ないなら、直接＿＿ ＿＿ ＿★＿ ＿＿ほかない。

1 家を　2 みる　3 彼女の　4 訪ねて

6 ＿＿ ＿＿ ＿★＿ ＿＿ポテト1個を無料でサービスする。

1 ハンバーガー2個　2 限り　3 今日に　4 につき

7 うちの猫は私は＿＿ ＿＿ ＿★＿ ＿＿ペットではなく家族だ。

1 両親に　2 もちろん　3 普通の　4 とっても

8 コンビニに行くなら、＿＿ ＿＿ ＿★＿ ＿＿買ってきてください。

1 牛乳も　2 お菓子を　3 ついでに　4 買う

9 何もしないで待っているより＿＿ ＿＿ ＿★＿ ＿＿と思う。

1 いい　2 自分から　3 告白した　4 ほうが

10 A「ああ！ラブレターを＿＿ ＿＿ ＿★＿ ＿＿返事をしていなかった。」
B「それは大変。」

1 まま　2 もらった　3 半年　4 近く

▷ 맞힌 개수 확인 ＿＿ / 10

PART 2 언어지식(문법)

실전문제 풀어보기 5회

제한시간 10분 | 정답과 해설 232쪽

問題2　つぎの文の＿＿★＿＿に入る最もよいものを、1·2·3·4から一つえらびなさい。

1 どうして＿＿＿ ＿＿＿ ＿★＿ ＿＿＿かというと彼女のことが好きだからです。

1　彼女を　　2　毎日　　3　待って　　4　いるの

2 勉強も＿＿＿ ＿＿＿ ＿★＿ ＿＿＿、私は成績も悪く消極的だ。

1　対して　　2　性格も活発な　　3　姉に　　4　できて

3 息子にお金を＿＿＿ ＿＿＿ ＿★＿ ＿＿＿来なくなってしまった。

1　やった　　2　とたん　　3　連絡が　　4　送って

4 これから卒業まで忙しくなるので、＿＿＿ ＿＿＿ ＿★＿ ＿＿＿方がいい。

1　うちに　　2　取った　　3　運転免許を　　4　時間がある

5 日本に着き次第、この人に＿＿＿ ＿＿＿ ＿★＿ ＿＿＿いる。

1　なって　　2　会う　　3　ことに　　4　電話して

6 彼は仕事で＿＿＿ ＿＿＿ ＿★＿ ＿＿＿友達がいなくなった。

1　代わりに　　2　成功して　　3　お金持ちに　　4　なった

7 今、この街は＿＿＿ ＿＿＿ ＿★＿ ＿＿＿嫌だ。

1　ショッピングの　　2　人　　3　最中の　　4　だらけで

8 私の祖母はスポーツが＿＿＿ ＿＿＿ ＿★＿ ＿＿＿見られます。

1　わりには　　2　若く　　3　年齢の　　4　得意で

9 親友がいることが＿＿＿ ＿＿＿ ＿★＿ ＿＿＿気づきました。

1　やっと　　2　どんなに　　3　ことか　　4　大切な

10 A「一人だけで買い物すると、つい要らない＿＿＿ ＿＿＿ ＿★＿ ＿＿＿だよね。」
B「そう。特に給料日になるとね。」

1　ものまで　　2　買ったり　　3　しがち　　4　たくさん

맞힌 개수 확인 ＿＿＿ / 10

실전문제 풀어보기 6회

제한시간 10분 | 정답과 해설 234쪽

問題2　つぎの文の＿★＿に入る最もよいものを、1·2·3·4から一つえらびなさい。

1　今日が彼女の＿＿＿ ＿＿＿ ＿★＿ ＿＿＿忘れていた。

1　すっかり　　2　ことを　　3　という　　4　誕生日だ

2　今回の応募作品は去年に＿＿＿ ＿＿＿ ＿★＿ ＿＿＿高い。

1　数が　　2　比べて　　3　レベルも　　4　多く

3　まだ連絡はない＿＿＿ ＿＿＿ ＿★＿ ＿＿＿いる。

1　彼は　　2　決まって　　3　来るに　　4　けれども

4　子供の前で＿＿＿ ＿＿＿ ＿★＿ ＿＿＿なかなか難しい。

1　分かって　　2　大きな声を出す　　3　いても　　4　べきではないと

5　＿＿＿ ＿＿＿ ＿★＿ ＿＿＿になりやすい。

1　仕事が好きで　　2　ほど　　3　心の病気　　4　真面目な人

6　北京は＿＿＿ ＿＿＿ ＿★＿ ＿＿＿です。

1　東京とともに　　2　魅力のある　　3　観光地として　　4　首都

7　彼女の英語の発音を聞いてみると＿＿＿ ＿＿＿ ＿★＿ ＿＿＿違いない。

1　アメリカか　　2　留学を　　3　イギリスに　　4　したに

8　＿＿＿ ＿＿＿ ＿★＿ ＿＿＿貯めてきた貯金が減る一方だ。

1　仕事を　　2　遊んでいる　　3　せずに　　4　せいで

9　働きながら勉強をするのは＿＿＿ ＿＿＿ ＿★＿ ＿＿＿しまいそうだ。

1　三日以内に　　2　大変で　　3　あきらめて　　4　あまりに

10　A「佐藤(さとう)さん、またお孫さんへのプレゼントですか。」
B「ええ、孫がほしいという＿＿＿ ＿＿＿ ＿★＿ ＿＿＿んで。」

1　何でも　　2　やりたい　　3　買って　　4　ものは

맞힌 개수 확인 ＿＿＿ /10

실전문제 풀어보기 7회

⏱ 제한시간 10분 | 정답과 해설 236쪽

問題2　つぎの文の＿＿★＿＿に入る最もよいものを、1·2·3·4から一つえらびなさい。

1 ＿＿＿ ＿＿＿ ＿★＿ ＿＿＿メールを確認していない。
　1　ばかりで　　2　まだ　　3　会社に戻った　　4　さっき

2 テストの＿＿＿ ＿＿＿ ＿★＿ ＿＿＿間に合わないでしょう。
　1　そんなに　　2　もう　　3　前の日に　　4　勉強しても

3 彼のように才能ある人は＿＿＿ ＿＿＿ ＿★＿ ＿＿＿。
　1　わけがない　　2　私なんかに　　3　別として　　4　この曲が弾ける

4 引越しの＿＿＿ ＿＿＿ ＿★＿ ＿＿＿思ったより大変だ。
　1　家の荷物を　　2　整理する　　3　たびに　　4　のは

5 人生は短い＿＿＿ ＿＿＿ ＿★＿ ＿＿＿と思います。
　1　ほしい　　2　からこそ　　3　人との出会いを　　4　大切にして

6 愛する家族＿＿＿ ＿＿＿ ＿★＿ ＿＿＿なくても幸せです。
　1　お金が　　2　さえ　　3　いれば　　4　そばに

7 事故で＿＿＿ ＿＿＿ ＿★＿ ＿＿＿怖くなってしまった。
　1　さえ　　2　ことにより　　3　けがをした　　4　自転車

8 仕事が増える＿＿＿ ＿＿＿ ＿★＿ ＿＿＿ストレスが溜まってきた。
　1　増えて　　2　機会も　　3　にしたがって　　4　酒を飲む

9 彼女はいつも＿＿＿ ＿＿＿ ＿★＿ ＿＿＿をしている。
　1　食べた　　2　そうな　　3　顔　　4　何か

10 A「星野(ほしの)さん、毎日忙しいですね。」
　B「やっと仕事が＿＿＿ ＿＿＿ ＿★＿ ＿＿＿他の仕事がどんどん入ってくるんですよ。」
　1　か　　2　と　　3　終わった　　4　思ったら

맞힌 개수 확인 ＿＿＿ / 10

실전문제 풀어보기 8회

제한시간 10분 | 정답과 해설 238쪽

問題2　つぎの文の＿★＿に入る最もよいものを、1·2·3·4から一つえらびなさい。

1 この映画は彼＿＿ ＿＿ ＿★＿ ＿＿作品だ。

1 最初で　2 によって　3 最後の　4 作られた

2 こんな時間には＿＿ ＿＿ ＿★＿ ＿＿がない。

1 家に帰りたくても　2 ないから　3 タクシーも　4 帰りよう

3 こちらのスープ、＿＿ ＿＿ ＿★＿ ＿＿。

1 お召し上がり　2 冷めない　3 ください　4 うちに

4 彼女とは＿＿ ＿＿ ＿★＿ ＿＿全然話さない。

1 けんかになって　2 つまらないこと　3 から　4 今では

5 課長に＿＿ ＿＿ ＿★＿ ＿＿、僕も出席しただろうに。

1 分かっていたら　2 かわって　3 中田さんが　4 来ると

6 子供は＿＿ ＿＿ ＿★＿ ＿＿かぎらない。

1 思う　2 育つとは　3 とおりに　4 親の

7 仕事＿＿ ＿＿ ＿★＿ ＿＿いかないこともある。

1 断るわけには　2 よっては　3 というのは　4 内容に

8 親友や家族＿＿ ＿＿ ＿★＿ ＿＿言うので、不安になる一方です。

1 行かないで　2 まで　3 と　4 その国は

9 ＿＿ ＿＿ ＿★＿ ＿＿ようやくメールの返事が来た。

1 あきらめ　2 全部　3 取引先から　4 かけたとき

10 A「マイクさん、国に帰って食べたくてたまらないものはありますか。」
B「＿＿ ＿＿ ＿★＿ ＿＿母の料理があります。」

1 ものの　2 一つに　3 最も　4 食べたい

맞힌 개수 확인 ＿＿ /10

PART 2 언어지식(문법)

정답 및 해설 확인하기

1회

문제 2 다음 문장의 ＿＿★＿＿에 들어갈 가장 적당한 것을 1·2·3·4에서 하나 고르세요.

|정답|

1	2	3	4	5	6	7	8	9	10
4	3	1	3	4	3	3	3	3	1

|해설|

1 友達に＿＿＿＿ ＿＿＿＿ ＿★＿ ＿＿＿＿誕生日を知らない。

1 1年になる　2 なって　3 まだ　**4 のに**

해석 친구가 된 지 1년이 되는데도 아직 생일을 모른다.

해설 友達(ともだち)に なって 1年(ねん)になる ★のに まだ 誕生日(たんじょうび)を知(し)らない。

BONUS ~になる ~이/가 되다 | ~て ~한 지 | ~のに ~인데도

2 明日の会議＿＿＿＿ ＿＿＿＿ ＿★＿ ＿＿＿＿あります。

1 課長に　2 ことが　**3 伺いたい**　4 のことで

해석 내일 회의 일로 과장님께 여쭙고 싶은 것이 있습니다.

해설 明日(あした)の会議(かいぎ) のことで 課長(かちょう)に ★伺(うかが)いたい ことが あります。

BONUS ~に伺(うかが)う ~에게 여쭈다, ~을/를 찾아 뵈다

3 デパートより＿＿＿＿ ＿＿＿＿ ＿★＿ ＿＿＿＿いる。

1 安いに　2 買った方が　3 決まって　4 インターネットで

해석 백화점보다 인터넷에서 사는 게 쌀 것임에 틀림없다.

해설 デパートより インターネットで 買(か)った方(ほう)が ★安(やす)いに 決(き)まって いる。

BONUS ~より~方(ほう)が ~보다 ~쪽이 | ~に決(き)まっている ~임에 틀림없다

4 旅行のスケジュールが＿＿＿＿ ＿＿＿＿ ＿★＿ ＿＿＿＿ください。

1 しだい　2 知らせて　**3 メールで**　4 決まり

해석 여행 스케줄이 정해지는 대로 메일로 알려주세요.

해설 旅行(りょこう)のスケジュールが 決(き)まり しだい ★メールで 知(し)らせて ください。

BONUS 동사ます형+次第(しだい) ~하는 대로 | 동사て형+ください ~해 주세요

5 彼は私より＿＿＿＿ ＿＿＿＿ ＿★＿ ＿＿＿＿上手だ。

1 ずっと　2 でなく　3 料理だけ　**4 掃除も**

해석 그는 나보다 요리뿐만 아니라 청소도 훨씬 잘한다.

해설 彼は私より 料理だけ でなく ★掃除も ずっと 上手だ。

BONUS ~だけでなく ~뿐만 아니라(=~ばかりでなく ~뿐만 아니라) | ずっと 훨씬, 쭉

6 この作家の作品が大好きで＿＿＿＿ ＿＿＿＿ ＿★＿ ＿＿＿＿いられない。

1 読まずには　2 読み　**3 最後まで**　4 始めたら

해석 이 작가의 작품을 매우 좋아해서 읽기 시작하면 끝까지 읽지 않고서는 못 배긴다.

해설 この作家の作品が大好きで 読み 始めたら ★最後まで 読まずには いられない。

BONUS 동사ます형+はじめる ~하기 시작하다 | 동사ない형+ずにはいられない ~하지 않고서는 있을 수 없다

7 このレストランは週末は＿＿＿＿ ＿＿＿＿ ＿★＿ ＿＿＿＿入れない。

1 平日も　2 多くて　**3 人が**　4 もちろん

해석 이 레스토랑은 주말은 물론 평일에도 사람이 많아서 들어갈 수 없다.

해설 このレストランは週末は もちろん 平日も ★人が 多くて 入れない。

BONUS ~はもちろん ~은/는 물론, ~은/는 말할 것도 없이

8 時間が＿＿＿＿ ＿＿＿＿ ＿★＿ ＿＿＿＿やってしまおう。

1 なりそう　2 今から　**3 だから**　4 足りなく

해석 시간이 부족해질 것 같으니까 지금부터 해 버리자.

해설 時間が 足りなく なりそう ★だから 今から やってしまおう。

BONUS ~くなる ~하게 되다 | 동사ます형+そうだ ~한 것 같다 | ~だから ~이니까

9 返事を＿＿＿＿ ＿＿＿＿ ＿★＿ ＿＿＿＿忘れていました。

1 ならない　2 しなくては　**3 ことを**　4 すっかり

해석 대답을 해야 하는 일을 완전히 잊어버리고 있었습니다.

해설 返事を しなくては ならない ★ことを すっかり 忘れていました。

BONUS 返事をする 대답을 하다, 답장을 하다 | 동사ない형+なくてはならない ~하지 않으면 안 된다

10 A「あと半月で＿＿＿＿ ＿＿＿＿ ＿★＿ ＿＿＿＿別れるって言い出したんだって。」

B「ドラマみたいな話が本当にあるんだね。」

1 二人が　2 結婚する　3 急に　4 予定だった

해석 A "앞으로 보름이면 결혼할 예정이었던 두 명이 갑자기 헤어진다고 말했대."

B "드라마 같은 얘기가 정말 있네."

해설 あと半月で 結婚する 予定だった ★二人が 急に 別れると言い出したんだって。

BONUS 동사기본형+予定だ ~할 예정이다 | 急に 갑자기

2회

문제 2　다음 문장의 ＿＿★＿＿에 들어갈 가장 적당한 것을 1·2·3·4에서 하나 고르세요.

|정답|

1	2	3	4	5	6	7	8	9	10
2	4	3	1	3	1	4	3	4	2

|해설|

1　突然、＿＿＿ ＿＿＿ ＿★＿ ＿＿＿笑い声が聞こえて怖かった。

1　女性の　　**2　部屋から**　　3　いない　　4　誰も

해석　갑자기 아무도 없는 방에서 여자의 웃음 소리가 들려서 무서웠다.

해설　突然、誰も いない ★部屋から 女性の 笑い声が聞こえて怖かった。

BONUS　~から聞こえる ~에서 들리다

2　旅行中に、財布を＿＿＿ ＿＿＿ ＿★＿ ＿＿＿しまった。

1　なくして　　2　上に　　3　盗まれた　　**4　携帯電話も**

해석　여행 중에 지갑을 도난당한 데다가 휴대전화도 잃어버렸다.

해설　旅行中に、財布を 盗まれた 上に ★携帯電話も なくして しまった。

BONUS　~を盗まれる ~을/를 도난당하다 | 동사た형＋上に ~한 데다가

3　今年は休みが＿＿＿ ＿＿＿ ＿★＿ ＿＿＿残念だった。

1　せいで　　2　行けなくて　　**3　旅行に**　　4　少なかった

해석　올해에는 휴일이 적은 탓에 여행을 가지 못해서 아쉬웠다.

해설　今年は休みが 少なかった せいで ★旅行に 行けなくて 残念だった。

BONUS　~せいで ~탓에 | 旅行に行く 여행을 가다

4　実際に＿＿＿ ＿＿＿ ＿★＿ ＿＿＿好みは分からない。

1　お互いの　　2　性格や　　3　みなければ　　4　付き合って

해석　실제로 사귀어보지 않으면 서로의 성격이나 취향은 알 수 없다.

해설　実際に 付き合って みなければ ★お互いの 性格や 好みは分からない。

BONUS　동사て형+みなければ~ない ~해 보지 않으면 ~하지 않다 | お互い 서로

5　子供を守りたい＿＿＿ ＿＿＿ ＿★＿ ＿＿＿負けない自信がある。

1　気持ちに　　2　誰にも　　**3　かけては**　　4　という

해석　아이를 지키고 싶다고 하는 마음에 있어서는 누구에게도 지지 않을 자신이 있다.

해설 子供を守りたい という 気持ちに ★かけては 誰にも 負けない自信がある。

BONUS ~という ~라고 하는 | ~にかけては ~에 있어서는

6 最近は、世界の＿＿＿＿ ＿＿＿＿ ＿★＿ ＿＿＿＿人気があるそうだ。

1 書かれた 2 基づいて 3 小説が 4 歴史に

해석 최근에는 세계의 역사를 바탕으로 쓰여진 소설이 인기가 있다고 한다.

해설 最近は、世界の 歴史に 基づいて ★書かれた 小説が 人気があるそうだ。

BONUS ~に基づいて ~을/를 바탕으로, ~에 기반하여

7 このビルからの風景は夕日が＿＿＿＿ ＿＿＿＿ ＿★＿ ＿＿＿＿美しいです。

1 この 2 沈みはじめる 3 最も **4 時間が**

해석 이 빌딩에서 보는 풍경은 석양이 지기 시작하는 이 시간이 가장 아름답습니다.

해설 このビルからの風景は夕日が 沈みはじめる この ★時間が 最も 美しいです。

BONUS 동사ます형+はじめる ~하기 시작하다 | 最も 가장

8 クラスの中＿＿＿＿ ＿＿＿＿ ＿★＿ ＿＿＿＿だ。

1 だけ 2 女性は **3 彼女** 4 で

해석 반 안에서 여성은 그녀뿐이다.

해설 クラスの中 で 女性は ★彼女 だけ だ。

BONUS ~で ~에서 | ~だけ ~만, ~뿐

9 両親は私と＿＿＿＿ ＿＿＿＿ ＿★＿ ＿＿＿＿だろうが、私たちは結婚した。

1 すぐ 2 思った 3 彼が **4 別れると**

해석 부모님은 나와 그가 금방 헤어질 것이라 생각했겠지만, 우리들은 결혼했다.

해설 両親は私と 彼が すぐ ★別れると 思った だろうが、私たちは結婚した。

BONUS ~と思う ~라고 생각하다 | ~だろうが ~하겠지만

10 A「こっちのはどう？」

B「そのかばんはあの子も＿＿＿＿ ＿＿＿＿ ＿★＿ ＿＿＿＿するね。」

1 に **2 ほかの** 3 から 4 持っている

해석 A "이쪽 건 어때?"

B "그 가방은 저 아이도 가지고 있으니까 다른 것으로 할래."

해설 そのかばんはあの子も 持っている から ★ほかの に するね。

BONUS 동사て형+いる ~하고 있다 | ~から ~때문에 | ~にする ~로 하다

3회

문제 2 다음 문장의 ___★___에 들어갈 가장 적당한 것을 1·2·3·4에서 하나 고르세요.

|정답|

1	3	2	1	3	2	4	1	5	1	6	2	7	2	8	4	9	2	10	4

|해설|

1 私の＿＿＿ ＿＿＿ ＿★＿ ＿＿＿作品はありません。

1 この曲　2 感動した　**3 ほど**　4 人生で

해석 나의 인생에서 이 곡만큼 감동한 작품은 없습니다.

해설 私の 人生で この曲 ★ほど 感動した 作品はありません。

BONUS ~ほど~はない ~만큼 ~은/는 없다

2 イギリスの＿＿＿ ＿＿＿ ＿★＿ ＿＿＿が、思ったより難しかった。

1 について　2 マナー　3 食事の　4 学んだ

해석 영국의 식사 매너에 관하여 배웠지만, 생각했던 것보다 어려웠다.

해설 イギリスの 食事の マナー ★について 学んだ が、思ったより難しかった。

BONUS ~について ~에 대해서 | ~が ~지만

3 学校と違って会社は＿＿＿ ＿＿＿ ＿★＿ ＿＿＿できない。

1 休んだり　**2 くらいで**　3 少し　4 熱がある

해석 학교와 달리 회사는 조금 열이 있는 정도로 쉬지 못한다.

해설 学校と違って会社は 少し 熱がある ★くらいで 休んだり できない。

BONUS ~くらいで~できない ~인 정도로는 못 ~하다 | 동사た형+り ~하거나

4 今から＿＿＿ ＿＿＿ ＿★＿ ＿＿＿大学にはきっと入れない。

1 って　2 どんなに　3 あの　4 勉強した

해석 지금부터 아무리 공부할지라도 저 대학에는 반드시 들어가지 못한다.

해설 今から どんなに 勉強した ★って あの 大学にはきっと入れない。

BONUS どんなに 동사た형+って 아무리 ~할지라도(=どんなに 동사て형+も 아무리 ~해도)

5 先生の話では、＿＿＿ ＿＿＿ ＿★＿ ＿＿＿いいそうです。

1 早ければ　2 レポートを　3 早いほど　4 出すのは

해석 선생님의 말씀으로는, 리포트를 내는 것은 빠르면 빠를수록 좋다고 합니다.

해설 先生の話では、 レポートを 出すのは ★早ければ 早いほど いいそうです。

BONUS レポートを出す 리포트를 내다 | ~ば~ほど ~하면 ~할수록

6 海外で出会った________ ________ ___★___ ________留学することを決めた。

1 日本に **2 きっかけに** 3 友達を 4 日本人の

해석 해외에서 만난 일본인 친구를 계기로 일본에 유학하기로 결정했다.

해설 海外で出会った 日本人の 友達を ★きっかけに 日本に 留学することを決めた。

BONUS ~をきっかけに ~을/를 계기로

7 人生の大切な出会いは________ ________ ___★___ ________多い。

1 別れて **2 知る** 3 ことも 4 はじめて

해석 인생의 소중한 만남은 헤어지고 나서 비로소 알게 되는 경우도 많다.

해설 人生の大切な出会いは 別れて はじめて ★知る ことも 多い。

BONUS 동사て형+はじめて ~하고 나서 비로소 | ~ことが多い ~하는 경우가 많다

8 ホテルに着いてみると、________ ________ ___★___ ________新しかった。

1 広くて 2 よりも 3 予想していた **4 部屋が**

해석 호텔에 도착해 보니, 예상했던 것보다도 방이 넓고 새것이었다.

해설 ホテルに着いてみると、 予想していた よりも ★部屋が 広くて 新しかった。

BONUS 동사て형+いたよりも ~하고 있던 것 보다도

9 テーブルに________ ________ ___★___ ________犯人が近くにいることがわかった。

1 ことから **2 温かい** 3 コーヒーが 4 残されていた

해석 테이블에 남겨진 커피가 따뜻한 것에서 범인이 근처에 있는 것을 알았다.

해설 テーブルに 残されていた コーヒーが ★温かい ことから 犯人が近くにいることがわかった。

BONUS ~に残す ~에 남겨놓다 | ~ことから ~하기 때문에, ~것에서

10 A「中山さんのこと、好きなんでしょう？」

B「ええ。でも告白したい反面、________ ________ ___★___ ________いるんです。」

1 できずに 2 怖くて 3 答えが **4 何も**

해석 A "나카야마 씨 좋아하죠?"

B "네. 그래도 고백하고 싶은 반면, 대답이 무서워서 아무것도 하지 못하고 있어요."

해설 でも告白したい反面、 答えが 怖くて ★何も できずに いるんです。

BONUS 何も+동사ない형+ずにいる 아무것도 ~하지 못하고 있다

4회

문제 2 다음 문장의 ＿＿★＿＿에 들어갈 가장 적당한 것을 1·2·3·4에서 하나 고르세요.

|정답|

1 1	2 2	3 4	4 2	5 4	6 1	7 4	8 3	9 4	10 3

|해설|

1 いつでも＿＿＿ ＿＿＿ ＿★＿ ＿＿＿ペンは必ず持ち歩くようにしている。

1 ように　　2 アイデアが　　3 紙と　　4 書ける

해석 언제라도 아이디어를 쓸 수 있도록 종이와 펜은 반드시 가지고 다니도록 하고 있다.

해설 いつでも アイデアが 書ける ★ように 紙と ペンは必ず持ち歩くようにしている。

BONUS 동사가능형+ように ~할 수 있도록

2 ここは＿＿＿ ＿＿＿ ＿★＿ ＿＿＿です。

1 といっても　　**2 たったの**　　3 家賃が高い　　4 5万円

해석 여기는 집값이 비싸다고 해도, 겨우 5만 엔입니다.

해설 ここは 家賃が高い といっても ★たったの 5万円 です。

BONUS ~といっても ~라고 해도 | たったの~ 겨우~

3 僕がここまで成長できた＿＿＿ ＿＿＿ ＿★＿ ＿＿＿と思います。

1 おかげだ　　2 全て　　3 のは　　**4 彼女の**

해석 제가 여기까지 성장할 수 있었던 것은 모두 그녀 덕분이라고 생각합니다.

해설 僕がここまで成長できた のは 全て ★彼女の おかげだ と思います。

BONUS ~のおかげだ ~의 덕분이다

4 あの温泉は季節や＿＿＿ ＿＿＿ ＿★＿ ＿＿＿変わります。

1 色が　　**2 お湯の**　　3 よって　　4 天気に

해석 이 온천은 계절과 날씨에 따라서 물의 색이 변합니다.

해설 あの温泉は季節や 天気 によって ★お湯の 色が 変わります。

BONUS ~によって変わる ~에 따라서 바뀌다 | ~によって異なる ~에 따라서 다르다 | ~によって違う ~에 따라서 틀리다

5 彼女が電話に出ないなら、直接＿＿＿ ＿＿＿ ＿★＿ ＿＿＿ほかない。

1 家を　　2 みる　　3 彼女の　　**4 訪ねて**

해석 그녀가 전화를 받지 않으면, 직접 그녀의 집을 방문해 보는 수밖에 없다.

해설 彼女(かのじょ)が電話(でんわ)に出(で)ないなら、直接(ちょくせつ) 彼女(かのじょ)の 家(いえ)を ★訪(たず)ねて みる ほかない。

BONUS 동사て형+みる ~해 보다 | ~ほかない(=~しかない) ~하는 수밖에 없다

6 ＿＿＿＿ ＿＿＿＿ ＿★＿ ＿＿＿＿ポテト1個を無料でサービスする。

1 ハンバーガー2個　2 限り　3 今日に　4 につき

해석 오늘에 한해 햄버거 2개 당 감자 1개를 무료로 서비스한다.

해설 今日(きょう)に 限(かぎ)り ★ハンバーガー2個(こ) につき ポテト1個(こ)を無料(むりょう)でサービスする。

BONUS ~に限(かぎ)り ~에 한해 | ~につき ~에 대해(주제), ~당(수량)

7 うちの猫は私は＿＿＿＿ ＿＿＿＿ ＿★＿ ＿＿＿＿ペットではなく家族だ。

1 両親に　2 もちろん　3 普通の　**4 とっても**

해석 우리집 고양이는 나는 물론 부모님에게 있어서도 보통의 애완동물이 아닌 가족이다.

해설 うちの猫(ねこ)は私(わたし)は もちろん 両親(りょうしん)に ★とっても 普通(ふつう)の ペットではなく家族(かぞく)だ。

BONUS ~はもちろん ~은/는 물론, ~은/는 말할 것도 없이 | ~にとっても ~에게 있어서도

8 コンビニに行くなら、＿＿＿＿ ＿＿＿＿ ＿★＿ ＿＿＿＿買ってきてください。

1 牛乳も　2 お菓子を　**3 ついでに**　4 買う

해석 편의점에 간다면 과자를 사는 김에 우유도 사 오세요.

해설 コンビニに行(い)くなら、お菓子(かし)を 買(か)う ★ついでに 牛乳(ぎゅうにゅう)も 買(か)ってきてください。

BONUS ~ついでに ~하는 김에

9 何もしないで待っているより＿＿＿＿ ＿＿＿＿ ＿★＿ ＿＿＿＿と思う。

1 いい　2 自分から　3 告白した　**4 ほうが**

해석 아무것도 안하고 기다리는 것보다 자기부터 고백하는 편이 좋다고 생각한다.

해설 何(なに)もしないで待(ま)っているより 自分(じぶん)から 告白(こくはく)した ★ほうが いい と思(おも)う。

BONUS 동사た형+方(ほう)がいい ~하는 편이 좋다

10 A「ああ！ラブレターを＿＿＿＿ ＿＿＿＿ ＿★＿ ＿＿＿＿返事をしていなかった。」
B「それは大変。」

1 まま　2 もらった　**3 半年**　4 近く

해석 A "아아! 연애 편지를 받은 채로 반년 가까이 답장을 하지 않고 있었어."
B "그거 큰일이네."

해설 ラブレターを もらった まま ★半年(はんとし) 近(ちか)く 返事(へんじ)をしていなかった。

BONUS 동사た형+まま ~한 채 | ~近(ちか)く ~가까이

5회

문제 2 다음 문장의 ＿＿★＿＿에 들어갈 가장 적당한 것을 1·2·3·4에서 하나 고르세요.

|정답|

1	2	3	4	5	6	7	8	9	10
3	3	2	3	3	4	2	1	3	2

|해설|

1 どうして＿＿＿＿ ＿＿＿＿ ＿★＿ ＿＿＿＿かというと彼女のことが好きだからです。

1 彼女を　2 毎日　**3 待って**　4 いるの

해석 왜 그녀를 매일 기다리는가 하면 그녀를 좋아하기 때문입니다.

해설 どうして 彼女を 毎日 ★待って いるの かというと彼女のことが好きだからです。

BONUS どうしてかというと 왜인가 하면

2 勉強も＿＿＿＿ ＿＿＿＿ ＿★＿ ＿＿＿＿、私は成績も悪く消極的だ。

1 対して　2 性格も活発な　**3 姉に**　4 できて

해석 공부도 잘하고 성격도 활발한 언니에 비해 나는 성적도 나쁘고 소극적이다.

해설 勉強も できて 性格も活発な ★姉に 対して、私は成績も悪く消極的だ。

BONUS 勉強ができる 공부를 잘하다 | ~に対して ~에 대해서(대상)

3 息子にお金を＿＿＿＿ ＿＿＿＿ ＿★＿ ＿＿＿＿来なくなってしまった。

1 やった　**2 とたん**　3 連絡が　4 送って

해석 아들에게 돈을 보내주자 마자 연락이 오지 않게 되어 버렸다.

해설 息子にお金を 送って やった ★とたん 連絡が 来なくなってしまった。

BONUS 동사て형+やる ~해 주다 | 동사た형+とたん ~하자 마자

4 これから卒業まで忙しくなるので、＿＿＿＿ ＿＿＿＿ ＿★＿ ＿＿＿＿方がいい。

1 うちに　2 取った　**3 運転免許を**　4 時間がある

해석 지금부터 졸업까지 바빠지기 때문에, 시간이 있는 동안 운전면허를 따 놓는 게 좋다.

해설 これから卒業まで忙しくなるので、時間がある うちに ★運転免許を 取った 方がいい。

BONUS ~うちに ~하는 동안 | 運転免許を取る 운전면허를 따다 | 동사た형+方がいい ~하는 편이 좋다

5 日本に着き次第、この人に＿＿＿＿ ＿＿＿＿ ＿★＿ ＿＿＿＿いる。

1 なって　2 会う　**3 ことに**　4 電話して

해석 일본에 오자마자, 이 사람에게 전화해서 만나기로 되어 있다.

해설 日本に着き次第、この人に 電話して 会う ★ことに なって いる。

BONUS ～ことになっている ~하기로 되어 있다

6 彼は仕事で＿＿＿ ＿＿＿ ＿★＿ ＿＿＿友達がいなくなった。

1 代わりに　2 成功して　3 お金持ちに　**4 なった**

해석 그는 일로 성공해서 부자가 된 대신에 친구가 없게 되었다.

해설 彼は仕事で 成功して お金持ちに ★なった 代わりに 友達がいなくなった。

BONUS ～になる ~이/가 되다 | ～代わりに ~대신에 （＝～に代わって ~을/를 대신해서）

7 今、この街は＿＿＿ ＿＿＿ ＿★＿ ＿＿＿嫌だ。

1 ショッピングの　**2 人**　3 最中の　4 だらけで

해석 지금 이 거리는 한창 쇼핑 중인 사람 투성이라 싫다.

해설 今、この街は ショッピングの 最中の ★人 だらけで 嫌だ。

BONUS ～の最中 한창 ~중인 | ～だらけ ~투성이

8 私の祖母はスポーツが＿＿＿ ＿＿＿ ＿★＿ ＿＿＿見られます。

1 わりには　2 若く　3 年齢の　4 得意で

해석 저희 할머니는 스포츠를 잘하셔서 연세에 비해서는 어려 보이십니다.

해설 私の祖母はスポーツが 得意で 年齢の ★わりには 若く 見られます。

BONUS ～が得意だ ~을/를 잘하다 | ～わりには ~에 비해서는

9 親友がいることが＿＿＿ ＿＿＿ ＿★＿ ＿＿＿気づきました。

1 やっと　2 どんなに　**3 ことか**　4 大切な

해석 친구가 있는 것이 얼마나 소중한 일인지 겨우 깨달았다.

해설 親友がいることが どんなに 大切な ★ことか やっと 気づきました。

BONUS どんなに～ことか 얼마나 ~한 일인지

10 A「一人だけで買い物すると、つい要らない＿＿＿ ＿＿＿ ＿★＿ ＿＿＿だよね。」

B「そう。特に給料日になるとね。」

1 ものまで　**2 買ったり**　3 しがち　4 たくさん

해석 A "혼자서 쇼핑하면 무심코 필요 없는 물건까지 많이 사버리거나 하네."

B "맞아. 특히 월급날이 되면 그래."

해설 一人だけで買い物すると、つい要らない ものまで たくさん ★買ったり しがち だよね。

BONUS 동사ます형+がちだ ~하기 십상이다

6회

문제 2 다음 문장의 ＿＿★＿＿에 들어갈 가장 적당한 것을 1·2·3·4에서 하나 고르세요.

|정답|

1	2	3	4	5	6	7	8	9	10
2	4	3	1	2	2	2	2	1	3

|해설|

1 今日が彼女の＿＿＿＿ ＿＿＿＿ ＿★＿ ＿＿＿＿忘れていた。

1 すっかり　**2 ことを**　3 という　4 誕生日だ

해석 오늘이 그녀의 생일이라는 것을 완전히 까먹고 있었다.

해설 今日(きょう)が彼女(かのじょ)の 誕生日(たんじょうび)だ という ★ことを すっかり 忘(わす)れていた。

BONUS ~ということ ~라는 것 | すっかり 완전히

2 今回の応募作品は去年に＿＿＿＿ ＿＿＿＿ ＿★＿ ＿＿＿＿高い。

1 数が　2 比べて　3 レベルも　**4 多く**

해석 이번 응모작품은 작년에 비해서 수가 많고 레벨도 높다.

해설 今回(こんかい)の応募作品(おうぼさくひん)は去年(きょねん)に 比(くら)べて 数(かず)が ★多(おお)く レベルも 高(たか)い。

BONUS ~に比(くら)べて ~에 비해서, ~와/과 비교해서

3 まだ連絡はない＿＿＿＿ ＿＿＿＿ ＿★＿ ＿＿＿＿いる。

1 彼は　2 決まって　**3 来るに**　4 けれども

해석 아직 연락은 없지만 그는 반드시 올 것이다.

해설 まだ連絡(れんらく)はない けれども 彼(かれ)は ★来(く)るに 決(き)まって いる。

BONUS ~けれども ~지만 | ~に決(き)まっている ~임에 틀림없다

4 子供の前で＿＿＿＿ ＿＿＿＿ ＿★＿ ＿＿＿＿なかなか難しい。

1 分かって　2 大きな声を出す　3 いても　4 べきではないと

해석 아이 앞에서 큰 소리를 내면 안 된다고 알고 있어도 좀처럼 어렵다.

해설 子供(こども)の前(まえ)で 大(おお)きな声(こえ)を出(だ)す べきではないと ★分(わ)かって いても なかなか難(むずか)しい。

BONUS ~べきではない ~하면 안 된다

5 ＿＿＿＿ ＿＿＿＿ ＿★＿ ＿＿＿＿になりやすい。

1 仕事が好きで　**2 ほど**　3 心の病気　4 真面目な人

해석 일을 좋아하고 성실한 사람인 만큼 마음의 병이 생기기 쉽다.

해설 仕事が好きで 真面目な人 ★ほど 心の病気 になりやすい。

BONUS ～ほど ~만큼, ~정도

6 北京は＿＿＿＿ ＿＿＿＿ ＿★＿ ＿＿＿＿です。

1 東京とともに　**2 魅力のある**　3 観光地として　4 首都

해석 베이징은 도쿄와 함께 관광지로서 매력이 있는 수도입니다.

해설 北京は 東京とともに 観光地として ★魅力のある 首都 です。

BONUS ～と共に ~와/과 함께 | ～として ~로서(자격)

7 彼女の英語の発音を聞いてみると＿＿＿＿ ＿＿＿＿ ＿★＿ ＿＿＿＿違いない。

1 アメリカか　**2 留学を**　3 イギリスに　4 したに

해석 그녀의 영어 발음을 들어보면 미국이나 영국에 유학을 한 것이 틀림없다.

해설 彼女の英語の発音を聞いてみると アメリカか イギリスに ★留学を したに 違いない。

BONUS ～に留学をする ~에 유학을 하다 | ～に違いない ~임에 틀림없다

8 ＿＿＿＿ ＿＿＿＿ ＿★＿ ＿＿＿＿貯めてきた貯金が減る一方だ。

1 仕事を　**2 遊んでいる**　3 せずに　4 せいで

해석 일을 하지 않고 놀고 있는 탓에 모아 온 저금이 줄어들 뿐이다.

해설 仕事を せずに ★遊んでいる せいで 貯めてきた貯金が減る一方だ。

BONUS 동사ない형+ずに ~하지 않고 | ～せいで ~인 탓에

9 働きながら勉強をするのは＿＿＿＿ ＿＿＿＿ ＿★＿ ＿＿＿＿しまいそうだ。

1 三日以内に　2 大変で　3 あきらめて　4 あまりに

해석 일하면서 공부를 하는 것은 너무나 힘들어서 3일 이내로 포기해 버릴 것 같다.

해설 働きながら勉強をするのは あまりに 大変で ★三日以内に あきらめて しまいそうだ。

BONUS あまりに 너무나, 지나치게 | 동사て형+しまう ~해 버리다

10 A「佐藤さん、またお孫さんへのプレゼントですか。」

B「ええ、孫がほしいという＿＿＿＿ ＿＿＿＿ ＿★＿ ＿＿＿＿んで。」

1 何でも　2 やりたい　**3 買って**　4 ものは

해석 A "사토 씨, 또 손자분에게 주는 선물이에요?"

B "네, 손자가 갖고 싶다고 하는 것은 무엇이든지 사 주고 싶거든요."

해설 孫がほしいという ものは 何でも ★買って やりたい んで。

BONUS 何でも 무엇이든지 | 동사て형+やる ~해 주다 | 동사ます형+たい ~하고 싶다

7회

문제 2 다음 문장의 ＿＿★＿＿에 들어갈 가장 적당한 것을 1·2·3·4에서 하나 고르세요.

|정답|

1	2	3	4	5	6	7	8	9	10
1	4	4	2	4	3	4	2	2	2

|해설|

1 ＿＿ ＿＿ ＿★＿ ＿＿メールを確認していない。

1 ばかりで 2 まだ 3 会社に戻った 4 さっき

해석 조금 전 회사에 돌아온 참이라 아직 메일을 확인하지 않았다.

해설 さっき 会社に戻った ★ばかりで まだ メールを確認していない。

BONUS 동사た형+ばかりだ 막 ~한 참이다

2 テストの＿＿ ＿＿ ＿★＿ ＿＿間に合わないでしょう。

1 そんなに 2 もう 3 前の日に **4 勉強しても**

해석 테스트 전날에 그렇게 공부해도 이제 소용없겠지요.

해설 テストの 前の日に そんなに ★勉強しても もう 間に合わないでしょう。

BONUS 동사て형+も ~해도 | もう+부정표현 이제 ~하지 않다

3 彼のように才能ある人は＿＿ ＿＿ ＿★＿ ＿＿。

1 わけがない 2 私なんかに 3 別として **4 この曲が弾ける**

해석 그처럼 재능이 있는 사람은 제외하고 나 따위가 이 곡을 연주할 수 있을 리가 없다.

해설 彼のように才能ある人は 別として 私なんかに ★この曲が弾ける わけがない 。

BONUS ~は別として ~은/는 제외하고 | なんか ~따위 | ~わけがない ~할 리가 없다

4 引越しの＿＿ ＿＿ ＿★＿ ＿＿思ったより大変だ。

1 家の荷物を **2 整理する** 3 たびに 4 のは

해석 이사 때마다 집의 짐을 정리하는 것은 생각보다 큰일이다.

해설 引越しの たびに 家の荷物を ★整理する のは 思ったより大変だ。

BONUS ~のたびに ~때마다

5 人生は短い＿＿ ＿＿ ＿★＿ ＿＿と思います。

1 ほしい 2 からこそ 3 人との出会いを **4 大切にして**

해석 인생은 짧기 때문에 사람들과의 만남을 소중히 했으면 좋겠다고 생각합니다.

해설 人生は短い からこそ 人との出会いを ★大切にして ほしい と思います。

BONUS ～からこそ ~때문에, ~이므로 | 동사て형+ほしい ~했으면 좋겠다

6 愛する家族＿＿＿＿ ＿＿＿＿ ＿★＿ ＿＿＿＿なくても幸せです。

1 お金が　2 さえ　**3 いれば**　4 そばに

해석 사랑하는 가족만 곁에 있다면 돈이 없어도 행복합니다.

해설 愛する家族 さえ そばに ★いれば お金が なくても幸せです。

BONUS ～さえ～ば ~만 ~하다면

7 事故で＿＿＿＿ ＿＿＿＿ ＿★＿ ＿＿＿＿怖くなってしまった。

1 さえ　2 ことにより　3 けがをした　**4 自転車**

해석 사고로 다친 것으로 인해 자전거마저 무서워져 버렸다.

해설 事故で けがをした ことにより ★自転車 さえ 怖くなってしまった。

BONUS ～ことにより ~에 따라, ~것으로 인해 | ～さえ ~마저

8 仕事が増える＿＿＿＿ ＿＿＿＿ ＿★＿ ＿＿＿＿ストレスが溜まってきた。

1 増えて　**2 機会も**　3 にしたがって　4 酒を飲む

해석 일이 늘어남에 따라 술을 마시는 기회도 늘어나서 스트레스가 쌓여졌다.

해설 仕事が増える にしたがって 酒を飲む ★機会も 増えて ストレスが溜まってきた。

BONUS ～に従って ~에 따라서

9 彼女はいつも＿＿＿＿ ＿＿＿＿ ＿★＿ ＿＿＿＿をしている。

1 食べた　**2 そうな**　3 顔　4 何か

해석 그녀는 언제나 무언가 먹고 싶은 듯한 얼굴을 하고 있다.

해설 彼女はいつも 何か 食べた ★そうな 顔 をしている。

BONUS 동사ます형+たそうだ ~하고 싶은 듯하다(양태) | 顔をする 얼굴을 하다, 표정을 짓다

10 A「星野さん、毎日忙しいですね。」

B「やっと仕事が＿＿＿＿ ＿＿＿＿ ＿★＿ ＿＿＿＿他の仕事がどんどん入ってくるんですよ。」

1 か　**2 と**　3 終わった　4 思ったら

해석 A "호시노 씨, 매일 바쁘시네요."

B "겨우 일이 끝났다고 생각했는데 다른 일이 계속 들어와요."

해설 やっと仕事が 終わった か ★と 思ったら 他の仕事がどんどん入ってくるんですよ。

BONUS ～と思う ~라고 생각하다

PART 2 언어지식(문법)

8회

문제 2　다음 문장의 ＿＿★＿＿에 들어갈 가장 적당한 것을 1·2·3·4에서 하나 고르세요.

|정답|

1	2	3	4	5	6	7	8	9	10
1	1	1	1	4	3	2	1	4	1

|해설|

1　この映画は彼＿＿＿＿ ＿＿＿＿ ＿＿★＿＿ ＿＿＿＿作品だ。

1　最初で　　2　によって　　3　最後の　　4　作られた

해석　이 영화는 그에 의해 만들어진 최초이자 최후의 작품이다.

해설　この映画(えいが)は彼(かれ) によって 作(つく)られた ★最初(さいしょ)で 最後(さいご)の 作品(さくひん)だ。

BONUS　～によって＋수동표현 ~에 의해서 ~해지다/하게 되다

2　こんな時間には＿＿＿＿ ＿＿＿＿ ＿＿★＿＿ ＿＿＿＿がない。

1　家に帰りたくても　　2　ないから　　3　タクシーも　　4　帰りよう

해석　이런 시간에는 택시도 없어서 집에 돌아가고 싶어도 돌아갈 방법이 없다.

해설　こんな時間(じかん)には タクシーも ないから ★家(いえ)に帰(かえ)りたくても 帰(かえ)りよう がない。

BONUS　동사ます형+たくても~동사ます형+ようがない ~하고 싶어도 ~할 방법이 없다

3　こちらのスープ、＿＿＿＿ ＿＿＿＿ ＿＿★＿＿ ＿＿＿＿。

1　お召し上がり　　2　冷めない　　3　ください　　4　うちに

해석　이쪽의 스프는 식기 전에 드세요.

해설　こちらのスープ、冷(さ)めない うちに ★お召(め)し上(あ)がり ください。

BONUS　동사ない형+うちに ~하기 전에 | お+동사ます형+ください ~해 주세요 | 召(め)し上(あ)がる 드시다

4　彼女とは＿＿＿＿ ＿＿＿＿ ＿＿★＿＿ ＿＿＿＿全然話さない。

1　けんかになって　　2　つまらないこと　3　から　　4　今では

해석　그녀와는 별거 아닌 일로 싸우게 되어서 지금은 전혀 말하지 않는다.

해설　彼女(かのじょ)とは つまらないこと から ★けんかになって 今(いま)では 全然話(ぜんぜんはな)さない。

BONUS　～ことから ~하기 때문에, ~것에서

5　課長に＿＿＿＿ ＿＿＿＿ ＿＿★＿＿ ＿＿＿＿、僕も出席しただろうに。

1　分かっていたら　　2　かわって　　3　中田さんが　　**4　来ると**

해석　과장님을 대신해서 나카타 씨가 올 줄 알았으면 나도 참석했을 텐데.

해설 課長に かわって 中田さんが ★来ると 分かっていたら、僕も出席しただろうに。

BONUS ~に代わって ~을/를 대신해서

6 子供は＿＿＿＿ ＿＿＿＿ ＿★＿ ＿＿＿＿かぎらない。

1 思う　2 育つとは　**3 とおりに**　4 親の

해석 아이는 부모의 생각 대로 자란다고는 할 수 없다.

해설 子供は 親の 思う ★とおりに 育つとは かぎらない。

BONUS ~通りに ~대로 | ~とは限らない ~라고는 할 수 없다

7 仕事＿＿＿＿ ＿＿＿＿ ＿★＿ ＿＿＿＿いかないこともある。

1 断るわけには　**2 よっては**　3 というのは　4 内容に

해석 업무라는 것은 내용에 따라서는 거절해서는 안 되는 경우도 있다.

해설 仕事 というのは 内容に ★よっては 断るわけには いかないこともある。

BONUS ~というのは ~라는 것은 | ~によっては ~에 따라서는 | ~わけにはいかない ~할 수는 없다

8 親友や家族＿＿＿＿ ＿＿＿＿ ＿★＿ ＿＿＿＿言うので、不安になる一方です。

1 行かないで　2 まで　3 と　4 その国は

해석 친구와 가족까지 그 나라는 가지 말라고 해서 불안해질 뿐입니다.

해설 親友や家族 まで その国は ★行かないで と 言うので、不安になる一方です。

BONUS ~まで ~까지 | 동사ない형+で ~하지 마 | ~と言う ~라고 말하다 | ~一方だ 계속 ~하기만 하다

9 ＿＿＿＿ ＿＿＿＿ ＿★＿ ＿＿＿＿ようやくメールの返事が来た。

1 あきらめ　2 全部　3 取引先から　**4 かけたとき**

해석 전부 포기하려 했을 때 거래처에서 겨우 메일의 답장이 왔다.

해설 全部 あきらめ ★かけたとき 取引先から ようやくメールの返事が来た。

BONUS 동사ます형+かける ~하다가 (말다) | ~から ~에서, ~부터

10 A「マイクさん、国に帰って食べたくてたまらないものはありますか。」

B「＿＿＿＿ ＿＿＿＿ ＿★＿ ＿＿＿＿母の料理があります。」

1 ものの　2 一つに　3 最も　4 食べたい

해석 A "마이크 씨, 고향으로 돌아가서 먹고 싶어 참을 수 없는 것 있어요?"

B "가장 먹고 싶은 것 한 가지로는 어머니의 요리가 있어요."

해설 最も 食べたい ★ものの 一つに 母の料理があります。

BONUS 最も 가장 | 동사ます형+たい ~하고 싶다 | ~ものの一つ ~것 한 가지

문제 3 »»»

글의 문법

이해하고 공략하기

1교시 언어지식(문자·어휘+문법)X독해

1 문제 프로필

상대를 알아야 문제를 푼다!

문제 3 글의 문법
問題 3 文章の文法

기본정보

성 격 공란에 글의 흐름에 맞는 표현을 찾길 원함
문제 개수 5개/23개(문법) ※2020년 2회 시험에는 문제 개수가 4개로 출제됨.
풀이 시간 5분/20분(문법)

STEP 1
스피드 해법

공란 앞뒤 문장만을 보고 중간에 들어갈 수 있는 표현을 고른 후 확인

STEP 2
함정 주의보

문제를 전부 푼 후 전체적인 글의 맥락을 확인하여 어울리는지 확인

STEP 3
대책

다양한 접속사를 세세하게 암기하고 문장 단락별로 주제를 찾기

STEP 4
공부 방법

평소 글을 읽을 때 글의 흐름과 문장과 문장의 연결을 파악하며 읽는다!

2 문제 미리보기

미리 알아 둬야 긴장이 덜 된다!

問題3　次の文章を読んで、文章全体の内容を考えて、[1]から[5]の中に入る最もうよいものを、1·2·3·4から一つえらびなさい。

문제3 다음 문장을 읽고, 문장 전체의 내용을 생각해서 [1] 에서 [5] 에 들어갈 가장 알맞은 것을 1·2·3·4에서 하나 고르세요.

下の文章(ぶんしょう)は、3か月前に日本に来た留学生(りゅうがくせい)のダニエルさんが、「電車通学をして気がついたこと」について書いたさくぶんである。

東京(とうきょう)の電車

シュミット　ダニエル

東京(とうきょう)に来て、電車を使う人がとても多いのにびっくりしました。ラッシュアワーは、駅も電車も本当(ほんとう)に混雑(こんざつ)しています。最初(さいしょ)は、人が多くて大変(たいへん)なのに、なぜみんなが電車を使おうとするのか不思議(ふしぎ)でした。しかし、東京(とうきょう)に来て3か月たって、その理由(りゆう)が[1]。

(이하생략)

[1]

1　わかって　くるはずです　　　2　わかって　いくそうです

3　わかって　きました　　　　　4　わかって　いったようです

공란 앞문장의 내용파악 먼저! 공란이 포함된 문장과 앞,뒤문장의 흐름을 살펴본 후 고르기!

[1]　**정답** 3

풀이 공란이 포함된 문장의 바로 앞문장에서 왜 전철을 타는지 의문이라고 하였고, 그 후에 역접의 접속사 「しかし」를 써서 반대되는 내용이 올 것이기에 정답은 「わかってきました(알게 되었습니다)」이다.

해석 그러나, 도쿄에 와서 3개월이 지나고 그 이유를 알게 되었습니다.

적중 어휘 200

자주 출제되는 합격 어휘를 미리 외워 둔다!

		어휘	의미
あ	☐	間(あいだ)	(명) 사이
	☐	当(あ)たり前(まえ)だ	(な형) 당연하다
	☐	集(あつ)める	(동) 모으다
	☐	あまり	(부) 너무, 그다지(+부정표현)
	☐	歩(ある)く	(동) 걷다
	☐	以外(いがい)	(명) 이외
	☐	意外(いがい)に	(부) 의외로
	☐	いかが	(부) 어떻게
	☐	一緒(いっしょ)に	(부) 함께
	☐	一体(いったい)	(부) 도대체
	☐	いつのまにか	(부) 어느 새인가
	☐	一方(いっぽう)で	(부) 한편으로
	☐	いつも	(부) 항상
	☐	いろいろ	(부) 여러 가지
	☐	うるさい	(い형) 시끄럽다
	☐	うれしい	(い형) 기쁘다
	☐	おかげで	(부) 덕분에
	☐	おそらく	(부) 아마
	☐	お互(たが)い	(명) 서로
	☐	同(おな)じだ	(な형) 같다
	☐	久(ひさ)しぶり	(명) 오랜만
	☐	重(おも)い	(い형) 무겁다
か	☐	返(かえ)す	(동) 돌려주다
	☐	かける	(동) 씌우다
	☐	かならずしも	(부) 항상, 꼭
	☐	～かもしれない	~일지도 모른다
	☐	～からこそ	~이야말로
	☐	～からには	~한 이상에는
	☐	乾(かわ)く	(동) 마르다
	☐	代(か)わり[に]	(명) 대신[에]
	☐	感謝(かんしゃ)	(명) 감사
	☐	完全(かんぜん)に	(부) 완전히
	☐	簡単(かんたん)だ	(な형) 간단하다
	☐	気(き)がする	(동) 기분이 들다
	☐	気(き)に入(い)る	(동) 마음에 들다
	☐	気(き)にする	(동) 신경 쓰다
	☐	気(き)を付(つ)ける	(동) 조심하다
	☐	緊張(きんちょう)する	(동) 긴장하다
	☐	決(けっ)して	(부) 절대
	☐	原因(げんいん)	(명) 원인
	☐	元気(げんき)だ	(な형) 건강하다
	☐	健康(けんこう)だ	(な형) 건강하다
	☐	答(こた)える	(동) 대답하다
	☐	～ことにする	~하기로 하다
	☐	～ことになっている	~하기로 되어있다
	☐	言葉(ことば)	(명) 말, 표현
	☐	～ことはない	~할 필요는 없다
	☐	子供(こども)	(명) 아이
	☐	この間(あいだ)	(부) 요전에
	☐	困(こま)る	(동) 곤란하다

□	これから	부 앞으로
□	壊す(こわ)	동 부수다
□	誘う(さそ)	동 권유하다
□	寂しい(さび)	い형 외롭다
□	さらに	부 게다가
□	静かだ(しず)	な형 조용하다
□	十分だ(じゅうぶん)	な형 충분하다
□	正直に(しょうじき)	부 솔직히
□	上手だ(じょうず)	な형 잘하다
□	調べる(しら)	동 조사하다
□	新鮮だ(しんせん)	な형 신선하다
□	少し(すこ)	부 조금
□	過ごす(す)	동 보내다
□	勧める(すす)	동 추천하다
□	ずっと	부 계속, 훨씬
□	素敵だ(すてき)	な형 멋있다, 훌륭하다
□	すなわち	접 즉
□	すると	접 그러자
□	狭い(せま)	い형 좁다
□	~そうだ	~라고 한다
□	そこで	접 그래서
□	その後(あと)	접 그 후
□	そのうえ	접 게다가
□	そのため	접 때문에
□	そのほかに	그 밖에, 그 외에

□	そのまま	그대로
□	それでは	접 그러면
□	それでも	접 그래도
□	それなのに	접 그럼에도
□	それに	접 게다가
□	そんなに	접 그렇게
□	大変だ(たいへん)	な형 힘들다
□	だからと言って(い)	접 그렇다고 해서
□	たくさん	부 많이
□	~だけではない	~뿐이 아니다
□	~たことがない	~한 적이 없다
□	確かに(たし)	부 확실히
□	経つ(た)	동 지나다, 경과하다
□	例えば(たと)	부 예를 들면
□	~たばかりだ	방금 막 ~하다
□	多分(たぶん)	부 아마
□	~た方がいい(ほう)	~하는 편이 좋다
□	~たまま	~한 채로
□	~ため	~하기 때문에
□	~たらいい	~하면 좋겠다
□	~中心に(ちゅうしん)	~을/를 중심으로
□	つまり	접 즉
□	冷たい(つめ)	い형 차갑다
□	~てから	~하고 나서
□	~てたまらない	~해서 참을 수 없다

	단어	뜻
☐	~てみる	~해 보다
☐	出る(で)	(동) 나가다, 나오다
☐	どうして	(부) 왜, 어째서
☐	どうしても	(부) 아무리 해도
☐	特に(とく)	(부) 특히
☐	どこにでも	(부) 어디에도
☐	~として	~로써
☐	どちらか	어느 쪽인가
☐	とても	(부) 매우
☐	止まる(と)	(동) 멈추다
☐	どんな~	어떤~
な ☐	~ないうちに	~하기 전에
☐	~ないように	~하지 않도록
☐	~なければならない	~하지 않으면 안 된다
☐	なぜ	(부) 왜
☐	なぜなら	(접) 왜냐하면
☐	なるほど	(부) 과연, 역시
☐	慣れる(な)	(동) 익숙해지다
☐	~に関わらず(かか)	~와 상관없이
☐	~に関する(かん)	~에 관해서
☐	~に決まっている(き)	~임에 틀림없다
☐	~に従って(したが)	~에 따라서
☐	~について	~에 대해서
☐	~にとって	~에 있어서
☐	入浴(にゅうよく)	(명) 입욕

	단어	뜻
☐	~によって	~에 따라서
☐	~によると	~에 의하면
☐	人気がある(にんき)	(동) 인기가 있다
☐	盗む(ぬす)	(동) 훔치다
☐	~年間(ねんかん)	~년 간
☐	~のような	~와 같은
☐	~のように	~와 같이
は ☐	場合(ばあい)	(명) 경우
☐	入ってくる(はい)	(동) 들어오다
☐	入る(はい)	(동) 들어가다
☐	~ばかり	~만, ~뿐
☐	初めて(はじ)	(부) 처음으로
☐	発見(はっけん)	(명) 발견
☐	半年(はんとし)	(명) 반년
☐	反面(はんめん)	(명) 반면
☐	引き出す(ひ・だ)	(동) 끌어내다, 인출하다
☐	非常に(ひじょう)	(부) 매우
☐	びっくりする	(동) 놀라다
☐	必要だ(ひつよう)	(な형) 필요하다
☐	病気(びょうき)	(명) 병
☐	表現(ひょうげん)	(명) 표현
☐	開く(ひら)	(동) 열다
☐	風景(ふうけい)	(명) 풍경
☐	増える(ふ)	(동) 늘다
☐	ふくろ	(명) 봉투, 주머니

		단어	뜻
	☐	不思議(ふしぎ)だ	な형 신기하다
	☐	無事(ぶじ)だ	な형 무사하다
	☐	振(ふ)る	동 흔들다
	☐	平気(へいき)だ	な형 아무렇지 않다
	☐	便利(べんり)だ	な형 편리하다
	☐	本来(ほんらい)	명 본래
ま	☐	前(まえ)もって	미리
	☐	ますます	부 점점 더
	☐	全(まった)く	부 전혀(+부정표현)
	☐	まるで	부 마치
	☐	周(まわ)り	명 주위
	☐	身(み)につける	동 익히다, (액세서리를) 착용하다
	☐	昔(むかし)	명 옛날
	☐	~向(む)け	명 ~용
	☐	迷惑(めいわく)	명 민폐
	☐	持(も)ち歩(ある)く	동 들고 돌아다니다
	☐	持(も)つ	동 들다
	☐	最(もっと)も	부 가장
	☐	もらう	동 받다
や	☐	焼(や)く	동 굽다
	☐	役割(やくわり)	명 역할
	☐	安(やす)い	い형 싸다
	☐	やはり	부 역시
	☐	やめる	동 그만하다
	☐	やりがい	명 보람
	☐	遊園地(ゆうえんち)	명 유원지
	☐	勇気(ゆうき)	명 용기
	☐	~ようだ	~인 것 같다
	☐	汚(よご)れる	동 더러워지다
	☐	夜中(よなか)	명 밤중
	☐	予防(よぼう)	명 예방
	☐	~より	~보다
ら	☐	流行(りゅうこう)する	동 유행하다
	☐	練習(れんしゅう)	명 연습
わ	☐	若者(わかもの)	명 젊은이
	☐	分(わ)かる	동 알다
	☐	別(わか)れ	명 헤어짐
	☐	別(わか)れる	동 헤어지다
	☐	わけ	명 원인, 이유
	☐	~わけではない	(반드시, 전부가) ~한 것은 아니다
	☐	わざと	부 일부러
	☐	わざわざ	부 일부러
	☐	忘(わす)れる	동 잊다
	☐	私自身(わたしじしん)	명 자기자신
	☐	渡(わた)す	동 건네주다, 주다
	☐	~わりには	~치고는
	☐	~をきっかけに	~을/를 계기로
	☐	~を中心(ちゅうしん)として	~을/를 중심으로 해서
	☐	~を通(とお)して	~내내, ~을/를 통해서
	☐	~をもとに	~을/를 바탕으로

실전문제 풀어보기 1회

⏱ 제한시간 5분 | 정답과 해설 262쪽

問題3 つぎの文章を読んで、文章全体の内容を考えて、[1]から[5]の中に入る最もよいものを、1・2・3・4から一つえらびなさい。

以下の文章は、ロシアから来た留学生のナターシャさんが書いた作文である。

「日本人とマスク」

ナターシャ・イワノフ

日本に来てびっくりしたことの一つに、マスクをつけた人が多いということがあります。風邪（かぜ）が流行する冬ならわかりますが、日本は[1]マスクを使っている人が多いと思います。私の国では、重い病気のときにだけマスクをつけるので、初めはマスクをつけた人たちを見て「日本は病気の人がこんなに多いのか」と驚きました。

日本人の友達に聞いてみると、[2]病気だからというわけではないということがわかりました。日本人がマスクをつける理由にはいろいろあるのです。

[3]、マスクは病気ではない人が病気の人に移（うつ）されないようにつけていることも多いそうです。私の国では健康な人はマスクをつけないのが当たり前ですが、予防（よぼう）の意味では必要なことなので「なるほど」と思いました。

また、若者の間ではマスクは別の使い方もあるようです。特に女性の場合はマスクをすると、「顔が小さく見えるから」「目だけ見えてかわいいから」という理由で使っている人も多いそうです。そのほかには「マスクをしているときは人と話さないでいいから」という理由で使っている人もいるそうです。[4]病気には全く関係ない使い方なので、日本だけの[5]。

1

1　一年をもとに　2　一年を通して　3　一年を中心として　4　一年をきっかけに

2

1　まるで　2　いつのまにか　3　どうしても　4　かならずしも

3

1　例えば　2　それでも　3　おそらく　4　そこで

4

1　あれより　2　そんなに　3　どちらかの　4　これらは

5

1　使い方じゃないと思うのです　2　使い方だったらいいと思います
3　使い方なのかもしれません　4　使い方だったかもしれません

▷맞힌 개수 확인 ＿＿＿ /5

실전문제 풀어보기 2회

제한시간 5분 | 정답과 해설 263쪽

問題3　つぎの文章を読んで、文章全体の内容を考えて、[1]から[5]の中に入る最もよいものを、1･2･3･4から一つえらびなさい。

以下の文章は、ベトナムから来た留学生のチェットさんが書いた作文である。

「日本のコンビニ」

チャン・ヴァン・チェット

お気に入りの場所というのは誰にでもあると思います。私の場合は、日本のコンビニです。日本のお寺、神社(じんじゃ)、遊園地に水族館など、いろんな場所に行きましたが、一番好きな場所を聞かれると「コンビニ」と答えています。私の周りの外国人の友達の中でも日本のコンビニが好きな人は[1]。

コンビニは世界中どこにでもあるのに、なぜ日本のコンビニは外国人に人気があるのでしょうか。日本のコンビニは海外のコンビニと何が違うのでしょうか。

まず考えられるのは、トイレが使えることです。日本に[2]頃(ころ)は日本語も今のように上手ではなく、地図もよくわかりませんでした。外出(がいしゅつ)のときはトイレの場所がわからず、苦労しました。そんなとき、コンビニのトイレをよく使いました。トイレはいつもきれいで、使いやすかったです。

[3]、お弁当やパン、お菓子がいろいろあることも人気の[4]。特にお弁当はいつも新鮮(しんせん)なものばかりで、レストランで食べるよりも安くておすすめです。パンやお菓子もいろいろあって、外国人が食べてもおいしいと思うものがたくさんあります。

みんながコンビニが好きなのは[5]「近くて、いつも開いているから便利」という理由だけではないようです。

1

1 多いからです　2 多いそうです　3 多いほうです　4 多いという話です

2

1 来たままの　2 来たばかりの　3 来たりする　4 来たことがある

3

1 なぜなら　2 それとも　3 それで　4 また

4

1 秘密でしょう　2 秘密だからです
3 秘密があります　4 秘密にするつもりです

5

1 たとえ　2 単に　3 たしか　4 逆に

▷맞힌 개수 확인 _____ /5

실전문제 풀어보기 3회

⏱ 제한시간 5분 | 정답과 해설 265쪽

問題3　つぎの文章を読んで、文章全体の内容を考えて、[1]から[5]の中に入る最もよいものを、1·2·3·4から一つえらびなさい。

以下の文章は、カナダから来た留学生のブライアンさんが書いた作文である。

「つまらないおみやげ」

ブライアン・クラーク

「つまらないものですが、どうぞ。」

旅行に行ってきた日本人の友達がそういっておみやげを[1]。私は心の中で「つまらないものなら、本当は要らないのになあ。」と思いましたが、友達に失礼(しつれい)になると思って言いませんでした。でも、その後も私はこの「つまらないもの」を「おみやげ」としてたくさんもらいました。

おやみげの「つまらないもの」は本当につまらないものなのでしょうか。決してそういうわけでもありません。[2]すてきなものばかりで、つまらないものは一つもありませんでした。それなのに、どうして日本の友達は「つまらないもの」とうそを言うのでしょうか。

ずっと不思議だった私は、日本語学校の先生に聞いてみることにしました。[3]、日本では贈り物(おくりもの)をもらうと、もらった人が贈り物(おくりもの)を返すという習慣があるそうです。それで贈り物(おくりもの)を返す人が贈り物(おくりもの)を準備するのが大変にならないように、[4]「自分の贈り物(おくりもの)はつまらないものです。」と表現して渡すそうです。

[5]、日本人でも「相手に渡す贈り物なのに、つまらないものと言うのは失礼だ」と思う人もいるため、最近は「よかったら、どうぞ。」という言葉を代わりに使ったりもするそうです。

1

1　やったことがあります　　2　もらったことがあります
3　あげたことがあります　　4　くれたことがあります

2

1　それも　　2　あれも　　3　どれも　　4　どちらも

3

1　先生の話にとって　　2　先生の話によると
3　先生の話について　　4　先生の話にしたがって

4

1　もし　　2　まるで　　3　わざと　　4　ぜひ

5

1　つまり　　2　そこで　　3　すると　　4　一方

맞힌 개수 확인 ＿＿ /5

실전문제 풀어보기 4회

제한시간 5분 | 정답과 해설 266쪽

問題3　つぎの文章を読んで、文章全体の内容を考えて、[1] から [5] の中に入る最もよいものを、1·2·3·4から一つえらびなさい。

以下の文章は、イタリアから来た留学生のアリーチャさんが書いた作文である。

「日本と自動販売機」

アリーチャ・レンダーノ

日本人には当たり前の風景でも、日本を訪れる外国人には不思議に見えるものがたくさんあります。

私が日本に来て一番びっくりしたのは、自動販売機の数の多さです。駅やコンビニの前はもちろん、道を歩いていると目に入ってくるのは自動販売機ばかりです。ちょっとのどがかわいた時にすぐそばに自動販売機があるのでとても便利です。特に日本の夏は暑いので、外を歩く時は自動販売機が [1] 。

日本に自動販売機が多いのは便利だからでしょうか。私は [2] じゃないと思います。自動販売機はお金を入れて、商品を買う機械です。入れたお金は自動販売機を管理する会社の人が来るまで、機械の中に [3] 。お金が入ったままの状態は危険ではないでしょうか。誰かが盗んだりしないのでしょうか。この疑問の答えがすなわち日本に自動販売機が多い理由ではないかと思うのです。

[4] 、日本はお金が入ったままの自動販売機が壊されたり、[5] 、社会が安全だということです。社会全体が安全なので、どんなところにでも自動販売機を置くことができます。だから、日本は自動販売機の数が多いのだと思います。

1

1 なければ困ります　　2 なくても困ります
3 あって困ります　　4 あったら困ります

2

1 どこか　　2 どれも　　3 これほど　　4 それだけ

3

1 入ることになっています　　2 入るに決まっています
3 入ったままです　　4 入ったばかりかもしれません

4

1 そのうえ　　2 つまり　　3 なぜなら　　4 そのため

5

1 盗まれたりすることがないほど　　2 盗まれたことがないけど
3 盗まれれば盗まれるほど　　4 盗まれることさえなければ

맞힌 개수 확인 ____ /5

실전문제 풀어보기 5회

제한시간 5분 | 정답과 해설 268쪽

問題3 つぎの文章を読んで、文章全体の内容を考えて、 1 から 5 の中に入る最もよいものを、1･2･3･4から一つえらびなさい。

以下の文章は、ドイツから来た留学生のヨハンさんが書いた作文である。

「スイカに塩」

ヨハン・ブリーゲル

この間、日本人の友達の家に招待された時のことである。友達のお母さんがおやつにスイカを出してくれた。夏に食べるスイカはおいしくて大好きなのでうれしかったが、ちょっと 1 。スイカと一緒になぜか塩が出てきたのだ。

不思議に思っていると、友達がスイカに塩を振(ふ)って 2 。私はスイカを持ったままただ驚くばかりだった。「なぜ甘くておいしいスイカにわざわざ塩を振(ふ)るんだろう。果物なのに。」塩を振(ふ)ったスイカをおいしそうに食べている友達を見ながら、スイカを食べる私の手は完全に止まってしまった。

大好きなスイカを食べずにいる私を見て「ヨハンは塩を振(ふ)って食べたことがないの？ 3 食べてみて。おいしいよ。」と友達が言った。 4 、塩を振(ふ)ったスイカを私にくれた。友達が本当においしそうに食べていたので、私は勇気を出して、少し食べてみることにした。

塩を振(ふ)ったスイカの味は、いつものスイカよりずっと甘かった。私は自分のスイカにも塩を振(ふ)ってみた。やはり甘い。いつものスイカよりずっと甘いのだ。友達の話では、日本では甘いものに 5 塩を加えることで甘みをさらに引き出しているという。なるほど。新しい味の発見だった。

1

1　気になることがある　　2　気になることがあった
3　気にしていることがある　　4　気にしていることがあった

2

1　食べ出したのだ　　2　食べきったのだ
3　食べ過ぎたのだ　　4　食べさせたのだ

3

1　どうして　　2　ああして　　3　そうして　　4　こうして

4

1　それなのに　　2　それで　　3　そして　　4　それなら

5

1　たしか　　2　わざと　　3　とっくに　　4　かならず

____ /5

실전문제 **풀어보기** 6회

⏱ 제한시간 5분 | 💡 정답과 해설 269쪽

問題3　つぎの文章を読んで、文章全体の内容を考えて、 1 から 5 の中に入る最もよいものを、1·2·3·4から一つえらびなさい。

以下の文章は、「本屋とカバー」についての内容である。

本屋で本を買う時、レジで店員にこんなことを聞かれることはないだろうか。「本にカバーをおかけしましょうか。」つまり、買った本に紙のカバーをかけるか聞いてくるのだ。私はあまり気にせずにいつも「はい。」と答え、本にカバーをかけてもらっていた。

1 、このカバーには一体どんな意味があるのだろうか。考えられることは、本来のカバーとしての役割（やくわり）、 2 、本が汚れないようにするための役割（やくわり）だ。本屋によってカバーのデザインが違うことにも注目したい。これは、本屋の宣伝（せんでん）をするためだろう。本屋のマークのあるカバーを読者が持ち歩けば、 3 宣伝効果（せんでんこうか）が生まれるということだ。

さらにインターネットで調べてみると、昔はレジで計算した本と計算する前の本を区別するために、カバーがかけられたという。今では紙のふくろに入れて区別をするところが多いが、昔はこれにすべてカバーをかけていたことになる。本のサイズに関わらず、すべてにカバーをかけるのは 4 。

最近では、デザインを重視したおしゃれなカバーもあるので、いろんな本屋でいろんなカバーを集めてみたいと思う。これからも 5 本屋に行く楽しみが増えそうだ。

1

1 そのうえ　2 それから　3 しかし　4 したがって

2

1 言い換えても　2 言い換えれば
3 言い換える以上は　4 言い換えるだけでなく

3

1 どれだけ　2 それだけ　3 たびたび　4 しばらく

4

1 大変な作業だったに違いない　2 大変な作業だろうとは思えない
3 大変な作業になるかもしれない　4 大変な作業になるとは限らない

5

1 いよいよ　2 ふらふら　3 まあまあ　4 ますます

맞힌 개수 확인 ____ /5

실전문제 풀어보기 7회

제한시간 5분 | 정답과 해설 271쪽

問題3 つぎの文章を読んで、文章全体の内容を考えて、[1]から[5]の中に入る最もよいものを、1·2·3·4から一つえらびなさい。

以下の文章は、日本語のあいさつ言葉についての内容である。

最近、若者を[1]「さようなら」という言葉が使われなくなってきているという。「さようなら」は[2]「バイバイ」も同じように使われなくなってきているそうだ。確かに私自身も大学の友達と別(わか)れる時、「さようなら」と言葉にしたことがないし、あまり聞かない。

[3]、「さようなら」の代わりにどんな言葉を使っているのだろうか。私の場合は、友達だと「じゃあね」や「またね」を使って、先輩には「お疲れさまです」や「また明日」を使っていることが多い。私の周辺の友達にも聞いてみたが、大体同じような答えが多かった。

「さようなら」という言葉を昔から[4]。小学校の頃、一日の授業が終わり、クラスの全体が先生にあいさつするときは「さようなら」を確かに使っていた。だからと言って、今、大学のゼミの先生に使うかというと正直わからない。

「さようなら」という言葉はなぜかもう二度と会えない最後の別(わか)れの時に使うような気がしてならないからだ。もちろん歌の歌詞(かし)だったり、本など書き言葉として「さようなら」を使うのは平気だが、話し言葉として聞くとなぜか冷たくてさびしい感じがして、[5]というのが正直な気持ちだ。

1

1　まえに　2　もとに　3　たよりに　4　中心に

2

1　いきなり　2　きちんと　3　もちろん　4　うっかり

3

1　それでは　2　したがって　3　それとも　4　そのため

4

1　使ってたまらない
2　使わなかったわけではない
3　使わなかったことはない
4　使わなければならない

5

1　使ってみたい
2　使ってほしい
3　使う気になれない
4　使う気になるかもしれない

맞힌 개수 확인 ____ / 5

실전문제 풀어보기 8회

⏱제한시간 5분 | 정답과 해설 272쪽

問題3　つぎの文章を読んで、文章全体の内容を考えて、[1]から[5]の中に入る最もよいものを、1·2·3·4から一つえらびなさい。

以下の文章は、卒業生のモーリスさんが日本の大学の先生に書いた手紙である。

杉原美恵先生

お久しぶりです。お元気ですか。日本からイギリスに帰って半年が経ちました。私は日本にいた頃のように毎日元気に過ごしています。ゼミのみんなも元気でしょうか。

イギリスに帰ってからは、日本と取引(とりひき)のある会社に無事(ぶじ)就職できました。卒業までの4年間、先生に日本語はもちろん、日本の会社についてもいろいろと[1]。心から感謝(かんしゃ)しています。

会社の生活にはもう慣れましたが、日本の取引(とりひき)先と直接電話をするのが[2]難しいです。電話は相手の顔が見えないので、緊張するからだと思います。[3]、会社の仕事は日本と関係しているので、やりがいがあって毎日楽しいです。

仕事のない週末には、ボランティアで趣味のクリケットを近所の子供たちに教えています。これからは[4]以外にも日本で習った空手(からて)や簡単な日本語の授業をしようと思っています。ここには子供向けの日本語の教科書があまりないので、日本でおすすめの教科書や絵本がありましたら、[5]。よろしくお願いいたします。

それではまたお手紙をお送りします。どうぞお体を大切にお過ごしください。

モーリス・ピットマンより

1

1 教えていただいたおかげです　　2 お教えしたおかげです
3 教えてさしあげたおかげです　　4 お教えいたしたおかげです

2

1 案外(あんがい)　　2 次第(しだい)に　　3 少なくとも　　4 たちまち

3

1 ところが　　2 そのほか　　3 それでも　　4 それなら

4

1 仕事　　2 趣味　　3 ボランティア　　4 クリケット

5

1 教えていただきませんか　　2 教えてくださいませんか
3 教えてもいいのでしょうか　　4 お教えできますか

맞힌 개수 확인 ____ /5

정답 및 해설 확인하기

1회

문제 3 다음 문장을 읽고 문장 전체의 내용을 생각하여 [1] 부터 [5] 안에 들어갈 가장 적당한 것을 1·2·3·4에서 하나 고르세요.

|정답|

[1] 2　[2] 4　[3] 1　[4] 4　[5] 3

|해설|

해석 아래 문장은 러시아에서 온 유학생 나타샤 씨가 쓴 작문이다.

「일본인과 마스크」

나타샤・이바노프

일본에 와서 깜짝 놀란 것 중 하나로 마스크를 낀 사람이 많다는 것이 있었습니다. 감기가 유행하는 겨울이라면 이해하겠지만, 일본은 [1] **일년 내내** 마스크를 착용하는 사람이 많다고 생각합니다. 우리나라에서는 많이 아플 때에만 마스크를 끼기 때문에, 처음에는 마스크를 낀 사람들을 보고 '일본에는 아픈 사람이 이렇게 많은가?' 하고 놀랐습니다.

일본인 친구한테 물어보았더니 [2] **꼭** 아파서인 것만은 아니라는 것을 알았습니다. 일본인이 마스크를 끼는 이유에는 여러 가지가 있습니다.

[3] **예를 들면**, 마스크는 아프지 않은 사람이 아픈 사람에게 옮지 않도록 끼는 경우도 많다고 합니다. 우리나라에서는 건강한 사람은 마스크를 끼지 않는 것이 당연하지만, 예방의 의미로서는 필요한 일이기 때문에 '과연' 이라고 생각했습니다.

또한 젊은이들 사이에서 마스크는 다른 사용법도 있는 것 같습니다. 특히 여성의 경우는 마스크를 끼면 '얼굴이 작아 보여서', '눈만 보여서 귀여워서'라는 이유로 착용하는 사람도 많다고 합니다. 그 외에는 '마스크를 끼고 있을 때는 다른 사람과 말하지 않아도 돼서'라는 이유로 착용하는 사람도 있다고 합니다. [4] **이것들은** 질병과는 전혀 관계없는 사용방법이기 때문에 일본에서만 쓰는 [5] **사용방법일지도 모르겠습니다.**

[1] 1 일년을 바탕으로　**2 일년 내내**　3 일년을 중심으로 해서　4 일년을 계기로

[2] 1 마치　2 어느 새인가　3 아무리 해도　**4 꼭**

[3] **1 예를 들면**　2 그래도　3 아마　4 그래서

[4] 1 그것보다　2 그렇게　3 어느 쪽인가의　**4 이것들은**

[5] 1 사용방법이 아니라고 생각합니다　2 사용방법이면 좋겠다고 생각합니다
3 사용방법일지도 모르겠습니다　4 사용방법이었을지도 모르겠습니다

해설 [1] 공란 앞에서 겨울이라면 이해가 된다고 했기 때문에 정답은 겨울 뿐만이 아닌 「一年(いちねん)を通(とお)して(일년 내내)」이다.

[2] 공란 뒤에 부분 부정 표현「~わけではない(반드시, 전부가) ~한 것은 아니다」가 왔기 때문에 정답은「かならずしも(꼭)」이다.

[3] 공란 앞 단락에서 마스크를 끼는 이유가 여러 가지 있다고 했으며, 다음 단락에서 그 구체적인 사례를 들고 있기 때문에 정답은「例えば(예를 들면)」이다.

[4] 바로 앞에서 서술했던 이유들을 가리키고 있기 때문에 정답은「これらは(이것들은)」이다.

[5] 서론 부분에서 마스크는 아플 때 착용한다고 서술한 것에 비해서 공란 앞부분에서는 병과는 관련 없는 착용 이유들을 서술하고 있기 때문에 정답은 추측의 의미를 담고 있는「使い方なのかもしれません(사용방법일지도 모르겠습니다)」이다.

어휘 びっくりする 놀라다 | つける 끼다, 쓰다, 착용하다 | 流行する 유행하다 | ~を通して ~내내, ~을/를 통해서 | ~だけ ~만, ~뿐 | こんなに 이렇게 | 驚く 놀라다 | ~てみる ~해 보다 | かならずしも 반드시, 꼭 | ~わけではない (반드시, 전부가) ~한 것은 아니다 | 例えば 예를 들면 | 移す 옮기다 | ~ないように ~하지 않도록 | 当たり前だ 당연하다 | 予防 예방 | なるほど 과연, 역시 | そのほかに 그 밖에, 그 외에 | これらは 이것들은 | 全く 전혀 | 関係ない 관계없다, 상관없다 | ~かもしれない ~일지도 모른다 | ~をもとに ~을/를 바탕으로 | ~を中心として ~을/를 중심으로 해서 | ~をきっかけに ~을/를 계기로 | まるで 마치 | いつのまにか 어느 새인가 | どうしても 아무리 해도 | それでも 그래도 | おそらく 아마 | そこで 그래서 | ~より ~보다 | そんなに 그렇게 | どちらか 어느 쪽인가 | ~たらいい ~하면 좋겠다

2회

문제 3 다음 문장을 읽고 문장 전체의 내용을 생각하여 [1] 부터 [5] 안에 들어갈 가장 적당한 것을 1·2·3·4에서 하나 고르세요.

| 정답 |

[1] 3　[2] 2　[3] 4　[4] 1　[5] 2

| 해설 |

해석 이하의 문장은 베트남에서 온 유학생인 찌엣 씨가 쓴 작문이다.

「일본의 편의점」

쩐 · 반 · 찌엣

마음에 드는 장소라는 것은 누구에게나 있다고 생각합니다. 제 경우에는 일본의 편의점입니다. 일본의 절, 신사, 유원지에 수족관 등 여러 장소에 갔습니다만, 가장 좋아하는 장소를 물으면 '편의점'이라고 대답합니다. 제 주위의 외국인 친구 중에도 일본의 편의점을 좋아하는 사람이 [1] **많은 편입니다**.

편의점은 전 세계 어디에도 있는데, 왜 일본의 편의점은 외국인에게 인기가 있을까요? 일본의 편의점은 해외의 편의점과 무엇이 다를까요?

먼저 생각되는 것은 화장실을 사용할 수 있다는 것입니다. 일본에 [2] **막 왔을** 때는 일본어도 지금처럼 잘하지 못했고 지도도 잘 몰랐습니다. 외출할 때는 화장실의 위치를 몰라서 고생했습니다. 그럴 때, 편의점 화장실을 자주 사용했습니다. 화장실은 항상 깨끗하고 사용하기 쉬웠습니다.

[3] **또한** 도시락과 빵, 과자가 여러 가지 있다는 것도 인기의 [4] **비밀일 것입니다**. 특히 도시락은 항상 신선한 것들뿐이어서 식당에서 먹는 것보다 싸서 추천할 만합니다. 빵이나 과자도 여러 가지 있어 외국인이 먹어도 맛있다고 생각할 만한 것이 많이 있습니다.

모두가 편의점을 좋아하는 것은 [5] **단순히** '가깝고 항상 열려 있기 때문에 편리하다'는 이유만은 아닌 것 같습니다.

1	1 많기 때문입니다	2 많다고 합니다	**3 많은 편입니다**	4 많다고 하는 이야기입니다
2	1 온 채의	**2 막 왔을**	3 오거나 하는	4 온 적이 있는
3	1 왜냐하면	2 그렇지 않으면	3 그래서	**4 또한**
4	**1 비밀일 것입니다**		2 비밀이기 때문입니다	
	3 비밀이 있습니다		4 비밀로 할 예정입니다	
5	1 설령	**2 단순히**	3 분명히	4 반대로

해설 1 공란 앞에서 자신의 주변 사람들의 대체적인 부류를 설명하고 있기에 정답은 「多(おお)いほうです(많은 편입니다)」이다.

2 공란 뒤에서 일본어가 능숙하지 못했다는 등 일본에 온 지 얼마 안 되었을 때를 말하고 있기에 정답은 「来(き)たばかりの(막 왔을)」이다.

3 공란 앞 단락에서 편의점을 좋아하는 이유로서 화장실의 사례를 설명하고, 다음 단락에서 또 다른 이유에 관해서 서술하고 있기에 정답은 「また(또한)」이다.

4 화장실 이외에 다른 이유가 더 있는 것도 인기의 비결이라며 자기 생각을 말하고 있기에 정답은 「秘密(ひみつ)でしょう(비밀일 것입니다)」이다.

5 공란의 뒤 문장 마지막 부분에서 「~という理由(りゆう)だけではないようです(~라는 이유만은 아닌 것 같습니다)」라고 말하고 있기에 정답은 「単(たん)に(단순히)」이다.

어휘 気(き)に入(い)る 마음에 들다 | 遊園地(ゆうえんち) 유원지 | 水族館(すいぞくかん) 수족관 | いろんな 여러, 다양한 | 周(まわ)り 주위 | どこにでも 어디에도 | なぜ 왜 | 人気(にんき)がある 인기가 있다 | 海外(かいがい) 해외 | ~のように ~와 같이 | 地図(ちず) 지도 | 外出(がいしゅつ) 외출 | ~のとき ~때 | 苦労(くろう) 고생 | お弁当(べんとう) 도시락 | お菓子(かし) 과자 | いろいろ 여러 가지 | 特(とく)に 특히 | 新鮮(しんせん)だ 신선하다 | ~ばかりで ~뿐 | レストラン 레스토랑, 식당 | ~より ~보다 | おすすめ 추천 | 開(ひら)く 열다 | 便利(べんり)だ 편리하다 | 理由(りゆう) 이유 | ~だけではない ~뿐이 아니다 | ~ようだ ~인 것 같다

3회

문제 3 다음 문장을 읽고 문장 전체의 내용을 생각하여 [1] 부터 [5] 안에 들어갈 가장 적당한 것을 1·2·3·4에서 하나 고르세요.

|정답|

[1] 4 [2] 3 [3] 2 [4] 3 [5] 4

|해설|

해석 이하의 문장은 캐나다에서 온 유학생인 브라이언 씨가 쓴 작문이다.

「약소한 기념품」

브라이언・클라크

"약소하지만, 받아 주세요."

여행을 다녀온 일본인 친구가 그렇게 말하고는 기념품을 [1] **준 적이 있습니다**. 저는 마음속으로 '약소한 것이라면 실은 필요 없는데.'라고 생각했지만, 친구에게 실례가 될 거라고 생각해서 말하지 않았습니다. 하지만 그 뒤에도 저는 이 '약소한 것'을 '기념품'으로 많이 받았습니다.

기념품인 '약소한 것'은 정말 약소한 것일까요? 절대 그렇지도 않습니다. [2] **모두** 멋진 것들뿐이고 약소한 것은 하나도 없었습니다. 그런데도 왜 일본인 친구는 '약소한 것'이라고 거짓말을 하는 걸까요?

계속 신기했던 저는 일본어 학교의 선생님에게 물어보기로 했습니다. [3] **선생님 말씀에 따르면** 일본에서는 선물을 받으면 받은 사람이 선물을 돌려보내는 관습이 있다고 합니다. 그래서 선물을 돌려보내는 사람이 선물을 준비하는 데 힘들지 않도록 [4] **일부러** "제 선물은 약소한 것입니다."라고 표현하며 건넨다고 합니다.

[5] **한편** 일본인 중에도 '상대에게 주는 선물인데, 약소한 것은 실례이다.'라고 생각하는 사람도 있기 때문에 최근에는 "괜찮으시다면 받아 주세요."라는 말을 대신 사용하기도 한다고 합니다.

[1] 1 준 적이 있습니다 2 받은 적이 있습니다
3 준 적이 있습니다 **4 준 적이 있습니다**

[2] 1 그것도 2 저것도 **3 모두** 4 어느 쪽도

[3] 1 선생님 말씀에 있어서 **2 선생님 말씀에 따르면**
3 선생님 말씀에 대해 4 선생님 말씀에 따라

[4] 1 혹시 2 마치 **3 일부러** 4 꼭

[5] 1 즉 2 그래서 3 그러자 **4 한편**

해설 [1] 공란 앞에서「日本人の友達が~(일본인 친구가~)」나에게 물건을 주고 있기에「くれたことがあります(준 적이 있습니다)」이다.

[2] 공란 뒤에 약소한 것은 하나도 없었다고 말하고 있기에 정답은「どれも(모두)」이다.

[3] 공란이 있는 문장에서 전언을 서술하고 있기에 정답은 정보 출처의 표현인「~によると(~에 의하면)」이다.

[4] 상대방을 위해서 의도를 갖고 약소한 물건이라고 표현하고 있다고 서술하고 있기에 정답은「わざと(일부러)」이다.

[5] 공란 뒤에서 다른 표현을 제시하고 있기 때문에 정답은 화제를 전환하는「一方(한편)」이다.

어휘 つまらない 약소하다, 하찮다 | おみやげ 선물, 기념품 | 行ってくる 다녀오다 | 要る 필요하다 | その後 그 후 | 決して 절대 | わけ 원인, 이유 | 素敵だ 멋있다, 훌륭하다 | それなのに 그럼에도 | どうして 왜, 어째서 | ずっと 계속, 훨씬 | 不思議だ 신기하다 | ~ことにする ~하기로 하다 | 贈り物 선물 | 返す 돌려주다 | ~そうだ ~라고 한다 | 渡す 건네주다, 주다 | 相手 상대 | ~ため ~하기 때문에 | 代わり 대신 | ~にとって ~에 있어서 | ~によると ~에 의하면 | ~について ~에 대해서 | ~にしたがって ~에 따라서 | もし 혹시 | まるで 마치 | ぜひ 꼭 | そこで 그래서 | すると 그러자

4회

문제 3 다음 문장을 읽고 문장 전체의 내용을 생각하여 [1] 부터 [5] 안에 들어갈 가장 적당한 것을 1·2·3·4에서 하나 고르세요.

|정답|

[1] 1 [2] 4 [3] 3 [4] 2 [5] 1

|해설|

해석 이하의 문장은 이탈리아에서 온 유학생의 알리시아 씨가 쓴 작문이다.

「일본과 자동판매기」

알리시아・렌다노

일본인에게는 당연한 풍경이라도 일본을 방문하는 외국인에게는 신기하게 보이는 것이 많이 있습니다.

제가 일본에 와서 제일 깜짝 놀란 것은 자동판매기의 수가 많은 것이었습니다. 역이나 편의점 앞은 물론 길을 걷고 있으면 눈에 들어오는 것은 자동판매기투성이입니다. 잠깐 목이 말랐을 때 바로 옆에 자동판매기가 있기 때문에 매우 편리합니다. 특히 일본의 여름은 덥기 때문에 밖을 걸을 때는 자동판매기가 [1] **없으면 곤란합니다**.

일본에 자동판매기가 많은 것은 편리하기 때문일까요? 저는 [2] **그것만**은 아니라고 생각합니다. 자동판매기는 돈을 넣고 상품을 사는 기계입니다. 넣은 돈은 자동판매기를 관리하는 회사 사람이 올 때까지 기계 속에 [3] **들어간 채 그대로입니다**. 돈이 들어가 있는 상태는 위험하지 않을까요? 누군가가 훔치거나 하지 않을까요? 이 의문의 답이, 즉 일본에 자동판매기가 많은 이유인 것은 아닐까 생각합니다.

[4] **다시 말하면** 일본은 돈이 들어 있는 채의 자동판매기가 부서지거나 [5] **도둑맞거나 하는 일이 없을 정도로** 사회가 안전하다는 뜻입니다. 사회 전체가 안전하기 때문에 어떤 곳이라도 자동판매기를 둘 수 있습니다. 그래서 일본은 자판기의 수가 많은 것이라고 생각합니다.

[1] **1 없으면 곤란합니다** 2 없어도 곤란합니다
3 있어서 곤란합니다 4 있으면 곤란합니다

[2] 1 어딘가 2 모두 3 이 정도 **4 그것만**

[3] 1 들어가게 되어 있습니다 2 들어가기 마련입니다
3 들어간 채 그대로입니다 4 방금 막 들어갔을지도 모릅니다

[4] 1 게다가 **2 다시 말하면** 3 왜냐하면 4 그 때문에

[5] **1 도둑맞거나 하는 일이 없을 정도로** 2 도둑맞은 적이 없지만
3 도둑맞으면 도둑맞을수록 4 도둑맞는 것조차 없다면

해설 [1] 공란 앞에서 일본의 더위 때문에 자동판매기는 필요하다는 문장이기에 정답은 「なければ困(こま)ります(없으면 곤란합니다)」이다.

[2] 공란 앞 줄에서 편리해서 자동판매기가 많다고 서술하고 있으나 그 외에 이유가 더 있다는 내용을 말하고자 하기에 정답은 「それだけ(그것만)」이다.

[3] 공란 앞에서 넣은 돈은 관리 회사 사람이 찾으러 올 때까지 기계 안에 있음을 말하고 있기에 정답은 「入(はい)ったままです(들어간 채 그대로입니다)」이다.

[4] 전 단락에서 설명한 내용을 다시 정리해서 설명하고 있기에 정답은 「つまり(다시 말하면)」이다.

[5] 전 단락에서 안전함에 대해 서술하였고 다시 정리하는 공란의 문장에서도 같은 내용을 담고 있어야 하기에 정답은 「盗(ぬす)まれたりすることがないほど(도둑맞거나 하는 일이 없을 정도로)」이다.

어휘 自動販売機(じどうはんばいき) 자동판매기 | 当(あ)たり前(まえ)だ 당연하다 | 訪(おとず)れる 방문하다 | びっくりする 깜짝 놀라다 | 入(はい)ってくる 들어오다 | ～ばかり ~뿐 | 乾(かわ)く 마르다 | 機械(きかい) 기계 | 管理(かんり) 관리 | ～まで ~까지 | ～たまま ~한 채로 | 状態(じょうたい) 상태 | 危険(きけん) 위험 | 盗(ぬす)む 훔치다 | 疑問(ぎもん) 의문 | すなわち 즉 | 理由(りゆう) 이유 | 壊(こわ)す 부수다 | どんな 어떤 | 置(お)く 두다 | 困(こま)る 곤란하다 | ～ことになっている ~하기로 되어있다 | ～に決(き)まっている ~임에 틀림없다 | ～たばかりだ 방금 막 ~하다 | そのうえ 게다가 | なぜなら 왜냐하면 | そのため 때문에 | ～ば～ほど ~하면 ~할수록

5회

문제 3 다음 문장을 읽고 문장 전체의 내용을 생각하여 [1] 부터 [5] 안에 들어갈 가장 적당한 것을 1·2·3·4에서 하나 고르세요.

|정답|

[1] 2	[2] 1	[3] 4	[4] 3	[5] 2

|해설|

해석 이하의 문장은 독일에서 온 유학생인 요한 씨가 쓴 작문입니다.

「수박에 소금」

요한・브리겔

요전에 일본인 친구 집에 초대받았을 때의 일이다. 친구 어머니가 간식으로 수박을 내주셨다. 여름에 먹는 수박은 맛있어서 정말 좋아하기 때문에 기뻤지만, 조금 [1] **신경 쓰이는 것이 있었다**. 수박과 함께 왜인지 소금이 함께 나온 것이다.

신기하게 생각하고 있자니 친구가 수박에 소금을 쳐서 [2] **먹기 시작한 것이다**. 나는 수박을 든 채 그저 놀랄 뿐이었다. '왜 달고 맛있는 수박에 일부러 소금을 치는 것일까? 과일인데.' 소금을 친 수박을 맛있게 먹는 친구를 보면서 수박을 먹는 내 손은 완전히 멈추어 버렸다.

정말 좋아하는 수박을 먹지 않고 있는 나를 보고 친구가 말했다. "요한은 소금을 쳐서 먹어 본 적 없어? [3] **이렇게** 먹어 봐. 맛있어." [4] **그리고** 소금을 친 수박을 나에게 주었다. 친구가 정말 맛있게 먹고 있었기 때문에 나는 용기를 내서 조금 먹어 보기로 했다.

소금을 뿌린 수박의 맛은 평소의 수박보다 훨씬 달았다. 나는 나의 수박에도 소금을 쳐 봤다. 역시 달았다. 평소의 수박보다 훨씬 단 것이다. 친구의 이야기로는 일본에서는 단것에 [5] **일부러** 소금을 첨가하여 단맛을 더 끌어내고 있다고 한다. 과연. 새로운 맛의 발견이었다.

[1] 1 신경 쓰이는 것이 있다 **2 신경 쓰이는 것이 있었다**
3 신경 쓰고 있는 것이 있다 4 신경 쓰고 있는 것이 있었다

[2] **1 먹기 시작한 것이다** 2 다 먹은 것이다
3 너무 많이 먹은 것이다 4 먹게 한 것이다

[3] 1 왜 2 저렇게 3 그렇게 **4 이렇게**

[4] 1 그런데도 2 그래서 **3 그리고** 4 그렇다면

[5] 1 확실히 **2 일부러** 3 벌써 4 반드시

해설 [1] 일전 에피소드에 관해서 설명을 하면서 어느 상황에 대해서 의도적이지 않지만, 신경이 쓰였던 점을 서술하고 있기에 정답은 「気(き)になることがあった(신경 쓰이는 것이 있었다)」이다.

2 친구가 먹는 모습을 보고 놀랐던 것을 서술하고 있기에 정답은 「食べ出したのだ(먹기 시작한 것이다)」이다.

3 친구가 자신이 했던 행동을 보여주면서 설명을 하고 있기에 정답은 「こうして(이렇게)」이다.

4 친구가 설명한 뒤 한 행동을 이어서 설명하고 있기에 정답은 「そして(그리고)」이다.

5 일본에서는 단 음식에 일부러 소금을 뿌려서 먹는다는 것을 설명하기에 정답은 「わざと(일부러)」이다.

어휘 スイカ 수박 | 塩 소금 | この間 요전에 | 招待 초대 | おやつ 간식 | 出す 내다 | 一緒に 함께 | なぜか 어쩐지 | 振る 뿌리다, 흔들다 | 驚く 놀라다 | わざわざ 일부러 | 果物 과일 | 完全に 완전히 | 止まる 멈추다 | ~たことがない ~한 적이 없다 | ~てみる ~해 보다 | 勇気 용기 | 少し 조금 | ~ことにする ~하기로 하다 | ずっと 계속, 훨씬 | やはり 역시 | 加える 더하다 | 甘み 단 정도, 당도 | さらに 게다가 | 引き出す 끌어내다 | なるほど 과연, 역시

PART 2 언어지식(문법)

6회

문제 3 다음 문장을 읽고 문장 전체의 내용을 생각하여 1 부터 5 안에 들어갈 가장 적당한 것을 1·2·3·4에서 하나 고르세요.

|정답|

1 3 2 2 3 2 4 1 5 4

|해설|

해석 이하의 문장은 '서점과 책 커버'에 대한 내용이다.

서점에서 책을 살 때, 계산대에서 점원에게 이런 말을 들은 적은 없는가? "책에 커버를 씌워드릴까요?" 즉, 산 책에 종이 커버를 씌울 것인지를 묻는 것이다. 나는 그다지 신경 쓰지 않고 항상 "네." 하고 책에 커버를 씌웠다.

1 **그러나** 이 커버에는 도대체 어떤 의미가 있는 것일까? 생각할 수 있는 것은 본래의 커버로써의 역할, 2 **다시 말하면**, 책이 더러워지지 않도록 하기 위한 역할이다. 서점에 따라서 커버 디자인이 다른 것에도 주목하길 바란다. 이는 서점의 선전을 하기 위해서일 것이다. 서점의 마크가 있는 커버를 독자가 들고 다니면 3 **그만큼** 선전 효과가 생긴다는 것이다.

게다가 인터넷에 찾아보면 옛날에는 계산대에서 계산한 책과 계산하기 전의 책을 구별하기 위해서 커버가 씌워졌다고 한다. 지금은 종이봉투에 넣어 구별을 하는 곳이 많지만, 옛날에는 이것에 모두 커버를 씌웠던 셈이다. 책의 크기에 상관없이 전부 커버를 씌우는 것은 4 **힘든 작업이었음이 틀림없다**.

최근에는 디자인을 중시한 세련된 커버도 있으므로 여러 서점에서 여러 종류의 커버를 모아보고 싶다고 생각한다. 앞으로도 5 **점점 더** 서점에 가는 즐거움이 늘어날 것 같다.

1 1 게다가 2 그리고 **3 그러나** 4 따라서

2 1 바꿔 말해도 **2 바꿔 말하면**

3 바꿔 말하는 이상은 4 바꿔 말하는 것뿐만 아니라

3 1 얼만큼 **2 그만큼** 3 여러 번 4 잠깐

4 **1 힘든 작업이었음이 틀림없다** 2 힘든 작업이라고는 생각할 수 없다

3 힘든 작업이 될 지도 모른다 4 힘든 작업이 될 것이라고 할 수 없다

5 1 드디어 2 어슬렁어슬렁 3 그럭저럭 **4 점점 더**

해설 1 앞 단락에서 책에 커버를 씌우는 것에 대해서 신경을 쓰지 않음을 설명하고 있지만, 공란이 있는 단락에서는 그 커버에 대해서 상세히 서술하고 있다. 서술한 내용에 대립할 때 사용하는 역접의 접속사를 사용해야 하기 때문에 정답은 「しかし(그러나)」이다.

2 공란 앞에서는 책의 표지로서의 역할이라고 서술하고 있고 그 뒤에서 다시 다른 표현으로 설명하고 있기에 정답은 「言い換えれば(바꿔 말하면)」이다.

3 공란 앞에서 책 커버에 서점의 마크가 있고 그 커버를 씌운 책을 사람들이 갖고 다니는 선전 효과를 말하고 있기에 정답은 「それだけ(그만큼)」이다.

4 예전의 사례를 들며 모든 책에 커버를 씌웠던 것에 대한 자신의 단정적인 생각을 서술하고 있기에 정답은 「大変な作業だったに違いない(힘든 작업이었음이 틀림없다)」이다.

5 서점에 책을 사러 가는 것 이외에 그 커버를 모으러 가는 또 하나의 즐거움을 서술하고 있기에 정답은 「ますます(점점 더)」이다.

어휘 カバー 커버 | 内容 내용 | レジ 계산대 | かける 씌우다 | 紙 종이 | 気にする 신경 쓰다 | 答える 대답하다 | 一体 도대체 | どんな 어떤 | ~として ~로써 | 役割 역할 | 汚れる 더러워지다 | ~ないように ~하지 않도록 | ~によって ~에 따라서 | デザイン 디자인 | 注目 주목 | 宣伝 선전 | マーク 마크 | 持ち歩く 들고 돌아다니다 | 宣伝効果 선전효과 | 生まれる 생기다 | さらに 게다가 | 調べる 조사하다, 찾아보다 | ~てみる ~해 보다 | 計算 계산 | ふくろ 봉투, 주머니 | サイズ 사이즈 | ~に関わらず ~와 상관없이 | 重視 중시 | おしゃれだ 세련되다 | 集める 모으다 | これからも 앞으로도 | 増える 늘다

7회

문제 3 다음 문장을 읽고 문장 전체의 내용을 생각하여 [1] 부터 [5] 안에 들어갈 가장 적당한 것을 1·2·3·4에서 하나 고르세요.

|정답|

[1] 4　[2] 3　[3] 1　[4] 2　[5] 3

|해설|

해석 이하의 문장은 일본어의 인사말에 대한 내용이다.

최근 젊은 층을 [1] **중심으로** '사요나라'라는 말이 쓰이지 않게 되고 있다고 한다. '사요나라'는 [2] **물론** '바이 바이'도 마찬가지로 사용하지 않게 되고 있다고 한다. 확실히 나 자신도 대학 친구와 헤어질 때 '사요나라'라는 말로 한 적이 없고, 별로 듣지 못했다.

[3] **그럼** '사요나라' 대신에 어떤 말을 쓰고 있는 것일까. 나의 경우는 친구라면 '그럼 이만'이나 '또 보자'를 사용하고 선배에게는 '수고하셨습니다'나 '내일 또 봬요'를 사용하는 경우가 많다. 내 주변의 친구들에게도 물어보았는데 대체로 같은 응답이 많았다.

'사요나라'라는 말을 예부터 [4] **사용하지 않은 것은 아니다**. 초등학교 때 하루의 수업이 끝나 반 전체가 선생님께 인사할 때는 '사요나라'를 확실히 사용했다. 그렇다고 해서 지금 대학 세미나의 선생님에게 사용하는가 하면 솔직히 모르겠다.

'사요나라'라는 말은 왠지 두 번 다시 만날 수 없는 마지막 이별 때 사용하는 것 같은 느낌이 들어서 참을 수 없기 때문이다. 물론 노래의 가사나 책 등 문장체로 '사요나라'를 사용하는 것은 괜찮지만, 구어체로 들으면 왠지 차갑고 외로운 느낌이 들어 [5] **쓸 마음이 들지 않는다**는 것이 솔직한 심정이다.

[1] 1 전에　2 바탕으로　3 의지하여　**4 중심으로**

[2] 1 갑자기　2 제대로　**3 물론**　4 무심코

[3] **1 그럼**　2 따라서　3 그렇지 않으면　4 그 때문에

[4] 1 사용해서 참을 수 없다　**2 사용하지 않은 것은 아니다**　3 사용하지 않았던 적은 없다　4 사용하지 않으면 안 된다

[5] 1 써 보고 싶다　2 썼으면 좋겠다　**3 쓸 마음이 들지 않는다**　4 쓸 마음이 들지도 모른다

해설 [1] 어느 대상 층 사이에서 일어나고 있는 현상을 설명하는 문장이기에 정답은 「中心(ちゅうしん)に(중심으로)」이다.

[2] 공란 앞에서 언급한 인사말과 뒤에서 언급한 인사말 모두 당연하게 해당된다는 의미이기에 정답은 「もちろん(물론)」이다.

[3] 앞 단락에서 최근 현상에 관해서 설명을 하고, 공란이 있는 단락에서 구체적인 문제를 제기하고 있기에 정답은 「それでは(그럼)」이다.

4 '사요나라'라는 인사말을 사용하지 않게 되었는데 항상 사용을 안 한 것은 아님을 말하고자 하기에 「使わなかったわけではない(사용하지 않은 것은 아니다)」이다.

5 공란 앞에서 '사요나라'라는 인사말을 사용하는 것에 대해서 왠지 차갑고 외로운 느낌이 든다고 부정적인 감정을 말하고 있기에 「使う気になれない(쓸 마음이 들지 않는다)」이다.

어휘 挨拶 인사 | 若者 젊은이 | 確かに 확실히 | 別れる 헤어지다 | 代わりに 대신 | 場合 경우 | 周辺 주변 | 大体 대체로 | 頃 때, 경 | 授業 수업 | クラス 반, 클래스 | だからと言って 그렇다고 해서 | ゼミ 세미나 | 正直に 솔직히 | 最後 마지막 | 別れ 헤어짐 | 気がする 기분이 든다 | 書き言葉 문장체 | 平気だ 아무렇지 않다 | 話し言葉 구어체 | 寂しい 외롭다 | ~てたまらない ~해서 참을 수 없다 | ~わけではない (항상) ~인 것은 아니다 | ~ことはない ~할 필요는 없다 | ~なければならない ~하지 않으면 안 된다

8회

문제 3 다음 문장을 읽고 문장 전체의 내용을 생각하여 1 부터 5 안에 들어갈 가장 적당한 것을 1·2·3·4에서 하나 고르세요.

|정답|

1 1　2 1　3 3　4 4　5 2

|해설|

해석 이하의 문장은 졸업생인 모리스 씨가 일본 대학교의 선생님에게 쓴 편지이다.

스기하라 미에 선생님께

오랜만이에요. 건강하신가요. 일본에서 영국으로 돌아와 반년이 지났습니다. 저는 일본에 있을 때처럼 매일 잘 지내고 있습니다. 세미나 사람들도 건강한지요.

영국에 돌아와서는 일본과 거래하는 어떤 회사에 무사히 취직할 수 있었습니다. 졸업 때까지 4년 동안 선생님께서 일본어는 물론 일본 회사에 대해서도 여러 가지로 1 **가르쳐 주신 덕분이에요**. 진심으로 감사드립니다.

회사 생활에는 이제 익숙해졌지만, 일본 거래처와 직접 전화를 하는 것이 2 **의외로** 어렵습니다. 전화는 상대방의 얼굴이 보이지 않아서 긴장되기 때문이라고 생각합니다. 3 **그래도** 회사의 일은 일본과 관련되어 있어서 보람이 있고 매일 즐겁답니다.

일이 없는 주말에는 자원봉사로 취미인 크리켓을 동네 아이들에게 가르치고 있습니다. 앞으로는 4 **크리켓** 이외에도 일본에서 배운 가라테와 간단한 일본어 수업을 하려고 생각하고 있습니다. 여기에는 어린이용의 일본어 교과서가 별로 없어서 일본에서 추천할 만한 교과서와 그림책이 있다면 5 **알려 주시지 않겠습니까**? 잘 부탁드리겠습니다.

그럼 또 편지를 보내드리겠습니다. 부디 건강을 챙기세요.

모리스 피트먼 올림

1 **1 가르쳐 주신 덕분이에요** 2 가르친 덕분이에요
3 가르쳐 드린 덕분이에요 4 가르친 덕분이에요

2 **1 의외로** 2 따라서 3 적어도 4 곧

3 1 그런데 2 그 외에 **3 그래도** 4 그렇다면

4 1 일 2 취미 3 자원봉사 **4 크리켓**

5 1 알려 주지 않겠습니까 **2 알려 주시지 않겠습니까**
3 알려 줘도 괜찮습니까 4 알려 주실 수 있습니까

해설

1 선생님께서 여러 가지 가르쳐 주셔서 감사하는 문장이기에 정답은 「教(おし)えていただいたおかげです(가르쳐 주신 덕분이에요)」이다.

2 공란 앞부분에서 일본 생활에 익숙해졌으나 생각하지 못했던 것에 대한 내용을 이야기하고 있기에 정답은 「案外(あんがい)(의외로)」이다.

3 공란 앞줄에서 전화 통화하는 것에 대한 어려움이 있으나 일에 대해서 보람을 느끼고 있다고 반대되는 내용을 말하고 있기에 정답은 「それでも(그래도)」이다.

4 공란 앞에서 크리켓을 가르치고 있음을 서술하고 있고 그 이외에 다른 것들도 할 예정임을 말하고 있기에 정답은 「クリケット(크리켓)」이다.

5 선생님에게 추천할 만한 책을 가르쳐 달라고 부탁하고 있기에 정답은 「教(おし)えてくださいませんか(알려 주시지 않겠습니까)」이다.

어휘 卒業生(そつぎょうせい) 졸업생 | お久(ひさ)しぶりだ 오랜만이다 | 経(た)つ 지나다, 경과하다 | 過(す)ごす 보내다 | ゼミ 세미나 | ～てから ~하고 나서 | 取引(とりひき) 거래 | 無事(ぶじ)だ 무사하다 | 就職(しゅうしょく) 취직 | ～年間(ねんかん) ~년간 | 感謝(かんしゃ) 감사 | 慣(な)れる 익숙해지다 | 取引先(とりひきさき) 거래처 | 直接(ちょくせつ) 직접 | 相手(あいて) 상대 | 緊張(きんちょう)する 긴장하다 | 関係(かんけい) 관계 | やりがい 보람 | ボランティア 자원봉사 | クリケット 크리켓 | 近所(きんじょ) 근처 | これから 앞으로 | 空手(からて) 가라테 | 授業(じゅぎょう) 수업 | ～向(む)け ~용 | 教科書(きょうかしょ) 교과서 | あまり 별로 | おすすめ 추천 | それでは 그럼 | ～より ~보다 | おかげだ 덕분이다

PART 3

독해
집중 공략

1교시
언어지식(문자·어휘+문법)X독해

★ 시작하기 전 공략 TIP

이 파트는 전체 지문을 다 읽을 필요가 없습니다. 핵심 문장을 빠르게 골라 정답을 찾습니다!

★ 미리 확인하는 시험 영역

'독해' 파트는 총 4개입니다.

- **문제4** 내용이해(단문)
- **문제5** 내용이해(중문)
- **문제6** 내용이해(장문)
- **문제7** 정보검색

문제 4 »»»

내용이해 (단문)

이해하고 공략하기

1교시
언어지식(문자·어휘+문법)X독해

1 문제 프로필

상대를 알아야 문제를 푼다!

문제 4 내용이해 (단문)

問題 4 内容理解 (短文)

기본정보

성　격 문제에서 말하는 요지만 찾아내기를 원함
문제 개수 4개/16개(독해) ▷ 한 지문 당 1개
풀이 시간 4분/50분(독해)
분　량 150~200자

분석정보

주요 화제 일상생활이나 업무에 관한 편지(이메일), 공지사항이나 설명문, 지시문 등
평가 방식 짧은 글에서 질문이 요구하는 의도를 정확하게 파악했는지가 중요

STEP 1
스피드 해법

문제를 먼저 읽고 문장 속에서 필요한 키워드를 찾고 바로 정답 선택

STEP 2
함정 주의보

문제의 유형을 꼭 체크하여 문제와 다른 방향에 집중하지 않도록 주의

STEP 3
대책

선택지에서 오답은 과감히 체크해서 소거

STEP 4
공부 방법

글의 요지를 캐치해 낼 수 있도록 키워드 중심으로 읽으며 훈련한다!

문제유형

이후 실행해야 할 과제를 묻는 문제

⊘ ~をする人は、どうしなければならないか。(~을/를 할 사람은 어떻게 해야 하는가?)

⊘ ~をする場合、必ず~ように言われていることは何か。
(~을/를 할 경우, 반드시 ~하도록 말하고 있는 것은 무엇인가?)

⊘ ~がすることはどれか。(~이/가 해야 할 것은 어느 것인가?)

풀이 흐름 문제에서 대상과 키워드 확인 ▷ 지문에서 대상과 키워드 확인 ▷ 키워드가 포함된 문단 내용 확인 ▷ 선택지와 비교 ▷ 정답 체크!

필자의 주장을 묻는 문제

⊘ この文章を書いた人が言いたいことは何か。
(이 글을 쓴 사람이 말하고 싶은 것은 무엇인가?)

⊘ この文章を書いた人が、~について言っていることは何か。
(이 글을 쓴 사람이 ~에 대해서 말하고 있는 것은 무엇인가?)

⊘ この文章から分かることはどれか。(이 글에서 알 수 있는 것은 어느 것인가?)

풀이 흐름 첫 문단 내용 확인 ▷ 접속사에 유의 ▷ 마지막 문단 결론 파악 ▷ 선택지의 비약이나 부정문에 주의 ▷ 정답 체크!

밑줄 부분이 지시하는 것을 찾아 내는 문제

⊘ この文章によると、~にはどうしたらいいか。
(이 글에 의하면 ~하려면 어떻게 해야 하는가?)

⊘ ~とあるが、どのようなことか。(~라고 하는데 어떤 것인가?)

⊘ ~とあるが、どうしてか/なぜか。(~라고 하는데 왜인가?)

풀이 흐름 지문에서 밑줄 검색 ▷ 밑줄 앞뒤로 내용 파악 ▷ 선택지의 유의 표현에 주의 ▷ 정답 체크!

2 문제 미리보기

미리 알아 둬야 긴장이 덜 된다!

問題4　つぎの(1)から(4)の文章(ぶんしょう)を読んで、質問に答えなさい。答えは、1·2·3·4から最もよいものを一つえらびなさい。

문제 4　다음 (1)부터 (4)의 문장을 읽고 질문에 답하세요. 답은 1·2·3·4에서 가장 적당한 것을 하나 고르세요.

(1)

学科の掲示板に、このお知らせが貼ってある。

今月も下記の通りボランティア活動を実施します。
日　　時：9月27日(金)9時～11時
集合場所：101号館玄関(学生課の裏側)
※玄関の前に集合して湖に移動します。
内　　容：湖周辺のごみ拾い
持 ち 物：ごみ拾い用の手袋
※ごみ袋はこちらでご用意します。
※お飲み物など必要であれば各自でご用意ください。
※参加のお申し込みは前日までにお電話でご連絡ください。
※参加者の内、先着10名にはお菓子をさしあげます。

지문 속에서 필요한 부분을 찾아내 체크해 두세요.

1　ボランティア活動に参加する人が、必ずしなければならないことは何か。

1　26日に皆で集まって湖に行く。
2　26日までに電話で申し込み、27日はそれぞれ直接湖に行く。
3　27日にごみ拾い用の手袋と飲み物を持って9時まで玄関の前に行く。
4　27日にごみ袋とお菓子を持って9時まで湖に行く。

먼저 문제부터 읽어 보세요.
지문 속에서 키워드를 찾아낸 후 오답을 걸러내세요.

1 정답 3

풀이 1 본문에서 「9月27日(9월 27일)」이라고 일시를 지정했기 때문에 정답이 될 수 없다.

2 본문에서 「玄関の前に集合して 湖 に移動します(현관 앞에서 집합해서 호수로 이동합니다)」라고 했기 때문에 참가하는 사람은 호수로 직접 갈 필요가 없으므로 정답이 될 수 없다.

4 본문에서 「ごみ拾い用の手袋(쓰레기 주울 때 쓸 장갑)」와 「お飲み物など必要であれば各自でご用意ください(마실 것 등은 필요할 경우 각자 준비해 주세요)」라고 준비물을 명시했기 때문에 정답이 될 수 없다.

실전문제 풀어보기

제한시간 1분 | 정답과 해설 288쪽

問題4　つぎの(1)から(8)の文章を読んで、質問に答えなさい。答えは、1・2・3・4から最もよいものを一つえらびなさい。

(1)

これは、本田先生のゼミの学生に届いたメールである。

> あて先：tanaka@akayama.ac.jp
>
> 件　名：スザンヌさんのお別れ会について
>
> 送信日時：10月10日
>
> 研修生のスザンヌさんが1年間の留学生活を終えて、フランスに帰国することになりました。お別れ会を次のとおり開きたいと思いますので、ぜひ参加してください。不参加の人だけ10月17日(月)までに木村までご連絡ください。
>
> 日　時：11月11日(水)　午後12時～1時
>
> 会　場：和食レストラン「さだはる」
>
> 会　費：1,500円　※会費は当日集めます。
>
> プレゼント代：500円
>
> ※参加できない人も、プレゼント代のみ今月末までに研究室でいただきます。
>
> 木村

1　このメールを見て、参加する人は、どうしなければならないか。

1　10月17日までに返信して、10月31日までにプレゼント代を払う。

2　10月17日までに返信して、11月11日にプレゼント代を払う。

3　返信の必要はないが、10月31日までにプレゼント代を払う。

4　返信の必要はないが、11月11日にプレゼント代を払う。

실전문제 풀어보기

제한시간 1분 | 정답과 해설 289쪽

問題4 つぎの(1)から(8)の文章(ぶんしょう)を読んで、質問に答えなさい。答えは、1·2·3·4から最もよいものを一つえらびなさい。

(2)

これは、ジェシカさんが林(はやし)先生に書いた手紙である。

林(はやし)先生

お久しぶりです。日本での研修(けんしゅう)の時は大変お世話になりました。

私は今、アメリカに戻って大学院で国際経営学を学んでいます。実は先月、学会で初めて論文を発表いたしました。「アメリカにおける日本企業の未来」について書いたものです。論文の内容はもちろん英語なのですが、ぜひ先生にも一度ご覧いただきたくて、日本語で要約(ようやく)(注)したものを一緒にお送りいたしました。お時間のあるときに、ご意見・ご感想をいただければと思います。

これからますます暑くなります。どうぞお体にお気をつけください。

ジェシカ

(注) 要約(ようやく)：重要な部分を短くまとめたもの

2 ジェシカさんがこの手紙で言いたいことは何か。

1 論文を発表するので、林(はやし)先生に来てもらいたい。

2 論文を発表するので、林(はやし)先生に内容を直してもらいたい。

3 論文を発表したので、林(はやし)先生に会って渡したい。

4 論文を発表したので、林(はやし)先生に内容を読んでもらいたい。

실전문제 풀어보기

제한시간 1분 | 정답과 해설 290쪽

問題4　つぎの(1)から(8)の文章(ぶんしょう)を読んで、質問に答えなさい。答えは、1·2·3·4から最もよいものを一つえらびなさい。

(3)

これは市民センターの絵手紙教室の案内である。

あなただけの絵と言葉で大切な人に気持ちを届ける絵手紙、始めてみませんか。初心者の方もすてきな作品が作れるように、絵手紙作家の先生が絵のかき方から言葉の選び方まで一つ一つ丁寧にお教えいたします。

教室で作った絵手紙はそのまま持ち帰って、ハガキとして送ることもできます。参加をご希望の方は、お電話または市民センター受付でお申し込みください。

日　時：3月25日(土)　10：00～12：00

場　所：深田市市民センター3階第1会議室

参加費：1,000円

定　員：15名

※筆など当日必要な道具は会場でお貸しいたします。

また、当会場ではご自宅でも楽しめる絵手紙用の筆を販売いたします。

深田市市民センター

Tel：074-896-432　　　Fax：074-896-412

3　この絵手紙教室でできることは何か。

1　初めてでも簡単に始められ、字を上手に書く練習ができる。

2　専門家から直接学べ、かいた絵手紙を郵便で送れる。

3　いろいろな絵手紙を学べ、絵本作家の作品を持ち帰れる。

4　絵手紙の道具をすべて買え、家でも絵手紙を楽しめる。

실전문제 풀어보기

제한시간 1분 | 정답과 해설 291쪽

問題4　つぎの(1)から(8)の文章(ぶんしょう)を読んで、質問に答えなさい。答えは、1・2・3・4から最もよいものを一つえらびなさい。

(4)

これは絵画コンクールの作品募集の案内である。

ミライト夢ミュージアムでは全国のみなさんに絵を募集します。今年のテーマは「夢のある庭」と「見たことのないお菓子」です。どちらかを選び、自由な発想でかいてください。

紙の大きさは指定サイズ(38×53cm)で、絵の具、色えんぴつ、サインペンなどでかいてください。紙の裏には必ずご本人のお名前を書いて送ってください。応募作品の数はお一人につき一点とします。

応募の中から選ばれた作品はミライト夢ミュージアムに展示されます。ご応募に関する詳しい内容はミライト夢ミュージアムホームページ(http://www.miraitoyume-museum.jp)をご覧ください。たくさんのご応募をお待ちしております。

ミライト夢ミュージアム

4　作品を応募する人は、どうしなければならないか。

1　絵は決まったデーマの中から選んでかいて送る。

2　絵のテーマは好きなものを自由に選んでかいて送る。

3　絵の枚数に決まりはなく、かきたいだけかいて送る。

4　絵はえんぴつとサインペンだけでかいて送る。

실전문제 풀어보기

제한시간 1분 | 정답과 해설 292쪽

問題4　つぎの(1)から(8)の文章（ぶんしょう）を読んで、質問に答えなさい。答えは、1・2・3・4から最もよいものを一つえらびなさい。

(5)

　コーヒーを飲んでから昼寝をすると、疲れが取れるという研究結果が話題になっている。

　コーヒーの特徴といえば、寝る前に飲むと眠れなくなるというもので、昼寝の前にコーヒーを飲むのは逆効果なのではないだろうかと思ってしまう。しかし、実際コーヒーにはリフレッシュの効果もあるため、短い睡眠でもすっきりと目を覚ますことができるそうだ。結果的に昼寝だけや、コーヒーを飲んだだけの時よりも、コーヒーを飲んで昼寝をした方が疲れが取れやすいという。

　最も効果的な方法はコーヒーを飲んで、20分間だけ昼寝をすること。これ以上長く寝たり、深く眠ってしまうと、逆効果だというので注意したい。

5　この文章から、効果的に疲れを取るにはどうしたらいいか。

1　コーヒーを飲むと眠れなくなるので起きてからすぐ飲む。

2　眠ってしまうと疲れが取れなくなるので、コーヒーだけを飲む。

3　コーヒーは決して飲まず、短時間ぐっすり寝てから起きる。

4　コーヒーを飲んで、決まった時間だけ寝てすぐ起きる。

실전문제 풀어보기

제한시간 1분 | 정답과 해설 293쪽

問題4　つぎの(1)から(8)の文章(ぶんしょう)を読んで、質問に答えなさい。答えは、1･2･3･4から最もよいものを一つえらびなさい。

(6)

人の心を動かすスピーチには何が必要でしょうか。その一つとして紹介したいのが、「イメージしやすい数字」です。

たとえば、新商品の説明で「このスマートフォンは88グラムしかありません。」と言われても、聞いた人は「88グラム」が具体的にどれぐらいの重さなのかよく分かりません。これを「このスマートフォンは88グラム、バナナ1本よりずっと軽いんです。」と言うと、聞いた人もイメージしやすく、記憶にも残りやすいでしょう。

しかし、数字というのは、何度も使いすぎると説明の効果が弱くなります。これは、たくさんの数字が聞く人にスピーチの内容を難しいと感じさせるためです。

6　この文章を書いた人が言いたいことは何か。

1　印象的なスピーチのために数字を簡単なものにした方がいい。
2　印象的なスピーチのために数字を思い浮かべやすくした方がいい。
3　数字より言葉をたくさん使った方が記憶に残りやすくていい。
4　言葉より数字をたくさん使った方が記憶に残りやすくていい。

문제 4» 내용이해 (단문)

실전문제 풀어보기

제한시간 1분 | 정답과 해설 294쪽

問題4　つぎの(1)から(8)の文章(ぶんしょう)を読んで、質問に答えなさい。答えは、1・2・3・4から最もよいものを一つえらびなさい。

(7)

「ようこそ、佐藤様。」旅館に到着すると、玄関で私たちを迎えてくれたスタッフがいっせいに声をかけてくれた。スタッフは私たちの到着する時間を知っているので、サービスとして客の名前を呼んでくれたのだろうと思っていた。こういうサービスはどこにでもある。

しかし、その後もたまたま廊下で会ったスタッフ、旅館の前を掃除していたスタッフ、スタッフ全員がすれ違うたびに名前を呼んであいさつをしてくれたのだ。旅館には私たち以外の宿泊客もたくさんいたのに間違いなく私たちを覚えていてくれていた。もちろん、私以外の客にも一人一人名前を呼んであいさつをしていた。

驚きと喜びが感動に結びついた時、最高のサービスになるのだと感じた瞬間だった。

7　最高のサービスになるのだとあるが、著者はなぜそう感じたのか。

1　玄関で旅館のスタッフ全員が名前を呼んであいさつしてくれたから

2　ほとんどの旅館のスタッフが客の到着の時間を正確に知っていたから

3　大勢の客がいるにも関わらず、スタッフがすべての客を覚えていたから

4　旅館でのサービスの一つ一つがこれまでにない新鮮なものだったから

실전문제 풀어보기

제한시간 1분 | 정답과 해설 295쪽

問題4　つぎの(1)から(8)の文章を読んで、質問に答えなさい。答えは、1·2·3·4から最もよいものを一つえらびなさい。

(8)

先日、ラジオである絵本作家が自分の作品に関するある決心についてのストーリーを話していた。始まりはある小学生の一つの質問からだったという。「絵本は高くて、自分のおこづかい(注)では買えません。どうしたらいいですか。」

確かに、1,000円、2,000円もする絵本は子どもにとって決して安い買い物ではないだろう。作家としても、自分の作品を一番届けたい子どもに届けられないというのは悲しいことだろう。

そこで作家は、自分の作品をインターネットで無料公開することにしたのだ。本がたくさん売れることよりも、たくさんの子どもたちに自分の作品を知ってもらうことに価値があるのだと作家はうれしそうに語っていた。

(注) おこづかい：大人が子どもに自由に使っていいものとしてあげるお金

8　ある決心とあるが、どのようなことか。

1　自分の作品を料金なしで見られるようにしたこと
2　自分の作品をもっと安く買えるようにしたこと
3　自分の作品を子どもに直接届けるようにしたこと
4　自分の作品をたくさんの人に宣伝するようにしたこと

_____ /8

문제 4» 내용이해 (단문)

정답 및 해설 확인하기

(1)

문제 4 다음 (1)부터 (8)의 문장을 읽고 질문에 답하세요. 답은 1·2·3·4에서 가장 적당한 것을 하나 고르세요.

| 정답 |

1 3

| 해설 |

해석 이것은 혼다 선생님 세미나의 학생들이 받은 메일이다.

수신인: tanaka@akayama.ac.jp

제 목: 수잔느 씨의 송별회에 대해

보낸 날짜: 10월 10일

연수생인 수잔느 씨가 1년간의 유학 생활을 마치고 프랑스로 귀국하게 되었습니다. 송별회를 다음과 같이 열고자 생각하고 있기에 꼭 참가해 주시기 바랍니다. **불참자만 10월 17일(월)까지 기무라에게 연락해 주시기 바랍니다.**

일 시: 11월 11일(수) 오후 12시~1시

회 장: 일식 레스토랑 '사다하루'

회 비: 1,500엔 ※회비는 당일에 걷습니다.

선물 값: 500엔

※ 참가하지 못하는 사람에게도 선물 값만 이번 달 말까지 연구실에서 받겠습니다.

기무라

1 이 메일을 읽고 참가하는 사람은 어떻게 해야 하는가?

1 10월 17일까지 회신하며, 10월 31일까지 선물 값을 지급한다.

2 10월 17일까지 회신하며, 11월 11일에 선물 값을 지급한다.

3 회신을 할 필요는 없지만, 10월 31일까지 선물 값을 지급한다.

4 회신을 할 필요는 없지만, 11월 11일에 선물 값을 지급한다.

해설 본문에서 「不参加の人だけ10月17日(月)までに木村までご連絡ください」라고 했기 때문에 참가하는 사람은 회신을 할 필요가 없으며, 메일을 보낸 시점이 10월이고 「参加できない人も、プレゼント代のみ~いただきます」라고 했기 때문에 정답은 3번이다.

어휘 ゼミ 세미나 | あて先 수신인 | 件名 제목, 건명 | お別れ会 송별회 | 研修生 연구생 | 終える 끝내다, 마치다 | 帰国する 귀국하다 | 参加 참가 | 不参加 불참 | 会費 회비 | 集める 모으다, 거두다 | プレゼント代 선물 값 | 研究室 연구실

(2)

문제 4 다음 (1)부터 (8)의 문장을 읽고 질문에 답하세요. 답은 1·2·3·4에서 가장 적당한 것을 하나 고르세요.

|정답|

2	4

|해설|

해석 이것은 제시카 씨가 하야시 선생님께 쓴 편지이다.

하야시 선생님

오랜만입니다. 일본에서의 연수 때는 매우 신세를 졌습니다.

저는 지금 미국으로 돌아와 대학원에서 국제경영학을 공부하고 있습니다. 사실은 **지난달 학회에서 처음으로 논문을 발표했습니다.** '미국에서의 일본 기업의 미래'에 대해 쓴 것입니다. 논문의 내용은 물론 영어이지만 **꼭 선생님께도 한번 보여드리고 싶어서** 일본어로 요약(주)한 것을 **함께 보내드렸습니다.** 시간이 있으실 때, **의견이나 감상을 주시면 감사하겠습니다.**

앞으로 점점 더워집니다. 부디 몸 조심하십시오.

제시카

(주) 요약: 중요한 부분을 짧게 정리한 것

2 제시카 씨가 이 편지에서 말하고 싶은 것은 무엇인가?

1 논문을 발표하기 때문에 하야시 선생님이 와 주셨으면 한다.

2 논문을 발표하기 때문에 하야시 선생님이 내용을 고쳐 주셨으면 한다.

3 논문을 발표했기 때문에 하야시 선생님을 만나 전달하고 싶다.

4 논문을 발표했기 때문에 하야시 선생님께서 내용을 읽어 주셨으면 한다.

해설 본문에서 「先月、学会で初めて論文を発表いたしました」라고 했기 때문에 논문은 이미 발표를 한 것이며, 「ぜひ先生にも一度ご覧いただきたくて～」와 「～ご意見·ご感想をいただければと思います」라고 했기 때문에 정답은 4번이다.

어휘 研修 연수 | 大変 대단히 | お世話になる 신세를 지다 | 大学院 대학원 | 国際経営学 국제경영학 | 学ぶ 배우다, 공부하다 | 実は 실은 | 先月 지난달 | 学会 학회 | 論文 논문 | 発表する 발표하다 | ～における ~에서의 | 企業 기업 | ～について ~에 대해서 | 一度 한번 | 要約 요약 | 意見 의견 | 感想 감상 | ますます 점점

PART 3 독해

(3)

문제 4 다음 (1)부터 (8)의 문장을 읽고 질문에 답하세요. 답은 1·2·3·4에서 가장 적당한 것을 하나 고르세요.

|정답|

3 2

|해설|

해석 이것은 시민센터의 그림 편지 교실의 안내문이다.

당신만의 그림과 글로 소중한 사람에게 마음을 보내는 그림 편지를 시작해 보지 않겠습니까? 초심자 분들도 멋진 작품을 만들 수 있도록, **그림 편지 작가 선생님이 그림을 그리는 방법부터 글을 고르는 법까지 하나하나 정성스럽게 가르쳐 드립니다.**

교실에서 만든 그림 편지는 그대로 가져가셔서 엽서로 보낼 수 있습니다. 참가를 희망하시는 분은 전화 또는 시민센터 접수로 신청해 주십시오.

일　시: 3월 25일(토) 10:00~12:00
장　소: 후카다 시 시민센터 3층 제1회의실
참가비: 1,000엔
정　원: 15명
※붓 등 당일에 필요한 도구는 회장에서 빌려드립니다.
또한 본 회장에서는 집에서도 즐길 수 있는 그림 편지용 붓을 판매합니다.

후카다 시 시민센터
Tel: 074-896-432　　Fax: 074-896-412

3 이 그림 편지 교실에서 할 수 있는 것은 무엇인가?

1 처음이라도 간단하게 시작할 수 있어 글씨를 잘 쓰는 연습을 할 수 있다.
2 전문가에게 직접 배워 그린 그림 편지를 우편으로 보낼 수 있다.
3 여러 가지 그림 편지를 배워 그림책 작가의 작품을 가지고 돌아갈 수 있다.
4 그림 편지의 도구를 모두 살 수 있어 집에서도 그림 편지를 즐길 수 있다.

해설 본문 1번째 단락에서 「絵手紙作家の先生が~一つ一つ丁寧にお教えいたします」라고 했기 때문에 전문가에게 직접 배울 수 있고, 다음 단락에서 「教室で作った絵手紙はそのまま持ち帰って、ハガキとして送ることもできます」라고 했기 때문에 정답은 2번이다.

어휘 絵手紙 그림 편지 | 教室 교실, 학원 | 気持ち 마음, 기분 | 届ける 보내주다 | 初心者 초심자 | すてきだ 멋지다, 근사하다 | 作品 작품 | 作家 작가 | かく 그리다 | 丁寧だ 정성스럽다, 공손하다 | そのまま 그대로 | 持ち帰る 가지고 돌아가다 | ハガキ 엽서 | ~として ~로서 | 送る 보내다 | 受付 접수 | 申し込む 신청하다 | 筆 붓 | 当日 당일 | 道具 도구 | 会場 회장 | 自宅 자택 | 販売する 판매하다

(4)

문제 4 다음 (1)부터 (8)의 문장을 읽고 질문에 답하세요. 답은 1·2·3·4에서 가장 적당한 것을 하나 고르세요.

| 정답 |

4	1

| 해설 |

해석 이것은 회화 콩쿠르 작품 모집의 안내문이다.

> 미라이토 꿈 뮤지엄에서는 전국의 여러분들로부터 그림을 모집합니다. **올해의 테마는 '꿈이 있는 정원'과 '본 적 없는 과자'입니다. 어느 한 쪽을 선택해서 자유로운 발상으로 그려 주십시오.**
>
> 종이의 크기는 지정된 사이즈(38×53cm)로, 물감, 색연필, 사인펜 등으로 그려 주십시오. 종이 뒷면에는 반드시 본인의 이름을 써서 보내주십시오. 응모 작품의 개수는 한 사람당 한 점으로 합니다.
>
> 응모된 것 중에서 선정된 작품은 미라이토 꿈 뮤지엄에 전시됩니다. 응모에 관한 자세한 내용은 미라이토 꿈 뮤지엄 홈페이지(http://www.miraitoyume-museum.jp)를 봐 주십시오. 많은 응모를 기다리고 있습니다.
>
> 미라이토 꿈 뮤지엄

4 작품을 응모하는 사람은 어떻게 해야 하는가?

1 그림은 정해진 테마 안에서 선택해서 그려 보낸다.

2 그림의 테마는 좋아하는 것을 자유롭게 선택해서 그려 보낸다.

3 그림의 매수는 정해지지 않았으며 그리고 싶은 것만 그려 보낸다.

4 그림은 연필과 사인펜만으로 그려 보낸다.

해설 본문 1번째 단락에서 「今年(ことし)のテーマは「夢(ゆめ)のある庭(にわ)」と「見(み)たことのないお菓子(かし)」です。どちらかを選(えら)び、自由(じゆう)な発想(はっそう)でかいてください」라고 정해진 테마를 제시했기 때문에 정답은 1번이다.

어휘 絵画(かいが) 회화, 그림 | コンクール 콩쿠르, 경연 대회 | 募集(ぼしゅう) 모집 | 全国(ぜんこく) 전국 | テーマ 테마, 주제 | 自由(じゆう)だ 자유롭다 | 発想(はっそう) 발상 | 紙(かみ) 종이 | 大(おお)きさ 크기 | 指定(してい) 지정 | サイズ 사이즈 | 絵(え)の具(ぐ) 물감 | 色(いろ)えんぴつ 색연필 | サインペン 사인펜 | 裏(うら) 뒤, 뒷면 | ~につき ~당 | ~点(てん) ~점 | 展示(てんじ)する 전시하다 | ~に関(かん)する ~에 관한 | 詳(くわ)しい 자세하다, 상세하다 | ホームページ 홈페이지 | 枚数(まいすう) 매수, 장수

(5)

문제 4　다음 (1)부터 (8)의 문장을 읽고 질문에 답하세요. 답은 1·2·3·4에서 가장 적당한 것을 하나 고르세요.

|정답|

5 4

|해설|

해석

커피를 마시고 나서 낮잠을 자면 피로가 풀린다고 하는 연구 결과가 화제가 되고 있다.

커피의 특징이라고 하면 자기 전에 마시면 잠들 수 없게 되는 것으로, 낮잠 전에 커피를 마시는 것은 역효과가 아니냐고 생각된다. 그러나 실제로 커피에는 리프레시 효과도 있기 때문에 짧은 수면으로도 상쾌하게 잠을 깰 수 있다고 한다. 결과적으로 낮잠만 자거나 커피만 마실 때보다도 **커피를 마시고 낮잠을 자는 쪽이 피로가 풀리기 쉽다고 한다**.

가장 효과적인 방법은 커피를 마시고 20분 동안 낮잠을 자는 것. 이 이상 오래 자거나 깊이 잠들어 버리면 역효과라고 하므로 주의해야 한다.

5　이 글에서 효과적으로 피로를 풀려면 어떻게 하면 좋은가?

1　커피를 마시면 잠들 수 없게 되기 때문에 일어나고 나서 바로 마신다.

2　잠들어 버리면 피로가 풀릴 수 없게 되기 때문에 커피만 마신다.

3　커피는 절대 마시지 말고 단시간에 푹 자고 나서 일어난다.

4　커피를 마시고 정해진 시간만 자고 바로 일어난다.

해설　본문 2번째 단락에서 「コーヒーを飲んで昼寝をした方が疲れが取れやすいという」라고 했으며, 다음 단락에서 「コーヒーを飲んで、20分間だけ昼寝をすること」라고 구체적인 방법을 제시했기 때문에 정답은 4번이다.

어휘　昼寝 낮잠 | 疲れが取れる 피로가 풀리다 | 話題になる 화제가 되다 | 特徴 특징 | 眠る 잠들다 | 逆効果 역효과 | 実際 실제 | リフレッシュ 리프레시, 기분을 새롭게 함 | 睡眠 수면 | すっきり 산뜻히, 상쾌히 | 目が覚める 잠을 깨다, 눈이 떠지다 | 結果的 결과적 | 동사ます형+やすい ~하기 쉽다, ~하기 편하다 | 最も 가장 | 深い 깊다 | 決して 절대로, 결코 | 短時間 단시간 | ぐっすり 푹

(6)

문제 4 다음 (1)부터 (8)의 문장을 읽고 질문에 답하세요. 답은 1·2·3·4에서 가장 적당한 것을 하나 고르세요.

| 정답 |

6	2

| 해설 |

해석

사람의 마음을 움직이는 연설에는 무엇이 필요할까요? 그 중 하나로 소개하고 싶은 것이 '이미지를 만들기 쉬운 숫자'입니다.

예를 들어, 신상품의 설명으로 "이 스마트폰은 88그램밖에 되지 않습니다."라고 해도, 듣는 사람은 '88그램'이 구체적으로 어느 정도의 무게인지 잘 모릅니다. 이것을 "이 스마트폰은 88그램, 바나나 1개보다 훨씬 가볍습니다."라고 하면, 듣는 사람도 이미지로 만들기 쉬워 기억에도 남기 쉽겠지요.

그러나 숫자라는 것은 몇 번이나 너무 많이 사용하면 설명의 효과가 약해집니다. 이것은 많은 숫자가 듣는 사람에게 연설 내용을 어렵다고 느끼게 하기 때문입니다.

6 이 글을 쓴 사람이 말하고 싶은 것은 무엇인가?

1 인상적인 연설을 위해 숫자를 간단한 것으로 하는 편이 좋다.

2 인상적인 연설을 위해 숫자를 연상하기 쉽게 하는 편이 좋다.

3 숫자보다 말을 많이 사용하는 쪽이 기억에 남기 쉽고 좋다.

4 말보다 숫자를 많이 사용하는 쪽이 기억에 남기 쉽고 좋다.

해설 본문 1번째 단락에서 「人(ひと)の心(こころ)を動(うご)かすスピーチには~「イメージしやすい数字(すうじ)」です」라고 했기 때문에 정답은 2번이다.

어휘 動(うご)かす 움직이다 | スピーチ 연설, 스피치 | 必要(ひつよう)だ 필요하다 | 紹介(しょうかい)する 소개하다 | イメージ 이미지 | 数字(すうじ) 숫자 | スマートフォン 스마트폰 | ~グラム ~그램 | 具体的(ぐたいてき)だ 구체적이다 | 重(おも)さ 무게 | ~本(ほん) ~자루, ~병(가늘고 긴 것) | ずっと 훨씬, 쭉 | 記憶(きおく) 기억 | 残(のこ)る 남기다 | 동사ます형+すぎる 너무 ~하다 | 弱(よわ)い 약하다 | 感(かん)じる 느끼다 | 思(おも)い浮(う)かべる 생각해 내다, 연상하다

(7)

문제 4 다음 (1)부터 (8)의 문장을 읽고 질문에 답하세요. 답은 1·2·3·4에서 가장 적당한 것을 하나 고르세요.

|정답|

7 3

|해설|

해석

"어서 오세요, 사토 님." 여관에 도착하자, 현관에서 우리를 맞이해 준 직원들이 일제히 말을 걸어 주었다. 직원들은 우리가 도착하는 시간을 알고 있기 때문에 서비스로서 손님의 이름을 불러 준 것이라고 생각했다. 이러한 서비스는 어디든지 있다.

하지만 그 후에도 우연히 복도에서 만난 직원, 여관 앞을 청소하고 있던 직원, **직원 모두가 스쳐 지나갈 때마다 이름을 부르며 인사를 해 주었다. 여관에는 우리 이외의 숙박객도 많이 있었는데도 틀림없이 우리를 기억해 주고 있었다.** 물론, 나 이외의 손님에게도 한 명 한 명 이름을 불러 인사를 하고 있었다.

놀라움과 기쁨이 감동으로 이어질 때, 최고의 서비스가 된다고 느낀 순간이었다.

7 최고의 서비스가 된다고 했는데, 저자는 왜 그렇게 느꼈는가?

1 현관에서 여관 직원 모두가 이름을 불러 인사해 주었기 때문
2 대부분의 여관 직원이 손님의 도착 시각을 정확히 알고 있었기 때문
3 많은 손님들이 있음에도 불구하고 직원이 모든 손님을 기억하고 있었기 때문
4 여관에서의 서비스 하나 하나가 지금까지 없는 신선한 것이었기 때문

해설 본문 2번째 단락에서 「スタッフ全員が~名前を呼んであいさつをしてくれたのだ。旅館には私たち以外の宿泊客もたくさんいたのに間違いなく私たちを覚えていてくれていた」라고 했기 때문에 정답은 3번이다.

어휘 旅館 여관 | 到着する 도착하다 | 玄関 현관 | 迎える 맞이하다 | スタッフ 직원, 스태프 | いっせいに 일제히 | 声をかける 말을 걸다 | サービス 서비스 | たまたま 우연히, 가끔 | 廊下 복도 | 全員 전원, 모두 | すれ違う 스쳐 지나가다 | ~たびに ~할 때마다 | あいさつ 인사 | 宿泊客 숙박객 | 驚き 놀람 | 喜び 기쁨 | 結びつく 이어지다, 결부되다 | 最高 최고 | 瞬間 순간 | ほとんど 대부분 | 正確だ 정확하다 | 大勢 많은 사람 | ~にも関わらず ~에도 불구하고 | 新鮮だ 신선하다

(8)

문제 4 다음 (1)부터 (8)의 문장을 읽고 질문에 답하세요. 답은 1·2·3·4에서 가장 적당한 것을 하나 고르세요.

|정답|

8 1

|해설|

해석

지난번 라디오에서 어느 그림책 작가가 **자신의 작품에 관한 어떤 결심**에 대한 이야기를 말했다. 시작은 어느 초등학생이 한 하나의 질문에서였다고 한다. "그림책은 비싸서 제 용돈(주)으로는 살 수 없어요. 어떻게 해야 좋을까요?"

확실히 1,000엔, 2,000엔이나 하는 그림책은 아이들에게 있어 결코 저렴한 쇼핑은 아닐 것이다. 작가로서도 자신의 작품을 가장 전하고 싶은 아이들에게 전할 수 없다는 것은 슬픈 일일 것이다.

그래서 작가는 **자신의 작품을 인터넷에 무료로 공개하기로 한 것이다.** 책이 많이 팔리는 것보다도 많은 아이들이 자신의 작품을 알아주는 것이 가치가 있는 것이라고 작가는 기쁜 듯이 말하고 있었다.

(주) 용돈: 어른이 아이에게 자유롭게 쓰도록 주는 돈

8 어떤 결심이라고 하는데, 어떤 것인가?

1 자신의 작품을 요금 없이 볼 수 있도록 한 것

2 자신의 작품을 좀 더 싸게 살 수 있도록 한 것

3 자신의 작품을 아이들에게 직접 보내주도록 한 것

4 자신의 작품을 많은 사람들에게 홍보하도록 한 것

해설 본문 3번째 단락에서 「作家(さっか)は、自分(じぶん)の作品(さくひん)をインターネットで無料公開(むりょうこうかい)することにしたのだ」라고 결심했기 때문에 정답은 1번이다.

어휘 ラジオ 라디오 | ある~ 어느~, 어떤~, 한~ | 絵本(えほん) 그림책 | 決心(けっしん) 결심 | ストーリー 이야기, 스토리 | 始(はじ)まり 시작 | 小学生(しょうがくせい) 초등학생 | 質問(しつもん) 질문 | おこづかい 용돈 | 確(たし)かに 확실히 | ~にとって ~에게 있어서 | 悲(かな)しい 슬프다 | 無料(むりょう) 무료 | 公開(こうかい)する 공개하다 | ~ことにする ~하기로 하다 | 売(う)れる 팔리다 | うれしい 기쁘다 | 価値(かち) 가치 | ~なしで ~없이 | ~ようにする ~하도록 하다 | 語(かた)る 말하다 | 宣伝(せんでん)する 홍보하다, 선전하다

문제 5 »»»

내용이해 (중문) 이해하고 공략하기

1교시
언어지식(문자·어휘+문법)X독해

1 문제 프로필

상대를 알아야 문제를 푼다!

문제 5 내용이해 (중문)

問題 5 内容理解 (中文)

기본정보

성 격 내용을 이해하고 빠르게 포인트를 파악하기를 원함
문제 개수 6개/16개(독해) ▷ 한 지문 당 3개
풀이 시간 8분/50분(독해)
분 량 300~350자

분석정보

주요 화제 설명문, 수필, 에세이 등
평가 방식 글을 빠르게 읽고 제대로 이해하여 질문의 의도를 정확하게 파악했는지가 중요

STEP 1
스피드 해법

문제를 먼저 읽고 문장 속에서 필요한 키워드를 찾고 바로 정답 선택

STEP 2
함정 주의보

키워드를 묻는 질문은 보통 그 키워드 앞뒤로 정답이 숨어 있으므로 주의

STEP 3
대책

모르는 단어가 있어도 글을 읽다 보면 이해되는 경우가 많으니 멈추지 말고 읽기

STEP 4
공부 방법

평소 지문을 읽을 때 글의 키워드나 포인트에 표시해 가며 읽는다!

문제유형

전체 주제를 묻는 문제

⊘ ~する人が、~について言っていることは何か。
(~하는 사람이 ~에 대해 말하고 있는 것은 무엇인가?)

⊘ ~を比較してどのように言っているか。(~을/를 비교하여 어떻게 말하고 있는가?)

⊘ この文章のテーマは、何か。(이 문장의 주제는 무엇인가?)

풀이 흐름 문제에서 주제를 묻는 질문임을 파악 ▷ 본문 앞부분과 뒷부분을 빠르게 파악 ▷ 제일 큰 범주를 담고 있는 문장 파악 ▷ 선택지와 비교 ▷ 정답 체크!

밑줄 부분이 지시하는 것을 찾아 내는 문제

⊘ ~とあるが、どうしてか/なぜか。(~라고 하는데 왜인가?)

⊘ ~とあるが、どういうことか。(~라고 하는데 어떤 뜻인가?)

⊘ ~とあるが、どうしてそう思ったのか。(~라고 하는데 왜 그렇게 생각했는가?)

풀이 흐름 지문에서 밑줄 검색 ▷ 밑줄 앞뒤로 내용 파악 ▷ 선택지의 유의 표현에 주의 ▷ 정답 체크!

세부 내용이 맞는지 틀린지 확인하는 문제

⊘ 本文の内容と合っているのはどれか。(본문의 내용과 일치하는 것은 어느 것인가?)

⊘ ~のいい点として挙げているのはどれか。
(~의 좋은 점으로 들고 있는 것은 어느 것인가?)

⊘ ~は~べきだと言っているか。(~은/는 ~해야 한다고 말하고 있는가?)

풀이 흐름 문제의 키워드 파악 ▷ 키워드에 해당하는 본문 내용 빠르게 스캔 ▷ 선택지와 빠르게 비교 ▷ 정답 체크!

2 문제 미리보기

미리 알아 둬야 긴장이 덜 된다!

問題5　つぎの文章を読んで、質問に答えなさい。答えは、1·2·3·4から最も良いものを一つ選びなさい。

문제 5　다음 글을 읽고 질문에 답하세요. 답은 1·2·3·4에서 가장 적당한 것을 하나 고르세요.

(1)

あるクレジットカード会社が、学生を含めた20代から70代の男女4,000名を対象にアンケート調査を行ったところ、クレジットカードで支払ったものは「インターネットでの買い物」が38.6％で最も多く、次に「携帯電話料金」(29.1％)、「スーパーマーケットなどの買い物」(26％)が続いた。また、1か月間の生活費の平均額は17万4,000円で、そのうちの30.5％に当たる5万3,000円をクレジットカードで支払っている人が多かった。利用している人のほとんどがカードを利用した時にたまるポイントサービスに魅力を感じており、日常生活でもクレジットカードをよく利用しているようだ。

便利なクレジットカードだが、実際は何枚も持たない人が多い。その理由については「カードの管理が大変」、「ポイントがなかなかたまらない」、「年会費(ねんかいひ)(注)が高くなる」、「財布に何枚も入れていると、なくした時に大変」など、何枚も持つとそれだけ問題が増えると考えている人が多かった。

문제를 먼저 읽고 해당하는 부분에 체크해 두세요.

(注) 年会費(ねんかいひ)：ここではカードを1年間使うためにクレジットカード会社に払う使用料のこと。

키워드에 해당하는 전체적인 내용을 묻는 질문입니다. 보통 글의 주제에 해당하는 문장은 글의 앞과 뒷부분에 있으니 주의해서 살펴보세요.

1 クレジットカードの利用に関して、この文章で言っていることは何か。

1 クレジットカードを一番使うのは携帯電話の料金である。
2 クレジットカードで通信費を支払う人は3割近くいる。
3 日常生活で利用できなくてもクレジットカードは人気がある。
4 買い物や旅行では現金を使う人が多い。

포인트에 해당하는 세부내용을 묻는 질문입니다. 먼저 포인트가 되는 키워드를 캐치해 보세요.

2 調査によると、クレジットカードを何枚も持たない理由は何か。

1 カードの支払いの仕方が複雑で覚えられないから
2 何枚も使っても思ったようにポイントが集まらないから
3 年が変わるとそれだけ年会費が低くなってしまうから
4 カードが多ければ多いほど現金を使わないから

1 정답 2

풀이 1 본문 앞부분에서 신용카드 이용에 관한 내용 중 가장 많이 사용하는 것은 「インターネットの買い物(인터넷 쇼핑)」라고 하였으므로 정답이 될 수 없다.

3 본문에서 「日常生活でもクレジットカードをよく利用しているようだ(일상생활에서도 신용카드를 잘 사용하고 있는 것 같다)」라고 했기 때문에 정답이 될 수 없다.

4 본문에서 쇼핑이나 여행 때 현금을 쓰는 사람이 많다는 내용은 언급하고 있지 않기 때문에 정답이 될 수 없다.

2 정답 2

풀이 1 본문에서 카드의 지불 방법은 복잡해서 기억할 수 없다는 내용은 언급하고 있지 않기 때문에 정답이 될 수 없다.

3 본문에서 「年会費が高くなる(연회비가 높아진다)」라고 했기 때문에 정답이 될 수 없다.

4 본문에서 카드가 많으면 많을수록 현금을 사용하지 않는다는 내용은 언급하고 있지 않기 때문에 정답이 될 수 없다.

실전문제 풀어보기

제한시간 8분 | 정답과 해설 316쪽

問題5 つぎの(1)と(8)の文章(ぶんしょう)を読んで、質問に答えなさい。答えは、1・2・3・4から最もよいものを一つえらびなさい。

(1)

広告する商品というのはお客がまだ知らない商品だ。だから広告を作る時に、広告を見る人に対して、商品の魅力や強調したい部分を知らせようとがんばってしまうことがある。でも、お客は広告を見たくて見ているとは限らない。それでは広告を見ても、結局は心に残らない。

ではどうすれば、お客に①これを伝え、「買いたい」気持ちになってもらえるのか。まずは「相手の立場」を知ることだ。そこから得たお客に関する情報をもとに「商品」という新しい情報を伝えるわけだ。

例えば、デパートで自分が「似合う」と思った服を店員からも「似合う」と言われると何だか買いたくなるし、逆に「似合わない」と思っているのに店員に「よく似合う」と言われると、②買おうかとしていた気持ちがなくなってしまう。

つまり、お客に買いたいと思ってもらうためには、まず、相手と同じ心理で話すこと、そして、自分がお客と同じ気持ちでいることを伝えながら話していくことが大切である。広告にも似たようなことが言えるのではないだろうか。

1 ①これを伝えとあるが、どのようなことを伝えるのか。

1 商品についてお客がまだ知らないという部分

2 この商品の長所や主張したい部分の説明

3 商品をよく見て買ってほしいという気持ち

4 商品に関する新たな情報を知ってもらう広告

2 ②買おうかとしていた気持ちがなくなってしまうとあるが、どうしてか。

1 自分が「似合う」と思った服をほかの人が買ってしまったから

2 自分が「似合わない」と思った服を店員がすでに着ていたから

3 自分が選んだ服と店員が選んだ服が同じだったから

4 自分の考えと全く逆のことを店員に言われたから

3 この文章を書いた人が、広告について言っていることは何か。

1 広告を作るにはお客に買ってもらわなければならない。

2 お客から得た情報で感動的な広告を作ることができる。

3 広告はお客の気持ちになって伝えることが効果的である。

4 広告ではお客の気持ちと逆に考えることが大切だ。

실전문제 풀어보기

제한시간 8분 | 정답과 해설 317쪽

問題5　つぎの(1)と(8)の文章（ぶんしょう）を読んで、質問に答えなさい。答えは、1・2・3・4から最もよいものを一つえらびなさい。

(2)

以前は「高齢者」と言えば、60歳で会社をやめて、その後は家でゆっくり過ごしたり、孫と遊んだりするイメージが強かった。しかし、最近では、退職後も働いたり、趣味を楽しんだり、勉強を始めたり、①いろいろな過ごし方、生き方が見られるようになった。昔より医療技術が進歩し、長生きする人が増えたことも影響しているのだろう。

そんな中、以前よりずっと元気で見た目も若いお年寄りが増えている。最近のお年寄りは健康にはもちろん、おしゃれにも大変関心があるそうだ。しかも、時間もお金も十分持っている。②こうした事情から、高齢者向けのファッションはビジネスとして注目され、その市場の大きさは約3兆円と言われている。

おしゃれな高齢者が増加したのは、時代とともに歳を取ることをプラスに考える新しい価値観が生まれたからではないだろうか。つまり、歳を取ったことを隠すように無理に若く見せるのではなく、おしゃれを楽しむように、どの歳になっても今を楽しく生きようとしている。そんな新しい生き方はすてきに思える。

4 ①いろいろな過ごし方、生き方が見られるようになったとあるが、どうしてか。

1 医療が発達して、高齢になっても元気な人が増えたため

2 会社を早くやめて、自由に生きる人にあこがれるため

3 何もしないで家でのんびり暮らすイメージが強いため

4 趣味や勉強のために会社をやめなければならないため

5 ②こうした事情とあるが、どんな事情か。

1 もっと長生きするために健康を大切にすること

2 ファッションに興味がある高齢者が多くなったこと

3 時間やお金があっても使うことが全くないこと

4 高齢者のビジネスとして関心が高いこと

6 この文章では今と昔の高齢者を比較してどのように言っているか。

1 今も昔も高齢者は健康に注意して、若く見せようとしている。

2 昔より今の高齢者は歳を取ったことを秘密にしようとしている。

3 昔の高齢者は生きている時間を楽しく生きようとしていた。

4 今の高齢者は歳を取ることに積極的な態度を見せている。

실전문제 **풀어보기**

제한시간 8분 | 정답과 해설 319쪽

問題5　つぎの(1)と(8)の文章（ぶんしょう）を読んで、質問に答えなさい。答えは、1·2·3·4から最もよいものを一つえらびなさい。

(3)

運動をするとすっきりする、音楽を聞くとストレスを忘れられるなど、ストレスの解消方法は人によって違いますが、泣くことでもストレスを減らすことができるそうです。「たくさん泣いたら、逆にそれまでの気分がすっきりした。」そんな経験をしたことはないでしょうか。実際、泣くことが心にも体にもいい影響を与えることが研究の結果からも明らかになっています。

しかし、涙なら、どんなものでもいいのでしょうか。例えば、料理でたまねぎを切るときに出る涙や、目が乾いたり目にゴミが入った時など目を守るために出る涙、あくびをする時に出る涙、これらはあまり効果がないそうです。特に効果が期待できるのは、感動して流す涙だそうです。映画やドラマを見ながら流す涙もこれに入ります。

それでは、いつどんな場所で泣いた方がいいのでしょうか。外よりも家など一人で落ち着ける所がよく、時間帯も夕方から夜にかけて、明るい所よりも暗い所がいいそうです。また、集中して泣けるように、携帯電話は切っておいた方がいいかもしれません。

7 この文章によると、どんな涙に効果があるのか。

1 料理でけがをして出る涙

2 目などが痛くて出る涙

3 心を動かされて出る涙

4 失敗でくやしくて出る涙

8 この文章によると、効果的に泣くにはどうしたらいいか。

1 泣く時間帯を選んだり、泣く前に泣く環境を用意する。

2 友達と感動的な映画を見に行ったり、話したりする。

3 自分の好きなドラマを見たり、本を読んだりする。

4 部屋を暗くしたり、携帯電話の音をさらに小さくする。

9 本文の内容と合っているのはどれか。

1 ストレスを減らすためには普段から映画やドラマを見た方がいい。

2 感動して流す涙はストレス解消に役立つことがわかっている。

3 目にゴミが入ると、効果的な涙を流すことができない。

4 泣いている時は、携帯電話で誰とも話さないことが一番大切だ。

실전문제 풀어보기

제한시간 8분 | 정답과 해설 320쪽

問題5　つぎの(1)と(8)の文章（ぶんしょう）を読んで、質問に答えなさい。答えは、1・2・3・4から最もよいものを一つえらびなさい。

(4)

大学の希望校はできるだけ実家から遠く離れた所を目指した。一日も早く親の所から独立し、自由になりたかったからだ。そして、次の年の春には希望どおりに大学生活が始まり、初めての一人暮らしや新しい環境に①毎日わくわくした。

そんな頃、実家からよく荷物が届くようになった。ダンボールに入っていたのは、お米、野菜、インスタントラーメン、そして母からの短い手紙。手紙を読みながら、ダンボールに何を入れようかあれこれ迷う母の姿が想像できて、涙が出そうになった。

そんなある日、届いたダンボールの中から母の携帯電話が出てきた。驚いて実家に電話すると、母が思い出したように笑った。母の話では、先日私と携帯電話で話している時にダンボールの準備をしていたのだが、電話を切った後、うっかりダンボールに入れて、そのまま送ったらしい。

いつもは送られてばかりの自分が今度は送る番になったわけだ。②ちょうどいい機会なので、普段はきちんと伝えられていない母への感謝の気持ちを手紙に書いて一緒に送ろうと思う。

10 ①毎日わくわくしたとあるが、どうしてそう思ったのか。

1 実家や大学から離れた所に引っ越したから

2 幼い頃から親との生活をやめたかったから

3 希望どおりの大学に通うことになったから

4 これまで一人で暮らしたことがなかったから

11 届いたダンボールの中から母の携帯電話が出てきたのはどうしてか。

1 母が連絡をくれない筆者に電話をしてほしくて送ったため

2 母が一人で暮らす筆者に必要なものだろうと入れたため

3 母が電話をした後、間違いで入れたまま送ってしまったため

4 母が筆者も実家に電話することを思い出して準備したため

12 ②ちょうどいい機会とあるが、どういうことか。

1 実家に荷物を送るのを忘れていたので、この機会にまとめて送る。

2 大学に入学してから母に連絡しなかったので、この機会に電話をする。

3 いつもは自分から母に連絡したりしないので、この機会に手紙を書く。

4 母に感謝の気持ちを伝える方法が全然ないので、この機会に連絡する。

실전문제 풀어보기

제한시간 8분 | 정답과 해설 321쪽

問題5　つぎの(1)と(8)の文章を読んで、質問に答えなさい。答えは、1・2・3・4から最もよいものを一つえらびなさい。

(5)

仕事ができる人とできない人は何が違うのだろうか。

まず、仕事が上手な人に共通している特徴は「普段から忙しいように見えない」ことだ。仕事が忙しく見えない人は、新しい仕事を頼まれやすく、結果的にたくさんの仕事を経験できる。つまり、給料をもらいながら、成長の機会も得られるということだ。

次には「誰に対しても同じように接する(注)」ことだ。例えば、優れた上司であればあるほど、偉そうに行動しない。つまり、どんな人に対して同じように接する人は態度や言葉に裏や表がないから、誰からも好まれる。自分の周りに相手によって態度を変える人はいないだろうか。そういう人をあなたは信用できるだろうか。

本当に成功したいのならば、自分が間違ったことをしている時や、自分のアイデアがつまらない時、正直に言ってくれる上司や先輩が時には必要だろう。しかし、そういう人が必ずしも自分のすぐそばにいるとは限らない。まずはそう思える人を自分の周りから探してみてはどうだろうか。

(注) 接する：ここでは、話したり答えたりすること

13 仕事ができる人の特徴として正しいのはどれか。

1 いつも忙しく、たくさんの仕事を同時にしている。

2 新しい仕事を頼みやすく、成長するのが速い。

3 どんな人でも自分の好きなように自由に接する。

4 人によって言葉づかいや接し方を変えない。

14 仕事で成功したい人はどんな人に出会うべきだと言っているか。

1 小さな間違いなら間違ってないと言ってくれる人

2 つまらないものはつまらないと言ってくれる人

3 自分のそばでいつでも正しいことをしてくれる人

4 周囲から人生を正直に生きていると言われる人

15 この文章のテーマは、何か。

1 仕事ができるようになるための要点

2 仕事をもっと速く覚えるための方法

3 どんな上司にも好まれるための態度

4 新しい仕事を経験するための機会

실전문제 풀어보기

제한시간 8분 | 정답과 해설 323쪽

問題5　つぎの(1)と(8)の文章（ぶんしょう）を読んで、質問に答えなさい。答えは、1·2·3·4から最もよいものを一つえらびなさい。

(6)

先日、私の住む町で市長が市民と直接話すことができる市の行事がありました。普段は市の行事にあまり興味がない私ですが、今回の話が「働く女性の子育て」だったことと、土曜日だったことで、私は子どもを夫に預けて、近所のお母さんと一緒に参加することにしました。

市長が子育てのストレスに関して話をしている時のことでした。私の前の席に若いお母さんがいたのですが、そのお母さんが抱いていた赤ちゃんが突然大きな声で泣き出したのです。お母さんは申し訳なさそうに、赤ちゃんを抱いたまま席を立って、会場を出ようとしました。私が同じ立場だったとしても、①そうしたと思います。

その時、驚くことが起きたのです。マイクを持った市長が突然「あ、お母さん。どうぞそのままで」と声をかけたのです。「赤ちゃんは 泣くのが当たり前。私も1歳の娘がいますが、いつも大きな声で元気に泣きますよ。」市長の一言で会場が温かい笑いで包まれました。働く女性として、また一人の母親として、②心を動かされた瞬間でした。

16 ①そうしたとあるが、どういうことか。

1 赤ちゃんを夫に預けて、行事に参加する。

2 周りの赤ちゃんが静かになるまで待つ。

3 赤ちゃんを連れて、その場から出て行く。

4 席を立って、市長や他のお母さんに直接謝る。

17 ②心を動かされた瞬間とあるが、どうしてか。

1 市長の前で若いお母さんが立ったままで聞こうとしたから

2 市長の赤ちゃんも大きな声で元気に泣くから

3 市長がおもしろいことを言ってみんなが笑ったから

4 市長が働く母親を思って声をかけてくれたから

18 本文の内容と合っているのはどれか。

1 赤ちゃんが泣いた時、会場では市長が話していた。

2 市長がマイクを持った時、私も会場の人も驚いた。

3 若いお母さんが赤ちゃんを抱いた時、市長は出て行った。

4 会場が笑った時、若いお母さんは会場を出た後だった。

실전문제 **풀어보기**

제한시간 8분 | 정답과 해설 324쪽

問題5　つぎの(1)と(8)の文章（ぶんしょう）を読んで、質問に答えなさい。答えは、1・2・3・4から最もよいものを一つえらびなさい。

(7)

最近、「犬カフェ」、「猫カフェ」など動物を扱うカフェが人気だ。しかし、そんな中、ひどい環境で動物を飼っているカフェがニュースになったり、人間の勝手な都合で動物たちを商品のように扱っていいのかという意見も聞かれる。

もちろん動物カフェには社会的な決まりがもっと必要だろう。だからといって、動物カフェが問題ばかりとは思わない。仕事が忙しくて世話ができなかったり、マンションに一人で住んでいるなどの理由で、動物を飼いたくても飼えない人も世の中には多いからだ。

そういう人たちにとって、動物カフェで過ごす時間は特別だろう。ご飯を食べたり、寝ていたり、普段は見ることができない動物の自然な姿をすぐそばで見ることができる。また、直接動物に触ったり、なでることで心が落ち着くこともあるだろう。

さらに、動物カフェでは好きな動物が共通している人とも出会える。同じものを好きだったり、大切に思える人がいるということも、日常のストレスを軽くできる方法の一つではないかと思う。

19 動物カフェが持つ問題点として挙げているはどれか。

1 人気のカフェでは犬や猫以外の動物を扱っていない。

2 カフェによって動物を飼っている環境が異なる。

3 カフェの動物を売り物のように使っている。

4 これまで悪いカフェをなくす法律がなかった。

20 動物カフェのいい点として挙げているのはどれか。

1 動物の世話が難しくてもカフェで教えてもらえる。

2 家で動物を飼えない人が動物を飼うことができる。

3 動物を直接見たり、触ったりすることができる。

4 動物が好きな人だけがカフェに入ることができる。

21 この文章を書いた人は、動物カフェについてどう考えているか。

1 動物カフェは問題もあるが、ある人には役に立つものだ。

2 動物カフェに関して出される意見は実は問題ではない。

3 世の中には動物を必要としている人がたくさんいる。

4 動物カフェの動物はストレスを解消できるだろう。

실전문제 풀어보기

제한시간 8분 | 정답과 해설 325쪽

問題5　つぎの(1)と(8)の文章(ぶんしょう)を読んで、質問に答えなさい。答えは、1・2・3・4から最もよいものを一つえらびなさい。

(8)

子どものつく嘘にはどんな意味があるのでしょうか。嘘をつくということは、して悪いこととよいことの区別がすでにわかっているということです。また、「本当のことを知られて相手に怒られたくない、相手を悲しませたくない」という感情が生まれたということでもあります。つまり、①成長の結果なのです。

中には「自分に関心を持ってほしい」、「相手になってほしい」というさびしさから、嘘をつく子どももいます。そういう子どもは不安な気持ちから「自分はここにいていい」、「周りに認めてもらいたい」と自分を守ろうとするため、結果的に嘘をつくことになるのです。

まずは、普段から子どもの言葉や行動に注目して、しっかり子どもの話を聞いてあげるべきではないでしょうか。大切なのは、嘘をついたことを単純に怒ることではなく、なぜ嘘をつこうとしたのか、子どもが正直に話せる機会を作ってあげることです。そして、子どもが自分のした行動に対して、もう一度考えることができるようにしてあげるのが、②親のすべきことではないでしょうか。

22 ①成長の結果とあるが、例えばどのようなことか。

1 子どもが成長するにつれて嘘をつくことが多くなること

2 子どもがして悪いことについて理解していること

3 子どもにとって親に怒られるのは怖いということ

4 子どもは嘘によって誰かに悲しんでほしくないこと

23 ②親のすべきことについて正しいものはどれか。

1 子どもがさびしい気持ちにならないようにいつもそばにいる。

2 子どもの言葉や行動に注意して、周りの嘘から守ってあげる。

3 子どもがついた嘘に関して自分から話せる雰囲気を作ってあげる。

4 子どもが自分の行動について考えられるようにきちんと説明する。

24 この文章では、子どもの嘘についてどのように言っているか。

1 子どもに嘘をついてはいけないことを教育する必要がある。

2 子どもの嘘は成長の結果であり、注意が必要な信号でもある。

3 子どもの嘘を悲しく思ったり、怒ったりしてはいけない。

4 子どもの嘘について話し合ったり、反省しなければならない。

▶맞힌 개수 확인 ____ /24

정답 및 해설 확인하기

(1)

문제 5 다음 (1)부터 (8)의 문장을 읽고 질문에 답하세요. 답은 1·2·3·4에서 가장 적당한 것을 하나 고르세요.

|정답|

1 2　2 4　3 3

|해설|

해석

광고하는 상품이란 고객이 아직 모르는 상품이다. 그래서 광고를 만들 때 **광고를 보는 사람에게 상품의 매력이나 강조하고 싶은 부분을 알리려고 노력하는 경우가 있다.** 하지만 고객은 광고를 항상 보고 싶어서 보는 것이라고 할 수 없다. 그러면 광고를 봐도 결국은 마음에 남지 않는다.

그렇다면 어떻게 하면 고객에게 ①이것을 전하여 '사고 싶다'는 기분으로 만들 것인가? 우선 '상대의 입장'을 아는 것이다. 거기에서 얻은 고객에 관한 정보를 바탕으로 '상품'이라는 새로운 정보를 전하는 것이다.

예를 들어, 백화점에서 자신이 '어울린다'고 생각한 옷을 점원에게도 '어울린다'고 말을 들으면 어쩐지 사고 싶어 지고, **반대로 '어울리지 않는다'고 생각하는데 점원에게 '잘 어울린다'고 말을 들으면** ②살까 했던 기분이 없어져 버린다.

즉, 고객이 사고 싶다는 마음이 들기 위해서는 먼저 상대와 같은 심리로 말할 것, 그리고 **자신이 손님과 같은 마음이라는 것을 전하면서 이야기하는 것이 중요하다.** 광고에서도 마찬가지라고 말할 수 있지 않을까?

1　①이것을 전하여라고 하는데, 어떤 것을 전하는 것인가?

1 상품에 대해 고객이 아직 모르는 부분

2 이 상품의 장점이나 주장하고 싶은 부분의 설명

3 상품을 살펴보고 구입하기를 바라는 마음

4 상품에 대한 새로운 정보를 알게 되는 광고

2　②살까 했던 기분이 없어져 버린다고 하는데, 왜인가?

1 자신이 '어울린다'고 생각한 옷을 다른 사람이 사 버렸기 때문에

2 자신이 '어울리지 않는다'고 생각했던 옷을 점원이 이미 입고 있었기 때문에

3 자신이 선택한 옷과 점원이 선택한 옷이 같았기 때문에

4 자기 생각과 정반대의 것을 점원에게 들었기 때문에

3 이 글을 쓴 사람이 광고에 대해 말하고 있는 것은 무엇인가?

1 광고를 만들려면 고객이 사 주지 않으면 안 된다.

2 고객으로부터 얻은 정보로 감동적인 광고를 만들 수 있다.

3 광고는 고객의 기분이 되어 전하는 것이 효과적이다.

4 광고에서는 고객의 마음과 역으로 생각하는 것이 중요하다.

해설 1 첫 번째 단락에서 「広告を見る人に対して、～がんばってしまうことがある」라고 언급하고 있기 때문에 정답은 2번이다.

2 밑줄의 앞 줄에서 자신이 살지 말지 고민하던 옷에 대해서 반대로 점원이 「逆に「似合わない」と～と言われる」라고 말을 한다고 하고 있기 때문에 정답은 4번이다.

3 마지막 단락에서 「自分がお客と同じ気持ちで～大切である」라고 말하고 있기 때문에 정답은 3번이다.

어휘 公告 광고 | 商品 상품 | ～に対して ~에 대해서 | 魅力 매력 | 強調する 강조하다 | ～てしまう ~해 버리다 | ～とは限らない ~라고는 할 수 없다 | 結局 결국 | ～に関する ~에 관한 | ～をもとに ~을/를 바탕으로 | ～わけだ ~할 만도 하다, ~하게 됨이 당연하다 | 何だか 왠지, 어쩐지 | ～ために ~하기 위해서 | ～てほしい ~해 주기 바라다 | すでに 이미 | 全く 완전히, 전혀 | ～なければならない ~하지 않으면 안 된다

(2)

문제 5 다음 (1)부터 (8)의 문장을 읽고 질문에 답하세요. 답은 1·2·3·4에서 가장 적당한 것을 하나 고르세요.

| 정답 |

4 1 5 2 6 4

| 해설 |

해석

이전에는 '고령자'라고 하면, 60세에 회사를 그만두고, 그 후에 집에서 여유롭게 보내거나 손자와 놀거나 하는 이미지가 강했다. 그러나 최근에는 퇴직 후에도 일을 하거나, 취미를 즐기고 공부를 시작하거나 하는 ①다양한 생활과 삶을 볼 수 있게 되었다. **예전보다 의료 기술이 진보하여 장수하는 사람이 늘어난 것도 영향을 주고 있을 것이다.**

그런 가운데 이전보다 훨씬 건강하고 겉모습도 젊은 노인이 늘고 있다. **최근 노인들은 건강은 물론 멋내는 것에도 매우 관심이 있다고 한다.** 게다가 시간도 돈도 충분히 가지고 있다. ②이러한 상황에서 고령자를 위한 패션은 비즈니스로서 주목받아 그 시장의 크기가 약 3조 엔이라고 한다.

세련된 고령자가 증가하는 것은 시대와 함께 나이를 먹는 것을 긍정적으로 생각하는 새로운 가치관이 생겼기 때문이 아닐까? 즉, **나이를 먹는다는 것을 숨기려고 무리하게 젊게 보이려는 것이 아니라 멋을 즐기는 것처럼 어느 나이가 되더라도 지금을 즐겁게 살려고 하고 있다.** 그런 새로운 삶은 멋지다고 생각된다.

4 ①다양한 생활과 삶을 볼 수 있게 되었다고 하는데, 왜인가?

1 의료가 발달하여 고령이 되어도 건강한 사람이 늘었기 때문에

2 회사를 빨리 그만두고 자유롭게 사는 사람을 동경하기 때문에

3 아무것도 하지 않고 집에서 한가로이 사는 이미지가 강하기 때문에

4 취미나 공부를 위해 회사를 그만두지 않으면 안 되기 때문에

5 ②이러한 상황이라고 하는데, 어떤 상황인가?

1 더 장수하기 위해서 건강을 소중히 하는 것

2 패션에 관심이 있는 고령자가 많아진 것

3 시간이나 돈이 있어도 사용할 일이 전혀 없는 것

4 고령자 사업으로서 관심이 높은 것

6 이 글에서는 현재와 과거의 고령자를 비교하여 어떻게 말하고 있는가?

1 예나 지금이나 고령자는 건강에 주의하며, 젊게 보이려 하고 있다.

2 예전보다 지금의 고령자들은 나이를 먹고 있다는 것을 비밀로 하려고 하고 있다.

3 옛날의 고령자는 살아있는 시간을 즐겁게 살려고 했다.

4 지금의 고령자들은 나이를 먹는 것에 적극적인 태도를 보이고 있다.

해설 4 밑줄의 뒤 문장에서 「昔より医療技術が進歩し、～影響しているのだろう」라고 언급하고 있기 때문에 정답은 1번이다.

5 밑줄의 앞 문장에서 「最近のお年寄りは～大変関心があるそうだ」라고 말하고 있기 때문에 정답은 2번이다.

6 마지막 단락에서 「つまり、歳を取ったことを隠すように～生きようとしている」라고 언급하고 있기 때문에 정답은 4번이다.

어휘 以前 이전 | 高齢者 고령자 | ゆっくり 천천히, 여유롭게 | 過ごす 보내다 | 孫 손자 | 退職 퇴직 | 働く 일하다 | 過ごし方 생활 방식 | 生き方 삶의 방식 | 医療技術 의료 기술 | 進歩する 진보하다 | 長生き 장수 | 増える 늘다 | 影響 영향 | 見た目 겉모습 | お年寄り 노인 | 健康 건강 | おしゃれ 멋 | 大変 매우, 몹시 | ～向け ~용 | ファッション 패션 | ビジネス 비즈니스 | ～とともに ~와/과 함께 | 歳を取る 나이를 먹다 | 価値観 가치관 | 隠す 숨기다 | ～のではなく ~인 것이 아닌 | 発達する 발달하다 | のんびり 한가로이

(3)

문제 5 다음 (1)부터 (8)의 문장을 읽고 질문에 답하세요. 답은 1·2·3·4에서 가장 적당한 것을 하나 고르세요.

| 정답 |

7 3　8 1　9 2

| 해설 |

해석

운동을 하면 상쾌해지고 음악을 들으면 스트레스를 잊을 수 있는 등 스트레스 해소 방법은 사람에 따라 다르지만, 우는 것으로도 스트레스를 줄일 수 있다고 합니다. '실컷 우니까 오히려 기분이 상쾌해졌다'는 그런 경험을 한 적이 없으신가요? 실제로 우는 것이 마음에도 몸에도 좋은 영향을 미친다는 것이 연구 결과에서도 밝혀졌습니다.

그러나 눈물이라면 어떤 것이라도 좋은 것일까요? 예를 들어, 요리할 때 양파를 자를 때 나오는 눈물과 눈이 건조하거나 눈에 이물질이 들어갔을 때 등 눈을 보호하기 위해 나오는 눈물, 하품할 때 나오는 눈물, 이런 것들은 별로 효과가 없다고 합니다. **특히 효과를 기대할 수 있는 것은 감동할 때 흘리는 눈물이라고 합니다. 영화나 드라마를 보면서 흘리는 눈물도 이에 포함됩니다.**

그럼 언제, 어떤 장소에서 우는 것이 좋을까요? 외부보다 집 등 혼자서 진정할 수 있는 곳이 좋고, 시간대도 **저녁부터 밤에 걸쳐, 밝은 곳보다 어두운 곳**이 좋다고 합니다. 또한 집중하고 울 수 있도록 **휴대전화는 꺼 두는 것**이 좋을지도 모릅니다.

7 이 글에 따르면, 어떤 눈물이 효과가 있는가?

1 요리로 다쳐서 나오는 눈물

2 눈 등이 아파서 나오는 눈물

3 마음을 움직여서 나오는 눈물

4 실패로 분해서 나오는 눈물

8 이 글에 따르면, 효과적으로 울려면 어떻게 하면 좋은가?

1 우는 시간대를 선택하거나 울기 전에 우는 환경을 준비한다.

2 친구들과 감동적인 영화를 보러 가거나, 이야기하거나 한다.

3 자신이 좋아하는 드라마를 보거나 책을 읽거나 한다.

4 방을 어둡게 하거나 휴대전화의 소리를 더 작게 한다.

9 본문의 내용과 일치하는 것은 어느 것인가?

1 스트레스를 줄이기 위해서는 평소에 영화나 드라마를 보는 것이 좋다.

2 감동하여 흘리는 눈물은 스트레스 해소에 도움이 되는 것으로 알려져 있다.

3 눈에 이물질이 들어가면 효과적인 눈물을 흘릴 수 없다.

4 울고 있을 때는 휴대전화로 누구와도 말하지 않는 것이 가장 중요하다.

해설 7 두 번째 단락에서 연구 결과로 「特に効果が期待できるのは、~これに入ります」라고 언급하고 있기 때문에 정답은 3번이다.

8 마지막 단락에서 효과적인 장소(一人で落ち着ける所), 시간대(夕方から夜にかけて), 집중해서 울 수 있는 상황들(明るい所よりも暗い所, 携帯電話は切っておいた方がいい)을 설명하고 있기 때문에 정답은 1번이다.

9 첫 번째 단락에서 「運動をするとすっきりする、~ことができるのです」라고 언급하고 있기 때문에 정답은 2번이다.

어휘 すっきりする 상쾌하다 | ストレス 스트레스 | 解消方法 해소방법 | ~によって ~에 의해 | 減らす 줄이다 | 逆に 반대로, 오히려 | 実際 실제 | 影響 영향 | 与える 주다, 미치다 | 明らかになる 명확해지다 | 乾く 마르다, 건조하다 | あくびをする 하품하다 | 特に 특히 | 期待する 기대하다 | 流す 흘리다 | 落ち着く (마음이) 가라앉다, 진정되다 | 夕方 저녁 | 暗い 어둡다 | 携帯電話 휴대전화 | ~かもしれない ~일지도 모른다 | くやしい 분하다

(4)

문제 5 다음 (1)부터 (8)의 문장을 읽고 질문에 답하세요. 답은 1·2·3·4에서 가장 적당한 것을 하나 고르세요.

|정답|

10 4　11 3　12 3

|해설|

해석

대학교의 지망 학교는 가능한 한 집에서 멀리 떨어진 곳을 노렸다. 하루빨리 부모의 밑에서 독립해서, 자유로워지고 싶었기 때문이다. 그리고 이듬해 봄에는 원하는 대로 대학 생활이 시작되어 **첫 자취생활과 새로운 환경**에 ①매일 두근두근거렸다.

그때쯤 집에서 짐이 자주 도착하게 되었다. 상자에 들어있던 것은 쌀, 채소, 인스턴트 라면, 그리고 어머니의 짧은 편지. 편지를 읽으면서 상자에 무엇을 넣을까 이것저것 망설이는 어머니의 모습이 상상되어서, 눈물이 날 뻔했다.

그러던 어느 날, 도착한 상자 속에서 어머니의 휴대전화가 나왔다. 놀라서 집에 전화하니 어머니가 생각났다는 듯이 웃었다. **어머니의 이야기로는 일전에 나와 휴대전화로 이야기할 때 상자를 쌀 준비를 하고 있었는데, 전화를 끊은 후 무심코 상자에 넣어 그대로 보냈다는 것 같다.**

항상 받기만 했던 내가 이번에는 보낼 차례가 된 것이다. ②딱 좋은 기회이기 때문에, **평상시에는 제대로 전하지 못한 어머니에 대한 감사의 마음을 편지에 적어 함께 보내려고 한다.**

10 ①매일 두근두근거렸다고 하는데, 왜 그렇게 생각했는가?

1 집이나 대학교에서 떨어진 곳에 이사했기 때문에

2 어려서부터 부모와 함께하는 생활을 그만두고 싶었기 때문에

3 원하던 대학교에 다니게 되었기 때문에

4 지금까지 혼자 살았던 적이 없었기 때문에

11 도착한 상자 속에서 어머니의 휴대전화가 나온 것은 왜인가?

1 어머니가 연락을 주지 않는 필자에게 전화를 해주기 바라서 보냈기 때문에

2 어머니가 혼자 사는 필자에게 필요한 것이라고 넣었기 때문에

3 어머니가 전화한 후 실수로 넣은 채로 보냈기 때문에

4 어머니가 필자도 집에 전화할 것을 생각해 내서 준비했기 때문에

12 ②딱 좋은 기회라고 하는데, 어떤 뜻인가?

1 집에 짐을 보낼 것을 잊었기 때문에, 이번 기회에 함께 보낸다.

2 대학교에 입학하고 나서 어머니에게 연락하지 않았기 때문에, 이 기회에 전화를 한다.

3 평소에 나는 어머니에게 연락하지 않기 때문에, 이 기회에 편지를 쓴다.

4 어머니에게 감사의 마음을 전하는 방법이 전혀 없기 때문에, 이 기회에 연락한다.

해설 10 밑줄의 앞에서 「初めての一人暮らしや新しい環境に毎日わくわくした」라고 언급하고 있기 때문에 정답은 4번이다

11 세 번째 단락에서 「母の話では、～そのまま送ったらしい」라고 핸드폰이 들어있었던 사유를 설명하고 있기 때문에 정답은 3번이다.

12 마지막 단락에서 「普段はきちんと～一緒に送ろうと思う」라며 먼저 편지를 쓸 것을 언급하고 있기 때문에 정답은 3번이다.

어휘 希望校 지망학교 | できるだけ 가능한 한 | 目指す 노리다, 목표로 하다 | 一人暮らし 자취 | 環境 환경 | わくわくする 두근두근 거리다 | 実家 본가 | ダンボール 상자 | 迷う 망설이다, 고민하다 | 姿 모습 | 想像する 상상하다 | 驚く 놀라다 | 思い出す 생각해 내다 | うっかり 무심코, 깜빡 | ～てばかり ~하기만 | 番 순서 | ～わけだ ~할 만도 하다, ~하게 됨이 당연하다 | 機会 기회 | 普段 보통 | きちんと 제대로, 정확히 | 感謝 감사 | ～ようと思う ~하려고 하다

(5)

문제 5 다음 (1)부터 (8)의 문장을 읽고 질문에 답하세요. 답은 1·2·3·4에서 가장 적당한 것을 하나 고르세요.

|정답|

13 4　14 2　15 1

|해설|

해석

일을 잘하는 사람과 못하는 사람은 무엇이 다른 것일까?

먼저, 일을 잘하는 사람들에게 공통되는 특징은 '평소에 바빠 보이지 않는다'는 것이다. 일이 바빠 보이지 않는 사람에게는 새로운 일을 부탁하기 쉽고 결과적으로 많은 일을 경험할 수 있다. 즉 월급을 받으면서 성장의 기회도 얻을 수 있는 것이다.

다음으로 '누구에게나 똑같이 대하는(注)' 것이다. 예를 들어, 훌륭한 상사일수록 거만하게 행동하지 않는다. 즉 **어떤 사람을 상대하더라도 똑같이 대하는 사람은 태도나 말에 앞뒤가 없기 때문에 누구든지 좋아한다.** 자신의 주변에 상대에 따라 태도를 바꾸는 사람은 없는가? 그러한 사람을 당신은 신뢰할 수 있는가?

정말로 성공하고 싶다면, 자신이 틀린 것을 하고 있을 때나, 자신의 아이디어가 변변치 않을 때, 정직하게 말해주는 상사나 선배가 때로는 필요할 것이다. 그러나, 그러한 사람이 반드시 자신의 바로 곁에 있다고는 할 수 없다. 우선은 그렇게 생각되는 사람을 자신의 주변에서 찾아보면 어떨까?

(注) 접하다(대하다): 여기에서는, 말하거나 대답하는 것

13 일을 잘하는 사람의 특징으로 올바른 것은 어느 것인가?

1 항상 바쁘고 많은 일을 동시에 하고 있다.

2 새로운 일을 부탁하기 쉽고 성장하는 것이 빠르다.

3 어떤 사람이든 자신이 원하는 대로 자유롭게 대한다.

4 사람에 따라 말투나 대하는 법을 바꾸지 않는다.

14 일에서 성공하고 싶은 사람은 어떤 사람을 만나야 한다고 말하고 있는가?

1 작은 실수라면 틀리지 않았다고 말해주는 사람

2 시시한 것은 시시하다고 말해주는 사람

3 자신의 곁에서 언제나 옳은 일을 해주는 사람

4 주위에서 삶을 정직하게 살고 있다고 듣는 사람

15 이 글의 주제는 무엇인가?

1 일을 잘 할 수 있게 되기 위한 요점

2 일을 더 빨리 기억하기 위한 방법

3 어떤 상사에게도 사랑받기 위한 태도

4 새로운 일을 경험하기 위한 기회

해설 13 두 번째 단락에서 「どんな人に対して同じように～誰からも好まれる」라고 말하고 있기 때문에 정답은 4번이다.

14 마지막 단락에서 「本当に成功したいのならば、～必要だろう」라고 말하고 있기 때문에 정답은 2번이다.

15 글의 시작 부분에서 「仕事が～違うのだろうか」라고 문제를 제시하면서 일을 잘 할 수 있는 사람에 대해서 이야기하고 있기 때문에 정답은 1번이다.

어휘 共通する 공통되다 | 特徴 특징 | 普段 보통, 평소 | 頼む 부탁하다 | 給料 급료, 월급 | 得る 얻다 | 優れる 뛰어나다, 훌륭하다 | 偉い 대단하다 | 態度 태도 | 裏 속, 안 | 表 겉 | 周り 주위, 주변 | つまらない 시시하다, 지루하다 | 先輩 선배 | 必ずしも 반드시 | ～とは限らない ~라고는 할 수 없다 | 探す 찾다

(6)

문제 5 다음 (1)부터 (8)의 문장을 읽고 질문에 답하세요. 답은 1·2·3·4에서 가장 적당한 것을 하나 고르세요.

| 정답 |

16 3　17 4　18 1

| 해설 |

해석

얼마 전 제가 사는 마을에서 시장이 시민과 직접 말할 수 있는 시 행사가 있었습니다. 평소에는 시 행사에 별로 관심이 없는 저이지만, 이번 이야기의 주제가 '일하는 여성의 육아'였고 토요일이었기 때문에 저는 아이를 남편에게 맡기고 이웃 엄마와 함께 참가하기로 했습니다.

시장이 육아 스트레스에 관해 이야기를 하고 있을 때의 일이었습니다. 제 앞자리에 젊은 엄마가 있었는데, 그 엄마가 안고 있던 아기가 갑자기 큰 소리로 울기 시작했습니다. **엄마는 미안하다는 듯이 아기를 안은 채 자리에서 일어나 회장을 나가려고 했습니다.** 제가 같은 입장이었다고 해도 ①그렇게 했을 것이라고 생각합니다.

그때 놀라운 일이 일어났습니다. 마이크를 든 시장이 갑자기 "아, 어머니. 부디 그대로 계세요."라고 말을 건 것입니다. "아기가 우는 건 당연해요. 저도 1살짜리 딸이 있는데 항상 큰 소리로 건강하게 울어요." **시장의 한마디로 회장이 따뜻한 웃음으로 둘러싸였습니다.** 일하는 여성으로서, 또 한 명의 어머니로서, ②마음이 움직이게 된 순간이었습니다.

16 ①그렇게 했을 것이라고 하는데, 어떤 뜻인가?

1 아기를 남편에게 맡기고 행사에 참가한다.

2 주위의 아기가 조용해질 때까지 기다린다.

3 아기를 데리고 그 자리에서 나간다.

4 자리에 서서 시장이나 다른 엄마들에게 직접 사과한다.

17 ②마음이 움직이게 된 순간이라고 하는데, 왜인가?

1 시장 앞에서 젊은 엄마가 선 채로 들으려고 했기 때문에

2 시장의 아기도 큰 소리로 건강하게 울기 때문에

3 시장이 재미있는 말을 해서 모두가 웃었기 때문에

4 시장이 일하는 엄마를 생각해서 말을 걸어 주었기 때문에

18 본문의 내용과 일치하는 것은 어느 것인가?

1 아기가 울었을 때, 회장에서는 시장이 말하고 있었다.

2 시장이 마이크를 들었을 때, 나도 회장의 사람들도 놀랐다.

3 젊은 엄마가 아기를 안았을 때, 시장은 나갔다.

4 회장이 웃었을 때, 젊은 엄마는 회장을 나온 뒤였다.

해설 16 밑줄 앞 문장에서 「お母さんは申し訳なさそうに、~会場を出ようとしました」라고 말하고 있기 때문에 정답은 3번이다.

17 밑줄 앞 문장에서 시장이 전한 한마디와 함께 「市長の一言で~包まれました」라고 말하고 있기 때문에 정답은 4번이다.

18 두 번째 단락에서 아이가 갑자기 운 에피소드와 세 번째 단락에서 시장이 달래면서 시장이 이야기를 건넨 에피소드를 보아 정답은 1번이다.

어휘 行事 행사 | 普段 평소, 보통 | 働く 일하다 | 預ける 맡기다 | 近所 근처 | 参加する 참가하다 | 子育て 육아 | 抱く 안다 | 突然 돌연, 갑자기 | 申し訳ない 죄송하다 | 驚く 놀라다 | 声をかける 말을 걸다, 말하다 | 包む 둘러싸다, 감싸다 | 瞬間 순간 | 連れる 데리고 오다

(7)

문제 5 다음 (1)부터 (8)의 문장을 읽고 질문에 답하세요. 답은 1·2·3·4에서 가장 적당한 것을 하나 고르세요.

|정답|

19 3	20 3	21 1

|해설|

해석

최근 '애견 카페', '고양이 카페' 등 동물을 취급하는 카페가 인기다. 그러나 그런 가운데, 형편없는 환경에서 동물을 기르고 있는 카페가 뉴스가 되거나, **인간의 이기적인 사정으로 동물들을 상품처럼 취급해도 괜찮은 것일까라는 의견도 들린다.**

물론 동물 카페는 사회적인 규칙이 더 필요할 것이다. 하지만 그렇다고 해서 동물 카페가 문제만 있다고 생각하지 않는다. 일이 바빠 돌볼 수 없거나 맨션에 혼자 사는 등의 이유로 동물을 기르고 싶어도 기를 수 없는 사람도 세상에는 많기 때문이다.

그런 사람들에게 있어서 동물 카페에서 보내는 시간은 특별할 것이다. **밥을 먹거나, 자고 있거나 평소에는 볼 수 없는 동물의 자연스러운 모습을 바로 옆에서 볼 수 있다. 또한 직접 동물을 만지거나, 쓰다듬어** 마음이 진정되는 부분도 있을 것이다.

게다가 동물 카페에서는 좋아하는 동물이 같은 사람과도 만날 수 있다. 같은 것을 좋아하고, 소중히 생각하는 사람이 있다는 것도 **일상의 스트레스를 가볍게 할 수 있는 방법의 하나가 아닐까 싶다.**

19 동물 카페가 가지는 문제점으로 들고 있는 것은 어느 것인가?

1 인기있는 카페에서는 개나 고양이 이외의 동물을 취급하지 않는다.

2 카페에 따라 동물을 기르고 있는 환경이 다르다.

3 카페에 있는 동물을 파는 물건처럼 취급하고 있다.

4 지금까지 나쁜 카페를 없애는 법률이 없었다.

20 동물 카페의 좋은 점으로 들고 있는 것은 어느 것인가?

1 동물을 보살피는 게 어려워도 카페에서 배울 수 있다.

2 집에서 동물을 기를 수 없는 사람이 동물을 기를 수 있다.

3 동물을 직접 보거나 만질 수 있다.

4 동물을 좋아하는 사람만이 카페에 들어갈 수 있다.

21 이 글을 쓴 사람은 동물 카페에 대해 어떻게 생각하고 있는가?

1 동물 카페는 문제도 있지만, 어떤 사람들에게는 도움이 된다.

2 동물 카페에 대해 나온 의견은 사실 문제가 아니다.

3 세상에는 동물을 필요로 하는 사람들이 많이 있다.

4 동물 카페의 동물들은 스트레스를 해소할 수 있을 것이다.

해설 19 첫 번째 단락의 마지막 줄에서 「人間(にんげん)の勝手(かって)な都合(つごう)で～意見(いけん)も聞(き)かれる」라고 말하고 있기 때문에 정답은 3번이다.

20 세 번째 단락에서 「ご飯(はん)を食(た)べたり、寝(ね)ていたり、～直接動物(ちょくせつどうぶつ)に触(さわ)ったり」라고 말하고 있기 때문에 정답은 3번이다.

21 첫 번째 단락에서 동물 카페의 문제점을 언급하고, 두 번째 단락과 세 번째 단락에서 동물 카페의 좋은 점에 대해서 언급을 하고, 마지막 단락에서 「日常(にちじょう)のストレスを～と思(おも)う」라고 글을 마무리하고 있기 때문에 정답은 1번이다.

어휘 扱(あつか)う 취급하다, 다루다 | 環境(かんきょう) 환경 | 飼(か)う 기르다 | 勝手(かって)だ 제멋대로다, 이기적이다 | 都合(つごう) 형편, 사정 | 決(き)まり 규칙 | 世話(せわ) 돌봄 | 触(さわ)る (가볍게) 손을 대다, 만지다 | なでる 어루만지다, 쓰다듬다 | さらに 게다가 | 異(こと)なる 다르다 | 法律(ほうりつ) 법률 | 解消(かいしょう)する 해소하다

(8)

문제 5 다음 (1)부터 (8)의 문장을 읽고 질문에 답하세요. 답은 1·2·3·4에서 가장 적당한 것을 하나 고르세요.

| 정답 |

22 2	23 3	24 2

| 해설 |

해석

아이가 하는 거짓말에는 어떤 의미가 있을까요? **거짓말을 한다는 것은 해서 나쁜 것과 해서 좋은 것의 구별을 이미 알고 있다는 것**입니다. 또한 **'사실이 알려져 상대에게 혼나고 싶지 않다, 상대를 슬프게 하고 싶지 않다'는 감정이 생겼다는 뜻**이기도 합니다. 즉, ①**성장의 결과**입니다.

그중에는 '자신에게 관심을 가져 주면 좋겠다', '상대가 되어 달라'는 외로움에서 거짓말을 하는 아이도 있습니다. 그런 아이는 불안한 마음에서 '자신은 여기에 있어도 된다', '주위에 인정받고 싶다'고 자신을 지키려고 하므로 결과적으로 거짓말을 하게 되는 것입니다.

우선은 **평소 아이의 말과 행동에 주목하고, 제대로 아이의 이야기를 들어주어야 하지 않을까요?** 중요한 것은 거짓말을 한 것을 단순히 혼을 내는 것이 아니라, **왜 거짓말을 하려고 했는지, 아이가 솔직하게 말할 기회를 만들어주는 것입니다. 그리고 아이가 자신이 한 행동에 대해 다시 한번 생각할 수 있게 해주는 것**이, ②부모가 해야 할 일이 아닐까요?

22 ①성장의 결과라고 하는데, 예를 들면 어떤 것인가?

1 아이가 성장함에 따라 거짓말이 많아지는 것

2 아이가 하면 나쁜 것에 대해 이해하고 있는 것

3 어린이에게 있어서 부모에게 혼나는 것은 무섭다고 말하는 것

4 어린이는 거짓말에 의해 누군가 슬퍼하는 것을 원하지 않는 것

23 ②부모가 해야 할 일에 대해 옳은 것은 어느 것인가?

1 아이가 외로운 기분이 되지 않도록 항상 곁에 있는다.

2 아이의 말과 행동에 주의하여 주위의 거짓말로부터 지켜 준다.

3 어린이가 한 거짓말에 대해 스스로 말할 분위기를 만들어 준다.

4 어린이가 자신의 행동에 대해 생각할 수 있도록 제대로 설명한다.

24 이 글에서는 아이의 거짓말에 대해 어떻게 말하고 있는가?

1 아이에게 거짓말을 해서는 안 된다는 것을 교육할 필요가 있다.

2 아이의 거짓말은 성장의 결과이며, 주의가 필요한 신호이기도 하다.

3 어린이의 거짓말을 슬프게 생각하거나 화내지 말아야 한다.

4 어린이의 거짓말에 대해 토론하고 반성해야만 한다.

해설 22 밑줄의 앞줄에서 「嘘(うそ)をつくということは、~ということです」라고 언급하고 있기 때문에 정답은 2번이다.

23 밑줄의 앞줄에서 「なぜ嘘(うそ)をつこうとしたのか、~できるようにしてあげるの」라고 말하고 있기 때문에 정답은 3번이다.

24 첫 번째 단락에서 거짓말을 하는 것은 「成長(せいちょう)の結果(けっか)」이며, 마지막 단락에서 「普段(ふだん)から子(こ)どもの~ないでしょうか」라고 언급하고 있기 때문에 정답은 2번이다.

어휘 嘘(うそ)をつく 거짓말을 하다 | 区別(くべつ) 구별 | すでに 이미 | 怒(おこ)る 화내다 | さびしい 외롭다 | 認(みと)める 인정하다 | 守(まも)る 지키다 | ~ようとする ~하려고 하다 | しっかり 제대로, 꼭 | ~べきだ ~해야 한다 | 単純(たんじゅん)だ 단순하다 | 正直(しょうじき)だ 정직하다 | 機会(きかい) 기회 | 雰囲気(ふんいき) 분위기 | 反省(はんせい)する 반성하다

문제 6 »»»

내용이해 (장문) 이해하고 공략하기

1교시 언어지식(문자·어휘+문법)X독해

1 문제 프로필

상대를 알아야 문제를 푼다!

문제 6 내용이해 (장문)

問題 6 内容理解 (長文)

기본정보

성　　격 긴 글을 읽고 개요와 논리의 전개 등을 이해하기를 원함

문제 개수 4개/16개(독해) ▷ 한 지문 4개

풀이 시간 10분/50분(독해)

분　　량 550자

분석정보

주요 화제 해설문이나 평론, 일상생활에 관한 수필, 편지 등

평가 방식 긴 글의 내용과 논리관계를 빠르게 이해하여 질문의 의도를 정확하게 파악했는지가 중요

STEP 1 스피드 해법

문제를 먼저 읽고 긴 글 속에서 단락을 나누어 빠른 개요를 파악

STEP 2 함정 주의보

문제의 유형과 풀이요령을 파악하여 글 전체를 다 읽고 시간을 낭비하지 않도록 주의

STEP 3 대책

접속사와 밑줄 문장의 앞뒤 두 줄, 결론 부분 파악에 특히 집중

STEP 4 공부 방법

정해진 시간 내 실전 문제 풀이를 반복하여 훈련한다!

문제유형

필자의 주장을 묻는 문제

⊘ ~について、この文章を書いた人はどう言っているか。
(~에 대해 이 글을 쓴 사람은 어떻게 말하고 있는가?)

⊘ この文章全体のテーマは、何か。(이 글 전체의 주제는 무엇인가?)

풀이 흐름 첫 문단 내용 확인 ▷ 접속사에 유의 ▷ 마지막 문단 결론 파악 ▷ 선택지의 비약이나 부정문에 주의 ▷ 정답 체크!

세부 내용을 파악하는 문제

⊘ この文章によると、~は何を~たのか。(이 글에 의하면 ~은/는 무엇을 ~했는가?)

⊘ この文章から~についてどんなことがわかるか。(~에 대해 어떤 것을 알 수 있는가?)

풀이 흐름 문제에서 대상을 확인 ▷ 지문에서 키워드 검색 ▷ 키워드가 포함된 문단 내용 확인 ▷ 선택지와 비교 ▷ 오답 소거 ▷ 정답 체크!

밑줄 부분이 지시하는 것을 찾아 내는 문제

⊘ ~とあるが、何を指しているか/それは何か。
(~라고 하는데 무엇을 가리키는가?/그것은 무엇인가?)

⊘ ~とあるが、どうしてか/その理由は何か。(~라고 하는데 왜인가?/그 이유는 무엇인가?)

풀이 흐름 지문에서 밑줄 검색 ▷ 밑줄 앞뒤로 내용 파악 ▷ 선택지의 유의 표현에 주의 ▷ 정답 체크!

적절한 예시를 찾는 문제

⊘ ~とは例えばどんな~なのか。(~라는 것은 예를 들면 어떤 ~인가?)

⊘ ~とあるが、それは例えばどのような~か。
(~라고 하는데 그것은 예를 들면 어떤 ~인가?)

풀이 흐름 문제에서 대상을 확인 ▷ 지문에서 키워드 검색 ▷ 키워드의 개념과 속성 확인 ▷ 선택지와 비교 ▷ 정답 체크!

2 문제 미리보기

미리 알아 둬야 긴장이 덜 된다!

問題6　つぎの文章(ぶんしょう)を読んで、質問に答えなさい。答えは、1·2·3·4から最もよいものを一つえらびなさい。

문제 6　다음 문장을 읽고 질문에 답하세요. 답은 1·2·3·4에서 가장 적당한 것을 하나 고르세요.

先日、生まれて初めて歌舞伎(かぶき)を見に行ってきた。いろんなプログラムがあったが、その中で選んだのは、「歌舞伎を学びましょう」といって、初心者向けに行われるものである。

このプログラムははじめの30分間は簡単な内容や表現方法などを勉強し、残りの１時間で名場面を直接見るものだった。実際に役者による解説は、ユーモアを含めながら非常にわかりやすく説明してくれたし、生で見る歌舞伎はさすがにすごいものであった。これまで難しくて、高くて、長い、そして遠い世界のものだと感じていた歌舞伎の世界だったが、このプログラムによってもっと身近く感じることができた。

문장의 단락 순서대로 그 내용을 묻습니다. 지문과 문제의 순서를 맞춰가며 차분히 풀어나가세요!

(이하생략)

1　この文章によると「歌舞伎を学びましょう」というプログラムはどのようなものか。

1　歌舞伎についての内容を聞いた後、直接経験してみる。
2　初心者向けのガイドブックを読んだ後、名場面を見る。
3　歌舞伎についてのビデオを見た後、直接経験してみる。
4　作品のだいたいの内容を聞いた後、名場面を見る。

지문의 표현과 문제의 표현이 각각 다를 수 있으나, 의미하는 바는 동일합니다!

2 この文章を書いた人は、今まで歌舞伎についてどのように思っていたのか。

1 初めての人には難しくてあまり身近なものに感じない。

2 説明がなくてもわかりやすく、誰でも楽しめる伝統芸能である。

3 舞台がとても高いところにあり、役者がよく見えなくて大変だ。

4 一度見るためには長い列に並ぶ必要があるので嫌いだ。

1 정답 4

풀이 1 본문에서 가부키에 대한 내용을 들은 후,「残りの1時間で名場面を直接見るものだった(남은 1시간 동안 명장면을 직접 보는 것이었다)」라고 언급하고 있기 때문에 직접 경험해 보는 것은 정답이 될 수 없다.

2 본문에서「初めの30分間は簡単な内容や表現方法などを勉強し(처음 30분간은 간단한 내용이나 표현방법을 공부하고)」라고 언급하고 있기 때문에 초심자를 위한 안내서를 읽는 것은 정답이 될 수 없다.

3 본문에서 가부키에 대한 비디오를 본다는 내용은 언급하고 있지 않기 때문에 정답이 될 수 없다.

2 정답 1

풀이 2 본문에서「これまで難しくて、高くて、長い、そして遠い世界のものだと感じていた歌舞伎の世界だったが(지금까지 어렵고, 높고, 긴, 그리고 먼 세계의 것이라고 느끼고 있었던 가부키의 세계였지만)」라고 언급하고 있기 때문에 정답이 될 수 없다.

3 본문에서 무대의 높이에 대해 언급하고 있지 않기 때문에 정답이 될 수 없다.

4 본문에서 긴 줄을 서야 하는 것에 대해 언급하고 있지 않기 때문에 정답이 될 수 없다.

실전문제 풀어보기

제한시간 10분 | 정답과 해설 348쪽

問題6　つぎの文章を読んで、質問に答えなさい。答えは、1·2·3·4から最もよいものを一つえらびなさい。

(1)

先週、友達と大学を卒業した記念に、和食の①レストランで食事をした。この店は最近若者の間で話題になっている店なので、予約が取れないことで有名だ。特にディナーコースで出されるスープとデザートがおいしくて客のことを考えた細かいサービスが一流だ。それに値段も手頃なことで有名だ。

食事後、デザートを待ちながら「今まで食べた物の中で一番おいしかった物は何か」について話をした。「L旅館の牛肉のしゃぶしゃぶ」「レストランAで食べた和食」など、有名なお店の料理が出てくるなか、本田君が「私は、おかゆ。今まで一番おいしいと思ったのは、おかゆだなあ。」と言って、みんな②びっくりしてしまった。

それは、彼の高校の時の話だった。彼は両親が急に海外勤務になってしまって高校生であるにもかかわらず、アパートで一人暮らしをしていたという。ある時、賞味期限がすぎてしまった牛乳を飲んでお腹を壊して三日も学校を休んでしまったことがあったそうだ。

お腹の調子がよくならず、熱も上がって、ずっと部屋で寝ていたのだが、同じクラスの友達がようすを見に来てくれ、おかゆを作ってくれた。それまでは何も食べられなかったが、それだけは食べられて、そのおかげかようやく熱も下がり、体調もだんだんよくなって、彼は今も③忘れられないのだと言う。

私が、彼の隣に座っている彼と付き合っている美穂ちゃんに「その友達というのは、美穂、君だったんじゃないの？」と聞くと、彼女は「実は、そうだよ。」と言って笑った。

1 この文章によると、①レストランはどんなレストランだったか。

1 予約は取りにくいが、おいしくて値段も安く、サービスも良い。

2 おいしくて人気があるが、値段が高く、サービスはあまり良くない。

3 いつも込んでいるが、値段は高くなく、味もサービスもまあまあである。

4 値段は高いが、人気があり、味もサービスも素晴らしい。

2 ②びっくりしてしまったとあるが、なぜか。

1 本田君が、みんなが聞いたこともない珍しい料理の名前を言ったから

2 本田君が、今日レストランで食べたデザートのことを言ったから

3 本田君が、みんなが予想もしていなかった料理の名前を言ったから

4 本田君が、お腹を痛めたときにおかゆを食べたと言ったから

3 ③忘れられないとあるが、何が忘れられないのか。

1 お腹を痛めたときに友達に作ってあげたおかゆの味

2 お腹を痛めたときに食べた卵や野菜が入ったすごくおいしいおかゆの味

3 友達がおかゆを作って、お腹をこわした自分の見舞いに来てくれたこと

4 友達が作ってくれたおかゆのおかげで、早く体調がよくなったこと

4 おかゆを作った人は誰か。

1 美穂ちゃんの友達

2 「私」の友達の本田君

3 「私」と付き合っているの美穂ちゃん

4 本田君と付きあっている美穂ちゃん

실전문제 풀어보기

제한시간 10분 | 정답과 해설 350쪽

問題6 つぎの文章(ぶんしょう)を読んで、質問に答えなさい。答えは、1・2・3・4から最もよいものを一つえらびなさい。

(2)

山登りは、登ることを楽しむ運動です。せっかく山登りを始めても、1回か2回でやめてしまう人がいます。①そういう人は、登ることの楽しみを見つけられないまま、山に登ることは苦しいものだと思ってしまうのです。

山登りの楽しみは、目標を少しずつ高めていくことで生まれます。例えば「家の後ろにある山に登る」という目標を決め、それに向けて計画を立てます。目標のとおり登れたら、②次の目標を決めます。この繰り返しが山登りの楽しみを生むのです。

それには、計画をしっかり立てることが大切です。③これから山登りを始めようと思っている人は、次のようにするといいでしょう。まず、最初の１か月は、とにかく家の近辺にある低い山に登ることから始めます。これは、休まず登るのです。

これなら、初めて登る人にも難しくありません。次第に、山に登るスピードを上げていきます。それができたら、登る時間も延ばしていきます。30分登る、1時間登る、2時間登る。だんだん登る距離は高く、時間は短くします。

次の1か月は登る時間を決めて、次の1か月はかかる時間は気にしないで距離を気にして、少しずつ距離を伸ばしていきます。個人差がありますので、登る距離もスピードも、自分の力に合わせて無理のない計画を立ててください。

このようにだんだん登れる山を増やしていけば、登山で有名な高い山にも登れる力がつくと言っていいでしょう。

このように、目標を決め、計画を立てて登ることで、山登りを楽しむことができるのです。

5 ①そういう人とあるが、どんな人を指しているか。

1 山登りを始めたばかりの人
2 山登りを始めてすぐやめる人
3 山登りを苦しいと思っている人
4 山登りを楽しむことのできる人

6 ②次の目標とあるが、どんな目標か。

1 全力で速いスピードで登るという目標
2 もっと高い山を休まず登るという目標
3 今までより少し高い目標
4 今までよりかなり高い目標

7 ③これから山登りを始めようと思っている人に合っているのはどのような計画だと言っているか。

1 まず近所の低い山から始め、次第に速度を上げ、高い山を早いスピードで登るようにする。
2 まず近所の低い山から始め、次第に高い山を目標にして、登山で有名な山に登るようにする。
3 まずスピードを気にせず山に登り、次第にスピードを上げて、もっと早いスピードで登るようにする。
4 まずゆっくり歩くようなスピードで高い山に登り、次第に速度を上げ、少しずつスピードを上げるようにする。

8 この文章全体のテーマは、何か。

1 山登りの楽しみ方
2 登ることの難しさ
3 山登りのルール
4 登ることの大切さ

실전문제 **풀어보기**

제한시간 10분 | 정답과 해설 352쪽

問題6　つぎの文章(ぶんしょう)を読んで、質問に答えなさい。答えは、1・2・3・4から最もよいものを一つえらびなさい。

(3)

　音楽を聞いたり、景色を見ると過去の経験をその時の気持ちと一緒に思い出すことがある。それとともに目には見えないにおいも同じようなことがあるが、こっちの方がもっと強くて、どんなにおいなのかを考えさせるまえに、体や心を動かす力があるようだ。においの①このような特徴は、いろいろな形で利用される。

　今までキャンドルににおいをつけて体と心を休ませたり、オイルのにおいを利用して集中する力をつけたりするためにも使われたが、最近では次のような利用方法が増えている。例えば、あるスーパーで、人工的におでんのにおいを売り場にさせたら、おでんの材料がいつもより3割ぐらい多く売れたそうだ。においが、その料理の味やそれを食べた時の満足感をはっきりと思い出させ、また食べたいと思わせたからだろう。また、ある衣類の高級ブランドではにおいのしない商品の売り場に、人工的な高級香水のにおいをさせている店もあるそうだ。においによって商品の高級イメージを作っているのである。これらの話を聞いたときは、においに②こんな別の利用方法があったのかと驚いた。

　においを長く研究してきた専門家によると、今ではほとんどにおいが人工的に作られるそうだ。しかし、人工的なにおいをかいで頭痛、めまい、吐き気などの体調不調を起こす問題がある。また、自然のにおいと作られたにおいを区別できないという問題もある。子どもを対象ににおいの実験をしたら、自然の花のにおいよりも、人工的な花のにおいの方を本当の花のにおいだと思った子どもが多かったそうだ。

　作られたにおいばかりをかいでいると、それになれて本当のにおいを忘れてしまうのだ。人工的なにおいを利用していろいろな場面で使うことはいいことではあるが、本当のにおいは忘れないようにしてほしい。

9 ①このような特徴とあるが、それは何か。

1 他の感覚よりも強くて体や心に影響を与えること

2 運動したくなるような気持ちにさせること

3 なんのにおいかを考えさせること

4 消費行動を強く起こさせること

10 この文章によると、最近、においのどんな利用の仕方が増えているか。

1 体や心を休ませるために利用する。

2 集中する力をつけるために利用する。

3 商品を売るために利用する。

4 客に満足感を持たせるために利用する。

11 ②こんな別の利用方法があったとあるが、それは、例えばどのような方法か。

1 高級の香水においを使って衣類を作る。

2 衣類の売り場に高級の花を飾る。

3 客の目の前でおいしそうなおでんを作る。

4 食料品売り場に人工的なおでんのにおいをさせる。

12 においについて、この文章を書いた人はどう言っているか。

1 においの不思議な力をもっといろいろなところで利用したほうがいい。

2 本当のにおいのために人工的なにおいがするようにしたほうがいい。

3 においによって、不要な商品を買わされることがあるから、注意したほうがいい。

4 人工的なにおいを利用するのはいいことだが、本当のにおいも大切にしたほうがいい。

실전문제 풀어보기

제한시간 10분 | 정답과 해설 354쪽

問題6　つぎの文章（ぶんしょう）を読んで、質問に答えなさい。答えは、1·2·3·4から最もよいものを一つえらびなさい。

(4)

タクシーに乗ると客は「急いでください。」という人が多い。そのため、タクシーの運転手は走り出してすぐにスピードをあげたり、前の車が遅いときは追い越したりしていた。

ところが、ある雑誌でタクシーの利用者を対象にアンケート調査をした結果、80%以上の人が「ゆっくり走ってほしいと思ったことがある」と答えたそうだ。

この調査結果をもとにテレビであるタクシー会社の話が紹介された。

タクシーの運転手は「①驚きました。私たちはお客さんと反対のものを考えていたんですね。」と話した。会社は、この結果から、必ずしもお客さんのみんなが急ぐ必要がある方ではないことに気づいた。スピードを出して走ると車体が多く揺れたり、カーブを曲がると体が傾いてしまう。お子さん連れの方や年寄りの方、そのほか、お酒を飲まれた方はもっとゆっくり丁寧に運転してほしいと思っているようだ。しかし、急いでくれている運転手に「急がなくてもいいから、丁寧に運転してください。」とは言いにくい人が多いのだろうと考えた。

そこで、この会社では、利用者が座る席に自分の意志を表現できるように、座席の前に赤と緑のボタンをつけた。赤のボタンを押せば、いつもより急いで運転し、緑ボタンを押すともっとゆっくり丁寧に運転するようなサービスを開始した。これなら、どっちかはっきり言い出しにくい人でも、遠慮なく希望を運転手に伝えることができる。

このサービスを喜ぶ客は多く、会社のイメージも上がって、予約が30%もアップしたそうだ。それに、丁寧に運転するとガソリンの消費量も減り、環境にも優しい。そう考えると、これは②素晴らしいアイデアなのではないだろうか。

13 このタクシー会社の調査でわかったことはどのようなことか。

1 急ぐとスピードを急に上げたり、前の車を追い越したりする運転手が多い。

2 ゆっくり運転してもらいたいと思ったことがある客が多い。

3 急ぐことは客のためのサービスになると思っている運転手が多い。

4 運転手は丁寧な運転をしてくれていると考えている利用者が多い。

14 ①驚きましたとあるが、なぜ驚いたのか。

1 アンケートに答えてくれた客の数が、期待したよりずっと多かったから

2 アンケートでわかった調査結果が、運転手の予想とは違っていたから

3 アンケートで、満足している客の割合が思った以上に多いことがわかったから

4 アンケートを行っても、利用者の本当の希望はわからなかったから

15 このタクシー会社が、ボタンを使って利用者の希望をきけるようにしたのはなぜか。

1 運転中に客の声がよく聞こえない運転手が多いようだから

2 客となるべく話をしたくないと考える運転手が多いようだから

3 運転手に直接言いにくいと感じている客が多いようだから

4 ボタンをつけてほしいという希望を持つ利用者が多いようだから

16 ②素晴らしいアイデアとあるが、この文章を書いた人は、なぜそのように言っているのか。

1 会社の売り上げは減るが、客や環境に優しいサービスだから

2 客、タクシー会社の両方にいい点があり、環境にも優しいサービスだから

3 客は少し増えるし、環境にも優しいサービスだから

4 会社と利用者がいっしょに考えた、環境に優しいサービスだから

실전문제 풀어보기

제한시간 10분 | 정답과 해설 356쪽

問題6　つぎの文章を読んで、質問に答えなさい。答えは、1･2･3･4から最もよいものを一つえらびなさい。

(5)

みんな家に①眠っているおもちゃはどうするのだろうか。私の家には眠っているおもちゃがたくさんある。壊れたものや子供が大きくなってもう遊ばなくなったもの、それにセットが合わないものだ。これらは誰かにあげたくてもだれも欲しがらないし、古物としてリサイクルショップに売りたくても買ってくれない。捨てるのは思い出もあり、もったいないと思って捨てないうちに、遊ばないおもちゃが山ほど増えてしまうのである。

ところが、先日、あるおもちゃの会社で②こんなサービスをはじめた。この会社のおもちゃ売り場に使わなくなったおもちゃを持っていくと、おもちゃの割引券に交換してくれるのだ。

では、この会社は利用者が持って来たおもちゃはどうするだろうか。店員の話によると、古いおもちゃの６割は捨てられ、残りの４割は直して必要な方に寄付するしかなかったそうだ。しかし、最近、古いおもちゃのプラスチックを活用して「家具」を作る技術が考えられた。このプラスチックによって古いおもちゃが最新デザインの新しい家具に生まれ変わるのだ。新技術のおかげで、古いものから新しいものを作り出すことも可能になったし、環境にもやさしい。これはすばらしいことだと思う。

今まで、私は古いものを捨てるのはもったいないという気がして捨てられなかった。でも、私の古いおもちゃからもっと価値の高い新しいデザインの家具が生まれるかもしれないと考えたら、③うれしくなってきた。

17 「私」の家にある①眠っているおもちゃというのは、どのようなおもちゃか。

1 もう遊ばなくなってしまったおもちゃ

2 古くて捨てようと思っているおもちゃ

3 寝るときに使うおもちゃ

4 売るためにしまってあるおもちゃ

18 ②こんなサービスとあるが、古いおもちゃを店に持っていくと、どんなサービスが受けられるか。

1 代わりに家の中のおもちゃを捨ててくれる。

2 代わりにその店の割引券がもらえる。

3 持っていたおもちゃを新しいデザインの服に変えてくれる。

4 持っていたおもちゃをお金に替えてくれる。

19 この文章によると、古いおもちゃは何に再生産されるのか。

1 新技術

2 新しいプラスチック

3 新しいデザインの家具

4 新しいデザインのおもちゃ

20 ③うれしくなってきたとあるが、どのような点がうれしいのか。

1 古いおもちゃをきれいにして、新しく売ること

2 古いものの中にある良さを大切にすること

3 古いものを利用して、それより価値の高いものを生み出すこと

4 昔遊んでいたおもちゃを店に置いて、もう一度売ること

실전문제 풀어보기

제한시간 10분 | 정답과 해설 358쪽

問題6　つぎの文章（ぶんしょう）を読んで、質問に答えなさい。答えは、1・2・3・4から最もよいものを一つえらびなさい。

(6)

子供は気を付けていても思いがけない事故がいつも起きます。特に道路を歩く時などには常に注意をしなければなりませんが、両親側から見ればそれも簡単なことではありません。そのため子供に安全服を着せますが、最近私の町の「子供の安全服」が話題を呼んでいます。これはファッションを学んでいる学生たちが、歩いている子供を交通事故から守るための服を作ったものです。①この服は、車の運転手からよく見えて、着るのも楽しいデザインです。

今までにも、子供のための安全服はありました。そして、運転手が見てよくわかる色を使ったり、光ったりするのは同じでした。しかし、デザインがあまりおもしろくなかったので②子供に人気がありませんでした。それで学生たちは卒業作品に、着る子供が楽しくなるような服をデザインしたいと考えて、シャツやズボンや雨の日に着るコートを作りました。シャツとズボンのポケットと、コートの背中に付いている虫の絵が、車のライトで③光るようになっています。

学生たちは、できた服を祭りの日に町に集まった人々に見せました。すると子供たちは皆「着てみたい」と言って、とても喜びました。

今はまだ高くて売れないので、学生たちは卒業式が終わると洋服を作る会社にこの服を紹介して、安く作れないか相談したいと考えています。

21 ①この服とあるが、誰が作ったのか。

1 車の運転に興味がある学生

2 服のデザインを勉強している学生

3 交通事故に遭ったことがある学生

4 子供の事故を心配するお母さんたち

22 ②子供に人気がありませんでしたとあるが、この文章を書いた人はなぜだと言っているか。

1 子供が好きではない色だったから

2 楽しいデザインではなかったから

3 子供には重かったから

4 着たり脱いだりするのが大変だったから

23 ③光るとあるが、この文章によるとそれは何か。

1 洋服についているボタン

2 おもしろい形のポケット

3 服につけた虫の絵

4 虫の形をした帽子

24 この文章によると、学生たちはどうしようと思っているか。

1 服を作る会社と話し合う。

2 外国の会社と相談する。

3 同じ形の服をたくさん作る。

4 自分で会社を作ろうと思っている。

실전문제 풀어보기

제한시간 10분 | 정답과 해설 360쪽

問題6　つぎの文章（ぶんしょう）を読んで、質問に答えなさい。答えは、1·2·3·4から最もよいものを一つえらびなさい。

(7)

先月銀行に行って順番を待っている間に、雑誌を見ていました。①そこには、去年できたばかりの旅館が載っていました。「森山旅館」という名前で、「最高の風景、最高の美食、特別な休日をご一緒に過ごしませんか。」という記事を読んでいるうちに行きたいと思うようになりました。とてもよさそうだったので早速友だちと行ってみました。

着いてみたら思ったより小さいところで客室が5つしかなく、名前が「森山」なのにどの部屋も、目の前に海が広がっていました。この旅館を経営している人は、海からの気持ちのいい風に吹かれて、景色を見たり、周りの音を聞いたりして、今まで感じたことのない自然を楽しんでもらいたいと言っています。

②この旅館はできたばかりなのに建物が木でできていて温かい感じがしますし、部屋は広すぎないので自分の家にいるようにゆっくりいられます。そして部屋にはスリッパがありません。木の床の良さを直接感じてほしいからだそうです。

私も何も履かずに歩いてみたら、とても気持ちがよかったです。部屋にはテレビもないので、夜は海の音や風の音を聞きながら、しばらく会っていない友達にハガキを書いて、静かに過ごしました。毎日の生活にちょっと疲れたら、またこの旅館でのんびりしたいと思いました。

25 ①そことあるが、どうやって知ったか。

1 友達に借りた雑誌に出ていた。

2 本屋に行って旅行雑誌で探した。

3 銀行の待ち時間に読んだ雑誌で見た。

4 旅行が好きな銀行員から紹介された。

26 この文章によると、森山旅館を経営する人は、客にどうしてほしいと言っているか。

1 今まで気づかなかった自然と出会ってほしい。

2 他の客と友達になってほしい。

3 友人にこの旅館を紹介してほしい。

4 良い旅館になるように意見を言ってほしい。

27 ②この旅館は、どんな雰囲気なのか。

1 変わった形でおしゃれな雰囲気

2 木で囲まれていて落ち着いた雰囲気

3 部屋が広くてのんびりできる雰囲気

4 ちょうど良い広さで自宅にいるような雰囲気

28 この文章によると、これを書いた人は夜、何をしたのか。

1 長い間会っていない友達にハガキを書いた。

2 いつもは見ないテレビを見て楽しんだ。

3 静かに読書をして過ごした。

4 友達にスマホからホテルの写真を送った。

실전문제 **풀어보기**

제한시간 10분 | 정답과 해설 362쪽

問題6　つぎの文章（ぶんしょう）を読んで、質問に答えなさい。答えは、1・2・3・4から最もよいものを一つえらびなさい。

(8)

九州小学校では、その町に住んでいる外国人と通訳ボランティアに来てもらい、2年生の子供たちと一緒に勉強をする授業を行っている。授業は月に1回、全部4回。一人の外国人と通訳ボランティアと生徒二人がグループを作る。各グループのメンバーは毎回変わらない。外国人と仲良くなる、そして違う文化を理解する力を育てることが目的だそうだ。

記事を書くために実際的に参加させてもらった。授業の前には生徒たちが外国人と過ごすときに注意点や使ってはいけない言葉などを習う。それでも一回目の授業で初めて外国人が来たときは、みんな「うわ、目が青い」「黄色い髪だよ」「アニメで見た人みたい」などと騒ぎながら不安そうな顔をしていた。

初めは、外国人を見ながら、通訳ボランティアに外国人の名前や一日の生活について聞いているだけだったが、しばらくすると、あちこちから「食べ物は何が好き？」「どこから来たの？」などという直接話をかけている声が聞こえ始めた。そして、外国人と目を合わせたり、手を触ってみる生徒も出てきて、だんだんにぎやかになった。中には外国人を笑わせようとして転んで泣いてしまう生徒もいた。

2回目から生徒たちは外国人に会うのをとても楽しみにしていた。そして、会うたびに①びっくりしていた。1か月会わないうちに、外国人はとても日本語が上手になり、生徒たちの質問に答えていたのだ。

授業の後には、「ロシアでは夜も明るいんだって」「アルジェリアはどこにあるんだろう」「私、外国語を勉強してみたい」「私も通訳をしてみたい」などの感想を話した。

生徒たちのようすを見ると、②授業の目的がきちんと伝わっているようだと感じ、いい授業だと思った。

29 この小学校の授業は、どのように行われるか。

1 月に１回、毎回同じメンバーのグループで、全部で４回一緒に過ごす。

2 月に４回、毎回同じメンバーのグループで、全部で４回一緒に過ごす。

3 月に１回、毎回違うメンバーのグループで、全部で４回一緒に過ごす。

4 月に４回、毎回違うメンバーのグループで、全部で４回一緒に過ごす。

30 １回目の授業での生徒のようすはどうだったか。

1 ずっと外国人を見ているだけで、不安そうな顔をしていた。

2 前に習った英語が全然できなくて、とても困っていた。

3 初めから積極的に外国人にかかわっていて、とてもにぎやかだった。

4 最初は直接話せなかったけど、次第に直接外国人に話しかけはじめた。

31 何に①びっくりしていたのか。

1 外国人に目を合わせながら、手を触ったこと

2 外国人を笑わせようとしたら、転んでしまったこと

3 外国人の日本語が上達して、よく話せるようになっていたこと

4 外国人がよく笑うようになり、仲良くなったこと

32 ②授業の目的がきちんと伝わっているようだと感じたとあるが、なぜそう感じたのか。

1 生徒に、外国人と仲良くなったり、違う文化を理解する力が育ったようだから

2 生徒が、自分でも留学生の世話ができることに気づいたようだから

3 生徒が、思ったことを声に出して直接留学生に聞いているようだから

4 生徒に、自分も外国語を勉強したいという気持ちが生まれているようだから

맞힌 개수 확인 _____ /32

정답 및 해설 확인하기

(1)

문제 6　다음 문장을 읽고 질문에 답하세요. 답은 1·2·3·4에서 가장 적당한 것을 하나 고르세요.

|정답|

1 1　2 3　3 4　4 4

|해설|

해석

지난주 친구들과 대학을 졸업한 기념으로 일식 ①레스토랑에서 식사를 했다. 이 가게는 **요즘 젊은이들 사이에서 화제가 되고 있는 가게**이기 때문에, **예약을 잡기 어렵기로 유명하다.** 특히 **저녁 코스로 나오는 수프와 디저트가 맛있고 손님을 배려한 섬세한 서비스가 일류**이다. 게다가 **가격도 적당한 것으로 유명**하다.

식사 후 디저트를 기다리며 '지금까지 먹은 것 중 제일 맛있었던 것은 무엇인가'에 대해서 이야기를 했다. 'L여관의 쇠고기 샤부샤부', '레스토랑 A에서 먹은 일식' 등 **유명한 가게의 음식들이 거론되는 중에 혼다가 "나는 죽. 지금까지 가장 맛있었다고 생각되는 것은 죽이야."라고 말해서 모두 ②깜짝 놀라고 말았다.**

그것은 그가 고등학교 때의 이야기였다. 그는 부모님이 갑자기 해외 근무를 하게 되어 버려 고등학생임에도 불구하고 아파트에서 혼자 살았다고 한다. 어느 날, 유통기한이 지나 버린 우유를 마시고 배탈이 나서 3일씩이나 학교를 쉬게 된 적이 있었다고 한다.

배의 상태가 좋아지지 않고, 열이 올라 계속 방에서 자고 있었는데, 같은 반 친구가 상태를 보러 와 죽을 만들어 주었다. **그때까지는 아무것도 먹을 수 없었지만 그것만은 먹을 수 있었고, 그 덕분인지 겨우 열이 내려가 몸도 점점 좋아져서 그는 지금도 ③잊을 수 없다고 한다.**

내가 그의 옆에 앉아 있는 그와 사귀고 있는 미호에게 **"그 친구가 미호, 너였던 것 아니야?"라고 묻자, 그녀는 "사실은 그래." 라며 웃었다.**

1　이 글에 의하면, ①레스토랑은 어떤 레스토랑이었는가?

1　예약은 잡기 어렵지만 맛있고 값도 싸고 서비스도 좋다.
2　맛있어서 인기가 있지만, 가격이 비싸고, 서비스는 그다지 좋지 않다.
3　항상 붐비지만, 가격은 비싸지 않고, 맛도 서비스도 그저 그렇다.
4　가격은 비싸지만, 인기가 있고, 맛도 서비스도 훌륭하다.

2　②깜짝 놀랐다라고 하는데, 왜인가?

1　혼다가 모두 들어본 적이 없는 신기한 음식의 이름을 말했기 때문에
2　혼다가 오늘 레스토랑에서 먹은 디저트를 말했기 때문에
3　혼다가 모두 예상치 못했던 음식 이름을 말했기 때문에
4　혼다가 배가 아팠을 때 죽을 먹었다고 말했기 때문에

3 ③잊을 수 없다고 하는데, 무엇을 잊을 수 없는 것인가?

1 배가 아팠을 때 친구에게 만들어 주었던 죽의 맛

2 배가 아팠을 때 먹었던 계란이랑 채소가 들어간 굉장히 맛있는 죽의 맛

3 친구가 죽을 만들어 배탈이 난 자신을 문병하러 와 준 것

4 친구가 만들어 준 죽 덕분에 빨리 몸이 좋아진 것

4 죽을 만든 사람은 누구인가?

1 미호의 친구

2 '나'의 친구 혼다

3 '나'와 사귀고 있는 미호

4 혼다와 사귀고 있는 미호

해설 1 첫 번째 단락에서 「若者の間で話題」, 「予約が取れない」, 「ディナーコースのスープとデザートがおいしい」, 「サービスが一流」, 「値段も手頃だ」라고 레스토랑의 특징들을 언급하고 있기 때문에 정답은 1번이다.

2 다른 친구들이 유명 레스토랑의 음식들을 말하는 한편, 생각하지 못한 「私は、おかゆ。今まで一番おいしいと思ったのは、おかゆだなあ」라고 언급하고 있기 때문에 정답은 3번이다.

3 네 번째 단락의 밑줄의 앞에서 친구가 죽을 만들어서 병문안을 와 주었고, 「それまでは何も食べられなかったが、それだけは食べられて、そのおかげかようやく熱も下がり、体調もだんだんよくなって」라고 언급하고 있기 때문에 정답은 4번이다.

4 마지막 줄에서 화자의 「美穂、君だったんじゃないの？」라는 질문에 「そうだよ」라고 언급하고 있기 때문에 정답은 4번이다.

어휘 先週 지난주 | 記念 기념 | 和食 일식 | 若者 젊은이 | 話題 화제 | 予約が取れない 예약을 잡을 수 없다 | 細かい 상세하다 | 一流 일류 | 手頃だ 적당하다 | 旅館 여관 | おかゆ 죽 | びっくりする 깜짝 놀라다 | 海外勤務 해외 근무 | 一人暮らし 혼자 삶, 자취 | 賞味期限 유통기한 | 牛乳 우유 | お腹を壊す 배탈이 나다 | 休む 쉬다 | 調子 상태 | 熱が上がる 열이 오르다 | 体調 몸 상태 | 付き合う 교제하다, 사귀다 | 隣 옆 | 座る 앉다 | 笑う 웃다 | 素晴らしい 훌륭하다

(2)

문제 6　다음 문장을 읽고 질문에 답하세요. 답은 1·2·3·4에서 가장 적당한 것을 하나 고르세요.

| 정답 |

5 2　6 3　7 2　8 1

| 해설 |

해석

등산은 산에 오르는 것을 즐기는 운동입니다. **모처럼 등산을 시작해도 한 번이나 두 번에 그만 둬 버리는 사람이 있습니다.** ①그러한 사람은 올라가는 것의 즐거움을 찾지 못한 채, 산에 오르는 일은 괴로운 것이라고 생각해 버립니다.

등산의 즐거움은 목표를 조금씩 높여가는 것에서 생깁니다. 예를 들면 '집 뒤에 있는 산에 오르겠다'라는 목표를 정하고 그것을 향해 계획을 세웁니다. 목표대로 오를 수 있었다면, ②다음 목표를 정합니다. 이 반복이 등산의 즐거움을 만들어 내는 것입니다.

그러기 위해서는 계획을 제대로 세우는 것이 중요합니다. ③앞으로 등산을 시작하려는 사람은 다음과 같이 하면 좋을 것입니다. 우선 처음 1개월은 어쨌든 집 근처에 있는 낮은 산을 오르는 것부터 시작합니다. 이때는 쉬지 않고 오릅니다.

이것이라면 처음 오르는 사람에게도 어렵지 않습니다. 점차 산에 오르는 속도를 높여 갑니다. 그게 가능해지면 오르는 시간도 늘려 갑니다. 30분 오름, 1시간 오름, 2시간 오름. 점차 오르는 거리는 높게, 시간은 짧게 합니다.

다음 1개월은 오르는 시간을 정해서, 다음 1개월은 걸리는 시간은 신경 쓰지 않고 거리를 신경 쓰며, 조금씩 거리를 늘려 갑니다. 개인차가 있으니 오르는 거리도 속도도 자신의 힘에 맞추어 무리 없는 계획을 세우세요.

이처럼 **점점 오를 수 있는 산을 늘려가면 등산으로 유명한 높은 산에도 오를 수 있는 힘이 붙는다고 말할 수 있을 것입니다.**

이처럼 목표를 정하고 계획을 세워서 오르는 것으로 등산을 즐길 수 있습니다.

5　①그러한 사람이라고 하는데, 어떤 사람을 가리키고 있는가?

1　등산을 막 시작한 사람

2　등산을 시작하고 바로 그만두는 사람

3　등산을 고통스럽게 생각하는 사람

4　등산을 즐길 수 있는 사람

6　②다음 목표라고 하고 있는데, 어떤 목표인가?

1　전력으로 빠른 속도로 오르겠다는 목표

2　더 높은 산을 쉬지 않고 오르겠다는 목표

3　지금까지보다 조금 높은 목표

4　지금까지보다 상당히 높은 목표

7 ③지금부터 등산을 시작하려는 사람에게 맞는 것은 어떤 계획이라고 말하고 있는가?

1 우선 근처의 낮은 산에서 시작하여, 점차 속도를 높여서 높은 산을 빠른 속도로 오르도록 한다.

2 우선 근처의 낮은 산에서 시작하여, 점차 높은 산을 목표로 해서 등산으로 유명한 산에 오르도록 한다.

3 우선 속도에 신경쓰지 않고 산에 올라, 점차 스피드를 높여 보다 빠른 속도로 오르도록 한다.

4 우선 천천히 걷는 듯한 속도로 높은 산에 올라, 점차 속도를 높여 조금씩 속도를 내도록 한다.

8 이 문장 전체의 주제는 무엇인가?

1 등산을 즐기는 방법

2 오르는 것의 어려움

3 등산의 규칙

4 오르는 것의 중요성

해설 5 밑줄 앞 문장에서 「せっかく山登りを始めても、1回か2回でやめてしまう人がいます」라고 언급하고 있기 때문에 정답은 2번이다.

6 두 번째 단락에서 목표에 대해 「山登りの楽しみは、目標を少しずつ高くしていくことで生まれます」라고 언급하고 있기 때문에 정답은 3번이다.

7 세 번째 단락에서 등산을 하는 방법에 대해서 구체적으로 설명을 하고 있다. 근처 낮은 산에서 시작해서 처음은 속도를 높이고, 그 다음 한 달은 조금씩 거리를 늘려간다. 그리고 마지막 세 번째 줄에서 「だんだん登れる山を増やしていけば、登山で有名な高い山にも登れる力がつく」라고 언급하고 있기 때문에 정답은 2번이다.

8 글의 맺음을 「山登りを楽しむことができる」라고 언급하고 있기 때문에 정답은 1번이다.

어휘 山登り 등산 | 登る 오르다 | 目標 목표 | ~に向けて ~을/를 향해서 | 計画をたてる 계획을 세우다 | 繰り返す 반복하다 | 楽しみ 즐거움 | 生む 낳다, 만들어 내다 | しっかり 제대로, 확실히 | 大切だ 중요하다 | 最初 처음 | 近辺 근처, 근방 | 次第に 점차, 점점 | スピード 속도 | 短くする 짧게 하다 | 気にしない 신경쓰지 않다 | 距離を伸ばす 거리를 늘리다 | 個人差 개인차 | 無理がない 무리가 없다 | 増やす 늘다 | 力がつく 힘이 생기다, 힘이 붙다

(3)

문제 6 다음 문장을 읽고 질문에 답하세요. 답은 1·2·3·4에서 가장 적당한 것을 하나 고르세요.

| 정답 |

[9] 1 [10] 3 [11] 4 [12] 4

| 해설 |

해석

음악을 듣거나 경치를 보면 과거의 경험이 그때의 기분과 함께 기억나는 경우가 있다. 그와 같이 눈에는 보이지 않는 냄새도 같은 경우가 있는데, 이쪽이 더 강하기 때문에 **어떤 냄새인지를 떠올리기 전에 몸과 마음을 움직이는 힘이 있는 것 같다.** 냄새의 ①이 같은 특징은 여러 가지 형태로 이용된다.

지금까지 양초에 냄새를 입혀서 몸과 마음을 쉬게 하거나, 오일 냄새를 이용하여 집중력을 키우기 위해서도 사용되었지만, 최근에는 다음과 같은 이용 방법이 늘고 있다. 예를 들어, **어느 슈퍼에서 인공적으로 어묵 냄새를 매장에 나게 했더니, 어묵 재료가 평소보다 3할 정도 많이 팔렸다고 한다.** 냄새가 그 요리의 맛과 그것을 먹었을 때의 만족감을 확실하게 떠올리게 하여, 다시 먹고 싶어지게 만들었기 때문일 것이다. 또한, **어느 의류 고급 브랜드에서는 냄새가 나지 않는 상품 판매장에 인공적인 고급 향수 냄새를 나게 하는 곳도 있다고 한다.** 냄새에 따라 상품의 고급 이미지를 만들고 있는 것이다. 이 이야기를 들었을 때에는 냄새에 ②이런 다른 이용 방법이 있었다는 것에 놀랐다.

냄새를 오랫동안 연구해 온 전문가에 따르면, **지금은 거의 냄새가 인공적으로 만들어진다고 한다.** 그러나 인공적인 냄새를 맡고 두통, 현기증, 메스꺼움 등 몸 상태의 부진을 일으킬 문제가 있다. 또한 자연의 냄새와 만들어진 냄새를 구별할 수 없다는 문제도 있다. 어린이를 대상으로 냄새 실험을 했더니 자연 꽃 냄새보다 인공적인 꽃 냄새를 진짜 꽃 냄새라고 생각한 아이가 많았다고 한다.

만들어진 냄새만 맡고 있으면, 그것에 익숙해져서 진짜 냄새를 잊어버리는 것이다. **인공적인 냄새를 이용하여 다양한 경우에서 사용하는 것은 좋은 일이기는 하지만, 진짜 냄새는 잊지 않았으면 좋겠다.**

[9] ①이 같은 특징이라고 하는데, 그것은 무엇인가?

1 다른 감각보다 강해서 몸과 마음에 영향을 미치는 것

2 운동하고 싶어지는 기분으로 만드는 것

3 어떤 냄새인지를 생각하게 하는 것

4 소비 행동을 강하게 일으키는 것

10 이 글에 따르면 최근 냄새의 어떤 이용 방법이 증가하고 있는가?

1 몸과 마음을 쉬게 하기 위해 이용한다.

2 집중하는 힘을 키우기 위해 이용한다.

3 상품을 판매하기 위해 이용한다.

4 손님에게 만족감을 갖게 하기 위해 이용한다.

11 ②이런 다른 이용 방법이 있었다라고 하는데, 그것은 예를 들면 어떤 방법인가?

1 고급 향수 냄새를 사용하여 의류를 만든다.

2 의류 매장에 고급 꽃을 장식한다.

3 손님의 눈 앞에서 맛있을 것 같은 어묵을 만든다.

4 식료품 매장에 인공적인 어묵 냄새를 나게 한다.

12 냄새에 대해 이 글을 쓴 사람은 어떻게 말하고 있는가?

1 냄새의 신비한 힘을 더 다양한 곳에서 이용하는 것이 좋다.

2 진짜 냄새를 위해 인공적인 냄새가 나도록 하는 것이 좋다.

3 냄새에 따라서 불필요한 상품을 강매당할 수 있으니 주의하는 것이 좋다.

4 인공적인 냄새를 이용하는 것은 좋은 일이지만, 진짜 냄새도 소중히 하는 것이 좋다.

해설 9 글의 시작에서 음악을 듣거나 풍경을 보면 과거가 잘 기억난다고 설명하면서 이 같은 특징은「どんなにおいなのかを考えさせるまえに、体や心を動かす力があるようだ」라고 언급하고 있기 때문에 정답은 1번이다.

10 두 번째 단락에서 냄새로 상품의 매출을 늘리는「おでんの売り場、衣類の高級ブランド売り場」등과 같은 사례를 언급하고 있기 때문에 정답은 3번이다.

11 밑줄 앞 단락에서 사례로「おでんの売り場, 衣類の高級ブランド売り場」를 설명하며 전문가의 이야기를 들어「今ではほとんどにおいが人工的に作られるそうだ」라고 언급하고 있기 때문에 정답은 4번이다.

12 글의 맺음에서「人工的なにおいを利用していろいろな場面で使うことはいいことではあるが、本当のにおいは忘れないようにしてほしい」라고 언급하고 있기 때문에 정답은 4번이다.

어휘 音楽 음악 | 景色 경치 | 過去 과거 | 経験 경험 | 思い出す 생각해 내다, 회상하다 | におい 냄새, 향기 | 動かす 움직이게 하다 | 特徴 특징 | 形 모양, 형태 | キャンドル 양초 | オイル 오일 | 人工的 인공적 | おでん 어묵 | 売り場 매장 | 流す 흐르게 하다 | 材料 재료 | 満足感 만족감 | はっきり 확실히, 뚜렷하게 | 衣類 의류 | 高級ブランド 고급 브랜드 | 香水 향수 | 商品 상품 | 驚く 놀라다 | 研究 연구 | 専門家 전문가 | ほとんど 거의, 대부분 | 頭痛 두통 | めまい 현기증 | 吐き気 구토 | 体調不調 몸 상태가 나쁨 | 対象 대상 | 実験 실험

PART 3 독해

(4)

문제 6 다음 문장을 읽고 질문에 답하세요. 답은 1·2·3·4에서 가장 적당한 것을 하나 고르세요.

|정답|

13 2	14 2	15 3	16 2

|해설|

해석

택시를 타면 손님은 "서둘러 주세요."라고 하는 사람이 많다. 그래서 택시 기사는 달리기 시작해 금방 속도를 올리거나, 앞차가 늦을 때는 추월하고는 했다.

그런데 어느 잡지에서 택시 이용자를 대상으로 **설문조사를 한 결과 80% 이상의 사람이 '천천히 달려 줬으면 좋겠다고 생각한 적이 있다'고 대답했다고 한다.**

이 조사 결과를 토대로 텔레비전에서 어느 택시 회사의 이야기가 소개됐다.

택시 기사는 "①놀랐습니다. **우리는 손님과 반대의 것을 생각하고 있었군요.**"라고 말했다. 회사는 이 결과로부터 꼭 모든 손님이 서두를 필요가 있는 분들이 아니라는 것을 깨닫게 되었다. 속도를 내서 달리면 차체가 많이 흔들리거나, 커브를 돌면 몸이 기울어져 버린다. 아이를 동반하신 분이나 노인분들, 그 밖에 술을 드신 분은 좀 더 천천히 조심스럽게 운전해 줬으면 좋겠다고 생각하는 것 같다. 그러나 서두르고 있는 기사에게 "서두르지 않아도 괜찮으니까, 조심스럽게 운전해 주세요."라고 말하기 어려운 사람이 많은 것 같다고 생각했다.

그래서 이 회사에서는 이용자가 앉는 자리에 자신의 의사를 표현할 수 있도록 좌석 앞에 빨강과 녹색의 버튼을 달았다. 빨간 버튼을 누르면 평소보다 더 서둘러서 운전하고, 녹색 버튼을 누르면 더욱 천천히 조심스럽게 운전하는 서비스를 시작했다. **이것이라면 어느 쪽인지 확실하게 말을 꺼내기 어려운 사람이라도, 거리낌 없이 바람을 기사에게 전달할 수 있다.**

이 서비스를 기뻐하는 손님이 많아 회사의 이미지도 좋아지고, 예약이 30%나 올랐다고 한다. 게다가 조심스럽게 운전하면 휘발유의 소비량도 줄어 환경에도 좋다. 그렇게 생각해 보면 이것은 ②훌륭한 아이디어가 아닐까?

13 이 택시 회사의 조사에서 알게 된 것은 어떠한 것인가?

1 급하다고 속도를 갑자기 올리거나 앞차를 추월하거나 하는 기사가 많다.

2 천천히 운전해 주었으면 좋겠다고 생각한 적이 있는 손님이 많다.

3 서두르는 것은 손님을 위한 서비스라고 생각하는 기사가 많다.

4 기사는 조심스러운 운전을 하고 있다고 생각하는 이용자가 많다.

14 ①놀랐습니다라고 하는데, 왜 놀랐는가?

1 설문조사에 응답해 준 손님의 수가 기대했던 것보다 훨씬 많았기 때문에

2 설문조사에서 알게 된 조사 결과가 기사의 예상과는 달랐기 때문에

3 설문조사에서 만족하고 있는 손님의 비율이 생각 이상으로 많은 것을 알았기 때문에

4 설문조사를 실시해도 이용자의 진정한 바람은 몰랐기 때문에

15 이 택시 회사가 버튼을 사용해서 이용자의 바람을 들을 수 있도록 한 것은 왜인가?

1 운전 중에 손님의 목소리가 잘 들리지 않는 기사가 많은 것 같아서

2 손님과 되도록 이야기를 하고 싶지 않다고 생각하는 기사가 많은 것 같아서

3 기사에게 직접 말하기 어렵다고 느끼는 손님이 많은 것 같아서

4 버튼을 달아 주었으면 좋겠다는 바람을 가진 이용자가 많은 것 같아서

16 ②훌륭한 아이디어라고 하는데, 이 글을 쓴 사람은 왜 그렇게 말하고 있는가?

1 회사의 매출은 줄지만, 손님이나 환경에 좋은 서비스이기 때문에

2 손님과 택시 회사 둘 다 장점이 있고 환경에도 좋은 서비스이기 때문에

3 손님은 조금 늘어났고, 환경에도 좋은 서비스이기 때문에

4 회사와 이용자가 함께 생각한 환경에 좋은 서비스이기 때문에

해설 13 설문조사 결과에서 「80%以上の人が「ゆっくり走ってほしいと思ったことがある」と答えた」라고 언급하고 있기 때문에 2번이 정답이다.

14 밑줄 뒤 문장에서 「私たちはお客さんと反対のものを考えていたんですね」라고 언급하고 있기 때문에 정답은 2번이다.

15 버튼을 사용한 이유로 세 번째 단락의 마지막 부분에서 「これなら、どっちかはっきり言い出しにくい人でも、遠慮なく希望を運転手に伝えることができる」라고 언급하고 있기 때문에 정답은 3번이다.

16 마지막 단락에서 「丁寧に運転するとガソリンの消費量も減り、環境にも優しい」라고 언급하고 있기 때문에 정답은 2번이다.

어휘 ~に乗る ~을/를 타다 | 急ぐ 서두르다 | 運転手 기사, 운전수 | 走り出す 달리기 시작하다 | スピードをあげる 속도를 올리다 | 追い越す 추월하다 | ゆっくり 느긋히, 천천히 | 驚く 놀라다 | 必ずしも 항상, 반드시 | 車体 차체 | 揺れる 흔들리다 | カーブを曲がる 모퉁이를 돌다 | 傾く 기울다 | お子さん連れ 아이 동반 | 年寄り 노인 | 丁寧に 정성껏, 조심스럽게 | 言いにくい 말하기 어렵다 | 意志 의지, 의사 | 座席 좌석 | ボタンを押す 버튼을 누르다 | 言い出す 말을 꺼내다 | 希望 희망, 바람 | アップする 업 하다, 올리다 | 消費量 소비량

(5)

문제 6 다음 문장을 읽고 질문에 답하세요. 답은 1·2·3·4에서 가장 적당한 것을 하나 고르세요.

| 정답 |

17 1	18 2	19 3	20 3

| 해설 |

해석

모두 집에 ①잠자고 있는 장난감은 어떻게 하는 것일까? 우리 집에는 잠자고 있는 장난감이 많이 있다. **고장 난 것과 아이가 커서 더 갖고 놀지 않게 된 것, 거기에 세트가 맞지 않는 것이다.** 이것들은 누군가에게 주고 싶어도 누구도 갖고 싶어하지 않고, 고물로 재활용 가게에 팔고 싶어도 사 주지 않는다. 버리는 것은 추억도 있고 아깝다고 생각해서 버리지 않는 동안에 가지고 놀지 않는 장난감이 산더미만큼 늘어나 버리는 것이다.

그런데 얼마 전 어느 장난감 회사에서 ②이런 서비스를 시작했다. **이 회사의 장난감 매장에 사용하지 않는 장난감을 가져가면, 장난감 할인권으로 교환해 주는 것이다.**

그러면 이 회사는 이용자가 가져온 장난감은 어떻게 할까? 점원의 말에 의하면 낡은 장난감의 6할은 버려지고, 나머지 4할은 고쳐 필요한 분에게 기부할 수밖에 없었다고 한다. 하지만 **최근 낡은 장난감의 플라스틱을 활용해서 '가구'를 만드는 기술이 고안되었다.** 이 플라스틱으로 낡은 장난감이 최신 디자인의 새로운 가구로 다시 태어나는 것이다. 신기술 덕분에 낡은 것에서 새로운 것을 만들어 내는 것도 가능해졌고, 환경에도 좋다. 이건 훌륭한 것이라고 생각한다.

이제까지 나는 낡은 것을 버리는 게 아깝다는 생각이 들어 버리지 못했다. **하지만 나의 낡은 장난감에서 더욱 가치가 높고 새로운 디자인의 가구가 만들어질지도 모른다고 생각하니 ③기뻐졌다.**

17 '나'의 집에 있는 ①잠자고 있는 장난감이라는 것은 어떤 장난감인가?

1 더는 갖고 놀지 않게 되어 버린 장난감

2 낡아서 버리려고 생각하고 있는 장난감

3 잠을 잘 때 쓰는 장난감

4 팔기 위해 챙겨두었던 장난감

18 ②이런 서비스라고 하는데, 낡은 장난감을 가게에 가져가면 어떤 서비스를 받을 수 있는가?

1 대신 집안의 낡은 장난감을 버려준다.

2 대신 그 가게의 할인권을 받을 수 있다.

3 가지고 있던 장난감을 새 디자인의 장난감으로 바꿔준다.

4 가지고 있던 장난감을 돈으로 바꿔준다.

19 이 문장에 따르면 낡은 장난감은 무엇으로 재생산되는가?

1 신기술

2 새로운 플라스틱

3 새로운 디자인의 가구

4 새로운 디자인의 장난감

20 ③기뻐졌다라고 하는데 어떤 점이 기쁜가?

1 낡은 장난감을 깨끗하게 해서 새로 파는 것

2 낡은 것 속에 있는 좋은 부분을 소중히 하는 것

3 오래된 것을 이용해서 보다 가치가 높은 것을 생산해 내는 것

4 옛날에 갖고 놀던 장난감을 가게에 두고 다시 한번 파는 것

해설 17 밑줄 뒤 문장에서 잠들어 있는 장남감에 대해서 「壊れたものや子供が大きくなってもう遊ばなくなったもの、それにセットが合わないものだ」라고 언급하고 있기 때문에 정답은 1번이다.

18 밑줄 뒤 문장에서 서비스에 대해 「おもちゃの割引券に交換してくれるのだ」라고 언급하고 있기 때문에 정답은 2번이다.

19 밑줄 앞 문장에서 「最近、古いおもちゃのプラスチックを活用して「家具」を作る技術が考えられた」라고 언급하고 있기 때문에 정답은 3번이다.

20 밑줄 앞에서 기쁘게 생각하는 이유에 대해 「でも、私の古いおもちゃからもっと価値が高くて新しいデザインの家具が生まれるかもしれないと考えたら」라고 언급하고 있기 때문에 정답은 3번이다.

어휘 眠る 잠들다 | おもちゃ 장난감 | 壊れる 고장나다, 부서지다 | 遊ぶ 놀다 | セット 세트 | 欲しがる 갖고 싶어하다 | 古物 고물, 헌것 | リサイクルショップ 재활용 가게 | 売る 팔다 | 捨てる 버리다 | 思い出 추억 | ~ないうちに ~하기 전에, ~하지 않는 동안에 | ~ほど ~만큼 | 割引券 할인권 | 交換する 교환하다 | 店員 점원 | 残り 나머지 | 直す 고치다 | 寄付する 기부하다 | 家具 가구 | 技術 기술 | プラスチック 플라스틱 | 生まれ変わる (성격, 내용이) 완전히 달라지다 | ~おかげで ~덕분에 | 作り出す 만들어 내다

(6)

문제 6 다음 문장을 읽고 질문에 답하세요. 답은 1·2·3·4에서 가장 적당한 것을 하나 고르세요.

|정답|

21 2   22 2   23 3   24 1

|해설|

해석

아이는 조심을 해도 생각하지 못한 사고가 항상 일어납니다. 특히 도로를 걸을 때 등에는 항상 신경을 써야 하지만, 부모 측에서 보면 그것도 간단한 일은 아닙니다. 그래서 어린이에게 안전복을 입히는데, 요즘 저희 마을의 '어린이 안전복'이 화제를 불러일으키고 있습니다. **이것은 패션을 공부하는 학생들이 걷고 있는 아이를 교통사고로부터 지키기 위한 옷을 만든 것입니다.** ①이 옷은 자동차 운전자가 잘 볼 수 있고, 입는 것도 즐거운 디자인입니다.

지금까지도 어린이를 위한 안전복은 있었습니다. 그리고 운전자가 보고 잘 알 수 있는 색깔을 쓰거나 빛나게 하는 것은 똑같았습니다. **하지만 디자인이 별로 재미가 없었기 때문에** ②아이들에게 인기가 없었습니다. 그래서 학생들은 졸업 작품으로 입는 아이들이 즐거워질 만한 옷을 디자인하고 싶다고 생각해서, 셔츠와 바지와 비 오는 날에 입는 코트를 만들었습니다. **셔츠와 바지의 주머니와 코트의 등 부분에 달린 벌레 그림**이 자동차 라이트에 ③빛나게 되어 있습니다.

학생들은 완성된 옷을 마을 축제 날 마을에 모인 사람들에게 보여주었습니다. 그러자 아이들은 모두 '입어보고 싶다'며 매우 기뻐했습니다.

지금은 아직 비싸서 팔리지 않기 때문에, 학생들은 졸업식이 끝나면 양복을 만드는 회사에 **이 옷을 소개해서 싸게 만들 수 없는지 상담하고 싶다고 생각하고 있습니다.**

21 ①이 옷이라고 하는데, 누가 만든 것인가?

1 자동차 운전에 관심이 있는 학생

2 옷 디자인을 공부하고 있는 학생

3 교통사고를 당한 적이 있는 학생

4 아이의 사고를 걱정하는 어머니들

22 ②아이들에게 인기가 없었습니다라고 하는데, 이 글을 쓴 사람은 무엇 때문이라고 말하고 있는가?

1 아이들이 좋아하지 않는 색이었기 때문에

2 즐거운 디자인이 아니었기 때문에

3 아이들에게는 무거웠기 때문에

4 입고 벗는 게 힘들었기 때문에

23 ③빛나다라고 하는데, 이 글에 따르면 그것은 무엇인가?

1 양복에 달린 단추

2 재미있는 모양의 주머니

3 옷에 달린 벌레 그림

4 벌레 모양의 모자

24 이 글에 따르면 학생들은 어떻게 하려고 생각하고 있는가?

1 옷을 만드는 회사와 의논한다.

2 외국 회사와 상담한다.

3 같은 모양의 옷을 많이 만든다.

4 직접 회사를 만들려고 생각하고 있다.

해설 21 밑줄 앞 문장에서 「これはファッションを学んでいる学生たちが、歩いている子供を交通事故から守るための服を作ったものです」라고 어린이의 안전복을 디자인을 공부하는 학생이 만들었음을 언급하고 있기 때문에 정답은 2번이다.

22 밑줄 앞에서 인기가 없었던 이유를 「デザインがあまりおもしろくなかったので」라고 언급하고 있기 때문에 정답은 2번이다.

23 밑줄 앞에서 「コートの背中に付いている虫の絵が、」라고 말하고 있기 때문에 정답은 3번이다.

24 마지막 단락에서 어린이 안전복을 싸게 제공하기 위해서 양복을 만드는 회사와 「安く作れないか相談したいと考えています」라고 언급하고 있기 때문에 정답은 1번이다.

어휘 気を付ける 조심하다 | 思いがけない 의외이다, 뜻밖이다 | 事故 사고 | 道路 도로 | 歩く 걷다 | 常に 항상 | 注意 주의 | 両親 부모 | ~側 ~측 | 簡単だ 간단하다 | 安全服 안전복 | 着せる 입히다 | ファッション 패션 | 守る 지키다 | デザイン 디자인 | 運転手 기사, 운전수 | 町 마을 | 色 색 | 光る 빛나다 | 背中 등 | 人気がある 인기가 있다 | 卒業作品 졸업 작품 | シャツ 셔츠 | ズボン 바지 | 祭り 축제 | 集まる 모이다 | 喜ぶ 기뻐하다 | 卒業式 졸업식 | 洋服 양복 | 紹介する 소개하다 | 相談する 상담하다

(7)

문제 6 다음 문장을 읽고 질문에 답하세요. 답은 1·2·3·4에서 가장 적당한 것을 하나 고르세요.

|정답|

25 3	26 1	27 4	28 1

|해설|

해석

지난달에 은행에 가서 차례를 기다리는 동안 잡지를 보고 있었습니다. ①거기에는 작년에 막 생긴 여관이 실려 있었습니다. '모리야마 여관'이라는 이름으로, '최고의 풍경, 최고의 맛있는 음식, 특별한 휴일을 함께 보내지 않겠습니까?'라는 기사를 읽고 있는 동안 가고 싶다는 생각을 하게 되었습니다. 아주 좋을 것 같아서 바로 친구들과 가보았습니다.

도착해 보니 생각보다 작은 곳으로 객실이 5개밖에 없고, 이름이 '모리야마'인데 어느 방에서나 눈앞에는 바다가 펼쳐져 있었습니다. 이 여관을 경영하는 사람은 **바다에서 기분 좋은 바람을 맞으면서, 경치를 보거나 주위의 소리를 듣거나 하며, 지금까지 느껴본 적이 없는 자연을 즐겨 주길 바란다고 말했습니다.**

②이 여관은 생긴 지 얼마 되지 않았는데 **건물이 나무로 만들어져 있어 따뜻한 느낌이 들고, 방은 너무 넓지 않아서 자신의 집에 있는 것처럼 푹 쉴 수 있습니다.** 그리고 방에는 슬리퍼가 없습니다. 나무 마루의 장점을 직접 느껴 보길 바라기 때문이라고 합니다.

저도 아무것도 신지 않고 걸어보니 너무 기분이 좋았습니다. 방에는 텔레비전도 없어서 밤에는 바닷소리와 바람 소리를 들으면서 **한동안 못 만난 친구에게 엽서를 쓰며 조용히 지냈습니다.** 일상에 조금 지치면 다시 이 여관에서 한가롭게 지내고 싶다고 생각했습니다.

25 ①거기라고 하는데, 어떻게 알게 되었는가?

1 친구에게 빌린 잡지에 나와 있었다.

2 서점에 가서 여행 잡지에서 찾았다.

3 은행의 대기시간에 읽은 잡지에서 보았다.

4 여행을 좋아하는 은행원에게 소개받았다.

26 이 글에 의하면 모리야마 여관을 경영하는 사람은 손님이 어떻게 해 주었으면 좋겠다고 말하고 있는가?

1 지금까지 깨닫지 못했던 자연과 만나길 바란다.

2 다른 손님과 친구가 되어 주길 바란다.

3 친구에게 이 여관을 소개해 주었으면 좋겠다.

4 좋은 여관이 되도록 의견을 말해 주었으면 좋겠다.

27 ②이 여관은 어떤 분위기인가?

1 색다른 모양으로 세련된 분위기

2 나무로 둘러싸여 있어 아늑한 분위기

3 방이 넓어서 여유롭게 지낼 수 있는 분위기

4 딱 좋은 크기로 자기 집에 있는 것 같은 분위기

28 이 글에 따르면, 이것을 쓴 사람은 밤에 무엇을 했는가?

1 한동안 만나지 못한 친구에게 엽서를 썼다.

2 평소엔 보지 않는 텔레비전을 보며 즐겼다.

3 조용히 독서를 하며 지냈다.

4 친구에게 스마트폰으로 호텔 사진을 보냈다.

해설 25 밑줄 앞 문장에서 여관을 알게 된 계기에 대해 「先月銀行に行って順番を待っている間に、雑誌を見ていました」라고 언급하고 있기 때문에 정답은 3번이다.

26 두 번째 단락에서 여관의 경영자의 바람에 대해 「海からの気持ちのいい風に吹かれて、景色を見たり、周りの音を聞いたりして、今まで感じたことのない自然を楽しんでもらいたいと言っています」라고 언급하고 있기 때문에 정답은 1번이다.

27 밑줄 뒤 문장에서 이 여관에 대해서 「建物が木でできていて温かい感じがしますし、部屋は広すぎないので自分の家にいるようにゆっくりいられます」라고 언급하고 있기 때문에 정답은 4번이다.

28 마지막 단락에 「しばらく会っていない友達にハガキを書いて、静かに過ごしました」라고 여관에서 어떻게 지냈는지를 설명하고 있기 때문에 정답은 1번이다.

어휘 銀行 은행 | 順番 순서, 차례 | 雑誌 잡지 | 去年 작년 | 旅館 여관 | ~に載る ~에 실리다 | 風景 풍경 | 美食 맛있는 음식 | 特別だ 특별하다 | 休日 휴식 | 過ごす 보내다 | 記事 기사 | よさそうだ 좋을 것 같다 | 早速 즉시 | 客室 객실 | 広がる 펼쳐지다 | 経営 경영 | 風に吹かれる 바람을 쐬다 | ゆっくりできる 푹 쉴 수 있다 | 自然 자연 | 周り 주위 | 温かい 따뜻하다 | スリッパ 슬리퍼 | 床 바닥 | 直接 직접 | 履く 신다 | しばらく 한동안 | 疲れる 피곤하다 | のんびりする 느긋하게 보내다

(8)

문제 6 다음 문장을 읽고 질문에 답하세요. 답은 1·2·3·4에서 가장 적당한 것을 하나 고르세요.

| 정답 |

29 1　30 4　31 3　32 1

| 해설 |

해석

규슈 초등학교는 그 마을에 사는 외국인과 통역 자원봉사자가 와서 2학년 어린이들과 함께 공부를 하는 수업을 실시하고 있다. **수업은 한 달에 1번씩 총 4번. 한 명의 외국인과 통역 자원봉사자와 학생 두 명이 그룹을 만든다. 각 그룹의 구성원은 매번 같다. 외국인과 친해지는 것, 그리고 다른 문화를 이해하는 힘을 기르는 것이 목적이라고 한다.**

기사를 쓰기 위해 실제로 참가했다. 수업 전에는 학생들이 외국인과 지낼 때의 주의사항이나 사용해서는 안 되는 말 등을 배운다. 그래도 첫 번째 수업에서 처음 외국인이 왔을 때는 모두 "우와, 눈이 파래", "노란 머리다", "애니메이션에서 본 사람 같아"라고 떠들며 불안한 얼굴을 하고 있었다.

처음에는 외국인을 보면서 통역 자원봉사자에게 외국인의 이름과 하루 생활에 대해 묻기만 할 뿐이었지만, 잠시 후부터는 여기저기서 "음식은 뭘 좋아해?", "어디에서 왔어?" 등 직접 말을 거는 소리가 들리기 시작했다. **그리고 외국인과 눈을 맞추거나 손을 만져 보는 학생도 있었고, 점점 떠들썩해졌다. 중에는 외국인을 웃기려다 넘어져서 울음을 터뜨리는 학생도 있었다.**

두 번째부터 학생들은 외국인을 만나는 것을 무척 기대하고 있었다. 그리고 만날 때마다 ①깜짝 놀랐다. **한 달 못 본 동안에 외국인들은 매우 일본어가 능숙해져서, 학생들의 질문에 대답하고 있었던 것이다.**

수업 후에는 "러시아에서는 밤도 밝대", "알제리는 어디에 있는 걸까?", "나, 외국어를 공부해 보고 싶어", "나도 통역을 해 보고 싶어" 등의 감상을 말했다.

학생들의 모습을 보니 ②수업의 목적이 제대로 전해진 것 같다고 느껴져 좋은 수업이라고 생각했다.

29 이 초등학교의 수업은 어떻게 실시되고 있는가?

1 월에 1회, 매회 같은 구성원의 그룹으로 전부 4회 함께 지낸다.

2 월에 4회, 매회 같은 구성원의 그룹으로 전부 4회 함께 지낸다.

3 월에 1회, 매회 다른 구성원의 그룹으로 전부 4회 함께 지낸다.

4 월에 4회, 매회 다른 구성원의 그룹으로 전부 4회 함께 지낸다.

30 첫 번째 수업에서 학생들의 모습은 어땠는가?

1 계속 외국인을 보고만 있고, 불안한 얼굴을 하고 있었다.

2 전에 배운 영어가 전혀 안 돼서 매우 곤란해하고 있었다.

3 처음부터 적극적으로 외국인에게 관여해서 매우 떠들썩했다.

4 처음에는 직접 말을 못 했지만, 점점 직접 외국인에게 말을 걸기 시작했다.

31 무엇에 ①깜짝 놀랐는가?

1 외국인에게 눈을 맞추면서 손을 만진 것

2 외국인을 웃기려고 하다가 넘어져 버린 것

3 외국인의 일본어가 능숙해져 말을 잘할 수 있게 된 것

4 외국인이 자주 웃게 되어 친해진 것

32 ②수업의 목적이 제대로 전해진 것 같다고 느꼈다고 하는데, 왜 그렇게 느꼈는가?

1 학생들에게 외국인과 친해지거나 다른 문화를 이해하는 힘이 자란 것 같았기 때문에

2 학생들이 자신들도 외국인을 돌볼 수 있다는 것을 깨닫게 된 것 같았기 때문에

3 학생들이 생각한 것을 말로 직접 외국인에게 물어보고 있는 것 같았기 때문에

4 학생들에게 자신도 외국어를 공부하고 싶다는 마음이 생긴 것 같았기 때문에

해설 29 첫 번째 단락에서 「月に1回、全部4回。一人の外国人と通訳ボランティアと生徒二人がグループを作る。各グループのメンバーは毎回変わらない」라고 언급하고 있기 때문에 정답은 1번이다.

30 세 번째 단락에서 「初めは、外国人を見ながら、通訳ボランティアに外国人の名前や一日の生活について聞いているだけだったが、~外国人と目を合わせたり、手を触ってみる生徒も出てきて、だんだんにぎやかになった。中には外国人を笑わせようとして転んで泣かれてしまう生徒もいた」라고 언급하고 있기 때문에 정답은 4번이다.

31 밑줄 뒤 문장에서 「1か月会わないうちに、外国人はとても日本語が上手になり、生徒たちの質問に答えていたのだ」라고 언급하고 있기 때문에 정답은 3번이다.

32 첫 번째 단락에서 이 수업의 목적에 대해 「外国人と仲良くなる、そして違う文化を理解する力を育てることが目的だそうだ」라고 언급하고 있기 때문에 정답은 1번이다.

어휘 通訳 통역 | ボランティア 자원봉사자 | 生徒 학생 | グループ 그룹 | 仲良くなる 친해지다 | 違う文化 다른 문화 | 理解する 이해하다 | 育てる 키우다 | 実際的 실제적 | 参加 참가 | 青い 파랗다 | 黄色い 노랗다 | 騒ぐ 떠들다 | 目を合わせる 눈을 맞추다 | 声をかける 말을 걸다, 인사하다 | 触る 만지다 | だんだん 점점 | 賑やかだ 활기차다, 떠들썩하다 | 転ぶ 넘어지다 | ~たびに ~때 마다 | びっくりする 깜짝 놀라다 | 上手になる 능숙해지다 | ロシア 러시아 | アルジェリア 알제리 | 様子 모습, 상태 | きちんと 제대로 | 伝わる 전해지다

문제 7 »»»

정보검색

이해하고 공략하기

1교시 언어지식(문자·어휘+문법)X독해

1 문제 프로필

상대를 알아야 문제를 푼다!

문제 7 정보검색

問題 7 情報検索

기본정보

성 격 광고나 팸플릿, 안내문 등에서 필요한 정보를 찾아내기를 원함

문제 개수 2개/16개(독해) ▷ 한 지문 2개

풀이 시간 4분/50분(독해)

분 량 600~700자

분석정보

주요 화제 실생활에서 흔히 접하는 광고, 팸플릿, 정보지, 비즈니스 문서 등

평가 방식 문제 해결에 필요한 정보를 글 안에서 얼마나 정확하게 찾아내는지가 중요

STEP 1 스피드 해법

문제를 먼저 읽고 필요한 정보만을 빠르게 체크한 후 바로 정답 선택

STEP 2 함정 주의보

글과 표 하단의 '주의사항', '기타', '괄호문' 등이 정답에 영향을 줄 수 있으므로 주의

STEP 3 대책

문제에 제시된 조건과 선택지를 파악한 후 글의 해당 키워드와 대조하여 오답을 소거

STEP 4 공부 방법

제시되는 정보가 여러 가지이므로 메모, 밑줄, O·X표기로 문제를 풀며 훈련한다!

문제유형

희망하는 조건을 충족하는 것을 찾아 내는 문제

⊘ ~希望に合うのはどれか/何か。(~희망에 맞는 것은 어느 것인가?/무엇인가?)

⊘ ~が~する~はどれか/どの~か。(~이/가 ~하는 ~은/는 어느 것인가?/어떤 ~인가?)

풀이 흐름 문제에서 조건 확인 ▷ 지문에서 키워드 검색 ▷ 선택지와 비교 ▷ 모든 조건의 충족여부 파악 ▷ 정답 체크!

설명문의 내용과 부합하는 예를 찾는 문제

⊘ ~方法で正しいものはどれか。(~하는 방법으로 올바른 것은 어느 것인가?)

⊘ ~する場合、どうやって~すればいいか/どうすればいいか。
(~할 경우, 어떻게 ~하면 좋은가?/어떻게 하면 좋은가?)

풀이 흐름 지문에서 키워드 검색 ▷ 글의 설명문 확인 ▷ 선택지와 비교 ▷ 오답 소거 ▷ 정답 체크!

주의사항에 대해 묻는 문제

⊘ 気をつけなければならないことはどれか。(주의해야만 하는 것은 어느 것인가?)

⊘ 必ずしなければならないことは何か。(반드시 해야 하는 것은 무엇인가?)

풀이 흐름 표 하단의 '＊', '주의', '기타' 내용 확인 ▷ 내용 파악 ▷ 선택지의 유의 표현에 주의 ▷ 정답 체크!

금액, 일자, 개수 등을 계산하는 문제

⊘ いくらになるか/料金はどうなるか。(얼마가 되는가?/요금은 어떻게 되는가?)

⊘ いつまでに~/何月何日までに~しないければならないか。
(언제까지/몇 월 며칠까지 ~해야 하는가?)

풀이 흐름 문제에서 조건 확인 ▷ 지문에서 키워드 검색 ▷ 조건에 맞춰 계산 ▷ 선택지와 비교 ▷ 정답 체크!

2 문제 미리보기

미리 알아 둬야 긴장이 덜 된다!

問題7　つぎの文章は、料理教室で配られたプリントである。下の質問に答えなさい。答えは、1·2·3·4から最もよいものを一つえらびなさい。

문제 7　다음 문장은 요리교실에서 나눠준 프린트입니다. 아래의 질문에 답하세요. 답은 1·2·3·4에서 가장 적당한 것을 하나 고르세요.

1　さゆみさんは、週末にこのレッスンを受けたいと考えている。道具は家で使っているものがあるからそれを持って行きたい。さゆみさんのレッスン料はいくらか。

실제 시험에서 왼편에 제시되는 문제를 먼저 읽고, 묻고 있는 조건과 글의 키워드에 표기해 가며 정보를 찾으세요!

1　3,500円

2　4,000円

3　4,500円

4　5,000円

2　4週目の評価レッスンに参加するため、気を付けなければならないことはどれか。

1　その日、現場で1ヵ月分のレッスン料を支払う。

2　自分で作る予定のパスタの種類が何か事前に先生に知らせる。

3　自分で作る予定のパスタの材料を自分で用意しなければならない。

4　自分で作る予定のパスタは自由に作ることができる。

실제 시험에서 오른편에 제시되는 정보에서 빠르게 조건을 찾아 문제와 대조하세요!

人気のパスタ料理を作ってみませんか。

・活動内容

12月の1ヵ月間は8回にわたって、イタリアンレストランで今最も人気のあるパスタが学べるクッキングレッスンを開催いたします。最後の週には先生からの評価があります。お家でもすぐに実践できる簡単でおいしいパスタ料理に今すぐ挑戦してみてください。

・クラス及びレッスン料案内

開設クラス(1ヵ月)	平日クラス(8回) (火·木 10：00～13：00)	週末クラス(8回) (土·日 14：00～15：00)
レッスン料	4,000円	5,000円

＊ 調理に必要な道具を直接準備して来られる方にはレッスン料の10%を割引いたします。

＊ 受講料は各クラスのレッスン開始日に現場でお支払いください。

・スケジュール

	レッスンの内容
1週目	トマト系パスタ
2週目	クリーム系パスタ
3週目	オイル系パスタ
4週目	評価(上記から1つ選び、2つを作る)

【注意】最後の週に作るパスタの材料はご自分で用意してください。

└ 표 하단에 있는 "주의"나 "＊", "※" 등의 설명을 반드시 읽으세요!

1 정답 3

풀이 사유미 씨가 원하는 「週末クラス」의 수강료는 5,000엔이다. 그리고 「道具は家で使っているものがあるからそれを持って行きたい(도구는 집에서 쓰던 것이 있으므로 그것을 가져가고 싶다)」라고 언급하고 있기 때문에 표의 하단에 안내된 「調理に必要な道具を直接準備して来られる方にはレッスン料の10%を割引(조리에 필요한 도구를 직접 준비해서 오실 수 있는 분은 수업료의 10%를 할인)」가 적용되므로 정답은 3번이다.

2 정답 3

풀이 「スケジュール(스케줄)」 표 하단의 【注意(주의)】에서 「最後の週に作るパスタの材料はご自分で用意してください(마지막 주에 만드는 파스타의 재료는 본인이 준비해 주세요)」라고 안내하고 있기 때문에 정답은 3번이다.

실전문제 **풀어보기**

제한시간 4분 | 정답과 해설 384쪽

問題7　右のページは、山登り教室のポスターである。これを読んで、下の質問に答えなさい。答えは、1·2·3·4から最もよいものを一つえらびなさい。

(1)

1　坂本さんは友だちと一緒に山登りに参加したいと思っている。バスを使わずに最初から歩いて登れるもので、土曜日のコースがいい。坂本さんたちの希望に合うのはどれか。

1　Aコース、8月13日

2　Aコース、8月23日

3　Bコース、8月9日

4　Bコース、8月20日

2　山登りに申し込みたいと思っている人が、気をつけなければならないことはどれか。

1　山登り前日に、説明会に参加しなければならない。

2　参加者が2人の場合でも、山登りは行われない。

3　料金は、山登りに行く日の前日までに支払わなければならない。

4　申し込みは、EメールとFAXでしかできない。

高倉山へ山登りに行きませんか。

山に登って、頂上近くにある大沼湖から見る景色は最高です。

<Aコース> 山の途中まではバスを利用します。

8月13日(水)、8月23日(土)
高倉山北駅、高円寺間はバスを利用し、大沼湖まで歩いて登ります。 [集合] 高倉山北駅に午前9時（徒歩時間約3時間） [料金] 2,000円（往復バス料金も入っています。）

<Bコース> 最初から歩くので、、Aコースより歩く距離、時間が長くなります。

8月9日(土)、8月20日(水)
高倉山駅から登りはじめ、大沼湖まで歩きます。 [集合] 高倉山駅に午前7時（徒歩時間約6時間） [料金] 1,000円

「注意点」 Aコース、Bコース共通
・参加者が4人以上集まらなければ、山登りは行われません。
・集合場所までの交通費と食事代は入っていません。

「申し込みについて」
・Eメール、FAX、または郵送でお申し込みください。申し込みのときには、「①参加者全員のお名前、年齢、性別　②代表者の電話番号、Eメールアドレス」を忘れずにお書きください。申し込みを確認した後で、詳しい案内をお送りします。
・申し込みの締め切りは、参加日の二日前までです。(10人になったら締め切ります。)
・料金は当日集合時にお支払いください。

「説明会について」
山登りの経験が少なくて準備などが必要な方のために前日に説明会を行います。説明会の参加を希望される方はお電話ください。

登山を愛する会　〒145-0007　安田市大川町69
電話/FAX　03-666-9004　Eメール　tozan_ai@xxmail.com

PART 3 독해

실전문제 풀어보기

제한시간 4분 | 정답과 해설 386쪽

問題7　右のページは、パーティー会場の案内である。これを読んで、下の質問に答えなさい。答えは、1·2·3·4から最もよいものを一つえらびなさい。

(2)

3　森さんは、来週の水曜日の午後に英会話クラブの活動を行う会場を探している。参加者は20名程度で、料理は必要ない。できれば、飲み物だけ買って持って行きたい。森さんの希望に合う会場はいくつか。

1　1つ

2　2つ

3　3つ

4　4つ

4　渡辺さんは、友達から交流会の会場の紹介を頼まれた。メモの友達の希望に合う会場はどれか。

メモ

・日時：来週の土曜日のお昼
・人数：20人ぐらい
・場所：浜町駅から歩いて15分以内
・内容：料理は2,000円以内(注文)

1　①

2　②

3　③

4　④

浜町市内のパーティー会場案内

①ヒトサラホール：新しいビルなのできれいです。

利用時間	9:00〜22:00 (定休日: 月曜日)
利用人数	最大100名
利用料金	1時間　800円
料理	1人　1,500円から (必ず料理を注文してください。)
交通	浜町駅から徒歩30分、無料駐車場あり

②海の家：浜町で有名な海の近くにあります。

利用時間	11:00〜20:00 (定休日: 水曜日、祝日の場合は木曜日)
利用人数	10〜50名
利用料金	無料
料理	1人　1,000円から (飲み物だけの注文でも利用できます。)
交通	浜町駅から徒歩15分、浜町海の近くに駐車場 (有料)あり

③レストラン森林パーティールーム：カラオケが無料で利用できます。

利用時間	11:00〜20:00 (定休日: 火曜日)、利用は3時間まで
利用人数	10〜30名
利用料金	無料
料理	1人　3,000円から (必ず料理を注文してください。)
交通	浜町駅から徒歩10分、無料駐車場 (15台)あり

④区役所センター：コンサートにも使えます。

利用時間	11:00〜20:00 (定休日: 月曜日)、利用は2時間まで
利用人数	最大20名
利用料金	1時間　500円
料理	注文はできません (必要な場合は利用者がご用意ください。)
交通	浜町駅から徒歩20分 (区役所のとなり)、区役所に駐車場 (有料)あり

실전문제 풀어보기

제한시간 4분 | 정답과 해설 388쪽

問題7 右のページは、Zクレジットカード会員のためのホテル特別価格の案内である。これを読んで、下の質問に答えなさい。答えは、1･2･3･4から最もよいものを一つえらびなさい。

(3)

5 ペイさんは、明日の12月3日(土)に友達と4人で「ホテル海辺」に行こうと、特別宿泊プランBを予約した。友達が行けなくなって今日のうちに1人分をキャンセルしようとしている。キャンセル料はいくらになるか。

1 25,000円を払う

2 30,000円の50パーセントを払う

3 30,000円を払う

4 無料

6 野原さんは、12月12日(月)に友達と一緒に旅行に行こうと思っている。外国から観光に来た友達なので、日本の伝統が感じられる古い所で、花川町駅から歩いて10分以内の所がいい。野原さんの希望に合うのはどの宿泊施設か。

1 ①

2 ②

3 ③

4 ④

*** Zクレジットカード会員の皆様へ ***

自分らしく生きる会員皆様のために国内約1,900軒のホテル・旅館の中から厳選された4ヶ所のホテル・旅館の特別価格で宿泊できる「スペシャルプライスプラン」をご紹介します。Zクレジットカードをお持ちの方に、12月、1ヶ月間、特別価格をご用意いたしました。

＊ご予約は、ホテルに直接お電話ください。
＊ご予約時に、Zクレジットカード会員であることをお知らせください。
＊キャンセル料は利用日の1週間前までは無料、前日までは50%、当日は100%となります。

①「ホテル海辺」 花川1-1-7　電話: 09-3246-6453 お食事・温泉・お部屋からの眺めを十分にお楽しみください。 「宿泊プラン」特別宿泊プランA: 19,000円(平日)、22,000円(土日) 特別宿泊プランB: 25,000円(平日)、30,000円(土日) 「交通」花川町駅から徒歩8分
②「ホテルニューグランド」 花川3-1-5　電話: 09-3212-9764 5年連続ホテルアワード受賞！2018年4月天空フロアに新客室誕生。 海に沈んでゆく夕陽を楽しめる展望温泉露天風呂もリニューアル。 「宿泊プラン」特別宿泊プラン: 10,000円(平日)、16,000円(土日) 「交通」花川町駅から徒歩5分
③「旅館あわじ」 花川1-13-20　電話: 09-3212-3398 創業155周年！花川最古の料理旅館。最古のダイニングで味わう新鮮な花川島の食材！ 「宿泊プラン」特別宿泊プラン: 10,000円(平日)、15,000円(土日) 「交通」花川町駅から徒歩3分
④「ホテル天原」 花川5-5-11　電話: 09-3584-2465 海に近く、空に近く~島に咲く花のように~カジュアルフレンドリーな温泉リゾートで多彩な夕食コースと4種類から選べる朝食が楽しめる。 「宿泊プラン」特別宿泊プラン: 18,000円(平日)、20,000円(土日) 「交通」花川町駅から徒歩15分

실전문제 풀어보기

제한시간 4분 | 정답과 해설 390쪽

問題7　右のページは、東村駅のきっぷの案内である。これを読んで、下の質問に答えなさい。答えは、1·2·3·4から最も よいものを一つえらびなさい。

(4)

7 ユイさんは、今度の週末に小学生の娘と4歳の息子を連れて出かける。フリーきっぷを利用したいが、どのきっぷを買えばいいか。

1　大人料金の「一日フリーきっぷ」1枚と、子供料金の「一日フリーきっぷ」1枚

2　大人料金の「一日フリーきっぷ」1枚と、子供料金の「一日フリーきっぷ」2枚

3　「家族でお出かけきっぷ」1枚と、子供料金の「一日フリーきっぷ」1枚

4　「家族でお出かけきっぷ」1枚だけ

8 次の中で、「学びフリーきっぷ」が使える人はだれか。

1　原山にハイキングに行く小学生の山口さんと両親

2　野球クラブの試合に行く先生とクラブ学生10人

3　大学の学祭に遊びに行く中学生の田村さん

4　授業のために学校に行く大学生の鈴木さん

東村駅のフリーきっぷのご紹介

- 今から紹介するきっぷを使えば、始発の「原山」から終点の「東村前」までの全ての駅で、1日何回でも乗り降りできます。
- 東村駅では、以下の3種類のきっぷをご用意しております。

1. 一日フリーきっぷ

- どなたでもご利用できます。
- このきっぷは金・土・日曜日に使うものです。
- 価格は大人(中学生以上)1,000円、子供(2歳～小学生)500円です。
- 5歳以下のお子様は、大人と一緒の場合、2人まで無料、3人目からは子供料金が必要です。
- ご利用当日、東村駅のきっぷ売り場で買えます。

2. 家族でお出かけきっぷ

- 週末を利用してお子さんと一緒に家族でお出かけしませんか。
- このきっぷは大人2人と子供1人がセットになっています。
- 価格は2,000円です。
- 5歳以下のお子様は、大人と一緒の場合、2人まで無料、3人目からは子供料金が必要です。
- ご利用当日、東村駅のきっぷ売り場で買えます。

3. 学びフリーきっぷ

- 小学生・中学生・高校生・大学生対象のものです。
- 学生と一緒に行く場合は、指導者の方もご利用になれます。
- 学校のクラブ活動や遠足などにご利用なれます。通学にはご利用になれません。

● 普通列車の普通車指定席またはグリーン車をご利用の場合は、それぞれ座席指定券、グリーン券を別途お買い求めください。

● 特急列車の普通車指定席またはグリーン車をご利用の場合は、乗車券部分のみ有効です。料金券を別途お買い求めください。ただし、寝台車はご利用になれません。

● 使用開始後は、列車の運行不能、遅延などによる場合でも払い戻しはいたしません。

東村駅

お問い合わせ先：099-315-1111

실전문제 풀어보기

제한시간 4분 | 정답과 해설 392쪽

問題7　右のページは、羽田市民運動場の利用案内である。これを読んで、下の質問に答えなさい。答えは、1·2·3·4から最もよいものを一つえらびなさい。

(5)

9　松原さんは、羽田大学のサッカー場で、友達とサッカーをしようと考えている。11月11日の日曜日、午前10時から午後2時まで利用したい。松原さんも友達も羽田大学の学生ではない場合、1時間の利用料金はいくらか。

1　1,000円

2　1,500円

3　1,800円

4　2,000円

10　羽田大学サッカー場の利用を申し込む場合、必ずしなければならないことは何か。

1　利用日の1か月前までに申し込まなければならない。

2　18歳以上の人が申し込まなければならない。

3　申し込みのときに、料金を支払わなければならない。

4　申し込みのときに、住所を証明するものを持参しなければならない。

羽田大学の運動施設のご利用案内

羽田大学の中にある運動施設はどなたでもご利用になれます！

1. 利用方法

・申し込みは利用日の2週間前からインターネットで行います。
　※ 電話での受付も行いますが、その際は利用日に身分証明書の確認が必要です。
・なお、学生ではない方の申し込みは18歳以上の方にお願いしています。

2. 利用料金

料金は一つのグループで運動施設全体、またはテニスコートを利用する場合の料金です。利用当日までに受付でお支払いください。

利用時間と料金(1時間)

			サッカー場			テニスコート
			早朝	昼間	夜間	
時間			7:00-9:00	9:00-17:00	17:00-22:00	9:00-22:00
料金	本校学生	平日	1,000円	1,000円	1,500円	2,000円
		土·日·祝日		1,500円	2,000円	2,200円
	本校学生以外	平日	1,000円	1,500円	2,000円	2,200円
		土·日·祝日		2,000円	2,200円	2,400円

※ 11月、12月の昼間と夜間にサッカー場を使用する場合は200円ずつ割引します。
・羽田大学の学生は割引料金で利用できますので、申し込みのときにお知らせください。
・料金を支払われるときに住所を証明できるものをお持ちください。

3. キャンセル

・申し込みをキャンセルする場合は、早めにご連絡ください。なお、3日前よりキャンセル料が発生しますので、ご注意ください。
・キャンセル料は、前日までは60%、当日は100%になります。

羽田大学の事務室
電話：(032) 322-4567 (9：00～20：00)
http://www.haneda.ac.jp

문제 7 » 정보 검색

실전문제 풀어보기

제한시간 4분 | 정답과 해설 394쪽

問題7　右のページは、リサイクルショップの案内である。これを読んで、下の質問に答えなさい。答えは、1·2·3·4から最もよいものを一つえらびなさい。

(6)

11 クーパーさんは国へ帰国することになったので、不用品を売りたいと考えている。次の中で、この店に売れる可能性があるものはどれか。

1　今年買ったがサイズが合わなくて、まだ一度も着ていないシャツ

2　昨日落として写真が撮れないデジカメ

3　まだ1年しか使ってないのにチャンネルが変わらないテレビ

4　買って一度しか使ってないフランス製の食器セット

12 この店に不用品を売るとき、必ずしなければならないことは何か。

1　品物を売る場合は、自分で予約をして店まで品物を持っていかなければならない。

2　品物が売れなかった場合は、店に品物を置かなければならない。

3　品物を売る場合は、先に店に電話をして予約をしなければならない。

4　品物を売る場合は、パスポートを見せなければならない。

不用品をお売りください。

家の中には、知らずにものがたまってしまうことがあります。 たまってしまったものをそのままにしておくと大変なことになります。その方たちのために藤原リサイクルショップでご自宅まで買い取りにうかがいます。

「買い取り可能な品物」

以下の中でひどい汚れや、大きな傷などがないものなら1点でも買い取ります。

電気製品	洗濯機、ドラム式洗濯機、冷蔵庫、ガスコンロ、液晶テレビ、ブルーレイレコーダー、デジタルカメラ(一眼レフカメラ) * 使用可能なもの
生活用品	食器、料理用具 * 一度も使用していないもの
衣類など	服 * クリーニングしてあるもの
家具	ブランド家具、デザイナーズ家具
その他	楽器、オーディオ機器、ゲーム機、携帯電話(スマートフォン)、自転車(ロードバイク)、ブランド品、腕時計、おもちゃ

「買い取り方法」

・買い取りのときは、身分が確認できる写真がついている証明書を確認します。(運転免許またはパスポート)

・不用品の買い取り金額で納得出来なかった場合、キャンセルを行っても費用などは一切発生いたしませんのでご安心ください。

「訪問買い取り方法」

・品物が多い、または重くて運べない場合は、ご希望の日時をご予約いただけばうかがうこともできます。

・ご希望の方は、まず、お電話でご連絡ください。ご連絡がなかった場合は、うかがうことができません。

藤原リサイクルショップ

電話：013-321-7546　　定休日：毎月2週目の月曜日

PART 3 독해

실전문제 **풀어보기**

제한시간 4분 | 정답과 해설 396쪽

問題7　右のページは、動物園のポスターである。これを読んで、下の質問に答えなさい。答えは、1·2·3·4から最もよいものを一つえらびなさい。

(7)

13　大石さんは動物が好きな息子さんを連れて動物園に来た。今は日曜日の12時だ。動物園が昼間に行っているイベント・プログラムの中で、息子さんが参加できるのはどれか。

1　Aだけ

2　AとB

3　AとBとC

4　BとD

14　山下さんは昼に動物園に来て動物の台所を見学したあと、「光の動物園」を見たいと思っている。山下さんがしなければならないことは何か。

1　外で食事をしてから入らなければならない。

2　一度退園して17時半にもう一度入園する。

3　昼と夜の入園料を払わなければならない。

4　退園した北口から入園しなければならない。

大原動物園をもっと楽しむために

いろいろなイベントに参加して、動物のことをもっとよく知ってください。
動物たちの自然な姿を見て楽しむ、ふれて楽しむ動物イベントは要チェック！

A　動物園案内
専門の係の説明を受けながら、動物園の中を歩きます。必要時間は約1時間です。
毎日　3回　①10：30～11：30
②14：30～15：30
③16：00～17：00

B　動物教室
普段知ることのできない、動物たちの生活について話を聞くことができます。
毎週日曜　13：30～15：00
(途中からでも参加できます。)

C　台所見学
動物たちのえさを準備しているところが見られます。必要時間は約45分～1時間です。
毎週土曜　14：30～

D　川の生き物教室
川の生き物に実際に触ったりしながら、楽しく学べます。
毎週火曜、木曜　15：00～16：00
毎週土曜　13：00～14：00
毎週日曜　11：00～12：00

【方法】
・こちらのイベントプログラムの申し込みは全て不要で、料金も無料で行っています。
・集合場所：A、C、D☞南口　　B☞正門の受付（途中参加の人も）

【光の動物園】
昼とは違う、夜のきれいな夜景と一緒に動物たちの様子を楽しんでください。

・日時：8月1日～8月31日
17：30～21：00(入園は19：30まで)
・入園料：昼とは別に300円の入園料がかかります。
・入口：北口(光の動物園入口)
※ 昼(16：30)に入園された方は、閉園時(17：00)一度正門から園の外に出て、17：30に光の動物園の入口から入園料を支払って入園してください。
※ 17：30まで閉めますので、開園まで、動物広場の施設はご利用できます。

PART 3 독해

실전문제 **풀어보기**

問題7　右のページは、パソコン教室のポスターである。これを読んで、下の質問に答えなさい。答えは、1·2·3·4から最もよいものを一つえらびなさい。

(8)

15　渡辺さんは今大学3年生で、ノートパソコンは持っていないが、今回資格を取って就職に役に立てたいと思っている。渡辺さんが参加できるコースと当日持ってこなければならないものは何か。

1　2コース、筆記用具、参加費

2　4コース、参加費

3　2コース、筆記用具

4　4コース、筆記用具、参加費

16　小学生の田中翔太君は、この教室に参加したいと思っている。パソコンは初めてだけど、ノートパソコンは持っている。申し込む方法で正しいものはどれか。

1
〒123-444
中区3-4-5
田中翔太(たなか しょうた)
田中由美子(たなか ゆみこ)
013-455-3687
1コース　はじめてのパソコン

2
中区3-4-5
田中翔太(たなか しょうた)
013-455-3687
1コース　はじめてのパソコン

3
〒123-444
中区3-4-5
田中翔太(たなか しょうた)
田中由美子(たなか ゆみこ)
013-455-3687
1コース　はじめてのパソコン
ノートパソコン不要

4
中区3-4-5
田中翔太(たなか しょうた)
013-455-3687
1コース　はじめてのパソコン
ノートパソコン必要

맞은 개수 확인 ______ / 16

おもしろ！「パソコン教室」のご案内

ご自分のノートパソコンを使ってパソコンの勉強をしてみませんか。初めてパソコンにさわる方、もう一度学びなおしたい方。仲間と一緒にパソコンライフを始めてみましょう。

● コースの内容

1コース　はじめてのパソコン：まったくのパソコン初心者を対象にするコースです。
(パソコンって何だろう·文章を作ろう·インターネットを使おう)

2コース　ワード·アクセルの活用：専門プログラムを活用して実践した作品作りを学びます。
(はじめてのワード·エクセル/役立つ文章の作成·役立つ表の作表)

3コース　暮らしに役立つパソコン：生活で活用できるようなネット検索、メールのうち方など、基本的な使い方を学びます。

4コース　資格を取ろう：さらに専門スキルを身につけて資格試験に挑戦できます。

*すべてのクラスは5人までです。

*ノートパソコンをお持ちの方は、ご持参ください。お持ちでない方は、ここでお貸しできます。

●講師：鈴木健二(IT講師)　　●日時：10月3日(土)　10：00～15：00

●集合場所：中区中央公民館(授業は大会議室で行います。)

●参加費：一人 2,000円　(当日お支払いください。) ●定員：15名

●参加できる方：小学生以上(小学生は家族の大人の方が一緒に参加してください。)

●申し込み方法：はがきに、① 郵便番号・住所　② 氏名(ふりがな)　③ 電話番号　④ 希望講座名(第２も記入可)　⑤ ノートパソコンの貸し出しの要·不要を記入の上、お申し込みください。

●お申し込み先：中区中央公民館　ノートパソコン教室係

●締め切り：10月2日(金)（当日有効とする）

●その他：ノートとえんぴつはご持参ください。

〒197-0024　　電話: 031-849-764

中区中央公民館 ノートパソコン教室係

문제 7 » 정보 검색

정답 및 해설 **확인하기**

(1)

문제 7　오른쪽 페이지는 등산 교실의 포스터입니다. 이것을 읽고 아래 질문에 답하세요. 답은 1·2·3·4에서 가장 적당한 것을 하나 고르세요.

|정답|

1 3　　2 2

|해설|

해석

다카쿠라 산으로 등산을 가지 않겠습니까?

산에 올라 정상 가까이에 있는 오누마 호에서 보는 경치는 최고입니다.

<A코스> 산 도중까지는 버스를 이용합니다.

8월 13일(수), 8월 23일(토)
다카쿠라야마키타 역, 고엔지 사이는 버스를 이용하고, 오누마 호까지 걸어서 올라갑니다. [집합] 다카쿠라야마키타 역에서 오전 9시(도보시간 약 3시간) [요금] 2,000엔(왕복 버스 요금도 포함되어 있습니다.)

<B코스> **처음부터 걷기 때문에** A코스보다 걷는 거리, 시간이 길어집니다.

8월 9일(토), 8월 20일(수)
다카쿠라야마 역에서 오르기 시작해 오누마 호까지 걸어갑니다. [집합] 다카쿠라야마 역에서 오전 7시(도보시간 약 6시간) [요금] 1,000엔

「주의점」 A코스, B코스 공통

- **참가자가 4명 이상 모이지 않으면, 등산을 진행하지 않습니다.**
- 집합장소까지의 교통비와 식사비는 포함되어 있지 않습니다.

「신청에 대해」

- 이메일, FAX 또는 우편으로 신청해 주세요. 신청하실 때에는 「①참가자 전원의 이름, 연령, 성별 ②대표자의 전화번호, 이메일 주소」를 잊지 말고 써 주세요. 신청을 확인한 후에 자세한 안내를 드리겠습니다.
- 신청 마감은 참가일의 2일 전까지입니다. (10명이 되면 마감하겠습니다.)

・요금은 당일 집합시에 지불해 주세요.

「설명회에 대해」
등산 경험이 적어 준비 등이 필요한 분을 위해 전날에는 설명회를 실시합니다. 설명회에 참가를 희망하시는 분은 전화 주세요.
등산을 사랑하는 모임 (우) 145-0007 아다시 오카와쵸 69
전화/FAX 03-666-9004　이메일 tozan_ai@xxmail.com

1　사카모토 씨는 친구와 함께 등산에 참가하고 싶다고 생각하고 있다. **버스를 사용하지 않고 처음부터 걸어서** 오를 수 있는 것인, **토요일** 코스가 좋다. 사카모토 씨 일행의 희망에 맞는 것은 어느 것인가?

1　A코스, 8월 13일
2　A코스, 8월 23일
3　B코스, 8월 9일
4　B코스, 8월 20일

2　등산을 신청하려는 사람이 주의해야 하는 것은 어느 것인가?

1　등산 전날 설명회에 참가해야 한다.
2　참가자가 2명인 경우라도 등산은 진행되지 않는다.
3　요금은 등산을 가기 전날까지 납부해야 한다.
4　신청은 이메일과 FAX로만 가능하다.

해설　1 사카모토 씨는 「最初(さいしょ)から歩(ある)く」를 원하기 때문에 B코스이며, 날짜는 「土(ど)」를 원하기 때문에 8월 9일이므로 정답은 3번이다.
2 「注意点(ちゅういてん)」에서 「参加者(さんかしゃ)が4人以上(にんいじょう)集(あつ)まらなければ、山登(やまのぼ)りは行(おこな)われません」이라고 안내하고 있기 때문에 정답은 2번이다.

어휘　山登(やまのぼ)り 등산 | 景色(けしき) 경치 | 途中(とちゅう) 도중 | 往復(おうふく) 왕복 | 徒歩(とほ) 도보 | 共通(きょうつう) 공통 | 距離(きょり) 거리 | 集合(しゅうごう) 집합 | 締(し)め切(き)り 마감 | 希望(きぼう) 희망

(2)

문제 7 오른쪽 페이지는 파티 회장의 안내입니다. 이것을 읽고 아래 질문에 답하세요. 답은 1·2·3·4에서 가장 적당한 것을 하나 고르세요.

|정답|

3 1 4 2

|해설|

해석

하마마치 시내의 파티 회장 안내

① 히토사라 홀: 새 빌딩이라 깨끗합니다.

이용 시간	9:00~22:00(정기휴일: 월요일)
이용 인원수	최대 100명
이용 요금	1시간 800엔
요리	1명 1,500엔부터(반드시 요리를 주문해 주세요.)
교통	하마마치 역에서 도보 30분, 무료 주차장 있음

② 바다의 집: 하마마치에서 유명한 바다 근처에 있습니다.

이용 시간	11:00~20:00 (정기휴일: 수요일, 공휴일인 경우는 목요일)
이용 인원수	10~50명
이용 요금	무료
요리	1명 1,000엔부터 **(음료만 주문해도 이용할 수 있습니다.)**
교통	**하마마치 역에서 도보 15분**, 하마마치 바다 근처에 주차장(유료) 있음

③ 레스토랑 삼림 파티룸: 노래방을 무료로 이용할 수 있습니다.

이용 시간	11:00~20:00(정기휴일: 화요일), 이용은 3시간까지
이용 인원수	10~30명
이용 요금	무료
요리	1명 3,000엔부터(반드시 요리를 주문해 주세요.)
교통	하마마치 역에서 도보 10분, 무료 주차장(15대) 있음

④ 구청센터: 콘서트에도 사용할 수 있습니다.

이용 시간	11:00~20:00(정기휴일: 월요일), 이용은 2시간까지
이용 인원수	최대 20명
이용 요금	1시간 500엔
요리	**주문은 할 수 없습니다.(필요한 경우는 이용자가 준비해 주세요.)**
교통	하마마치 역에서 도보 20분(구청 옆), 구청에 주차장(유료) 있음

3 모리 씨는 다음 주 **수요일** 오후에 영어회화 클럽 활동을 할 회장을 찾고 있다. 참가자는 20명 정도이고, **요리는 필요 없다. 가능하면 음료수만 사서 가져가고 싶다.** 모리 씨의 희망에 맞는 회장은 몇 개인가?

1 1개

2 2개

3 3개

4 4개

PART 3 독해

4 와타나베 씨는 친구들로부터 교류회 회장의 소개를 부탁 받았다. 메모에 적힌 친구의 희망에 맞는 회장은 어디인가?

메모

- 일시 : 다음 주 토요일 점심시간
- 인원수 : 20명 정도
- 장소 : 하마마치 **역에서 걸어서 15분 이내**
- 내용 : **요리는 2,000엔 이내**(주문)

1 ①

2 ②

3 ③

4 ④

해설 3 모리 씨는 수요일에 갈 장소를 찾고 있기 때문에 ①, ③, ④가 해당하며, 원하는 조건 「料理(りょうり)は必要(ひつよう)ない。できれば、飲(の)み物(もの)だけ持(も)っていきたい」에 부합하는 장소는 요리 주문이 필요없는 ④뿐이기 때문에 정답은 1번이다.

4 메모에 적힌 조건인 「駅(えき)から歩(ある)いて15分以内(ふんいない)」에 부합하는 장소는 ②와 ③이며, 「料理(りょうり)は2,000円以内(えんいない)」에 부합하는 장소는 ②이기 때문에, 정답은 2번이다.

어휘 パーティー会場(かいじょう) 파티회장 | 料理(りょうり) 요리 | 徒歩(とほ) 도보 | 近(ちか)く 근처 | 祝日(しゅくじつ) 공휴일, 국경일 | 区役所(くやくしょ) 구청 | 程度(ていど) 정도 | 駐車場(ちゅうしゃじょう) 주차장 | 用意(ようい) 준비 | 最大(さいだい) 최대 | 人数(にんずう) 인원수

(3)

문제 7 오른쪽 페이지는 Z 신용카드 회원을 위한 호텔 특별가격에 대한 안내입니다. 이것을 읽고 아래 질문에 답하세요. 답은 1·2·3·4에서 가장 적당한 것을 하나 고르세요.

|정답|

5 2	6 3

|해설|

해석

*** Z신용카드 회원 여러분들께 ***

자신답게 사는 회원 여러분을 위해 국내 약 1,900채의 호텔·여관 중 엄선된 4곳의 호텔·여관에서 특별 가격으로 숙박할 수 있는 「스페셜 프라이스 플랜」을 소개합니다. Z신용카드를 가지고 계신 분에게 12월, 1개월간 특별 가격을 마련했습니다.

* 예약은 호텔로 직접 전화해 주세요.

* 예약 시 Z신용카드 회원임을 알려주세요.

* **취소료는 이용일 1주일전까지는 무료, 전날까지는 50%, 당일은 100%가 됩니다.**

① 「호텔 해변」
하나카와 1-1-7 전화: 09-3246-6453
식사·온천·방에서의 전망을 충분히 즐겨주세요.
「숙박 플랜」 특별 숙박 플랜A: 19,000엔(평일), 22,000엔(토·일요일)
특별 숙박 플랜B: 25,000엔(평일), **30,000엔(토·일요일)**
「교통」 하나카와초 역에서 도보 8분

② 「호텔 뉴그랜드」
하나카와 3-1-5 전화: 09-3212-9764
5년 연속 호텔 어워드 수상! 2018년 4월 천공 플로어에 신 객실 탄생.
바다에 가라앉아 가는 석양을 즐길 수 있는 전망 온천 노천탕도 리뉴얼.
「숙박 플랜」 특별 숙박 플랜: 10,000엔(평일), 16,000엔(토·일요일)
「교통」 하나카와초 역에서 도보 5분

③ 「여관 아와지」
하나카와 1-13-20 전화: 09-3212-3398
창업 155주년! 하나카와 최고의 요리 여관. 최고의 식당에서 맛보는 신선한 하나카와 섬의 식재료!
「숙박 플랜」 특별 숙박 플랜: 10,000엔(평일), 15,000엔(토·일요일)
「교통」 **하나카와초 역에서 도보 3분**

④「호텔 아마하라」

하나카와 5-5-11 전화: 09-3584-2465

바다와 가깝고, 하늘과 가까운 ~섬에 피는 꽃처럼~ 격식 없는 친근한 온천 리조트에서 다채로운 저녁코스와 4종류에서 선택할 수 있는 아침식사를 즐길 수 있다.

「숙박 플랜」 특별 숙박 플랜: 18,000엔(평일), 20,000엔(토·일요일)

「교통」 하나카와초 역에서 도보 15분

5 페이 씨는 **내일인 12월 3일(土)**에 친구들 4명이서 **「호텔 해변」**에 가려고 **특별 숙박 플랜** B를 예약했다. 친구가 갈 수 없게 되어 **오늘 안에 1명분을 취소**하려고 한다. 취소료는 얼마가 되는가?

1 25,000엔을 낸다.

2 30,000엔의 50퍼센트를 낸다.

3 30,000엔을 낸다.

4 무료

6 노하라 씨는 12월 12일(월)에 친구와 함께 여행을 가려고 생각하고 있다. 외국에서 관광을 온 친구이기 때문에 **일본의 전통을 느낄 수 있는 고풍스러운 장소**로, **하나카와초 역에서 걸어서 10분 이내**인 곳이 좋다. 노하라 씨의 희망에 맞는 것은 어느 숙박시설인가?

1 ①

2 ②

3 ③

4 ④

해설 5 페이 씨가 예약한「ホテル海辺」의 토요일 특별 숙박 플랜 B의 금액은 30,000엔이다. 안내문의 시작 부분에「キャンセ料は利用日の1週間前までは無料、前日までは50%、当日は100%となります」라고 언급하고 있기 때문에 여행을 가는 전날인 오늘은 숙박비의 50%를 취소 수수료로 지불해야 하므로 정답은 2번이다.

6 노하라 씨가 원하는 조건「駅から歩いて10分以内の所」에 부합하는 곳은 ①, ②, ③이며,「日本の伝統が感じられる古い所」에 부합하는 곳은 여관이기 때문에 정답은 3번이다.

어휘 特別価格 특별 가격 | 宿泊 숙박 | プラン 플랜 | 伝統 전통 | 厳選される 엄선되다 | 当日 당일 | 眺め 전망 | 受賞 수상 | 夕陽 석양(=夕日 석양) | 展望 전망 | 露天風呂 노천탕 | リニューアル 리뉴얼 | 創業 창업 | ダイニング 식사, 식당 | 味わう 맛보다 | 新鮮だ 신선하다 | 食材 식재료 | カジュアル 격식 없는 | フレンドリー 친근한 | 多彩だ 다채롭다 | 夕食 저녁식사 | 朝食 아침식사

(4)

문제 7 오른쪽 페이지는 히가시무라 역의 표 안내입니다. 이것을 읽고 아래 질문에 답하세요. 답은 1·2·3·4에서 가장 적당한 것을 하나 고르세요.

|정답|

7 1	8 2

|해설|

해석

히가시무라 역 자유권 소개

・지금부터 소개하는 표를 사용하면 출발역인 「하라야마」에서 종착역인 「히가시무라 앞」까지의 모든 역에서 하루 몇 번이라도 타고 내릴 수 있습니다.

・히가시무라 역에서는 아래의 3종류의 표를 준비하고 있습니다.

1. 일일 자유권

・어느 분이라도 이용하실 수 있습니다.
・이 표는 금·토·일요일에 사용하는 표입니다.
・가격은 어른(중학생 이상) 1,000엔, 어린이(2세~초등학생) 500엔입니다.
・5세 이하의 어린이는 어른과 함께인 경우 2명까지 무료, 3명째부터는 어린이 요금이 필요합니다.
・이용 당일, 히가시무라 역 매표소에서 구입할 수 있습니다.

2. 가족끼리 외출권

・주말을 이용해 아이와 함께 가족끼리 외출하지 않겠습니까?
・이 표는 어른 2명과 어린이 1명이 세트로 되어 있습니다.
・가격은 2,000엔입니다.
・5세 이하의 어린이는 어른과 함께인 경우 2명까지 무료, 3명째부터는 어린이 요금이 필요합니다.
・이용 당일, 히가시무라 역 매표소에서 구입할 수 있습니다.

3. 배움 자유권

・초등학생, 중학생, 고등학생, 대학생 대상인 표입니다.
・학생과 함께 가는 경우에는 지도자 분도 이용하실 수 있습니다.
・학교의 클럽 활동이나 소풍 등에 이용하실 수 있습니다. 통학에는 이용하실 수 없습니다.

● 보통 열차의 보통 열차 지정석 또는 그린 열차를 이용하시려면 각각 좌석 지정권, 그린권을 별도로 구입해 주십시오.

● 특급 열차의 보통 열차 지정석 또는 그린 열차를 이용하는 경우에는 승차권 부분만 유효합니다. 요금권을 별도로 구입해 주세요. 단, 침대열차는 이용하실 수 없습니다.

● 사용 개시 후에는 열차 운행 불능, 지연 등에 의한 경우일지라도 환불은 되지 않습니다.

히가시무라 역

문의처: 099-315-1111

7 유이 씨는 이번 주말에 **초등학생인 딸과 4살짜리 아들**을 데리고 외출을 한다. 자유권을 이용하고 싶은데 어느 표를 사면 좋은가?

1 어른 요금의 「일일 자유권」 1장과 어린이 요금의 「1일 자유권」 1장

2 어른 요금의 「일일 자유권」 1장과 어린이 요금의 「1일 자유권」 2장

3 「가족끼리 외출권」 1장과 어린이요금의 「1일 자유권」 1장

4 「가족끼리 외출권」 1장만

8 다음 중에서 「배움 자유권」을 사용할 수 있는 사람은 누구인가?

1 하라야마에 하이킹을 가는 초등학생인 야마구치 씨와 부모님

2 야구클럽의 시합에 가는 선생님과 클럽 학생 10명

3 대학교 축제에 놀러 가는 중학생인 다무라 씨

4 수업을 위해 학교에 가는 대학생 스즈키 씨

해설 7 외출을 하는 인원은 총 3명으로 어른인 유이 씨, 초등학생인 딸은 어린이, 그리고 4살의 아들은 「5歳以下のお子様は、大人と一緒の場合、二人まで無料」라고 안내하고 있기 때문에 필요한 표는 일일 자유권 어른 1장, 어린이 1장이므로 정답은 1번이다.

8 배움 자유권의 경우 「学生と一緒に行く場合は、指導者の方もご利用になれます」, 「学校のクラブ活動や遠足などにご利用になれます」라고 안내하고 있기 때문에 정답은 2번이다.

어휘 始発 첫차, 출발역 | 終点 종점, 종착역 | 種類 종류 | どなたでも 어느 분이라도 | お子様 어린이(남의 아이의 높임말) | 売り場 매장 | お出かけ 외출 | 価格 가격 | 対象 대상 | 指導者 지도자 | 申込書 신청서 | 普通列車 보통 열차 | 指定席 지정석 | 座席 좌석 | 別途 별도 | 乗車券 승차권 | 有効 유효 | 寝台車 침대 열차 | 開始後 개시 후 | 遅延 지연 | 不能 불가능 | 払い戻し 환불

(5)

문제 7 오른쪽 페이지는 하네다 시민운동장의 이용안내입니다. 이것을 읽고 아래 질문에 답하세요. 답은 1·2·3·4에서 가장 적당한 것을 하나 고르세요.

| 정답 |

9 3　　10 2

| 해설 |

해석

하네다 대학교의 운동시설 이용안내

하네다 대학교 안에 있는 운동시설은 어느 분이라도 이용하실 수 있습니다!

1. 이용방법

• 신청은 이용일 2주 전부터 인터넷에서 진행합니다.

※ 전화 접수도 받고 있으나, 이 경우에는 이용하는 날에 신분증 확인이 필요합니다.

• **또한 학생이 아닌 분의 신청은 18세 이상인 분에게 부탁드립니다.**

2. 이용요금

요금은 1개의 그룹이 운동시설 전체 또는 테니스 코트를 이용하는 경우의 요금입니다.

이용 당일까지 접수처에서 지불해 주십시오.

이용시간과 요금(1시간)

			축구장			테니스 코트
			조조	점심	야간	
시간			7:00-9:00	9:00-17:00	17:00-22:00	9:00-22:00
요금	본교학생	평일	1,000엔	1,000엔	1,500엔	2,000엔
		토·일·공휴일		1,500엔	2,000엔	2,200엔
	본교학생 이외	평일	1,000엔	1,500엔	2,000엔	2,200엔
		토·일·공휴일		**2,000엔**	2,200엔	2,400엔

※ 11월, 12월의 점심과 야간에 축구장을 이용하는 경우는 200엔씩 할인합니다.

• 하네다 대학교의 학생은 할인요금으로 이용할 수 있기 때문에 신청할 때 알려주세요.

• 요금을 지불하실 때 주소를 증명할 수 있는 것을 지참해 주십시오.

3. 취소

・신청을 취소할 경우에는 신속히 연락해 주십시오. 또한 3일 전부터 취소요금이 발생하므로, 주의해 주십시오.

・취소요금은 전날까지는 60%, 당일은 100% 입니다.

하네다 대학교 사무실

전화: (032)322-4567(9:00~20:00)

http://www.haneda.ac.jp

9 마츠바라 씨는 하네다 대학교의 축구장에서 친구들과 축구를 하려고 생각하고 있다. **11월** 11일 **일요일 오전 10시부터 오후 2시까지** 이용하고 싶다. **마츠바라 씨도 친구도 하네다 대학교의 학생이 아닌** 경우, 1시간의 이용료는 얼마인가?

1 1,000엔

2 1,500엔

3 1,800엔

4 2,000엔

10 하네다 대학교 축구장의 이용을 신청하는 경우 꼭 해야 할 일은 무엇인가?

1 이용일의 1개월 전까지 신청해야만 한다.

2 18세 이상의 사람이 신청해야만 한다.

3 신청할 때 요금을 지불해야 한다.

4 신청시 주소를 증명할 것을 지참해야 한다.

해설 9 마츠바라 씨는 일요일 오전에 축구장을 이용하고자 하고 있으므로 「サッカー場」, 「週末」, 「本校学生以外」 등의 조건으로 가격을 확인하면 2,000엔이다. 그리고 요금표의 하단에 「11月、12月の昼間と夜間にサッカー場を使用する場合は200円ずつ割引」라고 안내하고 있기 때문에 정답은 3번이다.

10 안내문의 「1. 利用方法」에서 「学生ではない方の申し込みは18歳以上の方にお願いしています」 라고 안내하고 있기 때문에 정답은 2번이다.

어휘 運動施設 운동시설 | 身分証明書 신분증 | 早朝 조조(이른 아침) | 昼間 점심 | 夜間 야간 | 平日 평일 | 割引 할인 | ~ずつ ~씩 | 早めに 빨리, 신속히 | 発生 발생 | キャンセル料 취소료 | 注意 주의 | 前日 전날

(6)

문제 7 오른쪽 페이지는 재활용품 가게의 안내입니다. 이것을 읽고 아래 질문에 답하세요. 답은 1·2·3·4에서 가장 적당한 것을 하나 고르세요.

|정답|

11 1	12 3

|해설|

해석

못 쓰는 물건을 팔아 주세요.

집 안에는 모르는 사이에 물건이 쌓여 버리는 경우가 있습니다. 쌓인 것을 그대로 두면 큰일이 됩니다. 그런 분들을 위해 후지와라 재활용품 가게에서 자택까지 매입을 위해 방문합니다.

「매입 가능한 물건」

아래 중에서 심한 얼룩이나, 큰 흠집 등이 없는 것이라면 하나라도 매입합니다.

전기제품	세탁기, 드럼식 세탁기, 냉장고, 가스레인지, 액정TV, 블루레이 레코더, 디지털 카메라(일안 반사식 카메라) * 사용 가능한 것
생활용품	식기, 요리 도구 * 한 번도 사용하지 않은 것
의류 등	**옷** * 드라이 클리닝 되어 있는 것
가구	브랜드 가구, 디자이너스 가구
그 외	악기, 오디오기기, 게임기, 휴대전화(스마트폰), 자전거(일반 도로용 자전거), 명품, 손목시계, 장난감

「매입 방법」

- 매입할 때 신분을 확인할 수 있는 사진이 부착된 증명서를 확인합니다. (운전면허 또는 여권)
- 못 쓰는 물건의 매입 금액이 납득이 되지 않는 경우, 취소를 해도 비용 등은 일절 발생하지 않으므로 안심하십시오.

「방문 매입 방법」

- **물건이 많고 또는 무거워서 옮길 수 없는 경우, 희망하시는 일시에 예약을 받아 방문할 수도 있습니다.**
- **원하시는 분은 먼저 전화로 연락 주십시오. 연락이 없는 경우에는 방문할 수 없습니다.**

후지와라 재활용품 가게

전화: 013-321-7546　　　　　정기휴일: 매월 2번째 월요일

11　쿠퍼 씨는 고향에 귀국하게 되어 못 쓰는 물건을 팔려고 생각하고 있다. 다음 중 이 가게에 팔릴 가능성이 있는 것은 어느 것인가?

1　올해 샀는데 사이즈가 맞지 않아 아직 한 번도 안 입은 셔츠

2　어제 떨어뜨려서 사진을 못 찍는 디지털 카메라

3　아직 1년밖에 쓰지 않았는데 채널 변경이 안 되는 TV

4　사서 한 번밖에 사용하지 않은 프랑스제 식기 세트

12　이 가게에 못 쓰는 물건을 팔 때 꼭 해야 할 일은 무엇인가?

1　물건을 파는 경우에는 스스로 예약을 하고 가게까지 물건을 가져가야 한다.

2　물건이 팔리지 않은 경우에는 가게에 물건을 두어야 한다.

3　물건을 파는 경우에는 먼저 가게에 전화를 해서 예약을 해야 한다.

4　물건을 파는 경우에는 여권을 보여줘야 한다.

해설　11 매입 가능한 물건의 목록에서 전자제품의 경우 「使用可能なもの」라고 설명하고 있기 때문에 2번과 3번은 오답이다. 또한 식기의 경우 주의사항으로 「一度も使用していないもの」라고 설명하고 있기 때문에 4번도 오답이다. 따라서 정답은 1번이다.

12 「訪問買い取り方法」에서 「品物が多くて、または重くて運べない場合は、ご希望の日時に予約していただいて、うかがうこともできます。ご希望の方は、まず、お電話でご連絡ください。ご連絡がなかった場合は、受け取ることができません」이라고 안내하고 있기 때문에 정답은 3번이다.

어휘　帰国 귀국 | 不用品 못 쓰는 물건 | 買い取る 사들이다, 매입하다 | 汚れ 얼룩 | 傷 상처, 흠집 | ガスコンロ 가스 레인지 | 液晶テレビ 액정TV | 一眼レフ 일안 반사식 카메라 | 食器 식기 | 料理用具 요리 도구 | 衣類 의류 | 楽器 악기 | オーディオ機器 오디오 기기 | ロードバイク 일반 도로용 자전거 | 腕時計 손목시계 | 確認 확인 | 納得 납득 | 費用 비용 | ~につきましては ~에 대해서는

(7)

문제 7 오른쪽 페이지는 동물원 포스터입니다. 이것을 읽고 아래 질문에 답하세요. 답은 1·2·3·4에서 가장 적당한 것을 하나 고르세요.

|정답|

13 2 14 2

|해설|

해석

오하라 동물원을 더욱 즐기기 위해서

다양한 이벤트에 참가해서 동물을 조금 더 잘 알아주세요.

동물들의 자연스러운 모습을 보고 즐기는, 만지며 즐기는 동물 이벤트는 체크 필요!

A 동물원 안내

전문 담당자의 설명을 들으며 동물원 안을 걸어요. 필요한 시간은 약 1시간입니다.

매일 3회 ①10:30~11:30

②14:30~15:30

③16:00~17:00

B 동물 교실

평소에 알 수 없는 동물들의 생활에 대한 이야기를 들을 수 있어요.

매주 일요일 13:30~15:00

(도중부터도 참가할 수 있습니다.)

C 주방 견학

동물들의 먹이를 준비하는 곳을 볼 수 있습니다. 필요한 시간은 약 45분~1시간입니다.

매주 토요일 14:30~

D 강의 생물 교실

강의 생물을 실제로 만지거나 하면서 즐겁게 배울 수 있습니다.

매주 화요일, 목요일 15:00~16:00

매주 토요일 13:00~14:00

매주 일요일 11:00~12:00

【방법】

- 이 이벤트 프로그램의 신청은 모두 불필요하며 요금도 무료로 실시되고 있습니다.
- 집합장소 : A, C, D ☞ 남쪽 입구 B ☞ 정문의 접수처 (도중에 참가하는 사람도)

【빛의 동물원】

낮과는 다른 밤의 예쁜 야경과 함께 동물들의 모습을 즐기세요.

・일시 : 8월 1일~8월 31일

17:30~21:00(입장은 19:30까지)

・입장료 : 낮과는 별도로 300엔의 입장료가 소요됩니다.

・입구 : 북쪽 입구(빛의 동물원 입구)

※ **낮(16:30)에 입장하신 분은 폐장 시(17:00) 한번 정문에서 동물원 밖으로 나가서, 17:30에 빛의 동물원 입구에서 입장료를 지불하고 입장해 주세요.**

※ 17:30까지 폐장하므로 개장하고 있는 동안, 동물광장의 시설은 이용하실 수 있습니다.

13 오이시 씨는 동물을 좋아하는 아들을 데리고 동물원에 왔다. 지금은 **일요일 12시**다. 동물원이 낮에 하는 이벤트·프로그램 중에서 아들이 참가할 수 있는 것은 어느 것인가?

1 A만

2 A와 B

3 A와 B와 C

4 B와 D

14 야마시타 씨는 **낮에 동물원에 와서** 동물의 주방을 견학한 뒤, **「빛의 동물원」**을 보고 싶다고 생각하고 있다. 야마시타 씨가 해야 할 일은 무엇인가?

1 밖에서 식사를 하고 나서 들어가야 한다.

2 한 번 동물원에서 나와 17시 반에 다시 한 번 입장한다.

3 낮과 밤의 입장료를 내야 한다.

4 퇴장한 북쪽 입구에서 입장해야 한다.

해설 13 오이시 씨는 일요일 12시에 동물원에 왔으므로 매일 3회 진행하는 A와 매주 일요일에 진행하는 B의 이벤트에 참가할 수 있기 때문에 정답은 2번이다.

14 「빛의 동물원」의 입장에 대해 「昼(ひる)(16：30)に入園(にゅうえん)された方(かた)は、閉園時(へいえんじ)(17：00)に一度正門(いちどせいもん)から園(えん)の外(そと)に出(で)て、17：30に光(ひかり)の動物園(どうぶつえん)の入口(いりぐち)から入園料(にゅうえんりょう)を支払(しはら)って入園(にゅうえん)してください」라고 안내하고 있기 때문에 정답은 2번이다.

어휘 専門(せんもん) 전문 | 係(かかり) 담당자 | 普段(ふだん) 평소 | 台所(だいどころ) 주방 | 生(い)き物(もの) 생물 | 実際(じっさい) 실제 | 触(さわ)る 만지다 | 学(まな)ぶ 배우다 | 行(おこな)う 실시하다, 행하다 | 正門(せいもん) 정문 | 夜景(やけい) 야경 | 様子(ようす) 상황 | 入園(にゅうえん) (식물원·동물원·유치원 등) 들어감, 입장 | 閉園(へいえん) (식물원·동물원·유치원 등) 시간이 되어 문을 닫음, 폐장 | 入口(いりぐち) 입구 | 閉(し)める 닫다

(8)

문제 7 오른쪽 페이지는 컴퓨터 교실의 포스터입니다. 이것을 읽고 아래 질문에 답하세요. 답은 1·2·3·4에서 가장 적당한 것을 하나 고르세요.

| 정답 |

15 4	16 3

| 해설 |

해석

재미있는! 「컴퓨터 교실」 안내

자신의 노트북을 사용해서 컴퓨터 공부를 해 보지 않겠습니까? 컴퓨터를 처음 쓰시는 분, 다시 한번 배우고 싶은 분. 동료와 함께 컴퓨터 라이프를 시작해 봅시다.

●코스의 내용

1코스 처음 배우는 컴퓨터: 정말 컴퓨터 초보자를 대상으로 하는 코스입니다.
(컴퓨터란 무엇일까?·문장을 만들자·인터넷을 사용하자)

2코스 워드·엑셀의 활용: 전문 프로그램을 활용하여 실천한 작품 만들기를 배웁니다.
(처음 배우는 워드·엑셀/도움이 되는 문장의 작성·도움이 되는 표의 작성)

3코스 생활에 도움이 되는 컴퓨터: 생활에서 활용할 수 있는 인터넷 검색, 메일을 쓰는 방법, 기본적인 사용법을 배웁니다.

4코스 자격증을 취득하자: 더욱 전문 스킬을 몸에 익혀 자격 시험에 도전할 수 있습니다.

* 모든 반은 5명까지입니다.
* 노트북을 가지고 계신 분은 지참해 주세요. 가지고 있지 않은 분에게 여기서 빌려드릴 수 있습니다.

●강사: 스즈키 겐지 (IT강사) ●일시: 10월 3일(토) 10:00~15:00
●집합장소: 중구 중앙공민관(수업은 대회의실에서 합니다.)
●참가비: 1인당 2,000엔**(당일 지불해 주십시오.)** ●정원: 15명
●참가할 수 있는 분: 초등학생 이상**(초등학생은 가족의 어른이 함께 참가해 주십시오.)**
●신청 방법: 엽서에 **① 우편번호·주소 ② 성명(후리가나) ③ 전화번호**
④ 희망 강좌명(제2지망도 기입 가능) ⑤ 노트북의 대출 필요·불필요를 기입하신 후에 신청해 주십시오.
●신청처: 중구 중앙공민관 노트북 교실 담당
●마감: 10월 2일(금) (당일 유효로 함)
●기타: **노트와 연필은 지참해 주세요.**

〒197-0024 전화: 031-849-764
중구 중앙공민관 노트북 교실 담당

15 와타나베 씨는 지금 대학교 3학년으로 노트북은 가지고 있지 않지만, 이번에 **자격증을 취득**해서 취직에 도움이 되고 싶다고 생각하고 있다. 와타나베 씨가 참가할 수 있는 코스와 당일 가지고 와야 하는 것은 무엇인가?

1 2코스, 필기도구, 참가비

2 4코스, 참가비

3 2코스, 필기도구

4 4코스, 필기도구, 참가비

16 **초등학생**인 다나카 쇼타는 이 교실에 참가하고 싶다고 생각하고 있다. 컴퓨터는 처음이지만, **노트북은 가지고 있다.** 신청하는 방법으로 올바른 것은 어떤 것인가?

1
〒123-444
중구 3-4-5
田中翔太(다나카 쇼타)
田中由美子(다나카 유미코)
013-455-3687
1코스 처음 배우는 컴퓨터

2
중구 3-4-5
田中翔太 (다나카 쇼타)
013-455-3687
1코스 처음 배우는 컴퓨터

3
〒123-444
중구 3-4-5
田中翔太(다나카 쇼타)
田中由美子(다나카 유미코)
013-455-3687
1코스 처음 배우는 컴퓨터
노트북 불필요

4
〒123-444
중구 3-4-5
田中翔太(다나카 쇼타)
013-455-3687
1코스 처음 배우는 컴퓨터
노트북 필요

해설 15 와타나베 씨가 자격증을 취득하고 싶다고 했기 때문에 4코스가 알맞으며, 참가비는 당일 지불이고, 「その他(ほか)」에서 노트와 연필을 지참할 것을 안내하고 있기에 정답은 4번이다.

16 안내문의 신청 방법에서 「①郵便番号(ゆうびんばんごう)・住所(じゅうしょ), ②氏名(しめい)(ふりがな), ③電話番号(でんわばんごう), ④希望講座名(きぼうこうざめい)(第(だい)2も記入可(きにゅうか)), ⑤ノートパソコンの貸(か)し出(だ)しの要(よう)・不要(ふよう)を記入(きにゅう)」라고 안내하고 있기 때문에 정답은 3번이다.

어휘 就職(しゅうしょく) 취직 | 資格(しかく) 자격 | 役(やく)に立(た)つ 도움이 되다 | 筆記用具(ひっきようぐ) 필기도구 | 参加費(さんかひ) 참가비 | 初心者(しょしんしゃ) 초보자 | 活用(かつよう) 활용 | 実践(じっせん) 실천 | 文章(ぶんしょう) 문장 | 暮(く)らし 생활, 삶 | 検索(けんさく) 검색 | スキール 기술 | 挑戦(ちょうせん) 도전 | 持参(じさん) 지참 | 講師(こうし) 강사 | 郵便番号(ゆうびんばんごう) 우편번호 | 貸(か)し出(だ)し 대출 | 有効(ゆうこう) 유효 | 講座(こうざ) 강좌

PART 4

청해
집중 공략

2교시
청해

진짜 한 권으로 끝내는 JLPT N3

★ 시작하기 전 공략 TIP

이 파트는 이야기의 흐름을 제대로 듣고, 구체적인 내용을 각 유형에 맞게 정리해야 합니다!

★ 미리 확인하는 시험 영역

'청해' 파트는 총 5개입니다.

- **문제1** 과제 이해
- **문제2** 포인트 이해
- **문제3** 개요 이해
- **문제4** 발화 표현
- **문제5** 즉시 응답

문제 1 »»»

과제 이해 이해하고 **공략하기** 2교시 청해

1 문제 프로필

상대를 알아야 문제를 푼다!

문제 1 과제 이해

問題 1 課題理解

기본정보

성 격 질문의 내용을 잘 기억해서 이후에 할 일을 파악해 주길 원함

문제 개수 6개/28개(청해)

풀이 시간 9분/40분(청해)

분석정보

주요 화제 일상 회화, 안내사항 등

평가 방식 정보를 듣고 이해하여 과제를 제대로 찾는 것이 중요

STEP 1
스피드 해법

대화 후에 바로 할 일과 각 할 일들의 순서를 파악하며 듣기

STEP 2
함정 주의보

남자와 여자가 각각 무엇을 언제 할 것인지 잘못 연결하지 않도록 주의

STEP 3
대책

문제 및 선택지의 내용과 대화 내용에 집중

STEP 4
공부 방법

선택지의 내용을 사전에 파악 후 대화를 들으며 오답을 소거하는 것을 연습한다!

상황유형

회사 및 학교

⊘ 男の先輩と女の後輩が話しています。(남자 선배와 여자 후배가 이야기하고 있습니다.)

통화

⊘ 電話で男の人と女の人が話しています。(전화로 남자와 여자가 이야기하고 있습니다.)

등록 및 접수처

⊘ 受付で男の人が係りの人と話しています。

(접수처에서 남자가 담당자와 이야기하고 있습니다.)

문제유형

역할 분담을 묻는 문제

⊘ 男の人はこの後、何をしなければなりませんか。(남자는 이 다음에 무엇을 해야 합니까?)

⊘ 女の人はこの後、まず何をしますか。(여자는 이 다음에 먼저 무엇을 합니까?)

준비물을 묻는 문제

⊘ 学生は当日、何を用意しなければなりませんか。(학생은 당일 무엇을 준비해야 합니까?)

⊘ 参加する人は明日何を持ってこなければなりませんか。

(참가할 사람은 내일 무엇을 가져와야 합니까?)

시간이나 비용 계산을 묻는 문제

⊘ 男の人は何時の列車に乗りますか。(남자는 몇 시 열차를 탑니까?)

⊘ 女の人はこの後、いくら支払いますか。(여자는 이 다음에 얼마를 지불합니까?)

풀이 흐름 선택지의 어휘 및 표현을 정리하기 ▷ 문제를 들으며 대상(성별) 체크하기 ▷ 대화를 들으며 선택지의 오답 수거하기 ▷ 정답 체크!

2 문제 미리보기 Track 1-1-01

미리 알아 둬야 긴장이 덜 된다!

問題1

問題1 では、まず質問を聞いてください。それから話を聞いて、問題用紙の 1 から 4 の中から、最もよいものを一つえらんでください。

문제 1에서는 먼저 질문을 들으세요. 그러고 나서 이야기를 듣고 문제지의 1부터 4 안에서 가장 적당한 것을 하나 고르세요.

1ばん

1 授業料
2 料理の材料
3 料理の道具
4 筆記用具

듣기와 동시에 오답을 소거하는 것이 중요합니다.
대화 내용의 순서와 선택지의 순서가 같기 때문에 선택지 1번부터 오답을 X로 표시하세요!

요리교실 여자 月 뭐 준비?
수업료 확인
회원カード
もちもの
재료 → いいえ 이쪽에서
도구 → 그것도 이쪽에서
필기구 만
뭐 준비?

1ばん

정답 4

스크립트

문제를 못 들었더라도, 대화가 끝난 후 다시 한번 말해주므로 너무 걱정하지 마세요!

電話で、料理教室の人と女の人が話しています。女の人は月曜日に何を用意しなければなりませんか。

男: もしもし、ハッピー料理教室です。

女: あのう、月曜日のクラスを予約した小野ですが。

男: あ、小野様ですね。ご入会ありがとうございます。
授業料の確認ができましたので、会員カードをお送りいたします。

女: はい。あのう、実は持ち物のことなんですが、材料を持っていけばいいですか。

男: いいえ、料理の材料はこちらで用意しております。

女: じゃ、料理の道具は必要ですか。

男: それもこちらで用意しておりますので、筆記用具だけご持参ください。

선택지는 주로 대화의 순서대로 나오는 경향이 많기 때문에 하나 하나씩 체크하며 과제를 파악하세요!

女: あ、はい。わかりました。

女の人は月曜日に何を用意しなければなりませんか。

풀이 「授業料の確認ができました(수업료 확인이 되었습니다)」라고 했기 때문에 수업료는 이미 지불했으며, 「料理の材料はこちらで用意しております(요리 재료는 이쪽에서 준비되어 있습니다)」와 「それ(料理の道具)もこちらで用意しております(그것(요리 도구)도 이쪽에서 준비되어 있습니다)」라고 했기 때문에 요리 재료와 도구는 준비해 갈 필요가 없다. 마지막 부분에 「筆記用具だけご持参ください(필기구만 지참해 주세요)」라고 준비물을 지정해 줬으므로 정답은 4번이다.

축약 표현 20

알아 두면 청취에 도움이 되는 축약 표현들을 미리 살펴본다!

1	~ている, ~ています → ~てる, ~てます ~하고 있다, ~하고 있습니다
2	~ておく, ~ておきます → ~とく, ~ときます ~해 두다(놓다), ~해 둡니다(놓습니다)
3	~てしまう, ~てしまいます → ~ちゃう, ~ちゃいます ~해 버리다, ~해 버립니다
4	~てもいい, ~てもいいです → ~ていい, ~ていいです ~해도 된다, ~해도 됩니다
5	~ていく → ~てく ~해 가다
6	~ていて → ~てて ~하고 있어서
7	~ては → ~てちゃ ~해서는
8	~ていては → ~てては/~てちゃ ~하고 있어서는
9	~ておいて → ~といて ~해 두고(놓고)
10	~ておいで → ~といで ~하고 와(줘)

11	~なければ, ~なければならない/~なければいけない → ~なきゃ ~하지 않으면, ~하지 않으면 안 된다
12	~なくては, ~なくてはならない/~なくてはいけない → ~なくちゃ ~하지 않으면, ~하지 않으면 안 된다
13	~ないとならない/いけない → ~ないと ~하지 않으면, ~하지 않으면 안 된다
14	~じゃない → ~じゃん ~하잖아
15	~かもしれない → ~かも ~할지도 모른다
16	~だろう, ~でしょう → ~だろ, ~でしょ ~이겠지, ~이겠지요
17	~という → ~って ~이라고 하는
18	~というものは, ~とは → ~って ~이라고 하는 것은, ~이란
19	~ので, ~のだ → ~んで, ~んだ ~이기 때문에, ~인 것이다
20	それでは, では → それじゃ, じゃ 그럼

PART 4 청해

실전문제 풀어보기 1회

Track 1-1-02 | 정답과 해설 416쪽

もんだい 問題1

もんだい 問題1 では、まず しつもん 質問を き 聞いてください。それから はなし 話を き 聞いて、もんだいようし 問題用紙の 1 から 4 の なか 中から、もっと 最もよいものを ひと 一つえらんでください。

1ばん

1

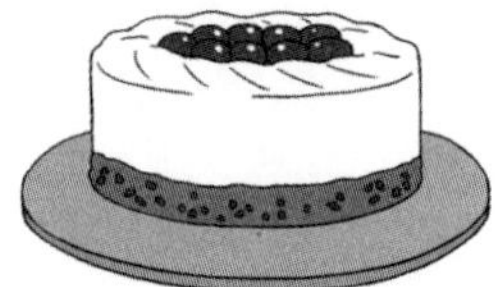

2

3

4

2ばん

1 300円

2 500円

3 600円

4 800円

3ばん

1 説明会のポスターをはる

2 会社の案内を持ってくる

3 会社の案内を配る

4 説明する人の飲み物を用意する

4ばん

1 焼きそばを作る

2 ラーメンを作る

3 料理を運ぶ

4 買い物に行く

5ばん

1 宿題を提出する

2 パソコンを片付ける

3 あまりの資料を整理する

4 黒板の字を消す

6ばん

1 案内のはがき

2 案内のはがきと飲み物

3 飲み物とぼうし

4 案内のはがき、飲み物とぼうし

▸맞힌 개수 확인 ____ /6

실전문제 풀어보기 2회

Track 1-1-03 | 정답과 해설 424쪽

問題1

問題1 では、まず質問を聞いてください。それから話を聞いて、問題用紙の１から４の中から、最もよいものを一つえらんでください。

1ばん

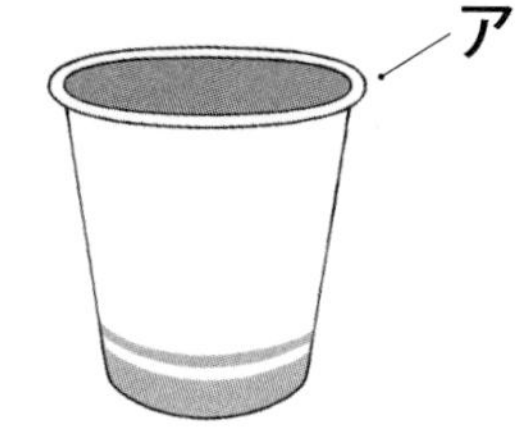

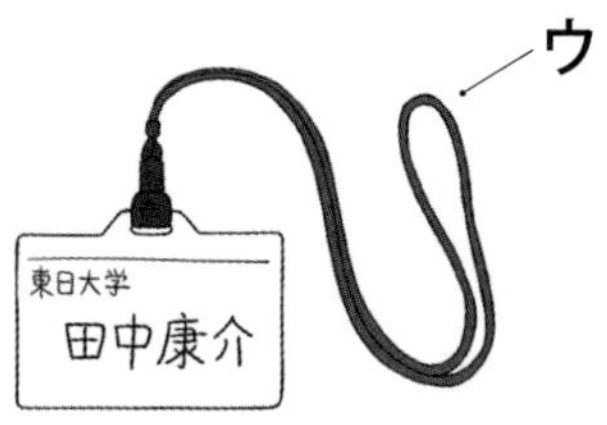

1 アイ

2 アウ

3 イウ

4 イエ

2ばん

1 2016年

2 2017年

3 2018年

4 2019年

3ばん

1　ホテルを予約する

2　会議室を予約する

3　バスの大きさを変える

4　先生に日程を伝える

4ばん

1　好きな音楽を聞く

2　ミルクを温めて飲む

3　温かいお風呂に入る

4　軽い運動をする

5ばん

1　資料を用意する

2　机を移す

3　パソコンを設置する

4　椅子を移す

6ばん

1　着物の歴史を勉強する

2　着物についての映画を見る

3　いろんな種類の着物を試着する

4　お土産を買う

맞힌 개수 확인 ______ /6

실전문제 풀어보기 3회

Track 1-1-04 | 정답과 해설 433쪽

問題1

問題1 では、まず質問を聞いてください。それから話を聞いて、問題用紙の 1 から 4 の中から、最もよいものを一つえらんでください。

1ばん

1

2

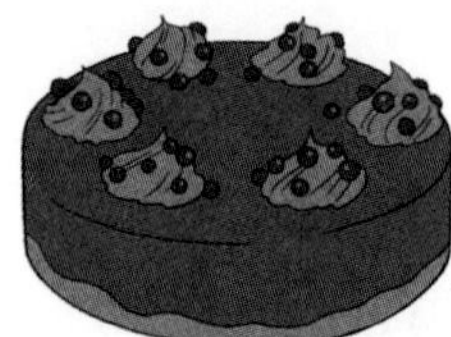

3

4

2ばん

1 9時

2 9時10分

3 9時30分

4 9時50分

3ばん

1 机を運ぶ
2 机を選ぶ
3 机を組み立てる
4 机にペンキを塗る

4ばん

1 課長に本を借りる
2 本屋に買いに行く
3 部長に電話をする
4 会議室に行く

5ばん

1 報告書一つ
2 報告書二つ
3 報告書一つと説明書
4 説明書

6ばん

1 アンケートを取る
2 行く場所を探す
3 何をするか考える
4 食事する店を決める

※맞힌 개수 확인 ____ /6

실전문제 풀어보기 4회

Track 1-1-05 | 정답과 해설 442쪽

問題1

問題1 では、まず質問を聞いてください。それから話を聞いて、問題用紙の１から４の中から、最もよいものを一つえらんでください。

1ばん

1

2

3

4

2ばん

1　5時

2　6時

3　7時

4　8時

3ばん

1　アンケート調査の質問用紙を作る

2　新商品のデザインを確認する

3　アンケート調査の質問をチェックする

4　支店に質問用紙を送る

4ばん

1　住所

2　電話番号

3　学歴

4　写真

5ばん

1　映画を見る

2　切手を買う

3　図書館に行く

4　ご飯を食べる

6ばん

1　イベントを企画する

2　ちらしを配る

3　割引券を配る

4　記念品を配る

_____ /6

문제 1 » 과제 이해

정답 및 해설 확인하기

1회

문제 1 문제 1에서는 먼저 질문을 들으세요. 그러고 나서 이야기를 듣고 문제지의 1부터 4 안에서 가장 적당한 것을 하나 고르세요.

|정답|

1번 4 2번 2 3번 2 4번 3 5번 3 6번 1

|해설|

1번

SCRIPT

男の人と女の人が話しています。男の人はパーティーに何を持っていきますか。

男：ねえ、鈴木さんの家のパーティーって今週だよね。何を持っていくの？

女：うん、私はケーキを作って持っていこうと思って。昨日料理教室で教えてもらったの！

男：あっ、本当？いいね。僕も何か食べ物を持っていきたいんだけど、僕は作れないし、花はどうかな。

女：そうね、それは他の人も持ってくると聞いたような気がするけど。
あ、鈴木さんのお父さんはお酒が好きなんだって。ワインか何かがよさそうじゃない？

男：ワインか。でも、僕、ワインはよく知らないんだ。

女：そうしたら、みんなで食べられる**果物はどう？**

男：**あ、そうだね。そうしよう。** ありがとう。

男の人はパーティーに何を持っていきますか。

1

2

3

4

해석

남자와 여자가 이야기하고 있습니다. 남자는 파티에 무엇을 가져갑니까?

남: 저기, 스즈키 씨 집에서 파티 하는 거 이번 주지? 뭐 가져갈 거야?

여: 응, 나는 케이크 만들어서 가져가려고. 어제 요리교실에서 배웠어!

남: 앗, 진짜? 괜찮네. 나도 뭔가 음식 가져가고 싶긴 한데 만들 줄 몰라서, 꽃은 어떨까?

여: 그러네, 그거 다른 사람도 가져올 거라고 들었던 것 같긴 한데.
　아, 스즈키 씨 아버지가 술 좋아하신대. 와인이나 뭔가가 괜찮을 것 같지 않아?

남: 와인? 근데 나 와인은 잘 몰라.

여: 그러면 다같이 먹을 수 있는 과일은 어때?

남: 아, 그러네. 그렇게 해야지. 고마워.

남자는 파티에 무엇을 가져갑니까?

1 케이크
2 꽃
3 와인
4 과일

해설 케이크는 여자가 직접 만든 것을 가져가기로 했으며, 꽃도 다른 누군가가 가져온다고 했다. 술은 남자가 와인에 대해 잘 모른다고 대답했으며, 여자가 다같이 먹을 과일을 제안하자 남자는 그렇게 하겠다고 했으므로 정답은 4번이다.

어휘 持っていく 가져가다 | ケーキ 케이크 | ~(よ)うと思う ~하려고 생각하다 | 料理教室 요리교실 | 食べ物 음식, 먹을 것 | 花 꽃 | 他の人 다른 사람 | ~ような気がする ~듯한 기분이 들다 | お酒 술 | 好きだ 좋아하다 | ワイン 와인 | よさそうだ 좋을 것 같다 | ~じゃない？ ~하지 않아? | でも 그런데, 하지만 | そうしたら 그러면, 그렇다고 하면 | 果物 과일

2번

SCRIPT

ジムの受付で女の人が係りの人と話しています。女の人はこの後、いくら支払いますか。

女：こんにちは。こちらのセンターを利用したいんですが。

男：はい。では、初めてですか。

女：はい。

男：それでは、会員カードをお作りしますね。**センターの利用料は300円です。**
　でも、本日は**カード代の100円もいただくことになります**が、大丈夫でしょうか。

女：そうですか。わかりました。

男：それから運動用の服とくつが必要になりますが、お持ちですか。

　　レンタルになると別途料金で300円になりますが。

女：それは持ってきました。あっ、**タオルは**レンタルできますか。

男：はい、もちろんです。そちらは**100円になります。**

女：はい、お願いします。

女の人はこの後、いくら支払いますか。

1　300円

2　500円

3　600円

4　800円

해석

헬스장의 접수처에서 여자가 담당자와 이야기하고 있습니다. 여자는 이 다음에 얼마를 지불합니까?

여: 안녕하세요. 여기 센터를 이용하고 싶은데요.

남: 네. 그럼, 처음이신가요?

여: 네.

남: 그럼, 회원카드를 만들게요. 센터 이용료는 300엔입니다.

　　그런데, 오늘은 카드비로 100엔도 받게 되는데, 괜찮으신가요?

여: 그래요? 알겠습니다.

남: 그리고 운동용 옷과 신발이 필요하신데, 가지고 계신가요? 대여를 하시면 별도요금이 300엔입니다만.

여: 그건 가지고 왔어요. 앗, 타월은 대여할 수 있나요?

남: 네, 물론입니다. 그건 100엔이에요.

여: 네, 부탁할게요.

여자는 이 다음에 얼마를 지불합니까?

1　300엔

2　500엔

3　600엔

4　800엔

해설　여자는 센터 이용료 300엔과 회원카드를 만드는 데 100엔, 그리고 타월 대여비 100엔으로 총 500엔을 지불해야 하므로 정답은 2번이다.

어휘 ジム 헬스장, 체육관 | 受付 접수(처) | 係りの人 담당자 | いくら 얼마 | 支払う 지불하다 | センター 센터 | 利用する 이용하다 | 初めて 처음 | 会員カード 회원카드 | 利用料 이용료 | 本日 오늘, 당일 | いただく 받다 | ~ようになる ~하게 되다 | 運動用 운동용 | レンタル 대여 | 別途料金 별도요금 | 持ってくる 가져오다 | タオル 타월

3번

SCRIPT

男の人と部長が説明会の準備について話しています。男の人はこの後、何をしなければなりませんか。

男：部長、説明会のポスターは会場の建物の入り口と正門にはっておきましたが、その二ヵ所でよろしいでしょうか。

女：そうね、それで大丈夫でしょ。後は**会社の案内を配らないといけないから、準備しといて。**
　　それから、発表なさる方のための飲み物ね。

男：あ、飲み物は昨日買って冷蔵庫に入れておきました。

女：あ、ありがとう。

男：会社の案内は車にあるんですね。何部くらい必要でしょうか。

女：そうね…、申し込んだ人が100人なので、そのくらいは準備しておかないと。お願いね。
　　会場のパソコンは私の方でセットしておくから、会場に持ってきて。

男：はい、わかりました。

男の人はこの後、何をしなければなりませんか。

1 説明会のポスターをはる
2 会社の案内を持ってくる
3 会社の案内を配る
4 発表する人の飲み物を用意する

해석

남자와 부장이 설명회 준비에 대해서 이야기하고 있습니다. 남자는 이 다음에 무엇을 해야 합니까?

남: 부장님, 설명회 포스터는 회장 건물 입구와 정문에 붙여 뒀습니다만, 그 두 군데면 될까요?

여: 글쎄, 그거면 괜찮을 거야. 다음은 회사 안내서를 나눠줘야 하니까 준비해 둬.
　　그리고 발표하실 분들에게 드릴 음료.

남: 아, 음료는 어제 사서 냉장고에 넣어 뒀습니다.

여: 아, 고마워.

남: 회사 안내서는 차에 있죠? 몇 부 정도 필요할까요?

여: 글쎄…, 신청한 사람이 100명이니까, 그 정도는 준비해 둬야지. 부탁할게.
　　회장의 컴퓨터는 내가 설치해 둘 테니까, 회장으로 가져다 줘.

남: 네, 알겠습니다.

남자는 이 다음에 무엇을 해야 합니까?

1　설명회 포스터를 붙인다

2　회사 안내서를 가져온다

3　회사 안내서를 나눠준다

4　발표할 사람들에게 줄 음료를 준비한다

해설 남자는 이미 설명회 포스터를 건물에 붙여 두었으며, 발표할 사람들을 위한 음료는 어제 미리 냉장고에 넣어 두었다. 회사 안내서를 나눠 주기 위해서는 준비해서 가져와야 하므로 정답은 2번이다.

어휘 説明会 설명회 | 準備 준비 | ポスター 포스터 | 会場 회장 | 正門 정문 | はる 붙이다 | ～ヵ所 ~군데 | 案内 안내(서) | 配る 나눠 주다 | ～ておく ~해 두다, ~해 놓다 | 発表する 발표하다 | 飲み物 음료, 마실 것 | 冷蔵庫 냉장고 | 入れる 넣다 | ～くらい ~정도 | 申し込む 신청하다 | パソコン 컴퓨터 | セットする 설치하다

4번

SCRIPT

男の留学生と女の人が話しています。男の留学生は今度の学祭で、何をしなければなりませんか。

女：あ、チェンくん。今週の学祭でうちのサークルでは店を出すんだけど。
　　悪いけど、ちょっと手伝ってもらえない？

男：もう学祭ですね。いいですよ。何を手伝いましょうか。

女：料理はどう？焼きそばは作れる？

男：いいえ、料理はあんまり得意じゃないんです。でも、インスタントラーメンなら作れます。

女：そう？うーん、ラーメンはメニューにないから。じゃ、**料理の運びを手伝ってくれない？**

男：はい。いいですよ。

女：それから、明日のお昼ごろ、もし時間があったら、買い物に一緒に行ってもらいたいんだけど。

男：あ、昼間は授業があるんです。夕方なら時間がありますが。

女：そうか。じゃ、無理ね。まあ、それだけでいいよ。お願い。

男：はい、わかりました。

男の留学生は今度の学祭で、何をしなければなりませんか。

1 焼きそばを作る

2 ラーメンを作る

3 料理を運ぶ

4 買い物に行く

해석

남자 유학생과 여자가 말하고 있습니다. 남자 유학생은 이번 학교 축제에서 무엇을 해야 합니까?

여: 아, 첸. 이번 주 학교 축제 때 우리 동아리에서는 가게를 내려는데.
　미안하지만 좀 도와줄 수 없을까?

남: 벌써 학교축제군요. 괜찮아요. 뭘 도와드릴까요?

여: 요리는 어때? 야키소바는 만들 수 있어?

남: 아뇨, 요리는 별로 잘 못해요. 하지만, 인스턴트 라면이라면 만들 수 있어요.

여: 그래? 음…, 라면은 메뉴에 없어서…. 그럼, 음식 나르는 거 도와주지 않을래?

남: 네. 좋아요.

여: 그리고 내일 점심쯤 혹시 시간 있으면 장 보러 같이 가 줬으면 좋겠는데.

남: 아, 낮에는 수업이 있어요. 저녁이라면 시간이 있는데요.

여: 그렇구나. 그럼, 힘들겠네. 뭐, 그것만이라도 괜찮아. 부탁할게.

남: 네, 알겠습니다.

남자 유학생은 이번 학교 축제에서 무엇을 해야 합니까?

1 야키소바를 만든다

2 라면을 만든다

3 음식을 나른다

4 장 보러 간다

해설 여자는 남자 유학생에게 요리를 할 것을 부탁했지만, 남자 유학생은 인스턴트 라면 외에는 요리를 잘 못한다. 그래서 축제 때 음식을 나르는 것을 부탁 받았으므로 정답은 3번이다.

어휘 学祭 학교 축제 | サークル 동아리, 서클 | 店を出す 가게를 내다 | 悪いけど 미안한데 | 手伝う 도와주다 | 料理 요리 | 焼きそば 야키소바 | 得意だ 잘하다 | インスタントラーメン 인스턴트 라면 | メニュー 메뉴 | 運び 운반, 서빙 | ～てくれない？ ~해 주지 않을래? | 時間がある 시간이 있다 | 買い物 쇼핑 | ～に行く ~하러 가다 | 昼間 낮 | 夕方 저녁

5번

SCRIPT

教室で女の先生と男の学生が話しています。男の学生はこのすぐ後、何をしますか。

女：それでは、今日の授業は終わりです。宿題の作文は来週忘れずに出してください。

男：先生、荷物が多そうですね。何か手伝いましょうか。

女：あら、どうもありがとう。じゃ、私はパソコンを片付けるから、**あまった資料を集めてくれる？**

男：はい。それから、黒板も消しましょうか。

女：それはいい。次の授業でも使うから。

男：はい。では、CDプレーヤー、先生の部屋に持っていきましょうか。

女：CDプレーヤーも次の授業で必要だから、そのままにしておいてね。ありがとう。

男の学生はこのすぐ後、何をしますか。

1　宿題を提出する

2　パソコンを片付ける

3　あまりの資料を整理する

4　黒板の字を消す

해석

교실에서 여자 선생님과 남학생이 이야기하고 있습니다. 남학생은 이 직후에 무엇을 합니까?

여: 그럼, 오늘 수업은 끝이에요. 숙제인 작문은 다음 주에 잊지 말고 내세요.

남: 선생님, 짐이 많으신 것 같네요. 뭔가 도와드릴까요?

여: 어머, 정말 고마워. 그럼 난 컴퓨터를 정리할 테니 남은 자료를 모아 줄래?

남: 네. 그리고 칠판도 지울까요?

여: 그건 괜찮아. 다음 수업에서도 쓸 거니까.

남: 네. 그럼, CD플레이어는 선생님 방에 가지고 갈까요?

여: CD플레이어도 다음 수업에서 필요하니까 그대로 놔 둬. 고마워.

남학생은 이 직후에 무엇을 합니까?

1　숙제를 제출한다

2　컴퓨터를 정리한다

3　남은 자료를 정리한다

4　칠판의 글씨를 지운다

해설 숙제는 다음 주까지 제출하면 되며, 컴퓨터의 정리는 선생님이 직접 하려고 한다. 칠판에 쓴 것과 CD플레이어는 다음 수업 때 쓸 것이기 때문에 남자 학생은 남은 자료를 모아서 정리하면 되므로 정답은 3번이다.

어휘 終わり 끝 | 宿題 숙제 | 作文 작문 | 忘れる 잊다, 까먹고 두고 오다 | ~ずに ~하지 말고 | 出す 내다 | 荷物 짐 | パソコン 컴퓨터 | 片付ける 정리하다 | あまる 남다 | 集める 모으다 | ~てくれる? ~해 줄래? | 黒板 칠판 | 消す 지우다, 끄다 | 使う 쓰다, 사용하다 | CDプレーヤー CD플레이어 | 必要だ 필요하다 | そのまま 그대로

6번

SCRIPT

先生が博物館の見学について学生に話しています。学生は見学の当日、何を用意しなければなりませんか。

男：今度の金曜日、国立博物館に見学に行きます。

見学の申し込みをしたときに、家に**案内のはがき**が届きましたね。

博物館に入るためには、それが必要となりますので、当日、忘れないようにしてくださいね。

それから、飲み物は館内では持ち込み禁止ですので、必要な人は見学の後、買ってください。

当日は、たくさんの人が参加します。皆さんがどこにいるかすぐわかるように、

同じ色のぼうしを学校で用意し、当日配りますから、必ずかぶってください。

では、風邪など引かないように注意して、金曜日に学校で会いましょう。

学生は見学の当日、何を用意しなければなりませんか。

1 **案内のはがき**
2 案内のはがきと飲み物
3 飲み物とぼうし
4 案内のはがき、飲み物とぼうし

해석

선생님이 박물관 견학에 대해서 학생들에게 이야기하고 있습니다. 학생들은 견학 당일에 무엇을 준비해야 합니까?

남: 이번 금요일에 국립박물관에 견학하러 갈 거예요.

견학 신청을 했을 때 집에 안내 엽서가 왔지요?

박물관에 들어가기 위해서는 그게 필요하므로 당일에 잊지 않도록 하세요.

그리고, 음료는 관내에는 반입 금지이므로, 필요한 사람은 견학이 끝난 뒤에 사세요.

당일에는 많은 사람들이 참가합니다. 여러분이 어디에 있는지 바로 알 수 있도록

같은 색 모자를 학교에서 준비해서 당일에 나눠줄 테니, 꼭 써 주세요.

그럼 감기 등에 걸리지 않도록 주의하고 금요일에 학교에서 만나요.

학생들은 견학 당일에 무엇을 준비해야 합니까?

1 안내 엽서

2 안내 엽서와 음료

3 음료와 모자

4 안내 엽서, 음료와 모자

해설 음료는 박물관 내에 반입이 되지 않으며, 모자는 학교에서 준비해서 당일에 나눠주기로 했다. 선생님이 견학 신청 시에 집으로 보낸 안내 엽서가 필요하다고 당부했으므로 정답은 1번이다.

어휘 博物館 박물관 | 見学 견학 | 当日 당일 | 用意する 준비하다 | 申し込み 신청 | はがき 엽서 | 届く 도착하다 | ~ために ~위해서 | 必要 필요 | ~ないようにする ~하지 않도록 하다 | 館内 관내 | 持ち込み 반입 | 禁止 금지 | ぼうし 모자 | 必ず 반드시, 꼭 | かぶる 쓰다, 뒤집어쓰다 | 風邪を引く 감기에 걸리다

2회

문제 1 문제 1에서는 먼저 질문을 들으세요. 그리고 나서 이야기를 듣고 문제지의 1부터 4 안에서 가장 적당한 것을 하나 고르세요.

|정답|

1번 3　2번 4　3번 3　4번 3　5번 2　6번 3

|해설|

1번

SCRIPT

大学で男の先輩と女の後輩が発表会の準備について話しています。女の後輩は今日、何を準備しなければなりませんか。

女：明日の発表会で必要なものの中で、今日中に準備しといた方がいいもの、ありますか。

男：えっと、参加者のための飲み物と食べ物は明日鈴木くんたちが買ってくることになってるし、紙コップも持ってきてくれることになってるから、もう買うものはないね。

女：はい。

男：あ、明日配る**発表用の資料**、もらってくるのを忘れてたんだけど。駅前の文房具屋さんに行って**今日中にもらってきてもらえない？**

女：はい。

男：それから、ほかに必要なものは発表者用の名札と先生たちのための飲み物だよね。
　悪いんだけど、**資料を取りに行くついでに名札も買ってきてもらえる？**飲み物は僕が買ってくるから。

女：わかりました。

女の後輩は今日、何を準備しなければなりませんか。

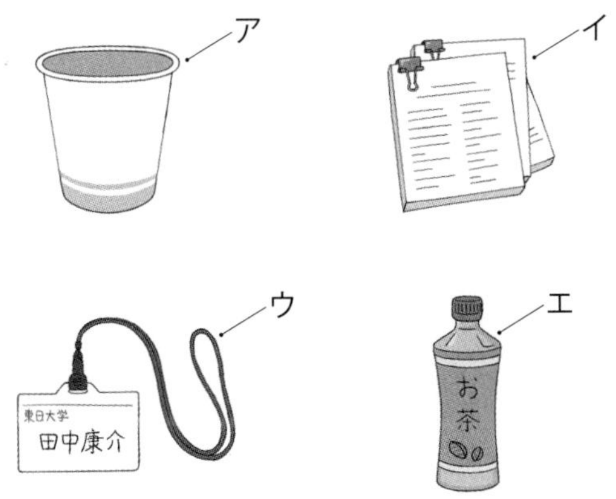

1　アイ

2　アウ

3　イウ

4　イエ

해석

대학에서 남자 선배와 여자 후배가 발표회 준비에 대해 이야기하고 있습니다. 여자 후배는 오늘 무엇을 준비해야 합니까?

여: 내일 발표회에서 필요한 것 중에 오늘 중으로 준비해 두는 게 좋은 것 있나요?

남: 음, 참가자를 위한 음료와 음식은 내일 스즈키랑 애들이 사 오기로 되어 있고,
　종이컵도 가져와 주기로 되어 있으니까 이제 살 건 없겠네.

여: 네.

남: 아, 내일 나눠줄 발표용 자료를 받아오는 걸 잊어버렸는데.
　역 앞의 문구점에 가서 오늘 중으로 받아와 줄 수 없을까?

여: 네.

남: 그리고, 그 밖에 필요한 건 발표자용 명찰과 선생님들을 위한 음료이지.
　미안한데, 자료 찾으러 간 김에 명찰도 사다 줄 수 있어? 음료는 내가 사 올 테니까.

여: 알겠습니다.

여자 후배는 오늘 무엇을 준비해야 합니까?

1 종이컵, 자료

2 종이컵, 명찰

3 자료, 명찰

4 자료, 음료

해설 종이컵과 참가자용 음료는 내일 다른 동료가 가져오기로 했으며, 선생님용 음료는 남자 선배가 가져오겠다고 했다. 여자 후배에게 역 앞 문구점에서 발표용 자료와 명찰을 사오라고 했으므로 정답은 3번이다.

어휘 先輩 선배 | 後輩 후배 | 発表会 발표회 | 準備 준비 | 今日中に 오늘 중으로 | 参加者 참가자 | 買ってくる 사 오다 | ~ことになっている ~하기로 되어 있다 | 紙コップ 종이컵 | 持ってくる 가져오다 | 配る 나눠주다 | ~用 ~용 | 資料 자료 | 駅前 역 앞 | 文房具屋 문구점 | 発表者 발표자 | 名札 명찰 | ~に行く ~하러 가다 | ~ついでに ~하는 김에

2번

SCRIPT

会社で女の先輩と男の後輩が話しています。男の人はどの年の資料を探しますか。

男：先輩、すみません。
　明日の会議で参考にするレポート、見ていただけましたか。

女：ああ、見せてもらったよ。
　前年度の売り上げのところだけど、グラフ、もう一つ入れたらどう？

男：えーと、**一番新しい2018年**とその前の年を載せといたんですけど、もっと古いのがいいでしょうか。

女：いや、そうじゃなくて、**もうそろそろ今年のも出てると思うんだよ。**ちょっと確認してみて。

男：はい、わかりました。探してみます。

男の人はどの年の資料を探しますか。

1 2016年

2 2017年

3 2018年

4 2019年

해석

회사에서 여자 선배와 남자 후배가 이야기하고 있습니다. 남자는 어느 해 자료를 찾습니까?

남: 선배님, 실례합니다.
　내일 회의 때 참고로 할 리포트 보셨나요?

여: 아, 보여준 거 봤어.
　전년도 매출 부분 말인데, 그래프 하나 더 넣는 게 어때?
남: 음, 가장 새로운 2018년과 그전 해를 실어 뒀는데, 더 오래전 것이 좋을까요?
여: 아니, 그게 아니라, 이제 슬슬 올해 것도 나와 있을 거라고 생각해. 좀 확인해 봐.
남: 네, 알겠습니다. 찾아보겠습니다.
남자는 어느 해 자료를 찾습니까?

1　2016년
2　2017년
3　2018년
4　2019년

해설 리포트에 매상 그래프를 가장 최신 년도인 2018년으로 해 두었는데, 올해 것도 확인해서 넣으라고 지시했기 때문에 2019년 자료를 찾아야 하므로 정답은 4번이다.

어휘 年 해, 년 | 探す 찾다 | レポート 리포트 | 見せる 보여주다 | 前年度 전년도 | 売り上げ 매출 | グラフ 그래프 | 載せる 싣다, 올리다 | ~ておく ~해 두다, ~해 놓다 | 古い 오래되다, 낡다 | 今年 올해 | 確認する 확인하다

3번

SCRIPT

大学で男の学生と女の学生が話しています。女の学生は何をしなければなりませんか。
男：星野さん、今度のゼミの旅行、星野さんが準備してるよね。
女：はい、そうです。
男：どうなってる？ホテルはもう決まった？
女：はい、先生の意見もあり、去年と同じホテルを予約しました。そして、会議室もすでに取っておきました。
男：そう、確かあそこの会議室、広くていいよね。で、何で行くの？今年もバス？
女：はい、一応去年と同じバスを予約しました。
男：でも、**去年はバスが小さくて大変だったから、すこし大きいのにしたほうがいいと思うよ。**
女：そうですか。**じゃ、大きいのに変えます。**
男：それから、先生の日程は確認してるよね。
女：もちろんです。
女の学生は何をしなければなりませんか。

1 ホテルを予約する

2 会議室を予約する

3 バスの大きさを変える

4 先生に日程を伝える

해석

대학에서 남학생과 여학생이 이야기하고 있습니다. 여학생은 무엇을 해야 합니까?

남: 호시노 씨, 이번 세미나 여행은 호시노 씨가 준비하고 있지?

여: 네, 맞아요.

남: 어떻게 되고 있어? 호텔은 이제 결정됐어?

여: 네, 선생님의 의견도 있어서, 작년과 같은 호텔을 예약했어요. 그리고 회의실도 이미 잡아 뒀어요.

남: 그래, 아마 거기 회의실 넓고 괜찮지. 근데, 뭘로 가는 거야? 올해도 버스?

여: 네, 일단 작년과 같은 버스를 예약했어요.

남: 근데 작년에는 버스가 작아서 힘들었으니까, 조금 큰 걸로 하는 게 좋다고 생각해.

여: 그런가요? 그럼 큰 걸로 바꿀게요.

남: 그리고, 선생님 일정은 확인하고 있지?

여: 물론이에요.

여학생은 무엇을 해야 합니까?

1 호텔을 예약한다

2 회의실을 예약한다

3 버스 크기를 바꾼다

4 선생님에게 일정을 전한다

해설 호텔과 회의실은 이미 예약을 해 두었으며 선생님의 일정은 확인하고 있고, 예약했던 작은 버스를 큰 버스로 바꿔야 하므로 정답은 3번이다.

어휘 ゼミ 세미나 | 旅行 여행 | 準備する 준비하다 | ホテル 호텔 | 決まる 결정되다, 정해지다 | 去年 작년 | 予約する 예약하다 | 会議室を取る 회의실을 잡다 | すでに 이미, 진작에 | 確か 분명히, 아마 | 一応 일단 | 変える 바꾸다 | 日程 일정 | もちろん 물론

4번

SCRIPT

男の人と女の人が話しています。女の人はよく眠れるように何をしますか。

男：みっちゃん、どうしたの？顔色悪いよ。

女：実は最近ベッドに入ってもなかなか眠れないの。どうすればいいかな。

男：そうなんだ。もしかして、ストレスのせいじゃない？最近忙しくて大変だと言ってただろう。
　　寝る前に何かしてる？

女：音楽を聞くのがいいと言うから、好きな音楽を聞いているけど…。

男：えっ？好きな音楽って、みっちゃんロック好きじゃない。それじゃ、眠れなくなるよ。
　　なかなか眠れないときは温かいミルクなんかいいって。

女：牛乳はあまり…。

男：あ、それなら、**寝る前に温めのお風呂にゆっくり入るのがいい**って聞いたけど。
　　今日やってみたらどう？

女：**うん、さっそくやってみるよ。**

男：それから、運動をするのもいいって。でも、忙しくて、そんなことする時間ないよね。

女：うん、運動は仕事が落ち着いたら始めてみるよ。

女の人はよく眠れるように何をしますか。

1　好きな音楽を聞く

2　ミルクを温めて飲む

3　温かいお風呂に入る

4　軽い運動をする

해석

남자와 여자가 이야기하고 있습니다. 여자는 잘 잠들 수 있도록 무엇을 합니까?

남: 밋짱, 무슨 일이야? 안색이 안 좋아.

여: 사실은 요즘 잠자리에 들어도 좀처럼 잠을 못 자. 어떻게 해야 좋을까?

남: 그렇구나. 혹시 스트레스 때문 아냐? 요즘 바빠서 힘들다고 했잖아.
　자기 전에 뭔가 하고 있어?

여: 음악을 듣는 게 좋다고 해서 좋아하는 음악을 듣고는 있는데….

남: 어? 좋아하는 음악이라면, 밋짱은 록 좋아하잖아. 그래서는 잠들 수 없어지지.
　좀처럼 잘 수 없을 때는 따뜻한 우유 같은 게 좋대.

여: 우유는 별로….

PART 4 청해

남: 아, 그렇다면 자기 전에 미지근한 물로 천천히 목욕하는 게 좋다고 들었는데.
　오늘 해 보면 어때?
여: 응, 바로 해 볼게.
남: 그리고, 운동을 하는 것도 좋다는데. 근데 바빠서 그런 걸 할 시간이 없지?
여: 응, 운동은 일이 안정되면 시작해 볼게.
여자는 잘 잠들 수 있도록 무엇을 합니까?

1 좋아하는 음악을 듣는다
2 우유를 데워서 마신다
3 따뜻한 물로 목욕한다
4 가벼운 운동을 한다

해설 여자가 좋아하는 음악은 록이므로 듣지 않는 게 낫고, 우유는 좋아하지 않는다고 했다. 운동도 좋은 방법이지만 일이 바빠서 하기 힘들기 때문에 자기 전에 따뜻한 물로 목욕을 해 보겠다고 했으므로 정답은 3번이다.

어휘 眠る 잠들다 | 顔色 안색 | 実は 실은 | ベッドに入る 잠자리에 들다, 침대에 들어가다 | なかなか 좀처럼, 꽤 | ストレス 스트레스 | ~のせいで ~때문에, ~탓에 | 音楽 음악 | ロック 록 | 温かい 따뜻하다 | ミルク 우유 | 温める 미지근하게 하다 | お風呂に入る 목욕을 하다 | さっそく 즉시, 바로 | 運動 운동 | 落ち着く 안정되다

5번

SCRIPT

電話で男の人と女の人が話しています。女の人はこれから何をしますか。
男：あ、もしもし、吉田です。
　先輩、今打ち合わせが終わって帰ろうと思ったんですけど、電車が動かなくて…。
　午後の会議には遅れないと思うんですが、会社に着くのが、ぎりぎりになりそうなんです。
　それで、先輩、申し訳ありませんが、会議の準備をしていただけませんか。
女：あ、そう。いいよ。じゃ、何をしておこうか。
男：ありがとうございます。ええと、会議の資料は、昨日用意しておいたので大丈夫ですが、
　机やパソコンの準備が必要です。
女：あ、机ね。一人でできるかな。とりあえず、わかった。今からやっておくね。
男：すみません。あっ、椅子はもう移しておきましたから。
女：それで、パソコンは、どうすればいいの？
男：**やっぱり、パソコンは大丈夫です。**
　自分のを使いたいので、着いてから、私が準備します。

女の人はこれから何をしますか。

1　資料を用意する
2　机を移す
3　パソコンを設置する
4　椅子を移す

해석

전화로 남자와 여자가 이야기하고 있습니다. 여자는 앞으로 무엇을 합니까?

남: 아, 여보세요, 요시다입니다.
　선배님, 지금 미팅이 끝나서 돌아가려고 했는데, 전철이 움직이질 않아서요….
　오후 회의에는 늦지 않을 것 같은데, 회사에 도착하는 게 아슬아슬하게 될 것 같아요.
　그래서, 선배님, 죄송하지만 회의 준비를 좀 해 주실 수 없을까요?
여: 아, 그래. 괜찮아. 그럼 뭘 해 둘까?
남: 감사합니다. 음, 회의 자료는 어제 준비해 둬서 괜찮습니다만,
　책상이랑 컴퓨터의 준비가 필요해요.
여: 아, 책상 말이지. 혼자서 할 수 있으려나? 일단 알겠어. 지금부터 해 둘게.
남: 죄송해요. 앗, 의자는 이미 옮겨 뒀어요.
여: 그런데 컴퓨터는 어떻게 하면 돼?
남: 역시 컴퓨터는 괜찮아요.
　제 걸 쓰고 싶으니까 도착하고 나서 제가 준비할게요.

여자는 앞으로 무엇을 합니까?

1　자료를 준비한다
2　책상을 옮긴다
3　컴퓨터를 설치한다
4　의자를 옮긴다

해설　남자가 자료는 준비해 놓았고 의자도 미리 옮겨 두었다. 컴퓨터는 도착하고 나서 본인의 것을 준비하겠다고 했기 때문에 여자는 책상만 옮기면 되므로 정답은 2번이다.

어휘　打ち合わせ 미팅 | ～と思う ~라고 생각하다 | 電車 전철 | 動く 움직이다 | 着く 도착하다 | ぎりぎりになる 아슬아슬하게 되다 | 申し訳ない 죄송하다, 면목 없다 | 大丈夫だ 괜찮다 | 机 책상 | とりあえず 일단은, 우선 | 今から 지금부터 | 椅子 의자 | 移す 옮기다

6번

SCRIPT

博物館で先生が学生に話しています。学生はこの後、まず何をしますか。

女：はい、みなさん。これから、着物の博物館を見学します。

この博物館の1階では、着物の歴史を勉強することができます。

2階では、着物についての映画が見られます。

3階では、実際に**着物をいろいろ試着してみることができます。**

これはみなさんの分を予約してあります。

予約の時間まで後10分しかないので、3階へ急ぎましょう。

それから、お土産は1階で売っています。

買いたい人は見学の後で買ってください。

学生はこの後、まず何をしますか。

1　着物の歴史を勉強する

2　着物についての映画を見る

3　いろんな種類の着物を試着する

4　お土産を買う

해석

박물관에서 선생님이 학생들에게 이야기하고 있습니다. 학생들은 이 다음에 먼저 무엇을 합니까?

여: 네, 여러분. 지금부터 기모노 박물관을 견학할 겁니다.

이 박물관의 1층에서는 기모노의 역사를 공부할 수 있습니다.

2층에서는 기모노에 대한 영화를 볼 수 있습니다.

3층에서는 실제로 기모노를 여러 가지로 입어 볼 수 있습니다.

이것은 여러분들의 인원수만큼 예약되어 있습니다.

예약 시간까지 앞으로 10분밖에 없으니 3층으로 서두릅시다.

그리고 기념품은 1층에서 팔고 있습니다.

사고 싶은 사람은 견학이 끝난 후에 사세요.

학생들은 이 다음에 먼저 무엇을 합니까?

1　기모노의 역사를 공부한다

2　기모노에 대한 영화를 본다

3　다양한 종류의 기모노를 입어 본다

4　기념품을 산다

해설 3층에서 여러 종류의 기모노를 직접 입어 볼 수 있는데 예약 시간이 10분밖에 남지 않았기 때문에 서둘러서 입으러 가야 한다고 했으므로 정답은 3번이다.

어휘 博物館 박물관 | まず 우선, 먼저 | 着物 기모노 | 見学する 견학하다 | ~階 ~층 | 歴史 역사 | 勉強する 공부하다 | 映画 영화 | 実際に 실제로 | いろいろ 여러 가지 | 試着する 입어 보다 | ~の分 ~의 몫 | ~しかない ~밖에 없다 | 急ぐ 서두르다 | お土産 기념품 | 種類 종류

3회

문제 1 문제 1에서는 먼저 질문을 들으세요. 그러고 나서 이야기를 듣고 문제지의 1부터 4 안에서 가장 적당한 것을 하나 고르세요.

| 정답 |

1번 1　　2번 2　　3번 1　　4번 4　　5번 1　　6번 2

| 해설 |

1번

SCRIPT

ケーキ屋で女の人が男の人に電話しています。女の人はどのケーキを買いますか。

女：もしもし。ひろし、今ケーキを買いに来たけど、昨日話したチーズケーキは売り切れだって。

男：え〜、本当？

女：うん。今チョコレートと生クリームが残ってるんだけど、どうしようか。

男：そっか、そうだったらチョコレートの方がいいなぁ。

女：でも、昨日生クリームケーキもいいって言ってたよね。

男：うん。

女：チョコレートケーキでいいの？

男：うん、今は甘いものが食べたい。あ、そして、切れてるのにして。

女：わかった。

女の人はどのケーキを買いますか。

1

2

3

4

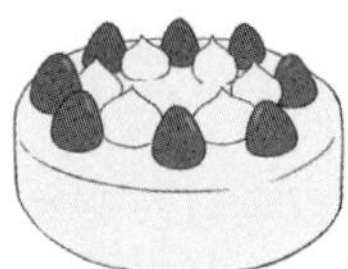

해석

케이크 가게에서 여자가 남자한테 전화하고 있습니다. 여자는 어느 케이크를 삽니까?

여: 여보세요? 히로시, 지금 케이크 사러 왔는데 어제 말했던 치즈 케이크는 다 팔렸대.

남: 어~, 정말?

여: 응. 지금 초콜릿과 생크림이 남아 있는데, 어떻게 할까?

남: 그래? 그렇다면 초콜릿 쪽이 낫겠다.

여: 근데 어제 생크림 케이크도 좋다고 했었지?

남: 응.

여: 초콜릿 케이크로 괜찮아?

남: 응, 지금은 단 걸 먹고 싶어. 아, 그리고, 조각이 나 있는 걸로 사 줘.

여: 알겠어.

여자는 어느 케이크를 삽니까?

1　초콜릿 조각 케이크

2　초콜릿 케이크

3　생크림 조각 케이크

4　생크림 케이크

해설　남자가 오늘은 초콜릿 케이크처럼 단 것을 먹고 싶다고 한 데다가 조각 나 있는 것으로 부탁한다고 했으므로 정답은 1번이다.

어휘　ケーキ屋 케이크 가게 | チーズケーキ 치즈 케이크 | 売り切れ 품절 | チョコレート 초콜릿 | 生クリーム 생크림 | 残る 남다 | そうだったら 그렇다면, 그러면 | ~でいい ~로 괜찮다 | 甘いもの 단 것 | ~が食べたい ~을/를 먹고 싶다 | 切れる 잘라지다

2번

SCRIPT

駅で女の人と駅員が話しています。女の人は何時の電車に乗りますか。

女：すみません。あのう、上田駅に行きたいんですけど、どの電車に乗ればいいですか。

男：上田駅ですか。今9時なので、**9時10分の電車があります。**

女：じゃ、どのくらいかかりますか。

男：えと、ここからだと50分くらいかかりますね。

女：ああ、そうですか。でも、できるだけ早く向こうに着きたいですが…。

男：そうでしたら、**その電車でみどり駅まで行き、そこから9時30分の急行に乗れば、40分には着くと思います。**でも、急行なのでこの時間だと結構込んでます。

女：そうですか。**45分までには着きたいので、それにします。**

ありかどうございました。

女の人は何時の電車に乗りますか。

1 9時

2 9時10分

3 9時30分

4 9時50分

해석

역에서 여자와 역무원이 이야기하고 있습니다. 여자는 몇 시 전철을 탑니까?

여: 저기요. 저, 우에다 역에 가고 싶은데, 어느 전철을 타면 되나요?

남: 우에다 역이요? 지금 9시이니까 9시 10분 전철이 있습니다.

여: 그럼 어느 정도 걸리나요?

남: 음, 여기서부터라면 50분 정도 걸려요.

여: 아, 그래요? 그런데 가능한 한 빨리 그쪽에 도착하고 싶은데요….

남: 그러시다면, 그 전철로 미도리 역까지 가서, 거기서 9시 30분 급행을 타면, 40분에는 도착할 거라고 생각합니다. 하지만, 급행이라서 이 시간이라면 꽤 붐빌 거예요.

여: 그래요? 45분까지는 도착하고 싶으니까 그걸로 할게요.

감사합니다.

여자는 몇 시 전철을 탑니까?

1 9시

2 9시 10분

3 9시 30분

4 9시 40분

해설 여자는 9시 45분까지는 우에다 역에 도착하고 싶어 하기 때문에 역무원이 추천하는 9시 10분 전철을 타고 미도리 역에서 9시 30분 급행을 갈아타야 하므로 정답은 2번이다.

어휘 駅員 역무원 | 何時 몇 시 | 電車 전철 | ~に乗る ~을/를 타다 | ~ばいい ~하면 된다 | ~くらい ~정도 | かかる 걸리다 | ここから 여기서부터 | できるだけ 가능한 한 | 向こう 행선지 | 着く 도착하다 | 急行 급행 | 結構 꽤, 상당히 | 込む 붐비다

3번

SCRIPT

男の人と女の人が話しています。男の人は何を手伝いますか。

男：鈴木さん、来月引っ越しをするんだって。

女：うん、そうだよ。

男：新しい家具とか買う？

女：ううん、あっ、でも、新しい机はほしくて、今度の日曜日買いに行こうと思ってるの。
そうだ、もし時間があったら、ちょっと手伝ってほしいんだけど。

男：僕？いいよ。何をしようか。

女：悪いんだけど、**机を車に載せてうちまで送ってもらえない？**
もう買うものは決まってるから、店であれこれ選ぶ必要はないんだけど。

男：でも、机、車に載せられるか。

女：組み立てるタイプだから、載せられると思うんだ。

男：それならいいよ。組み立てるのも手伝おうか。

女：あ！それは大丈夫。そんなに難しくないみたいだから。
組み立てた後、ペンキを塗ったりして自分だけの机を作りたいんだ。

男：そうか。

女：じゃあ、日曜日よろしくね。

男の人は何を手伝いますか。

1 机を運ぶ
2 机を選ぶ
3 机を組み立てる
4 机にペンキを塗る

해석

남자와 여자가 이야기하고 있습니다. 남자는 무엇을 도와줍니까?

남: 스즈키 씨, 다음 달에 이사한다면서?

여: 응, 맞아.

남: 새 가구 같은 거 살 거야?

여: 아니, 앗, 근데 새로운 책상은 갖고 싶어서 이번 주 일요일에 사러 가려고 생각하고 있어.
 맞다, 혹시 시간 있으면 좀 도와줬으면 좋겠는데.
남: 나? 좋아. 뭐 할까?
여: 미안한데, 책상을 차에 실어서 우리집까지 보내줄 수 없을까?
 이미 살 건 정해져 있어서 가게에서 이것저것 고를 필요는 없는데.
남: 근데 책상이 차에 실릴까?
여: 조립하는 타입이니까 실릴 거라 생각해.
남: 그렇다면 괜찮아. 조립하는 것도 도와줄까?
여: 아! 그건 괜찮아. 그렇게 어렵지 않은 것 같으니까.
 조립한 후에 페인트칠하거나 해서 나만의 책상을 만들고 싶어.
남: 그렇구나.
여: 그럼 일요일에 잘 부탁할게.
남자는 무엇을 도와줍니까?

1 책상을 옮긴다
2 책상을 고른다
3 책상을 조립한다
4 책상에 페인트를 칠한다

해설 여자가 살 책상은 이미 결정했고, 조립이나 페인트칠은 스스로 하고 싶다고 했으며, 남자에게 책상을 차에 실어서 집까지 보내달라고 부탁했기 때문에 정답은 1번이다.

어휘 引っ越し 이사 | 新しい 새롭다 | 家具 가구 | 机 책상 | ほしい 갖고 싶다 | ~てほしい ~해 줬으면 좋겠다 | ~に載せる ~에 싣다 | 送る 보내다 | 決まる 결정되다, 정해지다 | あれこれ 이것저것 | 選ぶ 고르다 | 組み立てる 조립하다 | タイプ 타입 | ペンキを塗る 페인트칠하다 | 運ぶ 옮기다, 운반하다

4번

SCRIPT

会社で男の人と女の人が話しています。男の人はこの後、どうしますか。
男：松田さん、今年の企画発表、すごく面白かったよ。
女：本当？ありがとう。
男：初めに参考にしていた本、どこで見つけたの？
女：あ、それ。斎藤課長に借りたんだ。
男：僕も読みたくて探してたけど、会社の図書室にもなかったし、この辺りの本屋でも見つからなかったんだ。

女：課長に話してみようか。あっ、そうだ。今、営業部の木村さんが借りて読んでるよ。
次も借りたがってる人がいるって言ってたから、読めるの、ずいぶん後になっちゃうね。
男：え〜、そうなんだ。僕も早く読みたいな。
女：確か管理職の人たちにプレゼントされたと思うから、**森部長も持っていらっしゃると思う。**
聞いてみたら？このまま順番を待ってたら、1ヵ月はかかっちゃいそうだし。
今第1会議室にいらっしゃるから、今から行ってきたらどう？
男：そうね。そうしてみるよ。
男の人はこの後、どうしますか。

1 課長に本を借りる
2 本屋に買いに行く
3 部長に電話をする
4 会議室に行く

해석

회사에서 남자와 여자가 이야기하고 있습니다. 남자는 이 다음에 어떻게 합니까?
남: 마쓰다 씨, 올해 기획 발표, 무지 재미있었어.
여: 정말? 고마워.
남: 처음에 참고로 했던 책, 어디서 찾았어?
여: 아, 그거. 사이토 과장님께 빌렸어.
남: 나도 읽고 싶어서 찾았는데, 회사 도서실에도 없었고, 이 근처 서점에서도 못 찾았거든.
여: 과장님께 이야기해 볼까? 아, 맞다. 지금 영업부 기무라 씨가 빌려서 읽고 있어.
다음에도 빌리고 싶어 하는 사람이 있다고 했으니까 읽을 수 있는 건 꽤 나중이 되어 버릴 거야.
남: 아~, 그렇구나. 나도 빨리 읽고 싶은데.
여: 분명 관리직인 사람들에게 선물 준 것 같으니까, 모리 부장님도 갖고 계실 거라 생각해.
물어보는 게 어때? 이대로 순서를 기다리다간 1개월은 걸려 버릴 것 같고.
지금 제 1회의실에 계시니까 지금부터 갔다 오면 어떨까?
남: 그러네. 그렇게 해 볼게.
남자는 이 다음에 어떻게 합니까?

1 과장님에게 책을 빌린다
2 서점에 사러 간다
3 부장님에게 전화를 한다
4 회의실에 간다

해설 여자는 책을 읽고 싶어하는 남자에게 부장님이 책을 갖고 계실 것이기 때문에 제 1회의실로 가 보라고 권유하고 있으므로 정답은 4번이다.

어휘 企画発表 기획 발표 | 参考 참고 | 見つける 찾다, 발견하다 | 借りる 빌리다 | 探す 찾다 | 図書室 도서실 | 見つかる 찾게 되다, 발견되다 | 営業部 영업부 | 次 다음 | ずいぶん 꽤 | 管理職 관리직 | プレゼントする 선물하다 | いらっしゃる 계시다 | 順番を待つ 차례를 기다리다 | 会議室 회의실

5번

SCRIPT

大学で男の人と女の人が話しています。女の人は先生に何を持っていかなければなりませんか。

男：宮本さん、ちょっと研究室に行ってきてくれない？
　　昨日の**研究報告書を急いで先生に渡してほしいんだけど。**

女：うん、いいよ。それ化粧品の研究だよね。
　　えーと、確か報告書が二つだったと思うんだけど、持っていくのは一つでいいの？

男：うん、**先生が必要なのは後から作成したものだと言うから、最初のものはそのままにしておいていいよ。**

女：わかった。商品の説明の書類も一緒に持っていく？

男：それは僕がメールで送るからいいよ。

女：うん。

女の人は先生に何を持っていかなければなりませんか。

1 報告書一つ
2 報告書二つ
3 報告書一つと説明書
4 説明書

해석

대학에서 남자와 여자가 이야기하고 있습니다. 여자는 선생님께 무엇을 가져가야 합니까?

남: 미야모토 씨, 잠깐 연구실에 다녀와 줄 수 없을까?
　어제 작성한 연구 보고서를 서둘러서 선생님께 전달해 줬으면 좋겠는데.

여: 응, 좋아. 그거 화장품 연구이지?
　음, 분명 보고서가 두 개였던 거 같은데, 가져가는 건 한 개면 되는 거야?

남: 응, 선생님이 필요한 건 나중에 작성한 것이라고 하니까, 처음 것은 그대로 둬도 돼.

여: 알겠어. 상품 설명이 적힌 서류도 같이 가져가?

남: 그건 내가 메일로 보낼 테니까 괜찮아.

여: 응.

여자는 선생님께 무엇을 가져가야 합니까?

1 보고서 한 개

2 보고서 두 개

3 보고서 한 개와 설명서

4 설명서

해설 어제 작성한 연구 보고서 중에서 나중에 작성한 것 하나만 선생님에게 가져가 줄 것을 부탁하고 있기 때문에 정답은 1번이다.

어휘 研究室 연구실 | 報告書 보고서 | 急ぐ 서두르다 | 渡す 건네주다, 넘겨주다 | 化粧品 화장품 | 確か 분명, 아마 | 後から 나중에 | 作成する 작성하다 | 商品 상품 | 説明 설명 | 書類 서류 | メール 메일 | 送る 보내다

6번

SCRIPT

サークルで男の先輩と女の後輩が話しています。男の先輩はこれから、まず何をしますか。

女：先輩、今年の新入部員のことなんですけど。
　　歓迎会として週末に日帰りでどこかに行くのはどうでしょうか。

男：日帰り旅行か。いいかもしれないね。

女：では、今年はそういうことで準備しましょうか。
　　まずはみんなにどこへ行きたいか聞きますね。

男：そうね、アンケートでも取るのはどう？

女：あっ、いや、やっぱりそんな時間ありませんし、**先輩がよさそうな場所を決めてください。**
　　インターネットとかで探してもらえますか。

男：いいよ。

女：次はそこで何をするかですね。ただ食事だけではちょっと…。

男：そうだよね。

女：まあ、それは場所を決めてから考えましょう。先輩、見つかったら教えてください。お願いします。

男：うん、わかった。

男の先輩はこれから、まず何をしますか。

1 アンケートを取る

2 行く場所を探す

3 何をするか考える

4 食事する店を決める

해석

동아리에서 남자 선배와 여자 후배가 이야기하고 있습니다. 남자 선배는 앞으로 먼저 무엇을 합니까?

여: 선배님, 올해 신입 부원 말인데요.
환영회로 주말에 당일치기로 어딘가 가는 것은 어떨까요?

남: 당일치기 여행이라. 괜찮을지도 모르겠네.

여: 그럼, 올해는 그렇게 하는 거로 준비할까요?
우선 모두에게 어디에 가고 싶은지 물어볼게요.

남: 그러네, 설문조사라도 하는 건 어때?

여: 앗, 아뇨, 역시 그럴 시간 없으니까 선배님이 좋을 것 같은 장소를 정해 주세요.
인터넷 등으로 찾아 주실 수 있으세요?

남: 좋아.

여: 다음은 거기서 뭘 할지이네요. 그냥 식사만 하는 건 좀….

남: 그렇지.

여: 뭐, 그건 장소를 정하고 나서 생각해요. 선배님, 찾으면 알려 주세요. 부탁드려요.

남: 응, 알겠어.

남자 선배는 앞으로 먼저 무엇을 합니까?

1 설문조사를 한다

2 갈 곳을 찾는다

3 뭘 할 건지 생각한다

4 식사할 가게를 정한다

해설 남자 선배가 먼저 동아리 신입 부원들을 위한 당일치기 여행지를 결정하고서 무엇을 할 건지, 어디서 먹을 건지 생각할 수 있으므로 정답은 2번이다.

어휘 サークル 동아리 | 新入部員 신입 부원 | 歓迎会 환영회 | 日帰り 당일치기 | 旅行 여행 | アンケート 설문조사 | 場所 장소 | 決める 결정하다 | 探す 찾다 | ただ 단지, 그냥 | 食事 식사 | 考える 생각하다

4회

문제 1 문제 1에서는 먼저 질문을 들으세요. 그러고 나서 이야기를 듣고 문제지의 1부터 4 안에서 가장 적당한 것을 하나 고르세요.

|정답|

1번 4	2번 3	3번 3	4번 4	5번 1	6번 4

|해설|

1번

SCRIPT

男の学生と女の学生が話しています。男の学生はパーティーで何をしますか。

男：高倉さん、来月、留学生のパーティーがあるよね。

女：うん、聞いた。

男：実はみんなの前で、何かやってほしいって頼まれたんだ。

女：えー、そうなんだ。じゃ、歌を歌えば？

男：僕、歌は自信がないんで…。何かないかな？

女：じゃあ、ダンスはどう？

男：ダンスはちょっと…。

女：それなら、ピアノは弾けるの？

男：ううん。

女：あっ、そういえば、**ギターはできるじゃない。**

男：それが、前はよく弾いてたけど、ここ1年ほどまったくやってなくて…。

女：大丈夫。上手だったからできるよ。

男：じゃあ、**久しぶりに練習して、やってみようか。**

男の学生はパーティーで何をしますか。

1

2

3 

4 

해석

남학생과 여학생이 이야기하고 있습니다. 남학생은 파티에서 무엇을 합니까?

남: 다카쿠라 씨, 다음 달 유학생 파티 있지?

여: 응, 들었어.

남: 실은 사람들 앞에서 뭔가 해 달라고 부탁 받았거든.

여: 어, 그렇구나. 그럼, 노래 부르면 어때?

남: 나 노래는 자신이 없어서…. 뭔가 없을까?

여: 그럼, 춤은 어때?

남: 춤은 좀….

여: 그러면, 피아노는 칠 수 있어?

남: 아니.

여: 앗, 그러고 보니, 기타는 칠 수 있잖아.

남: 그게, 전에는 자주 쳤었는데, 최근 1년 정도 전혀 치질 않아서….

여: 괜찮아. 잘했으니까 할 수 있을 거야.

남: 그럼 오랜만에 연습해서 해 볼까.

남학생은 파티에서 무엇을 합니까?

1 노래

2 춤

3 피아노 연주

4 기타 연주

해설 파티 때 노래나 춤은 자신이 없고 피아노는 칠 줄 모르기 때문에 예전에 잘 쳤던 기타를 치기로 했으므로 정답은 4번이다.

어휘 留学生(りゅうがくせい) 유학생 | パーティー 파티 | 頼む(たのむ) 부탁하다 | 歌を歌う(うたをうたう) 노래를 부르다 | 自信(じしん)がない 자신이 없다 | ダンス 춤 | ピアノ 피아노 | 弾く(ひく) 치다, 연주하다 | そういえば 그러고 보니 | まったく 전혀, 아주 | 上手だ(じょうずだ) 잘하다 | 久しぶりに(ひさしぶりに) 오랜만에 | 練習(れんしゅう)する 연습하다

PART 4 청해

2번

SCRIPT

父親と娘が新幹線の切符について話しています。娘は何時の切符を予約しますか。

男：はるか、月曜日の朝、大阪に行くんだけど、大阪までの切符、インターネットで予約してくれる？

女：うん、いいよ。で、何枚？

男：1枚でいい。

女：わかった。時間は何時がいい？

男：なるべく早く出発したいんだ。一番早い時間は？

女：えーっと、朝6時っていうのがあるけど、いっぱいだね。

男：次は？

女：う〜ん、次は7時と8時が空いてる。

男：じゃ、**7時にして。**

あっ、でも、確か先月行ったときは5時のに乗ったような気がするけど、5時はない？

女：う〜ん、ないよ。

男：そう、じゃ、**それにして。**よろしく。

女：わかった。

娘は何時の切符を予約しますか。

1　5時

2　6時

3　7時

4　8時

해석

아버지와 딸이 신칸센 티켓에 대해서 이야기하고 있습니다. 딸은 몇 시 티켓을 예약합니까?

남: 하루카, 월요일 아침에 오사카에 갈 건데, 오사카까지의 티켓을 인터넷으로 예약해 줄래?

여: 응, 좋아. 그런데, 몇 장?

남: 1장이면 돼.

여: 알겠어. 시간은 몇 시가 좋아?

남: 되도록 일찍 출발하고 싶어. 가장 이른 시간은?

여: 음, 아침 6시 게 있긴 한데, 만석이야.

남: 다음 건?

여: 음…, 다음은 7시와 8시가 비어 있어.

남: 그럼 7시로 해 줘.

　앗, 근데 분명히 지난달에 갔을 때는 5시 걸 탔던 것 같은데, 5시는 없어?

여: 음…, 없어.

남: 그래, 그럼, 그걸로 해 줘. 부탁해.

여: 알겠어.

딸은 몇 시 티켓을 예약합니까?

1　5시

2　6시

3　7시

4　8시

해설 아버지는 가능한 한 일찍 출발하고 싶다고 했지만 5시 티켓은 없고 6시 티켓은 만석이기 때문에 7시 것을 예약해야 하므로 정답은 3번이다.

어휘 新幹線 신칸센 | 切符 티켓, 표 | 予約する 예약하다 | 大阪 오사카 | 時間 시간 | なるべく 되도록, 가능한 한 | 早い 이르다, 빠르다 | 出発する 출발하다 | いっぱい 가득 참, 만석 | 先月 지난달 | ~に乗る ~을/를 타다 | ~ような気がする ~인 것 같은 기분이 들다

3번

SCRIPT

会社で男の人と女の人が話しています。女の人は何をしなければなりませんか。

男：山下さん、今年の冬向けに作っている新商品のことなんだけど。

女：はい、温かくなる手袋ですね。

男：うん、今度、ターゲットである若い女性に気に入ってもらえるか各支店でアンケート調査をすることになったんだ。

　それで、山下さんにも手伝ってほしいけど。

女：はい。

男：アンケート調査で使う質問用紙は今本田くんが作ってくれてるんで、

　その質問を確認してほしいんだけど、頼んでもいい？

　もちろん、僕がその前にチェックするから、その後で。

女：はい。

男：なるべく早く質問用紙を各支店に送りたいんで、よろしくね。

女：わかりました。

女の人は何をしなければなりませんか。

1　アンケート調査の質問用紙を作る

2　新商品のデザインを確認する

3　アンケート調査の質問をチェックする

4　支店に質問用紙を送る

해석

회사에서 남자와 여자가 이야기하고 있습니다. 여자는 무엇을 해야 합니까?

남: 야마시타 씨, 올해 겨울용으로 만들고 있는 신상품 말인데.

여: 네, 따뜻해지는 장갑 말씀이시죠.

남: 응, 이번 타깃인 젊은 여성이 마음에 들어할 지 각 지점에서 설문조사를 하게 됐거든.
그래서 야마시타 씨도 도와줬으면 좋겠는데.

여: 네.

남: 설문조사로 쓸 질문지를 지금 혼다가 만들어 주고 있어서
그 질문들을 확인해 줬으면 좋겠는데 부탁해도 될까?
물론, 내가 그 전에 체크할 거니까, 그 후에.

여: 네.

남: 가능한 한 빨리 질문지를 각 지점에 보내고 싶어서, 부탁할게.

여: 알겠습니다.

여자는 무엇을 해야 합니까?

1　설문조사의 질문지를 만든다

2　신상품 디자인을 확인한다

3　설문조사의 질문을 체크한다

4　지점에 질문지를 보낸다

해설　질문지는 혼다가 이미 만들고 있어서 설문조사에 쓸 질문을 확인하는 것을 부탁 받았으므로 정답은 3번이다.

어휘　冬向け 겨울용 | 新商品 신상품 | 温かくなる 따뜻해지다 | 手袋 장갑 | ターゲット 타깃 | 気に入る 마음에 들다 | 各支店 각 지점 | アンケート調査 설문조사 | 質問用紙 질문지 | 確認する 확인하다 | チェックする 체크하다 | 送る 보내다

4번

SCRIPT

男の人と女の人が申込書を見ながら話しています。女の人は何を直しますか。

女：太郎くん、今募集している海外研修に行きたいんだけど、申込書、ちょっと見てくれない？

男：うん、いいよ。見せて。

女：これ。

男：うん、住所は詳細な部分まで書いたし…。

　　あ、ここ、電話番号は、携帯電話じゃないのも書いたほうがいいよ。

女：そう？でも、うち携帯しか持ってなくて…。

男：じゃあ、これでいい。それから、学歴欄に大学や学部の名前は正しいね。

　　あれ、この写真、髪が結構短いね。

女：あ、実は半年前のものなの。

男：でも、**写真は、３ヵ月以内に撮ったものと書いてある**んじゃない。

女：うん、じゃ、**新しいのにするよ。**

女の人は何を直しますか。

1　住所
2　電話番号
3　学歴
4　写真

해석

남자와 여자가 신청서를 보면서 이야기하고 있습니다. 여자는 무엇을 고칩니까?

여: 타로, 지금 모집하고 있는 해외연수를 가고 싶은데, 신청서 좀 봐 주지 않을래?

남: 응, 좋아. 보여 줘.

여: 여기.

남: 응, 주소는 상세한 부분까지 적었고….

　아, 여기, 전화번호는 휴대전화가 아닌 것도 적는 게 좋아.

여: 그래? 근데 우리는 휴대전화밖에 없어서….

남: 그럼 이걸로 괜찮아. 그리고 학력 란에 대학이랑 학부 이름은 맞네.

　어라, 이 사진 머리가 꽤 짧네.

여: 아, 실은 반년 전 사진이야.

남: 그렇지만, 사진은 3개월 이내에 찍은 것이라고 쓰여 있잖아.

여: 응, 그럼 새로운 걸로 할게.

여학생은 무엇을 고칩니까?

1 주소
2 전화번호
3 학력
4 사진

해설 주소와 학력은 틀린 것이 없고, 전화번호는 휴대전화밖에 없기 때문에 그 부분만 적어 두었지만, 사진은 최근 3개월 이내에 찍은 것으로 해야 하기 때문에 정답은 4번이다.

어휘 申込書 신청서 | 募集する 모집하다 | 海外研修 해외연수 | 住所 주소 | 詳細だ 상세하다 | 部分 부분 | 電話番号 전화번호 | 携帯電話 휴대전화 | ~しか ~밖에 | 学歴 학력 | ~欄 ~란, ~칸 | 名前 이름 | 正しい 올바르다, 맞다 | 髪 머리카락 | 半年 반년 | 以内 이내

5번

SCRIPT

母親と息子が話しています。息子はこの後、まず何をしますか。
女：あ、ゆうと、今から出かけるの？
男：うん。友達と映画見てくる。
女：あ、そう？それなら、**ついでに郵便局に寄って切手を買ってきてくれない？**
「白鳥の発見」記念に出たからさ。
男：えっ、ちょっと図書館にも行こうと思ってたけど、まあ、わかった。
帰りに寄ってくる。
女：ありがとう。限定のものだから頼むね。はい、お金。
男：え？こんなに高いの？
女：残りはバイト代。
男：うわ～、やった！
息子はこの後、まず何をしますか。

1 映画を見る
2 切手を買う
3 図書館に行く
4 ご飯を食べる

해석

어머니와 아들이 이야기하고 있습니다. 아들은 이 다음에 먼저 무엇을 합니까?

여: 아, 유토, 지금 나갈 거야?

남: 응. 친구들과 영화 보고 올게.

여: 아, 그래? 그러면 가는 김에 우체국에 들러서 우표를 사 오지 않을래?
'백조의 발견' 기념으로 나왔거든.

남: 앗, 잠깐 도서관에도 가려고 했는데, 뭐 알겠어.
돌아오는 길에 들를게.

여: 고마워. 한정으로 나온 거니까 부탁할게. 여기, 돈.

남: 어? 이렇게 비싸?

여: 나머지는 아르바이트비.

남: 우와~, 잘됐다!

아들은 이 다음에 먼저 무엇을 합니까?

1 영화를 본다

2 우표를 산다

3 도서관에 간다

4 밥을 먹는다

해설 엄마에게 영화를 보러 나가는 김에 한정 우표를 사다 달라고 부탁 받았지만 돌아오는 길에 들른다고 하고 있으므로 정답은 1번이다.

어휘 母親 어머니 | 出かける 나가다, 외출하다 | 映画 영화 | ～ついでに ~하는 김에 | 郵便局 우체국 | 寄る 들르다 | 切手 우표 | 白鳥 백조 | 発見 발견 | 記念 기념 | 図書館 도서관 | 限定 한정 | 残り 나머지 | バイト代 아르바이트비 | やった 잘됐다, 해냈다

6번

SCRIPT

スーパーの店長がアルバイトの人に話しています。アルバイトの人は、まず何をしなければなりませんか。

男：今月も、お疲れ様でした。来店のお客様を増やすために、
先月から、皆さんにはイベントを企画してもらったり、街に出て割引券を配ったりしてもらいました。
しかし、あまり効果が出ていないようなので、**今日からはランチの時に店の前で10周年記念品を配ることにします。**
今後の記念品の広告効果を見て、割引商品を考える予定です。
新しい割引商品が決まったら、また割引券を配りましょう。

アルバイトの人は、まず何をしなければなりませんか。

1 イベントを企画(きかく)する
2 ちらしを配(くば)る
3 割引券(わりびきけん)を配(くば)る
4 記念品(きねんひん)を配(くば)る

해석

슈퍼마켓의 점장이 아르바이트를 하는 사람에게 이야기하고 있습니다. 아르바이트를 하는 사람은 먼저 무엇을 해야 합니까?

남: 이번 달도 고생 많으셨습니다. 가게에 오시는 손님들을 늘리기 위해
지난달부터 여러분들은 이벤트를 기획해 주시거나 거리에 나가서 할인권을 배포해 주셨습니다.
하지만, 그다지 효과가 나지 않는 것 같아, 오늘부터는 점심때 가게 앞에서 10주년 기념품을 나눠주기로 할 것입니다.
앞으로의 기념품의 광고 효과를 보고 할인 상품을 생각할 예정입니다.
새 할인 상품이 정해지면 다시 할인권을 나눠줍시다.

아르바이트를 하는 사람은 먼저 무엇을 해야 합니까?

1 이벤트를 기획한다
2 전단지를 나눠준다
3 할인권을 나눠준다
4 기념품을 나눠준다

해설 그동안 이벤트를 기획하고 할인권을 나눠줘 봤지만 큰 효과가 없었기 때문에 가게 앞에서 10주년 기념품을 나눠주기로 했으므로 정답은 4번이다.

어휘 スーパー 슈퍼마켓 | 店長(てんちょう) 점장 | アルバイト 아르바이트 | 今月(こんげつ) 이번 달 | 来店(らいてん) 내점(가게에 옴) | 増(ふ)やす 늘리다 | イベント 이벤트 | 企画(きかく)する 기획하다 | 割引券(わりびきけん) 할인권 | 配(くば)る 나눠주다 | 効果(こうか)が出(で)る 효과가 나다 | ~周年(しゅうねん) ~주년 | 記念品(きねんひん) 기념품 | 広告(こうこく) 광고 | 割引商品(わりびきしょうひん) 할인 상품

문제 2 »»»

포인트 이해 이해하고 공략하기

2교시 청해

1 문제 프로필

상대를 알아야 문제를 푼다!

문제 2 포인트 이해

問題 2 ポイント理解

기본정보

성　　격 세부 내용을 파악하여 이유나 방법, 감정을 찾아 내주길 원함

문제 개수 6개/28개(청해)

풀이 시간 11분 30초/40분(청해)

분석정보

주요 화제 일상 회화 등

평가 방식 문제를 잘 듣고 그에 맞는 세부 정보를 캐치해 내는 것이 중요

STEP 1 스피드 해법

주로 '왜'나 '무엇을', '어떻게' 등을 묻는 문제가 나오므로 핵심 부분을 놓치지 않고 듣기

STEP 2 함정 주의보

정답을 헷갈리게 만드는 내용은 선택지와 잘 대조해서 과감히 패스

STEP 3 대책

말하는 사람의 감정이나 뉘앙스를 따라 문제에서 필요한 정보만 집중

STEP 4 공부 방법

먼저 선택지를 잘 읽고 중요한 단어를 미리 체크하여 듣기와 동시에 눈으로 포인트를 잡으며 공부한다!

상황유형

대화

⊘ 大学で男の学生と女の学生が話しています。

(대학에서 남학생과 여학생이 이야기하고 있습니다.)

안내 및 설명

⊘ テレビで女の人がある店について話しています。

(텔레비전에서 여자가 어느 가게에 대해 이야기하고 있습니다.)

문제유형

이유를 묻는 문제

⊘ 男の学生はどうして行けないと言っていますか。(남학생은 왜 못 간다고 합니까?)

⊘ 女の人はどうして来られなくなりましたか。(여자는 왜 못 오게 되었습니까?)

대상이나 사물을 묻는 문제

⊘ この製品は何が変わったと言っていますか。(이 제품은 무엇이 바뀌었다고 합니까?)

⊘ 女の人は新しいパソコンのどんなところがいいと言っていますか。

(여자는 새 컴퓨터의 어떤 점이 좋다고 합니까?)

방법을 묻는 문제

⊘ 男の人はどうやって体力をつけるようになったと言っていますか。

(남자는 어떻게 체력을 기르게 되었다고 합니까?)

⊘ 女の学生はこれからどうやって習うことにしましたか。

(여학생은 앞으로 어떻게 배우기로 했습니까?)

풀이 흐름 선택지에 키워드 표시하기 ▷ 문제를 들으며 대화 속 포인트와 선택지의 키워드 비교하기 ▷ 정답 체크!

2 문제 미리보기 Track 1-2-01

미리 알아 둬야 긴장이 덜 된다!

問題2

問題2 では、まず質問を聞いてください。そのあと、問題用紙を見てください。読む時間があります。それから話を聞いて、問題用紙の1から4の中から、最もよいものを一つえらんでください。

문제 2에서는 먼저 질문을 들으세요. 그 후 문제지를 보세요. 읽을 시간이 있습니다. 그러고 나서 이야기를 듣고 문제지의 1부터 4 안에서 가장 적당한 것을 하나 고르세요.

1ばん

1 デザインが気に入ったから
2 値段が安かったから
3 サイズがちょうどいいから
4 流行している色だから

문제가 시작되기 전에 선택지를 미리 읽어 보세요! 중요한 단어 부분엔 동그라미나 네모 등으로 체크하고 본격적으로 문제를 들으면서 바로바로 지워 나가세요!

남자 스마트폰 왜?
새로 삼
디자인 재미있네 최고
가격 → ちょうどいい
사이즈 → ぴったり
색 → 유행
역시 사려고 결정: 디자인
스마트폰 왜?

1ばん

정답 1

스크립트

문제를 잘 들어야 포인트를 찾을 수 있습니다. 마지막까지 문제를 잘 이해해 두세요!

男の人と女の人が話しています。男の人がこのスマホを選んだ一番の理由は何ですか。

女：へぇ、そのスマホ、新しいものだよね。

男：うん。昨日買ったんだ。どう？結構いいでしょう。

女：スマートフォンなのにデザインが面白いね。

男：そうだよね。このデザイン、最高でしょう。

女：うん。本当いいね。
もしかして前から買いたいものがあるって言ってたのが、これなの？

男：うん。ずっと新しく買おうと思って探したら値段もちょうどいいし、サイズもぴったりで…。

女：その色、今流行っているよね。私の妹も同じ色だった。

男：あ、そう？でも、買おうと決めたのはやっぱりこのデザインなんだ。

女：えー、そうなんだ。

이유를 묻는 문제인 경우 여러 가지 원인에 헷갈리지 않도록 구체적인 내용을 딱 집어 내는 게 중요해요!

男の人がこのスマホを選んだ一番の理由は何ですか。

풀이 스마트폰을 새로 산 남자가「このデザイン、最高でしょう(이 디자인 최고지?)」라고 앞에서 먼저 언급을 했으며,「値段もちょうどいいし、サイズもぴったりで(가격도 적당하고, 사이즈도 딱 맞아서)」라고 말하고 여자가「その色、今流行っているよね(그 색 지금 유행하고 있지?)」라고 물어 보기도 했지만 가장 큰 이유는「買おうと決めたのはやっぱりこのデザインなんだ(사기로 정한 이유는 역시 이 디자인이야)」라고 했기 때문에 정답은 1번이다.

감탄사 10

알아 두면 청취에 도움이 되는 감탄사들을 미리 살펴본다!

1	あ	가볍게 놀람, 갑자기 생각이 떠오름 예 あ！そうですか。 아! 그래요?
2	えぇ	굉장히 놀람, 긍정적으로 응답함 예 えぇ？本当(ほんとう)ですか。 어~? 정말이에요? ええ、そうなんです。네, 맞아요.
3	えっ	당황함, 의아함 예 えっ？な、何(なに)？ 엇? 뭐, 뭐야?
4	さあ	재촉함, 회피함 예 さあ、行(い)こう！자, 가자! さあ…、自信(じしん)ないなぁ。글쎄…, 자신 없는데.
5	ねえ	상대방을 부름, 말 겲 예 ねえ、これどう？ 있잖아, 이거 어때?
6	へえ	감탄하며 놀람 예 へえ、すごいですね。 오, 굉장하네요.
7	ほら	주의를 끎 예 ほら、これ見(み)て。 자, 이거 봐.
8	まあ	놀람, 감동함 예 まあ、素敵(すてき)だね。 어머, 멋지네.
9	もう	강조함, 한탄함 예 もう、ひどい。 정말, 너무해.
10	わあ	놀람, 기쁨 예 わあ、かわいいですね。 우와, 귀엽네요.

종조사 10

알아 두면 청취에 도움이 되는 종조사들을 미리 살펴본다!

1	~よ	자신의 의견을 주장할 때 사용함 예 そんなことないですよ。 그렇지 않아요.
2	~ね	확인이나 동의를 구할 때 사용함 예 結構(けっこう)うまいですね。 꽤 맛있네요.
3	~よね	좀 더 확신이 있는 확인이나 동의를 구할 때 사용함 예 確(たし)か、そう言(い)ってたよね。 분명 그렇게 말했지?
4	~な	희망이나 의지를 나타낼 때 사용함(반말) 예 私(わたし)も行(い)きたいな…。 나도 가고 싶다….
5	~かな	불안함이나 자신의 의지를 확인할 때 사용함(반말) 예 ちゃんとできるかな。 제대로 할 수 있을까?
6	~でしょう	추측하거나 확인을 구할 때 사용함(존댓말) 예 まさか、冗談(じょうだん)でしょう。 설마, 농담이죠?
7	~だろう	추측하거나 확인을 구할 때 사용함(반말) 예 彼(かれ)はまだ学生(がくせい)だろう。 그는 아직 학생이지?
8	~じゃない, ~じゃん	자신의 의견을 주장하거나 동의를 구할 때 사용함(반말) 예 あの人(ひと)、木村(きむら)さんじゃない。 저 사람, 기무라 씨잖아. それ、嘘(うそ)じゃん。 그거, 거짓말이잖아.
9	~っけ	불확실할 때나 확인을 구할 때 사용함(반말) 예 明日(あした)が締(し)め切(き)りだったっけ。 내일이 마감이었나?
10	~さ	자신의 의견을 주장할 때 사용함(반말) 예 もう気(き)にすることはないさ。 이제 신경 쓸 필요는 없어.

실전문제 풀어보기 1회

Track 1-2-02 | 정답과 해설 466쪽

問題2

問題2 では、まず質問を聞いてください。そのあと、問題用紙を見てください。読む時間があります。それから話を聞いて、問題用紙の１から４の中から、最もよいものを一つえらんでください。

1ばん

1 虫に食べられたから
2 傷や汚れがあるから
3 味は普通のみかんより甘くないから
4 薬を使っていたから

2ばん

1 仕事が楽しくないから
2 時間が取れないから
3 夜遅くて危ないから
4 仕事の始まる時間が夜遅いから

3ばん

1 雨で電車が止まっているから
2 会議があるから
3 会社の人と夕飯を食べに行くから
4 買い物をして帰るから

4ばん

1 外国語の勉強が厳しくできるから

2 言語に興味があったから

3 外国語の先生になりたいから

4 尊敬する人の出身大学だから

5ばん

1 交通費が電車よりかからないから

2 打ち合わせに間に合わないから

3 途中で本社に寄るから

4 タクシーがあまりないから

6ばん

1 好きな野菜料理があるから

2 おいしい和食が食べられるから

3 料理に関わる話が聞きたいから

4 魚の写真がたくさん見られるから

▷맞힌 개수 확인 ____ /6

실전문제 풀어보기 2회

Track 1-2-03 | 정답과 해설 474쪽

問題2

問題2 では、まず質問を聞いてください。そのあと、問題用紙を見てください。読む時間があります。それから話を聞いて、問題用紙の１から４の中から、最もよいものを一つえらんでください。

1ばん

1 母を病院に連れていくから
2 兄が怪我をしたから
3 論文の面談があるから
4 クラブの話し合いがあるから

2ばん

1 空港に行くから
2 温泉に行くから
3 演奏会を見に行くから
4 まんじゅうを買いに行くから

3ばん

1 新商品があまり売れないから
2 若い人に人気がないから
3 部品が足りないから
4 頭痛がひどいから

4ばん

1 申し込みの締め切りが過ぎたから
2 もう大学4年生だから
3 専攻が違うから
4 別の大学院に進学するから

5ばん

1 レポートがあるから
2 授業が遅く終わるから
3 父と食事をするから
4 友だちと飲みに行くから

6ばん

1 仕事としてしたいから
2 体力をつけたいから
3 器具を使いたいから
4 友だちを作りたいから

▶맞은 개수 확인 ____ /6

실전문제 풀어보기 3회

Track 1-2-04 | 정답과 해설 482쪽

問題2

問題2 では、まず質問を聞いてください。そのあと、問題用紙を見てください。読む時間があります。それから話を聞いて、問題用紙の１から４の中から、最もよいものを一つえらんでください。

1ばん

1 新幹線が止まったから
2 両親が病気で倒れたから
3 お母さんが入院することになったから
4 急に病気になったから

2ばん

1 大学院の試験を受けるため
2 姉の結婚式に出るため
3 友人の子供に会うため
4 論文の発表があるため

3ばん

1 洗うことができないから
2 修理代が高かったから
3 ボタンのパネルが悪いから
4 洗濯機から変な音がするから

4ばん

1 友だちのところに行けないから

2 服が濡れてしまったから

3 風邪を引いてしまったから

4 新しいレインコートが着られないから

5ばん

1 割引をしてなかったから

2 今すぐ買う必要がなくなったから

3 値段が高かったから

4 妻が選んでくれたから

6ばん

1 レポートが大変だったから

2 アルバイトが休めなかったから

3 アルバイトが遅く終わったから

4 父と夕飯を食べていたから

____ /6

문제 2» 포인트 이해

실전문제 풀어보기 4회

Track 1-2-05 | 정답과 해설 491쪽

問題2

問題2 では、まず質問を聞いてください。そのあと、問題用紙を見てください。読む時間があります。それから話を聞いて、問題用紙の１から４の中から、最もよいものを一つえらんでください。

1ばん

1　ファスナーがついた

2　丈夫になった

3　容量が大きくなった

4　色が多くなった

2ばん

1　画面が大きいところ

2　値段が安いところ

3　使いやすいところ

4　場所を取らないところ

3ばん

1　100点満点のテスト

2　一緒に撮った写真

3　好きな歌手のCD

4　みんなへの手紙

4ばん

1 公務員
2 弁護士
3 英語の先生
4 通訳

5ばん

1 歩くのがとても好きだ
2 朝早く散歩するのは大変だ
3 散歩に早く慣れてほしい
4 健康のために仕方なくやっている

6ばん

1 女の学生に教わる
2 女の学生の友人に教わる
3 インターネットでレッスンを受ける
4 ピアノの教室に通う

맞힌 개수 확인 ____ /6

정답 및 해설 확인하기

1회

문제 2 문제 2에서는 먼저 질문을 들으세요. 그 후 문제지를 보세요. 읽을 시간이 있습니다. 그러고 나서 이야기를 듣고 문제지의 1부터 4 안에서 가장 적당한 것을 하나 고르세요.

| 정답 |

1번 2	2번 2	3번 2	4번 4	5번 3	6번 3

| 해설 |

1번

SCRIPT

スーパーで、店員がみかんについて説明をしています。みかんはなぜ安いのですか。

男：さあ、安くておいしいみかんを入荷しました。。このみかん、今日は特別、一つ30円です。
安いからすっぱくて甘くないと思う方はいらっしゃいませんか。でも、違います。
安さの秘密は表面の傷、虫に食べられた傷じゃありませんよ。
この傷、強い薬を使ってないからできたもので、表面に多少の傷や汚れはありますが、
味は普通のみかんより甘いです。
それに、薬を使っていませんから、安心ですよ。さあ、いかがですか。

みかんはなぜ安いのですか。

1 虫に食べられたから
2 傷や汚れがあるから
3 味は普通のみかんより甘くないから
4 薬を使っていたから

해석

슈퍼에서 점원이 귤에 대해 설명을 하고 있습니다. 귤은 왜 쌉니까?

남: 자, 싸고 맛있는 귤이 입하되었습니다. 이 귤은 오늘 특별히 하나에 30엔입니다.
싸니까 시고 달지 않다고 생각하는 분은 안 계십니까? 하지만 아닙니다.
싼 비밀은 표면의 상처인데, 벌레 먹은 상처가 아니랍니다.
이 상처는 강한 약을 사용하지 않아서 생긴 것으로, 표면에 다소 상처나 얼룩은 있습니다만,
맛은 보통 귤보다 답니다.

게다가 약을 사용하지 않아서 안심입니다. 자, 어떠십니까?
귤은 왜 쌉니까?

1 벌레가 먹었기 때문에
2 상처와 얼룩이 있기 때문에
3 맛이 보통 귤보다 달지 않기 때문에
4 약을 썼기 때문에

해설 점원이 귤이 싼 이유에 대해 「安さの秘密は表面の傷」라고 말했기 때문에 정답은 2번이다.

어휘 入荷する 입하하다 | 特別 특별 | すっぱい 시다 | 甘い 달다 | 秘密 비밀 | 表面 표면 | 虫 벌레 | 傷 상처 | 多少 다소 | 汚れ 얼룩 | 味 맛 | 普通 보통 | 安心だ 안심이다

PART 4 청해

2번

SCRIPT

大学で男の学生と女の学生が話しています。女の学生はどうしてアルバイトを辞めると言っていますか。
男：何をそんなに一生懸命見てる？
女：あ、これ？アルバイト募集。私、今やっているコンビニのバイトを辞めようと思って。
新しいアルバイトを探してるの。
男：え、どうして？コンビニで接客するのが好きだから始めたって言ってたよね。
女：うん、実は来年、留学することを考えててね。
好きなことができて、お金も結構もらえるからいいと思ったけど、
留学するためには語学の勉強も必要で、もう少し時間が取れるといいなと思って。
男：そうなんだ。夜遅いから危ないし、夜のバイトだから大変だしね。
女：そこはあまり気にしてないけど、留学のことを考えるとね…。
女の学生はどうしてアルバイトを辞めると言っていますか。

1 仕事が楽しくないから
2 時間が取れないから
3 夜遅くて危ないから
4 仕事の始まる時間が夜遅いから

해석

대학교에서 남학생과 여학생이 이야기하고 있습니다. 여학생은 왜 아르바이트를 그만둔다고 합니까?

남: 뭘 그렇게 열심히 보고 있어?

여: 아, 이거? 아르바이트 모집. 나 지금 하는 편의점 아르바이트 그만두려고 해서.
새로운 아르바이트를 찾고 있어.

남: 어, 왜? 편의점에서 손님을 맞는 게 좋아서 시작했다고 했잖아.

여: 응, 실은 내년에 유학 가는 걸 생각하고 있어서.
좋아하는 거 할 수 있고, 돈도 받을 수 있어서 좋다고 생각했지만,
유학 가기 위해서는 어학 공부도 필요하고, 좀 더 시간을 낼 수 있는 게 좋을 것 같아서.

남: 그렇구나. 밤늦게라서 위험하고, 밤에 하는 아르바이트니까 힘들기도 하니까 말이야.

여: 그건 별로 신경 쓰진 않는데 유학을 생각하면….

여학생은 왜 아르바이트를 그만둔다고 합니까?

1 일이 즐겁지 않기 때문에

2 시간을 낼 수 없기 때문에

3 밤늦게라서 위험하기 때문에

4 일을 시작하는 시간이 밤늦게이기 때문에

해설 여학생이 아르바이트를 그만두는 이유에 대해 「もう少し時間が取れるといいなと思って」라고 대답했기 때문에 정답은 2번이다.

어휘 辞める 그만두다 | 一生懸命 열심히 | 募集 모집 | コンビニ 편의점 | 探す 찾다 | 接客する 손님을 맞다 | 留学する 유학하다 | 結構 꽤, 상당히 | 語学 어학 | もう少し 조금 더 | 夜遅い 밤 늦다 | 危ない 위험하다 | 大変だ 힘들다

3번

SCRIPT

携帯電話で夫と妻が話しています。夫はどうして今日、帰りが遅くなると言っていますか。

男：はい、もしもし。

女：ねえ、今どこ？まだ会社？

男：うん、まだ会社だよ。

女：よかった。今すごい雨が降ってるの。で、帰りの電車、止まるかもしれない。

男：ああ、そうなんだ。電車のことはよくわからないけど、**僕は今日、帰りが遅くなりそうなんだ。**
この後、社長との会議があるから。

女：そっか。大変だね。夕飯はどうする？会社で食べてくる？

男：いや、僕の分も用意しといて。会議がどうなるかわからないから食べる時間がないと思う。
　食べないで帰るからお願い。

女：わかった。

男：何か買うものがあれば、携帯にメールしといて。帰りに駅前のスーパーに寄っていくから。

女：ありがとう。じゃ、がんばってね。

夫はどうして今日、帰りが遅くなると言っていますか。

1　雨で電車が止まっているから

2　会議があるから

3　会社の人と夕飯を食べに行くから

4　買い物をして帰るから

해석

휴대전화로 남편과 아내가 이야기하고 있습니다. 남편은 왜 오늘 귀가가 늦어진다고 합니까?

남: 네, 여보세요.

여: 저기, 지금 어디야? 아직 회사야?

남: 응, 아직 회사야.

여: 다행이다. 지금 비가 많이 오고 있어. 그래서, 집에 오는 전철이 멈출지도 몰라.

남: 아, 그렇구나. 전철은 잘 모르겠지만, 나는 오늘 집에 가는 게 늦어질 것 같아.
　이후에 사장님과 회의가 있어서.

여: 그래? 힘들겠다. 저녁밥은 어떡해? 회사에서 먹고 오는 거야?

남: 아니, 내 것도 준비해 놔 줘. 회의가 어떻게 될지 몰라서 먹을 시간이 없을 것 같아.
　먹지 않고 갈 테니까 부탁해.

여: 알았어.

남: 뭔가 사갈 거 있으면, 휴대전화로 문자 보내놔 줘. 돌아가는 길에 역 앞의 슈퍼에 들렀다 갈 테니까.

여: 고마워. 그럼, 열심히 해.

남편은 왜 오늘 귀가가 늦어진다고 합니까?

1　비 때문에 전철이 멈춰 있기 때문에

2　회의가 있기 때문에

3　회사 사람이랑 저녁을 먹으러 가기 때문에

4　장을 보고 돌아갈 것이기 때문에

해설　남편이 귀가가 늦어지는 이유에 대해 「僕は今日、帰りが遅くなりそうなんだ。この後、社長との会議があるから」라고 말했기 때문에 정답은 2번이다.

어휘 携帯電話 휴대전화 | 夫 남편 | 妻 아내 | 帰り 귀가, 집에 옴 | 電車 전철 | 止まる 멈추다 | 遅い 늦다 | 会議 회의 | 夕飯 저녁밥 | ~の分 ~의 몫 | 用意する 준비하다 | ~に寄る ~에 들르다

4번

SCRIPT

大学で新入生の女の学生と男の学生が話しています。女の学生はどうしてこの大学を選びましたか。

女：先輩、ああ、今日は発表で、明日も明後日もテスト。

それに、レポートは今週まで。本当毎日忙しいです。

男：うちは外国語を専門に勉強する大学だから、厳しいのは当然。

女：わかります。けど、厳しすぎです。

男：でも、こんなに外国語の勉強ができる環境はあまりないと思うよ。

女：そうですね。実は外国語大学がこんなに大変だと思わなかったんです。

男：えっ、どうしてここに入ったの？

女：**それが、尊敬する人がここの出身で、高校の時の担任の先生なんです。**

で、憧れてて。つい。

男：ああ、そうなんだ。熱心に勉強してるから、外国語の勉強が好きで入ったのかと思ってた。

女：そう見えました？言語に興味を持つようになったのは、大学に入ってからです。

きっかけは違うけど、今はやっぱりここに入ってよかったって思ってます。

女の学生はどうしてこの大学を選びましたか。

1 外国語の勉強が厳しくできるから
2 言語に興味があったから
3 外国語の先生になりたいから
4 尊敬する人の出身大学だから

해석

대학교에서 신입생인 여학생과 남학생이 이야기하고 있습니다. 여학생은 왜 이 대학교를 선택했습니까?

여: 선배님, 아, 오늘은 발표에 내일도 모레도 시험.

게다가 리포트는 이번 주까지. 정말 매일 바빠요.

남: 우리는 외국어를 전문으로 공부하는 대학교이니까, 힘든 건 당연하지.

여: 알아요. 하지만, 너무 힘들어요.

남: 그래도 이렇게 외국어 공부를 할 수 있는 환경은 별로 없다고 생각해.

여: 그렇지요. 사실 외국어 대학교가 이렇게 힘들 거라고는 생각 못했어요.

남: 어? 왜 여기 들어왔어?
여: 그게, 존경하는 사람이 여기 출신인데 고등학교 때 담임 선생님이에요.
그래서, 동경하고 있었어서. 그만.
남: 아, 그렇구나. 열심히 공부하고 있어서, 외국어 공부를 좋아해서 들어온 줄 알았어.
여: 그렇게 보였나요? 언어에 흥미를 갖게 된 건 대학교에 들어와서부터예요.
계기는 다르지만, 지금은 역시 여기에 들어와서 다행이었다고 생각해요.
여학생은 왜 이 대학교를 선택했습니까?

1 외국어 공부를 혹독하게 할 수 있기 때문에
2 언어에 흥미가 있었기 때문에
3 외국어 선생님이 되고 싶기 때문에
4 존경하는 사람의 출신 대학이기 때문에

해설 여학생이 이 대학교에 들어온 이유에 대해 「尊敬する人がここの出身で」라고 대답했기 때문에 정답은 4번이다.

어휘 発表 발표 | テスト 시험 | レポート 리포트 | 外国語 외국어 | 専門 전문 | 厳しい 힘들다, 혹독하다 | 当然 당연 | 環境 환경 | 尊敬する 존경하다 | 出身 출신 | 担任 담임 | 憧れる 동경하다 | 熱心に 열심히 | 言語 언어 | 興味を持つ 흥미를 갖다 | きっかけ 계기

5번

SCRIPT

会社で女の人と男の人が話しています。男の人はどうしてタクシーを使いたいと言っていますか。
男：あの、課長、今からさくら印刷に打ち合わせに行くんですが、タクシーを使って行ってもいいですか。
女：えっ、タクシー？今の時間帯だと電車で行くのが早いんじゃない？交通費も安いし。
男：ええ、そうなんですが、**行く時、本社に寄って資料をもらって行こうと思うんです。**
本社からタクシーで行くと近いんですが、電車の駅からは遠くて。
女：う~ん、そう。
男：そして、今から行っても、遠回りをすることになって会議に間に合うかどうか。
女：じゃあ、ここから本社までは電車で行って、本社からタクシー乗るのはどうかな。
男：でも、結局タクシーで行ったほうが早くなるので。
女：それなら、ここからタクシーに乗ったほうがよさそうだね。
男の人はどうしてタクシーを使いたいと言っていますか。

1 交通費が電車よりかからないから

2 打ち合わせに間に合わないから

3 途中で本社に寄るから

4 タクシーがあまりないから

해석

회사에서 여자와 남자가 이야기하고 있습니다. 남자는 왜 택시를 이용하고 싶다고 합니까?

남: 저, 과장님, 지금부터 사쿠라 인쇄에 미팅을 하러 갑니다만, 택시를 이용해서 가도 될까요?

여: 앗, 택시? 지금 시간대라면 전철로 가는 게 빠르지 않아? 교통비도 싸고.

남: 네, 그런데요, 갈 때 본사에 들러 자료를 받아 가려고 생각해서요.
본사에서 택시로 가면 가깝지만, 전철역에서는 멀어서요.

여: 음, 그래.

남: 그리고 지금 가더라도 멀리 돌아가게 되어서 회의 시간에 맞출 수 있을지 어떨지.

여: 그럼, 여기서 본사까지는 전철로 가고, 본사에서 택시를 타는 것은 어떨까?

남: 그렇지만 결국 택시로 가는 게 빠르니까요.

여: 그러면, 여기서 택시를 타는 게 좋을 것 같네.

남자는 왜 택시를 이용하고 싶다고 합니까?

1 교통비가 전철보다 들지 않기 때문에

2 미팅 시간에 맞추지 못하기 때문에

3 도중에 본사에 들르기 때문에

4 택시가 별로 없기 때문에

해설 남자가 택시를 이용하는 이유에 대해 「行く時、本社に寄って資料をもらって行こうと思うんです」라고 대답했기 때문에 3번이 정답이다.

어휘 印刷 인쇄 | 打ち合わせ 미팅 | ~に行く ~하러 가다 | 時間帯 시간대 | 交通費 교통비 | 本社 본사 | ~に寄る~에 들르다 | 資料 자료 | 遠回り 멀리 돌아감, 우회함 | 間に合う 시간에 맞추다 | 結局 결국 | 途中で 도중에

6번

SCRIPT

ラジオで女の人がある食堂について話しています。女の人はどうしてこの店をよく利用していますか。

女：私はある食堂にもう20年近く通っています。
新鮮な野菜や魚を使った和食が自慢の店です。
野菜嫌いで、魚より肉が好きな私ですが、通うのにはもちろんわけがあります。
店のご主人が話し上手で、いつも料理に関わる楽しい話を聞かせてくれるんです。
ご主人の趣味が釣りだから、店には彼が釣った魚の写真がたくさん置いてあって、
それを楽しみに来る人も多いみたいなんですけど、私はそんなわけでその店に通い続けています。
女の人はどうしてこの店をよく利用していますか。

1 好きな野菜料理があるから
2 おいしい和食が食べられるから
3 料理に関わる話が聞きたいから
4 魚の写真がたくさん見られるから

해석

라디오에서 여자가 어떤 식당에 대해서 이야기하고 있습니다. 여자는 왜 이 가게를 자주 이용하고 있습니까?
여: 저는 어느 식당에 벌써 20년 가까이 다니고 있습니다.
신선한 채소와 생선을 사용한 일식이 자랑인 가게입니다.
채소를 싫어하고 생선보다 고기를 좋아하는 저이지만, 다니는 데에는 물론 이유가 있습니다.
가게 주인이 말을 잘해서 항상 요리와 관련된 즐거운 이야기를 들려줍니다.
가게 주인의 취미가 낚시라서, 가게에는 그가 잡은 물고기 사진이 많이 놓여 있어
그것을 즐기러 오는 사람도 많은 것 같습니다만, 저는 그런 이유로 그 가게에 계속 다니고 있습니다.
여자는 왜 이 가게를 자주 이용하고 있습니까?

1 좋아하는 채소 요리가 있기 때문에
2 맛있는 일식을 먹을 수 있기 때문에
3 요리에 관련된 이야기를 듣고 싶기 때문에
4 물고기 사진을 많이 볼 수 있기 때문에

해설 여자가 가게를 잘 다니는 이유에 대해 「店のご主人が話し上手で、いつも料理に関わる楽しい話を聞かせてくれるんです」라고 말했기 때문에 정답은 3번이다.

어휘 食堂 식당 | 利用する 이용하다 | ～に通う ~에 다니다 | 新鮮だ 신선하다 | 野菜 채소 | 魚 생선 | 和食 일식 | 自慢 자랑 | ご主人 주인 | 上手だ 잘하다 | ～に関わる ~와/과 관계되다 | 趣味 취미 | 釣り 낚시 | 写真 사진 | ～続ける 계속 ~하다

2회

문제 2 문제 2에서는 먼저 질문을 들으세요. 그 후 문제지를 보세요. 읽을 시간이 있습니다. 그러고 나서 이야기를 듣고 문제지의 1부터 4 안에서 가장 적당한 것을 하나 고르세요.

|정답|

1번 1	2번 1	3번 3	4번 4	5번 3	6번 2

|해설|

1번

SCRIPT

留守番電話のメッセージを聞いています。男の学生はどうして明日、映画に行けないと言っていますか。

男：星野です。明日の映画の約束なんだけど。

ごめん…。昨日の夜、**母が階段で転んでしまって、足の怪我をしてね。**

兄が母を病院に連れていく予定だったんだけど、

急に出張に行くことになって僕に行ってくれって…、ごめんね。

あ、それと僕、今日夕方は論文の面談があるからクラブの話し合いに出られないって言ってたけど、

先生のスケジュールが変わって行けることになったよ。

じゃ、後でね。本当、ごめんね。

男の学生はどうして明日、映画に行けないと言っていますか。

1 母を病院に連れていくから

2 兄が怪我をしたから

3 論文の面談があるから

4 クラブの話し合いがあるから

해석

자동 응답기의 메시지를 듣고 있습니다. 남학생은 왜 내일 영화를 보러 갈 수 없다고 합니까?

남: 호시노입니다. 내일 영화 약속 말인데.

미안…. 어젯밤에 엄마가 계단에서 넘어져 버리셔서 다리를 다치셔서.

형이 어머니를 병원에 데리고 갈 예정이었는데,

갑자기 출장을 가게 되어서 나에게 가 달라고 해서…, 미안해.

아, 그거랑, 나 오늘 저녁은 논문 면담이 있어서 동아리 회의에 못 갈 것 같다고 했는데,

선생님 스케줄이 바뀌어서 갈 수 있게 되었어.

그럼 나중에 봐. 정말 미안해.
남학생은 왜 내일 영화를 보러 갈 수 없다고 합니까?

1 어머니를 병원에 데리고 가기 때문에
2 형이 다쳤기 때문에
3 논문 면담이 있기 때문에
4 동아리 회의가 있기 때문에

해설 남학생이 내일 영화를 같이 보러 못 가게 된 이유에 대해 「母が階段で転んでしまって、足の怪我をして~僕に行ってくれって」라고 말했기 때문에 정답은 1번이다.

어휘 留守番電話 자동 응답기 | 階段 계단 | 転ぶ 구르다, 넘어지다 | 怪我をする 다치다, 상처를 입다 | ~に連れていく ~에 데리고 가다 | 予定 예정 | 出張 출장 | 夕方 저녁 | 論文 논문 | 面談 면담 | 話し合い 회의 | ~に出る ~에 나가다, ~에 참석하다

2번

SCRIPT

女の留学生と男の学生が話しています。留学生はどうして来週のクラブに参加できませんか。
女：来週、両親が日本に来るの。
男：そう？ご両親はどれぐらいいらっしゃるの？
女：大体4日ぐらいかな。
男：じゃあ、クラブに一緒に来れば？
来週、クラブでみんな集まって一緒に演奏の練習するって聞いたよ。
女：本当？いいね。いつ？
男：金曜日の1時から。
女：えっ、**ちょうどその時間は両親を迎えに空港に行ってると思う。だから、その日は無理ね。**
男：そっか。残念だね。
女：うーん。両親が来たら週末には一緒に温泉に行くの。
温泉まんじゅうも食べてみたいって言ってるし、忙しくなりそう。
留学生はどうして来週のクラブに参加できませんか。

1 空港に行くから
2 温泉に行くから
3 演奏会を見に行くから
4 まんじゅうを買いに行くから

해석

여자 유학생과 남학생이 이야기하고 있습니다. 여자 유학생은 왜 다음 주 동아리에 참가할 수 없습니까?

여: 다음 주에 부모님이 일본에 와.

남: 그래? 부모님은 어느 정도 계셔?

여: 대략 4일 정도려나.

남: 그럼, 동아리에 같이 오면 어때?
다음 주에 동아리에 모두 모여서 함께 연주 연습한다고 들었어.

여: 정말? 괜찮네. 언제?

남: 금요일 1시부터.

여: 앗, 마침 그 시간에 부모님 마중하러 공항에 가고 있을 것 같아. 그래서 그날은 무리겠네.

남: 그렇구나. 아쉽네.

여: 응. 부모님이 오면 주말에는 같이 온천에 갈 거야.
온천 찐빵도 먹어 보고 싶다고 하니까, 바빠질 것 같아.

여자 유학생은 왜 다음 주 동아리에 참가할 수 없습니까?

1 공항에 가기 때문에

2 온천에 가기 때문에

3 연주회를 보러 가기 때문에

4 찐빵을 사러 가기 때문에

해설 여자 유학생이 동아리의 연주 연습에 갈 수 없는 이유에 대해「ちょうどその時間(じかん)は両親(りょうしん)を迎(むか)えに空港(くうこう)に行(い)ってると思(おも)う」라고 말했기 때문에 정답은 1번이다.

어휘 クラブ 클럽, 동아리 | 両親(りょうしん) 부모 | 大体(だいたい) 대략, 대체로 | 一緒(いっしょ)に 함께 | 集(あつ)まる 모이다 | 演奏(えんそう) 연주 | 練習(れんしゅう)する 연습하다 | 迎(むか)える 마중하다 | 空港(くうこう) 공항 | 無理(むり)だ 무리이다 | 残念(ざんねん)だ 아쉽다 | 温泉(おんせん) 온천 | 忙(いそが)しい 바쁘다 | まんじゅう (일본식) 찐빵

3번

SCRIPT

会社(かいしゃ)で男(おとこ)の人(ひと)と女(おんな)の人(ひと)が話(はな)しています。男(おとこ)の人(ひと)はどうして困(こま)っていますか。

男：課長(かちょう)、大変(たいへん)です。

女：えっ、どうしたの？

男：実(じつ)は新(あたら)しい製品(せいひん)のことで、問題(もんだい)がありまして。

女：あれ、新商品(しんしょうひん)？今(いま)すごく売(う)れてるじゃない。

男：はい。急に高校生から人気が出て、売れすぎて、
　　もうすぐ売り切れになりそうだと工場から連絡がありました。
女：あ、生産が追いつかないということ？
男：ええ。工場に行って確認したら、今、**部品が不足してて、生産が止まりそうだということです。**
女：そうか。何か方法を探さないとね。
男：はい、本当、頭が痛いです。
男の人はどうして困っていますか。

1　新商品があまり売れないから
2　若い人に人気がないから
3　部品が足りないから
4　頭痛がひどいから

해석

회사에서 남자와 여자가 이야기하고 있습니다. 남자는 왜 곤란해합니까?
남: 과장님, 큰일이에요.
여: 앗, 무슨 일이야?
남: 실은 새로운 제품 일로 문제가 있어서요.
여: 어라, 신상품? 지금 무지 잘 팔리고 있잖아.
남: 네. 갑자기 고등학생들에게 인기를 얻어서 너무 많이 팔려서
　곧 품절이 될 것 같다고 공장으로부터 연락이 있었어요.
여: 아, 생산이 따라가지 못한다는 말이야?
남: 네. 공장에 가서 확인했더니, 지금 부품이 부족해서 생산이 멈출 것 같다고 해요.
여: 그래? 뭔가 방법을 찾아야겠네.
남: 네, 정말 머리가 아파요.
남자는 왜 곤란해합니까?

1　신상품이 별로 팔리지 않기 때문에
2　젊은 사람에게 인기가 없기 때문에
3　부품이 부족하기 때문에
4　두통이 심하기 때문에

해설　남자가 곤란한 이유에 대해 「今、部品が不足してて、生産が止まりそうだということです」라고 대답했기 때문에 정답은 3번이다.

어휘 製品 제품 | 売れる 팔리다 | 人気が出る 인기를 얻다 | 売り切れ 품절, 매진 | 工場 공장 | 連絡 연락 | 生産 생산 | 追いつかない 따라잡지 못하다 | 確認する 확인하다 | 部品 부품 | 不足する 부족하다 | 止まる 멈추다 | 方法 방법 | 探す 찾다 | 頭痛 두통

4번

SCRIPT

大学で、留学生が係りの人に奨学金について聞いています。留学生はどうして奨学金に申し込みできませんか。

女：すみません。この奨学金に申し込みをしたいんですが、締め切り、まだですよね。

男：はい、まだ間に合いますよ。今大学何年生ですか。

女：今大学3年で、来年4年になります。4年生でも大丈夫ですか。

男：はい、大丈夫です。えー、何学科ですか。

女：あ、観光学部観光学科です。

男：う～ん、この奨学金、大学4年生の場合、大学院に行くことが条件ですが、進学はするんですか。

女：そうですか。進学はしますが、実は違う大学院に行く予定です。

男：ああ、**この奨学金はうちの大学院に進学することを予定している学生しか申し込みができないことになっているんですよ。**

女：あ、そうなんですか。

留学生はどうして奨学金に申し込みできませんか。

1 申し込みの締め切りが過ぎたから

2 もう大学4年生だから

3 専攻が違うから

4 別の大学院に進学するから

해석

대학교에서 유학생이 담당자에게 장학금에 대해 묻고 있습니다. 유학생은 왜 장학금을 신청할 수 없습니까?

여: 실례합니다. 이 장학금 신청을 하고 싶습니다만, 마감은 아직이지요?

남: 네, 아직 늦지 않았습니다. 지금 대학교 몇 학년인가요?

여: 지금 대학교 3학년이고 내년에 4학년이 됩니다. 4학년이라도 괜찮나요?

남: 네, 괜찮습니다. 음, 무슨 학과인가요?

여: 아, 관광학부 관광학과입니다.

남: 음, 이 장학금, 대학교 4학년인 경우 대학원에 가는 것이 조건입니다만, 진학은 할 건가요?

여: 그래요? 진학은 하지만, 실은 다른 대학원에 갈 예정입니다.

남: 아, 이 장학금은 우리 대학원에 진학하는 것을 예정하고 있는 학생밖에 신청할 수 없게 되어 있어요.

여: 아, 그래요?

유학생은 왜 장학금을 신청할 수 없습니까?

1 신청 마감이 지났기 때문에

2 이제 대학교 4학년이기 때문에

3 전공이 다르기 때문에

4 다른 대학원으로 진학하기 때문에

해설 장학금 담당자가 「この奨学金はうちの大学院に進学することを予定している学生しか申し込みができないことになっているんですよ」라고 말했기 때문에 정답은 4번이다.

어휘 奨学金 장학금 | 締め切り 마감 | 間に合う 시간에 맞추다 | 学科 학과 | 観光 관광 | 学部 학부 | 大学院 대학원 | 条件 조건 | 進学 진학 | 違う 다르다 | ~しか ~밖에 | 専攻 전공

5번

SCRIPT

男の学生と女の学生が話しています。男の学生はどうしてゼミの飲み会に行きませんか。

女：たかしくん、今週の金曜日、ゼミの飲み会に行く？

男：ううん、無理。

女：え、どうしたの？飲み会には絶対欠席しないたかしくんが、レポートか何かあるの？
あれ? 金曜日はゼミだけだよね。

男：うん。それがね、昨日父から電話があってね。

女：うん。

男：**父が出張でこっちに来るんだって。それで一緒に食事をしようって言うんだ。**

女：え〜、そうなんだ。

男：ゼミの後、みんなと飲み会すること楽しみにしてたんだけどね。

男の学生はどうしてゼミの飲み会に行きませんか。

1 レポートがあるから

2 授業が遅く終わるから

3 父と食事をするから

4 友だちと飲みに行くから

해석

남학생과 여학생이 이야기하고 있습니다. 남학생은 왜 세미나 회식에 가지 않습니까?
여: 다카시. 이번 주 금요일 세미나 회식에 갈 거야?
남: 아니, 무리야.
여: 어, 무슨 일이야? 회식은 절대 빠지지 않는 다카시가, 리포트라든가 뭔가 있어?
어라? 금요일은 세미나만 있지?
남: 응. 그게 말이지, 어제 아버지에게서 전화가 와서.
여: 응.
남: 아버지가 출장으로 이쪽에 오신대. 그래서 같이 식사를 하자고 하셔서.
여: 아~, 그렇구나.
남: 세미나 끝나고 모두 함께 회식하는 것을 기대하고 있었는데 말이야.
남학생은 왜 세미나 회식에 가지 않습니까?

1 리포트가 있기 때문에
2 수업이 늦게 끝나기 때문에
3 아버지와 식사를 하기 때문에
4 친구와 술을 마시러 가기 때문에

해설 남학생이 세미나 회식을 가지 않는 이유에 대해 「父が出張でこっちに来るんだって。それで一緒に食事をしようって言うんだ」라고 대답했기 때문에 정답은 3번이다.

어휘 ゼミ 세미나 | 飲み会 회식 | 絶対 절대 | 欠席する 결석하다, 빠지다 | ～だけ ~만, ~뿐 | 出張 출장 | 一緒に 함께 | 食事する 식사하다 | 楽しみにする 기대하다 | 飲みに行く 술을 마시러 가다

6번

SCRIPT

男の人と女の人が話しています。女の人はどうして最近、ジムに通い始めましたか。
男：村田さん、最近ジムに通ってるんだって。
女：うん、去年まで通ってたけど、仕事が忙しくなって休んでたの。
そのせいか、**最近、体力が落ちたみたいで、**
毎日運動すると、風邪を引かなくなったり、疲れにくくなるかと思って。
男：ああ、運動すると体が丈夫になるっていうからね。ジムは楽しい？
女：うん、最近は、運動器具を使って運動ができるようになって、通ってよかったと思ってるんだ。

男：いつ通ってるの？
女：仕事の後。会社員も多くて、友だちもできたよ。
男：それはいいね。
女の人はどうして最近、ジムに通い始めましたか。

1 仕事としてしたいから
2 体力をつけたいから
3 器具を使いたいから
4 友だちを作りたいから

해석

남자와 여자가 이야기하고 있습니다. 여자는 왜 최근에 헬스장에 다니기 시작했습니까?
남: 무라타 씨, 최근에 헬스장에 다니고 있다면서?
여: 응, 작년까지 다녔는데 일이 바빠져서 쉬고 있었어.
　그 때문인지 요즘 체력이 떨어진 것 같아서
　매일 운동하면 감기에 걸리지 않게 되거나, 덜 피곤해지지 않을까 해서.
남: 아, 운동하면 몸이 튼튼해진다고 하니까. 헬스장은 즐거워?
여: 응, 요즘은 운동기구를 사용해서 운동을 할 수 있게 되어서, 다니길 잘한 것 같다고 생각해.
남: 언제 다니고 있어?
여: 일이 끝난 후에. 회사원도 많아서 친구도 생겼어.
남: 그거 좋네.
여자는 왜 최근에 헬스장에 다니기 시작했습니까?

1 일로서 하고 싶기 때문에
2 체력을 기르고 싶기 때문에
3 기구를 사용하고 싶기 때문에
4 친구를 만들고 싶기 때문에

해설 여자가 헬스장을 다니기 시작한 이유에 대해 「最近、体力が落ちたみたいで、毎日運動すると、風邪を引かなくなったり、疲れにくくなるかと思って」라고 말했기 때문에 정답은 2번이다.

어휘 ジム 헬스장, 체육관 | ~に通う ~에 다니다 | 体力が落ちる 체력이 떨어지다 | 風邪を引く 감기에 걸리다 | ~にくい ~하기 힘들다 | 丈夫だ 튼튼하다 | 器具 기구 | 会社員 회사원 | できる 생기다 | 体力をつける 체력을 기르다

3회

문제 2 문제 2에서는 먼저 질문을 들으세요. 그 후 문제지를 보세요. 읽을 시간이 있습니다. 그러고 나서 이야기를 듣고 문제지의 1부터 4 안에서 가장 적당한 것을 하나 고르세요.

|정답|

1번 3	2번 2	3번 1	4번 4	5번 2	6번 4

|해설|

1번

SCRIPT

大学で、男の学生と先生が話しています。田中さんはどうしてゼミに来られなくなりましたか。

男：先生、3年生の田中さんから電話があって、今日ゼミに参加できなくなったそうです。

女：ええ。確か、先週実家に戻ったんだよね。

男：そうです。

女：台風のせいで、新幹線が止まったのかな。

男：いいえ、**実家のお母さんが病気で倒れて、大したことじゃないけど、入院することになったそうです。**

女：そう、それはお気の毒に。

男：そうですね。両親の健康に問題があると勉強には集中できませんよね。

女：無理して彼が返って病気にでもならなきゃいいけどね。

田中さんはどうしてゼミに来られなくなりましたか。

1 新幹線が止まったから

2 両親が病気で倒れたから

3 お母さんが入院することになったから

4 急に病気になったから

해석

대학에서 남학생과 선생님이 이야기하고 있습니다. 다나카 씨는 세미나에 왜 못 오게 되었습니까?

남: 선생님, 3학년의 다나카 씨에게 전화가 와서, 오늘 세미나에 참가할 수 없게 되었다고 해요.

여: 응. 분명 지난주에 본가로 돌아갔었지.

남: 맞아요.

여: 태풍 때문에 신칸센이 멈춘 거이려나?

남: 아니요, 본가에 계시는 어머니가 병으로 쓰러져서, 별일은 아니지만 입원하게 되었다고 하네요.

여: 그래, 그건 정말 안됐네.

남: 그러게요. 부모님의 건강에 문제가 있으면 공부에는 집중할 수 없겠죠.

여: 무리해서 그가 오히려 병이 나지 않으면 좋겠는데.

다나카 씨는 왜 세미나에 못 오게 되었습니까?

1 신칸센이 멈췄기 때문에

2 부모님이 병으로 쓰러졌기 때문에

3 어머니가 입원하게 되었기 때문에

4 갑자기 병이 났기 때문에

해설 남자가 다나카 씨가 세미나에 오지 못하는 이유에 대해 「実家のお母さんが病気で倒れて~入院することになったそうです」라고 말했기 때문에 정답은 3번이다.

어휘 参加する 참가하다 | 確か 분명, 아마 | 実家 본가 | 台風 태풍 | 新幹線 신칸센 | 止まる 멈추다 | 倒れる 쓰러지다 | 大したこと 별일, 큰일 | 入院する 입원하다 | 両親 부모님 | 健康 건강 | 集中する 집중하다 | 返って 오히려

2번

SCRIPT

大学で留学生と女の学生が話しています。留学生はどうして国に帰ると言っていますか。

男：高橋さん。俺、明日から国に帰るから来週の授業は出られないんだ。
　　戻ってからノートを見せてもらってもいい？

女：いいけど、どうしたの？あっ、大学院の試験があるんだっけ？

男：いや、試験はまだ時間あるんだ。**実は姉がね、来週、結婚するんだ。それで。**
　　それに本当は先月、友人に子供が生まれて、ついでに今度会いに行きたいけど、
　　再来週、論文の発表があるからその時間はないかもしれないな。

女：え～、そうなんだ。お姉さんって、あ、前に日本で会ったお姉さん？

男：うん、そうだよ。前来た時は何も言わなかったのに、急にすることになって。

女：そうか。お姉さんにおめでとうって伝えて。

男：わかった。

留学生はどうして国に帰ると言っていますか。

1 大学院の試験を受けるため

2 姉の結婚式に出るため

3　友人の子供に会うため
4　論文の発表があるため

해석

대학에서 유학생과 여학생이 이야기하고 있습니다. 유학생은 왜 고향으로 돌아간다고 합니까?
남: 다카하시 씨, 나 내일부터 고향으로 돌아가서 다음 주 수업은 못 갈 것 같아.
갔다 오고 나서 노트 빌려봐도 될까?
여: 괜찮은데, 무슨 일이야? 앗, 대학원 시험이 있었댔나?
남: 아니, 시험은 아직 시간이 있어. 실은 누나가 다음 주에 결혼해. 그래서.
그리고 실은 지난달 친구에게 아이가 태어나서 가는 김에 이번에 보러 가고 싶은데
다음다음 주에 논문 발표가 있어서 그럴 시간은 없을지도 모르겠다.
여: 아~, 그렇구나. 누나라면, 아, 전에 일본에서 만났던 누나?
남: 응, 맞아. 전에 왔을 때는 아무 말도 없었는데, 갑자기 하게 돼서.
여: 그래? 누나에게 축하한다고 전해 줘.
남: 알았어.
유학생은 왜 고향으로 돌아간다고 합니까?

1　대학원 시험을 보기 위해
2　누나의 결혼식에 참석하기 위해
3　친구의 아이를 만나기 위해
4　논문 발표가 있기 때문에

해설　유학생이 고향으로 돌아가는 이유에 대해 「実は姉がね、来週、結婚するんだ。それで」라고 대답했기 때문에 정답은 2번이다.

어휘　国に帰る 모국으로 돌아가다 | 大学院 대학원 | 試験 시험 | 姉 누나, 언니 | 結婚する 결혼하다 | 生まれる 태어나다 | 再来週 다음다음 주 | 論文 논문 | 発表 발표

3번

SCRIPT

電話で、電気屋の人と女の人が話しています。女の人はどうして電話をしましたか。
男：もしもし。はい、やなぎ電気です。
女：あのう、先週洗濯機から変な音がして、修理してもらった山川ですが。
男：はい、いつもありがとうございます。どうされましたか。

女：**さっき洗濯をしたんですが、まったく洗われてなくて。**

それに、ボタンも押しにくいんです。

男：そうですか。

女：先週修理をお願いした時、ついでにボタンの方も一緒に見てもらったんですけど、

修理代にはボタンのパネルチェックの料金も入っていました。

男：大変申し訳ありません。もう一度チェックいたします。

今から洗濯機をチェックしに伺ってもよろしいでしょうか。

女：ええ、お願いします。

男：ボタンのパネルと洗濯されていない問題のほかにも気になるところはございますか。

一緒に見ておきますが、音の方はどうですか。

女：あ、それは問題ありません。

男：わかりました。では、伺いますので、よろしくお願いします。

女の人はどうして電話をしましたか。

1 洗うことができないから

2 修理代が高かったから

3 ボタンのパネルが悪いから

4 洗濯機から変な音がするから

해석

전화로 가전제품 판매점 직원과 여자가 이야기하고 있습니다. 여자는 왜 전화를 했습니까?

남: 여보세요. 네, 야나기 전기입니다.

여: 저, 지난주에 세탁기에서 이상한 소리가 나서 수리를 받은 야마카와입니다만.

남: 네, 항상 감사합니다. 무슨 일이시죠?

여: 조금 전에 빨래를 했는데, 전혀 빨려 있지 않아서요.

게다가 버튼도 누르기가 힘들어요.

남: 그래요?

여: 지난주에 수리를 부탁했을 때, 하는 김에 버튼도 같이 봐주셨습니다만,

수리비에는 버튼의 패널 체크 요금도 들어 있었어요.

남: 대단히 죄송합니다. 다시 한번 체크하겠습니다.

지금부터 세탁기를 체크하러 방문해도 괜찮으시겠어요?

여: 네, 부탁드립니다.

남: 버튼의 패널과 세탁되지 않은 문제 외에도 신경 쓰이시는 점은 있으십니까?

함께 봐 드리겠습니다만, 소리 쪽은 어떻습니까?

여: 아, 그건 문제없습니다.

남: 알겠습니다. 그러면 찾아뵙겠으니, 잘 부탁드립니다.

여자는 왜 전화를 했습니까?

1 빨래할 수 없기 때문에

2 수리비가 비쌌기 때문에

3 버튼의 패널이 안 좋기 때문에

4 세탁기에서 이상한 소리가 나기 때문에

해설 여자가 전화를 한 이유에 대해 「まったく洗われなくて」라고 말했기 때문에 정답은 1번이다.

어휘 電気屋 가전제품 판매점 | 洗濯機 세탁기 | 変だ 이상하다 | 音がする 소리가 나다 | 修理する 수리하다 | 洗濯 세탁, 빨래 | 洗う 빨다, 씻다 | ボタン 버튼 | 押す 누르다 | 修理代 수리비 | パネル 패널 | チェックする 체크하다 | 問題 문제

4번

SCRIPT

家で兄と妹が話しています。妹はどうして残念だと言っていますか。

女：お兄ちゃん、雨降ってる？

男：いや、もう降ってないよ。

女：えっ、もう雨止んじゃったの？

男：どうした？そういえば、友だちの家に行くって言ってたよね。

女：うん。でも、ああ、残念。

男：うん？どうして？雨だと服は濡れるし、歩くのは大変だし。
それに、濡れたら風邪も引いちゃうよ。止んだほうがいいんじゃない？

女：でも、**せっかく買ったのに着れないじゃん。**

男：ああ、**新しいレインコート？**

女：うん。とってもかわいいから、早く着たいんだ。

妹はどうして残念だと言っていますか。

1 友だちのところに行けないから

2 服が濡れてしまったから

3 風邪を引いてしまったから

4 新しいレインコートが着られないから

해석

집에서 오빠와 여동생이 이야기하고 있습니다. 여동생은 왜 아쉽다고 합니까?

여: 오빠, 비 와?

남: 아니, 이제 안 내려.

여: 앗, 벌써 비 그쳤어?

남: 왜 그래? 그러고 보니, 친구네 집에 간다고 했었지?

여: 응. 근데, 아, 아쉽다.

남: 응? 왜? 비 오면 옷은 젖고, 걷기는 힘들고.
게다가 젖으면 감기도 걸려 버려. 비가 그치는 편이 좋지 않아?

여: 근데, 모처럼 샀는데 입을 수 없잖아.

남: 아, 새 우비?

여: 응. 엄청 귀여우니까, 빨리 입고 싶단 말이야.

여동생은 왜 아쉽다고 합니까?

1 친구가 있는 곳에 못 가기 때문에
2 옷이 젖어 버렸기 때문에
3 감기에 걸려 버렸기 때문에
4 새 우비를 입을 수 없기 때문에

해설 여동생이 비가 그쳐서 아쉽다고 한 이유에 대해 「せっかく買ったのに着れないじゃん」이라고 말했기 때문에 정답은 4번이다.

어휘 残念だ 아쉽다 | 雨 비 | 降る 내리다 | 止む 그치다 | 服 옷 | 濡れる 젖다 | 歩く 걷다 | 風邪を引く 감기에 걸리다 | せっかく 모처럼 | レインコート 우비 | 着る 입다

5번

SCRIPT

うちで夫と妻が話しています。夫はどうして昨日新しいノートパソコンを買いませんでしたか。

女：ねえ、あなた。昨日ノートパソコンの調子が悪いから、新しいのを買いに行くって言ってたけど、どうしたの？
買いたいと思ったのが割引してるって言ってたでしょう。

男：それが、**電源がつかないから壊れたと思ってたんだけど、少し経ったら電源がついて。**

女：え？

男：壊れたと思ったから、新しいのを買おうとずっと広告を見てたら、
値段がそんなに高くなくて、割引もしてるのがあったから、それを買おうって思ってたんだけど、
まあ、**まだ動くんだから、今すぐに買わなくてもいいかなと思って。**

女：そうなんだ。だけど、すぐ壊れるかもしれないし、明日休みだし、一緒に買いに行こうか。
男：いいよ。また壊れたら買うよ。その時は一緒に新しいのを見に行こう。
夫はどうして昨日新しいノートパソコンを買いませんでしたか。

1 割引をしてなかったから
2 今すぐ買う必要がなくなったから
3 値段が高かったから
4 妻が選んでくれたから

해석

집에서 남편과 아내가 이야기하고 있습니다. 남편은 왜 어제 노트북을 사지 않았습니까?
여: 저기, 여보. 어제 노트북 상태가 안 좋아서 새 거 사러 간다고 했는데, 어떻게 됐어?
사고 싶다고 생각했던 게 할인하고 있다고 했었잖아.
남: 그게, 전원이 켜지지 않아서 고장났다고 생각했는데, 조금 지나니까 전원이 켜져서.
여: 어?
남: 고장났다고 생각해서 새 걸 사려고 계속 광고를 봤더니
가격이 그렇게 비싸지 않고, 할인도 하고 있는 게 있었으니까 그걸 사려고 생각했는데,
뭐, 다시 작동하니까 지금 당장 사지 않아도 괜찮을 것 같아서.
여: 그렇구나. 그래도, 금방 망가질지도 모르고, 내일 쉬는 날이니까, 같이 사러 갈까?
남: 괜찮아. 다시 고장 나면 살게. 그때는 같이 새 거 보러 가자.
남편은 왜 어제 새로운 노트북을 사지 않았습니까?

1 할인을 하고 있지 않았기 때문에
2 지금 당장 살 필요가 없어졌기 때문에
3 가격이 비쌌기 때문에
4 아내가 골라줬으니까

해설 남편이 새로운 노트북을 사지 않은 이유에 대해 「まだ動くんだから、今すぐに買わなくてもいいかなと思って」라고 대답했기 때문에 정답은 2번이다.

어휘 夫 남편 | 妻 아내 | 調子が悪い 상태가 안 좋다 | 割引する 할인하다 | 電源がつく 전원이 켜지다 | 壊れる 고장나다, 부서지다 | 広告 광고 | 値段 가격 | 選ぶ 고르다, 선택하다

6번

SCRIPT

男の学生と女の学生が話しています。女の学生はどうして野球の試合が見られませんでしたか。

男：あのさ、昨日の野球の中継見た？

女：野球の決勝戦？いや、昨日は見られなかったの。

男：えっ、そう？ずっと前から楽しみにしてただろ。
あっ、レポートの宿題に追われてた？

女：ううん、レポートは先週終わらせといたんだけど。
昨日ね、アルバイト先の店長から電話があって、
連絡もなく急に休んだ人がいるから、代わりに来てくれないかって言われてね。

男：そうか。あっ、でも試合は結構遅い時間だったでしょう。

女：うん、**バイトが終わってからすぐにうちに帰れば間に合うはずだったんだけど、**
駅前で帰りの父と偶然会っちゃって、せっかくだから、夕飯食べて帰ろうということになっちゃって。
結局見られなかったわけ。

男：あ、そうだったんだ。

女の学生はどうして野球の試合が見られませんでしたか。

1 レポートが大変だったから
2 アルバイトが休めなかったから
3 アルバイトが遅く終わったから
4 父と夕飯を食べていたから

PART 4 청해

해석

남학생과 여학생이 이야기하고 있습니다. 여학생은 왜 야구 경기를 보지 못했습니까?

남: 있잖아, 어제 야구 중계 봤어?

여: 야구 결승전? 아니, 어제는 못 봤어.

남: 아, 그래? 훨씬 전부터 기대하고 있었잖아.
앗, 리포트 숙제에 쫓긴 거야?

여: 아니, 리포트는 지난주에 끝냈는데.
어제, 아르바이트 점장님한테 전화가 와서,
연락도 없이 갑자기 쉰 사람이 있어서 대신 와줄 수 없느냐고 해서.

남: 그렇구나. 앗, 근데 경기는 꽤 늦은 시간이었잖아.

여: 응, 아르바이트가 끝나고 나서 바로 집으로 돌아왔다면 시간에 맞출 수 있었을 텐데,
역 앞에서 귀가하는 아빠랑 우연히 만나 버려서, 모처럼이니까 저녁 먹고 돌아가자고 해서.
결국 못 보게 됐어.
남: 아, 그랬구나.
여학생은 왜 야구 경기를 보지 못했습니까?

1 리포트가 힘들었기 때문에
2 아르바이트를 쉴 수 없었기 때문에
3 아르바이트가 늦게 끝났기 때문에
4 아버지랑 저녁을 먹고 있었기 때문에

해설 여학생이 야구 결승전의 중계를 못 본 이유에 대해 「駅前で帰りの父と偶然会っちゃって、せっかくだから、夕飯食べて帰ろうということになっちゃってね。結局見られなかったわけ」라고 말했기 때문에 정답은 4번이다.

어휘 野球 야구 | 中継 중계 | 決勝戦 결승전 | 楽しみにする 기대하다 | 宿題 숙제 | ~に追われる ~에 쫓기다 | アルバイト先 아르바이트 하는 곳 | 間に合う 시간에 맞추다 | 偶然 우연 | せっかくだから 모처럼이니까 | 夕飯 저녁밥

4회

문제 2 문제 2에서는 먼저 질문을 들으세요. 그 후 문제지를 보세요. 읽을 시간이 있습니다. 그러고 나서 이야기를 듣고 문제지의 1부터 4 안에서 가장 적당한 것을 하나 고르세요.

|정답|

1번 3　2번 3　3번 4　4번 3　5번 4　6번 2

|해설|

1번

SCRIPT

テレビで女の人がスーツケースについて話しています。このスーツケースは今回何が変わったと言っていますか。

女：おはようございます。テレビショッピングのコーナーです。
もうすぐ夏ですね。夏休みに向けて旅行を計画されている方も多いと思います。
それで、今日はご紹介するたびに大人気のスーツケースを持ってきました。
大切な荷物が壊れないよう、丈夫な材質でできていて、
すぐ出し入れできるようにファスナーがついていてとても便利です。
今までも人気がありましたが、今回この商品がさらに新しくなりました。
飛行機のチケットやパスポートを入れるポケットやファスナーはこれまでと同じようについていますが、
今日ご紹介する商品は今までのものより、ケースの大きさは同じSサイズなのに容量が大きくなりました。
それで荷物をもっと多く入れることができます。
色は今まで同様、5種類の中から、お好きな色を選んでいただけます。

このスーツケースは今回何が変わったと言っていますか。

1 ファスナーがついた
2 丈夫になった
3 容量が大きくなった
4 色が多くなった

해석

텔레비전에서 여자가 여행 가방에 대해 이야기하고 있습니다. 이 여행 가방은 이번에 무엇이 바뀌었다고 합니까?

여: 안녕하세요. 홈쇼핑 코너입니다.
이제 곧 여름이네요. 여름 휴가를 위해 여행을 계획하고 계시는 분도 많을 거라고 생각합니다.
그래서 오늘은 소개해 드릴 때마다 인기가 많은 여행 가방을 가져왔습니다.

소중한 짐이 망가지지 않도록 튼튼한 재질로 만들어져 있고,
바로 꺼내고 넣을 수 있도록 지퍼가 달려 있어 매우 편리합니다.
지금까지도 인기가 있었습니다만, 이번에 이 상품이 더욱 새로워졌습니다.
비행기 티켓이나 여권을 넣는 주머니와 지퍼는 지금까지와 동일하게 달려 있습니다만,
오늘 소개해 드리는 상품은 지금까지의 것보다 가방의 크기는 같은 S 사이즈인데 용량이 커졌습니다.
그래서 짐을 더 많이 넣을 수 있습니다.
색상은 지금까지와 다름없이, 다섯 종류 중에서 좋아하는 색을 선택하실 수 있습니다.
이 여행 가방은 이번에 무엇이 바뀌었다고 합니까?

1 지퍼가 달렸다
2 튼튼해졌다
3 용량이 커졌다
4 색이 많아졌다

해설 여자는 새로 나온 여행 가방에 대해 「容量(ようりょう)が大(おお)きくなりました」라고 말했기 때문에 정답은 3번이다.

어휘 スーツケース 여행 가방 | 夏休(なつやす)み 여름 휴가, 여름방학 | 計画(けいかく)する 계획하다 | ~たびに ~할 때마다 | 大人気(だいにんき) 많은 인기 | 荷物(にもつ) 짐 | 材質(ざいしつ) 재질 | ファスナー 지퍼 | ついている 달려 있다 | パスポート 여권 | ポケット 주머니 | 大(おお)きさ 크기 | 容量(ようりょう) 용량 | 色(いろ) 색 | 同様(どうよう) 다름없이, 마찬가지로 | 種類(しゅるい) 종류

2번

SCRIPT

男(おとこ)の人(ひと)と女(おんな)の人(ひと)が話(はな)しています。女(おんな)の人(ひと)は新(あたら)しいテレビのどんなところがいいと言(い)っていますか。
男：鈴木(すずき)さん、最近(さいきん)テレビを買(か)ったと言(い)ってましたよね。
実(じつ)はうちのテレビ、最近(さいきん)、調子(ちょうし)が悪(わる)いから買(か)い替(か)えようと思(おも)っているんですが。
遅(おそ)くなる時(とき)プログラムを録画(ろくが)することが多(おお)いから録画(ろくが)の予約(よやく)をするのに便利(べんり)なのがいいんですけど…。
女：あ、大(おお)きさとか値段(ねだん)とか他(ほか)に何(なに)か希望(きぼう)はありますか。
男：特(とく)にはないですね。
女：そうですね…。クラダ電気(でんき)から今月出(こんげつで)た新(あたら)しいテレビはどうですか。
値段(ねだん)はそんなに安(やす)くはないんですけど、**画像(がぞう)がとてもきれいで、使(つか)うのもとても簡単(かんたん)です。**
今(いま)、私(わたし)も使(つか)ってますよ。
男：まあ、値段(ねだん)は少(すこ)し高(たか)くても仕方(しかた)ないって思(おも)ってます。
女：スタンド型(がた)やかけ型(がた)など種類(しゅるい)も多(おお)いですが、場所(ばしょ)を取(と)らないものを探(さが)してるなら、
かけ型(がた)のほうがいいと思(おも)いますよ。

男：それはそんなに重要なことじゃないです。ありがとうございます。
女の人はクラダ電気の新しいテレビのどんなところがいいと言っていますか。

1 画面が大きいところ
2 値段が安いところ
3 使いやすいところ
4 場所を取らないところ

해석

남자와 여자가 이야기하고 있습니다. 여자는 새 텔레비전의 어떤 점이 좋다고 합니까?
남: 스즈키 씨, 최근에 텔레비전 샀다고 했죠?
실은 저희 집 텔레비전이 요즘 상태가 안 좋아서 바꾸려고 생각하고 있는데요.
늦어질 때 프로그램을 녹화하는 일이 많아서 녹화 예약을 하는 데 편리한 게 좋은데요….
여: 아, 크기라든가 가격이라든가 그밖에 뭔가 희망하는 거 있어요?
남: 특별한 건 없어요.
여: 그렇군요…. 구라다 전기에서 이번 달에 나온 새로운 텔레비전은 어때요?
가격은 그렇게 싸지는 않은데, 영상이 매우 깨끗하고 사용하는 것도 매우 간단해요.
지금 저도 사용하고 있어요.
남: 뭐, 가격은 조금 비싸도 어쩔 수 없다고 생각하고 있어요.
여: 스탠드형이나 벽걸이형 등 종류도 많은데요, 장소를 차지하지 않는 걸 찾는다면
벽걸이형 쪽이 좋다고 생각해요.
남: 그건 그렇게 중요하진 않아요. 감사합니다.
여자는 새로운 텔레비전의 어떤 점이 좋다고 합니까?

1 화면이 큰 점
2 가격이 싼 점
3 사용하기 쉬운 점
4 장소를 차지하지 않는 점

해설 여자가 새로운 텔레비전에 대해「画像がとてもきれいで、使うのもとても簡単です」라고 말했기 때문에 정답은 3번이다.

어휘 買い替える 새로 사서 바꾸다 | 録画する 녹화하다 | 希望 희망 | 値段 가격 | 画像 화상, 영상 | 仕方ない 방법이 없다, 소용없다 | スタンド型 스탠드형 | かけ型 벽걸이형 | 場所を取る 장소를 차지하다 | 画面 화면

3번

SCRIPT

ラジオで男の人が話しています。男の人は子供の時、箱に何を入れたと言っていますか。

男：僕が小学校を卒業するごろ、両親の仕事で東京に引っ越しをすることになりました。

両親が生まれてから住んでいた家で、庭には小さい池もあって学校が終わると友だちとよく遊びました。

引っ越しの前日、友だちとの別れが悲しくて思い出のものを一つずつ箱に入れ、

庭に埋めることにしました。

先日、会社員になって久々に地元に戻り、友だちとその家に行きました。

その家の主人にお願いをして思い出の箱を出してもらいました。

中にはみんなで撮った写真やよく聞いた歌手のCDも入っていました。

そして、**私がみんなに書いた手紙もありました。**

そこには、「みんな、歌手になっていますか。」と書いてありました。

そのごろ、私たちは歌手に憧れていたんです。

結局、歌手にはなれませんでしたが、私は今、みんなに音楽を教えています。

男の人は子供の時、箱に何を入れたと言っていますか。

1　100点満点のテスト

2　一緒に撮った写真

3　好きな歌手のCD

4　みんなへの手紙

해석

라디오에서 남자가 말하고 있습니다. 남자는 어릴 때 상자에 무엇을 넣었다고 말하고 있습니까?

남: 제가 초등학교를 졸업할 무렵, 부모님 일로 도쿄로 이사를 하게 되었습니다.

부모님께서 태어나서부터 살고 있던 집으로, 정원에는 작은 연못도 있어서 학교가 끝나면 친구들과 자주 놀았습니다.

이사하기 전날, 친구들과의 이별이 슬퍼서 추억의 물건을 하나씩 상자에 담아 마당에 묻기로 했습니다.

얼마 전에 회사원이 되고서 오랜만에 고향으로 돌아와 친구들과 그 집에 갔습니다.

그 집 주인에게 부탁을 해서 추억의 상자를 꺼내 받았습니다.

안에는 다 같이 찍은 사진과 자주 들었던 가수의 CD도 들어있었습니다.

그리고 제가 모두에게 쓴 편지도 있었습니다.

거기에는 '모두, 가수가 되어 있습니까?'라고 써 있었습니다.

그 무렵 우리들은 가수를 동경하고 있었습니다.

결국, 가수가 되지는 못했지만, 저는 지금 모두에게 음악을 가르치고 있습니다.

남자는 어릴 때 상자에 무엇을 넣었다고 말하고 있습니까?

1 100점 만점의 시험지

2 함께 찍은 사진

3 좋아하는 가수의 CD

4 모두에게 쓴 편지

해설 남자가 어릴 때 상자에 넣은 물건에 대해 「私がみんなに書いた手紙もありました」라고 말했기 때문에 정답은 4번이다.

어휘 箱 상자 | 卒業する 졸업하다 | 引っ越し 이사 | 庭 정원 | 池 연못 | 別れ 이별 | 悲しい 슬프다 | 思い出 추억 | 埋める 묻다 | 地元 본고장, 고향 | 写真 사진 | 歌手 가수 | 手紙 편지 | 憧れる 동경하다 | 満点 만점

4번

SCRIPT

男の学生と女の学生が話しています。女の学生は子供の時、何になりたかったと言っていますか。

女：星野さん、何の勉強してるの？

男：ああ、これ？来年公務員の試験を受けようと思ってるんだ。
　　吉田さんは卒業したら、どうするの？

女：私はね。まだやりたいことが見つからなくて。
　　子供のころは夢があったんだけどね。

男：もしかして、弁護士？確か両親が弁護士だよね。

女：うん、そう。姉は子供の時からずっと弁護士になりたいって言って勉強を頑張ってたけど、私は全然…。

男：そうか。

女：私は小学校の時から外国語が好きでね。
　　わからないくせにアメリカのアニメーションを見たり、道で外国人に会うと挨拶したりしてたの。
　　それで、**英語の先生になりたいと思ってたんだ。**

男：英語の先生か。吉田さん、今も英語うまいんだから、チャレンジしてみればいいじゃない。

女：いや、今はもう先生になるのはちょっとね。

男：あっ、それじゃ、通訳はどう？明るいし、英語で話すのも上手だから、きっと合ってるよ。

女：えっ、そう？ありがとう。

女の学生は子供の時、何になりたかったと言っていますか。

1 公務員

2 弁護士

3 英語の先生

4 通訳

해석

남학생과 여학생이 이야기하고 있습니다. 여학생은 어릴 때 무엇이 되고 싶었다고 합니까?

여: 호시노 씨, 무슨 공부 하고 있어?

남: 아, 이거? 내년에 공무원 시험을 보려고 생각하고 있어.
요시다 씨는 졸업하면 어떻게 할 거야?

여: 난 말이야, 아직 하고 싶은 걸 못 찾아서.
어릴 때는 꿈이 있었는데 말이지.

남: 혹시, 변호사? 아마 부모님이 변호사이시지?

여: 응, 맞아. 언니는 어릴 때부터 계속 변호사가 되고 싶다고 해서 공부를 열심히 했는데, 나는 전혀….

남: 그렇구나.

여: 난 초등학교 때부터 외국어를 좋아해서.
알지 못하면서도 미국 애니메이션을 보거나, 길에서 외국인들을 만나면 인사하곤 했었어.
그래서 영어 선생님이 되고 싶다고 생각했었어.

남: 영어 선생님? 요시다 씨, 지금도 영어 잘하니까 도전해 보면 되잖아.

여: 아니, 지금은 이제 선생님이 되는 건 좀 그래.

남: 아, 그러면 통역사는 어때? 밝고, 영어로 말하는 것도 잘하니까, 분명 잘 맞을 거야.

여: 아, 그래? 고마워.

여학생은 어릴 때 무엇이 되고 싶었다고 합니까?

1 공무원
2 변호사
3 영어 선생님
4 통역사

해설 여학생이 어릴 때 장래 희망에 대해 「英語の先生になりたいと思ってたんだ」라고 대답했기 때문에 정답은 3번이다.

어휘 公務員 공무원 | 試験を受ける 시험을 보다 | 夢 꿈 | 弁護士 변호사 | 外国語 외국어 | ～くせに ~하는 주제에 | アメリカ 미국 | アニメーション 애니메이션 | 道 길 | うまい 잘하다, 능숙하다 | チャレンジする 도전하다 | 通訳 통역, 통역사 | 明るい 밝다, 활발하다

5번

SCRIPT

男の人と女の人が散歩について話しています。男の人は今、朝の散歩についてどう思っていますか。

女：おはようございます。いつも早いですね。今日も散歩ですか。

男：ええ、もう習慣になってしまって朝の散歩をしないと一日が始まらないんです。

女：ああ、それはいいことですね。でも、こんなに早く起きるのは大変じゃありませんか。

男：僕も前はそうでしたけど、今はもう慣れて大丈夫です。

女：えー、歩くのがお好きなんですか。

男：いや、そうじゃないんです。**実は医者に言われてるんです。それで仕方なくやっているだけです。嫌でも健康のためにやめるわけにはいかないんですよ。**

女：ああ、そうなんですか。でも、そんなふうには見えないです。

男の人は今、朝の散歩についてどう思っていますか。

1 歩くのがとても好きだ

2 朝早く散歩するのは大変だ

3 散歩に早く慣れてほしい

4 健康のために仕方なくやっている

해석

여자와 남자가 산책에 대해서 이야기하고 있습니다. 남자는 지금 아침 산책에 대해 어떻게 생각하고 있습니까?

여: 안녕하세요. 항상 일찍이시네요. 오늘도 산책 가세요?

남: 네, 이제 습관이 되어 버려서 아침 산책을 하지 않으면 하루가 시작되질 않아요.

여: 아, 그건 좋은 일이네요. 그래도 이렇게 일찍 일어나는 건 힘들지 않나요?

남: 저도 전에는 그랬는데요, 지금은 이제 익숙해져서 괜찮아요.

여: 아, 걷는 것을 좋아하세요?

남: 아뇨, 그렇지는 않아요. 실은 의사한테 말을 들었어요. 그래서 할 수 없이 하고 있는 것뿐이에요. 싫어도 건강을 위해서 그만둘 수는 없어요.

여: 아, 그래요? 하지만 그렇게 보이지는 않아요.

남자는 지금 아침 산책에 대해 어떻게 생각하고 있습니까?

1 걷는 것을 매우 좋아한다

2 아침 일찍 산책하는 것은 힘들다

3 산책하는 것에 빨리 익숙해졌으면 좋겠다

4 건강을 위해 할 수 없이 하고 있다

해설 남자가 아침에 산책하는 것에 대해 「実は医者に言われてるんです。それで仕方なくやっているだけです。嫌でも健康のためにやめるわけにはいかないんですよ」라고 대답했기 때문에 정답은 4번이다.

어휘 散歩 산책 | 習慣 습관 | 始まる 시작되다 | 起きる 일어나다 | 大変だ 힘들다, 큰일이다 | 歩く 걷다 | 医者 의사 | 健康 건강 | ~のために ~을/를 위해서 | ~わけにはいかない ~할 수는 없다 | そんなふうに 그런 식으로, 그렇게

6번

SCRIPT

大学で男の学生と女の学生が話しています。男の学生はこれからどうやってピアノを習うことにしましたか。

女：木村さん、今度の学祭でピアノを演奏することになったんだって。

男：そうだよ。今の実力じゃ、恥ずかしいから、もう少し習いたいんだけど、誰か教えてくれる人知ってる？
ああ、鈴木さんもできるよね。でも、忙しいよね。

女：そうね。彼女、最近就活で大変そうだから…。
あっ、**友だち紹介しようか。ちょうどいい人がいるけど。**

男：本当？よかった。一人でインターネットを見て練習をやっていたけど、何かよくわからなくて…。

女：その友だち、留学生で日本語はあまりできないんだけど、自分の国ではピアニストだったというから。

男：えっ？日本語できないの？この前一度外国人がやってる別のレッスンを受けてみたんだけど、
日本語の説明が少なくて、大変だったよ。

女：でも、あまり時間がないよね。

男：しょうがない。**練習を見てもらうだけでいいから、その人に頼んでもらえる？**

女：うん、わかった。
私も前ピアノ習った時、日本語で教わったけど、十分だった。きっと大丈夫！

男の学生はこれからどうやってピアノを習うことにしましたか。

1 女の学生に教わる
2 女の学生の友人に教わる
3 インターネットでレッスンを受ける
4 ピアノの教室に通う

해석

대학에서 남학생과 여학생이 이야기하고 있습니다. 남학생은 앞으로 어떻게 피아노를 배우기로 했습니까?

여: 기무라 씨, 이번 학교 축제에서 피아노를 연주하게 되었다면서?

남: 맞아. 지금 실력으로는 부끄러우니까 좀 더 배우고 싶은데, 누구 가르쳐 줄 사람 알아?
아, 스즈키 씨도 할 수 있지? 근데, 바쁘겠지.

여: 글쎄, 걔는 요즘 취업 준비 때문에 힘든 것 같아서….
앗, 친구 소개시켜 줄까? 마침 좋은 사람이 있는데.

남: 정말? 다행이다. 혼자서 인터넷을 보고 연습을 하고 있었는데, 뭔가 잘 모르겠어서….

여: 그 친구 유학생이라서 일본어는 잘 못하지만, 자기 나라에서는 피아니스트였다고 하니까.

남: 어? 일본어를 못해? 요전번에 한번 외국인이 하는 다른 수업을 받아 봤는데,
일본어 설명이 적어서 힘들었어.

여: 그래도 그다지 시간이 없잖아.

남: 할 수 없지. 연습을 봐주는 것만으로도 괜찮으니까, 그 사람에게 부탁해 줄 수 있어?

여: 응, 알았어.
나도 전에 피아노 배웠을 때 일본어로 배웠는데, 충분했어. 분명 괜찮을 거야!

남학생은 앞으로 어떻게 피아노를 배우기로 했습니까?

1 여학생에게 배운다

2 여학생의 친구에게 배운다

3 인터넷으로 수업을 듣는다

4 피아노 교실에 다닌다

해설 남학생이 여학생의 권유를 듣고 「練習を見てもらうだけでいいから、その人に頼んでもらえる？」라고 대답했기 때문에 정답은 2번이다.

어휘 学祭 학교 축제 | ピアノ 피아노 | 演奏する 연주하다 | 恥ずかしい 부끄럽다 | 習う 배우다 | 忙しい 바쁘다 | 就活 취업 준비, 취직 활동 | 紹介する 소개하다 | 説明 설명 | 少ない 적다 | 頼む 부탁하다 | 教わる 배우다

문제 3 »»»

개요 이해 이해하고 공략하기

2교시 청해

1 문제 프로필

상대를 알아야 문제를 푼다!

문제 3 개요 이해

問題 3 概要理解

기본정보

성 격 말하는 사람의 주장이나 의도, 생각을 이해하기를 원함

문제 개수 3개/28개(청해)

풀이 시간 5분/40분(청해)

분석정보

주요 화제 연설문, 광고, 일상 회화 등

평가 방식 전체적인 내용을 파악하고 있는지가 중요

STEP 1 스피드 해법

빠르게 주제를 파악하려고 노력하고 마지막 결론이 무엇인지 확인

STEP 2 함정 주의보

정답을 마킹할 시간이 주어지지 않으니 듣자마자 답을 바로 체크할 수 있도록 주의

STEP 3 대책

듣고 전체적인 흐름 및 테마를 파악하는 연습이 중요

STEP 4 공부 방법

잘 들리지 않더라도 스크립트를 바로 확인하지 말고 끝까지 유추하며 공부한다!

상황유형

방송 미디어

⊘ テレビで男の人が話しています。(텔레비전에서 남자가 이야기하고 있습니다.)

⊘ ラジオで女の人が話しています。(라디오에서 여자가 이야기하고 있습니다.)

대화

⊘ 男の学生と女の学生が話しています。(남학생과 여학생이 이야기하고 있습니다.)

⊘ 大学で女の学生と男の学生がある本について話しています。
(대학에서 여학생과 남학생이 어떤 책에 대해서 이야기하고 있습니다.)

안내 및 설명

⊘ 先生が子供たちに話しています。(선생님이 아이들에게 이야기하고 있습니다.)

⊘ 映画館でアナウンスを聞いています。(영화관에서 안내 방송을 듣고 있습니다.)

문제유형

전체 주제를 묻는 문제

⊘ 話の主な内容はどのようなことですか。(이야기의 주된 내용은 어떤 것입니까?)

⊘ 男の人が伝えたいことは何ですか。(남자가 전하고 싶은 것은 무엇입니까?)

⊘ アナウンサーは何についてリポートしていますか。
(아나운서는 무엇에 대해 보도하고 있습니까?)

⊘ 何についてのアナウンスですか。(무엇에 대한 안내 방송입니까?)

풀이 흐름 상황을 듣고 문제를 유추하기 ▷ 전체적인 흐름 및 주제 파악하기 ▷ 집중해서 문제와 선택지 듣기 ▷ 정답 체크!

2 문제 미리보기 Track 1-3-01

미리 알아 둬야 긴장이 덜 된다!

問題3

問題3 では、問題用紙に何もいんさつされていません。この問題は、全体としてどんな内容かを聞く問題です。話の前に質問はありません。まず話を聞いてください。それから、質問とせんたくしを聞いて、1から4の中から、最もよいものを一つ選んでください。

문제 3에서는 문제지에 아무것도 인쇄되어 있지 않습니다. 이 문제는 전체로서 어떤 내용인지를 듣는 문제입니다.
이야기 전에 질문은 없습니다. 먼저 이야기를 들으세요.
그러고 나서 질문과 선택지를 듣고 1부터 4 안에서 가장 적당한 것을 하나 고르세요.

—メモ—

1번 男

におい

생활에 큰 영향 におい 느끼는 생활을 즐김

건강한 생활

男 무슨 이야기?

1 냄새 동물에게 영향

2 좋은 냄새 지우기

3 냄새는 필요 없어

4 냄새 즐기는 생활은 좋다

말하는 이가 누구인지, 그리고 핵심 키워드가 무엇인지,
마지막 질문과 보기까지 간단하게 파악해 보는 연습을 해 두세요.

1ばん

정답 4

스크립트

テレビで男の人が話しています。

男：みなさん、匂いが生活に大きな影響を与えることを知っていますか。
　　これと逆にいやな匂いがすると気持ちも落ち込んでしまいます。
　　それで、最近いやな匂いを消すための製品がよく売られていますが、
　　一方では体の匂いの変化でわかる病気があるように、
　　いやな匂いも生活に役に立つことがあると言います。
　　私はいろいろな匂いを感じながら毎日の生活を楽しむ、
　　これが自然で健康的な生活だと思います。

男の人はどんな話をしていますか。

└ 보통 말하고자 하는 전체 주제는 마지막 부분에 나오는 경향이 많기 때문에 끝까지 집중하세요!

1　匂いが動物に与える影響
2　いい匂いの消し方
3　匂いは要らないということ
4　**匂いを楽しむ生活の良さ**

→ 보기는 한 번씩만 말해주기 때문에 집중해서 들으세요! 본문에서 말하는 내용과 표현이 조금씩 다를 수 있습니다.

풀이 마지막 부분에서 「いろいろな匂いを感じながら毎日の生活を楽しむ、これが自然で健康的な生活だ(여러 가지 냄새를 느끼면서 매일 생활하는 것을 즐기는, 이것이 자연에서의 건강한 생활이다)」라고 한 부분에서 말하는 사람이 가지는 냄새에 대한 전체적인 생각을 들을 수 있다. 따라서 정답은 냄새를 즐기는 생활을 긍정하는 표현을 하고 있는 4번이다.

핵심 표현 20

알아 두면 청취에 도움이 되는 통문장 표현들을 미리 살펴본다!

1	行ってみたりたり、電話してみたりして直接確認することができます。 가 보거나 전화해 보거나 해서 직접 확인할 수 있습니다.
2	ちゃんとした大人になっていくものが見られたらいいと思います。 제대로 된 어른이 되어가는 것을 볼 수 있으면 좋겠다고 생각합니다.
3	お客さまにラオンデパートの会員カードについてのご案内をいたします。 손님 여러분께 라온 백화점의 회원 카드에 대한 안내를 드립니다.
4	有名な芸能人になって、名前がみんなに知られるようになった。 유명한 연예인이 되어서 이름이 모두에게 알려지게 되었다.
5	SNSを通して製品を使ってみた感想を伝えた。 SNS를 통해 제품을 사용해 본 감상을 전했다.
6	車で行くよりも歩く方がもっと速いと思います。 자동차로 가는 것보다 걷는 쪽이 더 빠르다고 생각합니다.
7	この製品の名前を募集しています。 이 제품의 이름을 모집하고 있습니다.
8	学生の間で動物実験を反対する運動が始まり、一般の人々にまで広がっています。 학생들 사이에서 동물실험을 반대하는 운동이 시작되어 일반 사람들에게까지 퍼지고 있습니다.
9	お父さんのように山のようなたくましい人になりたい。 아버지처럼 산과 같은 듬직한 사람이 되고 싶다.
10	これから毎日10ページずつ本を読むことにします。 이제부터 매일 10페이지씩 책을 읽기로 하겠습니다.

11	残念だけど、今度は必ず行くから。	아쉽지만 다음엔 꼭 갈 테니까.
12	ゆっくり休めば体調がよくなるよ。	푹 쉬면 컨디션이 좋아질 거야.
13	思っていたのと違って結構やさしいです。	생각했던 것과 달리 꽤 쉽습니다.
14	業務とかかわりがあるから、勉強しといた方がいいです。	업무와 관련이 있으니까 공부해 두는 편이 좋습니다.
15	その書類、来週までに出さなければならないよ。	그 서류, 다음 주까지 내야 돼.
16	両親の代わりにスーパーに行ってきました。	부모님 대신에 슈퍼마켓에 갔다 왔습니다.
17	レポートの使い方とか本の借り方とかわからないことがたくさんあります。	리포트 쓰는 방법이라든지 책을 빌리는 법이라든지 모르는 것이 많이 있습니다.
18	宿題をするときによくこのペンを使います。	숙제를 할 때에 자주 이 펜을 사용합니다.
19	探してみたら、あのレストランはもうなくなった。	찾아보니 그 레스토랑은 이미 없어졌다.
20	この海辺には亀が出てくることがよくあるんだよ。	이 해안가에는 거북이가 나오는 경우가 종종 있어.

실전문제 풀어보기 1회

Track 1-3-02 | 정답과 해설 510쪽

問題3

問題3 では、問題用紙に何もいんさつされていません。この問題は、ぜんたいとしてどんなないようかを聞く問題です。話の前に質問はありません。まず話を聞いてください。それから、質問とせんたくしを聞いて、１から４の中から、最もよいものを一つえらんでください。

—メモ—

1ばん　1　2　3　4

2ばん　1　2　3　4

3ばん　1　2　3　4

▷맞힌 개수 확인 ____ /3

실전문제 **풀어보기** 2회

Track 1-3-03 | 정답과 해설 514쪽

問題3

問題3 では、問題用紙に何もいんさつされていません。この問題は、ぜんたいとしてどんなないようかを聞く問題です。話の前に質問はありません。まず話を聞いてください。それから、質問とせんたくしを聞いて、１から４の中から、最もよいものを一つえらんでください。

―メモ―

PART 4 청해

▷ 맞힌 개수 확인 ____ /3

실전문제 풀어보기 3회

Track 1-3-04 | 정답과 해설 518쪽

問題3

問題3 では、問題用紙に何もいんさつされていません。この問題は、ぜんたいとしてどんなないようかを聞く問題です。話の前に質問はありません。まず話を聞いてください。それから、質問とせんたくしを聞いて、１から４の中から、最もよいものを一つえらんでください。

—メモ—

맞힌 개수 확인 ____ /3

실전문제 **풀어보기** 4회

Track 1-3-05 | 정답과 해설 523쪽

問題3

問題3 では、問題用紙に何もいんさつされていません。この問題は、ぜんたいとしてどんなないようかを聞く問題です。話の前に質問はありません。まず話を聞いてください。それから、質問とせんたくしを聞いて、1から4の中から、最もよいものを一つえらんでください。

—メモ—

______ /3

문제 3» 개요 이해

정답 및 해설 **확인하기**

1회

문제 3　문제 3에서는 문제지에 아무것도 인쇄되어 있지 않습니다. 이 문제는 전체로서 어떤 내용인지를 듣는 문제입니다. 이야기 전에 질문은 없습니다. 먼저 이야기를 들으세요. 그러고 나서 질문과 선택지를 듣고 1부터 4 안에서 가장 적당한 것을 하나 고르세요.

| 정답 |

1번 4　　2번 2　　3번 3

| 해설 |

1번

SCRIPT

テレビで女の人が話しています。

女：みなさん、**普段、お茶をどんなところに置いていらっしゃいますか。**

お茶は中国や日本などで茶の葉を加工して生産していますが、

葉を乾かしたことで気温の高いところや湿気のあるところに置いておくと、

あのいい香りがなくなってしまうんです。

ですから、**缶などに入れて、できるだけ涼しいところにしまうようにしてください。**

話の主な内容はどのようなことですか。

1　お茶を生産している国

2　お茶の香り

3　お茶の作り方

4　お茶を置く場所

해석

텔레비전에서 여자가 이야기하고 있습니다.

여: 여러분, 평소 차를 어떤 곳에 보관하고 계십니까?

차는 중국이나 일본 등에서 찻잎을 가공해서 생산하고 있는데,

잎을 말렸기 때문에 기온이 높은 곳이나 습기가 있는 곳에 놔두면,

그 좋은 향기가 없어져 버립니다.

그러므로 캔 등에 넣어서, 가능한 한 서늘한 곳에 두도록 하세요.

이야기의 주된 내용은 어떤 것입니까?

1 차를 생산하고 있는 나라
2 차의 향기
3 차를 만드는 방법
4 차를 보관하는 장소

해설 시작 부분에서 「普段(ふだん)、お茶(ちゃ)をどんなところに置(お)いていらっしゃいますか」라며 차를 보관하는 장소에 대해서 문제 제기를 하고, 마지막엔 「できるだけ涼(すず)しいところにしまうようにしてください」라며 차를 어디에 보관하면 좋은지에 대해서 당부를 하면서 이야기를 끝내고 있기 때문에 정답은 4번이다.

어휘 普段(ふだん) 평소 | 置(お)く 두다, 보관하다 | 葉(は) 잎 | 加工(かこう)する 가공하다 | 生産(せいさん)する 생산하다 | 乾(かわ)かす 말리다 | 気温(きおん) 기온 | 湿気(しっけ) 습기 | 香(かお)り 향기 | なくなる 없어지다 | 缶(かん) 캔, 깡통 | できるだけ 가능한 한, 최대한 | 涼(すず)しい 서늘하다, 시원하다

2번

SCRIPT

テレビでアナウンサーが話(はな)しています。
男：今日(きょう)は赤坂植物園(あかさかしょくぶつえん)からお伝(つた)えいたします。
多(おお)くのお客(きゃく)さんが来(き)ています。
赤坂植物園(あかさかしょくぶつえん)は植物(しょくぶつ)を、直接触(ちょくせつさわ)ったり、
匂(にお)いをかいでみたり、近(ちか)い距離(きょり)からよく観察(かんさつ)することができるんです。
予約(よやく)をすれば、係(かか)りの人(ひと)が案内(あんない)してくれて、
植物(しょくぶつ)に関(かか)わる面白(おもしろ)い話(はなし)や最近話題(さいきんわだい)の植物(しょくぶつ)に触(さわ)ることもできるんですよ。
お客(きゃく)さんが集(あつ)まるのも納得(なっとく)ですね。
今(いま)なら、自分(じぶん)の名前(なまえ)をつけた木(き)が植(う)えられるそうです。
アナウンサーは何(なに)について話(はな)していますか。

1 植物園(しょくぶつえん)のお客(きゃく)さんの様子(ようす)
2 この植物園(しょくぶつえん)が人気(にんき)のある理由(りゆう)
3 植物(しょくぶつ)の可愛(かわい)らしさ
4 今特(いまとく)に人気(にんき)のある植物(しょくぶつ)

해석

텔레비전에서 아나운서가 이야기하고 있습니다.
남: 오늘은 아카사카 식물원에서 전해 드립니다.
많은 손님들이 오셨습니다.
아카사카 식물원은 식물을 직접 만지거나
냄새를 맡아 보는 등 가까운 거리에서 잘 관찰할 수 있습니다.
예약을 하면 담당자가 안내해 주며
식물과 관련된 재미있는 이야기나 최근 화제가 되는 식물들을 만져볼 수 있습니다.
손님들이 모이는 것도 납득이 됩니다.
지금이라면 자신의 이름을 붙인 나무를 심을 수 있다고 합니다.
아나운서는 무엇에 대해 이야기하고 있습니까?

1 식물원에 있는 손님들의 모습
2 이 식물원이 인기 있는 이유
3 식물의 귀여움
4 지금 특히 인기 있는 식물

해설 아나운서는 아카사카 식물원에서 할 수 있는 일들에 대해서 설명을 하면서 마지막 부분에서 「お客さんが集まるのも納得ですね」라며 사람들이 동물원을 찾는 이유에 대해서 말하고 있기 때문에 정답은 2번이다.

어휘 植物園 식물원 | 直接 직접 | 触る 만지다, 손대다 | 匂いをかぐ 냄새를 맡다 | 近い 가깝다 | 距離 거리 | 観察 관찰 | 係りの人 담당자 | 納得 납득 | 植える 심다 | 様子 모습 | 可愛らしさ 귀여움

3번

SCRIPT

テレビでアニメを作る会社の社員が話しています。
女：私は去年まで青少年向けのスクールアニメを作っていました。
具体的には一人の男の子が新しく高校に入学して、
高校生の悩みや友情を通して大人になっていくというものです。
しかし、今後はアニメであっても、
大人が入社していろいろなことを経験して
一人前になっていくものが作れたらいいと思います。
例えば、これから入社を迎えている学生のために、
実際の会社生活をイメージしながらできるものを考えています。

社員は何について話していますか。

1 前の会社での失敗
2 学校生活の方法
3 これからやりたい仕事
4 これから学習したいこと

해석

텔레비전에서 애니메이션을 만드는 회사의 사원이 이야기하고 있습니다.
여: 저는 작년까지 청소년용 스쿨 애니메이션을 만들었습니다.
구체적으로는 한 남자아이가 새로 고등학교에 입학해서,
고등학생의 고민이나 우정을 통해 어른이 되어가는 내용입니다.
그러나 앞으로는 애니메이션이라도
성인이 회사에 들어가서 여러 가지 일을 경험하면서
어른이 되어가는 내용을 만들 수 있으면 좋겠다고 생각합니다.
예를 들면, 앞으로 입사를 앞두고 있는 학생을 위해
실제 회사생활을 떠올리면서 할 수 있는 것을 생각하고 있습니다.
사원은 무엇에 대해 이야기하고 있습니까?

1 이전 회사에서의 실패
2 학교생활의 방법
3 앞으로 하고 싶은 일
4 앞으로 학습하고 싶은 것

해설 사원은 자신이 지금까지 만들어온 애니메이션의 내용에 대해 설명하다가 「しかし、今後はアニメであっても、~ものが作れたらいいと思います」라고 화제 전환을 하고, 앞으로 만들고자 하는 애니메이션의 내용에 대해서 설명하고 있기 때문에 정답은 3번이다.

어휘 青少年向け 청소년용 | スクール 학교 | 具体的に 구체적으로 | 悩み 고민 | 今後 향후, 앞으로 | 一人前 한사람 몫, (능력을 인정받는) 어른, (능력, 기술) 제구실 | ~を迎える ~을/를 앞두다

2회

문제 3 문제 3에서는 문제지에 아무것도 인쇄되어 있지 않습니다. 이 문제는 전체로서 어떤 내용인지를 듣는 문제입니다. 이야기 전에 질문은 없습니다. 먼저 이야기를 들으세요. 그러고 나서 질문과 선택지를 듣고 1부터 4 안에서 가장 적당한 것을 하나 고르세요.

|정답|

1번 3　　2번 2　　3번 2

|해설|

1번

SCRIPT

映画館でアナウンスを聞いています。

女：**お客さまにシオンシアターの会員カードについてのご案内をいたします。**

このカードは全国30カ所のシオンシアターでお使いになれます。

また、チケットの優先予約やイベントのご招待、割引のご案内など、

様々なサービスがございます。まだお持ちでないお客さま、

ぜひこの機会にどうぞお申し込みください。

詳しいことは、ホームページをご覧になるか、

お近くの店員までお尋ねくださるようお願いいたします。

何についてのアナウンスですか。

1 全国のシオンシアターの紹介
2 会員サービスの案内
3 会員カードの案内
4 案内係の募集の案内

해석

영화관에서 방송을 듣고 있습니다.

여: 고객 여러분께 시온 영화관의 회원 카드에 대한 안내를 드립니다.

이 카드는 전국 30개점의 시온 영화관에서 사용하실 수 있습니다.

또한, 티켓의 우선 예약이나 이벤트 초대, 할인 안내 등

다양한 서비스가 있습니다. 아직 갖고 계시지 않은 고객님,

꼭 이번 기회에 신청해 주세요.

상세한 내용은 홈페이지를 보시거나,
가까운 점원에게 문의해 주시기를 부탁드립니다.
무엇에 대한 방송입니까?

1 전국의 시온 영화관 소개
2 회원 서비스의 안내
3 회원 카드의 안내
4 안내 담당자의 모집 안내

해설 방송의 시작을 「お客さまにシオンシアターの会員カードについてのご案内をいたします」라고 말하면서 회원 카드 서비스 내용에 대해서 설명을 하고 있기 때문에 정답은 3번이다.

어휘 アナウンス 방송 | ～ヵ所 ~개소 | 優先予約 우선 예약 | 招待 초대 | 割引 할인 | 様々 여러 가지, 각종 | 機会 기회 | 詳しい 자세하다, 상세하다 | 案内係 안내 담당자

PART 4 청해

2번

SCRIPT

テレビで、男の人が話しています。
男：最近、人気を集めている「ゴーダ」という新しいチーズ。
このチーズはインターネットで注文を受けてから製造し、
消費者に直接届ける方法で日本全国に売られています。
これが**テレビコマーシャルなどの宣伝もなく、**
ここまで名前がみんなに知られるようになったのは、
生産者の人たちがおいしいチーズを作る努力をされたことはもちろんですが、
買った人々がインターネットでSNSを通して
これを食べた感想を伝えたことが大きいようです。
男の人は何について話していますか。

1 このチーズの味がいい理由
2 このチーズが有名になった理由
3 このチーズを消費者に直接届ける理由
4 日本のチーズの消費量が多い理由

해석

텔레비전에서 남자가 이야기하고 있습니다.
남: 최근에 인기를 끌고 있는 '고다'라는 새로운 치즈.
이 치즈는 인터넷에서 주문을 받아 제조하여,
소비자에게 직접 보내는 방법으로 일본 전국에 팔리고 있습니다.
이것이 텔레비전 광고 등의 선전도 없이,
여기까지 이름이 모두에게 알려지게 된 것은
생산하는 사람들이 맛있는 치즈를 만드는 노력을 한 것은 물론이지만,
산 사람들이 인터넷에서 SNS를 통해
이것을 먹은 감상을 전한 것이 큰 것 같습니다.
남자는 무엇에 대해 이야기하고 있습니까?

1 이 치즈의 맛이 좋은 이유
2 이 치즈가 유명해진 이유
3 이 치즈를 소비자에게 직접 보내는 이유
4 일본 치즈의 소비량이 많은 이유

해설 남자는 「テレビコマーシャルなどの~知られるようになった」라고 하면서 그 이유를 「買った人々がインターネットでSNSを通して~大きいようです」라고 설명하고 있기 때문에 정답은 2번이다.

어휘 インターネット 인터넷 | 製造する 제조하다 | 消費者 소비자 | 直接 직접 | 届ける 보내다 | テレビコマーシャル 텔레비전 광고 | 宣伝 선전 | 生産者 생산자 | ~を通して ~을/를 통해서 | 感想 감상 | 消費量 소비량

3번

SCRIPT

ラジオで女の人が話しています。
女：次のニュースです。今月始め、遠くアフリカから来た
ライオンのリカちゃんに3頭の赤ちゃんたちが生まれました。
赤ちゃんたちは来月の10日でちょうど1ヵ月になります。
ミルクをよく飲んで、元気に育っています。
この動物園ではこのライオンの赤ちゃんたちの名前を募集しています。
応募希望の方は動物園のホームページをご覧ください。
女の人は何について話していますか。

1 ライオンが生まれた場所

2 ライオンの名前の募集

3 ライオンの餌の種類

4 ライオンの体重の変化

해석

라디오에서 여자가 이야기하고 있습니다.

여: 다음 뉴스입니다. 이달 초, 멀리 아프리카에서 온
사자 리카에게 세 마리의 새끼들이 태어났습니다.
새끼들은 다음 달 10일로 딱 1개월이 됩니다.
우유를 잘 마시고, 건강하게 자라고 있습니다.
이 동물원에서는 이 사자 새끼들의 이름을 모집하고 있습니다.
응모를 희망하시는 분은 동물원 홈페이지를 봐 주세요.

여자는 무엇에 대해 이야기하고 있습니까?

1 사자가 태어난 장소

2 사자의 이름 모집

3 사자의 먹이 종류

4 사자의 체중 변화

해설 여자는 새로 태어난 사자 새끼들을 설명하면서 이야기의 마지막 부분에서「このライオンの赤ちゃんたちの名前を募集しています」라고 새끼들의 이름 모집에 대해서 안내를 하고 있기 때문에 정답은 2번이다.

어휘 ライオン 사자 | ~頭 ~마리 | 生まれる 태어나다 | ちょうど 딱, 마침 | 応募 응모 | ホームページ 홈페이지 | 餌 먹이 | 体重 체중

3회

문제 3 문제 3에서는 문제지에 아무것도 인쇄되어 있지 않습니다. 이 문제는 전체로서 어떤 내용인지를 듣는 문제입니다. 이야기 전에 질문은 없습니다. 먼저 이야기를 들으세요. 그리고 나서 질문과 선택지를 듣고 1부터 4 안에서 가장 적당한 것을 하나 고르세요.

| 정답 |

1번 3	2번 2	3번 3

| 해설 |

1번

SCRIPT

テレビでアナウンサーが話しています。

男：私は、今、村山市にある100年以上前に建てられ、
病院として使われた建物に来ています。
こちらの建物は古くなり、現在は使われていないため、
村山市はこの建物を壊して、
新しく和食専門の店を建てることを計画しています。
しかし、これに対し、学生の間で反対する活動が始まり、
市の住民にまで広がっています。
この建物を歴史の資料として町に残してほしいという
この建物を愛する人たちの意見を集めて
市長に計画をやめるようお願いしたそうです。
多くの人々に愛されているこの建物が今後どうなるのか気になりますね。

アナウンサーは何についてリポートしていますか。

1 古い病院の歴史
2 古い病院を別の場所に移す計画
3 古い建物を守る運動
4 古い建物が愛されている理由

해석

텔레비전에서 아나운서가 이야기하고 있습니다.
남: 저는 지금 무라야마 시에 있는 100년 이상 전에 지어져
병원으로 사용된 건물에 와 있습니다.
이곳 건물은 오래되어 현재 사용되지 않기 때문에,
무라야마 시는 이 건물을 부수고
새로 일식 전문점을 세우는 것을 계획하고 있습니다.
그러나, 이것에 대해 학생들 사이에서 반대하는 활동이 시작되어,
시의 주민들에게까지 퍼지고 있습니다.
이 건물을 역사의 자료로 마을에 남겨 달라는
이 건물을 사랑하는 사람들의 의견을 모아
시장에게 계획을 접도록 부탁했다고 합니다.
많은 사람들에게 사랑받고 있는 이 건물이 앞으로 어떻게 될지 궁금합니다.
아나운서는 무엇에 대해 보도하고 있습니까?

1 오래된 병원의 역사
2 오래된 병원을 다른 곳으로 옮기는 계획
3 오래된 건물을 지키는 운동
4 오래된 건물이 사랑받고 있는 이유

해설 아나운서는 100년 이상 된 병원 건물의 현재의 상태와 향후 계획에 대해 설명하면서 「しかし、これに対し、~市の住民にまで広がっています」라고 계획을 반대하는 사람들에 대해서 설명하고 있기 때문에 정답은 3번이다.

어휘 建てる 세우다, 짓다 | ~として (입장, 자격, 명목) ~으로서 | 壊す 부수다 | 和食専門店 일식 전문점 | 反対運動 반대 운동 | 残す 남기다 | 気になる 신경이 쓰이다, 궁금하다

2번

SCRIPT

テレビでアメリカ人が話しています。
女：子供に英語を好きになってもらいたいご両親が多いと思います。
でも子供に正しくわかってもらおうと、**つい大人に説明する時のように教科書で習うような硬い話をしていませんか。**

子供には難しい話をしても仕方ありません。
言葉で詳しく説明するよりも実際に経験させることが大切なんです。
例えば、英語で挨拶の仕方を教える時だったら
英語のアニメや映画で主人公がどう挨拶をするのか
一緒に探しながら覚えていけばいいのです。

アメリカ人は何について話していますか。

1 子供が英語を好きな理由
2 子供への英語の教え方
3 子供に英語を学ばせる理由
4 子供にとって必要な英語の知識

해석

텔레비전에서 미국인이 이야기하고 있습니다.

여: 아이들이 영어를 좋아하길 바라는 부모님이 많다고 생각합니다.
그렇지만 아이들이 올바르게 이해하도록 무심코 어른에게 설명할 때처럼
교과서에서 배우는 것 같은 딱딱한 이야기를 하고 있지 않습니까?
아이들에게는 어려운 이야기를 해도 소용이 없습니다.
말로 자세하게 설명하기보다도 실제로 경험하게 하는 것이 중요합니다.
예를 들어 영어로 인사하는 방법을 가르칠 때라면,
영어의 애니메이션이나 영화에서 주인공이 어떻게 인사를 하는지
함께 찾으면서 익혀가면 되는 것입니다.

미국인은 무엇에 대해 이야기하고 있습니까?

1 아이들이 영어를 좋아하는 이유
2 아이들에게 영어를 가르치는 방법
3 아이들에게 영어를 배우게 하는 이유
4 아이들에게 있어서 필요한 영어 지식

해설 시작부분에서 「つい大人に説明する時のように~話をしていませんか」라며 아이들에게 영어를 가르치는 방법에 대한 문제 제기를 하며, 「言葉で詳しく説明するよりも~大切なんです」라고 바른 방법을 설명하고 있기 때문에 정답은 2번이다.

어휘 正しい 올바르다 | 硬い 딱딱하다 | ~ても仕方ない ~해도 소용이 없다 | 主人公 주인공 | ~にとって ~에 있어서 | 知識 지식

3번

SCRIPT

小学校で、先生が子供たちに話しています。

男：もうすぐ夏休みですね。

みんなは、森の中にある虫をゆっくり見たことがありますか。

虫と言えばトンボやカブトムシに興味がある人が

たくさんいると思いますが。

夏休みなら、身近ですぐ見かけるアリを

ゆっくり観察することができます。

冬休みは短いし、それに、冬の間は、観察したくても、

寒くてなかなかできませんね。

そこで、虫の観察を夏休みの宿題にします。

直接取ったカブトムシでもいいし、

家の近くにいるアリでもいいですから、

虫の動きを観察して、絵と感想を書きましょう。

どんなところに住んでいるか、何を食べているか、

どう動くかなどを、よく見てみましょう。

先生は、何について話していますか。

1　虫の動き

2　夏と冬の虫の違い

3　夏休みの宿題

4　今日の授業の内容

해석

초등학교에서 선생님이 아이들에게 이야기하고 있습니다.

남: 이제 곧 여름방학이네요.

여러분은 숲 속에 사는 벌레를 천천히 본 적이 있나요?

벌레라고 하면 잠자리나 장수풍뎅이에 관심이 있는 사람이

많이 있을 거라고 생각합니다만.

여름방학이라면, 근처에서 바로 눈에 띄는 개미를

느긋하게 관찰할 수 있습니다.

겨울방학은 짧고 게다가 겨울 동안에는 관찰하고 싶어도

추워서 쉽지 않지요.

그래서 벌레 관찰을 여름방학 숙제로 하겠습니다.

직접 잡은 장수풍뎅이라도 좋고,

집 근처에 있는 개미라도 좋으니까,

벌레의 움직임을 관찰해서, 그림과 감상을 씁시다.

어떤 곳에 살고 있는지, 무엇을 먹고 있는지,

어떻게 움직이는지 등을 잘 살펴봅시다.

선생님은 무엇에 대해 이야기하고 있습니까?

1 곤충의 움직임

2 여름과 겨울의 벌레의 차이

3 여름방학 숙제

4 오늘 수업의 내용

해설 선생님은 여름에 벌레를 관찰하기 좋은 이유를 설명하면서 「そこで、虫(むし)の観察(かんさつ)を夏休(なつやす)みの宿題(しゅくだい)にします」라며 여름방학 숙제의 내용에 대해서 이야기하고 있기 때문에 정답은 3번이다.

어휘 ~と言(い)えば ~로 말하자면 | トンボ 잠자리 | カブトムシ 장수풍뎅이 | 身近(みぢか) 신변, 가까운 곳 | 見(み)かける 발견되다, 눈에 띄다 | アリ 개미 | 観察(かんさつ)する 관찰하다 | 感想(かんそう) 감상

4회

문제 3 문제 3에서는 문제지에 아무것도 인쇄되어 있지 않습니다. 이 문제는 전체로서 어떤 내용인지를 듣는 문제입니다. 이야기 전에 질문은 없습니다. 먼저 이야기를 들으세요. 그러고 나서 질문과 선택지를 듣고 1부터 4 안에서 가장 적당한 것을 하나 고르세요.

|정답|

1번 2	2번 4	3번 3

|해설|

1번

SCRIPT

男の学生と女の学生が話しています。

男：あのさ、花火大会があるみたいだけど。

女：花火？いいね。いつ？

男：今週の金曜日だって。

女：えー、そうなんだ。

男：うん。夏休みもそろそろ終わりだし、
　夏休み最後のイベントとしてどう？来られそう？

女：**面白そう。**でも、月曜日、卒論の発表があるんだ。
　これがなかったら行きたいんだけど。

男：あ、そうか。でも、もう卒論は書き終わったよね。
　ゆうこなら発表も大丈夫だよ。

女：うーん、でも、他のゼミの先生もいらっしゃるから、
　きちんと準備しないときついかも。**残念だけど、また今度誘って。**

女の学生は花火大会に行くことについてどう思っていますか。

1 楽しそうだから、行くつもりだ。

2 楽しそうだが、行かない。

3 興味がないから、行かない。

4 興味はないが、行くつもりだ。

해석

남학생과 여학생이 이야기하고 있습니다.
남: 저기, 불꽃놀이가 있는 것 같던데.
여: 불꽃놀이? 좋네. 언제?
남: 이번 주 금요일이래.
여: 아, 그렇구나.
남: 응. 여름방학도 슬슬 끝나가고
　여름방학 마지막 이벤트로 어때? 올 수 있을 것 같아?
여: 재미있겠다. 그런데 월요일에 졸업논문 발표가 있어.
　이게 없으면 가고 싶은데.
남: 아, 그렇구나. 하지만 벌써 졸업논문은 다 썼잖아.
　유코라면 발표도 괜찮을 거야.
여: 음, 하지만 다른 세미나의 선생님도 오시기 때문에
　제대로 준비하지 않으면 힘들지도 몰라. 아쉽지만 다음에 또 불러 줘.
여학생은 불꽃놀이에 가는 것에 대해 어떻게 생각합니까?

1 즐거울 것 같으므로 갈 생각이다.
2 즐겁겠지만 가지 않는다.
3 흥미가 없으므로 가지 않는다.
4 관심은 없지만 갈 생각이다.

해설 불꽃놀이 구경을 가자는 남자의 권유에 「面白(おもしろ)そう」라며 긍정적으로 관심을 보이지만, 졸업논문 발표가 있는 것을 이유로 「残念(ざんねん)だけど、また今度(こんど)誘(さそ)って」라며 거절하고 있기 때문에 정답은 2번이다.

어휘 花火大会(はなびたいかい) 불꽃놀이 | 卒論(そつろん) 졸업논문(=卒業論文(そつぎょうろんぶん)) | ~終(お)わる 다 ~하다 | いらっしゃる 계시다, 오시다, 가시다 | きちんと 제대로 | きつい 힘들다, 괴롭다 | 誘(さそ)う 권유하다, 초대하다 | ~つもりだ ~할 생각이다

2번

SCRIPT

大学(だいがく)で女(おんな)の学生(がくせい)と男(おとこ)の学生(がくせい)がある本(ほん)について話(はな)しています。
女：ねえ、机(つくえ)の上(うえ)にある、この『観光(かんこう)マーケティングのコツ』っていう本(ほん)、鈴木(すずき)さんの？
男：うん、そうだよ。
女：どう？レポートの資料(しりょう)として読(よ)もうとしたんだけど、
　文章(ぶんしょう)が難(むずか)しくて途中(とちゅう)で諦(あきら)めちゃったんだ。

男：僕はそういうのはなかったよ。

面白そうだと思って買ったけど、**想像したのと違って。**

女：えっ、何が？

男：書いてあるのが基礎的なもう知ってることばかりで。

女：あ～、返ってつまらなかったのね。

男：時間を持ってゆっくり読めば**レポートのいい材料になると思うよ。**

男の学生はこの本について何と言っていますか。

1　レポートのいい材料になるし、期待した内容と同じだった。

2　レポートのいい材料にならないし、期待した内容と違った。

3　レポートのいい材料にならないが、期待した内容と同じだった。

4　レポートのいい材料になるが、期待した内容と違った。

해석

대학에서 여학생과 남학생이 어느 책에 관해서 이야기하고 있습니다.

여: 저기, 책상 위에 있는 이 '관광 마케팅의 요령'이라는 책, 스즈키 씨 거야?

남: 응, 맞아.

여: 어때? 리포트 자료로 읽으려고 했는데,

문장이 어려워서 도중에 포기해 버렸거든.

남: 나는 그런 건 없었어.

재미있을 것 같아서 샀는데, 상상했던 것과 달라서.

여: 어, 뭐가?

남: 써 있는 것이 기초적인, 이미 알고 있는 것들뿐이라서.

여: 아, 오히려 재미없었던 거구나.

남: 시간 내서 천천히 읽으면 리포트의 좋은 재료가 될 거야.

남학생은 이 책에 대해서 뭐라고 말하고 있습니까?

1　리포트의 좋은 재료가 되고, 기대했던 내용과 똑같았다.

2　리포트의 좋은 재료가 되지 않고, 기대했던 내용과 달랐다.

3　리포트의 좋은 재료가 되지 않지만, 기대했던 내용과 똑같았다.

4　리포트의 좋은 재료가 되지만, 기대했던 내용과 달랐다.

해설　책에 대해서 묻는 여자의 질문에 대해서 남자는 처음에는 「想像したのと違って」라고 말하지만, 여자에게는 「レポートのいい材料になると思うよ」라며 추천을 하고 있기 때문에 정답은 4번이다.

어휘 観光 관광 | マーケティング 마케팅 | コツ 요령 | 途中 도중 | 諦める 포기하다 | 想像する 상상하다 | ～と違って ~와/과는 달리 | 基礎的 기초적 | 期待する 기대하다

3번

SCRIPT

大学で男の学生と女の学生が話しています。

男：吉田さん、こんな早い時間にどうしたの？

女：あ～、私、田村先生の授業を取ってるの。

男：そうなんだ。面白いってみんな言っているけど、どう？あの授業。

女：そうね、**聞いたのと違って内容があまり易しくないかな。**でも、先生は面白い。

男：そうか。それじゃ、試験が大変なんだね。

女：ああ、それは大丈夫。この授業、試験がないんだ。
ただ、毎回課題があってそれがちょっと大変だけど。

男：え～、そうなんだ。

女：勉強するのが難しいから試験がないのはいいけど、
アルバイトをしている私には課題が多いのが負担だわ。

男：そうか。じゃ、授業変えるの？

女：うーん、でも、卒業論文のテーマと係わりがあるから、
後で役に立つだろうし、**頑張ってみる。**

女の人はこの授業についてどう思っていますか。

1 内容が易しいから、授業を変えない
2 内容が難しいから、授業を変える
3 内容が難しいが、授業は変えない
4 内容は易しいが、授業は変える

해석

대학에서 남학생과 여학생이 이야기하고 있습니다.

남: 요시다 씨, 이렇게 이른 시간에 무슨 일이야?

여: 아, 나 다무라 선생님의 수업을 듣고 있어.

남: 그렇구나. 재미있다고 다들 얘기하는데 어때? 그 수업.

여: 글쎄, 듣기와는 달리 내용이 별로 쉽지가 않아. 하지만 선생님은 재미있어.

남: 그래? 그러면, 시험이 힘들겠네.

여: 아, 그건 괜찮아. 이 수업, 시험이 없어.
단지 매번 과제가 있어서 그게 좀 힘들지만.

남: 아, 그렇구나.

여: 공부하는 게 어려우니까 시험이 없는 건 괜찮지만,
아르바이트를 하는 나한테는 과제가 많은 게 부담스러워.

남: 그래? 그럼 수업 바꿀 거야?

여: 음…, 근데, 졸업논문 주제와 관련이 있으니까
나중에 도움이 될 것 같고, 열심히 해 볼 거야.

여자는 이 수업에 대해서 어떻게 생각하고 있습니까?

1 내용이 쉬우니까, 수업을 바꾸지 않는다

2 내용이 어려우니까, 수업을 바꾼다

3 내용이 어렵지만, 수업은 바꾸지 않는다

4 내용은 쉽지만, 수업은 바꾼다

해설 여자는 현재 듣고 있는 다무라 선생님의 수업에 대해서 「聞(き)いたのと違(ちが)って内容(ないよう)があまり易(やさ)しくないかな」라고 하면서, 수업 변경에 대한 남자의 질문에는 「頑張(がんば)ってみる」라고 대답하고 있기 때문에 정답은 3번이다.

어휘 授業(じゅぎょう)を取(と)る 수업을 듣다 | 試験(しけん) 시험 | 負担(ふたん)だ 부담스럽다 | 変(か)える 바꾸다 | 役(やく)に立(た)つ 도움이 되다 | 頑張(がんば)る 열심히 하다

문제 4 »»»
발화 표현

이해하고 공략하기

2교시 청해

1 문제 프로필

상대를 알아야 문제를 푼다!

문제 4 발화 표현

問題 4 発話表現

기본정보

성 격 그림을 보고 상황에 알맞은 대답을 해 주길 원함
문제 개수 4개/28개(청해)
풀이 시간 3분/40분(청해)

분석정보

주요 화제 인사말, 의뢰, 일상 회화 등
평가 방식 상황 표현, 수수 표현, 권유나 의뢰 표현 등에 대해 적절한 대답을 할 수 있는지가 중요

STEP 1
스피드 해법

화살표가 가리킨 인물이 말할 수 있는 적절한 말을 그림과 함께 비교

STEP 2
함정 주의보

행동의 주체가 누구인지 정확하게 확인

STEP 3
대책

그림을 빠르게 살펴보고 상황이나 예측 가능한 질문들을 생각하며 듣기

STEP 4
공부 방법

일상생활에서 자주 사용하는 회화 표현을 미리미리 익혀 둔다!

표지판의 안내

⊘ ここに駐車してはいけません。(여기에 주차해서는 안 됩니다.)

⊘ ここで、ケータイを使ってはいけません。(여기에서 휴대폰을 사용해서는 안 됩니다.)

특정 상대

⊘ 先生に挨拶をします。(선생님께 인사를 합니다.)

⊘ 部長が書類をたくさん持っていて、大変そうです。
(부장님이 서류를 많이 들고 있어서 힘들어 보입니다.)

공공장소

⊘ レストランで注文がしたいです。(레스토랑에서 주문을 하고 싶습니다.)

⊘ 店内でお客さんを案内します。(가게 안에서 손님을 안내합니다.)

⊘ 上着を試着してみたいです。(윗옷을 입어 보고 싶습니다.)

⊘ 免税店でパスポートを見せてもらいたいです。(면세점에서 여권을 보고 싶습니다.)

⊘ 旅行先で写真を撮ってもらいたいです。(여행지에서 사진을 찍었으면 좋겠습니다.)

문제유형

공통 문제

⊘ 何と言いますか。(뭐라고 말합니까?)

풀이 흐름 그림을 보고 상황을 빠르게 유추 ▷ 상황 설명을 들으며 화살표가 가리킨 당사자 파악 ▷ 질문과 선택지를 상황과 당사자와 비교하며 듣기 ▷ 정답 체크!

2 문제 미리보기 Track 1-4-01

미리 알아 둬야 긴장이 덜 된다!

問題4

問題4 では、絵を見ながら質問を聞いてください。矢印(➡)の人は何と言いますか。1から3の中から、最もよいものを一つ選んでください。

문제 4에서는 그림을 보면서 질문을 들으세요. 화살표가 가리키는 사람은 뭐라고 말합니까? 1부터 3 안에서 가장 적당한 것을 하나 고르세요.

1ばん

내용을 듣기 전에 그림만 보고 상황을 유추해 보고 화살표가 가리키고 있는 당사자와 함께 이야기하고 있는 사람과의 관계를 유추해 보세요!

좌석 앉아도 됨?

영화관 옆자리 있냐고

1. 열까?
2. 누군가 있어?
3. 앉아 줄래?

시험지에 메모할 공간이 부족할 수 있어요! 최대한 틈새를 이용해 잘 적어 두세요.

1ばん

정답 2

스크립트

映画館で隣の席が空いているかどうか聞きます。何と言いますか。

女：1　ちょっと開けましょうか。
　　2　ここ、どなたかいらっしゃいますか。
　　3　あのう、座っていただけませんか。

여자가 어딘가를 가리키고 있기 때문에 지시대명사 ここ가 정답이 될 확률이 높아요.

풀이 자리에 앉기 위해 자리를 누군가가 먼저 선점하고 있는지 확인할 때 「ここ、どなたかいらっしゃいますか(여기 누군가 계십니까?)」라는 표현으로 말하기 때문에 정답은 2번이다.

핵심 표현 20

알아 두면 청취에 도움이 되는 통문장 표현들을 미리 살펴본다!

1	お世話(せわ)になりました。 신세를 졌습니다.
2	おかげさまで無事(ぶじ)に着(つ)きました。 덕분에 무사히 도착했습니다.
3	お待(ま)たせしました。ご案内(あんない)いたします。 오래 기다리셨습니다. 안내해 드리겠습니다.
4	身分証明書(みぶんしょうめいしょ)を拝見(はいけん)します。 신분증을 보겠습니다.
5	傘(かさ)をお貸(か)ししましょうか。 우산을 빌려 드릴까요?
6	探(さが)していただけませんか。 찾아 주시지 않겠습니까?
7	これを買(か)っていただいてもいいですか。 이것을 사 주셔도 괜찮겠습니까?
8	開(あ)いている席(せき)におかけください。 비어 있는 자리에 앉아 주세요.
9	あの絵(え)をご覧(らん)ください。 저 그림을 봐 주세요.
10	何(なに)になさいますか。 무엇으로 하시겠습니까?

11	試してみたらどうですか。 시험해 보면 어떻습니까?
12	このパソコンを使ったらどう？ 이 컴퓨터를 사용하면 어때?
13	ここに座ってもいいですか。 여기에 앉아도 됩니까?
14	私のレポート、代わりに出してもらえない？ 내 리포트 대신 내주지 않을래?
15	それ、貸してくれない？ 그거 빌려주지 않을래?
16	あの部屋には入ってはいけないんじゃない？ 그 방에는 들어가면 안 되는 것 아니야?
17	写真を撮ってはいけません。 사진을 찍으면 안 됩니다.
18	ここに子供向けだと書いてあります。 여기에 어린이 용이라고 써 있습니다.
19	今、しておかないと困るからすぐやります。 지금 해 놓지 않으면 곤란하니까 바로 하겠습니다.
20	言うな。 말하지 마.

실전문제 풀어보기 1회

問題4

問題4 では、えを見ながら、質問を聞いてください。やじるし(➡)の人は何と言いますか。 1から3の中から、最もよいものを一つえらんでください。

1ばん

1　　2　　3

2ばん

3ばん

4ばん

▷맞힌 개수 확인 ____ /4

실전문제 풀어보기 2회

Track 1-4-03 | 정답과 해설 544쪽

問題4

問題4 では、えを見ながら、質問を聞いてください。やじるし(⇨)の人は何と言いますか。 1から3の中から、最もよいものを一つえらんでください。

1ばん

2ばん

3ばん

4ばん

▷맞힌 개수 확인 ____ /4

실전문제 풀어보기 3회

Track 1-4-04 | 정답과 해설 546쪽

問題4

問題4 では、えを見ながら、質問を聞いてください。やじるし(➡)の人は何と言いますか。1から3の中から、最もよいものを一つえらんでください。

1ばん

2ばん

3ばん

4ばん

맞힌 개수 확인 ____ /4

실전문제 풀어보기 4회

Track 1-4-05 | 정답과 해설 549쪽

問題4

問題4 では、えを見ながら、質問を聞いてください。やじるし(⇨)の人は何と言いますか。 1から3の中から、最もよいものを一つえらんでください。

1ばん

2ばん

3ばん

4ばん

PART 4 청해

> 맞힌 개수 확인 ____ /4

정답 및 해설 확인하기

1회

문제 4 문제 4에서는 그림을 보면서 질문을 들으세요. 화살표(➡)의 사람은 뭐라고 말합니까? 1부터 3 안에서 가장 적당한 것을 하나 고르세요.

|정답|

1번 3 2번 2 3번 1 4번 2

|해설|

1번

SCRIPT

国へ帰ることになりました。先生に何と言いますか。

女：1 お疲れ様でした。

2 お帰りなさい。

3 お世話になりました。

해석

모국에 돌아가게 되었습니다. 선생님께 뭐라고 말합니까?

여: 1 수고하셨습니다.

2 잘 다녀오셨어요.

3 신세를 졌습니다.

해설 도움을 받았던 사람과 헤어질 때 「お世話になりました」라는 표현으로 말한다.

어휘 世話になる 신세를 지다

2번

SCRIPT

資格の試験に受かりました。先生に挨拶をします。何と言いますか。

男：1 合格できたら嬉しいです。

2 おかげさまで合格できました。

3 合格おめでとうございます。

해석

자격증 시험에 합격했습니다. 선생님께 인사를 합니다. 뭐라고 말합니까?

남: 1 합격할 수 있으면 좋겠습니다.

2 덕분에 합격할 수 있었습니다.

3 합격 축하드립니다.

해설 도움을 준 사람에게 감사 인사를 할 때 「おかげさまで」라는 표현으로 말한다.

어휘 資格 자격, 자격증 | おかげさまで 덕분에

3번

SCRIPT

レストランで注文がしたいです。何と言いますか。

女：**1 注文をしてもいいですか。**

2 ご注文はお決まりでしょうか。

3 ご注文をなさいますか。

해석

레스토랑에서 주문을 하고 싶습니다. 뭐라고 말합니까?

여: **1 주문해도 될까요?**

2 주문하실 것은 정하셨나요?

3 주문하시겠어요?

해설 주문을 원할 때 「~てもいいですか」라는 표현으로 말한다.

어휘 注文 주문 | 決まる 정해지다, 결정되다 | なさる 하시다(する의 존경표현)

4번

SCRIPT

友だちと食事をしています。ナプキンを使いたいです。友だちに何と言いますか。

男：1 ナプキン、取ってあげようか。

2 ナプキン、取ってくれない？

3 ナプキン、取ってもよろしい。

해석

친구와 식사를 하고 있습니다. 냅킨을 사용하고 싶습니다. 친구에게 뭐라고 말합니까?

남: 1 냅킨 집어 줄까?

2 냅킨 집어 주지 않을래?

3 냅킨 집어도 괜찮아.

해설 물건을 건네주길 원할 때 「~てくれない？」라는 표현으로 말한다.

어휘 ナプキン 냅킨 | 取(と)る 집다

2회

문제 4 문제 4에서는 그림을 보면서 질문을 들으세요. 화살표(➡)의 사람은 뭐라고 말합니까? 1부터 3 안에서 가장 적당한 것을 하나 고르세요.

|정답|

1번 3　2번 1　3번 2　4번 1

|해설|

1번

SCRIPT

店内(てんない)でお客(きゃく)さんを案内(あんない)します。何(なん)と言(い)いますか。

女：1 座(すわ)らせていただいてください。

2 席(せき)をお取(と)りしました。

3 どうぞおかけください。

해석

가게 안에서 손님을 안내합니다. 뭐라고 말합니까?

여: 1 앉게 해 주세요.

2 자리를 잡았어요.

3 부디 앉으세요.

해설 손님에게 앉을 것을 권유할 때 「どうぞ~ください」라는 표현으로 말한다.

어휘 席(せき)を取(と)る 자리를 잡다

2번

SCRIPT

同僚の服にジュースをこぼしてしまいました。同僚に何と言いますか。

男：**1　あ、ごめんなさい。**

2　あ、お構いなく。

3　あ、ご遠慮なく。

해석

동료의 옷에 주스를 흘리고 말았습니다. 동료에게 뭐라고 말합니까?

남: **1　앗, 미안해요.**

2　앗, 신경 쓰지 마세요.

3　앗, 사양하지 마세요.

해설　미안한 마음으로 사과할 때 「ごめんなさい」라는 표현으로 말한다.

어휘　こぼす 흘리다 | 遠慮 사양, 삼가

3번

SCRIPT

道で前に歩いている人の財布を拾いました。何と言いますか。

女：1　財布がここにおいてありますよ。

2　あのう、財布、落としましたよ。

3　財布を忘れてしまったんですか。

해석

길에서 앞에 걷고 있는 사람의 지갑을 주웠습니다. 뭐라고 말합니까?

여: 1　지갑이 여기에 놓여 있어요.

2　저기, 지갑 떨어트리셨어요.

3　지갑을 잊어버리고 오셨나요?

해설　물건을 떨어트렸을 때는 「落とす」라는 표현으로 말한다.

어휘　財布 지갑 | 拾う 줍다 | 落とす 떨어트리다 | 忘れる 잊다, 잊고 오다

4번

SCRIPT

ここに駐車してはいけません。友達に注意します。何と言いますか。

男：**1　ここに止めちゃいけないんじゃない？**

2　ここに止めなくちゃね。

3　ここに止めろって書いてあるよ。

해석

여기에 주차하면 안 됩니다. 친구에게 주의합니다. 뭐라고 말합니까?

남: **1　여기에 세우면 안 되는 거 아니야?**

2　여기에 세워야 해.

3　여기에 세우라고 써 있어.

해설　어떤 행동을 금지할 때「~ちゃいけない」라는 표현으로 말한다.

어휘　駐車 주차 | 止める 세우다, 멈추다

3회

문제 4　문제 4에서는 그림을 보면서 질문을 들으세요. 화살표(⇨)의 사람은 뭐라고 말합니까? 1부터 3 안에서 가장 적당한 것을 하나 고르세요.

|정답|

1번 1　　2번 3　　3번 1　　4번 3

|해설|

1번

SCRIPT

料理を出すのに時間がかかってしまいました。お客さんに何と言いますか。

男：**1　すみません。お待たせしました。**

2　急がせてしまって、すみません。

3　すみません。お先に失礼します。

해석

음식이 나오는 데 시간이 걸려 버렸습니다. 손님에게 뭐라고 말합니까?

남: **1　죄송합니다. 오래 기다리셨습니다.**

2　서두르게 해 버려서 죄송합니다.

3　죄송합니다. 먼저 실례하겠습니다.

해설　기다리게 해서 미안함을 사과할 때 「お待たせしました」라는 표현으로 말한다.

어휘　待たせる 기다리게 하다 | 急がせる 서두르게 하다

2번

SCRIPT

上着を試着してみたいです。店員に何と言いますか。

男：1　上着を着てもらえますか。

2　服はお決まりになりましたか。

3　これ、着てみてもいいですか。

해석

윗옷을 입어 보고 싶습니다. 점원에게 뭐라고 말합니까?

남: 1　윗옷을 입어 주실 수 있나요?

2　옷은 정하셨습니까?

3　이거 입어 봐도 되나요?

해설　허락을 구하고자 할 때 「～てもいいですか」라는 표현으로 말한다.

어휘　上着 윗옷 | 試着する 입어 보다

3번

SCRIPT

消しゴムを忘れたので、クラスメートに借りたいです。何と言いますか。

女：**1　消しゴムを貸してもらえない？**

2　消しゴムを貸そう。

3　消しゴムはどう？

해석

지우개를 잊어버렸기 때문에 반 친구에게 빌리고 싶습니다. 뭐라고 말합니까?

여: **1　지우개를 빌려주지 않을래?**

2　지우개를 빌리자.

3　지우개는 어때?

해설　다른 사람에게 무언가를 빌려달라고 부탁할 때 「～てもらえない？」라는 표현으로 말한다.

어휘　消しゴム 지우개 | クラスメート 급우, 반 친구 | 借りる 빌리다 | 貸す 빌려주다

4번

SCRIPT

部長が書類をたくさん持っていて、大変そうです。何と言いますか。

男：1　あのう、これ一つ運んでもらえませんか。

2　あのう、手伝ったらいかがですか。

3　あのう、お持ちしましょうか。

해석

부장님이 서류를 많이 들고 있어서 힘들어 보입니다. 뭐라고 말합니까?

남: 1　저기, 이거 하나 옮겨 주시지 않겠습니까?

2　저기, 도와주면 어떻습니까?

3　저기, 들어 드릴까요?

해설　다른 사람에게 해결 방법을 제안할 때 「～ましょうか」라는 표현으로 말한다.

어휘　運ぶ 운반하다, 옮기다 | 手伝う 돕다 | 持つ 들다, 가지다

4회

문제 4 문제 4에서는 그림을 보면서 질문을 들으세요. 화살표(⇨)의 사람은 뭐라고 말합니까? 1부터 3 안에서 가장 적당한 것을 하나 고르세요.

| 정답 |

1번 2　2번 2　3번 3　4번 1

| 해설 |

1번

SCRIPT

免税店でパスポートを見せてもらいたいです。何と言いますか。

男：1　パスポートをご覧ください。

2　パスポートを拝見します。

3　パスポートをお見せします。

해석

면세점에서 여권을 보고 싶습니다. 뭐라고 말합니까?

남: 1　여권을 봐 주십시오.

2　여권을 좀 보겠습니다.

3　여권을 보여드리겠습니다.

해설　물건을 보겠다고 공손하게 말할 때 「拝見します」라는 표현으로 말한다.

어휘　免税店 면세점 | パスポート 여권 | ご覧くださる 봐 주시다 | 拝見する 보다(見る의 겸양표현)

2번

SCRIPT

お客さんに店を案内します。何と言いますか。

女：1　店の中を案内していただきたいですが。

2　店内をご案内します。

3　店の中の案内をお願いします。

해석

손님에게 가게를 안내합니다. 뭐라고 말합니까?

여: 1 가게 안을 안내해 주셨으면 좋겠습니다만.

2 가게 안으로 안내해드리겠습니다.

3 가게 안의 안내를 부탁합니다.

해설 일본에서 일반적으로 손님을 안내하고자 할 때 「ご案内します」라는 표현으로 말한다.

어휘 店内 가게 안

3번

SCRIPT

旅行先で写真を撮ってもらいたいです。近くの人に何と言いますか。

男：1 あのう、写真を撮ってもいいですか。

2 よければ、写真をお撮りしましょうか。

3 すみません。写真を撮っていただけませんか。

해석

여행지에서 사진을 찍어 달라고 하고 싶습니다. 근처의 사람에게 뭐라고 말합니까?

남: 1 저기, 사진을 찍어도 되나요?

2 괜찮으시다면, 사진을 찍어 드릴까요?

3 실례합니다. 사진을 찍어 주시겠어요?

해설 사진을 찍어 달라고 부탁할 때 「～ていただけませんか」라는 표현으로 말한다.

어휘 旅行先 여행지 | 撮る 찍다 | よければ 괜찮다면

4번

SCRIPT

図書館の机の上に友だちのノートがあります。何と言いますか。

女：**1 ノート、忘れてるんじゃない？**

2 ノート、持って行かないで。

3 ノート、置いておかないと。

해석

> 도서관의 책상 위에 친구의 노트가 있습니다. 뭐라고 말합니까?
>
> 여: **1 노트 잊어버린 거 아니야?**
>
> 2 노트 가져 가지 마.
>
> 3 노트를 놔 둬야 해.

해설 깜빡 잊고 물건을 가져가지 않을 때는 「忘(わす)れる」라는 표현으로 말한다.

어휘 忘(わす)れる 잊다 | 置(お)く 놓다, 두다

PART 4 청해

문제 5 »»»
즉시 응답

이해하고 **공략하기** 2교시 청해

1 문제 프로필

상대를 알아야 문제를 푼다!

문제 5 즉시 응답
問題 5 即時応答

기본정보

성　　격 짧은 질문을 듣고 자연스럽게 이어지는 응답을 파악해 주길 원함
문제 개수 9개/28개(청해)
풀이 시간 5분 30초/40분(청해)

분석정보

주요 화제 일상 회화(부탁, 제안, 권유) 등
평가 방식 귀로 들은 것을 이해하여, 재빨리 대답을 선택하는 회화 능력이 있는지가 중요

STEP 1
스피드 해법

질문의 내용과 상황을 빠르게 파악하여 가장 자연스러운 응답 선택

STEP 2
함정 주의보

회화가 짧지만 순식간에 다음 문제로 넘어가므로 문제를 놓치지 않도록 주의

STEP 3
대책

의문사, 시제, 상황, 정답여부 등에 대한 메모를 통해 답을 찾아내는 습관을 기르기

STEP 4
공부 방법

질문에 이어질 자연스러운 응답을 찾아낼 수 있도록 듣는 연습을 반복하며 공부한다!

지문유형

인사

⊘ お元気(げんき)ですか/お久(ひさ)しぶりです/お邪魔(じゃま)します。(잘 지내십니까?/오랜만입니다/실례합니다.)

⊘ そろそろ失礼(しつれい)します/また、近(ちか)いうちにお会(あ)いしましょう。
(슬슬 실례하겠습니다/또 가까운 시일 내에 뵙겠습니다.)

제안

⊘ ~た方(ほう)がいいんじゃないですか。(~하는 편이 좋지 않습니까?)

⊘ ~たらどうですか/~てはどうですか。(~하는 게 어떻습니까?/~하면 어떻습니까?)

권유

⊘ ~ましょう/~ましょうか/どうぞ~てください。(~합시다/~할까요?/부디 ~해 주십시오.)

⊘ よろしければ~どうですか/いかがですか。(괜찮으시면 ~어떻습니까?/어떠하십니까?)

요청

⊘ ~てほしいんですけど。(~해 주셨으면 합니다만.)

⊘ ~てくれませんか/~てもらえませんか。(~해 주시지 않겠습니까?/~해 주실 수 없겠습니까?)

확인

⊘ ~てますか/~てませんよね?(~하고 있습니까?/~하지 않았죠?)

⊘ ~てもいいですか/~なくてはいけませんか。(~해도 됩니까?/~하지 않으면 안 됩니까?)

풀이 흐름 메모할 준비 ▷ 미리 9개의 문제 번호 써 두기 ▷ 각 문제마다 선택지 번호 1, 2, 3도 써 두기 ▷ 듣는 즉시 O, X 표시하기 ▷ 정답 체크!

2 문제 미리보기 Track 1-5-01

미리 알아 둬야 긴장이 덜 된다!

問題(もんだい)5

問題(もんだい)5 では、問題用紙(もんだいようし)に何(なに)もいんさつされていません。まず文(ぶん)を聞(き)いてください。それから、そのへんじを聞(き)いて、1から3の中(なか)から、最(もっと)もよいものを一(ひと)つえらんでください。

문제 5에서는 문제지에 아무것도 인쇄되어 있지 않습니다. 먼저 문장을 들으세요. 그리고 나서 그 응답을 듣고 1부터 3안에서 가장 적당한 것을 하나 고르세요.

—メモ—

1번 오래 연락X

문제가 시작되기 전에 미리 1부터 9까지 문제 번호를 써 두고. 여유가 된다면 선택지 번호 1, 2, 3을 써 두는 것도 좋은 방법이에요.

1. 유감 X
2. 저야말로 연락X O
3. 사양 X

의문사나 특정 정보 등이 제시될 경우 메모를 이용하되, 순식간에 다음 문제로 넘어가므로 표기는 되도록 간단하게 하면서 듣기에 집중하세요!

1ばん

정답 3

스크립트

男: 今週末(こんしゅうまつ)、予定(よてい)空(あ)いているなら、どこか遊(あそ)びに行(い)かない？

女: 1 ごめん。今日(きょう)は約束(やくそく)があるの。
2 私(わたし)も一緒(いっしょ)に行(い)きたかったのに。
3 いいね。どこに行(い)こうか。

제안, 권유, 요청 상황의 질문이 제시될 경우, 이를 승낙하거나 거절하는 응답이 호응된다는 점을 미리 생각하고 문제를 푸세요!

풀이 주말에 일정이 없으면 어딘가 놀러가자고 권유하고 있기 때문에 정답은 권유를 받아들이는 응답인 3번이다. 이처럼 즉시 응답에서는 응답하는 사람에게 행위나 생각, 무언가를 요구하는 제안, 권유, 요청 등의 질문이 제시된다. 이러한 경우, 이를 승낙하거나 거절하는 응답이 호응된다는 점을 미리 생각하고 문제를 푸는 것이 좋다.

인사 표현 10

알아 두면 청취에 도움이 되는 인사 표현들을 미리 살펴본다!

예상 인사	예상 대답
いってきます/まいります。 다녀오겠습니다.	いってらっしゃい。 잘 다녀와요.
ただいま。 다녀왔습니다.	おかえりなさい。 다녀오셨어요.
どうぞ、お入(はい)りください。 어서 들어오세요.	お邪魔(じゃま)します。 실례하겠습니다.
そろそろ失礼(しつれい)します。 이만 실례하겠습니다.	またいらっしゃってください。 또 와 주세요.
今日(きょう)はとても楽(たの)しかったです。 오늘은 정말 즐거웠습니다.	ええ、またご一緒(いっしょ)したいですね。 네, 또 함께 하고 싶네요.
また近(ちか)いうちにお会(あ)いしましょう。 가까운 시일 내에 또 만납시다.	はい。またご連絡(れんらく)差(さ)し上(あ)げます。 네. 또 연락 드리겠습니다.
お久(ひさ)しぶりです。お元気(げんき)ですか。 오랜만입니다. 잘 지내십니까?	おかげさまで、元気(げんき)です。 덕분에 잘 지냅니다.
ご無沙汰(ぶさた)しております。 오랫동안 연락 못 드렸습니다.	こちらこそご無沙汰(ぶさた)して、申(もう)し訳(わけ)ございません。 저야말로 오랫동안 연락 못 드려서 죄송합니다.
よろしくお願(ねが)いします。 잘 부탁드립니다.	こちらこそ、どうぞよろしくお願(ねが)いします。 이쪽이야말로, 부디 잘 부탁드립니다.
つまらないものですが、どうぞ。 별 거 아닌 물건입니다만, 받아 주세요.	お気持(きも)ちだけで充分(じゅうぶん)です。 마음만으로도 충분합니다.

대화 표현 10

알아 두면 청취에 도움이 되는 대화 표현들을 미리 살펴본다!

예상 인사 및 질문	예상 대답
注文お願いします。 주문 부탁드립니다.	はい、何になさいますか。 네, 무엇으로 하시겠습니까?
今週末、一緒にどこか遊びに行きませんか。 이번 주 주말에 함께 어디 놀러 가지 않겠습니까?	いいですね。どこに行きましょうか。 좋네요. 어디로 갈까요?
よければ、明日、食事でもどうですか。 괜찮으시다면 내일 식사라도 어떻습니까?	すみません。明日は約束がありますので…。 죄송합니다. 내일은 약속이 있어서….
来週の約束、忘れてませんよね？ 다음 주 약속, 잊어버리지 않았죠?	もちろんです。楽しみにしております。 물론이에요. 기대하고 있어요.
買い物のついでに何か買ってきましょうか。 장 보러 가는 김에 뭔가 사올까요?	じゃあ、これを頼みます。 그럼, 이것을 부탁드립니다.
掃除機が壊れて、明日一度見てほしいんですが…。 청소기가 고장나서, 내일 한번 봐 주셨으면 좋겠습니다만….	明日の午後ならいいですよ。 내일 오후라면 괜찮아요.
資料の作成は早めにしておいた方がいいですよ。 자료 작성은 일찍 해 두는 게 좋아요.	そうですね。早めにしておきます。 그러네요. 일찍 해 두겠습니다.
一度やってみたらどうですか。 한번 해 보는 게 어떻습니까?	そうですね。やってみます。 그러네요. 해 보겠습니다.
OOさんのおかげで、準備が早めに終わりました。 ㅇㅇ씨 덕분에 준비가 일찍 끝났습니다.	また手伝いますから、いつでも言ってください。 또 도와드릴 테니 언제든지 말씀해 주세요.
じゃあ、資料の作成、よろしくお願いします。 그럼, 자료 작성 잘 부탁합니다.	はい。わかりました/承知しました。 네. 알겠습니다.

실전문제 **풀어보기** 1회

問題5

問題5 では、問題用紙に何もいんさつされていません。まず文を聞いてください。それから、そのへんじを聞いて、1から3の中から、最もよいものを一つえらんでください。

—メモ—

1ばん	1	2	3
2ばん	1	2	3
3ばん	1	2	3
4ばん	1	2	3
5ばん	1	2	3
6ばん	1	2	3
7ばん	1	2	3
8ばん	1	2	3
9ばん	1	2	3

_____ /9

문제 5» 즉시 응답

실전문제 풀어보기 2회

Track 1-5-03 | 정답과 해설 567쪽

問題5

問題5 では、問題用紙に何もいんさつされていません。まず文を聞いてください。それから、そのへんじを聞いて、１から３の中から、最もよいものを一つえらんでください。

—メモ—

> 맞힌 개수 확인 ____ /9

실전문제 풀어보기 3회

Track 1-5-04 | 정답과 해설 572쪽

問題5

問題5 では、問題用紙に何もいんさつされていません。まず文を聞いてください。それから、そのへんじを聞いて、1から3の中から、最もよいものを一つえらんでください。

—メモ—

_____ /9

실전문제 풀어보기 4회

Track 1-5-05 | 정답과 해설 577쪽

問題5

問題5 では、問題用紙に何もいんさつされていません。まず文を聞いてください。それから、そのへんじを聞いて、1から3の中から、最もよいものを一つえらんでください。

—メモ—

PART 4 청해

_____ /9

정답 및 해설 **확인하기**

1회

문제 5 문제 5에서는 문제지에 아무것도 인쇄되어 있지 않습니다. 먼저 문장을 들으세요. 그러고 나서 거기에 맞는 대답을 듣고 1부터 3 안에서 가장 적당한 것을 하나 고르세요.

| 정답 |

1번	2번	3번	4번	5번	6번	7번	8번	9번
2	2	3	2	3	3	2	1	2

| 해설 |

1번

SCRIPT

女：あの、木村先生のこと聞きましたか。

男：1　うわ、そうですか。

2　えっ、何かありましたか。

3　そんなことはありません。

해석

여: 저, 기무라 선생님 일 들었어요?

남: 1　우와, 그래요?

2　어? 무슨 일 있었어요?

3　그런 일은 없어요.

해설　기무라 선생님에 관한 일을 들었는지 묻고 있기 때문에 정답은 그 일에 대해서 다시 묻는 응답인 2번이다.

어휘　~こと ~일, ~것 | 何か 무언가, 무슨 일 | そんな~ 그런~

2번

SCRIPT

男：今朝、卒論のメールを送りましたが、届いてますか。

女：1　いいえ、私は送ってません。

2　すみません。確認したんですが、まだ返事できなくて。

3　いいですよ。届けてあげます。

해석

남: 오늘 아침에 졸업 논문 메일을 보냈는데, 도착했어요?

여: 1　아니요, 저는 보내지 않았어요.

2　죄송해요. 확인했는데 아직 답장하지 못해서요.

3　좋아요. 보내드릴게요.

해설　메일을 받았는지 묻고 있기 때문에 정답은 메일의 도착 여부에 대한 응답인 2번이다.

어휘　今朝 오늘 아침 | 卒論 졸업 논문(=卒業論文) | 送る 보내다 | 届く 도착하다 | 確認する 확인하다 | 返事する 답장하다, 대답하다 | 届ける 보내주다

3번

SCRIPT

女：ねえ、どんな料理が好き？

男：1　じゃ、コーヒーをお願い。

2　週に2、3回は作って食べるよ。

3　甘いものなら何でも。

해석

여: 저기, 어떤 음식을 좋아해?

남: 1　그럼, 커피를 부탁할게.

2　주에 2, 3번은 만들어 먹어.

3　단 거라면 뭐든지.

해설　무슨 음식을 좋아하는지 묻고 있기 때문에 정답은 좋아하는 음식에 대한 응답인 3번이다.

어휘　料理 요리 | 週に 주에 | ~回 ~회, ~번 | 作る 만들다 | 甘いもの 단것 | ~なら ~이라면 | 何でも 무엇이든지

4번

SCRIPT

男：すみません。申し込みの時、どうしても写真を持ってこなくてはいけませんか。
女：1　すぐ、撮れますよ。
2　必ずお持ちください。
3　明日にしてもいいですよ。

해석

남: 저기요. 신청할 때 꼭 사진을 가져와야 하나요?
여: 1　곧 찍을 수 있어요.
2　반드시 가져오세요.
3　내일 해도 괜찮아요.

해설　사진을 꼭 가져와야 하는지 묻고 있기 때문에 정답은 지참을 부탁하는 응답인 2번이다.

어휘　申し込み 신청 | どうしても 꼭, 무슨 일이 있어도 | 写真 사진 | 持ってくる 가져오다 | 撮る 찍다 | 必ず 반드시

5번

SCRIPT

女：お腹がぺこぺこなんだけど、食べ物とか持ってない？
男：1　食べちゃだめなの？
2　持ってこなくてもいいよ。
3　お菓子ならあるけど。

해석

여: 배고픈데, 먹을 거라든가 갖고 있는 거 없어?
남: 1　먹으면 안 돼?
2　가져오지 않아도 괜찮아.
3　과자라면 있는데.

해설　먹을 것을 갖고 있는지 묻고 있기 때문에 정답은 과자를 갖고 있다는 응답인 3번이다.

어휘　お腹 배 | ペコペコ 몹시 배가 고픈 모양 | 食べ物 먹을 것, 음식 | ～とか ~라든가 | お菓子 과자

6번

SCRIPT

男：今から図書館に本を返しに行くけど、ついでに何かある？
女：1　ごめん、遅くなってしまって。
　　2　図書館は今日空いていると思うよ。
　　3　この本も返してくれる？

해석

남: 지금부터 도서관에 책 반납하러 가는데, 가는 김에 뭐 있어?
여: 1　미안, 늦어져 버려서.
　　2　도서관은 오늘 비어 있을 거라 생각해.
　　3　이 책도 반납해 줄래?

해설　도서관에 가는 김에 추가로 할 게 있는지 묻고 있기 때문에 정답은 책을 같이 반납해 줄 것을 부탁하는 응답인 3번이다.

어휘　図書館 도서관 | 本を返す 책을 돌려주다 | ～に行く ~하러 가다 | ～ついでに ~하는 김에 | 遅い 늦다 | 空く 비다

7번

SCRIPT

女：ねえ、会社のパンフレットってどこに行ったらもらえるか知ってる？
男：1　就職ならどこでもいいと思うよ。
　　2　大学の事務室にあると聞いたんだけど。
　　3　どこがいいのか知らないな…。

해석

여: 저기, 회사 팸플릿은 어디로 가면 받을 수 있는지 알아?
남: 1　취직이라면 어디든 괜찮다고 생각해.
　　2　대학교 사무실에 있다고 들었는데.
　　3　어디가 좋은지 모르겠네….

해설　팸플릿을 어디서 받을 수 있는지 묻고 있기 때문에 정답은 대학교 사무실에 있다고 알려주는 응답인 2번이다.

어휘　会社 회사 | パンフレット 팸플릿 | 知る 알다 | 就職 취직 | 大学 대학교 | 事務室 사무실

8번

SCRIPT

男：原田さん、あの映画、ご覧になりましたか。

女：**1　ええ、とても面白かったです。**

2　どうして映画は見ないんですか。

3　まだお目にかかってません。

해석

남: 하라다 씨, 저 영화 보셨어요?

여: **1　네, 매우 재미있었어요.**

2　왜 영화는 보지 않아요?

3　아직 뵙지 못했어요.

해설　영화를 봤는지 묻고 있기 때문에 정답은 영화에 대해 감상하는 응답인 1번이다.

어휘　映画 영화 ǀ ご覧になる 보시다(見るの 존경표현) ǀ 面白い 재미있다 ǀ まだ 아직 ǀ お目にかかる 뵈다(会うの 겸양표현)

9번

SCRIPT

女：足の具合は、どう？大丈夫？

男：1　足の骨が折れちゃった。

2　まだ調子悪いんだ。

3　そう、お大事に。

해석

여: 다리 상태는 어때? 괜찮아?

남: 1　다리뼈가 부러져 버렸어.

2　아직 상태가 좋지 않아.

3　그래, 몸조리 잘해.

해설　다리의 상태에 대해서 묻고 있기 때문에 정답은 아직 상태가 좋지 않다는 응답인 2번이다.

어휘　足 다리, 발 ǀ 具合 형편, 상태 ǀ 大丈夫だ 괜찮다 ǀ 骨 뼈 ǀ 折れる 부러지다, 꺾이다 ǀ 調子 상태 ǀ 悪い 나쁘다, 안 좋다

2회

문제 5 문제 5에서는 문제지에 아무것도 인쇄되어 있지 않습니다. 먼저 문장을 들으세요. 그리고 나서 거기에 맞는 대답을 듣고 1부터 3 안에서 가장 적당한 것을 하나 고르세요.

| 정답 |

1번	2번	3번	4번	5번	6번	7번	8번	9번
1	2	3	1	1	3	1	2	2

| 해설 |

1번

SCRIPT

男：郵便局に行くけど、その荷物送ってあげようか。

女：**1　じゃあ、これ頼むよ。**

　　2　ついでに切手買ってくるよ。

　　3　悪いけど、今は行けないよ。

해석

남: 우체국에 갈 건데 그 짐, 보내줄까?

여: **1　그럼, 이거 부탁해.**

　　2　간 김에 우표 사 올게.

　　3　미안하지만, 지금은 못 가.

해설　우체국에 가는 김에 대신 짐을 보내도 되는지 묻고 있기 때문에 정답은 짐을 보내줄 것을 부탁하는 응답인 1번이다.

어휘　郵便局 우체국 | 荷物 짐 | 送る 보내다 | ~ついでに ~하는 김에 | 切手 우표 | 頼む 부탁하다

2번

SCRIPT

女：来月のスピーチ大会、田村さんも参加してみてはどうですか。

男：1　初めて出てみました。

　　2　そうですね。やってみます。

　　3　本当になかなかですね。

해석

여: 다음 달 스피치 대회, 다무라 씨도 참가해 보는 건 어때요?
남: 1　처음 참가해 봤어요.
2　그러네요. 해 볼게요.
3　정말 상당하네요.

해설　스피치 대회에 참가해 볼 것을 권유하고 있기 때문에 정답은 참가해 보겠다는 응답인 2번이다.

어휘　スピーチ 스피치 | 大会(たいかい) 대회 | 参加(さんか)する 참가하다 | 初(はじ)めて 처음 | 本当(ほんとう)に 정말 | なかなか 상당히, 좀처럼

3번

SCRIPT

男：今(いま)から本屋(ほんや)行(い)くけど、何(なに)か必要(ひつよう)なものあったら買(か)ってこようか。
女：1　そうだね。読(よ)んでみたらどう？
2　ついでに辞書(じしょ)買(か)ってくるよ。
3　じゃ、英会話(えいかいわ)の本(ほん)、頼(たの)むよ。

해석

남: 지금부터 서점에 가는데, 뭐 필요한 게 있으면 사올까?
여: 1　글쎄. 읽어 보면 어때?
2　간 김에 사전 사 올게.
3　그럼 영어 회화책 부탁할게.

해설　서점에 가는 김에 필요한 것이 있는지를 묻고 있기 때문에 정답은 영어 회화책을 사다 줄 것을 부탁하는 3번이다.

어휘　本屋(ほんや) 서점 | 必要(ひつよう)だ 필요하다 | 辞書(じしょ) 사전 | 英会話(えいかいわ) 영어 회화 | 本(ほん) 책 | 頼(たの)む 부탁하다

4번

SCRIPT

女：お客(きゃく)さま、タクシーでもお呼(よ)びいたしましょうか。
男：**1　すみません、そうしていただけますか。**
2　あのう、私(わたし)は呼(よ)んでおりませんが。
3　え？頼(たの)んでくださったのですか。

해석

여: 손님, 택시라도 불러드릴까요?

남: **1 죄송합니다, 그렇게 해 주시겠어요?**

2 저기, 저는 부르지 않았는데요.

3 어? 부탁해 주신 거예요?

해설 손님에게 택시를 부를지 묻고 있기 때문에 정답은 불러 줄 것을 부탁하고 있는 1번이다.

어휘 タクシー 택시 | 呼ぶ 부르다 | いただく 받다(もらう의 겸양표현)

5번

SCRIPT

男：昨日の発表会で社長に怒られたこと、部長に話しといた方がいいんじゃない？

女：**1 そうね。早く報告した方がいいよね。**

2 確かに話さない方がいいよ。

3 どうして部長に話しちゃったの？

해석

남: 어제 발표회에서 사장님께 혼난 거, 부장님께 얘기해 두는 게 좋지 않아?

여: **1 그래. 빨리 보고하는 게 좋겠지.**

2 확실히 말하지 않는 게 좋아.

3 왜 부장님에게 말해 버렸어?

해설 어제 발표회에서 있었던 사실을 부장님께 얘기해 두는 것이 좋겠다고 제안하고 있기 때문에 정답은 이에 동의하는 응답인 1번이다.

어휘 発表会 발표회 | 怒られる 혼나다 | 部長 부장 | 報告する 보고하다 | 確かに 확실히, 분명히 | どうして 왜

6번

SCRIPT

女：暑いので、ちょっとクーラーをつけてもよろしいでしょうか。

男：1 いいえ、とんでもございません。

2 これを付け加えるのはどう？

3 じゃあ、つけましょう。

해석

여: 더운데, 에어컨 좀 틀어도 될까요?
남: 1　아니요, 당치도 않아요.
　2　이걸 덧붙이는 건 어때?
　3　그럼, 켜요.

해설　에어컨을 켜도 되는지 허락을 구하고 있기 때문에 정답은 에어컨을 켜자는 응답인 3번이다.

어휘　暑い 덥다 | クーラー 에어컨 | ~をつける ~을/를 켜다 | とんでもない 당치않다, 터무니없다 | 付け加える 덧붙이다, 추가하다

7번

SCRIPT

男：じゃ、そろそろ帰りましょうか。
女：**1　えっ？もうそんな時間ですか。**
　2　まだ行かないかもしれません。
　3　いえ、急がないでくださいね。

해석

남: 그럼, 슬슬 돌아갈까요?
여: **1　어? 벌써 그런 시간인가요?**
　2　아직 가지 않을지도 몰라요.
　3　아니요, 서두르지 마세요.

해설　돌아갈 것을 제안하고 있기 때문에 정답은 돌아갈 시간이 된 것을 뒤늦게 깨달았다는 응답인 1번이다.

어휘　そろそろ 슬슬 | 帰る 돌아가다 | もう 이제, 벌써 | まだ 아직 | 急ぐ 서두르다

8번

SCRIPT

男：留学を考えてるんだって？先生に相談した方がいいんじゃない？
女：1　相談してくれたんだね。ありがとう。
　2　そうだね、相談してみるよ。
　3　相談するのまだまだだよね。

해석

남: 유학을 생각하고 있다고? 선생님께 상담하는 게 좋지 않을까?

여: 1 상담해 줬구나. 고마워.

2 그러네, 상담해 볼게.

3 상담하는 건 아직 이르지.

해설 유학에 대해 선생님께 상담하는 것이 좋겠다고 조언하고 있기 때문에 정답은 상담해 보겠다는 응답인 2번이다.

어휘 留学 유학 | 考える 생각하다 | ~た方がいい ~하는 편이 좋다 | 相談する 상담하다 | まだまだだ 아직 멀었다

9번

SCRIPT

女：髪がずいぶん伸びてきたし、美容室に行ったら？

男：1 じゃ、切るのは諦めます。

2 はい、私も行こうと思っております。

3 パーマをかけてみたらいかがですか。

해석

여: 머리가 많이 길었는데, 미용실에 가지 그래?

남: 1 그럼, 자르는 건 포기할게요.

2 네, 저도 가려고 생각하고 있어요.

3 파마를 해 보면 어떠세요?

해설 미용실에 가볼 것을 제안하고 있기 때문에 정답은 가려고 생각하고 있었다는 응답인 2번이다.

어휘 髪 머리카락 | ずいぶん 꽤, 상당히 | 美容室 미용실 | 諦める 포기하다 | パーマをかける 파마를 하다

3회

문제 5 문제 5에서는 문제지에 아무것도 인쇄되어 있지 않습니다. 먼저 문장을 들으세요. 그러고 나서 거기에 맞는 대답을 듣고 1부터 3 안에서 가장 적당한 것을 하나 고르세요.

|정답|

1번 1	2번 2	3번 3	4번 2	5번 1	6번 1	7번 3	8번 2	9번 2

|해설|

1번

SCRIPT

男：この出張(しゅっちょう)、ぜひ私(わたし)も行(い)かせてもらえませんか。

女：**1　じゃ、お願(ねが)いします。**

2　そんなことはありません。

3　さあ、行(い)きましょう。

해석

남: 이 출장, 꼭 저도 보내주시면 안 될까요?

여: **1　그럼, 부탁할게요.**

2　그런 일은 없어요.

3　자, 갑시다.

해설　이번 출장을 보내달라고 허락을 구하고 있기 때문에 정답은 이를 허락하는 응답인 1번이다.

어휘　出張(しゅっちょう) 출장 | ぜひ 꼭, 반드시 | 行(い)く 가다

2번

SCRIPT

女：すみません、先生(せんせい)、この論文(ろんぶん)見(み)ていただけませんか。

男：1　ご覧(らん)くださいませんか。

2　授業(じゅぎょう)の後(あと)でならいいですよ。

3　すぐに見(み)てください。

해석

여: 실례합니다, 선생님, 이 논문 좀 봐 주시겠어요?

남: 1 봐 주시지 않겠어요?

2 수업 이후라면 괜찮아요.

3 바로 봐 주세요.

해설 선생님께 논문을 검토해 달라고 부탁하고 있기 때문에 정답은 수업 이후라면 가능하다는 응답인 2번이다.

어휘 論文 논문 | ご覧くださる 봐 주시다 | 授業 수업 | 後で 이후, 나중에 | すぐに 바로, 곧장

3번

SCRIPT

男：林さん、お久しぶりです。お元気ですか。

女：1 こちらこそまたお会いしたいです。

2 私も楽しみにしております。

3 おかげさまで、元気にしております。

해석

남: 하야시 씨, 오랜만이에요. 잘 지내시죠?

여: 1 저야말로 또 만나고 싶어요.

2 저도 기대하고 있어요.

3 덕분에 잘 지내고 있어요.

해설 안부를 묻는 인사말을 하고 있기 때문에 정답은 인사말에 호응하는 응답인 3번이다.

어휘 久しぶり 오래간만 | こちらこそ 저야말로 | 楽しみにする 기대하다 | おかげさまで 덕분에

4번

SCRIPT

女：明日の発表会、ビデオに撮っておいてくれませんか。

男：1 おー、やってありますよ。

2 はい、やっときます。

3 撮ったばかりですよ。

해석

여: 내일 발표회, 비디오로 촬영해 놔 줄래요?

남: 1　오~, 하고 있어요.

2　네, 해 둘게요.

3　방금 찍은 참이에요.

해설　내일 비디오로 촬영을 해달라는 부탁을 하고 있기 때문에 정답은 이를 받아들이는 응답인 2번이다.

어휘　発表会 발표회 | ビデオ 비디오 | 撮る 찍다, 촬영하다 | ~たばかりだ 막 ~한 참이다

5번

SCRIPT

男：あの、よろしければ、会議の後、お茶でも。

女：**1　ええ、行きましょう。**

2　どうもご馳走様でした。

3　どうぞ遠慮なさらずに。

해석

남: 저, 괜찮으시다면 회의 후에 차라도.

여: **1　네, 가요.**

2　잘 먹었습니다.

3　부디 사양하지 마세요.

해설　함께 차를 마실 것을 권유하고 있기 때문에 정답은 승낙하는 응답인 1번이다.

어휘　会議 회의 | お茶 차 | ご馳走 대접, 맛있는 요리 | 遠慮する 사양하다, 삼가다

6번

SCRIPT

女：今飲み物はお水しかないんだけど。

男：**1　いや、水だけでも十分です。**

2　じゃ、コーヒーをいただきます。

3　あ、お茶が大好きです。

해석

여: 지금 마실 게 물밖에 없는데.

남: **1 아뇨, 물만으로도 충분해요.**

2 그럼, 커피를 마실게요.

3 아, 차를 매우 좋아해요.

해설 지금 접대할 것이 물밖에 없다는 상황을 설명하고 있기 때문에 정답은 부담을 낮추려는 응답인 1번이다.

어휘 ～しかない ~밖에 없다 | 十分(じゅうぶん)だ 충분하다 | コーヒー 커피 | 大好(だいす)きだ 매우 좋아하다

7번

SCRIPT

男：山本(やまもと)さん、昨日(きのう)はとても楽(たの)しかったです。

女：1 そうですね。私(わたし)も楽(たの)しみですね。

2 ええ、本当(ほんとう)に久(ひさ)しぶりですね。

3 またご一緒(いっしょ)したいですね。

해석

남: 야마모토 씨, 어제는 정말 즐거웠어요.

여: 1 그러네요. 저도 기대되네요.

2 네, 정말 오랜만이에요.

3 또 함께 하고 싶네요.

해설 어제 같이 있어서 즐거웠다고 인사를 건네고 있기 때문에 정답은 또 함께 하자는 응답인 3번이다.

어휘 楽(たの)しい 즐겁다 | 本当(ほんとう)に 정말로 | 一緒(いっしょ)に 함께

8번

SCRIPT

女：鈴木(すずき)さん、さっき見(み)せていただいた資料(しりょう)、1部(ぶ)コピーさせていただけませんか。

男：1 私(わたし)がコピーするんですね。

2 ええ、構(かま)いませんよ。

3 あ、コピーしてもよかったんですね。

PART 4 청해

해석

여: 스즈키 씨, 아까 보여주신 자료, 1부 복사하게 해 주시겠어요?
남: 1 제가 복사하는 거군요.
2 네, 상관없어요.
3 아, 복사해도 되는 거였네요.

해설 보여준 자료에 대한 복사를 할 수 있는지 허락을 구하고 있기 때문에 정답은 허락의 응답인 2번이다.

어휘 さっき 조금 전 | 見(み)せる 보이다 | コピーする 복사하다 | 構(かま)わない 상관없다

9번

SCRIPT

男：森(もり)さんが来(き)たら、私(わたし)のところに来(く)るように、伝(つた)えて。
女：1 こっちから電話(でんわ)するんですか。
2 はい、そう言(い)っときます。
3 連絡(れんらく)をするように伝(つた)えるんですね。

해석

남: 모리 씨가 오면 나에게 오도록 전해 줘.
여: 1 이쪽에서 전화하는 거예요?
2 네, 그렇게 말해 둘게요.
3 연락을 하라고 전하는 거군요.

해설 모리 씨가 도착하면 자신에게 오도록 전해달라는 부탁을 하고 있기 때문에 정답은 부탁을 받아들이는 응답인 2번이다.

어휘 来(く)る 오다 | 伝(つた)える 전하다 | 電話(でんわ)する 전화하다 | 言(い)う 말하다 | 連絡(れんらく) 연락

4회

문제 5 문제 5에서는 문제지에 아무것도 인쇄되어 있지 않습니다. 먼저 문장을 들으세요. 그러고 나서 거기에 맞는 대답을 듣고 1부터 3 안에서 가장 적당한 것을 하나 고르세요.

|정답|

1번 2	2번 1	3번 1	4번 3	5번 1	6번 2	7번 2	8번 3	9번 3

|해설|

1번

SCRIPT

男：本田(ほんだ)さん、部長(ぶちょう)に会議(かいぎ)の報告(ほうこく)はもう済(す)んでるよね。
女：1　えっ？報告(ほうこく)もしてはいけませんか。
2　すみません、ずっと会議(かいぎ)だったので。
3　昨日(きのう)終(お)わらせていただきました。

해석

남: 혼다 씨, 부장님께 회의 보고는 이미 했죠?
여: 1　어? 보고도 하면 안 되나요?
2　죄송합니다, 계속 회의였어서….
3　어제 끝냈습니다.

해설 부장에게 보고가 끝났는지 상황을 확인하고 있기 때문에 정답은 보고를 하지 못한 이유를 설명하는 응답인 2번이다.

어휘 会議(かいぎ) 회의 | 報告(ほうこく) 보고 | ~てはいけない ~해서는 안된다 | 昨日(きのう) 어제 | ずっと 계속, 쭉

2번

SCRIPT

女：あのう、誘(さそ)ってくれた映画(えいが)なんだけど、行(い)けなくなっちゃって。
男：**1　そう。じゃ、また今度(こんど)行(い)こうね。**
2　え？その映画(えいが)、もう終(お)わったの？
3　映画(えいが)、行(い)けるんですね。

해석

여: 저기, 초대해 준 영화 말인데, 갈 수 없게 돼 버렸어.

남: **1 그래. 그럼 다음에 가자.**

2 어? 그 영화 벌써 끝났어?

3 영화 보러 갈 수 있군요.

해설 영화를 보러 가자는 권유를 거절하고 있기 때문에 정답은 다음 기회에 가자는 응답인 1번이다.

어휘 誘う 권하다, 초대하다 | 映画 영화 | 今度 다음 | 終わる 끝나다 | 行く 가다

3번

SCRIPT

男：あれ、鈴木さん、まだ？彼が遅れてくるはずないんだけどね。

女：**1 何があったのかしら。**

2 いつも遅れるんだ。

3 もう来てるの？いつも早いね。

해석

남: 어라, 스즈키 씨, 아직이야? 그가 늦게 올리 없을 텐데.

여: **1 무슨 일 있었나?**

2 항상 늦어.

3 벌써 왔어? 언제나 빠르네.

해설 늦게 올 리 없는 스즈키 씨가 오지 않은 것을 의아해하고 있기 때문에 정답은 그가 무슨 일이 있었는지를 궁금해하는 응답인 1번이다.

어휘 まだ 아직 | 遅れる 늦다 | ~はずがない ~일 리가 없다 | もう 벌써, 이미 | 早い 빠르다, 이르다

4번

SCRIPT

女：空を見ると、今にも雨が降りそうですね。

男：1 かなり降っていますね。

2 でも、もうすぐ止みそうですよ。

3 天気予報で雨だって言ってましたよ。

해석

여: 하늘을 보니 금방이라도 비가 내릴 것 같아요.

남: 1 상당히 비가 내리고 있군요.

2 하지만, 곧 그칠 것 같아요.

3 일기예보에서 비라고 했어요.

해설 금방 비가 올 것 같다고 말하고 있기 때문에 정답은 일기예보에서 비가 올 거라고 알려주는 응답인 3번이다.

어휘 空 하늘 | 今にも 지금이라도 | 雨 비 | 降る 내리다 | かなり 꽤, 상당히 | 止む (비, 눈) 그치다 | 天気予報 일기예보

5번

SCRIPT

男：斎藤さんのおかげで、引っ越しの準備早めに終わったよ。

女：**1 また手伝いますから、いつでも言ってください。**

2 手伝ってくれてありがとうございます。

3 何から始めたらいいですか。

해석

남: 사이토 씨 덕분에 이사 준비가 빨리 끝났어.

여: **1 또 도울 테니, 언제든지 말해 주세요.**

2 도와주셔서 고맙습니다.

3 뭐부터 시작하면 되나요?

해설 도와준 덕분에 이사 준비가 빨리 끝났다는 고마움을 표현하고 있기 때문에 정답은 다음에 또 돕겠다는 응답인 1번이다.

어휘 ~のおかげで ~의 덕분에 | 引っ越し 이사 | 準備 준비 | 早めに 빨리, 일찌감치 | 手伝う 돕다 | 始める 시작하다

6번

SCRIPT

女：これで一人前？すぐお腹が空きそう。

男：1 本当。量、多いね。

2 そうだね。足りないよね。

3 じゃ、一人で食べる？

해석

여: 이게 1인분? 금방 배고파질 것 같아.

남: 1 정말. 양이 많네.

2 맞아. 부족하지.

3 그럼, 혼자 먹을래?

해설 1인분의 양이 적어서 배가 금방 고파질 것 같다고 말하고 있기 때문에 정답은 이에 동의하는 응답인 2번이다.

어휘 一人前(いちにんまえ) 1인분 | お腹(なか)が空(す)く 배가 고프다 | 量(りょう) 양 | 多(おお)い 많다 | 足(た)りない 부족하다

7번

SCRIPT

男：リンさんほど優(やさ)しい人(ひと)っていないよね。

女：1 リンさんって優(やさ)しくないの。

2 あんな人(ひと)なかなかいないと思(おも)う。

3 優(やさ)しい人(ひと)がすごく多(おお)いってこと。

해석

남: 린 씨만큼 상냥한 사람은 없지.

여: 1 린 씨는 상냥하지 않아.

2 그런 사람은 좀처럼 없다고 생각해.

3 상냥한 사람이 굉장히 많다는 거지.

해설 린 씨가 제일 상냥하다고 말하고 있기 때문에 정답은 이에 수긍하는 응답인 2번이다.

어휘 ~ほど ~정도 | 優(やさ)しい 상냥하다 | なかなか 좀처럼 | 多(おお)い 많다 | すごく 굉장히, 몹시

8번

SCRIPT

女：あ、山田(やまだ)さん、そのパソコンは先生(せんせい)が使(つか)うなって。

男：1 じゃ、先生(せんせい)にそう言(い)っておきますね。

2 それじゃ、使(つか)わせてもらいます。

3 えっ、何(なん)でいけないんですか。

해석

여: 아, 야마다 씨, 그 컴퓨터는 선생님이 사용하지 말래.

남: 1　그럼, 선생님께 그렇게 말해 둘게요.

2　그럼, 사용할게요.

3　어, 왜 안 되나요?

해설　선생님이 컴퓨터를 사용하지 말라고 했다는 정보를 전달하고 있기 때문에 정답은 그에 대한 이유를 묻는 응답인 3번이다.

어휘　パソコン 컴퓨터 | 使う 사용하다 | ~ておく ~해 두다 | 何で 어째서, 왜 | いけない 안 된다

9번

SCRIPT

男：新入生の鈴木さんもようやく大学生らしくなってきましたね。

女：1　実は大学に入るらしいよ。

2　まるで大学生みたいですね。

3　本当、一人前の学生として成長しましたよね。

해석

남: 신입생인 스즈키 씨도 겨우 대학생다워졌네요.

여: 1　사실은 대학에 입학한대.

2　마치 대학생 같아요.

3　진짜, 어엿한 대학생으로 성장했죠.

해설　신입생이었던 스즈키 씨가 대학생다워졌다는 감상을 말하고 있기 때문에 정답은 이에 동의하는 응답인 3번이다.

어휘　新入生 신입생 | ようやく 겨우, 간신히 | 大学生 대학생 | 実は 실은 | まるで 마치 | 一人前 제 몫을 함, 어엿함 | 成長する 성장하다

MEMO

MEMO

진짜 한 권으로 끝내는 JLPT N3

실전 모의테스트

진짜 한 권으로 끝내는 JLPT N3

나루미
시원스쿨일본어연구소 지음

실전 모의테스트

진짜 **한 권**으로 끝내는 **JLPT N3**

실전 모의 테스트 1회

1교시 언어지식 (문자·어휘+문법) X 독해

2교시 청해

N3

げんごちしき (もじ・ごい)

(30ぷん)

ちゅうい

Notes

1. しけんが　はじまるまで、この　もんだいようしを　あけないで　ください。
   Do not open this question booklet until the test begins.
2. この　もんだいようしを　もって　かえる　ことは　できません。
   Do not take this question booklet with you after the test.
3. じゅけんばんごうと　なまえを　したの　らんに、じゅけんひょうと　おなじように　かいて　ください。
   Write your examinee registration number and name clearly in each box below as written on your test voucher.
4. この　もんだいようしは、ぜんぶで　5ページ　あります。
   This question booklet has 5 pages.
5. もんだいには　かいとうばんごうの　1、2、3…が　ついて　います。かいとうは、かいとうようしに　ある　おなじ　ばんごうの　ところに　マークして　ください。
   One of the row numbers 1, 2, 3 … is given for each question. Mark your answer in the same row of the answer sheet.

じゅけんばんごう　Examinee Registration Number	

なまえ　Name	

問題1 ＿＿＿＿＿のことばの読み方として最もよいものを、1・2・3・4から一つえらびなさい。

1 この数年、全国の平均収入はそれほど高くない。

1 たいきん　2 たいくん　3 へいきん　4 へいくん

2 アメリカ大陸を一人で横断するのが私の夢だ。

1 こうだん　2 おうだん　3 こうたん　4 おうたん

3 彼女の正直な気持ちが聞きたいです。

1 そっちょく　2 しょうちょく　3 せいじき　4 しょうじき

4 経営を学んで、いつか会社を作りたいです。

1 きょうざい　2 きょうえい　3 けいざい　4 けいえい

5 彼の他人のような態度が好きじゃない。

1 たじん　2 たにん　3 とじん　4 とにん

6 何かこれを包むものはありませんか。

1 つつむ　2 はさむ　3 つむ　4 のむ

7 その町は昔から商業で有名なところだ。

1 そうぎょう　2 そうごう　3 しょうぎょう　4 しょうごう

8 学校でチームの代表に選ばれた。

1 だいひょう　2 たいひょう　3 だいほう　4 たいほう

問題2 ＿＿＿＿＿のことばを漢字で書くとき、最もよいものを、１・２・３・４から一つえらびなさい。

9 警察からにげることはできません。

1 通げる　2 造げる　3 透げる　4 逃げる

10 バスをおりて、歩いて行ったほうが早い。

1 落りて　2 降りて　3 辞りて　4 除りて

11 この美術館はけんを買わないと入れません。

1 件　2 券　3 研　4 紙

12 眠れないときは牛乳をあたためて飲むといい。

1 温めて　2 注めて　3 暖めて　4 緩めて

13 秋山（あきやま）さんは家で犬を二ひき飼っています。

1 台　2 頭　3 匹　4 四

14 面接の緊張のせいか、いが痛み出した。

1 腹　2 腸　3 骨　4 胃

問題3 (　　　　)に入れるのに最もよいものを、１・２・３・４から一つえらびなさい。

15 彼女と初めて会ったときの(　　　　)が強くて、忘れられない。

1 表情（ひょうじょう）　2 感覚（かんかく）　3 印象（いんしょう）　4 過去（かこ）

16 入学書類には身分（みぶん）(　　　　)のコピーも必要です。

1 申請書（しんせいしょ）　2 申込書（もうしこみしょ）　3 領収書（りょうしゅうしょ）　4 証明書（しょうめいしょ）

17 課題を終えるのに(　　　　)もあれば大丈夫です。

1 半日（はんにち）　2 半周（はんしゅう）　3 半分（はんぶん）　4 半減（はんげん）

18 姉の(　　　　)を受けて、私も絵を描くのが好きだ。

1 自信（じしん）　2 影響（えいきょう）　3 条件（じょうけん）　4 秘密（ひみつ）

19 最近は年の(　　　　)で、眼鏡（めがね）がないと見えにくい。

1 くせ　2 せい　3 わけ　4 むき

20 いろいろ(　　　　)がかかっても、料理をおいしくするためにはしかたない。

1 方向（ほうこう）　2 方法（ほうほう）　3 手間（てま）　4 手続き（てつづき）

21 子供を犯罪から(　　　　)ためにいろんな対策が必要だ。

1 つくる　2 とれる　3 まげる　4 まもる

22 シャツを何枚か(　　　　)スーツケースに入れた。

1 むすんで　2 たたんで　3 のせて　4 しめて

23 別れた彼氏が(　　　　)電話をかけてくるので困っています。

1 しつこく　2 きびしく　3 こまかく　4 けわしく

24 マラソンのコースはここまで走って(　　　　)です。

1 スタート　2 ゴール　3 オープン　4 カット

25 定期健診（ていきけんしん）のために昨日から何も食べていないので、お腹が(　　　　)だ。

1 ぺこぺこ　2 ごくごく　3 つるつる　4 いらいら

問題4 ＿＿＿＿＿に意味が最も近いものを、1・2・3・4から一つえらびなさい。

26 その件の話はそんなに単純ではない。

1 よく知られている　　2 わかりやすい
3 あまり知られていない　　4 わかりにくい

27 昨日の夜、昔の知人がいきなり訪ねてきた。

1 つぎつぎ　　2 やっと　　3 とつぜん　　4 いちどに

28 このごろすこし太った気がする。

1 ずっと　　2 いつも　　3 まだ　　4 さいきん

29 今日の会議で、来年度のプランを変えることになった。

1 理由　　2 情報　　3 特徴　　4 計画

30 会社での私の仕事は、新入社員を指導することだ。

1 おしえる　　2 ならう　　3 まなぶ　　4 しらべる

問題5　つぎのことばの使い方として最もよいものを、１・２・３・４から一つえらびなさい。

31　取り入れる
1　私の町では、毎年外国人を積極的に取り入れています。
2　今度の新製品は最新技術を取り入れた製品です。
3　入口でパンフレットを取り入れてから席にお座りください。
4　店内の物は取り入れないでください。

32　応用
1　桜デパートをいつも応用していただき、ありがとうございます。
2　これは自動車リサイクルでご利用いただける応用機の製品情報です。
3　最近一番の悩みは部下の応用方法が難しいことです。
4　きれいな紙とか箱とか処分したり応用したりできなくて困っています。

33　たたむ
1　たたんでおいたお金を全部引き出した。
2　肩の力を抜き、目をたたんでゆっくりと呼吸してみた。
3　テストを始めますので、テキストをかばんの中にたたんでください。
4　乾かしたワイシャツをたたんで引き出しに入れておいた。

34　おぼれる
1　つりをしている時、おぼれている犬を発見した。
2　今度の夏は大雨で水がおぼれて大変だった。
3　川にういていた紙の船が、しばらくすると川の中におぼれていた。
4　このコップは下の方が広くなっていておぼれにくいです。

35　協力
1　連絡を受けてコートをかけて協力して出かけた。
2　発表する前に二人が呼吸を協力しました。
3　彼女は結婚生活がうまくいくように大変協力してきた。
4　母が仕事を始めたので、家族みんなで協力をすることにした。

N3

言語知識（文法）・読解

(70分)

注　意

Notes

1. 試験が始まるまで、この問題用紙を開けないでください。
   Do not open this question booklet until the test begins.
2. この問題用紙を持って帰ることはできません。
   Do not take this question booklet with you after the test.
3. 受験番号と名前を下の欄に、受験票と同じように書いてください。
   Write your examinee registration number and name clearly in each box below as written on your test voucher.
4. この問題用紙は、全部で18ページあります。
   This question booklet has 18 pages.
5. 問題には解答番号の[1]、[2]、[3] … が付いています。解答は、解答用紙にある同じ番号のところにマークしてください。
   One of the row numbers [1], [2], [3] … is given for each question. Mark your answer in the same row of the answer sheet.

受験番号　Examinee Registration Number	

名　前　Name	

問題1　つぎの文の(　　　　)に入れるのに最もよいものを、1・2・3・4から一つえらびなさい。

1　村山市では、10年前から外国人旅行者(　　　)観光地案内サービスをおこなっている。

1　に対して　　2　に比べて　　3　のことで　　4　のほかに

2　今東京駅は、お正月(　　　)実家で過ごそうとする人たちで混雑しています。

1　へ　　2　が　　3　と　　4　を

3　日本語で手紙を書くのはできないと思っていたが、(　　　)思ったよりできて自分でもびっくりした。

1　書いているうちに　　2　書いたとしても　　3　書いてみると　　4　書いた後で

4　A「ねえ、昨日『笑え！』という映画見たよね。どうだった？」
B「うん、本で読んだから期待してなかったけど、小説とは(　　　)違う話だったよ。」

1　まったく　　2　必ず　　3　非常に　　4　決して

5　(会社で)
社員「部長、昨日(　　　)本、とても面白かったです。ありがとうございました。」
部長「ああ、それはよかったです。他の本もあるからいつでもどうぞ。」

1　おりました　　2　いただいた　　3　さしあげた　　4　なさった

6　娘がアメリカ留学を考えているようだけど、一人で(　　　)のが心配です。

1　行かせる　　2　行ってあげる　　3　行かせられる　　4　行かれる

7　木村君は妹と仲がよくて、ほかの人には話せないことも、妹(　　　)話せると言っている。

1　になら　　2　にばかり　　3　へと　　4　へなど

8　田中さんはいつも健康の(　　　)、何でもしている。

1　ためなら　　2　ためで　　3　からなら　　4　からで

9 (学校で)

A「あのさ、来週、国から両親が来るから、次の授業に出られないんだ。後でノート(　　)。」

B「あ、いいよ。」

1 コピーさせるだろうか　　2 コピーさせてもらえない
3 コピーしたらどう　　4 コピーするのではないだろう

10 私は彼女がその国(　　)学べない文化や言葉をたくさん経験してきてほしいと思っている。

1 でしか　　2 だけの　　3 にだけ　　4 での

11 この靴は買う時は高くて迷ったが、(　　)気に入っている。

1 歩きやすくて　　2 歩きすぎて　　3 歩きやすかったら　　4 歩きすぎたら

12 A「ねえ、今日授業の後、部室に(　　)？」

B「えっ、いいけど、どうして？」

A「明日、先輩の送別会をするから、手伝ってほしいんだ。」

1 行けばいい　　2 来たでしょう　　3 行くんじゃない　　4 来てくれない

13 (バスで)

先生「今から美術館を見学します。集合は15時まで、バスの前に集まってください。」

学生「わかりました。もう見学したことがある人も、(　　)。」

先生「はい、必ず見学してください。」

1 見学しないほうがよさそうですね　　2 見学しないといけないでしょうか
3 見学しなくてもしかたないですね　　4 見学しなければいいんでしょうか

問題2　つぎの文の ___★___ に入る最もよいものを、1・2・3・4から一つえらびなさい。

(問題例)

つくえの ______ ______ ___★___ ______ あります。

1　が　　2　に　　3　上　　4　ペン

(解答のしかた)

1.　正しい答えはこうなります。

つくえの ______ ______ ___★___ ______ あります。

3　上　2　に　4　ペン　1　が

2.　___★___ に入る番号を解答用紙にマークします。

(解答用紙)	(例)	①　②　③　●

14　社員のみなさん、______ ______ ___★___ ______ いらっしゃってください。

1　行われますので　　2　今年の入社式は

3　本社の大会議室にて　　4　10時まで

15　A「わあ、面白い絵ですね。」

B「本当にすばらしいですね。______ ______ ___★___ ______ ありません。」

1　絵は　　2　見たことが

3　生き生きしている　　4　こんなに

1
회

16 毎年観光客が５万人も訪れる神社と聞いて ＿＿＿ ＿＿＿ ＿★＿ ＿＿＿ 小さかった。

1 実際に行って　2 思って　3 みると　4 いたよりも

17 海で拾ってきた貝殻を ＿＿＿ ＿＿＿ ＿★＿ ＿＿＿ 気がする。

1 海の音が　2 たびに　3 見る　4 聞こえるような

18 私は、もし自分が ＿＿＿ ＿＿＿ ＿★＿ ＿＿＿ レストランの仕事をしています。

1 考えながら　2 ということを　3 お客だったら　4 どうしてほしいか

問題3　つぎの文章を読んで、文章全体の内容を考えて、[19]から[23]の中に入る最もよいものを、1・2・3・4から一つえらびなさい。

以下は留学生の作文である。

みなさんは、果物をよく食べますか。私は果物がとても好きですが、最近日本は果物の消費量がだんだん[19]。成人は健康のため一日200グラムの果物が必要であり、それなりのビタミンが必要だそうです。[20]ある調査によると、最近日本人は果物を食べないといいます。果物を食べる目標の半分程度しかとっていないそうです。特に20代から40代で果物を食べない人の数値が目立ちました。その理由として多かったのは、果物の[21]さまざまなデザート類が多いし、皮をむくのが面倒だ、などという理由でした。

日本では[22]を解決しようと、消費拡大に向けて品種改良が盛んだそうです。やはり甘さや外見の色合い、食べやすさが重要課題になると思います。また、私の町では学校給食に地元果物を提供するなど、果物から遠くなる人々のためにいろいろなことを[23]。

19

1　減るはずだそうです　　2　増えるに違いないです
3　増えるからです　　4　減ってきているそうです

20

1　しかし　　2　そのうえ　　3　それでも　　4　また

21

1　対して　　2　代わりに　　3　したがって　　4　ともに

22

1　ある果物　　2　国　　3　こんな地域　　4　その問題

23

1　行われています　　2　行うと思います
3　行っています　　4　行ったのです

問題4　つぎの(1)から(4)の文章を読んで、質問に答えなさい。答えは、１・２・３・４から最もよいものを一つえらびなさい。

(1)

これは図書館からのお知らせである。

> くさの図書館をご利用の皆様へ
>
> 　いつもご利用いただき、ありがとうございます。
>
> 　くさの図書館は内部工事の関係で、3月3日から31日まで休館を予定しております。休館中は窓口での本やCDの貸し出し・返却、インターネットでの予約貸し出しができませんので、ご注意ください。返却については休館中は図書館入口の図書ポストをご利用ください。図書ポストは24時間ご利用できます。ただし、DVDやCDは図書ポストのご利用ができませんので、3月2日までご返却いただくか、4月1日以降に窓口をご利用ください。
>
> 　皆様のご理解とご協力をお願いいたします。
>
> くさの図書館

24　このお知らせでは、図書館利用者にどうするように言っているか。

1　本、CD、DVDはすべて休館期間が終わってから窓口に返す。

2　本、CD、DVDはすべて休館期間に図書ポストに入れて返す。

3　休館中は本は図書ポストに入れ、CDやDVDは休館前か休館期間が終わってから窓口に返す。

4　休館中は本は窓口に返し、CDやDVDは休館期間が終わってから図書ポストに入れて返す。

(2)
アパートの掲示板に、このお知らせが貼ってある。

あきば町の住民の皆様へ

今月もあきば川のごみ拾い活動を行いますので、皆様のご参加をお願いします。

日　　時: 8月18日(日) 8時～9時

集合場所: あきば公園

※ あきば公園に集合してあきば川に移動します。

内　　容: あきば川周辺のごみ拾い

持 ち 物: ごみ拾い用の手袋、帽子

※ ごみ袋は町内会で用意します。途中拾ったごみはごみステーションに捨てないでください。

※ 当日は暑さが予想されます。お飲み物など必要であれば各自でご用意ください。

※ 町内会行事のため、参加申し込みは不要です。ただし、当日参加できない方は前日までにお電話でご連絡ください。

あきば町町内会

電話: 448-6854(秋元)

25　ごみ拾い活動に参加する人が、必ずしなければならないことは何か。

1　17日までに電話で申し込み、18日はそれぞれ直接あきば川に行く。

2　17日までに電話で申し込み、18日は皆で集合してあきば川に行く。

3　18日にごみ拾い用の手袋と飲み物を持って8時まであきば公園に行く。

4　18日にごみ拾い用の手袋と帽子を持って8時まであきば公園に行く。

(3)

これは健康対策についての記事である。

冬、インフルエンザの流行する時期には毎年と言っていいほど、マスク人口が増加する。

インフルエンザは空気中のウイルスを口や鼻から吸い込むことでかかるため、マスクがなければ簡単にかかってしまうだろう。しかし、マスクに空気中のウイルスがつき、そのマスクを知らないうちに手で触ったりするときがある。その手で口や鼻に触れば、インフルエンザにかかる可能性が高くなる。一日中マスクをしていても、意味がなくなるということだ。

大切なことは、外出のたびに新しいマスクを取り替えること。そして、マスクに加えて、うがいや手洗いなども一緒に行うことが大切である。

26 意味がなくなるとあるが、どうしてか。

1 マスクをしても、使い方によってインフルエンザにかかってしまうから
2 インフルエンザが流行すれば、たくさんの人がマスクを使い始めるから
3 インフルエンザは空気中のウイルスを吸い込むことでかかるから
4 マスクがなければウイルスが口や鼻に取り込まれてしまうから

(4)

これは雑誌の記事である。

　両親が幼いころお化けを信じていたら、その子どもも大きくなるまでお化けを信じ続けるという。あるインターネットのアンケート調査によると、「自分が子どものころ、お化けを信じていた」という親では80％が「自分の子どももお化けを信じている」と答えた。「子どものころ、お化けを信じていた」という親にいつまで信じていたかを質問すると、「7歳」が68％と最も多かった。

　逆に「自分は子どものころ、お化けを信じていなかった」という親では、「自分の子どもはお化けを信じている」と答えたのは約37％という結果になった。また、兄弟のいる家庭でも「子どもたちがお化けを信じている」と答えたのは約45％だった。

27　アンケート調査の結果からわかることは、何か。

1　幼いころお化けを信じていた親はもうお化けを信じない方だ。
2　お化けを信じている子どもがいれば親もお化けを信じる方だ。
3　幼いころお化けを信じなかった親の子どもはお化けを信じない方だ。
4　弟がお化けを信じていても、兄と親はお化けを信じない方だ。

問題5　つぎの(1)と(2)の文章（ぶんしょう）を読んで、質問に答えなさい。答えは、1・2・3・4から最もよいものを一つえらびなさい。

(1)

あるクレジットカード会社が、学生を含めた20代から70代の男女4,000名を対象にアンケート調査を行ったところ、クレジットカードで支払ったものは「インターネットでの買い物」が38.6％で最も多く、次に「携帯電話料金(29.1％)」、「スーパーマーケットなどの買い物(26％)」が続いた。また、1か月間の生活費の平均額は17万4,000円で、そのうちの30.5％に当たる5万3,000円をクレジットカードで支払っている人が多かった。利用している人のほとんどがカードを利用した時にたまるポイントサービスに魅力を感じており、日常生活でもクレジットカードをよく利用しているようだ。

便利なクレジットカードだが、実際は何枚も持たない人が多い。その理由については「カードの管理が大変」、「ポイントがなかなかたまらない」、「年会費（ねんかいひ）(注)が高くなる」、「財布に何枚も入れていると、なくした時に大変」など、何枚も持つとそれだけ問題が増えると考えている人が多かった。

(注) 年会費（ねんかいひ）：ここではカードを1年間使うためにクレジットカード会社に払う使用料のこと

28　クレジットカードの利用に関して、この文章で言っていることは何か。

1　クレジットカードを一番多く使うのは近所での買い物である。

2　クレジットカードで通信費を支払う人は3割近くいる。

3　ポイントサービスがなくてもクレジットカードは人気がある。

4　買い物や旅行でも現金よりクレジットカードを使う人が多い。

29　調査によると、クレジットカードを何枚も持たない理由は何か。

1　カードの種類や申請の仕方が複雑で覚えられないから

2　何枚も使っても思ったようにポイントが集まらないから

3　年が変わるとそれだけ年会費が高くなってしまうから

4　カードが多ければ多いほどお金を使ってしまうから

30 本文の内容と合っているのはどれか。

1 クレジットカードを上手に使えば生活費の節約になっていい。

2 学生は収入がないのでクレジットカードを持たない人が多い。

3 利用している人の多くがポイントサービスに満足している。

4 カードをなくすという不安がある人は新しいカードを作らない。

(2)

幼い子どもにスマートフォンを渡して遊ばせることに不安はありませんか。

小学校入学前の子どもがいる母親260人を対象にアンケートを実施したところ、78％以上が育児の際に子どもにスマートフォンを使わせたことがあると答えました。その理由として、電車やバス、レストランなどで子どもが大声を出したり、泣き止まない時など周りの人に迷惑にならないようにと考え、使わせる人がほとんどでした。

しかし、その一方で「子どもの目が悪くなりそうで心配」、「くせになってしまいそうで不安」という答えも8割を超えていました。つまり、母親は育児にスマートフォンを使いながらも、子どもの成長や健康、生活習慣への影響を心配しているということです。

目は遠くのものを見るより近くのものを見る方が緊張して疲れやすいと言われています。このため、子どもにスマートフォンを見せるときには、ある程度目から離して見せることが必要です。見せる時間は一度に15分程度にして、夜寝る前は見せないように気をつけた方がいいでしょう。

31 母親が子どもにスマートフォンを使わせるのはどんな時か。

1 電車で子どもと座る席がなくて困っている時
2 乗っているバスの中で子どもが遊びたがる時
3 周囲の人たちにとても迷惑をかけてしまった時
4 人がたくさんいるのに、子どもが泣き出した時

32 母親がスマートフォンの使用に関して心配していることは何か。

1 ずっと使うことで目が痛くなること
2 いつでもどこでも使おうとすること
3 自分のスマートフォンをほしがること
4 友達と遊ぶことに興味がなくなること

33 この文章では、育児のスマートフォン利用についてどのように言っているか。

1 子どもに遠くのものを見せるように普段から気をつける。

2 子どもが緊張して疲れないようにすることが大切だ。

3 子どもに使わせる時は時間を決めて使わせた方がいい。

4 スマートフォンは夜よりも日中に使わせるべきだ。

問題6　つぎの文章を読んで、質問に答えなさい。答えは、１・２・３・４から最もよいものを一つえらびなさい。

先日、生まれて初めて歌舞伎を見に行ってきた。いろんなプログラムがあったが、その中で選んだのは、「歌舞伎を学びましょう」といって、初心者向けに行われるものであった。

このプログラムははじめの30分間は簡単な内容や表現方法などを勉強し、残りの1時間で名場面を直接見るものだった。実際に役者による解説は、ユーモアを含めながら非常にわかりやすかったし、生で見たら歌舞伎はさすがにすごいものだと感じた。これまで難しい、高い、長いと遠い世界のものだと感じていた歌舞伎の世界だったが、このプログラムによってもっと身近く感じることができた。

実は私が歌舞伎を見てみようと思ったのは理由がある。仕事で海外に行くことが多いのだが、滞在中に出会った人々に日本について聞かれるたびに、自分が日本の伝統芸能について無知なことに気づかされ、恥ずかしい経験をしていたからだ。

そして、外国人向けに英語で説明をする歌舞伎教室も定期的に行われていることも知った。もうすぐ外国人の友だちが来日するので、ぜひ連れて行こうと思っている。

34　この文章によると「歌舞伎を学びましょう」というプログラムはどのようなものか。

1　歌舞伎についての内容を聞いた後、直接経験してみる。

2　作品のだいたいの内容を聞いた後、名場面を見る。

3　初心者が理解しやすいよう制作されたビデオを見る。

4　初心者向けに内容を変えた歌舞伎を見る。

35 この文章を書いた人は、今まで歌舞伎についてどのように思っていたのか。

1 初めての人には難しくてあまり見られない。

2 人気が多くて見たくても見られない。

3 誰でも楽しめる伝統芸能である。

4 あまり面白くないので嫌い。

36 この人は海外でどんな体験をしたのか。

1 言葉が通じなくて、恥ずかしい思いをした。

2 海外の文化を知らなくて、かなしい思いをした。

3 自国の文化を知らなくて、恥ずかしい思いをした。

4 日本の文化に興味のない人が多く、かなしい思いをした。

37 この人は、歌舞伎教室についてこれからどうしようと思っているか。

1 友人を連れて、英語で説明をする歌舞伎教室に行く。

2 友人にどの歌舞伎プログラムに行きたいか聞いておく。

3 友人にも自分が行ったのと同じ歌舞伎プログラムをすすめる。

4 歌舞伎プログラムの日に合わせて外国から友人を呼ぶ。

問題7　右のページは、自転車置き場の利用案内である。これを読んで、下の質問に答えなさい。答えは、1・2・3・4から最もよいものを一つえらびなさい。

38　大学生の高橋さんは、この町には住んでいないが、通学で現在東山駅の自転車置き場を利用している。今月で利用期間が終わるが、来月からも続けて利用したい場合、どうしなければならないか。

1　今月10日までに、3,300円を市役所交通安全課に持っていく。

2　今月10日までに、6,600円を市役所交通安全課に持っていく。

3　今月15日までに、申し込み用紙と3,300円を市役所交通安全課に持っていく。

4　今月15日までに、申し込み用紙と6,600円を市役所交通安全課に持っていく。

39　東山駅の自転車置き場を利用するときに、気を付けなければならないことは何か。

1　自転車置き場から自転車を出せない時間がある。

2　自転車置き場は禁煙だが、喫煙の場所がある。

3　自転車置き場は自由だけど、かぎはかけなければならない。

4　自転車置き場で自転車に乗るときはゆっくり走らなければならない。

東山駅　自転車置き場　利用案内

2019年度も自転車置き場の利用申し込みを受け付けます。現在登録している方も、自動的に延長になりませんので、再度申し込みが必要です。

◎ 利用者: 東山駅までの距離が700メートル以上あって、通勤や通学、通院などで定期的に駅まで自転車を利用される方。ただし、65歳以上の方は、700メートル以内でも申し込みできます。

◎ 利用期間と料金: 1年間/市内在住者 3,300円、市外在住者 6,600円

◎ 利用時間: 6:00~24:00

◎ 申し込み方

・インターネットまたは申請書で申し込むことができます。

・はじめての方は東山市役所交通安全課、東山駅自転車置き場の管理人室で申込書を受け取り、必要な事項を記入してお持ちください。毎月1日から利用が開始できます。利用開始を希望する月の前の月15日までに、申し込み用紙と1年分の利用料金を、東山市役所交通安全課にお持ちください。

・期限を延長する方は利用期間が終了する月の10日までに、1年分の利用料金を東山市役所交通安全課でお支払いください。

・受付時間

　東山市役所交通安全課、平日 9:00~17:00

　東山駅自転車置き場管理人室、毎日 7:00~21:00

◎ 利用するときの注意

・自転車置き場内での事故及び盗難については、一切責任を取りません。

・自転車置き場内ではタバコは禁止です。

・利用時間以外に自転車を入れたり出したりすることはできません。

・自転車置き場の利用を申し込んだ方には、利用者マークをお渡ししますので、必ず自転車の後ろの見やすい場所につけてください。

・自転車置き場では、決められた場所に自転車を置いてください。守らなかった場合はお金を払わされることもあります。

・自転車置き場内では、自転車から降りて通行してください。

東山市役所交通安全課

TEL：041-675-9888　FAX：041-675-9889

聴解（ちょうかい）

(40分)

注　意
Notes

1. 試験が始まるまで、この問題用紙を開けないでください。
   Do not open this question booklet until the test begins.
2. この問題用紙を持って帰ることはできません。
   Do not take this question booklet with you after the test.
3. 受験番号（じゅけんばんごう）と名前を下の欄（らん）に、受験票（じゅけんひょう）と同じように書いてください。
   Write your examinee registration number and name clearly in each box below as written on your test voucher.
4. この問題用紙は、全部（ぜんぶ）で13ページあります。
   This question booklet has 13 pages.
5. この問題用紙にメモをとってもいいです。
   You may make notes in this question booklet.

受験番号（じゅけんばんごう） Examinee Registration Number	

名　前　Name	

問題1

Track 2-1-01

問題1 では、まず質問を聞いてください。それから話を聞いて、問題用紙の 1 から 4 の中から、最もよいものを一つえらんでください。

れい

1　8時45分

2　9時

3　9時15分

4　9時30分

1ばん

1

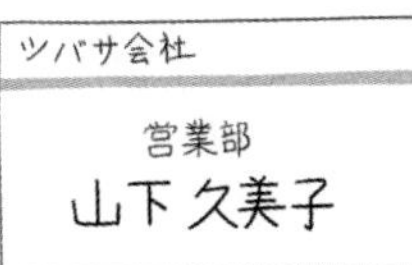

2

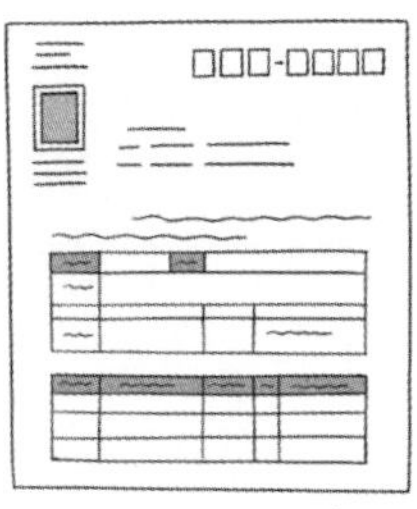

3

4

2ばん

1　日本のドラマを見る
2　日本語教室に申し込む
3　旅行に申し込む
4　国際交流の集まりを始める

3ばん

1 始(はじ)めの部分(ぶぶん)

2 事例(じれい)の部分(ぶぶん)

3 最後(さいご)の部分(ぶぶん)

4 タイトル

4ばん

1 入会費(にゅうかいひ)

2 材料(ざいりょう)

3 料理道具(りょうりどうぐ)

4 エプロン

5ばん

1　料理を店に取りに行く

2　テーブルの位置を変える

3　荷物を倉庫に運ぶ

4　飲み物を買いに行く

6ばん

1　9時20分

2　9時30分

3　10時

4　10時30分

問題2

Track 2-1-02

問題2 では、まず質問を聞いてください。そのあと、問題用紙を見てください。読む時間があります。それから話を聞いて、問題用紙の１から４の中から、最もよいものを一つえらんでください。

れい

1 いそがしくて　時間が　ないから
2 料理が　にがてだから
3 ざいりょうが　あまってしまうから
4 いっしょに　食べる人が　いないから

1ばん

1　春(はる)に初(はじ)めて桜(さくら)を見(み)たこと

2　夏休(なつやす)みに浴衣(ゆかた)を着(き)たこと

3　クラスメートと温泉(おんせん)に行(い)ったこと

4　試験(しけん)の前(まえ)に友(とも)だちと勉強(べんきょう)したこと

2ばん

1　コンピューターが使(つか)えないこと

2　図書館(としょかん)で資料(しりょう)を探(さが)すこと

3　英語(えいご)で報告書(ほうこくしょ)を書(か)くこと

4　英会話(えいかいわ)の教室(きょうしつ)に通(かよ)うこと

3ばん

1　海(うみ)に行(い)くこと

2　ボランティア活動(かつどう)

3　語学研修(ごがくけんしゅう)

4　田舎(いなか)に帰(かえ)ること

4ばん

1　デザインが気(き)に入(い)ったから

2　サイスがちょうどいいから

3　流行(りゅうこう)している色(いろ)だから

4　値段(ねだん)が安(やす)かったから

5ばん

1 テニス部でよく練習したこと

2 自分の力でケータイを買ったこと

3 友だちと旅行をしたこと

4 スポーツ大会で優勝したこと

6ばん

1 走るスピードを速くする

2 走る技術を伸ばす

3 体を柔らかくする

4 体力をつける

問題3 Track 2-1-03

問題3 では、問題用紙に何もいんさつされていません。この問題は、ぜんたいとしてどんなないようかを聞く問題です。話の前に質問はありません。まず話を聞いてください。それから、質問とせんたくしを聞いて、１から４の中から、最もよいものを一つえらんでください。

―メモ―

問題4

Track 2-1-04

問題4 では、えを見ながら、質問を聞いてください。やじるし(➡)の人は何と言いますか。１から３の中から、最もよいものを一つえらんでください。

れい

1ばん

2ばん

3ばん

4ばん

問題5（もんだい） Track 2-1-05

問題5では、問題用紙に何もいんさつされていません。まず文を聞いてください。それから、そのへんじを聞いて、１から３の中から、最もよいものを一つえらんでください。

—メモ—

진짜 **한 권**으로 끝내는 **JLPT N3**

실전 모의 테스트 2회

1교시 언어지식 (문자·어휘+문법) X 독해

2교시 청해

N3

げんごちしき (もじ・ごい)

(30ぷん)

ちゅうい
Notes

1. しけんが　はじまるまで、この　もんだいようしを　あけないで　ください。
   Do not open this question booklet until the test begins.
2. この　もんだいようしを　もって　かえる　ことは　できません。
   Do not take this question booklet with you after the test.
3. じゅけんばんごうと　なまえを　したの　らんに、じゅけんひょうと　おなじように　かいて　ください。
   Write your examinee registration number and name clearly in each box below as written on your test voucher.
4. この　もんだいようしは、ぜんぶで　5ページ　あります。
   This question booklet has 5 pages.
5. もんだいには　かいとうばんごうの　[1]、[2]、[3] … が　ついて　います。かいとうは、かいとうようしに　ある　おなじ　ばんごうの　ところに　マークして　ください。
   One of the row numbers [1], [2], [3] … is given for each question. Mark your answer in the same row of the answer sheet.

じゅけんばんごう　Examinee Registration Number	

なまえ　Name	

問題1　＿＿＿＿＿のことばの読み方として最もよいものを、１・２・３・４から一つえらびなさい。

1　ここからは見えないが、根は深いところにある。

1　め　　2　ね　　3　こん　　4　そん

2　のら猫には地域（ちいき）の住民の理解が必要である。

1　そうみん　　2　そうにん　　3　じゅうみん　　4　じゅうにん

3　マンガに夢中で、勉強ができませんでした。

1　むちゅう　　2　むじゅう　　3　さいちゅう　　4　さいじゅう

4　相談できる人が5人の中で中井（なかい）さんしかいません。

1　そうたん　　2　しょうたん　　3　そうだん　　4　しょうだん

5　本の分類は案外簡単なものだ。

1　ふんるい　　2　ぶんるい　　3　ふんりゅう　　4　ぶんりゅう

6　プレゼントはいつも三倍にして返そうと思う。

1　さんはい　　2　さんばい　　3　さんはん　　4　さんばん

7　洗濯物を干す時間がまったくありません。

1　ほす　　2　かす　　3　のばす　　4　はなす

8　若い層（そう）にはこの作品を読んでほしい。

1　にがい　　2　こわい　　3　わかい　　4　やすい

問題2 ＿＿＿＿＿のことばを漢字で書くとき、最もよいものを、1・2・3・4から一つえらびなさい。

9 仕事のやくわりによって残業の量が決まってくる。

1 約割　2 益割　3 役割　4 訳割

10 彼は言葉のひょうげんは下手だが、仕事はできるほうだ。

1 評限　2 表限　3 評現　4 表現

11 ボールはきょくせんを描いて落ちていった。

1 局線　2 曲線　3 局戦　4 曲戦

12 学校ではきょうどう生活の大切さを学ぶことができる。

1 協働　2 教働　3 協同　4 教同

13 道でこまっているおばあさんに声をかけてみた。

1 困って　2 因って　3 団って　4 図って

14 いろんな本で勉強したが、こじんてきにはこの本を勧めたい。

1 故人的　2 小人的　3 個人的　4 枯人的

問題3　(　　　　)に入れるのに最もよいものを、１・２・３・４から一つえらびなさい。

15　私の家はあの丘(おか)にある3階(　　　　)の家だ。

1　込(こ)み　　2　沿(ぞ)い　　3　向(む)き　　4　建(だ)て

16　このマグカップは(　　　　)があって、お茶を飲むのに便利です。

1　きず　　2　あな　　3　いし　　4　ふた

17　彼女と話した(　　　　)ではいつもと変わらない気がします。

1　気持(きも)ち　　2　気分(きぶん)　　3　感(かん)じ　　4　考(かんが)え

18　この川は市が、この山は国が(　　　　)している。

1　管理(かんり)　　2　監督(かんとく)　　3　確立(かくりつ)　　4　生産(せいさん)

19　日本でも税金を(　　　　)のは国民の義務である。

1　すませる　　2　おさめる　　3　あずける　　4　くらべる

20　テストが始まるので、教科書や携帯電話(けいたいでんわ)はすべて(　　　　)ください。

1　とじて　　2　すてて　　3　しまって　　4　たたんで

21　メモをしていないと(　　　　)約束を忘れてしまうことがある。

1　うっかり　　2　すっかり　　3　ぴったり　　4　さっぱり

22　晴れていた空が暗くなって(　　　　)雪が降ってきました。

1　さっそく　　2　なるべく　　3　かんぜん　　4　とつぜん

23　二人の関係は(　　　　)恋愛関係とは限りません。

1　必(かなら)ずしも　　2　どうしても　　3　少(すく)なくとも　　4　くれぐれも

24　カーブで危ないと思ったら(　　　　)をかけてスピードを落とす。

1　ブランド　　2　モデル　　3　ブレーキ　　4　エンジン

25　収入の(　　　　)した職業には何があるだろうか。

1　決定(けってい)　　2　安定(あんてい)　　3　完全(かんぜん)　　4　完成(かんせい)

問題4 ＿＿＿＿＿に意味が最も近いものを、１・２・３・４から一つえらびなさい。

26 日本に来てもう1年が経ちました。

1 過ぎました　2 かかりました　3 待ちました　4 続けました

27 間違っている部分だけ、早く書き直してください。

1 書き方を調べて　2 書き方を教わって
3 もう一度記入して　4 記入するのを途中でやめて

28 あの店には客がまったくいなかった。

1 あまり　2 ぜんぜん　3 まだ　4 もう

29 車をレンタルしてまわりました。

1 修理して　2 借りて　3 検査して　4 買って

30 高橋先生の授業はとても退屈だった。

1 楽しかった　2 忙しかった　3 静かだった　4 つまらなかった

問題5　つぎのことばの使い方として最もよいものを、1・2・3・4から一つえらびなさい。

31　申請

1　ゴミがこれほど汚くなったら、一人で申請するのは難しいだろう。
2　試験の申請の方法が変わったので、注意してください。
3　ご申請の品が入ったら、すぐご連絡いたします。
4　体の調子が悪くなって、医者に申請をしてもらいました。

32　あやしい

1　木村さんは会社を移ってから仕事などが大変あやしいそうです。
2　夕方から家の前をうろうろしているあやしい人がいる。
3　あやしい植物を見つけたら、必ずノートに書いておいてください。
4　新しくトンネルができる山は結構あやしいところで大変だ。

33　なげる

1　パーティーで誰かが肩をなげてびっくりした。
2　彼は小さな石を湖に向かってなげた。
3　理解ができるように例をなげた。
4　階段でなげて足を痛めてしまいました。

34　登場

1　展示場は11時から登場する予定ですので、時間を守ってください。
2　この会社は社員100人の大手に登場しました。
3　駅前のレストランで大火事が登場した。
4　わくわくしながら主人公が登場するのを待っていた。

35　ゆらゆら

1　怖いものを見たように胸がゆらゆらしました。
2　出発時間に遅れそうだったので、ゆらゆらした。
3　自転車で運動場をゆらゆら回ってみた。
4　風で木の葉がゆらゆらしていた。

N3

言語知識（文法）・読解

(70分)

注　意
Notes

1. 試験が始まるまで、この問題用紙を開けないでください。
Do not open this question booklet until the test begins.

2. この問題用紙を持って帰ることはできません。
Do not take this question booklet with you after the test.

3. 受験番号と名前を下の欄に、受験票と同じように書いてください。
Write your examinee registration number and name clearly in each box below as written on your test voucher.

4. この問題用紙は、全部で18ページあります。
This question booklet has 18 pages.

5. 問題には解答番号の[1]、[2]、[3] … が付いています。解答は、解答用紙にある同じ番号のところにマークしてください。
One of the row numbers [1], [2], [3] … is given for each question. Mark your answer in the same row of the answer sheet.

受験番号　Examinee Registration Number	

名　前　Name	

問題1　つぎの文の(　　　　)に入れるのに最もよいものを、１・２・３・４から一つえらびなさい。

1　卒業の時、友だち(　　　　)手紙は、とても嬉しかった。

1　と　2　から　3　との　4　からの

2　この道は現在工事中の(　　　　)、ご利用になることはできません。

1　ほか　2　ため　3　途中　4　一方

3　メロンが食べたくて(　　　　)デパートに寄ったのに、メロンは売ってなかった。

1　わざわざ　2　ただ　3　どうしても　4　きっと

4　この料理は材料をレンジでチンして混ぜる(　　　　)から、誰でも失敗せずにおいしく作れる。

1　だけだ　2　ことだ　3　せいだ　4　ためだ

5　勧めてもらった英会話教室は、あまり(　　　　)ので入らないことにしました。

1　おもしろかったはずがない　2　おもしろくなければならなかった
3　おもしろそうじゃなかった　4　おもしろくなかっただろう

6　田中「さっき課長に怒られたでしょう。」
林　「うん、大変だったよ。」
田中「確かに林さんが間違いをしたけど、部長の(　　　　)言い方はひどいと思わない？」

1　その　2　あの　3　そう　4　こんな

7　(メールで)
「突然のメールで失礼いたします。広告を(　　　　)ご連絡させていただきました。」

1　お会いして　2　いたして　3　拝見して　4　ご覧くださって

8　妹「お兄ちゃん、顔色悪いけど、風邪？」
兄「わからないけど、せきが止まらなくて。」
妹「もっとひどく(　　　　)病院に行った方がいいよ。」

1　なる時　2　ならない間　3　なる前　4　ならないうちに

9 母が買ってきたケーキはおいしそうで食べたいですが、晩ご飯が(　　　　)困るので、夜に食べます。

1 食べなくて　　2 食べられると思って
3 食べられないと　　4 食べると思うと

10 このバックはポケットが多くついていて旅行用としても便利だが、仕事用(　　　　)便利そうなので買います。

1 にするのに　　2 にしても　　3 になると　　4 になって

11 (会社で)
部長「川口くん、会議のために泊まるホテル、予約した？」
川口「はい。駅から歩いて15分のところですが、もっと駅から(　　　　)また調べてみます。」

1 近いほうがいいかどうか　　2 近すぎないかどうか
3 近いほうがよろしければ　　4 近すぎなければ

12 田村さんは、3歳からピアノを続けていて、世界代表ピアニスト10人に(　　　　)。

1 選んでいるところだ　　2 選ぼうとしている
3 選ばれたこともある　　4 選ぶためでもある

13 (病院で)
患者「先生、腰にいい運動を教えてください。」
医者「こうやってみるといいです。立ってするのが難しければ、いすに(　　　　)。この体操をすると腰の痛みがよくなると思いますので、続けてみてください。」

1 座ってしたままではいけません　　2 座ったまましてはいけません
3 座ってしたままでもかまいません　　4 座ったまましてもかまいません

問題2　つぎの文の ＿★＿ に入る最もよいものを、1・2・3・4から一つえらびなさい。

(問題例)

つくえの ＿＿＿ ＿＿＿ ＿★＿ ＿＿＿ あります。

1　が　　2　に　　3　上　　4　ペン

(解答のしかた)

1. 正しい答えはこうなります。

つくえの ＿＿＿ ＿＿＿ ＿★＿ ＿＿＿ あります。
3　上　2　に 4　ペン　1　が

2. ＿★＿ に入る番号を解答用紙にマークします。

(解答用紙)　(例)　①　②　③　●

14　待ち合わせの ＿＿＿ ＿＿＿ ＿★＿ ＿＿＿ 、友だちはまだ来ていません。

1　20分も　　2　のに　　3　過ぎた　　4　時間が

15　A「ねえ、駅前に新しくできたレストラン知ってる？」
B「うん、オムライスが ＿＿＿ ＿＿＿ ＿★＿ ＿＿＿ ない。」

1　あるけど　　2　行ったことは　　3　聞いたことは　　4　おいしいって

16 ガソリンの値段が上がったことは ＿＿＿ ＿＿＿ ＿★＿ ＿＿＿ 。

1 大きな問題だ　2 とって　3 毎日車を　4 運転する私に

17 最近、父が元気がなさそうなのに、何が ＿＿＿ ＿＿＿ ＿★＿ ＿＿＿ してあげられることがなくて悲しい。

1 聞いても　2 あったのか
3 何も　4 答えてくれないので

18 彼女は、小さい頃から洋服に関係する仕事がしたいと思っていて、＿＿＿ ＿＿＿ ＿★＿ ＿＿＿ 探していたそうです。

1 新しい仕事を　2 その夢が　3 忘れられなくて　4 半年前から

問題3　つぎの文章(ぶんしょう)を読んで、文章全体(ぶんしょうぜんたい)の内容(ないよう)を考えて、［ 19 ］から［ 23 ］の中に入る最もよいものを、１・２・３・４から一つえらびなさい。

以下はカナダからの留学生の作文である。

一人カラオケ

みんな日本のカラオケに行ったことがありますか。私は歌を歌うのが好きで、友だちやアルバイトの仲間とときどきカラオケに行きます。私の国ではカラオケといえば、バーに行って、多くの人を前にしてステージの上で一人で歌うことを言います。これはとてもびくびくします。

でも、日本は個室の部屋に仲間と入って歌を歌います。いつも友だちと一緒に行くから、自分一人がずっと歌うということはできません。［ 19 ］、私は、パーティーみたいで楽しいです。

先月、駅前に「一人カラオケ」という店が新しくオープンしました。私はとても驚きました。 歌が下手でもみんな同じ歌を歌ったり、また何点取れるんだろうと点数を当ててみたりして、日本のカラオケは人と一緒に楽しむものだと思っていたからです。 次の日、日本人の友だちにその店のことを話すと、彼は普通のカラオケ店にも一人で行くと言ったので、［ 20 ］。カラオケに一人で行くというのは、考えたこともありませんでしたが、友だちが一人で行ってもいいと言ったので、私も一人で［ 21 ］。

私はどきどきしながら、店に入り、入口の機械にお金を入れて部屋を選びました。そのあと、［ 22 ］に入り、まだ上手に歌えない日本語の歌を練習したり、好きな歌を繰り返し歌ったりしました。一人でいろいろな歌を続けて自由に歌うのは気持ちがよかったです。店を出たらいつの間にか3時間も過ぎていました。

カラオケは一人［ 23 ］楽しかったです。これからもっとカラオケに行くことが増えそうです。

2
회

19

1 それに　　2 例えば　　3 それでも　　4 また

20

1 少しも驚かなかったです　　2 もっとびっくりしました
3 驚くのは当然です　　4 びっくりしないようでした

21

1 行ってみることになっています　　2 行ってみることにしました
3 行かせてくれたことです　　4 行かせることができました

22

1 カラオケ　　2 その部屋　　3 あの店　　4 あんな部屋

23

1 でも　　2 より　　3 なら　　4 だけ

問題4　つぎの(1)から(4)の文章を読んで、質問に答えなさい。答えは、１・２・３・４から最もよいものを一つえらびなさい。

(1)

琴石さんの机の上に、会社の先輩からのメモが置いてある。

> 琴石さんへ
>
> 　いつもお疲れ様です。
>
> 　今日、新入社員の半田さんが来ます。私はお休みで、半田さんを案内することができないので、琴石さんにお願いします。
>
> 　半田さんが9時に出勤したら、簡単にあいさつをして、まず人事課の山村さんを呼んでください。山村さんの用事が終わったら、社内を案内してください。
>
> 　12時のランチは木戸部長も一緒にということですので、「レストラン・ばらか」に案内して食事をしてください。レストランは琴石さんの名前で予約してあります。
>
> 　ランチが終わったら現場研修があるので、営業課に案内してください。担当の新井さんには私から話しておきます。
>
> 　急なお願いですみませんが、よろしくお願いします。

24　午後から琴石さんが半田さんのためにしなければならないことは何か。

1　簡単にあいさつをして、人事課の山村さんを呼んでくる。

2　人事課の用事が終わるのを待って、社内を案内する。

3　木戸部長に紹介をして、レストランを12時に予約する。

4　レストランで食事をして、営業課に連れて行く。

(2)

これは田村(たむら)さんが書いたメモである。

留学説明会の準備のメモ

日時・場所: 10月15日(火)14時～・学生会館2階大講義室

司会: 神田さんとキムさんに頼む。(今月末まで)

資料: 当日何枚用意するかは受付終了を待ってから決める。

アンケート: 当日行う参加者アンケートの内容は次の会議で話し合う。

留学説明: 留学先の学校担当者に直接紹介してもらう。

(紹介する内容を当日の午前中に再確認)

受付確認: 10月10日、受付終了。人数の確認は10月11日に行って報告する。

お弁当準備: 当日説明会が始まる前に留学先の学校担当者にお弁当を配る。

(前日の夜までに近所のスーパーに予約すること)

25 10月15日に、田村(たむら)さんがすることはどれか。

1 神田さんとキムさんに説明会の司会を頼んで、資料を用意する。

2 留学紹介の内容をもう一度確認し、参加者にアンケートを配る。

3 受付の確認をしてから、何人参加するか学校担当者に報告する。

4 大学の近くのスーパーにお弁当を注文して、参加者全員に配る。

(3)

日本に来てもう3年。はじめてつきあった友だちの名前は「まなぶ」だった。「まなぶ」というとみんな「学」を思い出す人が多い。しかし、彼の名前はひらがなだ。日本人の名前は漢字を使ったものが多いから、ひらがなだけの名前はめずらしいそうだ。小さいころから自分で書けるからそうしたのかと思って、彼に聞いてみた。すると、ひらがななら、優しい感じがするから彼の祖父が作ってくれたという。読み間違えられることもないし、覚えてもらいやすいという良い点もあるだろう。ひらがなの名前もいいな、と思った。

26 彼の名前はひらがなだとあるがそれはどうしてか。

1 読み間違えられることがないから

2 小さいころから自分で書けるから

3 覚えてもらいやすいから

4 優しい感じがするから

(4)

これは「観光学概論」の授業で配られたプリントである。

「観光学概論」の授業を受けている学生の皆さん。

5月1日の授業では、スペインのマドリード大学で国際観光を専門に研究されているアルト・カノール先生に「国際観光の今後」についてお話をしていただきます。海外観光関連会社、特に旅行会社で働いてみたいと考えている学生には勉強になると思います。他学部の学生も参加できるようにするので、教室は1140号室に代わります。ここは今度新しくできた建物の4階です。全員、遅れないように来てください。

アルト先生のお話の後、出席の確認と200字以内で簡単な感想文を書いてもらいますので、お話の後、皆さんは席に残ってください。

「国際経済学」松本さとし

27 5月1日の授業について、このプリントから分かることはどれか。

1 「観光学概論」の授業を受けている学生が参加するかしないかは、自由である。

2 旅行会社で働いてみたいと考えている学生以外の参加は、自由である。

3 「観光学概論」の授業を受けている学生は、その日、感想文を書く必要がある。

4 旅行会社で働いてみたいと考えている学生だけが、その日、感想文を書く必要がある。

問題5　つぎの(1)と(2)の文章(ぶんしょう)を読んで、質問に答えなさい。答えは、１・２・３・４から最もよいものを一つえらびなさい。

(1)

私の経営しているスーパーが今力を入れているのは移動式スーパーだ。品物をトラックに積んで、店があまりない不便な地域を回っている。私たちを待っていてくれるのは、一人暮らしや高齢者施設のお年寄りだ。電話を受け自宅に配達するサービスもやっているのだが利用は少なく、①お年寄りたちは移動式スーパーに集まる。きっと実際に商品を見て、選んで、かごに入れるという少しわくわくする気分を味わいたいのだろう。

特に②女性のほうが生き生きと買い物をしている。長年主婦として買い物をしたときの感覚が戻るのかもしれない。

実は、移動式スーパーは準備が非常に大変である。その日の天候に合わせて売れそうなものを選ばなければならない。それでも続けているのは、お年寄りの方たちに「買い物」という楽しみの一つを提供したいからだ。これからもお年寄りのたくさんの笑顔に出会えることを望みたい。

28　①お年寄りたちは移動式スーパーに集まるとあるが、どうしてか。

1　ネットで買うと送料がかかるから

2　品物を手に取って選びたいから

3　電話注文は受けつけていないから

4　店まで歩いたほうが健康にいいから

29　②女性のほうが生き生きと買い物をしているとあるが、理由は何か。

1　おしゃれな服や化粧品が買えるから

2　店員とおしゃべりするのが楽しいから

3　昔の感覚を思い出すから

4　他の店より安くてお得だから

30 この文章を書いた人が願っているのは、何か。

1 お年寄りが買い物を楽しむこと

2 高齢者ばかりの地域が減ること

3 移動式スーパーがもうかるビジネスであること

4 男性のお年寄りも買い物の喜びを知ること

(2)

最近景気が悪くなってそれとともに収入が減り、節約が必要となっている家庭は多いそうだ。

そこで、ある新聞社でそれに対するアンケートを取った結果が発表された。現在9割の家庭が何か節約をしていて、①一番は食費だという。その理由は食費の節約方法についての情報が多いため、やりやすいからだという。②その方法には外食を減らすという簡単なことをはじめ、広告を比較して安いところを探したり、同じ材料でいろんな料理を作ったリするものがあった。また、必要ではないものを買わないために、お腹がすいている時には買い物に行かないようにするという面白いのもある。

実際に節約を実行していた人からは、「工夫するうちに料理の腕が上がって、苦手意識がなくなっていた」とか「家族が集まって食事をするようになり、会話が増えた」という結果が出たという。節約は、生活に余裕がないというマイナスなイメージがあるが、意外と楽しいという感想を持った人が多いようだ。「必要がなくなっても節約を続ける」と答えた人が多いのも、それを感じた人が多いからだろう。

31 ①一番は食費だとあるが、どうしてか。

1 生活費の9割が食費であるから

2 普段から無駄になる食べ物が多いから

3 節約方法についての情報を得やすいから

4 食品会社が値下げ競争をするから

32 ②その方法とあるが、正しいものはどれか。

1 食事は大体外で済ませる。

2 食べる分だけ作る。

3 買い物の前に価格を比較する。

4 料理は足りないように作る。

33 この文章によると、一般的に節約にはどんな印象があるのか。

1 努力しても良い結果にはならない。

2 するには強い意志が必要だ。

3 生活に余裕のある人がするものだ。

4 余裕がなく、我慢が必要だ。

問題6　つぎの文章を読んで、質問に答えなさい。答えは、1・2・3・4から最もよいものを一つえらびなさい。

最近、若者が果物を食べない問題が深刻だというニュースを見かけました。外国では果物は野菜のように食べます。それに比べて日本では果物は野菜と違うように扱われています。

ある調査によると、①果物を食べない理由は、値段が高いし、加工した果物のほうがおいしいし、そして、皮を剥いたり切ったりするのに時間がかかって嫌だからそうです。

そこで、ある果物屋が、たくさんの果物をいちごのように飾ったケーキを売り出しました。その果物屋が使ったのは、農家から安く買った②傷のある果物です。日本では果物はきれいでないと売れないが、自然環境で育った傷のある果物は、自分で傷を治そうとする力があって、実はビタミンが多く入っているそうです。普通は大きい丸いケーキに果物をのせるのですが、この店では一人分に切った小さなケーキの上に果物をたっぷりのせます。その日入った量や種類に合わせて飾るので無駄が出ないと言います。このケーキはある女性がその写真をネットにのせたことから、若い女性の間で広がって、今では行列ができるほどの③人気商品になりました。

果物屋は、熱心にケーキの撮影をしている女性客の姿に驚きましたが、それがきっかけで果物を食べてくれればいいと思っています。

34　①果物を食べない理由とあるが、その理由は何か。

1　食べるのが面倒だから

2　他のデザートのほうがおいしいから

3　一人では食べきれないから

4　ジュースを買ったほうが楽だから

35 ②傷のある果物とあるが、どんな果物か。

1 環境に慣れるため、大きくなること

2 傷を治すため、水分が多く含まれていること

3 強く育っていてビタミンがたっぷりあること

4 傷のないものよりすっぱいこと

36 どうしてケーキは③人気商品になったと言っているか。

1 名前がおもしろいと話題になったから

2 店がケーキを宣伝したから

3 行列ができる店としてテレビに出たから

4 ある客がネットで紹介したから

37 この文章を書いた人は今どう思っているか。

1 ネットの影響力が大きくなってほしい

2 ケーキのために何時間も待っててほしい

3 店のケーキによって果物を食べてほしい

4 ケーキがもっと多く売れてほしい

問題7　右のページは、料理教室で配られたプリントである。これを読んで、下の質問に答えなさい。答えは、1・2・3・4から最もよいものを一つえらびなさい。

38　めぐみさんは、「クリスマスケーキを作ってみましょう」のグループ活動でグループCになった。グループCが、一番早く台所を利用できるのは、何月何日の何時からか。

1　12月7日の9:00から

2　12月7日の13:00から

3　12月8日の9:00から

4　12月8日の13:00から

39　グループAの人はクリスマスケーキのデザインをいつ先生に見せなければならないか。

1　12月15日

2　12月16日

3　12月23日

4　12月24日

<クリスマスケーキを作ってみましょう>

● 活動内容: 12月1日から12月24日までの6回の授業では、4つのグループに分かれてクリスマスケーキを作ります。グループごとにパンの作り方を勉強したり、実際に作ったりします。最終回には、完成したクリスマスケーキをクラスで食べます。

● 活動場所: 201号室と台所

* スケジュールの表で☆★マークのついている日に、台所が利用できます。
* 台所は、使用時間を前半と後半に分け、2グループずつ使用します。

	前半　9:00〜12:00	後半　13:00〜15:00
☆の日	グループA, B	グループC, D
★の日	グループC, D	グループA, B

* 台所を利用する日も、授業の最初には201号室に集まってください。

● スケジュール

	月日	活動内容	台所の利用
①	12月 1日	グループを決め、ケーキを作る方法を勉強しよう	しない
②	12月 7日	各グループでケーキのスポンジを作る	☆
③	12月 8日		★
④	12月 15日	各グループでいろんなケーキを作る	☆
⑤	12月 16日		★
⑥	12月 24日	クリスマスケーキを作って、みんなで食べる	一緒に使う

授業時間内に作るケーキはどんなケーキを作るか1日前までにデザインを書いて見せてください。問題はないか確認します。

聴解(ちょうかい)

(40分)

注　意

Notes

1. 試験が始まるまで、この問題用紙を開けないでください。
   Do not open this question booklet until the test begins.
2. この問題用紙を持って帰ることはできません。
   Do not take this question booklet with you after the test.
3. 受験番号(じゅけんばんごう)と名前を下の欄(らん)に、受験票(じゅけんひょう)と同じように書いてください。
   Write your examinee registration number and name clearly in each box below as written on your test voucher.
4. この問題用紙は、全部(ぜんぶ)で13ページあります。
   This question booklet has 13 pages.
5. この問題用紙にメモをとってもいいです。
   You may make notes in this question booklet.

受験番号(じゅけんばんごう)　Examinee Registration Number	

名　前　Name	

もんだい
問題1

Track 2-2-01

問題1 では、まず質問を聞いてください。それから話を聞いて、問題用紙の１から４の中から、最もよいものを一つえらんでください。

れい

1　8時45分
2　9時
3　9時15分
4　9時30分

1ばん

1 病院に行かせる

2 具合が悪いので帰る

3 休まないで仕事を続ける

4 女の人に仕事を頼む

2ばん

1 タイトル

2 学生番号

3 名前

4 文字数

3ばん

1　和服(わふく)についていろいろ調(しら)べる
2　和服売(わふくう)り場(ば)に行(い)ってみる
3　和服(わふく)について知(し)りたいことを書(か)く
4　和服(わふく)についてとなりの人(ひと)と話(はな)し合(あ)う

4ばん

1　ハイキングについて話(はな)し合(あ)う
2　みんなで授業(じゅぎょう)に行(い)く
3　男(おとこ)の人(ひと)に連絡(れんらく)をする
4　昼食(ちゅうしょく)の準備(じゅんび)を手伝(てつだ)う

5ばん

1　ポスターの用紙(ようし)の色(いろ)を決(き)める

2　ポスターに絵(え)を描(か)く

3　ポスターに載(の)せる写真(しゃしん)を選(えら)ぶ

4　ポスターを印刷(いんさつ)する

6ばん

1　資料(しりょう)をコピーする

2　部屋(へや)を予約(よやく)する

3　エアコンをつける

4　お茶(ちゃ)の準備(じゅんび)をする

問題2 Track 2-2-02

問題2 では、まず質問を聞いてください。そのあと、問題用紙を見てください。読む時間があります。それから話を聞いて、問題用紙の1から4の中から、最もよいものを一つえらんでください。

れい

1 いそがしくて　時間が　ないから

2 料理が　にがてだから

3 ざいりょうが　あまってしまうから

4 いっしょに　食べる人が　いないから

1ばん

1 ダイエットにいいから

2 体力をつけたいから

3 試合に参加したいから

4 友だちを作りたいから

2ばん

1 駅のホームで待つ

2 会社まで歩く

3 タクシーを呼ぶ

4 食事をする

3ばん

1 寝る前に軽く走る

2 仕事の後ジムに通う

3 仕事を早く終わらせる

4 朝ご飯をきちんと食べる

4ばん

1 食事に行く

2 ネクタイを買いに行く

3 家族旅行に行く

4 歌舞伎を見に行く

5ばん

1　となりの駅の本屋がもっと安いから

2　運動ができるから

3　くまの絵本が買えるから

4　ゆっくり立ち読みができるから

6ばん

1　カラオケ大会をする

2　料理を教える

3　各国の言葉を教え合う

4　英会話を教える

問題3 Track 2-2-03

問題3 では、問題用紙に何もいんさつされていません。この問題は、ぜんたいとしてどんなないようかを聞く問題です。話の前に質問はありません。まず話を聞いてください。それから、質問とせんたくしを聞いて、１から４の中から、最もよいものを一つえらんでください。

—メモ—

問題4 Track 2-2-04

問題4 では、えを見ながら、質問を聞いてください。やじるし(➡)の人は何と言いますか。１から３の中から、最もよいものを一つえらんでください。

れい

1ばん

2ばん

2
회

3ばん

4ばん

問題5

Track 2-2-05

問題5 では、問題用紙に何もいんさつされていません。まず文を聞いてください。それから、そのへんじを聞いて、1から3の中から、最もよいものを一つえらんでください。

—メモ—

실전 모의테스트 1회 정답 및 해석

1교시 언어지식(문자·어휘+문법)×독해

| 언어지식(문자·어휘) |

문제1 1 3 2 2 3 4 4 4 5 2 6 1 7 3 8 1

문제2 9 4 10 2 11 2 12 1 13 3 14 4

문제3 15 3 16 4 17 1 18 2 19 2 20 3 21 4 22 2 23 1 24 2 25 1

문제4 26 4 27 3 28 4 29 4 30 1

문제5 31 2 32 2 33 4 34 1 35 4

| 언어지식(문법)·독해 |

문제1 1 1 2 4 3 3 4 1 5 2 6 1 7 1 8 1 9 2 10 1 11 1 12 4 13 2

문제2 14 1 15 1 16 2 17 1 18 2

문제3 19 4 20 1 21 2 22 4 23 3

문제4 24 3 25 4 26 1 27 3

문제5 28 2 29 2 30 3 31 4 32 2 33 3

문제6 34 2 35 1 36 3 37 1

문제7 38 2 39 1

2교시 청해

| 청해 |

문제1 1 3 2 3 3 2 4 4 5 3 6 2

문제2 1 3 2 3 3 3 4 1 5 4 6 3

문제3 1 2 2 3 3 3

문제4 1 1 2 2 3 3 4 3

문제5 1 3 2 1 3 3 4 3 5 1 6 1 7 3 8 3 9 2

1교시 언어지식(문자·어휘+문법)×독해

| 언어지식(문자·어휘) |

문제 1 ______ 단어의 읽는 법으로 가장 적당한 것을 1·2·3·4에서 하나 고르세요.

1 요 몇 년 동안 전국의 평균 수입은 그다지 높지 않다.
2 아메리카 대륙을 혼자서 횡단하는 것이 나의 꿈이다.
3 그녀의 정직한 마음을 듣고 싶습니다.
4 경영을 배워서 언젠가 회사를 만들고 싶습니다.
5 그의 타인과 같은 태도를 좋아하지 않는다.
6 뭔가 이것을 쌀 것은 없습니까?
7 그 마을은 옛날부터 상업으로 유명한 곳이다.
8 학교에서 팀 대표로 선발되었다.

문제 2 ______ 단어를 한자로 쓸 때 가장 적당한 것을 1·2·3·4에서 하나 고르세요.

9 경찰로부터 도망칠 수 없습니다.
10 버스에서 내려서 걸어 가는 편이 빠르다.
11 이 미술관은 (입장)권을 사지 않으면 들어갈 수 없습니다.
12 잠들 수 없을 때는 우유를 데워서 마시면 좋다.
13 아키야마 씨는 집에서 개를 두 마리 키우고 있습니다.
14 면접의 긴장 탓인지 위가 아파오기 시작했다.

문제 3 (　　)에 들어갈 것으로 가장 적당한 것을 1·2·3·4에서 하나 고르세요.

15 그녀와 처음 만났을 때의 인상이 강해서 잊을 수 없다.
16 입학서류에는 신분증명서의 사본도 필요합니다.
17 과제를 끝내는 데 반나절만 있으면 괜찮습니다.
18 언니의 영향을 받아 나도 그림을 그리는 것을 좋아한다.
19 최근에는 나이 때문에 안경이 없으면 잘 보이지 않는다.
20 여러 가지 손이 가도 요리를 맛있게 하기 위해서는 어쩔 수 없다.
21 어린이를 범죄로부터 지키기 위해 다양한 대책이 필요하다.
22 셔츠를 몇 장인가 개서 짐 가방에 넣었다.
23 헤어진 남자친구가 끈질기게 전화를 걸어서 곤란합니다.
24 마라톤 코스는 여기까지 달려서 골(인)입니다.
25 정기검진을 위해 어제부터 아무것도 먹지 않아서 배가 고프다.

문제 4 ______ 에 의미가 가장 가까운 것을 1·2·3·4에서 하나 고르세요.

26 그 건의 이야기는 그렇게 단순하지 않다.
27 어젯밤, 옛날 지인이 갑자기 찾아왔다.
28 요즘 살짝 살찐 기분이 든다.
29 오늘 회의에서 내년도 플랜을 바꾸게 되었다.
30 회사에서의 나의 일은 신입사원을 지도하는 것이다.

문제 5 다음 단어의 사용법으로 가장 적당한 것을 1·2·3·4에서 하나 고르세요.

31 도입하다
2 이번 신제품은 최신 기술을 도입한 제품입니다.

32 응용
2 이것은 자동차를 재활용할 때 이용하실 수 있는 응용기의 제품 정보입니다.

33 개다, 접다
4 마른 와이셔츠를 개서 서랍장에 넣어 두었다.

34 (물에) 빠지다
1 낚시를 하고 있을 때, (물에) 빠져 있는 개를 발견했다.

35 협력
4 어머니가 일을 시작했기 때문에 가족 모두 함께 협력을 하기로 했다.

| 언어지식(문법)·독해 |

문제 1 다음 문장의 (　　)에 들어갈 것으로 가장 적당한 것을 1·2·3·4에서 하나 고르세요.

1 무라야마 시에서는 10년 전부터 외국인 여행자에게 관광지 안내 서비스를 시행하고 있다.
2 지금 도쿄 역은 설을 본가에서 보내려고 하는 사람들로 혼잡을 이루고 있습니다.
3 일본어로 편지를 쓰는 것은 할 수 없다고 생각하고 있었는데 써 보니 생각보다 잘 돼서 스스로도 깜짝 놀랐다.
4 A "저기, 어제 '웃어라!'라고 하는 영화 봤지? 어땠어?"
B "응, 책으로 읽어서 기대 안 하고 있었는데 소설과는 전혀 다른 이야기였어."
5 (회사에서)
사원 "부장님, 어제 주신 책, 아주 재미있었습니다. 감사합니다."
부장 "아, 그거 다행이네요. 다른 책도 있으니까 언제든지 말해 주세요."

6 딸이 미국 유학을 생각하고 있는 것 같은데 혼자 가게 하는 것이 걱정입니다.

7 기무라는 여동생과 사이가 좋아서, 다른 사람들과는 말할 수 없는 것도 여동생에게라면 말할 수 있다고 한다.

8 다나카 씨는 항상 건강을 위해서라면 무엇이든 하고 있다.

9 (학교에서)
A "있잖아, 다음 주에 고향에서 부모님이 와서, 다음 수업에 나갈 수 없을 것 같아. 나중에 노트 복사할 수 있을까?"
B "아, 그래."

10 나는 그녀가 그 나라에서밖에 배울 수 없는 문화와 말을 많이 경험하고 왔으면 좋겠다고 생각하고 있다.

11 이 신발은 살 때는 비싸서 망설였는데 걷기 편해서 마음에 든다.

12 A "저기, 오늘 수업 끝나고 부실로 와 줄래?"
B "아, 괜찮은데, 왜?"
A "내일 선배님 송별회 하니까 도와줬으면 해서."

13 (버스에서)
선생님 "지금부터 미술관을 견학할 거예요. 집합은 15시까지 버스 앞에서 모여 주세요."
학생 "알겠습니다. 이미 견학한 적이 있는 사람도 견학하지 않으면 안 되나요?"
선생님 "네, 반드시 견학하세요."

문제 2 다음 문장의 ___★___ 에 들어갈 가장 적당한 것을 1·2·3·4에서 하나 고르세요.

14 사원 여러분, 올해의 입사식은 본사의 대회의실에서 실시되므로 10시까지 와 주세요.

15 A "와, 재미있는 그림이네요."
B "정말 훌륭하네요. 이렇게 생생한 그림은 본 적이 없어요."

16 매년 관광객이 5만명이나 방문하는 신사라고 들어서 실제로 가서 보니 생각했던 것보다도 작았다.

17 바다에서 주워 온 조개껍질을 볼 때마다 바닷소리가 들리는 것 같은 기분이 든다.

18 저는 만약 내가 손님이었다면 어떻게 해주면 좋을까 하는 것을 생각하면서 레스토랑 일을 하고 있습니다.

문제 3 다음 문장을 읽고 문장 전체의 내용을 생각하여 19 부터 23 안에 들어갈 가장 적당한 것을 1·2·3·4에서 하나 고르세요.

아래는 유학생이 쓴 작문이다.

여러분은 과일을 자주 드시나요? 저는 과일을 매우 좋아합니다만, 최근 일본은 과일의 소비량이 점점 감소되고 있다고 합니다. 성인은 건강을 위해 하루 200그램의 과일이 필요하고, 그 나름의 비타민이 필요하다고 합니다. 그러나 어느 조사에 따르면, 최근 일본인은 과일을 먹지 않는다고 합니다. 과일을 먹는 목표의 반 정도밖에 섭취하지 않고 있다고 합니다. 특히 20대부터 40대에서 과일을 먹지 않는 사람의 수치가 눈에 띄었습니다. 그 이유로 많았던 것은 과일 대신에 다양한 디저트류가 많고, 껍질을 벗기는 것이 귀찮다 등과 같은 이유였습니다.

일본에서는 그 문제를 해결하려고 소비 확대를 목표로 품종 개량이 왕성하다고 합니다. 역시 달콤함이나 외관의 색조, 먹기 편함이 중요 과제가 된다고 생각합니다. 또한 저희 마을에서는 학교 급식에 현지 과일을 제공하는 등, 과일로부터 멀어지는 사람들을 위해 여러 가지 일을 실시하고 있습니다.

문제 4 다음 (1)부터 (4)의 글을 읽고 질문에 답하세요. 답은 1·2·3·4에서 가장 적당한 것을 하나 고르세요.

(1) 이것은 도서관으로부터의 공지이다.

쿠사노 도서관을 이용하시는 여러분들께

항상 이용해 주셔서 감사합니다.

쿠사노 도서관은 내부 공사 관계로 3월 3일부터 31일까지 휴관을 예정하고 있습니다. 휴관 중에는 창구에서의 책이나 CD의 대출・반납, 인터넷으로의 예약 대출을 할 수 없으므로 주의하시기 바랍니다. 반납에 대해서는 휴관 중에는 도서관 입구의 도서 반납함을 이용해 주십시오. 도서 반납함은 24시간 이용할 수 있습니다. 단, DVD나 CD는 도서 반납함을 이용할 수 없으므로, 3월 2일까지 반납하시거나 4월 1일 이후에 창구를 이용해 주십시오.

여러분들의 이해와 협조를 부탁드립니다.

쿠사노 도서관

24 이 공지는 도서관 이용자에게 어떻게 하라고 하고 있는가?

1 책, CD, DVD는 모두 휴관 기간이 끝나고 나서 창구에 반납한다.

2 책, CD, DVD는 모두 휴관 기간에 도서 반납함에 넣어 반납한다.

3 휴관 중에는 책은 도서 반납함에 넣고, CD나 DVD는 휴관 전이나 휴관 기간이 끝나고 나서 창구에 반납한다.

4 휴관 중에는 책은 창구에 반납하고, CD나 DVD는 휴관 기간이 끝나고 나서 도서 반납함에 넣어 반납한다.

(2) 아파트 게시판에 이 공지가 붙여져 있다.

아키바 마을 주민 여러분께

이번 달도 아키바 강의 쓰레기 줍기 활동을 실시하므로 여러분의 참가를 부탁드립니다.

일　　시: 8월 18일(일) 8시~9시

집합 장소: 아키바 공원

※ 아키바 공원에 집합해서 아키바 강으로 이동합니다.

내　　용: 아키바 강 주변의 쓰레기 줍기

준 비 물: 쓰레기 줍기용 장갑, 모자

※ 쓰레기 봉투는 반상회에서 제공합니다. 도중에 주운 쓰레기는 쓰레기장에 버리지 마십시오.

※ 당일은 더위가 예상됩니다. 음료 등이 필요한 경우 각자 준비해 주십시오.

※ 반상회 행사이기에 참가 신청은 필요하지 않습니다. 단, 당일 참가할 수 없는 분은 전날까지 전화로 연락 주시기 바랍니다.

아키바 마을 반상회

전화: 448-6854(아키모토)

25 쓰레기 줍기 활동에 참가하는 사람이 반드시 해야 할 것은 무엇인가?

1 17일까지 전화로 신청, 18일에는 각자 직접 아키바 강에 간다.

2 17일까지 전화로 신청, 18일에는 모두 집합해서 아키바 강에 간다.

3 18일에 쓰레기 줍기용 장갑과 음료를 가지고 8시까지 아키바 공원에 간다.

4 18일에 쓰레기 줍기용 장갑과 모자를 가지고 8시까지 아키바 공원에 간다.

(3) 이것은 건강 대책에 대한 기사이다.

겨울, 인플루엔자가 유행하는 시기에는 매년이라고 해도 좋을 정도로 마스크 인구가 증가한다.

인플루엔자는 공기 중의 바이러스를 입과 코로 흡입하는 것으로 걸리기 때문에 마스크가 없으면 손쉽게 걸려 버릴 것이다. 하지만 마스크에 공기 중의 바이러스가 묻고, 그 마스크를 모른 채로 손으로 만지거나 할 때가 있다. 그 손으로 입이나 코를 만지면 인플루엔자에 걸릴 가능성이 높아진다. 하루 종일 마스크를 하고 있어도 의미가 없어진다는 것이다.

중요한 것은 외출할 때마다 새로운 마스크를 바꿔 끼는 것. 그리고 마스크와 더불어 양치질이나 손 씻기 등도 함께 실행하는 것이 중요하다.

26 의미가 없어진다고 하는데, 왜인가?

1 마스크를 해도 사용방법에 따라 인플루엔자에 걸려 버리기 때문에
2 인플루엔자가 유행하면 많은 사람들이 마스크를 사용하기 시작하기 때문에
3 인플루엔자는 공기 중의 바이러스를 흡입하는 것으로 걸리기 때문에
4 마스크가 없으면 바이러스가 입이나 코로 침투되어 버리기 때문에

(4) 이것은 잡지의 기사이다.

부모가 어린 시절에 귀신을 믿었으면 그 아이도 클 때까지 귀신을 계속 믿는다고 한다. 어느 인터넷 설문조사에 따르면, '나는 어렸을 때 귀신을 믿었다'고 하는 부모의 80%가 '우리 아이도 귀신을 믿고 있다'고 응답했다. '어렸을 때 귀신을 믿었다'는 부모에게 언제까지 믿고 있었는지 질문하자 '7세'가 68%로 가장 많았다.

반대로 '나는 어렸을 때 귀신을 믿지 않았다'고 하는 부모가 '우리 아이는 귀신을 믿고 있다'고 답한 것은 약 37%의 결과가 나왔다. 또한 형제가 있는 가정에서도 '아이들이 귀신을 믿고 있다'고 답한 것은 약 45%였다.

27 설문조사 결과에서 알 수 있는 것은 무엇인가?

1 어린 시절 귀신을 믿던 부모는 이제 귀신을 믿지 않는 편이다.
2 귀신을 믿고 있다는 아이가 있으면 부모도 귀신을 믿는 편이다.
3 어린 시절 귀신을 믿지 않았던 부모의 아이는 귀신을 믿지 않는 편이다.
4 남동생이 귀신을 믿고 있어도 형과 부모는 귀신을 믿지 않는 편이다.

문제 5 다음 (1)부터 (2)의 문장을 읽고 질문에 답하세요. 답은 1·2·3·4에서 가장 적당한 것을 하나 고르세요.

(1)

어느 신용카드 회사가 학생을 포함한 20대부터 70대 남녀 4,000명을 대상으로 설문조사를 실시하자 신용카드로 지불한 것은 '인터넷 쇼핑'이 38.6%로 가장 많고, 다음으로 '휴대전화 요금(29.1%)', '슈퍼마켓 등에서의 쇼핑(26%)'이 뒤를 이었다. 또한 1개월간 생활비의 평균액은 17만 4,000엔으로, 그중 30.5%에 해당하는 5만 3,000엔을 신용카드로 지불하는 사람이 많았다. 이용하고 있는 사람의 대부분이 카드를 이용했을 때 쌓이는 포인트 서비스에 매력을 느끼고 있으며, 일상생활에서도 신용카드를 자주 이용하고 있는 것 같다.

편리한 신용카드이지만, 실제로는 여러 장이나 가지고 있지 않는 사람이 많다. 그 이유에 대해서는 '카드의 관리가 어렵다', '포인트가 좀처럼 쌓이지 않는다', '연회비(주)가 높아진다', '지갑에 여러 장이나 넣어두고 있으면 잃어버렸을 때 큰일이다' 등 여러 장 갖고 있으면 그만큼 문제가 늘어난다고 생각하는 사람이 많았다.

(주) 연회비: 여기서는 카드를 1년간 사용하기 위해 신용카드 회사에 지불하는 사용료를 말함

28 신용카드의 이용에 관련하여 이 글에서 말하고 있는 것은 무엇인가?

1 신용카드를 가장 많이 사용하는 것은 근처에서의 쇼핑이다.
2 신용카드로 통신비를 지불하는 사람은 30% 가까이 있다.
3 포인트 서비스가 없어도 신용카드는 인기가 있다.
4 쇼핑이나 여행에서도 현금보다 신용카드를 사용하는 사람이 많다.

29 조사에 따르면, 신용카드를 여러 장이나 갖고 있지 않는 이유는 무엇인가?

1 카드의 종류와 신청 방법이 복잡하고 기억하기 어렵기 때문에
2 몇 장이나 사용해도 생각했던 것보다 포인트가 모이지 않기 때문에
3 해가 바뀌면 그만큼 연회비가 높아져 버리기 때문에
4 카드가 많으면 많을수록 돈을 사용해 버리기 때문에

30 본문의 내용과 일치하는 것은 어느 것인가?

1 신용카드를 잘 사용하면 생활비가 절약이 되어 좋다.
2 학생은 수입이 없기 때문에 신용카드를 가지지 않는 사람이 많다.
3 이용하고 있는 사람들 대부분이 포인트 서비스에 만족하고 있다.
4 카드를 잃어버린다는 불안감이 있는 사람은 새로운 카드를 만들지 않는다.

(2)

어린 아이에게 스마트폰을 주고 놀게 하는 것에 불안감은 없습니까?

초등학교 입학 전의 아이가 있는 어머니 260명을 대상으로 설문을 실시한 결과, 78% 이상이 육아 때 아이에게 스마트폰을 사용하게 한 적이 있다고 응답했습니다. 그 이유로서 전철이나 버스, 레스토랑 등에서 아이가 큰 소리를 지르거나 울음을 그치지 않을 때 등 주위 사람들에게 폐를 끼치지 않게 하려고 생각하여 사용하게 하는 사람이 대부분이었습니다.

하지만 그 한편으로 '아이의 눈이 나빠질 것 같아서 걱정이다', '버릇이 되어 버릴 것 같아서 불안하다'라는 응답도 80%를 넘었습니다. 즉, 어머니는 육아에 스마트폰을 사용하면서도 아이의 성장과 건강, 생활 습관에 끼치는 영향을 걱정하고 있다는 것입니다.

눈은 멀리 있는 것을 보는 것보다 가까이에 있는 것을 보는 쪽이 긴장돼서 피곤해지기 쉽다고 알려져 있습니다. 이 때문에 아이에게 스마트폰을 보여줄 때는 어느 정도 눈에서 떨어져 보여주는 것이 필요합니다. 보여주는 시간은 한번에 15분 정도로 하고 밤에 자기 전에는 보여주지 않도록 주의를 하는 것이 좋겠지요.

31 어머니가 아이에게 스마트폰을 사용하게 하는 것은 어떤 때인가?

1 열차에서 아이와 앉을 자리가 없어서 곤란할 때
2 타고 있는 버스 안에서 아이가 놀고 싶어 할 때
3 주위 사람들에게 너무 폐를 끼쳐 버렸을 때
4 사람이 많이 있는데 아이가 울기 시작했을 때

32 어머니가 스마트폰 사용에 관하여 걱정하고 있는 것은 무엇인가?

1 계속 사용함으로써 눈이 아파지는 것
2 언제 어디서나 사용하려고 하는 것
3 자신의 스마트폰을 갖고 싶어 하는 것
4 친구들과 노는 것에 흥미가 없어지는 것

33 이 글에서는 육아의 스마트폰 이용에 대해 어떻게 말하고 있는가?

1 아이에게 멀리 있는 것을 보여주도록 평소에 주의한다.
2 아이가 긴장해서 피로하지 않도록 하는 것이 중요하다.
3 아이에게 사용하게 할 때는 시간을 정해 사용하게 하는 편이 좋다.
4 스마트폰은 밤보다도 낮에 사용하게 해야 한다.

문제 6 다음 문장을 읽고 질문에 답하세요. 답은 1·2·3·4에서 가장 적당한 것을 하나 고르세요.

요전날 태어나서 처음으로 가부키를 보러 갔다 왔다. 여러 가지 프로그램이 있었는데, 그중에서 선택한 것은 '가부키를 배웁시다'라고 해서 초보자용으로 실시되는 것이었다.

이 프로그램은 처음 30분 동안은 간단한 내용, 표현 방법 등을 공부하고 나머지 1시간 동안 명장면을 직접 보는 것이었다. 실제로 배우가 해 주는 해설은 유머를 포함하면서 매우 알기 쉬웠고, 라이브로 보니 가부키는 역시 대단한 것이었다고 느꼈다. 그동안 어렵다, 비싸다, 길다며 먼 세계의 것이라고 느꼈던 가부키의 세계였지만, 이 프로그램으로 인해 더욱더 가깝게 느껴졌다.

사실 내가 가부키를 보고자 했던 이유가 있다. 일로 인해 해외에 가는 일이 많은데 체류를 하는 중에 만난 사람들이 일본에 관해 물어볼 때마다 자신이 일본의 전통 예능에 대해 무지하다는 것을 깨닫게 되어 창피한 경험을 했기 때문이다.

그리고, 외국인용으로 영어로 설명을 하는 가부키 교실도 정기적으로 행해지고 있다는 것도 알았다. 곧 외국인 친구가 일본에 오니까 꼭 데려가고자 생각하고 있다.

34 이 글에 의하면 '가부키를 배웁시다'라는 프로그램은 어떤 것인가?

1 가부키에 대한 내용을 들은 뒤 직접 경험해 본다.
2 작품의 대체적인 내용을 들은 뒤 명장면을 본다.
3 초보자가 이해하기 쉽도록 제작된 비디오를 본다.
4 초보자용으로 내용을 바꾼 가부키를 본다.

35 이 글을 쓴 사람은 지금까지 가부키에 대해서 어떻게 생각하고 있었는가?

1 처음인 사람들에게는 어려워서 별로 보지 않게 된다.
2 인기가 많아 보고 싶어도 볼 수 없다.
3 누구라도 즐길 수 있는 전통 예능이다.
4 별로 재미없기 때문에 싫어한다.

36 이 사람은 해외에서 어떤 경험을 했는가?

1 말이 통하지 않아 부끄러운 생각이 들었다.
2 해외 문화를 몰라서 슬픈 생각이 들었다.
3 자국의 문화를 몰라서 부끄러운 생각이 들었다.
4 일본의 문화에 흥미가 없는 사람이 많아 슬픈 생각이 들었다.

37 이 사람은 가부키 교실에 대해 앞으로 어떻게 하려고 생각하고 있는가?

1 친구를 데리고 영어로 설명하는 가부키 교실에 간다.
2 친구에게 어떤 가부키 프로그램에 가고 싶은지 물어봐 둔다.
3 친구에게도 자신이 갔던 것과 같은 가부키 프로그램을 추천한다.
4 가부키 프로그램의 날에 맞춰 외국에서 친구를 부른다.

문제 7 오른쪽 페이지는 자전거 보관소의 이용 안내입니다. 이것을 읽고 아래 질문에 답하세요. 답은 1·2·3·4에서 가장 적당한 것을 하나 고르세요.

히가시야마 역 자전거 보관소 이용 안내

2019년도에도 자전거 보관소의 이용 신청 접수를 받습니다. 현재 등록되어 있는 분도 자동적으로 연장이 되지 않기 때문에 재차 신청이 필요합니다.

◎ 이용자: 히가시야마 역까지의 거리가 700미터 이상이고, 통근이나 통학, 통원 등으로 인해 정기적으로 역까지 자전거를 이용하시는 분. 단, 65세 이상인 분은 700미터 이내라도 신청하실 수 있습니다.

◎ 이용 기간과 요금: 1년간/시내 거주자 3,300엔, 시외 거주자 6,600엔

◎ 이용 시간: 6:00~24:00

◎ 신청 방법

- 인터넷 또는 신청서로 신청할 수 있습니다.
- 처음이신 분은 히가시야마 시청 교통안전과, 히가시야마 역 자전거 보관소의 관리인실에서 신청서를 받으므로, 필요한 사항을 기입해서 가져와 주십시오. 매월 1일부터 이용을 개시할 수 있습니다. 이용 개시를 희망하는 달의 이전 달 15일까지 신청 용지와 1년치 이용 요금을 히가시야마 시청 교통안전과에 가져와 주십시오.
- 기한을 연장하실 분은 이용 기간이 종료되는 달의 10일까지, 1년치의 이용 요금을 히가시야마 시청 교통안전과에서 지불해 주십시오.
- 접수 시간

  히가시야마 시청 교통안전과, 평일 9:00~17:00

  히가시야마 역 자전거 보관소 관리인실, 매일 7:00~21:00

◎ 이용하실 때의 주의

- 자전거 보관소 내에서의 사고 및 도난에 대해서는 일절 책임을 지지 않습니다.
- 자전거 보관소 내에서는 담배는 금지입니다.
- 이용 시간 이외에 자전거를 넣거나 꺼낼 수 없습니다.
- 자전거 보관소 이용을 신청한 분에게는 이용자 마크를 드릴 테니, 반드시 자전거 뒤의 보기 쉬운 곳에 붙여 주십시오.
- 자전거 보관소에서는 정해진 장소에 자전거를 두십시오. 지키지 않으면 벌금을 내게 되는 경우도 있습니다.
- 자전거 보관소 내에서는 자전거에서 내려서 통행하십시오.

히가시야마 시청 교통안전과

TEL: 041-675-9888 FAX: 041-675-9889

38 대학생 다카하시 씨는 이 마을에는 살지 않지만, 통학으로 현재 히가시야마 역의 자전거 보관소를 이용하고 있다. 이번 달로 이용 기간이 끝나는데, 다음 달부터도 계속해서 이용하고 싶은 경우 어떻게 해야 하는가?

1 이번 달 10일까지 3,300엔을 시청 교통안전과에 가지고 간다.

2 이번 달 10일까지 6,600엔을 시청 교통안전과에 가지고 간다.

3 이번 달 15일까지 신청 용지와 3,300엔을 시청 교통안전과에 가지고 간다.

4 이번 달 15일까지 신청 용지와 6,600엔을 시청 교통안전과에 가지고 간다.

39 히가시야마 역의 자전거 보관소를 이용할 때, 주의해야 하는 것은 무엇인가?

1 자전거 보관소에서 자전거를 꺼낼 수 없는 시간이 있다.

2 자전거 보관소는 금연이지만 흡연 장소가 있다.

3 자전거 보관소는 자유지만 열쇠는 채워야 한다.

4 자전거 보관소에서 자전거를 탈 때는 천천히 달려야 한다.

2교시 청해

문제 1 문제 1에서는 먼저 질문을 들으세요. 그러고 나서 이야기를 듣고 문제지의 1부터 4 안에서 가장 적당한 것을 하나 고르세요.

1번

SCRIPT

会社で女の人と男の人が話しています。男の人はこれから何を準備しますか。

女：明日の新商品の説明会の準備、もう終わってる？

男：はい、だいたい終わりました。お客さんに渡すものはここにあります。

女：ええと、名刺と新商品のパンフレットと…、それと、注文を受けないといけないから。

男：はい、注文のはがきも準備してあります。

女：ああ、ありがとう。それから、会社の紹介パンフレットをほしがっている方もいるので、それも受付に置いといて。

男：あ、それ、今広報部からもらってくればいいですか。

女：そう、もう準備してあるから話せば渡してくれると思うよ。持ってきて机の上に並べておいて。あっ、それから、飲み物は？

男：もう注文してあるから、明日、私が取りに行きます。

男の人はこれから何を準備しますか。

회사에서 여자와 남자가 이야기하고 있습니다. 남자는 이제부터 무엇을 준비합니까?

여: 내일 신상품 설명회 준비, 이제 끝났어?

남: 네, 대강 끝났습니다. 손님에게 드릴 건 여기에 있습니다.

여: 음, 명함과 신상품 팸플릿과…, 그리고 주문을 받아야 하니까.

남: 네, 주문 엽서도 준비되어 있습니다.

여: 아, 고마워. 그리고 회사 소개 팸플릿을 원하고 있는 분도 있으니까, 그것도 접수처에 놔 둬.

남: 아, 그거 지금 홍보부에서 받아 오면 되나요?

여: 맞아, 이미 준비되어 있을 테니까 말하면 줄 거라고 생각해. 가져와서 책상 위에 진열해 둬. 앗, 그리고 음료는?

남: 이미 주문되어 있으니 내일 제가 가지러 갈게요.

남자는 이제부터 무엇을 준비합니까?

2번

SCRIPT

大学で先生と女の留学生が話しています。女の留学生はこれからどうしますか。

女：あのう、先生、ちょっとご相談したいことがあるんですが。

男：何ですか。

女：日本語の本を読んだり、ドラマをたくさん見たりするんですが、なかなか日本語が上手にならなくて心配です。それで、日本語をもっと使える機会を増やしたいんですが、どうしたらいいでしょうか。

男：うーん、夏休みの日本語教室はどうですか。学校で募集してますよ。

대학에서 선생님과 여자 유학생이 이야기하고 있습니다. 여자 유학생은 이제부터 어떻게 합니까?

여: 저기, 선생님, 좀 상담하고 싶은 게 있는데요.

남: 뭔가요?

여: 일본어 책을 읽거나 드라마를 많이 보는데, 좀처럼 일본어가 능숙해지지 않아서 걱정이에요. 그래서 일본어를 좀 더 사용할 수 있는 기회를 늘리고 싶은데, 어떻게 하면 좋을까요?

남: 음, 여름방학 때 있는 일본어 교실은 어때요? 학교에서 모집하고 있어요.

女：日本語教室はもう申し込んでいるんですけど、希望者が多くて、なかなか入れないんです。

男：そうですか。あ、国際交流センターは？日本人の学生と留学生が一緒に行く旅行がありますが。

女：旅行ですか。参加費が高そうですね。

男：いや、確か留学生は無料だったと思いますよ。そこで、日本人の友達ができたら、日本語で話すチャンスが増えるでしょう。あと、各区役所で行う国際交流の集まりに参加して、日本語が上手になった学生もいました。

女：あ、そういえば、まだ日本人の友達と一緒に旅行に行ったことはないですけど…。

男：じゃ、やっぱり申し込んでみたらどうですか。日本語が上手になるには友達を作るのが一番ですよ。

女：はい、そうします。ありがとうございます。

女の留学生はこれからどうしますか。

여: 일본어 교실은 이미 신청했습니다만, 희망자가 많아서 좀처럼 들어갈 수가 없어요.

남: 그래요? 아, 국제교류센터는요? 일본인 학생과 유학생이 함께 가는 여행이 있는데.

여: 여행이요? 참가비가 비쌀 것 같네요.

남: 아뇨, 분명 유학생은 무료였던 것 같아요. 그곳에서 일본인 친구가 생긴다면 일본어로 말할 기회가 늘겠죠. 그리고 각 구청에서 진행하는 국제교류모임에 참가해서 일본어가 능숙해진 학생도 있었어요.

여: 아, 그러고 보니 아직 일본인 친구와 함께 여행을 간 적은 없긴 한데요….

남: 그럼, 역시 신청해 보면 어때요? 일본어가 능숙해지기 위해서는 친구를 만드는 게 제일이에요.

여: 네, 그렇게 하겠습니다. 감사합니다.

여자 유학생은 이제부터 어떻게 합니까?

1 일본 드라마를 본다
2 일본어 교실을 신청한다
3 여행을 신청한다
4 국제교류모임을 시작한다

3번

SCRIPT

大学で男の学生と女の学生が話しています。男の学生はこの後、レポートのどこを直しますか。

男：先輩、今、時間ありますか。

女：大丈夫。どうしたの？

男：すみませんが、これ、チェックしてもらえませんか。

女：あ、宿題のレポート？いいよ。ちょっと読んでみるね。

男：はい、ありがとうございます。

女：えーと、まずは問題点、次にその事例があるんだね。それから、最後の部分にまとめとして自分の意見を書いたんだね。

男：はい。始めのところがうまく書けなくて悩んでいます。

女：うーん、でも、ここはこれでいいんじゃない？それから、えーと、次は例の部分だね。わかりやすく書いてあると思うけど、事例が一つじゃ少ないような気がするけど。二つか三つくらいはあったほうがいいんじゃない？

男：そうですか。それじゃ、そこは書き直したほうがいいですね。それで、最後の部分はどうですか。変えたほうがいいですか。

대학에서 남학생과 여학생이 이야기하고 있습니다. 남학생은 이 다음에 리포트의 어디를 고칩니까?

남: 선배님, 지금 시간 있으세요?

여: 괜찮아. 무슨 일이야?

남: 죄송한데요, 이거 체크해 주실 수 없을까요?

여: 아, 숙제인 리포트? 그래. 좀 읽어 볼게.

남: 네, 감사합니다.

여: 음, 우선은 문제점, 다음에 그 사례가 있네. 그리고 마지막 부분에 정리로서 자신의 의견을 썼네.

남: 네. 시작하는 곳이 잘 안 써져서 고민하고 있어요.

여: 음, 근데 여기는 이걸로 괜찮지 않아? 그리고 음, 다음은 예 부분이네. 알기 쉽게 쓰여 있다고 생각하는데, 사례가 하나면 적을 것 같은데. 두 개나 세 개 정도는 있는 게 낫지 않을까?

남: 그런가요? 그럼, 거기는 다시 쓰는 게 좋겠네요. 그런데 마지막 부분은 어때요? 바꾸는 게 좋을까요?

女：うーん、最後は問題点に対する意見がよく書けてるし、いいと思うよ。タイトルも合ってるし。

男：ありがとうございます。すぐ直しますね。

男の学生はこの後、レポートのどこを直しますか。

여: 음, 마지막은 문제점에 대한 의견이 잘 쓰여 있고, 괜찮다고 생각해. 제목도 맞고.

남: 감사합니다. 바로 고칠게요.

남학생은 이 다음에 리포트의 어디를 고칩니까?

1 시작 부분

2 사례 부분

3 마지막 부분

4 제목

4번

SCRIPT

電話で料理教室の人と女の人が話しています。女の人は料理教室に何を持っていかなければなりませんか。

男：もしもし、吉田料理教室です。

女：あのう、料理のクラスを予約した若葉ですが。

男：あ、若葉様ですね。ご入会ありがとうございます。入会費の確認ができましたので、会員カードをお送りいたします。

女：実は、持ち物のことなんですが、何を持っていけばいいですか。材料を持っていきますか。

男：いいえ、料理の材料はこちらで用意しております。

女：じゃ、料理の道具は必要ですか。

男：それもこちらで用意します。ただエプロンだけはご持参ということになっています。

女：ああ、はい。わかりました。

女の人は料理教室に何を持っていかなければなりませんか。

전화로 요리 교실의 사람과 여자가 이야기하고 있습니다. 여자는 요리 교실에 무엇을 가지고 가야 합니까?

남: 여보세요, 요시다 요리 교실입니다.

여: 저기, 요리 수업을 예약한 와카바입니다만.

남: 아, 와카바 님이시군요. 가입해 주셔서 감사합니다. 가입비 확인이 되셔서 회원카드를 보내 드리겠습니다.

여: 실은, 소지품 말인데요, 뭘 가져가면 되나요? 재료를 가져가나요?

남: 아니요, 요리 재료는 저희 쪽에서 준비하고 있습니다.

여: 그럼, 요리 도구는 필요한가요?

남: 그것도 이쪽에서 준비합니다. 다만 앞치마만은 지참해 주셔야 합니다.

여: 아, 네. 알겠습니다.

여자는 요리 교실에 무엇을 가지고 가야 합니까?

1 가입비

2 재료

3 요리 도구

4 앞치마

5번

SCRIPT

サークルで女の人と男の人が話しています。男の人はこれからまず何をしますか。

女：ねえ、今日の新入部員の歓迎会、部室ですることに決まってるから、準備手伝って。

男：うん、料理は注文してあるだろ？僕が店に取りに行ってこようか。

女：あ、それはいい。店長が届けてくれると言ったから。それより、歓迎会だから、部室にあるテーブルの位置を変えるのがいいと思うけど。それ、お願いできるかな。

동아리에서 여자와 남자가 이야기하고 있습니다. 남자는 이제부터 먼저 무엇을 합니까?

여: 저기, 오늘 신입부원 환영회, 부실에서 하기로 결정됐으니까 준비 좀 도와줘.

남: 응, 음식은 주문해 놨지? 내가 가게에 가지러 갔다 올까?

여: 아, 그건 괜찮아. 점장님이 배달해 준다고 했으니까. 그것보다, 환영회니까 방에 있는 테이블 위치를 바꾸는 게 좋을 것 같은데. 그거 부탁할 수 있을까?

男：いいよ。料理を置くから、部室の真ん中につけて並べるのがいいよね。

女：うん。あっ、部室の荷物、結構多いけど、みんな入れるかな。

男：そうね。みんな集まると入るの大変かもしれないね。

女：じゃ、部室にある荷物、あれを倉庫に移動しなきゃ、みんなで入るの無理だね。

男：うん。

女：歓迎会が終わるまで、倉庫に置いとこう。

男：わかった。

女：ええっと、私はこれから飲み物を買ってくるから、これを先にお願いね。あ、お皿とコップの用意はもう済んでるよ。

男：うん。じゃ、さっそく始めるね。

女：ありがとう。

男の人はこれからまず何をしますか。

남: 좋아. 음식을 놓을 거니까, 방 가운데에 붙여서 놓는 게 좋겠지?

여: 응. 아, 부실에 짐이 꽤 많은데 모두 들어갈 수 있을까?

남: 그러게. 모두 모이면 들어가는 거 힘들지도 모르겠네.

여: 그럼, 방에 있는 짐, 저걸 창고로 옮기지 않으면 모두 들어가는 건 힘들겠지.

남: 응.

여: 환영회가 끝날 때까지 창고에 놔 두자.

남: 알았어.

여: 자, 난 지금부터 마실 걸 사 올 테니까 이걸 먼저 부탁할게. 아, 접시와 컵 준비는 이미 끝났어.

남: 응. 그럼 바로 시작할게.

여: 고마워.

남자는 이제부터 먼저 무엇을 합니까?

1 음식을 가게에 가지러 간다
2 테이블의 위치를 바꾼다
3 짐을 창고로 옮긴다
4 음료를 사러 간다

6번

SCRIPT

会社で課長が話しています。新入社員は明日何時に会場へ来なければなりませんか。

女：みなさん、一ヵ月間の研修、お疲れさまでした。明日はみなさんが研修で学んだこと、感じたことについて社長の前で発表してもらいます。発表の時間は一人20分です。明日はまず、10時から1時間練習をして、その後で発表を始めます。発表の準備がありますから、練習が始まる30分前に会場に来てください。

新入社員は明日何時に会場へ来なければなりませんか。

회사에서 과장이 말하고 있습니다. 신입사원은 내일 몇 시에 회장으로 와야 합니까?

여: 여러분, 한 달간 연수 받으시느라 수고하셨습니다. 내일은 여러분이 연수에서 배운 것, 느낀 것에 대해서 사장님 앞에서 발표할 것입니다. 발표 시간은 한 사람당 20분입니다. 내일은 우선 10시부터 1시간 연습을 하고, 그 후에 발표를 시작할 것입니다. 발표 준비가 있으니까 연습이 시작되기 30분 전에 회장으로 와 주십시오.

신입사원은 내일 몇 시에 회장으로 와야 합니까?

1 9시 20분
2 9시 30분
3 10시
4 10시 30분

문제 2 문제 2에서는 먼저 질문을 들으세요. 그 후 문제지를 보세요. 읽을 시간이 있습니다. 그러고 나서 이야기를 듣고 문제지의 1부터 4 안에서 가장 적당한 것을 하나 고르세요.

1번

SCRIPT

日本語の学校で帰国する留学生がスピーチをしています。留学生は一番の思い出が何だと言っていますか。

일본어 학교에서 귀국하는 유학생이 스피치를 하고 있습니다. 유학생은 가장 좋았던 추억이 뭐라고 하고 있습니까?

男：日本に来てもう一年が経ちました。来月、僕は国へ帰ります。日本に来たばかりの時、みんなと花見に行って見た初めての桜はとても美しくて忘れられません。夏休みにはクラスの友達と浴衣を着て花火に出かけました。どれもいい思い出ばかりですが、留学生活で最も心に残っていることはやはり冬休みの時、クラスのみんなと温泉に行ったことです。僕の国にはお風呂に入る習慣がないので、お湯に入るのは新鮮な体験でした。そして、みんなとおいしいものを食べながら朝までおしゃべりをしました。将来のこと、悩んでること、いろいろ話しました。卒業試験の前にみんなで集まって勉強したことも大変だったけど、今では楽しい思い出です。

留学生は一番の思い出が何だと言っていますか。

남: 일본에 온 지 벌써 1년이 지났습니다. 다음 달에 저는 고향으로 돌아갑니다. 일본에 온 지 얼마 안 되었을 때 다 같이 꽃구경을 하러 가서 봤던 첫 벚꽃은 아주 아름다워서 잊을 수 없습니다. 여름방학에는 반 친구들과 유카타를 입고 불꽃놀이를 갔습니다. 모두 좋은 추억뿐이지만, 유학 생활에서 가장 기억에 남아 있는 것은 역시 겨울방학 때 반 친구들 모두와 온천에 갔던 것입니다. 우리나라에는 목욕하는 습관이 없어서 따뜻한 물에 들어가는 것은 신선한 체험이었습니다. 그리고 모두와 맛있는 것을 먹으면서 아침까지 수다를 떨었습니다. 장래의 일, 고민하고 있는 것, 여러 가지를 이야기했습니다. 졸업시험 전에 모두 같이 모여 공부한 것도 힘들었지만, 지금은 즐거운 추억입니다.

유학생은 가장 좋았던 추억이 뭐라고 하고 있습니까?

1 봄에 처음으로 벚꽃을 본 것
2 여름방학에 유카타를 입은 것
3 반 친구들과 온천에 간 것
4 시험 전에 친구들과 공부한 것

2번

SCRIPT

男の人と女の人が話しています。女の人は会社に入って何が大変だと言っていますか。

男：先月から出勤してるんだよね。どう？

女：最初、報告書を作成するのが不安だったけど、もう慣れたよ。

男：僕も報告書を一人で作るのが大変だったよ。形式もわからないし、これで内容も合ってるのかとか、いろいろ心配で、毎日仕事が終わってからコンピューターのレッスンを受けてたよ。

女：コンピューターのレッスンか…。私はコンピューターは先輩に教えてもらってるからなんとかなるけど、ただ英語で資料を作成しないといけないから、本当いつも悩むよ。

男：え？英語？英語で作成することになると大変だね。報告書だけでも頭が痛いのに。

女：そうだよ。毎日近くの図書館で英語の勉強をしているけど、書くのはちょっと…。

男：えー、そうなんだ。毎日英語の勉強なんて、木村さんってしっかりしてるね。

女の人は会社に入って何が大変だと言っていますか。

남자와 여자가 이야기하고 있습니다. 여자는 회사에 들어와서 무엇이 힘들다고 하고 있습니까?

남: 지난달부터 출근하고 있지? 어때?

여: 처음에 보고서를 작성하는 게 불안했는데 이제 익숙해졌어.

남: 나도 보고서를 혼자 만드는 게 힘들었어. 형식도 모르겠고, 이걸로 내용도 맞는지 어떤지 여러 가지 걱정돼서 매일 일이 끝나고 나서 컴퓨터 수업을 들었어.

여: 컴퓨터 수업…? 나는 컴퓨터는 선배가 가르쳐 줘서 어떻게든 되고 있는데, 단지 영어로 자료를 작성해야 돼서, 정말로 항상 고민해.

남: 어? 영어? 영어로 작성하게 되면 힘들지. 보고서만으로도 머리가 아픈데.

여: 맞아. 매일 근처 도서관에서 영어 공부를 하고 있는데, 쓰는 건 좀….

남: 아, 그렇구나. 매일 영어 공부라니, 기무라 씨, 야무지네.

여자는 회사에 들어와서 무엇이 힘들다고 하고 있습니까?

1 컴퓨터를 사용하지 못하는 것
2 도서관에서 자료를 찾는 것
3 영어로 보고서를 쓰는 것
4 영어회화 교실에 다니는 것

3번

SCRIPT

テレビでアナウンサーがアンケートの結果について話しています。アナウンサーは今年女の学生が夏休みにしたいことの1位は何だったと言っていますか。

男：夏休みになったら何がしたいですか。今年も、大学の男女約100人にアンケートをした結果が発表されました。男の学生では、海に行くのが人気で5位から2位になりました。一方、女の学生では、ボランティア活動をするという人が去年から急に増えました。今回、一番多かった答えは、男の学生では、今年も1位の海外旅行でした。これに対し、女の学生は語学研修でした。このアンケート、10年前は男女とも、実家に戻るというのが1位でしたが、最近は変わってきているようです。

アナウンサーは今年女の学生が夏休みにしたいことの1位は何だったと言っていますか。

텔레비전에서 아나운서가 설문 결과에 대해 이야기하고 있습니다. 아나운서는 올해 여학생들이 여름방학에 하고 싶은 것 1위는 무엇이었다고 말하고 있습니까?

남: 여름방학이 되면 무엇을 하고 싶습니까? 올해도 대학교 남녀 약 100명에게 설문을 한 결과가 발표됐습니다. 남학생들은 바다에 가는 것이 인기로 5위에서 2위가 되었습니다. 한편 여학생들은 봉사활동을 하겠다고 하는 사람이 작년부터 갑자기 늘었습니다. 이번에 가장 많았던 대답은 남학생들은 올해도 1위인 해외여행이었습니다. 이에 반해 여학생은 어학연수였습니다. 이 설문은 10년 전에는 남녀 모두, 본가로 돌아간다는 것이 1위였습니다만, 최근에는 바뀌고 있는 것 같습니다.

아나운서는 올해 여학생들이 여름방학에 하고 싶은 것 1위는 무엇이었다고 말하고 있습니까?

1 바다에 가는 것
2 봉사 활동
3 어학 연수
4 시골로 돌아가는 것

4번

SCRIPT

男の人と女の人が話しています。女の人がこのノートパソコンを選んだ一番の理由は何ですか。

男：山下さん、そのノートパソコン、新しいものだよね。

女：うん。昨日新しく買ったの。

男：あ、もしかして前、買いたいものがあるって言ってたのってこれ？

女：そう。これどう？いいでしょう。

男：ノートパソコンなのにデザインが面白いね。

女：そうだよ。このデザイン、最高でしょう。四角形に見えないでしょう。

男：え～、本当いいね。でも、ノートパソコン、もう一台持ってるんじゃなかった？

女：うん。でも、それはもう古くなって。新しいの買おうと思って探したら値段もちょうどいいし、サイズもぴったりで…。

男：その色、今流行っているよね。私の妹も同じ色だった。

女：そう？知らなかった。でも、やっぱり買おうと決めたのはこのデザインなんだ。

남자와 여자가 이야기하고 있습니다. 여자가 이 노트북을 선택한 가장 큰 이유는 무엇입니까?

남: 야마시타 씨, 그 노트북 새로운 거지?

여: 응. 어제 새로 샀어.

남: 아, 혹시 전에 사고 싶은 거 있다고 한 게 이거?

여: 맞아. 이거 어때? 괜찮지?

남: 노트북인데 디자인이 재미있네.

여: 맞아. 이 디자인, 최고지? 사각형으로 보이지 않지?

남: 음~, 정말 좋네. 근데 노트북 또 한 대 가지고 있던 거 아니었어?

여: 응. 하지만 그건 이제 낡아져서. 새로운 거 사려고 해서 찾았더니 가격도 딱 괜찮고, 사이즈도 딱 맞아서….

남: 그 색깔 지금 유행하고 있는 거지? 내 여동생도 같은 색이었어.

여: 그래? 몰랐어. 근데 역시 사기로 결심한 건 이 디자인 때문이야.

男：あ～、そうなんだ。ノートパソコンに見えないのが面白いね。

女の人がこのノートパソコンを選んだ一番の理由は何ですか。

남: 아, 그렇구나. 노트북으로 안 보이는 게 재밌네.

여자가 이 노트북을 선택한 가장 큰 이유는 무엇입니까?

1 디자인이 마음에 들었기 때문에
2 사이즈가 딱 맞기 때문에
3 유행하고 있는 색이기 때문에
4 가격이 쌌기 때문에

5번

SCRIPT

男の学生と女の学生が話しています。男の学生は高校生活で何が一番いい思い出だったと言っていますか。

男：もうすぐ卒業だね。この3年間、いろんなことがあったね。

女：そうだね。時間って早いよね。

男：桜井さんは高校生活で、何が一番いい思い出だった？

女：う～ん、そうだね。テニス部に入って、授業の後、みんなで一生懸命練習したこと、アルバイトをしてお金をためて自分の力でケータイを買ったこと、いろいろあるかな。

男：へえ、そうなんだ。

女：高橋さんは？

男：僕は夏休みに友達と旅行をしたことも楽しかったけど、やっぱりスポーツ大会のことだよ。

女：ああ、確か高橋さんが優勝したんだよね。

男：うん、僕はそれが一番いい思い出だよ。

男の学生は高校生活で何が一番いい思い出だったと言っていますか。

남학생과 여학생이 이야기하고 있습니다. 남학생은 고등학교 생활에서 무엇이 가장 좋은 추억이었다고 하고 있습니까?

남: 이제 곧 졸업이네. 요 3년간 여러 가지 일이 있었지.

여: 그러네. 시간 빠르지.

남: 사쿠라이 씨는 고등학교 생활 중에서 뭐가 가장 좋은 추억이었어?

여: 음, 글쎄. 테니스부에 들어가서 수업 끝나고 모두 다 같이 열심히 연습했던 것, 아르바이트를 해서 돈을 모아 내 힘으로 휴대전화를 샀던 것, 여러 가지 있으려나.

남: 아, 그렇구나.

여: 다카하시 씨는?

남: 나는 여름방학 때 친구와 여행을 간 것도 즐거웠었지만…, 역시 스포츠 대회야.

여: 아, 아마 다카하시 씨가 우승했지.

남: 응, 나는 그게 가장 좋은 추억이야.

남학생은 고등학교 생활에서 무엇이 가장 좋은 추억이었다고 하고 있습니까?

1 테니스부에서 자주 연습한 일
2 자신의 힘으로 휴대전화를 산 일
3 친구와 여행을 간 일
4 스포츠 대회에서 우승한 일

6번

SCRIPT

中学校のサッカー部の先生が話しています。これからの試合ではまず何が重要だと言っていますか。

女：先日の試合では負けてしまったけど、惜しい試合だったと思います。みんな走るスピードも速くて、技術も不足していませんでした。しかし、後半にスピードが落ちて試合の流れについていけず、負けてしまいました。

중학교 축구부 선생님이 이야기하고 있습니다. 앞으로의 시합에서는 우선 무엇이 중요하다고 하고 있습니까?

여: 지난번 시합에서는 져 버렸지만, 아쉬운 시합이었다고 생각합니다. 모두 달리는 속도도 빨랐고, 기술도 부족하지 않았습니다. 하지만, 후반에 속도가 떨어져 시합의 흐름을 따라가지 못해서 져 버렸죠.

怪我をした人も出ました。私はみなさんに怪我が多いのが問題だと思います。これは体が硬いからです。それで、今日からは体を柔らかくするトレーニングをします。試合の最後までスピードを落とさないくらい体力をつけることも大切ですが、それより、怪我をしない体を作りましょう。

これからの試合ではまず何が重要だと言っていますか。

부상을 입은 사람도 나왔습니다. 저는 여러분에게 부상이 많은 게 문제라고 생각합니다. 이것은 몸이 굳었기 때문입니다. 그래서 오늘부터는 몸을 부드럽게 하는 훈련을 할 것입니다. 시합 마지막까지 속도를 떨어뜨리지 않을 정도로 체력을 기르는 것도 중요하지만, 그보다 다치지 않는 몸을 만듭시다.

앞으로의 시합에서는 우선 무엇이 중요하다고 하고 있습니까?

1 달리는 속도를 빠르게 한다
2 달리는 기술을 늘린다
3 몸을 부드럽게 한다
4 체력을 기른다

문제 3 문제 3에서는 문제지에 아무것도 인쇄되어 있지 않습니다. 이 문제는 전체로서 어떤 내용인지를 듣는 문제입니다. 이야기 전에 질문은 없습니다. 먼저 이야기를 들으세요. 그리고 나서 질문과 선택지를 듣고 1부터 4 안에서 가장 적당한 것을 하나 고르세요.

1번

SCRIPT

レストランで男の学生と店長が話しています。

男：店長、昨日決めたスケジュールのことですけど。

女：ああ、来月のスケジュール？

男：はい、そうです。

女：うーん、本田さんは月水18時から20時までだったよね。

男：はい。ところが、水曜日ちょうど同じ時間に、学校の先生に論文のことで研究室に呼ばれてしまいまして。遅い時間までかかりそうなんです。

女：あ、でも、昨日、もう決めてるから、スケジュールを変えることはできないんだけど。

男：本当にすみません。他の人と変えようとしたけど、みんなできな言といったので…。何とかできませんか。お願いします。

男の学生が言いたいことは何ですか。

1 アルバイトの時間を変えてほしい
2 アルバイトの日を変えてほしい
3 アルバイトに遅れる
4 アルバイトを辞めたい

레스토랑에서 남학생과 점장이 이야기하고 있습니다.

남: 점장님, 어제 정한 스케줄 말인데요.

여: 아, 다음 달 스케줄?

남: 네, 그렇습니다.

여: 음, 혼다 씨는 월, 수 18시부터 20시까지였지?

남: 네. 그런데 수요일에 마침 같은 시간에 학교 선생님이 논문 때문에 연구실로 불러 버려서요. 늦은 시간까지 걸릴 것 같습니다.

여: 아, 근데 어제 이미 정한 거라 스케줄을 바꿀 수는 없는데.

남: 정말 죄송합니다. 다른 사람과 바꾸려고 했는데, 모두 힘들다고 해서요…. 어떻게든 안 될까요? 부탁드립니다.

남학생이 말하고 싶은 것은 무엇입니까?

1 아르바이트 시간을 바꿔 주길 바란다
2 아르바이트 하는 날을 바꿔 주길 바란다
3 아르바이트에 늦는다
4 아르바이트를 그만두고 싶다

2번

SCRIPT

大学で女の学生と男の学生が話しています。

女：あっ、山田くん、探してたよ。ちょっと話があるんだけど。

男：うん、何？

대학에서 여학생과 남학생이 이야기하고 있습니다.

여: 앗, 야마다, 찾고 있었어. 잠깐 할 얘기가 있는데.

남: 응, 뭔데?

女：ねえ、山田くんって、演劇よく見に行くって言ってたよね。

男：そうだよ。

女：私も、演劇が好きで、演劇クラブに入ってるんだけど、新しく公演する演劇のメンバーが足りなくて。

男：そうなんだ。

女：うちのクラブ、有名な作品を見て感じたことを話し合ったり、直接練習をしてボランティア活動としていろんなところで公演したり、そういう活動をやってるんだけど。

男：へえ、面白そうだね。

女：でしょ？山田くんも、どう？

男：う～ん。

女：すぐ決めなくてもいいから、一度クラブを見学してみたらどう？来週あたりどう？ちょうど福祉施設で公演するけど。

男：そう、わかった。行ってみるよ。

女の学生が言いたいことは何ですか。

1 最新の演劇を紹介してほしい
2 一緒に演劇を作りたい
3 **演劇クラブに入ってほしい**
4 一緒に新しいクラブの見学に行きたい

여: 저기, 야마다는 연극 자주 보러 간다고 했었지?

남: 맞아.

여: 나도 연극을 좋아해서 연극 동아리에 들어갔는데, 새로 공연할 연극 멤버가 부족해서.

남: 그렇구나.

여: 우리 동아리는 유명한 작품을 보고 느낀 것을 서로 이야기하거나 직접 연습해서 봉사활동으로 여러 곳에서 공연하거나 그런 활동을 하는데.

남: 음, 재미있겠네.

여: 그렇지? 야마다도 어때?

남: 음….

여: 바로 결정하지 않아도 되니까, 한번 동아리를 견학해 보면 어때? 다음 주쯤 어때? 마침 복지시설에서 공연하는데.

남: 그래, 알겠어. 가 볼게.

여학생이 말하고 싶은 것은 무엇입니까?

1 최신 연극을 소개해 주길 바란다
2 함께 연극을 만들고 싶다
3 **연극 동아리에 들어오길 바란다**
4 함께 새로운 동아리에 견학을 가고 싶다

3번

SCRIPT

ラジオでスポーツ選手が話しています。

男：怪我で思ったより成績を出せず、続けられないと思って、サッカー選手としての活動を辞めることにしました。自信をなくし、どうしようと思ったとき、目標を持って頑張る若い選手たちの試合を見て、自分もその場所にいたい、その場に立ちたいと思いました。それで、この思いを選手を育てることに充てようと思って、選手を辞めて指導者になることにしました。これまで応援してくださった方たちのためにも新しい気持ちでやっていきたいと思います。

このスポーツ選手が言いたいことは何ですか。

1 選手としての活動を続けるということ
2 サッカーを辞めるということ
3 **指導者になるということ**
4 選手として挑戦するということ

라디오에서 스포츠 선수가 이야기하고 있습니다.

남: 부상으로 생각만큼 성적을 내지 못하고, 계속할 수 없다고 생각해서 축구 선수로서의 활동을 그만두기로 했습니다. 자신감을 잃고 어떡하지 하고 생각했을 때, 목표를 갖고 노력하는 젊은 선수들의 시합을 보고 나도 그곳에 있고 싶다, 그곳에 서고 싶다고 생각했습니다. 그래서 이 마음을 선수를 육성하는 데 돌리고자 선수를 그만두고 지도자가 되기로 했습니다. 지금까지 응원해 주신 분들을 위해서라도 새로운 마음으로 임하겠습니다.

이 스포츠 선수가 말하고 싶은 것은 무엇입니까?

1 선수로서의 활동을 계속하겠다는 것
2 축구를 그만두겠다는 것
3 **지도자가 되겠다는 것**
4 선수로서 도전하겠다는 것

문제 4 문제 4에서는 그림을 보면서 질문을 들으세요. 화살표(➡)의 사람은 뭐라고 말합니까? 1부터 3 안에서 가장 적당한 것을 하나 고르세요.

1번

SCRIPT

本棚の本が読みたいです。先輩に何と言いますか。

1 その本をお借りできますか。
2 その本をお持ちしましょうか。
3 その本をご覧ください。

책장의 책을 읽고 싶습니다. 선배에게 뭐라고 합니까?

1 그 책을 빌릴 수 있을까요?
2 그 책을 들어 드릴까요?
3 그 책을 봐 주세요.

2번

SCRIPT

弟がコンビニへ行きます。この飲み物をもう一つ買ってきてほしいです。何と言いますか。

1 この飲み物、買ってあげようか。
2 これもついでに買って来てくれない？
3 こっちの飲み物も一緒にお願いしない？

남동생이 편의점에 갑니다. 이 음료를 하나 더 사 왔으면 좋겠습니다. 뭐라고 합니까?

1 이 음료, 사 줄까?
2 이것도 가는 김에 사 오지 않을래?
3 이쪽의 음료도 같이 부탁하지 않을래?

3번

SCRIPT

大学の事務室です。ペンを使いたいですが、持っていません。何と言いますか。

1 よかったら、ペンお貸ししましょうか。
2 すみませんが、ペンをお使いください。
3 あのう、ペンをお借りできますか。

대학교 사무실입니다. 펜을 쓰고 싶지만 갖고 있지 않습니다. 뭐라고 합니까?

1 괜찮으시다면, 펜을 빌려 드릴까요?
2 죄송하지만, 펜을 사용해 주세요.
3 저기, 펜을 빌릴 수 있을까요?

4번

SCRIPT

くつを買いました。サイズが合わないので、取り替えてほしいと思います。店の人に何と言いますか。

1 このくつ、取り替えなくてはいけません。
2 このくつ、取り替えてあげましょう。
3 このくつ、取り替えてもらえませんか。

구두를 샀습니다. 크기가 맞지 않아서 교환해 줬으면 좋겠다고 생각합니다. 가게의 사람에게 뭐라고 합니까?

1 이 구두 교환해야 합니다.
2 이 구두 교환해 드립시다.
3 이 구두 교환할 수 없을까요?

문제 5 문제 5에서는 문제지에 아무것도 인쇄되어 있지 않습니다. 먼저 문장을 들으세요. 그러고 나서 거기에 맞는 대답을 듣고 1부터 3 안에서 가장 적당한 것을 하나 고르세요.

1번

SCRIPT

男：あのう、ここでの飲食はご遠慮ください。
女：1 いいえ、大丈夫です。
2 ああ、食べるのは可能ですね。
3 あっ、すみません。

남: 저, 여기서 음식물 섭취는 삼가주세요.
여: 1 아니요, 괜찮습니다.
2 아, 먹는 것은 가능하군요.
3 앗, 죄송합니다.

2번

SCRIPT

女：田中さん、明日の会議は、社長もいらっしゃるから、準備をきちんとするようにね。
男：1 はい、承知しました。
2 たぶん、そうだと思いますが。
3 さっそく準備にとりかかります。

여: 다나카 씨, 내일 회의는 사장님도 오시니까 준비를 제대로 하도록 해요.
남: 1 네, 알겠습니다.
2 아마 그렇다고 생각합니다만.
3 즉시 준비에 돌입하겠습니다.

3번

SCRIPT

男：まだいるの？帰る時、電気消すの、忘れないでね。
女：1 ええ、つけておきました。
2 ああ、よろしくお願いします。
3 はい、わかりました。

남: 아직 있어? 돌아갈 때 불 끄는 거, 잊지 마.
여: 1 네, 켜 두었습니다.
2 아, 잘 부탁드립니다.
3 네, 알겠습니다.

4번

SCRIPT

女：今日の話し合いで出た意見は、木村くんにもきちんと伝えてください。
男：1 えっ、木村が直接発表するんですか。
2 どうぞ、よろしくお願いします。
3 わかりました。話しておきます。

여: 오늘 토론에서 나온 의견은, 기무라에게도 제대로 전해 주세요.
남: 1 앗, 기무라가 직접 발표합니까?
2 아무쪼록 잘 부탁드립니다.
3 알겠습니다. 말해 두겠습니다.

5번

SCRIPT

男：明日の旅行は朝7時出発です。遅れないようにしてください。
女：1 はい、気を付けます。
2 はい、そうしてください。
3 はい、よく気が付きました。

남: 내일 여행은 아침 7시 출발입니다. 늦지 않도록 해 주세요.
여: 1 네, 주의하겠습니다.
2 네, 그렇게 해 주세요.
3 네, 잘 생각이 났습니다.

6번

SCRIPT

女：田村さん、この本、私に戻してくれなきゃね。

男：1　え？ごめん。うっかりした。

2　うん、返したほうがいいよ。

3　早めに返してくれたんだ。

여: 다무라 씨, 이 책, 나에게 돌려줘야 해.

남: 1　어? 미안. 깜빡했어.

2　응, 돌려주는 게 좋아.

3　일찍 돌려줬구나.

7번

SCRIPT

男：今日、佐々木さん遅いね。電話でもした方がいいんじゃない？

女：1　うん。早く来た方がいいよね。

2　それは残念だね。

3　そうだね。かけてみるね。

남: 오늘 사사키 씨 늦네. 전화라도 하는 게 좋지 않아?

여: 1　응. 빨리 오는 게 좋지.

2　그것 참 안됐네.

3　그러게. 전화해 볼게.

8번

SCRIPT

女：あ、山崎さん、新製品の報告書、課長が見たいって。

男：1　じゃ、課長にそう伝えておきます。

2　じゃ、読ませてもらいます。

3　じゃ、会議の後で持っていきます。

여: 아, 야마사키 씨, 신제품 보고서, 과장님이 보고 싶으시대.

남: 1　그럼, 과장님께 그렇게 전해 두겠습니다.

2　그럼, 읽도록 하겠습니다.

3　그럼, 회의 끝나고 가지고 가겠습니다.

9번

SCRIPT

男：高橋さん、もうすぐお客さん来るから、先に会議室の暖房つけとかないと。

女：1　もちろん、つけてください。

2　あっ、すぐつけます。すみません。

3　まだついてるんですか。

남: 다카하시 씨, 이제 곧 손님이 오니까, 먼저 회의실의 난방 켜 둬야 해요.

여: 1　물론, 켜 주세요.

2　앗, 금방 켜겠습니다. 죄송합니다.

3　아직 켜져 있어요?

실전 모의테스트 2회 정답 및 해석

1교시 언어지식(문자·어휘+문법)×독해

|언어지식(문자·어휘)|

문제1 1 2　2 3　3 1　4 3　5 2　6 2　7 1　8 3

문제2 9 3　10 4　11 2　12 3　13 1　14 3

문제3 15 4　16 4　17 3　18 1　19 2　20 3　21 1　22 4　23 1　24 3　25 2

문제4 26 1　27 3　28 2　29 2　30 4

문제5 31 2　32 2　33 2　34 4　35 4

|언어지식(문법)·독해|

문제1 1 4　2 2　3 1　4 1　5 3　6 2　7 3　8 4　9 3　10 2　11 3　12 3　13 4

문제2 14 3　15 1　16 2　17 3　18 4

문제3 19 3　20 2　21 2　22 2　23 1

문제4 24 4　25 2　26 4　27 3

문제5 28 2　29 3　30 1　31 3　32 3　33 4

문제6 34 1　35 3　36 4　37 3

문제7 38 2　39 3

2교시 청해

|청해|

문제1 1 2　2 3　3 3　4 3　5 3　6 3

문제2 1 1　2 4　3 1　4 3　5 4　6 1

문제3 1 1　2 3　3 3

문제4 1 3　2 3　3 1　4 1

문제5 1 1　2 1　3 2　4 2　5 1　6 3　7 3　8 1　9 1

1교시 언어지식(문자·어휘+문법)x독해

| 언어지식(문자·어휘) |

문제 1 ________ 단어의 읽는 법으로 가장 적당한 것을 1·2·3·4에서 하나 고르세요.

1 여기서는 보이지 않지만 뿌리는 깊은 곳에 있다.
2 길고양이에게는 지역 주민의 이해가 필요하다.
3 만화에 열중하여 공부를 할 수 없었습니다.
4 상담할 수 있는 사람이 5명 중 나카이 씨밖에 없습니다.
5 책의 분류는 의외로 간단하다.
6 선물은 항상 세 배로 돌려주려고 생각한다.
7 세탁물을 말릴 시간이 전혀 없습니다.
8 젊은 층이 이 작품을 읽었으면 좋겠다.

문제 2 ________ 단어를 한자로 쓸 때 가장 적당한 것을 1·2·3·4에서 하나 고르세요.

9 일의 역할에 따라 잔업의 양이 정해진다.
10 그는 말의 표현은 서툴지만 일은 잘하는 편이다.
11 공은 곡선을 그리며 떨어져 갔다.
12 학교에서는 협동 생활의 중요함을 배울 수 있다.
13 길에서 곤란해하고 있는 할머니에게 말을 걸어 보았다.
14 여러 책으로 공부했지만, 개인적으로는 이 책을 추천하고 싶다.

문제 3 (　　)에 들어갈 것으로 가장 적당한 것을 1·2·3·4에서 하나 고르세요.

15 나의 집은 저 언덕에 있는 3층 건물인 집이다.
16 이 머그컵은 뚜껑이 있어서 차를 마시는 데 편리합니다.
17 그녀와 이야기한 느낌으로는 평소와 다름없는 것 같습니다.
18 이 강은 시가, 이 산은 나라가 관리하고 있다.
19 일본에서도 세금을 내는 것은 국민의 의무이다.
20 시험이 시작되므로 교과서나 휴대전화는 모두 넣어 주세요.
21 메모를 하지 않으면 깜빡 약속을 잊어버리는 경우가 있다.
22 맑았던 하늘이 어두워지고 갑자기 눈이 내려왔습니다.
23 둘의 관계는 꼭 연애 관계라고는 할 수 없습니다.
24 커브길에서 위험하다고 생각하면 브레이크를 밟아 속도를 줄인다.
25 수입이 안정된 직업에는 무엇이 있을까?

문제 4 ________ 에 의미가 가장 가까운 것을 1·2·3·4에서 하나 고르세요.

26 일본에 온 지 벌써 1년이 지났습니다.
27 틀린 부분만 빨리 다시 적어 주세요.
28 그 가게에는 손님이 전혀 없었다.
29 차를 빌려 돌아다녔습니다.
30 다카하시 선생님의 수업은 매우 지루했다.

문제 5 다음 단어의 사용법으로 가장 적당한 것을 1·2·3·4에서 하나 고르세요.

31 신청
　2 시험 신청 방법이 바뀌었으므로 주의해 주십시오.
32 수상하다
　2 저녁부터 집 앞을 어슬렁거리고 있는 수상한 사람이 있다.
33 던지다
　2 그는 작은 돌을 호수를 향해 던졌다.
34 등장
　4 두근두근하면서 주인공이 등장하는 것을 기다리고 있었다.
35 하늘하늘
　4 바람 때문에 나뭇잎이 한들한들 흔들렸다.

| 언어지식(문법)·독해 |

문제 1 다음 문장의 (　　)에 들어갈 것으로 가장 적당한 것을 1·2·3·4에서 하나 고르세요.

1 졸업 때 친구들로부터의 편지는 매우 기뻤다.
2 이 길은 현재 공사 중이기 때문에 이용하실 수 없습니다.
3 멜론이 먹고 싶어서 일부러 백화점에 들렀는데 멜론은 팔지 않았다.
4 이 요리는 재료를 전자레인지에 데우고 섞는 것뿐이기 때문에 누구든지 실패하지 않고 맛있게 만들 수 있다.
5 추천 받은 영어 회화 교실은 별로 재미있을 것 같지 않아서 등록하지 않기로 했습니다.
6 다나카 "조금 전에 과장님한테 혼났지?"
　하야시 "응, 장난 아니었어."
　다나카 "분명 하야시 씨가 잘못했지만 부장님의 그런 말투는 심하다고 생각하지 않아?"
7 (메일에서)
　"갑작스러운 메일로 실례하겠습니다. 광고를 보고 연락드렸습니다."

8 여동생 "오빠, 안색이 좋지 않은데 감기야?"
오빠 "모르겠는데 기침이 멈추질 않아서."
여동생 "더 심해지기 전에 병원에 가는 게 좋겠다."

9 어머니가 사 온 케이크는 맛있어 보여서 먹고 싶지만 저녁밥을 먹지 못하면 곤란하기 때문에 밤에 먹겠습니다.

10 이 가방은 주머니가 많이 달려 있어서 여행용으로서도 편리하지만 업무용으로도 편리할 것 같아서 사겠습니다.

11 (회사에서)
부장 "가와구치, 회의를 위해 묵을 호텔, 예약했어?"
가와구치 "네. 역에서 걸어서 15분인 곳인데 좀 더 역에서 가까운 편이 좋으시다면 다시 알아보겠습니다."

12 다무라 씨는 3살 때부터 피아노를 계속하고 있고, 세계 대표 피아니스트 10인에 뽑힌 적도 있다.

13 (병원에서)
환자 "선생님, 허리에 좋은 운동을 알려주세요."
의사 "이렇게 해 보면 좋습니다. 일어서서 하는 것이 어렵다면 의자에 앉은 채로 해도 상관없습니다. 이 체조를 하면 허리의 통증이 좋아질 것이기 때문에 계속해 보세요."

문제 2 다음 문장의 ___★___ 에 들어갈 가장 적당한 것을 1·2·3·4에서 하나 고르세요.

14 약속 시간이 20분이나 지났는데, 친구는 아직 오지 않습니다.

15 A "저기, 역 앞에 새로 생긴 레스토랑 알아?"
B "응, 오므라이스가 맛있다고 들은 적은 있는데 간 적은 없어."

16 휘발유 가격이 오른 것은 매일 차를 운전하는 나에게 있어서 큰 문제다.

17 최근 아버지가 활기가 없는 것 같은데 무슨 일이 있었는지 물어봐도 아무것도 대답해 주지 않아 해 드릴 수 있는 것이 없어서 슬프다.

18 그녀는 어릴 때부터 옷에 관련된 일을 하고 싶다고 생각하고 있어서 그 꿈이 잊혀지지 않아 반년 전부터 새로운 일을 찾고 있다고 합니다.

문제 3 다음 문장을 읽고 문장 전체의 내용을 생각하여 [19] 부터 [23] 안에 들어갈 가장 적당한 것을 1·2·3·4에서 하나 고르세요.

아래는 캐나다에서 온 유학생의 작문이다.

혼자 가라오케

여러분은 일본의 가라오케에 가 본 적이 있나요? 저는 노래를 부르는 것을 좋아해서 친구들이나 아르바이트 동료들과 가끔 가라오케에 갑니다. 우리나라에서는 가라오케라고 하면 바(bar)에 가서 여러 사람을 앞에 두고 무대 위에서 혼자 노래하는 것을 말합니다. 이건 너무 떨립니다.

하지만 일본은 개인실에 친구들과 들어가서 노래를 부릅니다. 항상 친구들과 함께 가기 때문에 혼자 계속 노래를 할 수는 없습니다. 그래도 저는 파티 같아서 즐겁습니다.

지난달에 역 앞에 '혼자 가라오케'라는 가게가 새로 문을 열었습니다. 저는 너무 놀랐습니다. 노래를 잘 못 부르더라도 모두 같은 노래를 부르거나 또 몇 점을 딸까 하고 점수를 맞춰 보기도 하면서, 일본의 가라오케는 사람들과 함께 즐기는 것이라고 생각하고 있었기 때문입니다. 다음날 일본인 친구에게 그 가게에 대해 이야기했더니 그는 보통의 가라오케에도 혼자 간다고 해서 더 놀랐습니다. 가라오케에 혼자 간다는 건 생각해 본 적도 없지만, 친구가 혼자 가도 좋다고 해서 저도 혼자 가 보기로 했습니다.

저는 두근두근하면서 가게에 들어가 입구의 기계에 돈을 넣고 방을 골랐습니다. 그 후, 그 방에 들어가 아직 잘 부르지 못하는 일본어 노래를 연습하기도 하고, 좋아하는 노래를 반복해 불렀습니다. 혼자서 여러 노래를 계속해서 자유롭게 부르는 건 기분이 좋았습니다. 가게를 나서니 어느새 3시간이나 지나 있었습니다.

가라오케는 혼자라도 즐거웠습니다. 앞으로 좀 더 가라오케에 가는 일이 늘어날 것 같습니다.

문제 4　다음 (1)부터 (4)의 문장을 읽고 질문에 답하세요. 답은 1·2·3·4에서 가장 적당한 것을 하나 고르세요.

(1) 고토이시 씨의 책상 위에 회사 선배로부터의 메모가 놓여 있다.

> 고토이시 씨에게
>
> 항상 수고하십니다.
> 오늘 신입사원인 한다 씨가 옵니다. 저는 휴가로 인해 한다 씨를 안내할 수 없기 때문에, 고토이시 씨에게 부탁합니다.
> 한다 씨가 9시에 출근하면 간단하게 인사를 하고 먼저 인사과의 야마무라 씨를 불러 주세요. 야마무라 씨의 일이 끝나면 사내를 안내해 주세요.
> 12시 점심은 기도 부장님도 함께하기로 되어 있으니, '레스토랑 바라카'로 안내해서 식사를 해 주세요. 레스토랑은 고토이시 씨의 이름으로 예약되어 있습니다.
> 점심을 마친 후 현장 연수가 있으므로, 영업과로 안내해 주세요. 담당인 아라이 씨에게는 제가 말해 두겠습니다.
> 갑작스러운 부탁으로 죄송하지만 잘 부탁합니다.

24　오후부터 고토이시 씨가 한다 씨를 위해 해야 할 일은 무엇인가?

1　간단하게 인사를 하고 인사과의 야마무라 씨를 불러 온다.
2　인사과의 일이 끝나기를 기다리고, 사내를 안내한다.
3　기도 부장님에게 소개를 하고 레스토랑을 12시에 예약한다.
4　레스토랑에서 식사를 하고, 영업과에 데려간다.

(2) 이것은 다무라 씨가 쓴 메모이다.

> 유학 설명회 준비의 메모
>
> 일시·장소: 10월 15일(화) 14시~ · 학생회관 2층 대강의실
> 사회: 간다 씨와 김 씨에게 부탁한다. (이달 말까지)
> 자료: 당일 몇 장 준비하는지는 접수 종료를 기다린 후 결정한다.
> 설문 조사: 당일 진행하는 참가자 설문조사의 내용은 다음 회의에서 논의한다.
> 유학 설명: 유학하는 학교 담당자에게 직접 소개한다.
> (소개하는 내용을 당일 오전 중에 재확인)
> 접수 확인: 10월 10일 접수 종료. 인원수 확인은 10월 11일에 가서 보고한다.
> 도시락 준비: 당일 설명회가 시작되기 전에 유학하는 학교 담당자에게 도시락을 배부한다.
> (전날 밤까지 근처 슈퍼에 예약할 것)

25　10월 15일에 다무라 씨가 할 일은 어떤 것인가?

1　간다 씨와 김 씨에게 설명회의 사회를 부탁하고 자료를 준비한다.
2　유학 소개 내용을 다시 한 번 확인하고 참가자들에게 설문지를 배부한다.
3　접수 확인을 하고 나서 몇 명이 참가하는지 학교 담당자에게 보고한다.
4　대학 근처 슈퍼에 도시락을 주문하여 참가자 전원에게 배부한다.

(3)

일본에 온 지 벌써 3년. 처음 사귄 친구의 이름은 'まなぶ'였다. 'まなぶ'라고 하면 모두 '学'를 떠올리는 사람이 많다. 그러나 그의 이름은 히라가나다. 일본인의 이름은 한자를 사용한 것이 많아서 히라가나만으로 이루어진 이름은 드물다고 한다. 어렸을 때부터 스스로 쓸 수 있기 때문에 그렇게 했나 보다 하고 그에게 물어보았다. 그러자 히라가나로 하면 부드러운 느낌이 들기 때문에 그의 할아버지께서 지어주셨다고 한다. 잘못 읽을 일도 없고 기억하기 쉽다는 좋은 점도 있을 것이다. 히라가나로 된 것도 좋구나 하고 생각했다.

26 그의 이름은 히라가나다라고 하는데 그것은 어째서인가?

1 잘못 읽을 일이 없기 때문에
2 어렸을 때부터 스스로 쓸 수 있기 때문에
3 기억하기 쉽기 때문에
4 부드러운 느낌이 들기 때문에

(4) 이것은 '관광학개론' 수업에서 배부된 프린트이다.

'관광학개론' 수업을 수강하고 있는 학생 여러분.

5월 1일 수업에서는 스페인 마드리드 대학에서 국제관광을 전문으로 연구하고 있는 알토 카노르 선생님께서 '국제관광의 미래'에 대해 이야기를 해 주십니다. 해외 관광 관련 회사, 특히 여행사에서 일해 보고 싶다고 생각하고 있는 학생들에게는 공부가 될 것이라고 생각합니다. 타 학부의 학생도 참가할 수 있도록 할 것이기 때문에 교실은 1140호실로 바뀝니다. 이곳은 이번에 새로 지어진 건물 4층입니다. 모두 늦지 않게 와 주십시오.

알토 선생님의 이야기 후 출석 확인과 200자 이내의 간단한 감상문을 받을 것이기 때문에 이야기 후 여러분은 자리에 남아 주십시오.

'국제경제학' 마츠모토 사토시

27 5월 1일 수업에 대해 이 프린트에서 알 수 있는 것은 어떤 것인가?

1 '관광학개론' 수업을 수강하고 있는 학생이 참가할지 안 할지는 자유다.
2 여행사에서 일해 보고 싶다고 생각하고 있는 학생 이외의 참가는 자유다.
3 '관광학개론' 수업을 수강하고 있는 학생은 그날 감상문을 쓸 필요가 있다.
4 여행사에서 일해 보고 싶다고 생각하고 있는 학생만 그날 감상문을 쓸 필요가 있다.

문제 5 다음 (1)부터 (2)의 문장을 읽고 질문에 답하세요. 답은 1·2·3·4에서 가장 적당한 것을 하나 고르세요.

(1)

내가 경영하고 있는 슈퍼가 지금 힘을 쏟고 있는 것은 이동식 슈퍼이다. 물건을 트럭에 싣고 가게가 별로 없는 불편한 지역을 돌고 있다. 우리를 기다려 주는 것은 독신자나 고령자 시설의 노인들이다. 전화를 받고 자택에 배달하는 서비스도 하고 있지만 이용은 적고 ①노인들은 이동식 슈퍼에 모인다. 분명 실제로 상품을 보고 고르고, 바구니에 넣는 조금 두근두근하는 기분을 맛보고 싶은 것이겠다.

특히 ②여성들 쪽이 생기 넘치게 장을 본다. 오랜 주부로서 장을 볼 때의 감각이 돌아오는 것일지도 모르겠다.

사실은 이동식 슈퍼는 준비가 매우 힘들다. 그날 날씨에 맞춰 팔릴 것 같은 것을 고르지 않으면 안 된다. 그래도 계속하고 있는 것은 노인분들에게 '장보기'라는 즐거움 하나를 제공하고 싶기 때문이다. 앞으로도 노인들의 많은 웃는 얼굴을 만나기를 희망한다.

28 ①노인들은 이동식 슈퍼에 모인다고 하는데 어째서인가?

1 인터넷으로 사면 배송료가 들기 때문에
2 물건을 손으로 집어 고르고 싶기 때문에
3 전화 주문은 접수하고 있지 않기 때문에
4 가게까지 걷는 편이 건강에 좋기 때문에

29 ②여성들 쪽이 생기 넘치게 장을 본다고 하는데 이유는 무엇인가?

1 세련된 옷이나 화장품을 살 수 있기 때문에

2 점원과 수다 떠는 것이 즐겁기 때문에

3 옛날 감각을 회상하기 때문에

4 다른 가게보다 싸서 이득이기 때문에

30 이 글을 쓴 사람이 바라고 있는 것은 무엇인가?

1 노인들이 장보기를 즐기는 것

2 고령자뿐인 지역이 줄어드는 것

3 이동식 슈퍼가 벌이가 되는 비즈니스라는 것

4 남성 노인들도 장보기의 기쁨을 아는 것

(2)

최근 경기가 나빠지고 그것과 함께 수입이 줄어 절약이 필요하게 된 가정이 많다고 한다.

그래서 어떤 신문사에서 그것에 대한 설문조사를 한 결과가 발표되었다. 현재 9할의 가정이 무엇인가를 절약하고 있고 ①첫 번째로는 식비라고 한다. 그 이유는 식비의 절약 방법에 대한 정보가 많기 때문에 하기 쉬워서라고 한다. ②그 방법에는 외식을 줄인다는 간단한 방법을 비롯하여 광고를 비교하여 싼 곳을 찾거나 같은 재료로 다양한 요리를 만든다거나 하는 것도 있었다. 또 필요하지 않은 것을 사지 않기 위해 배가 고플 때는 장을 보러 가지 않는다는 재미있는 것도 있다.

실제로 절약을 실행하고 있는 사람으로부터 '궁리하는 중에 요리 솜씨가 늘어 잘 못 한다는 의식이 없어졌다'든지 '가족이 모여 식사를 하게 되어 대화가 늘었다'라는 결과가 나왔다고 한다. 절약은 생활에 여유가 없다고 하는 부정적인 이미지가 있지만 의외로 재미있다는 생각을 가진 사람도 많은 것 같다. '필요하지 않게 되어도 절약을 계속하겠다'라고 대답한 사람이 많은 것도 그것을 느낀 사람이 많기 때문일 것이다.

31 ①첫 번째로는 식비라고 하는데 어째서인가?

1 생활비의 9할이 식비이기 때문에

2 평소에 낭비되는 음식이 많기 때문에

3 절약 방법에 대한 정보를 얻기 쉽기 때문에

4 식품회사가 가격 인하 경쟁을 하기 때문에

32 ②그 방법이라고 하는데 바른 것은 어떤 것인가?

1 식사는 대체로 밖에서 해결한다.

2 먹을 만큼 만든다.

3 장보기 전에 가격을 비교한다.

4 요리는 부족하지 않게 만든다.

33 이 글에 의하면 일반적으로 절약에는 어떤 인상이 있는가?

1 노력해도 좋은 결과가 되지 않는다.

2 하기 위해서는 강한 의지가 필요하다.

3 생활에 여유가 있는 사람이 하는 것이다.

4 여유가 없고 인내가 필요하다.

문제 6 다음 문장을 읽고 질문에 답하세요. 답은 1·2·3·4에서 가장 적당한 것을 하나 고르세요.

최근 젊은 사람들이 과일을 먹지 않는 문제가 심각하다고 하는 뉴스를 보았습니다. 외국에서는 과일은 채소처럼 먹습니다. 그에 비해 일본에서는 과일은 채소와 다르게 취급되고 있습니다.

어느 조사에 따르면 ①과일을 먹지 않는 이유는 가격이 비싸고, 가공한 과일 쪽이 맛있고, 그리고 껍질을 벗기거나 자르는 데 시간이 걸려서 싫기 때문이라고 합니다.

그래서 어느 과일가게가 많은 과일을 딸기처럼 장식한 케이크를 팔기 시작했습니다. 그 과일가게가 사용한 것은 농가로부터 싸게 산 ②상처가 있는 과일입니다. 일본에서는 과일이 예쁘지 않으면 팔리지 않지만, 자연환경에서 자란 상처가 있는 과일은 스스로 그 상처를 치유하려고 하는 힘이 있어 실제로 비타민이 많이 들어있다고 합니다. 보통은 큰 동그란 케이크에 과일을 얹는데, 이 가게에서는 1인분으로 자른 작은 케이크 위에 과일을 듬뿍 얹습니다. 그날 들어온 양이나 종류에 맞춰 장식하기 때문에 낭비가 없다고 합니다. 이 케이크는 어느 여성이 그 사진을 인터넷에 올림으로써 젊은 여성들 사이에 퍼져 이제는 줄을 설 정도로 ③인기 상품이 되었습니다.

과일가게는 열심히 케이크를 촬영하고 있는 여성 고객의 모습에 놀랐습니다만, 그것이 계기가 되어 과일을 먹어 주면 좋겠다고 생각하고 있습니다.

34 ①과일을 먹지 않는 이유라고 하는데 그 이유는 무엇인가?

1 먹는 것이 귀찮기 때문에
2 다른 디저트 쪽이 맛있기 때문에
3 혼자서는 다 먹지 못하기 때문에
4 주스를 사는 쪽이 편하기 때문에

35 ②상처가 있는 과일이라고 하는데 어떤 과일인가?

1 환경에 적응하기 위해 커진 것
2 상처를 치유하기 위해 수분이 많이 포함되어 있는 것
3 강하게 자라서 비타민이 듬뿍 있는 것
4 상처가 없는 것보다 신 것

36 어째서 케이크는 ③인기 상품이 되었다고 말하고 있는가?

1 이름이 재미있다고 화제가 되었기 때문에
2 가게가 케이크를 선전했기 때문에
3 줄 서는 가게로 텔레비전에 나왔기 때문에
4 어느 고객이 인터넷에서 소개했기 때문에

37 이 글을 쓴 사람은 지금 어떻게 생각하고 있는가?

1 인터넷의 영향력이 커졌으면 좋겠다.
2 케이크를 위해 몇 시간이나 기다리고 있었으면 좋겠다.
3 가게의 케이크에 의해 과일을 먹었으면 좋겠다.
4 케이크가 더 많이 팔렸으면 좋겠다.

문제 7 오른쪽 페이지는 요리교실에서 배부된 프린트입니다. 이것을 읽고 아래 질문에 답하세요. 답은 1·2·3·4에서 가장 적당한 것을 하나 고르세요.

< 크리스마스 케이크를 만들어 봅시다 >

● 활동 내용: 12월 1일부터 12월 24일까지 6회의 수업에서는 4개의 그룹으로 나누어 크리스마스 케이크를 만듭니다. 그룹마다 빵 만드는 법을 공부하거나 실제로 만들거나 합니다. 마지막 회에서는 완성한 크리스마스 케이크를 클래스에서 먹습니다.

● 활동 장소: 201호실과 주방

* 스케줄 표에서 ☆★마크가 붙어있는 날에 주방을 이용할 수 있습니다.
* 주방은 사용 시간을 전반과 후반으로 나누어 2그룹씩 사용합니다.

	전반 9:00~12:00	후반 13:00~15:00
☆날	그룹 A, B	그룹 C, D
★날	그룹 C, D	그룹 A, B

* 주방을 이용하는 날에도 수업 맨 처음에는 201호실에 모여 주세요.

● 스케줄

	월일	활동내용	주방 이용
①	12월 1일	그룹을 정하고 케이크를 만드는 방법을 공부합시다	사용 안 함
②	12월 7일	각 그룹에서 케이크 빵을 만든다	☆
③	12월 8일		★
④	12월 15일	각 그룹에서 다양한 케이크를 만든다	☆
⑤	12월 16일		★
⑥	12월 24일	크리스마스 케이크를 만들고 모두 함께 먹는다	다 함께 사용함

수업 시간 내에 만든 케이크는 어떤 케이크를 만들지 1일 전날까지 디자인을 써서 보여 주세요. 문제는 없는지 확인합니다.

38 메구미 씨는 '크리스마스 케이크를 만들어 봅시다'라는 그룹 활동에서 그룹 C가 되었다. 그룹 C가 제일 먼저 주방을 이용할 수 있는 것은 몇 월 며칠 몇 시부터인가?

1 12월 7일 9:00부터
2 12월 7일 13:00부터
3 12월 8일 9:00부터
4 12월 8일 13:00부터

39 그룹 A의 사람은 크리스마스 케이크 디자인을 언제 선생님에게 보여 줘야 하는가?

1 12월 15일

2 12월 16일

3 12월 23일

4 12월 24일

2교시 청해

문제 1 문제 1에서는 먼저 질문을 들으세요. 그러고 나서 이야기를 듣고 문제지의 1부터 4 안에서 가장 적당한 것을 하나 고르세요.

1번

SCRIPT

会社で男の人と女の人が話しています。男の人はこれからどうしますか。

女：田中さん、どうしたんですか。顔色が悪いですね。

男：ええ、昨日から体の調子が良くないんです。

女：薬は？病院は行きましたか。

男：まだです。仕事の後に行こうと思って。

女：でも、ひどくならないうちに病院に行った方がいいと思います。

男：では、悪いけど、今日はこれで先に帰ってもいいですか。

女：もちろん、いいです。じゃ、この後の仕事は私がやっておきましょうか。

男：ありがとうございます。でも、これはもう終りましたから。

女：はい。では、お大事に。

男の人はこれからどうしますか。

회사에서 남자와 여자가 이야기하고 있습니다. 남자는 지금부터 어떻게 합니까?

여: 다나카 씨, 무슨 일이세요? 안색이 좋지 않네요.

남: 네, 어제부터 몸이 안 좋아요.

여: 약은요? 병원은 갔어요?

남: 아직이에요. 일 끝나고 가려고요.

여: 하지만 심해지기 전에 병원에 가는 게 좋을 것 같아요.

남: 그럼, 죄송하지만, 오늘은 이만 먼저 돌아가도 될까요?

여: 물론 괜찮아요. 그럼 이 다음 일은 제가 해 둘까요?

남: 감사합니다. 근데 이건 이미 끝나서요.

여: 네. 그럼 몸조리 잘하세요.

남자는 지금부터 어떻게 합니까?

1 병원에 가게 한다

2 컨디션이 나쁘기 때문에 돌아간다

3 쉬지 않고 일을 계속한다

4 여자에게 일을 부탁한다

2번

SCRIPT

女の学生と男の学生が話しています。女の学生はレポートのどこを直しますか。

女：あのう、星野くん、経済学のレポートを書いたんだけど、ちょっと見てくれない？

男：あ、もう書いたんだ。まだ時間あるのに。早いね。

女：タイトルはこれでいいよね。

男：うーん、これでいい。

女：ありがとう。

여학생과 남학생이 이야기하고 있습니다. 여학생은 리포트의 어디를 고칩니까?

여: 저기, 호시노, 경제학 리포트를 썼는데, 좀 봐 주지 않을래?

남: 아, 벌써 썼구나. 아직 시간 있는데. 빠르네.

여: 제목은 이걸로 괜찮지?

남: 음, 이걸로 괜찮아.

여: 고마워.

男：他は、表紙に名前と学生番号も書いてあるし。あ、でも名前は苗字も一緒に書くものだよ。それから、科目名も合ってるし。これで800字ぐらいだよね。

女：うん、レポートは1,000字以内だと言ったから。

男：だったら、これもオッケー。じゃ、さっきのところだけ直せばいいよね。

女：ありがとう。

女の学生はレポートのどこを直しますか。

남: 나머진 표지에 이름과 학생 번호도 적혀 있고. 아, 그런데 이름은 성도 같이 쓰는 거야. 그리고 과목명도 맞고, 이걸로 800자 정도지?

여: 응, 리포트는 1,000자 이내라고 했으니까.

남: 그렇다면, 이것도 OK. 그럼 아까 그 부분만 고치면 되겠네.

여: 고마워.

여학생은 리포트의 어디를 고칩니까?

1 제목
2 학생번호
3 이름
4 글자 수

3번

SCRIPT

日本語の授業で先生が話しています。学生はこの後、まず何をしますか。

女：みなさん、明日は和服について勉強します。和服にも種類がたくさんあるので、いろいろ調べたり、和服売り場に行って直接見る人もいると思います。これから紙を配りますので、明日の授業の前に、和服について知りたいことを書いてください。明日、みなさんが書き出した内容について話し合いましょう。

学生はこの後、まず何をしますか。

일본어 수업에서 선생님이 이야기하고 있습니다. 학생들은 이후에 먼저 무엇을 합니까?

여: 여러분, 내일은 일본 옷에 관해 공부하겠습니다. 일본 옷에도 종류가 많이 있으므로 여러 가지를 조사하거나 일본 옷 매장에 가서 직접 보는 사람들도 있을 것입니다. 지금부터 종이를 나눠 드릴 테니 내일 수업 전에 일본 옷에 대해 알고 싶은 것을 적어 주세요. 내일 여러분이 써 낸 내용에 대해 서로 이야기합시다.

학생들은 이후에 먼저 무엇을 합니까?

1 일본 옷에 대해 여러 가지를 조사한다
2 일본 옷 매장에 가 본다
3 일본 옷에 대해 알고 싶은 것을 쓴다
4 일본 옷에 대해 옆 사람과 서로 이야기한다

4번

SCRIPT

女の人が留守番電話のメッセージを聞いています。女の人はメッセージを聞いた後、まず何をしなければなりませんか。

男：もしもし。同じゼミの鈴木なんだけど。週末のゼミ旅行のことなんだけど、先週の話し合いでハイキングすることになったんだ。でも今週末はちょっと天気が悪そうなんだ。それで行くか、延期するか決めないといけないから、みんなで集まって話し合いたいんだ。今日の授業の後、その場で集まって決めたいんだけど、来られるかどうか教えて。このメッセージ聞いたらすぐ連絡くれる？それと行く場合、お昼の準備を手伝ってほしいんだけど、それについてはまた相談するね。

여자가 부재중 메시지를 듣고 있습니다. 여자는 메시지를 들은 후 먼저 무엇을 해야 합니까?

남: 여보세요. 같은 세미나의 스즈키인데. 주말에 가는 세미나 여행 말인데, 지난주 논의 때 하이킹을 하기로 했어. 근데 이번 주말은 날씨가 조금 안 좋을 것 같아. 그래서 갈지 연기할지 결정해야 하니까, 모두 모여서 의논하고 싶어. 오늘 수업 후에 그 자리에서 모여서 결정하고 싶은데 올 수 있을지 알려 줘. 이 메시지 들으면 바로 연락 줄래? 그리고 가는 경우, 점심 준비를 도와줬으면 좋겠는데, 그것에 대해서는 다시 상담할게.

女の人はメッセージを聞いた後、まず何をしなければなりませんか。

여자는 메시지를 들은 후 먼저 무엇을 해야 합니까?

1 하이킹에 대해 이야기한다
2 모두 함께 수업에 간다
3 남자에게 연락을 한다
4 점심 준비를 돕는다

5번

SCRIPT

会社で男の人と女の人が話しています。男の人はこれからまず何をしなければなりませんか。
女：課長、ちょっと、お時間大丈夫ですか。
男：うん、いいよ。
女：来月の新入社員募集のポスターを作っていますが、ちょっと見ていただけませんか。
男：あ、前の会議で決まったことだよね。
女：はい。ポスターの用紙は会議で出た話のとおり、この色にしました。そして、何か絵とか写真も載せたいと思うんですけど。
男：そう。
女：社員旅行で撮ったみんなが写ってる写真はどうですか。
男：うん、それいいね。
女：社内の雰囲気が新入社員にわかるのがいいかなと思っていますが、この中から選んでいただけませんか。この写真は企画部から撮ってもらったものをいただきました。
男：あ、そう。
女：ポスターができたら今週末、広告部に渡して印刷しようと思います。
男の人はこれからまず何をしなければなりませんか。

회사에서 남자와 여자가 이야기하고 있습니다. 남자는 지금부터 먼저 무엇을 해야 합니까?
여: 과장님, 잠깐 시간 괜찮으세요?
남: 응, 괜찮아.
여: 다음 달에 있을 신입사원 모집 포스터를 만들고 있는데, 좀 봐 주시겠어요?
남: 아, 저번 회의에서 결정된 거지?
여: 네. 포스터의 용지는 회의에서 나온 이야기대로 이 색으로 했어요. 그리고 뭔가 그림이나 사진도 싣고 싶은데요.
남: 그래.
여: 사원 여행에서 찍은 모든 사람이 나오는 사진은 어떨까요?
남: 응, 그거 괜찮겠네.
여: 사내 분위기를 신입사원들이 알면 좋겠다고 생각하는데, 이 중에서 골라 주시겠어요? 이 사진은 기획부에서 찍은 것을 받았어요.
남: 아, 그래.
여: 포스터가 만들어지면 이번 주말에 광고부에 넘겨 인쇄하려고 해요.
남자는 지금부터 먼저 무엇을 해야 합니까?

1 포스터 용지의 색을 정한다
2 포스터에 그림을 그린다
3 포스터에 실을 사진을 고른다
4 포스터를 인쇄한다

6번

SCRIPT

会社で男の人と女の人が話しています。女の人はこの後、何をしなければなりませんか。
男：2時からの会議、準備はできた？
女：はい。こちら、頼まれていた資料のコピーです。

회사에서 남자와 여자가 이야기하고 있습니다. 여자는 이후에 무엇을 해야 합니까?
남: 2시부터의 회의, 준비는 됐어?
여: 네. 여기 부탁하신 자료의 복사본입니다.

男：あっ、ありがとう。会議室は何時まで予約した？
女：1時半から4時で予約いたしました。
男：うん、そのぐらいでいいだろう。それと、始まる前にエアコンをつけておいて。今日暑いから。
女：はい、会議の時はお茶を出した方がいいでしょうか。
男：うん、お茶の準備は中田さんにお願いしよう。僕から頼んでおくよ。
女の人はこの後、何をしなければなりませんか。

남: 아, 고마워. 회의실은 몇 시까지 예약했어?
여: 1시 반부터 4시로 예약했습니다.
남: 응, 그 정도로 괜찮겠지. 그리고 시작하기 전에 에어컨을 켜 놔 줘. 오늘 더우니까.
여: 네, 회의 때는 차를 내 가는 것이 좋을까요?
남: 응, 차 준비는 나카다 씨에게 부탁하자. 내가 부탁해 둘게.
여자는 이후에 무엇을 해야 합니까?

1 자료를 복사한다
2 방을 예약한다
3 에어컨을 켠다
4 차 준비를 한다

문제 2 문제 2에서는 먼저 질문을 들으세요. 그 후 문제지를 보세요. 읽을 시간이 있습니다. 그러고 나서 이야기를 듣고 문제지의 1부터 4 안에서 가장 적당한 것을 하나 고르세요.

1번

SCRIPT

男の人と女の人が話しています。女の人はどうして最近、テニス教室に通い始めましたか。
男：吉村さん。最近、テニス教室に通ってるんだって？
女：うん、小学校のころ、少し習ったことがあるんだけど、最近少し太りぎみでね。テニスをすると結構体力もつくし、ダイエットにもいいから。
男：ああ、走るのはやせるのにいいって言うからね。で、教室は楽しい？
女：うん。もうすぐアマチュアの試合があるんだけど、参加しようと思って頑張ってやってる。
男：え～、いつ通ってるの？
女：週末の朝。意外と会社員も多くて、友だちもできたよ。
男：それはいいね。
女の人はどうして最近、テニス教室に通い始めましたか。

남자와 여자가 이야기하고 있습니다. 여자는 왜 최근에 테니스 교실에 다니기 시작했습니까?
남: 요시무라 씨. 요즘 테니스 교실에 다니고 있다면서?
여: 응, 초등학교 때, 조금 배운 적이 있는데, 최근 약간 살찐 것 같아서. 테니스를 하면 상당히 체력도 붙고, 다이어트에도 좋으니까.
남: 아, 달리는 건 살 빠지는 데 좋다고 하니까. 그래서 교실은 즐거워?
여: 응. 이제 곧 아마추어 시합이 있는데, 참가하려고 생각해서 열심히 하고 있어.
남: 와~, 언제 다녀?
여: 주말 아침. 의외로 회사원도 많아서 친구도 생겼어.
남: 그거 좋네.
여자는 왜 최근에 테니스 교실에 다니기 시작했습니까?

1 다이어트에 좋기 때문에
2 체력을 기르고 싶기 때문에
3 시합에 참가하고 싶기 때문에
4 친구를 만들고 싶기 때문에

2번

SCRIPT

駅のホームで男の人と女の人が話しています。二人はこの後、まず何をしますか。
女：ああ、電車が。

역의 플랫폼에서 남자와 여자가 이야기하고 있습니다. 두 사람은 이후에 먼저 무엇을 합니까?
여: 아, 전철이.

男：ああ、行っちゃいましたね。この駅は、特急は止まらないから、次の電車まで20分もありますね。

女：座る場所もないし、寒いし、ここで20分も待つのは…。

男：ここからはバスはないし、タクシーに乗りましょうか。

女：でも、タクシーもすぐ来るかどうかわからないし、歩くのは結構かかるよね。

男：ええ…。

女：あっ、改札のところに食堂あったよね。

男：はい。

女：もうすぐ昼だし、なんか食べてるうちに電車が来ると思うから。とりあえず、あそこに行こう。

男：そうしましょう。

二人はこの後、まず何をしますか。

남: 아, 가 버렸네요. 이 역은 특급 전철은 서지 않으니까 다음 전철까지 20분이나 남았네요.

여: 앉는 장소도 없고, 춥고, 여기서 20분씩이나 기다리는 건….

남: 여기서는 버스도 없고, 택시를 탈까요?

여: 그런데 택시도 바로 올지 어떨지도 모르고, 걷는 건 꽤 걸리지.

남: 네….

여: 앗, 개찰구 쪽에 식당 있었지?

남: 네.

여: 이제 곧 점심이고 뭔가 먹는 동안에 전철이 올 거 같으니까. 일단 저기에 가자.

남: 그렇게 하죠.

두 사람은 이후에 먼저 무엇을 합니까?

1 역의 플랫폼에서 기다린다
2 회사까지 걸어간다
3 택시를 부른다
4 식사를 한다

3번

SCRIPT

会社で男の人と女の人が話しています。女の人はよく眠るために最近、何を始めましたか。

男：あのさ、最近顔色いいね。

女：ああ、よく寝てる。

男：よく眠るために何かやってる？

女：うん、実は３ヵ月ぐらい前から寝る前に30分ほど走ることにしているの。その前はジムに通ってた時期もあったんだけど、やっぱり時間もなかなか取れないし、お金がかかるからやめたの。

男：寝る前？残業で遅くなる時もあるし、大変でしょう。

女：もちろん仕事の後はちょっと大変だけど、運動してるおかげで最近は夜、よく寝られるようになったの。そして朝ご飯もきちんと食べられるようになったし。

男：そうなんだ。いいことばっかりだね。僕も何か始めよう。

女の人はよく眠るために最近、何を始めましたか。

회사에서 남자와 여자가 이야기하고 있습니다. 여자는 잘 자기 위해 최근에 무엇을 시작했습니까?

남: 저기, 요즘 안색이 좋네.

여: 아, 잘 자고 있어.

남: 잘 자기 위해서 뭔가 하고 있어?

여: 응, 실은 3개월 정도 전부터 자기 전에 30분 정도 달리도록 하고 있어. 그전에는 스포츠 센터에 다녔던 시기도 있었는데, 역시 시간도 좀처럼 내기 힘들고, 돈도 드니까 그만뒀어.

남: 자기 전에? 야근때문에 늦어질 때도 있고, 힘들잖아.

여: 물론 일한 후는 좀 힘들지만, 운동한 덕분에 최근에는 저녁에 잘 잘 수 있게 되었어. 그리고 아침밥도 제대로 먹을 수 있게 되었고.

남: 그렇구나. 좋은 일뿐이네. 나도 뭔가 시작해 봐야지.

여자는 잘 자기 위해 최근에 무엇을 시작했습니까?

1 자기 전에 가볍게 달린다
2 일이 끝난 후에 스포츠 센터에 다닌다
3 일을 빨리 끝낸다
4 아침밥을 제대로 먹는다

4번

SCRIPT

家で、姉と弟が話しています。お父さんの誕生日の日に、何をすることにしましたか。

男：お姉ちゃん、来月、お父さんの誕生日だね。

女：そうだね。誕生日どうしようか。去年は家族で食事に行ったよね。

男：そこ、お父さんも気に入ってたみたいだったよ。その時、ネクタイがほしいと言ってたよね。

女：そうね、今年は誕生日、ちょうど日曜日だよね。今度も家族でどこか出かけようか。前、お父さんが家族旅行に行こうと言ってたし、どこか家族旅行に行くのがいいんじゃない？

男：そうだね。そうしよう。あ、歌舞伎を見に行くのはどう？最近お父さんが歌舞伎に興味を持っているようだし。

女：いや、でも、私歌舞伎についてよくわからないから。

男：そっか、家族で楽しめるのがいいかな。

お父さんの誕生日の日に、何をすることにしましたか。

집에서 누나와 남동생이 이야기하고 있습니다. 아버지의 생일날 무엇을 하기로 했습니까?

남: 누나, 다음 달 아버지 생신이지.

여: 그렇네. 생일날 어떻게 할까? 작년에는 가족끼리 함께 식사하러 갔었지.

남: 거기, 아버지도 마음에 들었던 것 같았어. 그때 넥타이를 갖고 싶다고 말했었지.

여: 그래, 올해는 생일이 때마침 일요일이네, 이번에도 가족끼리 어딘가 외출할까? 전에 아버지가 가족여행을 가자고 했으니, 어딘가 가족여행을 가는 게 좋지 않을까?

남: 그래. 그렇게 하자. 아, 가부키를 보러 가는 것은 어때? 최근 아버지가 가부키에 흥미를 갖게 된 것 같은데.

여: 아니, 근데 나는 가부키에 대해서 잘 모르니까.

남: 그런가, 가족이 함께 즐길 수 있는 것이 좋으려나.

아버지의 생일날 무엇을 하기로 했습니까?

1 식사하러 간다

2 넥타이를 사러 간다

3 가족여행을 간다

4 가부키를 보러 간다

5번

SCRIPT

夫婦が話をしています。男の人がとなりの駅の本屋に行くのは、どうしてですか。

女：たかし、すごく喜んでるよ。お父さんに、くまの絵本を買ってもらったって。

男：たかし、あの絵本が大好きなんだけど、となりの駅の本屋にしか売ってなくてさ。ここの駅前の方が、もっと大きくて私がほしい本もあっていいんだけど。

女：え、あなたがとなりの駅の本屋に行くのは、運動ができるからだと思った。本当はたかしのためだったんだね。

男：まあ、そういうわけじゃないんだけど…、たかしにくまの絵本買ってあげるからっていうと、別の本を読んでいる間、大人しくしていてくれるから。

女：あ、なるほどね。

男：そうすれば、落ち着いて立ち読みができるんだ。

女：小さい子が一緒だと、本当大変でしょう。

부부가 이야기를 하고 있습니다. 남자가 옆 역의 서점에 가는 것은 어째서입니까?

여: 다카시, 매우 기뻐하고 있었어. 아빠가 곰 그림책 사줬다고.

남: 다카시, 그 그림책을 매우 좋아하는데, 옆 역의 서점에서 밖에 팔지 않아서 말야. 여기 역 앞쪽이 좀 더 크고 내가 원하는 책도 있어서 좋은데.

여: 아, 당신이 옆 역 서점에 가는 것은 운동을 할 수 있어서라고 생각했어. 실제로는 다카시를 위해서였구나.

남: 음, 꼭 그래서는 아닌데…, 다카시에게 곰 그림책 사 줄게 라고 하면 다른 책을 읽는 동안은 얌전하게 있어 주니까.

여: 아, 역시 그렇네.

남: 그렇게 하면 안심하고 책을 서서 읽을 수 있어.

여: 어린아이가 같이 있으면 진짜 힘들지.

男の人がとなりの駅の本屋に行くのは、どうしてですか。

남자가 옆 역의 서점에 가는 것은 어째서입니까?

1 옆 역의 서점이 더 싸기 때문에
2 운동을 할 수 있기 때문에
3 곰 그림책을 살 수 있기 때문에
4 천천히 서서 읽을 수 있기 때문에

6번

SCRIPT

大学で男の人と女の人が話しています。今度の学祭で何をすることにしましたか。

男：今度の学祭に何をするかそろそろ決めないといけないんだけど、何かいいアイディアないかな？僕はカラオケ大会か料理教室が面白そうだって思ってるんだけど。

女：んー、学祭ね。何かを教える教室はどう？例えば、留学生に日本語を教えるとか、留学生にその国の言葉を教えてもらう会話教室とかはどう？

男：あぁ、学祭なのにまた勉強をするのはね…。それは学祭じゃなくてもできるし。

女：そう。確か前に英会話教室をやった時、人があまり来なかったよね。

男：うん。内容はいいんだけど、学祭の時は周りがうるさいからあまり集中できないんだよね。

女：じゃ、カラオケ大会は？みんなで参加するから盛り上がるんじゃない？

男：そうだね。意外と交流もできそうだよね。今回はそれにしよう。

女：料理教室も面白いと思うけど、次の機会のためにアイディアを取っておいたら？

男：うん、ありがとう。

今度の学祭で何をすることにしましたか。

대학교에서 남자와 여자가 이야기하고 있습니다. 이번 학교 축제에서 무엇을 하기로 했습니까?

남: 이번 학교 축제에서 무엇을 할지 슬슬 정하지 않으면 안 되는데, 뭔가 좋은 아이디어 없을까? 나는 노래 대회나 요리 교실이 재미있을 것 같다고 생각하는데.

여: 음, 학교 축제 말이지. 무언가를 가르쳐주는 교실은 어때? 예를 들어서 유학생에게 일본어를 가르쳐 주거나, 유학생에게 그 나라의 말을 배우는 회화 교실 같은 건 어때?

남: 아~, 학교 축제인데 또 공부하는 건…. 그건 학교 축제가 아니어도 할 수 있고.

여: 맞아. 분명 전에 영어 회화 교실을 했을 때 사람들이 별로 안 왔었지.

남: 응. 내용은 좋은데, 학교 축제 땐 주위가 시끄러우니까 별로 집중이 안 돼.

여: 그럼 노래 대회는? 모두 참가하니까 분위기가 고조되지 않을까?

남: 그렇지. 의외로 교류도 될 것 같아. 이번에는 그걸로 하자.

여: 요리 교실도 재미있을 것 같지만, 다음 기회를 위해서 아이디어를 챙겨 두면 어때?

남: 응, 고마워.

이번 학교 축제에서 무엇을 하기로 했습니까?

1 노래 대회를 한다
2 요리를 가르친다
3 각국의 언어를 서로 가르쳐준다
4 영어 회화를 가르친다

문제 3 문제 3에서는 문제지에 아무것도 인쇄되어 있지 않습니다. 이 문제는 전체로서 어떤 내용인지를 듣는 문제입니다. 이야기 전에 질문은 없습니다. 먼저 이야기를 들으세요. 그리고 나서 질문과 선택지를 듣고 1부터 4 안에서 가장 적당한 것을 하나 고르세요.

1번

SCRIPT

会社で課長が話しています。

男：明日の社員旅行ですが、お弁当はこちらで準備することになりましたが、飲み物は持参することとなりました。そこには買うところがないので必ず持ってきてください。それから、登山もプログラムに入っています。登る山は高くはありませんが、山の天気はとても変わりやすいので、傘やレインコート、帽子、上着などを忘れずに準備してください。会社で集まって一緒にバスで移動します。それから、社員旅行の案内が書いてある紙を今から配りますので、こちらも忘れないようにしてください。

課長は主に何について話していますか。

1　明日の持ち物
2　明日の天気
3　登山の仕方
4　社員旅行の予定

회사에서 과장이 이야기하고 있습니다.

남: 내일 사원 여행 말입니다만, 도시락은 회사에서 준비하게 되었는데, 음료는 지참하기로 했습니다. 그곳에서는 살 곳이 없으므로 꼭 가져와 주세요. 그리고 등산도 프로그램에 들어가 있습니다. 오르는 산은 높진 않습니다만, 산의 날씨는 매우 바뀌기 쉽기 때문에 우산이나 우비, 모자, 겉옷 등을 잊지 말고 준비해 주세요. 회사에서 모여서 함께 버스로 이동합니다. 그리고 사원 여행의 안내가 쓰여 있는 종이를 지금부터 나누어 줄 테니, 이것도 잊지 마세요.

과장은 주로 무엇에 대해서 이야기하고 있습니까?

1　내일의 준비물
2　내일의 날씨
3　등산의 방법
4　사원 여행의 예정

2번

SCRIPT

大学で男の学生が先生に話しています。

女：はい。

男：こんにちは。

女：中村さん、いらっしゃい。あ、相談の約束は明日だよね。

男：はい。明日、レポートの相談のお約束をしていたんですが。

女：そうだよね。明日の3時からね。

男：はい。そうなんですが、実は相談の時までレポートを完成したいと思ったんですが…。

女：ええ。

男：でも、まだ書いている途中で明日までにはきびしいかと思って…。

女：そうね。できれば全部書いてからの方がいいけど。

男：はい。それで、お約束を変えていただきたくて、来週は先生、ご都合いかがですか。

女：えーと、来週はセミナーがあるから。再来週はどう？授業の後。

대학교에서 남학생과 선생님이 이야기하고 있습니다.

여: 네.

남: 안녕하세요.

여: 나카무라 씨, 어서 와요. 아, 상담 약속은 내일이지.

남: 네. 내일 리포트 상담의 약속을 했었는데요.

여: 그렇지, 내일 3시부터.

남: 네. 그런데요, 실은 상담 때까지 리포트를 완성하려고 생각했는데….

여: 네.

남: 근데 아직 쓰고 있는 도중이라서 내일까지는 힘들 것 같아서….

여: 그렇구나. 가능하면 다 전부 쓰고 나서 하는 편이 좋은데.

남: 네, 그래서 약속을 변경하고 싶은데, 다음 주는 선생님, 시간 어떠세요?

여: 음, 다음 주는 세미나가 있어서. 다음다음 주는 어때? 수업 후에.

男: はい、大丈夫です。じゃ、それでお願いします。ありがとうございます。
男の学生は先生のところへ何をしに来ましたか。

1 セミナーの日を変える
2 レポートのテーマを変える
3 **相談する日を変える**
4 授業の日を変える

남: 네, 괜찮습니다. 그럼, 그렇게 부탁드릴게요. 감사합니다.
남학생은 선생님에게 무엇을 하러 왔습니까?

1 세미나 날을 변경한다
2 리포트 주제를 변경한다
3 **상담하는 날을 변경한다**
4 수업 날을 변경한다

3번

SCRIPT

男の学生と女の学生が話しています。
男：あのさ、今度の試験が終わってから、みんなでパーティーしようという話があるんだけど。
女：パーティー？何の？
男：試験も終わったし、美穂の誕生日もあるし。
女：あ、そうだね。で、いつ？
男：うん、今週の日曜日。前、見たいと言ってたあの映画も見るけど、どう？
女：本当？面白そう。でも、今度の日曜日なら実は実家に帰るんだ。それじゃなかったら行きたいけど。
男：え、そうなんだ。日曜日の午前中に戻ればいいだろう。
女：うーん、でも、土曜日にアルバイトが終わってから行くから、次の日、朝早く戻るのはきついかも。また今度誘って。
女の学生は日曜日にパーティーをすることについてどう思っていますか。

1 映画を見たいから、行くつもりだ
2 面白そうだけど、行きたくない
3 **面白そうだけど、行かない**
4 実家は行くけど、行くつもりだ

남학생과 여학생이 이야기하고 있습니다.
남: 저기, 이번에 시험 끝나고 나서 함께 파티하자는 이야기가 있는데.
여: 파티? 무슨?
남: 시험도 끝났고, 미호의 생일도 있고.
여: 아, 그렇지. 그래서 언제?
남: 응, 이번 주 일요일. 전에 보고 싶다고 했던 그 영화도 볼 건데, 어때?
여: 진짜? 재미있겠다. 근데, 이번 주 일요일이라면 실은 본가에 돌아가. 그게 아니면 가고 싶은데.
남: 아, 그렇구나. 일요일 오전 중으로 돌아오면 되잖아.
여: 응, 근데, 토요일 아르바이트 끝나고 가기 때문에 다음날 아침 일찍 돌아오는 것은 힘들지도. 다음에 또 초대해 줘.
여학생은 일요일에 파티를 하는 것에 대해서 어떻게 생각하고 있습니까?

1 영화를 보고 싶기 때문에 갈 생각이다
2 재미있겠지만 가고 싶지 않다
3 **재미있겠지만 가지 않는다**
4 본가에는 가지만 갈 생각이다

문제 4 문제 4에서는 그림을 보면서 질문을 들으세요. 화살표(⇨)의 사람은 뭐라고 말합니까? 1부터 3 안에서 가장 적당한 것을 하나 고르세요.

1번

SCRIPT

友だちが音楽を聞いています。どんな音楽か知りたいです。何と言いますか。

1 これ聞いたことある？
2 音楽、聞いてみたら？
3 **何を聞いているの？**

친구가 음악을 듣고 있습니다. 어떤 음악인지 알고 싶습니다. 뭐라고 말합니까?

1 이거 들어본 적 있어?
2 음악 들어보면 어때?
3 **뭐 듣고 있어?**

2번

SCRIPT

先輩が忙しくて大変そうです。何と言いますか。

1 片付けてくれませんか。
2 そのままにしておいてください。
3 **私が手伝いましょうか。**

선배가 바빠서 힘든 것 같습니다. 뭐라고 말합니까?

1 정리해 주지 않을래요?
2 그대로 두세요.
3 **제가 도와 드릴까요?**

3번

SCRIPT

申込書を書いています。書き方がわかりません。何と言いますか。

1 **どうやって書けばいいですか。**
2 書くものはどこにありますか。
3 書いて渡せばいいでしょうか。

신청서를 쓰고 있습니다. 쓰는 방법을 모릅니다. 뭐라고 말합니까?

1 **어떻게 쓰면 돼요?**
2 쓸 것은 어디에 있어요?
3 써서 건네 드리면 될까요?

4번

SCRIPT

新商品の紹介をしています。新商品を見てもらいたいです。何と言いますか。

1 **こちらをご覧ください。**
2 こちらでお目にかかりました。
3 お見せいただけませんか。

신제품 소개를 하고 있습니다. 신제품을 봐 줬으면 좋겠습니다. 뭐라고 말합니까?

1 **여기를 봐 주세요.**
2 여기서 만나 뵈었어요.
3 보여주실 수 없으세요?

문제 5 문제 5에서는 문제지에 아무것도 인쇄되어 있지 않습니다. 먼저 문장을 들으세요. 그리고 나서 거기에 맞는 대답을 듣고 1부터 3 안에서 가장 적당한 것을 하나 고르세요.

1번

SCRIPT

男：あのさ、誘ってくれた夜の食事会なんだけど、行けなくなっちゃって。

女：1 **そう。じゃ、また今度誘うね。**

2 え？食事はやらないことになったの？

3 今日、行けるのね？

남: 저기 말이야, 초대해 준 저녁 식사 모임 말인데, 갈 수 없게 되었어.

여: 1 **그래. 그럼 다음에 다시 초대할게.**

2 어? 식사는 하지 않기로 된 거야?

3 오늘 갈 수 있는 거지?

2번

SCRIPT

女：先輩。会議の準備、何か私にできることがありますか。

男：1 **ありがとう。でも大丈夫。**

2 今から？僕は帰らないと。

3 そうか。何でも頼んでいいんだよね。

여: 선배님. 회의 준비, 뭔가 제가 할 수 있는 게 있나요?

남: 1 **고마워. 근데 괜찮아.**

2 지금부터? 나는 돌아가야 돼.

3 그렇구나. 무엇이든 부탁해도 좋은 거지?

3번

SCRIPT

男：部長、企画部の田村さんのこと、お聞きになりましたか。

女：1 企画はまだできてませんが。

2 **え？何の話ですか。**

3 まだ伺っていません。

남: 부장님, 기획부 다무라 씨의 이야기, 들으셨습니까?

여: 1 기획은 아직 완성되지 않았는데요.

2 **네? 무슨 이야기이죠?**

3 아직 여쭈어 보지 않았어요.

4번

SCRIPT

女：キムさんほど日本語ができる留学生っていないよね。

男：1 キムさんって留学生じゃないの？

2 **あんなに日本語がぺらぺらな外国人、あまりいないと思う。**

3 留学生が日本語がすごく上手ってこと？

여: 김 씨만큼 일본어를 할 수 있는 유학생은 없지.

남: 1 김 씨는 유학생 아니야?

2 **그렇게 일본어가 유창한 외국인은 별로 없다고 생각해.**

3 유학생이 일본어를 정말 잘한다는 거야?

5번

SCRIPT

男：みなさん、明日は学校の前で9時に集合ですので、遅れないように。

女：1 **はい、わかりました。**

2 ええ、そうした方がいいです。

3 注意してください。

남: 여러분, 내일은 학교 앞에서 9시에 집합하므로, 늦지 않도록 하세요.

여: 1 **네, 알겠습니다.**

2 네, 그렇게 하는 편이 좋아요.

3 조심하세요.

6번

SCRIPT

女：あのう、このサンプル、もらってもいいですか。

男：1　ぜひ使わせてください。

　2　では、いただいておきます。

　3　どうぞお持ちください。

여: 저기, 이 샘플 받아도 돼요?

남: 1　꼭 사용하게 해 주세요.

　2　그럼 받아 둘게요.

　3　부디 가져가 주세요.

7번

SCRIPT

男：クリーニングに行くけど、何か出すものある？

女：1　じゃ、切手を頼むよ。

　2　ついでにこれも出してあげるよ。

　3　ありがとう。でも大丈夫。

남: 세탁소에 가는데 뭔가 맡길 것 있어?

여: 1　그럼 우표 부탁할게.

　2　가는 김에 이것도 내 줄게.

　3　고마워. 하지만 괜찮아.

8번

SCRIPT

女：ここのラーメンってこれで一人前？こんなに食べられないんだけど。

男：1　そう、量、すごいよね。

　2　結構足りないんじゃない。

　3　じゃ、もう一人前、頼むよ。

여: 여기 라면은 이게 1인분? 이렇게 못 먹는데.

남: 1　맞아, 양 대단하지.

　2　꽤 부족하잖아.

　3　그럼 1인분 더 부탁할게.

9번

SCRIPT

男：田中さん、ランチの時間は食堂がいつも混んでるから、混まないうちに食べに行きませんか。

女：1　悪いけど、もう少し待ってもらえませんか。

　2　え、早く食べたいんですけど…。

　3　うわ、もう混んでるんですか。

남: 다나카 씨, 점심시간은 식당이 항상 붐비니까, 붐비기 전에 먹으러 가지 않을래요?

여: 1　미안하지만 조금 더 기다려 주시겠어요?

　2　음, 빨리 먹고 싶은데….

　3　우와, 벌써 붐벼요?

にほんごのうりょくしけん　かいとうようし

N3

げんごちしき(もじ・ごい・ぶんぽう)・どっかい

じゅけんばんごう Examinee Registration Number	

なまえ Name	

<ちゅうい Notes>

1. くろい　えんぴつ(HB、No.2)で　かいて　ください。
   (ペンや　ボールペンでは　かかないで　ください。)
   Use a black medium soft (HB or No.2) pencil.
   (Do not use any kind of pen.)
2. かきなおす　ときは、けしゴムで　きれいに　けして　ください。
   Erase any unintended marks completely.
3. きたなく　したり、おったり　しないで　ください。
   Do not soil or bend this sheet.
4. マークれい Marking examples

よい　れい Correct Example	わるい　れい Incorrect Examples
●	⊘ ◯ ◎ ⊙ ⊜ ◐ ●

もじ・ごい

問題1				
1	①	②	③	④
2	①	②	③	④
3	①	②	③	④
4	①	②	③	④
5	①	②	③	④
6	①	②	③	④
7	①	②	③	④
8	①	②	③	④
問題2				
9	①	②	③	④
10	①	②	③	④
11	①	②	③	④
12	①	②	③	④
13	①	②	③	④
14	①	②	③	④
問題3				
15	①	②	③	④
16	①	②	③	④
17	①	②	③	④
18	①	②	③	④
19	①	②	③	④
20	①	②	③	④
21	①	②	③	④
22	①	②	③	④
23	①	②	③	④
24	①	②	③	④
25	①	②	③	④

問題4				
26	①	②	③	④
27	①	②	③	④
28	①	②	③	④
29	①	②	③	④
30	①	②	③	④
問題5				
31	①	②	③	④
32	①	②	③	④
33	①	②	③	④
34	①	②	③	④
35	①	②	③	④

ぶんぽう・どっかい

問題1				
1	①	②	③	④
2	①	②	③	④
3	①	②	③	④
4	①	②	③	④
5	①	②	③	④
6	①	②	③	④
7	①	②	③	④
8	①	②	③	④
9	①	②	③	④
10	①	②	③	④
11	①	②	③	④
12	①	②	③	④
13	①	②	③	④
問題2				
14	①	②	③	④
15	①	②	③	④
16	①	②	③	④
17	①	②	③	④
18	①	②	③	④
問題3				
19	①	②	③	④
20	①	②	③	④
21	①	②	③	④
22	①	②	③	④
23	①	②	③	④

問題4				
24	①	②	③	④
25	①	②	③	④
26	①	②	③	④
27	①	②	③	④
問題5				
28	①	②	③	④
29	①	②	③	④
30	①	②	③	④
31	①	②	③	④
32	①	②	③	④
33	①	②	③	④
問題6				
34	①	②	③	④
35	①	②	③	④
36	①	②	③	④
37	①	②	③	④
問題7				
38	①	②	③	④
39	①	②	③	④

にほんごのうりょくしけん　かいとうようし

N3

ちょうかい

じゅけんばんごう Examinee Registration Number	

なまえ Name	

<ちゅうい Notes>

1. くろい　えんぴつ(HB、No.2)で　かいて　ください。
(ペンや　ボールペンでは　かかないで　ください。)
Use a black medium soft (HB or No.2) pencil.
(Do not use any kind of pen.)
2. かきなおす　ときは、けしゴムで　きれいに　けして　ください。
Erase any unintended marks completely.
3. きたなく　したり、おったり　しないで　ください。
Do not soil or bend this sheet.
4. マークれい Marking examples

よい　れい Correct Example	わるい　れい Incorrect Examples
●	[incorrect marks]

ちょうかい

問題 1				
れい	●	②	③	④
1	①	②	③	④
2	①	②	③	④
3	①	②	③	④
4	①	②	③	④
5	①	②	③	④
6	①	②	③	④

問題 2				
れい	①	②	③	●
1	①	②	③	④
2	①	②	③	④
3	①	②	③	④
4	①	②	③	④
5	①	②	③	④
6	①	②	③	④

問題 3				
れい	●	②	③	④
1	①	②	③	④
2	①	②	③	④
3	①	②	③	④

問題 4			
れい	①	●	③
1	①	②	③
2	①	②	③
3	①	②	③
4	①	②	③

問題 5			
れい	①	●	③
1	①	②	③
2	①	②	③
3	①	②	③
4	①	②	③
5	①	②	③
6	①	②	③
7	①	②	③
8	①	②	③
9	①	②	③

にほんごのうりょくしけん　かいとうようし

N3

げんごちしき(もじ・ごい・ぶんぽう)・どっかい

じゅけんばんごう Examinee Registration Number	

なまえ Name	

<ちゅうい Notes>

1. くろい　えんぴつ(HB、No.2)で　かいて　ください。(ペンや　ボールペンでは　かかないで　ください。)
   Use a black medium soft (HB or No.2) pencil.
   (Do not use any kind of pen.)
2. かきなおす　ときは、けしゴムで　きれいに　けして　ください。
   Erase any unintended marks completely.
3. きたなく　したり、おったり　しないで　ください。
   Do not soil or bend this sheet.
4. マークれい Marking examples

よい　れい Correct Example	わるい　れい Incorrect Examples
●	◍ ◯ ◎ ◎ ⊜ ⦶ ●

もじ・ごい

問題1				
1	①	②	③	④
2	①	②	③	④
3	①	②	③	④
4	①	②	③	④
5	①	②	③	④
6	①	②	③	④
7	①	②	③	④
8	①	②	③	④
問題2				
9	①	②	③	④
10	①	②	③	④
11	①	②	③	④
12	①	②	③	④
13	①	②	③	④
14	①	②	③	④
問題3				
15	①	②	③	④
16	①	②	③	④
17	①	②	③	④
18	①	②	③	④
19	①	②	③	④
20	①	②	③	④
21	①	②	③	④
22	①	②	③	④
23	①	②	③	④
24	①	②	③	④
25	①	②	③	④

問題4				
26	①	②	③	④
27	①	②	③	④
28	①	②	③	④
29	①	②	③	④
30	①	②	③	④
問題5				
31	①	②	③	④
32	①	②	③	④
33	①	②	③	④
34	①	②	③	④
35	①	②	③	④

ぶんぽう・どっかい

問題1				
1	①	②	③	④
2	①	②	③	④
3	①	②	③	④
4	①	②	③	④
5	①	②	③	④
6	①	②	③	④
7	①	②	③	④
8	①	②	③	④
9	①	②	③	④
10	①	②	③	④
11	①	②	③	④
12	①	②	③	④
13	①	②	③	④
問題2				
14	①	②	③	④
15	①	②	③	④
16	①	②	③	④
17	①	②	③	④
18	①	②	③	④
問題3				
19	①	②	③	④
20	①	②	③	④
21	①	②	③	④
22	①	②	③	④
23	①	②	③	④

問題4				
24	①	②	③	④
25	①	②	③	④
26	①	②	③	④
27	①	②	③	④
問題5				
28	①	②	③	④
29	①	②	③	④
30	①	②	③	④
31	①	②	③	④
32	①	②	③	④
33	①	②	③	④
問題6				
34	①	②	③	④
35	①	②	③	④
36	①	②	③	④
37	①	②	③	④
問題7				
38	①	②	③	④
39	①	②	③	④

にほんごのうりょくしけん　かいとうようし

N3

ちょうかい

じゅけんばんごう Examinee Registration Number	

なまえ Name	

<ちゅうい Notes>

1. くろい　えんぴつ(HB、No.2)で　かいて　ください。
   (ペンや　ボールペンでは　かかないで　ください。)
   Use a black medium soft (HB or No.2) pencil.
   (Do not use any kind of pen.)
2. かきなおす　ときは、けしゴムで　きれいに　けして　ください。
   Erase any unintended marks completely.
3. きたなく　したり、おったり　しないで　ください。
   Do not soil or bend this sheet.
4. マークれい Marking examples

よい　れい Correct Example	わるい　れい Incorrect Examples
●	⊘ ○ ◎ ⊚ ⊜ ⦶ ◉

ちょうかい

問題 1				
れい	●	②	③	④
1	①	②	③	④
2	①	②	③	④
3	①	②	③	④
4	①	②	③	④
5	①	②	③	④
6	①	②	③	④

問題 2				
れい	①	②	③	●
1	①	②	③	④
2	①	②	③	④
3	①	②	③	④
4	①	②	③	④
5	①	②	③	④
6	①	②	③	④

問題 3				
れい	●	②	③	④
1	①	②	③	④
2	①	②	③	④
3	①	②	③	④

問題 4			
れい	①	●	③
1	①	②	③
2	①	②	③
3	①	②	③
4	①	②	③

問題 5			
れい	①	●	③
1	①	②	③
2	①	②	③
3	①	②	③
4	①	②	③
5	①	②	③
6	①	②	③
7	①	②	③
8	①	②	③
9	①	②	③